Friedrich Ueberweg

Grundriss der Geschichte der Philosophie

Die Mittlere oder die patristische und scholastische Zeit

Friedrich Ueberweg

Grundriss der Geschichte der Philosophie
Die Mittlere oder die patristische und scholastische Zeit

ISBN/EAN: 9783743670020

Hergestellt in Europa, USA, Kanada, Australien, Japan

Cover: Foto ©Thomas Meinert / pixelio.de

Weitere Bücher finden Sie auf **www.hansebooks.com**

Friedrich Ueberwegs

Grundriss der Geschichte der Philosophie.

Zweiter Theil.
Die mittlere oder die patristische und scholastische Zeit.

Siebente, mit einem Philosophen- und Litteratoren-Register
versehene Auflage,

bearbeitet und herausgegeben

von

Dr. Max Heinze,
ordentl. Professor der Philosophie an der Universität zu Leipzig.

Berlin 1886.
Ernst Siegfried Mittler und Sohn.
Königliche Hofbuchhandlung.
Kochstrasse 68—70.

Friedrich Ueberwegs

Grundriss

der

Geschichte der Philosophie

der patristischen und scholastischen Zeit.

Siebente, mit einem Philosophen- und Litteratoren-Register
versehene Auflage,

bearbeitet und herausgegeben

von

Dr. Max Heinze,
ordentl. Professor der Philosophie an der Universität zu Leipzig.

Berlin 1886.
Ernst Siegfried Mittler und Sohn.
Königliche Hofbuchhandlung.
Kochstrasse 68—70.

Das Recht der Uebersetzung bleibt vorbehalten.

Vorwort.

Wie für die früheren Auflagen, so habe ich auch für die vorliegende siebente mich bemüht, den neuen Forschungen auf dem ganzen behandelten Gebiete nachzugehen und ihre Resultate zweckentsprechend zu verwerthen. In Folge dessen, sowie auf Grund fortlaufenden eigenen Quellenstudiums, sind wieder sehr zahlreiche Aenderungen und Erweiterungen vorgenommen worden. Zu meinem Bedauern habe ich das Lehrbuch der Dogmengeschichte von A. Harnack, Bd. 1, nur noch für die Correcturbogen benutzen können. — Aufrichtigen Dank spreche ich meinem hochverehrten Collegen, Herrn Geh. Hofrath Dr. Krehl, hiermit aus, der sich in liebenswürdigster Weise der Mühe unterzogen hat, die auf die syrischen, arabischen und jüdischen Philosophen bezüglichen Paragraphen durchzusehen.

Leipzig im März 1886.

Max Heinze.

Inhalts-Verzeichniss.

Die Philosophie der christlichen Zeit.

		Seite
§ 1.	Die Philosophie der christlichen Zeit überhaupt	1
§ 2.	Die Perioden der Philosophie der christlichen Zeit	2—3

Erste Periode:
Die patristische Philosophie.

§ 3.	Die patristische Periode in ihren beiden Hauptabschnitten	3—4
§ 4.	Die christliche Religion. Jesus und die Apostel. Die neutestamentlichen Schriften	4—16
§ 5.	Das Judenchristenthum, der Paulinismus und die altkatholische Kirche	16—20

Erster Abschnitt:
Die patristische Philosophie bis zum Concil von Nicaea.

§ 6.	Die apostolischen Väter	20—28
§ 7.	Der Gnosticismus	28—41
§ 8.	Justinus Martyr	41—47
§ 9.	Tatianus, Athenagoras, Theophilus und Hermias	48—53
§ 10.	Irenäus und Hippolytus	53—57
§ 11.	Minucius Felix, Tertullianus	57—65
§ 12.	Der Monarchianismus, Subordinatianismus und das Dogma der Homousie. Sabellius, Arius und Athanasius	65—70
§ 13.	Clemens von Alexandrien und Origenes	70—81
§ 14.	Arnobius und Lactantius	81—87

Zweiter Abschnitt:
Die patristische Philosophie nach dem Concil von Nicaea.

§ 15.	Gregor von Nyssa und andere Schüler des Origenes	88—97
§ 16.	Augustinus	97—115
§ 17.	Griechische Kirchenlehrer nach Augustin	115—121
§ 18.	Lateinische Schriftsteller aus der Zeit nach Augustin	121—127

VIII   Inhalts-Verzeichniss.

                                                                    Seite
                    Zweite Periode.
                 Die scholastische Philosophie.
§ 19. Begriff und Eintheilung der Scholastik . . . . 127—130

                    Erster Abschnitt:
                 Die Anfänge der Scholastik.
§ 20. Johannes Scotus oder Erigena . . . . 130—139
§ 21. Realismus und Nominalismus vom neunten bis gegen das Ende
      des elften Jahrhunderts . . . . 139—146
§ 22. Roscellin, der Nominalist, Wilhelm von Champeaux, der Realist 146—152
§ 23. Anselm von Canterbury . . . . 152—162
§ 24. Abälard und Petrus Lombardus . . . . 162—174
§ 25. Platonisirende und realistische Scholastiker des zwölften Jahr-
      hunderts . . . . 174—180
§ 26. Mystiker und Pantheisten des zwölften Jahrhunderts . . . . . 180—184

§ 27. Griechische und syrische Philosophen im Mittelalter . . . . . 184—188
§ 28. Arabische Philosophen im Mittelalter . . . . 188—204
§ 29. Die Philosophie der Juden im Mittelalter . . . . 204—219

                    Zweiter Abschnitt:
            Die volle Ausbildung und Verbreitung der Scholastik.
§ 30. Der Umschwung der scholastischen Philosophie um 1200 . . . 219—223
§ 31. Alexander von Hales und gleichzeitige Scholastiker. Bonaventura,
      der Mystiker . . . . 223—228
§ 32. Albertus Magnus . . . . 228—234
§ 33. Thomas von Aquino und Thomisten . . . . 234—248
§ 34. Johannes Duns Scotus und Scotisten . . . . 248—253
§ 35. Zeitgenossen des Thomas und des Duns Scotus . . . . 253—259
§ 36. Wilhelm von Occam, der Erneuerer des Nominalismus . . . . 260—264
§ 37. Spätere Scholastiker bis zum Wiederaufkommen des Platonismus 264—267

§ 38. Deutsche Mystik des vierzehnten und fünfzehnten Jahrhunderts.
      Eckhart, Tauler und Andere . . . . 267—286

Berichtigungen und Zusätze 287
Register . . . . 288—305

§ 1. Die religiösen Thatsachen, Vorstellungen und Gedanken des Christenthums geben auch der philosophischen Forschung neue Impulse. Das philosophische Denken richtete sich in der christlichen Zeit während des Mittelalters vorzugsweise auf die theologischen, kosmologischen und anthropologischen Voraussetzungen der biblischen Heilslehre, deren Fundament in dem Bewusstsein des Gesetzes, der Sünde, der Gnade und der Erlösung liegt.

Von der Philosophie der christlichen Zeit überhaupt handeln: Heinrich Ritter, d. christl. Philos., 2 Bde., Götting. 1858—1859. C. Sanseverino, philos. christ. cum antiqua et nova comparata, Neap. 1862 ff., dass. in compendium redacta, 2 voll., Neap. 1868; ders., elementa philosophiae christ., Neap. 1864. Heinr. v. Stein, sieben Büch. zur Gesch. des Platonism., Götting. 1862—75, 3. Th.: Verh. des Platonismus zur Philos. d. christl. Zeiten. Vergl. die ausführlichere Darstellung in Ritters Gesch. der Philos., Bd. V ff., Hamburg 1841 ff., wie auch die betreffenden Bände der oben, Th. I. 7. A., S. 9 ff. angeführten Werke von Brucker, Buhle, Tennemann, Hegel, Marbach, Erdmann, Lewes u. A. Auch mag hier J. G. Mussmann, Grundriss der allg. Gesch. der christl. Philos., Halle 1830, genannt sein. Vergl. die dogmen- und kirchengeschichtlichen Werke von Mosheim, Münscher, Augusti, Neander (neben der Kirchen- und Dogmengesch. insbes. auch die Vorlesung. üb. Gesch. d. christl. Ethik, herausg. v. D. Erdmann, Berlin 1864), Gieseler, Ldw. Frdr. Otto Baumgarten-Crusius, Hase, Klee, K. R. Hagenbach, Baur, Niedner, Böhringer, Phil. Schaff, Frdr. Nitzsch (Dogmengesch. I. B., Berlin 1870), Thomasius, Kurz, Herzog, Hergenröther, R. Rothe, namentlich Ad. Harnack (Lehrb. d. Dogmengesch., I. Bd., d. Entstehung des kirchl. Dogmas, Frb. 1886), ferner Dorners Entwickelungsgesch. der Lehre von der Person Christi, Stuttg. 1839, 2. Aufl. 1845—53, Baurs christl. Lehre von der Versöhnung, Tüb. 1838, christl. L. von der Dreieinigkeit und Menschwerd. Gottes, Tüb. 1841—43, Alb. Ritschls Gesch. der L. v. d. Rechtfertig. u. Versöhn. 1870 ff., 2. Aufl., Bonn 1881 f. und manche andere theol. Schriften. Auf eine naturphilos. Frage geht: Jan de Vasconcellos, quid de vi vitali patres ant doctores ecclesiae senserint, dissert., Rostock 1868. Die philosophische Theologie betrifft: Fil. Capozza, sulla filosofia dei padri e dottori della chiesa e in ispecialità di S. Tommaso, Napoli 1868. Eine Geschichte der christl. Sitte giebt H. J. Bestmann, Bd. I: d. sittl. Stadien in ihrer geschichtl. Entwickel., II, 1 u. 2: d. kathol. Sitte, Nördl. 1880—1885, ferner W. Gass, Gesch. der christl. Ethik, Bd. 1 bis zur Reformat., Berl. 1881. — Von grossem Werthe auch für die Kenntniss der christlichen Philosophie ist die Real-Encyclopädie für protestantische Theologie und Kirche, in Verbind. mit vielen protestantischen Theologen und Gelehrten herausg. v. Dr. Herzog, 22 Bde., Hamb. und Gotha 1854—1868, 2. durchgäng. verbesserte u. vermehrte Aufl. v. J. J. Herzog u. G. L. Plitt, nach deren Tode v. Alb. Hauck, Lpz. 1877 ff. Von katholischer Seite: Heinr. Jos. Wetzer und Bened. Welte, Kirchen-Lexicon und Encyclopädie der kathol. Theol. u. ihrer Hülfswissenschaften, 12 Bde., Freiburg i. Br. 1846—1860, 2. Aufl., begonnen von Card. Jos. Hergenröther, fortgesetzt von Frz. Kaulen, 1882 ff.

§ 2. Auf die schöpferische Urzeit des Christenthums folgt im Mittelalter die Periode der vorwiegenden Ausbildung des Bewusstseins von dem Gegensatze zwischen Gott und Welt, Heiligkeit und Sünde, Priestern und Laien, Kirche und Staat, überhaupt von dem Gegensatze, in welchem der menschliche Geist gegen Gott, in sich selbst und zu der Natur stehe, mithin von seiner Gebundenheit, dann in der Neuzeit die Periode der vorwiegenden Ausbildung des Bewusstseins von der aus den Gegensätzen wiederhergestellten Einheit, mithin von der Versöhnung und Freiheit des Geistes. Das philosophische Denken steht in der patristischen Periode mit dem theologischen noch in der engsten Einheit und wirkt nicht unwesentlich mit bei der Dogmenerzeugung, tritt dann als Scholastik in den Dienst der Theologie zu dem Zweck, den im Wesentlichen bereits vorhandenen dogmatischen Lehrinhalt durch logische Anordnung und Begründung, mit Hülfe philosophischer Lehren des vorchristlichen Alterthums, namentlich der aristotelischen, auf eine wissenschaftliche Form zu bringen. Die arabische und jüdische Philosophie, die nicht ohne Einfluss auf die christliche geblieben sind, entwickeln sich grossentheils aus aristotelischen und neuplatonischen Anschauungen.

Die Philosophie der Neuzeit nimmt mehr und mehr nach Form und Inhalt den Rang einer selbständigen Wissenschaft an, indem sie sich allmählich einestheils von der christlichen Theologie, anderntheils von der antiken Philosophie unabhängiger gemacht hat, und unterscheidet sich dadurch wesentlich von der mittelalterlichen Speculation.

Die Abgrenzung des Stoffes der Geschichte der Philosophie gegen den der Geschichte der Theologie hat in der patristischen und scholastischen Periode, die Abgrenzung gegen den der Geschichte der Naturwissenschaften besonders in der neueren Zeit bei der thatsächlichen engen Verflechtung, nicht geringe Schwierigkeit; doch liegt in der Definition der Philosophie als der Wissenschaft von den Principien ein Kriterium von zureichender Strenge. Eine Betrachtung der religiösen und theologischen Grundlagen muss der Darstellung der Philosophie der altchristlichen Zeit einleitend vorangehen, und die Darstellung der Anfänge christlicher Philosophie selbst muss, wenn nicht der lebendige Organismus jener religiösen Gedankenbildung nach der fremdartigen Norm der später erfolgten Ablösung einer „theologia naturalis" von der „theologia revelata" willkürlich zerschnitten werden soll, die fundamentalen dogmengeschichtlichen Bestimmungen mitaufnehmen. Nur so wird ein Einblick in die Genesis und den Zusammenhang der christlichen Gedanken möglich.

In der Polemik gegen Juden und Hellenen, gegen Judaisten, Gnostiker und Häretiker aller Art hat das kirchliche Dogma sich entfaltet, indem das philosophische Denken zur Entwickelung der Kirchenlehre mitwirkte, und zwar vor dem nicäischen Concil zur Ausbildung der Grundlehren, nach demselben zur Fortbildung derselben zum umfassenden Dogmencomplexe. Noch Augustin gewann das Neue und Eigenthümliche in seiner Lehre durch den innern und äussern Kampf gegen die Richtung der Manichäer, der Neuplatoniker, der Donatisten und Pelagianer.

§ 3. Die patristische Periode in ihren beiden Hauptabschnitten.

Nachdem aber die Kirchenlehre bereits zum Dogmencomplex sich entfaltet hatte und zu festem Bestande gelangt war, blieb als Werk der Schule die Systematisirung und Bewahrheitung derselben vermittelst der entsprechenden Umbildung der antiken Philosophie übrig; hierin lag die Aufgabe der Scholastik. Zwar ist der Gegensatz zwischen Patristik und Scholastik kein absoluter, da auch schon in der patristischen Zeit allmählich mehr und mehr in dem Maasse, wie das Dogma bereits zur Ausbildung gelangt war, das Denken der Anordnung und Begründung desselben diente, und andererseits in der scholastischen Periode das Dogma noch nicht in jedem Betracht abgeschlossen war, sondern eine gewisse durch das theologisch-philosophische Denken vermittelte Fortbildung erfuhr. Aber diese Relativität hebt den Unterschied der Perioden nicht auf, sondern beweist nur, was sich im Einzelnen bestätigt findet, dass die Anfänge des scholastischen Typus des Philosophirens bis in die Zeit der Kirchenväter zurückreichen (wie namentlich schon Augustin an mehreren Stellen das scholastische Princip ausgesprochen hat, dass man das, was man mit der Gewissheit des Glaubens bereits festhalte, auch mit dem Lichte der Vernunft solle zu erkennen streben, während er in der Schrift de vera religione c. 5 die Einheit der Philosophie mit der wahren Religion behauptet und auch den Weg durch Vernunft zum Glauben nicht ausschliesst), und dass andererseits die hervorragendsten Scholastiker immer noch in einem gewissen, obschon geringeren Maasse als Väter der Kirche und Kirchenlehre gelten dürfen (wie denn auch einzelne kirchlich diesen Ehrentitel führen, vgl. unten § 6).

Erste Periode der Philosophie der christlichen Zeit.

Die patristische Philosophie.

§ 3. Die patristische Periode ist die Zeit der Genesis der christlichen Lehre. Sie lässt sich von der apostolischen Zeit bis auf die Zeit Karls des Grossen herabführen und in zwei Abschnitte zerlegen, welche sich durch das Concil zu Nicäa (325 n. Chr) gegen einander abgrenzen, nämlich die Zeit der Genesis der Fundamentaldogmen, in welcher die philosophische Speculation mit der theologischen in untrennbarer Verflechtung steht, und die Zeit der Fortbildung der kirchlichen Lehre auf Grund der feststehenden Fundamentaldogmen, in welcher die Philosophie als ein die bereits fixirten Fundamentaldogmen rechtfertigender und bei der ferneren Dogmenbildung mitwirkender Factor sich von der dogmatischen Lehre selbst abzuzweigen beginnt.

Nachdem schon früh die Werke einzelner Kirchenväter gedruckt worden waren und besonders Desiderius Erasmus (der von 1467—1536 lebte) sich durch seine (zu Basel erschienenen) Ausgaben des Hieronymus, Hilarius, Ambrosius und Augustinus um die Patrologie verdient gemacht hatte, wurden, zumeist von Seiten geistlicher Orden, Gesammtausgaben veranstaltet, von denen die früheren besonders die weniger umfang-

§ 3. Die patristische Periode in ihren beiden Hauptabschnitten.

reichen Werke enthielten, die späteren immer mehr nach Vollständigkeit strebten. U. A. sind hier zu nennen: Margarinus de la Bigne (Paris 1575—79; 6. ed. 1654, 17 voll. fol.), Andr. Gallandius (Venet. 1765—81, 14 voll. fol.), J. P. Migne (Patrologiae cursus completus, Ser. I: Eccl. Graecae, 162 Tom. (mit lat. Uebersetzung) 4, (bis zum 9. Jahrh.), Par. 1857—1866; Ser. II: Eccl. Latinae, 221 Tom. (bis zum 13. Jahrh.). Par. 1840—1857. Fortgesetzt von Horoy, Medii aevi biblioth. patrist. s. patrologia ab a. 1216 usque ad conc. Trid. temp., Par. 1879 ff. (wird noch fortgesetzt). Auf Werke aus den ersten drei Jahrhunderten beschränkt sich die Ausgabe von Grabe (spicilegium patrum et haereticorum saec. I—III, Oxon. 1698—1700, 2. ed. ib. 1714), wie auch Bunsen, Analecta Ante-Nicaena (in dem umfassenderen Werke: Christianity and Mankind, London 1854). Cf. Routh, reliquiae sacrae, sive auctorum fere jam perditorum sec. tertii fragm. quae supersunt, Oxon. 1814 sqq., 2. ed. ib. 1846—48. J. B. Card. Pitra, spicilegium Solesmense complectens sanct. patrum scriptorumque eccles. anecd. hactenus opera, 4 Tom., Par. 1852—1859; ders., Analecta sacra, Vol. I. Par. 1876, Vols. II, III, IV: Patres Antenicaeni, Par. 1883 u. 1884, Vol. VIII, 1882. Corpus scriptorum ecclesiasticorum latinorum, editum consilio et impensis academiae litt. Caesareae Vindobonensis, von 1866 an, hier anzuführen: Minucius Felix et Firmicus Maternus, ex rec. C. Halmii, 1867, Thasc. Caec. Cyprianus rec. W. Hartel, 1646—51, Arnobii advers. nationes ll. VII. rec. Aug. Reifferscheid, 1875, Claudianus Mamertus, de statu animae rec. Aug. Engelbrecht, 1885. St. patrum opuscula selecta ad usum praesert. studiosorum theol. ed. — Hnr. Hurter, Innsbr. 1868 ff. (die griech. in lat. Uebersetz.). Auszüge und Chrestomathien lieferten Rösler (Bibliothek der Kirchenväter, 10 Bde., Lpz. 1776—86), Augusti (Chrestomathia patristica, Lips. 1812), Gersdorf (Bibl. patr. eccl. lat. selecta, Lips. 1835—47) und Andere. Eine deutsche Uebersetzung: Bibliothek der Kirchenväter (schon über 400 Bändchen), Kempten 1830 ff.

Thom. Ittig, de bibliothecis et catenis patrum, Lips. 1707. Schediasma de auctoribus qui de scriptoribus ecclesiasticis egerunt, ibid. 1711. Car. Tr. Gottl. Schönemann, biblioth. hist. lit. patrum latinorum a Tertull. usque ad Greg. M. et Isidorum Hisp., Tom. I, II, Lips. 1792—94. Busse, Grundriss der christl. Litt., Münster 1828. J. G. Dowling, notitia scriptorum S. Patrum aliorumque veteris ecclesiae monumentorum, quae in collectionibus anecdotorum post annum Chr. MDCC in lucem editis continentur, Oxonii 1839. Vgl. auch Engelmann, Biblioth. script. class., 8. Aufl., umfassend d. Literat. v. 1700—1878, neu bearbeitet von Dr. E. Preuss, 1. Abth., Scriptores graeci, Lpz. 1880, 2. Abth., Scriptores latini, 1882.

Möhlers Patrologie, Bd. I (d. drei ersten Jahrh.), hrsg. von F. X. Reithmayr, Regensburg 1840. Institutiones patrologiae concinnavit Jos. Fessler, Innsbruck 1850—51 (bis auf Gregor d. Gr.). Deutinger, Geist der christl. Ueberlieferung, Regensburg 1850 bis 51 (bis auf Athanasius). Ferd. Christ. Baur, das Christenthum der 3 ersten Jahrh., 2. A., Tübing. 1860; die christl. Gnosis od. Religionsphilos., Tübing. 1835. E. de Pressensé, Histoire des trois premiers siècles de l'église, Paris 1858 ff., deutsch v. E. Fabrarius, 6 Theile, Lpz. 1862—77 (eine populäre Darstellung). C. Werner. Gesch. der apologet. u. polem. Litteratur der christl. Theolog., Schaffhausen 1861 ff. Jam. Donaldson, a critical hist. of Christ. lit. and doctrine from the death of the Apostles to the Nicene Council, I—III, Lond. 1865—66. Joh. Alzog, Grundriss der Patrologie od. der ält. christ. Litterärgesch., Freiburg im Br. 1866, 3. Aufl. ebd. 1876. J. Nirschl, Lehrb. der Patrologie u. Patristik, Bd. 1—3, Mainz 1881—1885. Carl van Endert, der Gottesbeweis in der patrist. Zeit m. bes. Berücks. Augustins, Diss., Würzburg 1869. August Stahl, die natürl. Gotteserk., aus der Lehre der Väter dargestellt, Regensburg 1869. Anet, la notion du Logos dans la philos. grecque, dans St. Jean et dans les pères apologètes, Liège 1875. J. Réville, la notion du Logos dans le quatrième évangile et dans les oeuvres de Philon, Par. 1881. Roderfeld, d. kathol. L. v. d. natürl. Gotteserkenntniss u. d. platon.-patrist. u. d. aristotel.-scholast. Erkenntnisstheorie, in: Theol. Quartalschr., Bd. 63, S. 77—136, 187—249. Fr. Overbeck, üb. d. Anfänge der patrist. Litterat., in: hist. Ztschr., N. F., 12. Bd., 1883, S. 417—472. Ad. Hausrath, die Kirchenväter des 2. Jhs., in: Kleine Schrift. religionsgesch. Inhalts, Lpz. 1883, S. 1 bis 136, s. dageg. H. Ziegler, Licht u. Schatten in d. christl. K. des 2. Jhs., in: Ztschr. f. wissensch. Th., 1884, S. 394—415. Vgl. Gust. Teichmüller, Aristot. Forschungen, III: Gesch. des Begr. der Parusie, Halle 1873, auch einzelne Abschnitte in dessen Studien zur Gesch. der Begr., Berl. 1874. Carl Siegfried, Philon v. Alexandria als Ausleger des A. T. an sich selbst und nach seinem geschichtl. Einfluss betrachtet, Jena 1875. K. F. A. Kahnis, üb. d. Verh. der alten Philosophie zum Christenth., Lpz. 1884.

Alb. Stöckl, Gesch. der Philosophie der patrist. Zeit, Würzburg 1859.

Joh. Huber, die Philosophie der Kirchenväter, München 1859.

Für die **lateinische Patristik** ist zu vergleichen: W. S. Teuffel, Gesch. der römisch. Litteratur, Lpz. 1870, 4. Aufl., bearbeit. von Schwabe 1882, und besonders das werthvolle Werk von Ad. Ebert: Allgem. Gesch. der Litteratur des Mittelalters im Abendl., 1. Bd.: Gesch. der christl. latein. Litteratur v. ihren Anfängen bis z. Zeitalter Karls d. Gr., Lpz. 1874 (den 2. Bd. s. weiter unten). F. Botton, les pères de l'église latine, extraits de ses principaux ouvrages, Par. 1884.

Das **Sprachliche** behandeln L. Montant, de ratione, qua Christiani theologi linguam Graecorum philosophorum suae philosophiae accommodarint, Par. 1878. G. Koffmane, Geschichte des Kirchenlateins, 1. Bd.: Entstehung u. Entwickl. des Kirchenlateins bis auf Augustinus—Hieronymus, 1. u. 2. Heft, Breslau 1879, 1881.

§ 4. Das religiöse Bewusstsein von dem Gegensatz zwischen Heiligkeit und Sünde hat unter den Völkern des Alterthums zumeist das israelitische gehegt; aber sein sittliches Ideal war an das Ritualgesetz gebunden, und die Offenbarung Gottes erschien ihm als beschränkt auf das auserwählte Volk der Kinder Abrahams. Die Aufhebung der rituellen und nationalen Schranken des sittlich-religiösen Lebens wurde vorbereitet zumeist durch die alexandrinische Religionsphilosophie, welche als Vermittelung zwischen jüdischen Lehren und hellenischer Philosophie anzusehen ist, und vollzogen durch das Christenthum. Zu der Zeit, als die griechische Cultur die geistige Abgeschlossenheit und die Römerherrschaft die politische Selbständigkeit der Völker aufgehoben hatte, trat im Christenthum der Realität des Weltreichs die Idee eines Gottesreichs gegenüber, welches auf Herzensreinheit beruhe. Die Messiashoffnung des jüdischen Volkes ward vergeistigt, in der Busse und Besserung die Bedingung des Seelenheils erkannt, und das Princip aller Gebote in dem Gesetze der Liebe gefunden, wodurch in nothwendiger Folge das Ritualgesetz und damit zugleich auch die nationalen, politischen und socialen Unterschiede ihre frühere absolute Bedeutung verloren; den Armen ward das Evangelium gepredigt, den Bedrückten die Theilnahme am Himmelreich verheissen, und das Bewusstsein von Gott als dem allmächtigen Schöpfer, dem heiligen Gesetzgeber und gerechten Richter durch das Bewusstsein von der Erlösung und Gotteskindschaft vermöge des Wirkens und Wohnens Gottes in Christo und in der Gemeinschaft der Gläubigen ergänzt.

In Betreff der Litteratur muss hier auf die theologischen Handbücher verwiesen werden. Vgl. ausser den Einleitungen in die biblischen Schriften von de Wette (Th. 1, Einleit. ins A. T., Berl. 1817, später neu bearb. von E. Schrader, Th. II, Einl. ins N. T., Berl. 1826, später herausgegeb. von Messner u. Lünemann), Hug, Reuss, Bleek (Einleitung in das neue Testament, 3. Aufl. besorgt v. W. Mangold, Berl. 1875), Hilgenfeld (historisch-kritische Einleitung in das Neue Testament, Lpz. 1875) etc., insbesondere noch Carl Aug. Credner, Gesch. des neutestamentl. Kanon, hrsg. von G. Volkmar, Berlin 1860, und Adolf Hilgenfeld, der Kanon u. die Kritik des N. T. in ihrer geschichtl. Ausbildung u. Gestaltung, Halle 1863, G. M. Redslob, die kanon. Evangelien als geheime kanonische Gesetzgebung in Form von Denkwürdigktn. aus d. Leb. Jesu dargestellt, Leipz. 1869, R. F. Grau, Entwickelungsgesch. des neutestam. Schriftth., 2 Bde., Gütersloh 1871, anderseits aber die zahlreichen Schriften über die neutestamentlichen Lehrformen und Denkrichtungen, wie von Neander, de Wette, Baur etc.,

§ 4. Die christl. Religion. Jesus u. d. Apostel. Die neutestamentl. Schriften.

u. A. auch E. Reuss (hist. de la théol. chrét. au siècle apostolique, Strassb. 1852). R. K. Lutterbeck (die christl. Lehrbegriffe, Mainz 1852), Christian Friedr. Schmid (bibl. Theol. d. N. T., Stuttgart 1853), Frz. Delitzsch (System der biblischen Psychologie. Lpz. 1855, 2. Aufl. 1861), J. T. Beck (Umriss der biblisch. Seelenlehre, Stuttg. 1843. 2. Aufl., Tüb. 1862), H. Messner (die Lehre der Apostel, Leipz. 1856), Joh. Chr. Conr. Hofmann (die heil. Schrift neuen Test., Nördling. 1862—71), C. F. Cocker, (christianity and greek philos., New-York 1870), E. Spiess (Logos spermatikos, Parallelstellen z. N. T. aus d. Schrift. d. alten Griechen, e. Beitr. z. christl. Apologetik u. vergleichd. Religionsphil., Leipz. 1871), insbes. über den johanneischen Lehrbegriff von Frommann. Köstlin, Reuss etc., auch Monographien, wie unter vielen andern C. Holsten, die Bedeutg. d. Wortes σάρξ im Lehrbegriffe des Paulus, Rostock 1855, Carl Niese, die johanneische Psychologie, Progr. der Landesschule Pforta, Naumburg 1865, L. Th. Schulze, vom Menschensohn und vom Logos, Gotha 1867, R. Röhricht, zur joh. Logoslehre, in den theol. Stud. u. Kr. 1868, S. 299—315, A. Sabatier, l'apôtre St. Paul, esquisse d'une histoire de sa pensée, Par. 1870, 2. éd. 1881, J. H. Scholten, d. paulin. Evangelium, übers. v. E. R. Redepenning, Elberfeld 1881, H. Fr. Th. L. Ernesti, die Ethik des Apostels Paulus, Braunschweig 1868, 3. Aufl., Lpz. 1885, Willib. Beyschlag, d. paulin. Theodicee, Berl. 1868, Rich. Schmid, die paulinische Christologie in ihrem Zusammenhange mit der Heilslehre des Apostels dargestellt, Göttingen 1870, H. Luedemann, die Anthropologie des Apostels Paulus u. ihre Stellung innerhalb seiner Heilslehre, Kiel 1872, E. Menegoz, le péché et la rédemption d'après St. P., Par. 1882.

Ueber den Essäismus vgl. El. Benamozegh, storia degli Esseni, Firenze 1865, A. Hilgenfeld, der Essäismus und Jesus, in: Zeitschr. f. wiss. Theol., X. Jahrgang, 1. Heft, 1867, S. 97—111, und noch ein Wort über den Essäism., ebd. XI, 3, 1868, S. 343—352. Wilh. Clemens, de Essenorum moribus et institutis, Diss. inaug., Königsb. 1868, die Quellen f. d. Gesch. d. Essener in Zeitschr. f. wiss. Th. XII, 3, 1869, S. 328 bis 350, die essenisch. Gemeinden, ebd. XIV, 3, 1871, S. 418—431. P. E. Lucius, der Essenism. in sein. Verh. zum Judenth., Strassb. 1881. Dass die Therapeuten Philons, die eine den Essäern ähnliche, nur noch strengere Lebensweise geführt haben sollen, die Erfindung eines unter dem Namen Philons schreibenden Christen, der das Mönchthum verherrlichen wollte, seien, hat sehr wahrscheinlich gemacht Lucius, die Therapeuten und ihre Geschichte in der Askese. Eine krit. Untersuch. über die Schrift De vita contemplativa, Strassburg 1879, vgl. jedoch H. Weingarten, R. Encycl. f. prot. Th., Art. Mönchsthum u. Ad. Harnack, ebd., Art. Therapeuten; s. Grundr. I, 7. Aufl., S. 296. — Ueber die alexandrinisch-jüdische Litteratur, namentlich über die Philon betreffende, vgl. Grundr., Bd. I, 7. Aufl., S. 292 f.

E. Renan, les Evangiles et la seconde génération chrétienne, Par. 1877, Marc Aurèle et la fin du monde antique, Par. 1882. (5. u. 7. Bd. der Histoire des origines du Christianisme, v. welcher der 1. behandelt Vie de Jésus, der 2. les Apôtres, der 3. St. Paul, der 4. l'Antichrist, der 6. l'Eglise chrétienne. Renan hat es sich in diesem Werke zur Aufgabe gemacht, die allmählichen Umbildungen darzustellen, welchen der von Jesu in die Menschheit gepflanzte Keim hat erleiden müssen, um ein fester und dauerhafter kirchlicher Organismus zu werden.) Ern. Havet, le Christianisme et ses origines, 1. partie: l'Hellénisme, T. I, II, Par. 1871, 2. éd. 1873; 2. partie: le Judaisme T. III 1878, T. IV 1884. A. Hausrath, neutestamentl. Zeitgesch., Heidelb. 1868 f., 2. Aufl., 4 Thle. 1873—77, 3. Aufl. v. 1879 an. E. Schürer, Lehrb. der neutestamentl. Zeitgesch., Lpz. 1874; 2. Th., 2. Aufl., 1886.

Das Eigenthümliche des Christenthums setzt in bewusstem Anschluss an Schleiermacher und wohl nicht ohne einen thatsächlichen Einfluss hegelscher Begriffe Neander (christl. Dogmengesch., hrsg. von J. Jacobi, Berlin 1857, S. 34, und häufig in anderen Schriften, vgl. auch Neander, über das Verhältniss der hellenischen Ethik zum Christenthum, in seinen wissensch. Abhandlungen, hrsg. von J. Jacobi, Berlin 1851) in „die Erlösung, das Bewusstsein der Einigung des Göttlichen und Menschlichen", und bemerkt über das Verhältniss desselben zum Judenthum (dessen Charakteristik hierbei allerdings zu constructiv sein und in der Behauptung eines Bewusstseins der Entfremdung wenigstens auf die vorexilische Zeit nicht passen möchte) und zum Hellenismus (ebendas. S. 36): „Im Allgemeinen bezeichnet der religiöse Standpunkt des Judaismus das hervorgetretene Bewusstsein der Entfremdung von Gott und der Entzweiung in der menschlichen Natur, der

§ 4. Die christl. Religion. Jesus u. d. Apostel. Die neutestamentl. Schriften.

Hellenismus hingegen das jugendliche Leben der Natur, wo dieser Gegensatz zu Gott noch nicht zum Bewusstsein gekommen ist. Im Verhältniss zum Judenthum will das Christenthum die Kluft aufheben durch die Erlösung; im Verhältniss zum Hellenismus bringt es den Zwiespalt erst zum Bewusstsein und lässt aus der Aufhebung desselben eine Mittheilung des göttlichen Lebens an die Menschheit hervorgehen.* (Als die Grundrichtung des Orientalismus in der indischen und in anderen Naturreligionen bezeichnet Neander ebendas. den „Zwiespalt des Bewusstseins in der Form der Trauer und Wehmuth über die Schranken der menschlichen Natur, in der regellosen Sehnsucht nach dem Unendlichen und nach der Versenkung in Gott.") Vgl. oben Theil I, § 5.

In der eigenen Lehrthätigkeit Jesu, die er besonders durch Sprüche und Gleichnisse übte, fällt das Hauptgewicht auf das Hinausgehen über die gesetzliche Gerechtigkeit, wie zumeist die Pharisäer dieselbe übten (Matth. V, 20), auf die ideale Ergänzung des Gesetzes vermöge des Princips der Liebe und die wirkliche Erfüllung des so ergänzten Gesetzes; und zwar sollen im Wesentlichen die Gebote und Verbote des Moses (auch die rituellen), sogar manche Satzungen Späterer noch in Kraft bleiben, so weit sie jedoch nur Aeusseres betreffen und nicht unmittelbar eine sittlich-religiöse Bedeutung haben, werden sie zum Theil factisch durch den Messias für die Genossen des Gottesreiches aufgehoben, insbesondere in Bezug auf Sabbathfeier, Reinigungen und Opfer, Marc. II, 23—28; VII, 14—23 etc. (wenn anders diese Darstellung rein historisch ist, Matth. XII, 12). Dasjenige aber, was Moses um der Herzenshärtigkeit des Volkes willen erlaubt habe, soll nicht mehr erlaubt bleiben, sondern dem idealen Sittengesetze, welches auch die Gesinnung bestimmt, unterworfen werden, wodurch die Strenge der sittlichen Anforderungen überhaupt nicht im mindesten als gelockert, sondern als erhöht erscheint; daher der freilich nur im bildlichen Sinne wahre Ausspruch Matth. V, 18, dass bis zum Weltende kein Titel des Gesetzes abrogirt, sondern bis dahin immerdar alles vollzogen werden solle (wenn anders der Ausspruch in dieser Form authentisch und nicht durch den Referenten im judenchristlichen Sinne, der auch die Messiaswürde an die volle Gesetzeserfüllung band, geschärft ist als Gegensatz gegen einen paulinischen oder ultra-paulinischen Antinomismus).

Es ist nicht so, als ob Moses nur ein Ritualgesetz gegeben hätte und Christus nur das Sittengesetz anerkennte; das Gebot der Liebe zu dem Nächsten findet sich schon, wenn auch noch nicht bestimmt als das der Feindesliebe, bei jenem (3. Mos. XIX, 18, vgl. 5. Mos. VI, 5, XXX, 16, über die Liebe zu Gott, ferner Stellen, wie Jes. LVIII, 7, bei den die christliche Idealität anbahnenden Propheten), und Rituelles behält Geltung bei diesem (wenigstens nach der Darstellung im Matthäus-Evangelium; das Marcus- und Lucas-Evangelium behaupten nicht die fortdauernde Gültigkeit des Gesetzes); aber das Werthverhältniss beider Elemente wird das umgekehrte in Folge der principiellen Bedeutung, die Christus dem Gebote der Liebe zuerkennt (Matth. XXII, 34 ff.; Marc. XII, 28 ff.; Luc. X, 25 ff.), und in Folge des Vaternamens, durch den er (wozu sich im alten Testamente nur Ansätze finden) das Verhältniss des Menschen zu Gott als ein Verhältniss gemüthlicher Innigkeit bezeichnet. Er knüpft zum Theil ausdrücklich an alttestamentliche Stellen an (auf 1. Sam. XV, 22 u. XXI, 6, Hos. VI, 6 geben Matth. IX, 13, XII, 3); die prophetische Schilderung des messianischen Reiches, in welchem Friede und Freude herrsche und kein Streit mehr wohne (Jes. IX, u. ö.), involvirt den Gedanken der verwirklichten allumfassenden Liebe; in dem alttestamentlichen Nasiräatsgelübde lag das Princip eines Hinausgehens über die vulgäre Gerechtigkeit durch Abstinenz. Auch waren vielleicht die Grundsätze und das Leben der Essäer (Grundr. I, § 63) von einigem (durch Johannes den Täufer vermittelten) Einfluss.

§ 4. Die christl. Religion. Jesus u. d. Apostel. Die neutestamentl. Schriften.

Indem Jesus, der Johannes-Schüler, sich seit seiner Taufe durch Johannes, den Messiasverkünder, selbst als Messias fühlte, der auch dem Moses an Würde nicht nachstehe (nach 5. Mos. XVIII, 15), und dem von Gott eine unvergängliche Gewalt, ein ewiges Reich verliehen sei (Dan. VII, 13 u. 14), trug er in sich den Beruf und hatte den Muth, ein Gottesreich aufzurichten, die Mühseligen und Beladenen um sich zu schaaren, über alles Bestehende hinauszugehen und vielmehr nach seinem eigenen sittlichen Bewusstsein und dem Bedürfniss des Volks, mit dem er Mitleid trug, als bloss nach der überlieferten Satzung zu lehren und zu leben. Ueber die dem Orientalismus entstammten Anschauungsformen und den Mangel entwickelter Begriffe von Arbeit und auf ihr ruhender Selbständigkeit, Eigenthum, Recht und Staat prävalirt das Princip der reinen Menschenliebe. Als eine Darstellung der vollendeten Gerechtigkeit erscheint das Leben Jesu in der Liebe, mit welcher er für die Seinigen wirkt, in der unbedingten Opposition gegen die bisherigen Leiter des Volkes und alle anderen feindlichen Mächte und in seinem eben hierdurch herbeigeführten, unter furchtlosem Bekenntniss zu seiner Messiaswürde in der zuversichtlichen Erwartung der Wiederkunft willig übernommenen Tode. Die Bitte, dass Gott seinen Richtern und Feinden vergeben möge, involvirt das ungebrochene Bewusstsein seines absoluten Rechtes, und das gleiche Bewusstsein blieb auch nach seinem Tode noch seinen Jüngern. In dem durch den Messias gegründeten Gottesreiche soll mit der Heiligkeit zugleich die Seligkeit wohnen; das Gebet Jesu geht darauf, dass Gottes Name geheiligt werde, sein Reich komme, sein Wille geschehe, und dass mit der Sünde zugleich auch die irdische Noth aufgehoben werde; den Mühseligen und Beladenen wird Erquickung verheissen durch Aufhebung des Druckes, welchen fremde Tyrannei und eigene Armuth, Krankheit und Sündhaftigkeit üben, durch das Verhältniss der Gotteskindschaft und durch die Hoffnung der ewigen Seligkeit für die Genossen des Gottesreichs. Die Möglichkeit der Erhebung zur Herzensreinheit und sittlichen Vollkommenheit, dem Abbilde der Vollkommenheit Gottes, des himmlischen Vaters, setzt Jesus bei denen, an welche seine Predigt sich richtet, ebenso unmittelbar voraus, wie er selbst sich derselben bewusst ist.

In der Consequenz der sittlichen Lehre und des Lebens Jesu lag die Antiquirung des mosaischen Ritualgesetzes und damit zugleich die Durchbrechung der nationalen Schranke des Judenthums. Diese von Jesus selbst angebahnten Consequenzen seines Princips hat ausdrücklich zuerst Paulus gezogen, der sich dabei seines Abhängigkeitsverhältnisses von ihm durchaus bewusst ist („nicht ich, sondern Christus in mir", Gal. II, 20) und auf Grund seiner persönlichen Erfahrung in dogmatischer Verallgemeinerung derselben für alle Menschen überhaupt die Kraft zur Erfüllung des reinen Sittengesetzes und den Weg zur wahrhaften Geistesfreiheit in dem Glauben an Christus findet. Paulus negirt die Gebundenheit des Heils an Gesetz und Nationalität und überhaupt an jegliches Aeussere („hier ist kein Jude, noch Grieche, kein Knecht, noch Freier, kein Mann, noch Weib", Gal. III, 28; vergl. VI, 15: οὔτε περιτομὴ οὔτ' ἀκροβυστία, ἀλλὰ καινὴ κτίσις, auch Röm. X, 12; 2. Cor. V, 17). Positiv knüpft er dasselbe an die schlechthin freie Gnade Gottes, deren Aneignung seitens des Subjects durch den Glauben Christus als den Erlöser erfolgt. Das Gesetz war der Zuchtmeister auf Christus (παιδαγωγὸς εἰς Χριστόν, Gal. III, 24). Durch den Glauben wird der innere Mensch erbaut (ὁ ἔσω ἄνθρωπος, Röm. VII, 22; Ephes. III, 16; vgl. Röm. II, 29; 1. Petr. III, 4; vgl. auch ὁ ἐντὸς ἄνθρωπος bei Platon Rep. IX, p. 589 A, wo aber dieser Ausdruck auf ein durchgeführtes Gleichniss basirt ist, und ὁ ἔσω λόγος im Gegensatz zum ἔξω λόγος bei Aristot. Analyt. post. I, 10). Das Gesetz führt nicht über den Zwiespalt zwischen dem Wollen des Guten nach dem Geist und dem Thun des Bösen nach dem Fleisch

§ 4. Die christl. Religion. Jesus u. d. Apostel. Die neutestamentl. Schriften. 9

hinaus; durch Christus aber ist dieser Zwiespalt gehoben, die Ohnmacht des Fleisches ist überwunden durch seinen uns innewohnenden Geist (Röm. VII und VIII).
Der Glaube wird von Gott dem Menschen als Gerechtigkeit angerechnet und verleiht ihm wieder die seit Adams Sündenfall verlorene Kraft zur wahrhaften Erfüllung des Sittengesetzes, indem er ihm des Geistes Christi theilhaftig werden lässt; an die Stelle des knechtischen Verhältnisses der Furcht vor der dem Gesetzübertreter angedrohten Strafe tritt mit der Hingabe an Christum, den Erlöser, als Rechtfertigung durch den Glauben das freie Verhältniss der Kindschaft, der Gemeinschaft mit Gott in der Liebe. Der Gläubige hat in der Taufe Christum angezogen; Christus soll in ihm Gestalt gewinnen; wie Christus in den Tod gegangen und auferstanden, so stirbt der Gläubige vermöge der Einheit mit ihm der Sünde ab, kreuzigt sein Fleisch sammt den Lüsten und Begierden und ersteht zu neuem, sittlichem Geistesleben; die Frucht des Geistes aber ist Liebe, Freude, Friede, Geduld, Freundlichkeit, Gütigkeit, Treue, Sanftmuth, Züchtigkeit (Gal. II, 17; III, 27; IV, 19; V, 22—24; Röm. VI, 1; VIII, 12 ff.; XIII, 14). Aber der Gläubige hat in diesem Leben doch nur die Erstlinge des Geistes ($\dot{\alpha}\pi\alpha\rho\chi\dot{\eta}$ $\tau o\tilde{v}$ $\pi\nu\epsilon\dot{v}\mu\alpha\tau o\varsigma$, Röm. VIII, 23); wir sind wohl selig, aber nur in der Hoffnung, und warten in Geduld (Röm. VIII, 24 f.); wir wandeln noch im Glauben, nicht im Schauen ($\delta\iota\dot{\alpha}$ $\pi\dot{\iota}\sigma\tau\epsilon\omega\varsigma$ $\pi\epsilon\rho\iota\pi\alpha\tau o\tilde{v}\mu\epsilon\nu$, $o\dot{v}$ $\delta\iota\dot{\alpha}$ $\epsilon\dot{\iota}\delta o v\varsigma$, 2. Cor. V, 7); das neue Leben wird (nach 1. Cor. XV, 23) vermittelt durch die Wiederkunft Christi (und zwar nach dem ersten Thessalonicher-Brief IV, 17 mittelst einer Erhebung der dann noch Lebenden und der Wiederauferweckten auf Wolken zum Herrn, vgl. Joh. Apok. XI, 12). Den Kern des Sittengesetzes findet Paulus in der Liebe (Gal. V, 14: $\dot{o}$ $\gamma\dot{\alpha}\rho$ $\pi\tilde{\alpha}\varsigma$ $\nu\dot{o}\mu o\varsigma$ $\dot{\epsilon}\nu$ $\dot{\epsilon}\nu\dot{\iota}$ $\lambda\dot{o}\gamma\omega$ $\pi\lambda\eta\rho o \tilde{v}\tau\alpha\iota$, $\dot{\epsilon}\nu$ $\tau\tilde{\omega}$ $\dot{\alpha}\gamma\alpha\pi\dot{\eta}\sigma\epsilon\iota\varsigma$ $\tau\dot{o}\nu$ $\pi\lambda\eta\sigma\dot{\iota}o\nu$ $\sigma o v$ $\dot{\omega}\varsigma$ $\dot{\epsilon}\alpha v\tau\dot{o}\nu$, Gal. VI, 2: $\tau\dot{o}\nu$ $\nu\dot{o}\mu o\nu$ $\tau o\tilde{v}$ $X\rho\iota\sigma\tau o\tilde{v}$, Röm. XIII, 8—10: $\dot{o}$ $\dot{\alpha}\gamma\alpha\pi\tilde{\omega}\nu$ $\tau\dot{o}\nu$ $\tilde{\epsilon}\tau\epsilon\rho o\nu$ $\nu\dot{o}\mu o\nu$ $\pi\epsilon\pi\lambda\dot{\eta}\rho\omega\kappa\epsilon$. . . . $\pi\lambda\dot{\eta}\rho\omega\mu\alpha$ $o\dot{v}\nu$ $\nu\dot{o}\mu o v$ $\dot{\eta}$ $\dot{\alpha}\gamma\dot{\alpha}\pi\eta$, vgl. 1. Cor. IX, 21; Röm. III, 27: VIII, 2). Die Liebe ist das Letzte und Höchste im Christenthum; sie überragt auch den Glauben und die Hoffnung (1. Cor. XIII, 13). Die Liebe ist die Bethätigung des Glaubens (Gal. V, 6: $\pi\dot{\iota}\sigma\tau\iota\varsigma$ $\delta\iota'$ $\dot{\alpha}\gamma\dot{\alpha}\pi\eta\varsigma$ $\dot{\epsilon}\nu\epsilon\rho\gamma o v\mu\dot{\epsilon}\nu\eta$). Die paulinische Lehre von dem Verhältniss des Glaubens zu der Liebe enthielt einen mächtigen Antrieb zu fortschreitender Gedankenentwickelung in Bezug auf die Frage nach dem Bande, das diese beiden Seiten des religiösen Lebens mit einander verknüpfe. Wenn nämlich der Glaube seinem Begriffe nach (wie sich aus Gal. III, 26; V, 6; Röm. VI, 3 ff.; VIII, 1 ff.; 1. Cor. XII, 3 schliessen lässt) principiell die Liebe oder sittliche Gesinnung bereits involvirt und daher die an ihn geknüpfte Rechtfertigung die göttliche Anerkennung einer in ihm enthaltenen Wesensgerechtigkeit ist (mit anderen Worten: wofern das göttliche gerechtsprechende Urtheil, wie man im Anschluss an die kantische Terminologie sich ausdrücken kann und ausgedrückt hat, ein „analytisches Urtheil" über die subjective sittliche Beschaffenheit des Gläubigen" ist), dann ist theils die allgemeine Nothwendigkeit der Verknüpfung des an sich gültigen sittlichen Elementes mit den in dem Glauben an Jesus als den Messias und Gottessohn auch liegenden historischen und dogmatischen Elementen nicht dargethan, theils scheint sich vielmehr die nichtpaulinische Folge: Glaube, beginnender Process der Wiedergeburt und Heiligung, und Rechtfertigung, je nach dem Maasse der jedesmal bereits erfolgten Heiligung, als die paulinische Folge: Glaube, Rechtfertigung, Heiligung zu ergeben. Wenn aber andererseits der Glaube die Liebe nicht nothwendig involvirt (wie es nach Röm. IV, 19; X, 9 etc. scheinen kann) und nur als ein neues statutarisches Element, als christlicher Ersatz für die jüdische Betheiligung an Opfern und Ceremonien eintritt (wenn also die göttliche Gerechtsprechung der Gläubigen nur ein „synthetisches Urtheil", ein Imputiren einer fremden Gerechtigkeit ist), dann besteht die Versittlichung der Gesinnung zwar als Forderung, erscheint aber nicht

als unausbleibliche Consequenz des Glaubens; der sittliche Vorzug eines Jeden, der an Christi realen Tod und reale Auferstehung glaubt und sich durch Christi Verdienst für erlöst von Schuld und Strafe hält, vor allen Menschen, die nicht in diesem Glauben stehen, wäre eine willkürliche, durch die erfahrungsmässigen Thatsachen keineswegs durchgängig bestätigte Behauptung, und falls trotz der dem gläubig gewordenen Sünder zugerechneten Gerechtigkeit der Fortgang zur Wesensgerechtigkeit ausbleibt, so müsste die göttliche Gerechtsprechung des Ungebesserten neben der Verdammung Anderer als Willkür, Parteilichkeit und Ungerechtigkeit erscheinen, und auf Seiten des Menschen wäre dem frivolen Missbrauch der vergebenden Gnade als eines Freibriefes zur Sünde ein freier Spielraum eröffnet. Indem Spätere danach strebten, die mystisch-religiöse Anschauung des Paulus von dem Sterben und Auferstehen mit Christo in dogmatische Begriffe umzusetzen, trat eben diese Schwierigkeit (welche in neuerer Zeit die schleiermachersche Dogmatik durch die Definition des rechtfertigenden Glaubens als der Aneignung der Vollkommenheit und Seligkeit Christi, folglich als Hingebung an das christliche Ideal, zu lösen versucht hat) mit steigender Deutlichkeit hervor und gab Anlass zu mannigfachen theologischen und philosophischen Erörterungen, wovon schon der Jacobusbrief zeugt; die altkatholische Kirche schritt zur Nebeneinanderstellung von Sittengesetz und theoretisch verstandenem, auch seinerseits gesetzlich normirtem Glauben; im Augustinismus, in der Reformation, dann auch in der theologischen und philosophischen Ethik der neueren Zeit bekundet sich immer wieder in neuer Form die aus den paulinischen Anschauungen hervorgehende Dialektik.

Bei der Anerkennung der (immer mehr aus der Forderung des Gebens an Arme und des gemeinschaftlichen Güterbesitzes der Gläubigen durch idealisirende Verallgemeinerung zur Reinheit des Begriffs erhobenen) Liebe als des Höchsten im Christenthum handelt doch Paulus in seinen Briefen zumeist von dem das Gesetz aufhebenden Glauben: in den Mittelpunkt der Darstellung aber tritt die Liebe in den Johannes-Briefen und dem gleichnamigen (vierten) Evangelium. Gott ist die Liebe (1. Joh. IV, 8; 16); seine Liebe hat sich durch die Sendung seines Sohnes bekundet, auf dass Alle, die an ihn glauben, das ewige Leben haben (1. Joh. IV, 9; Ev. Joh. III, 16); wer in der Liebe bleibt, der bleibt in Gott und Gott in ihm; das Gebot Christi ist die Liebe; sie ist das neue Gebot; wer Gott liebt, muss auch seinen Bruder lieben; die Liebe zu Gott bekundet sich durch das Halten seiner Gebote und den Wandel im Licht (Ev. Joh. XIII, 34; XV, 12; 1. Joh. I, 7; IV, 16; 21; V, 2). Die Gläubigen sind aus Gott geboren; sie sind der Welt verhasst; die Welt aber liegt im Argen (Ev. Joh. XV, 18 u. ö.; 1. Joh. V, 19). An die Stelle des paulinischen Kampfes gegen einzelne concrete Mächte, namentlich gegen die fortdauernde Geltung des mosaischen Gesetzes, tritt hier der Kampf gegen die „Welt" überhaupt, gegen alle dem Christenthum widerstreitenden Richtungen, gegen die Juden und gegen Nichtjuden mit ihrem Unglauben und ihrer Feindschaft wider das Evangelium. Der Gegensatz des auserwählten Judenvolkes gegen die Heiden hat sich zum Gegensatz der Christusgläubigen, die im Lichte wandeln, gegen die Ungläubigen und Kinder der Finsterniss umgestaltet und der zeitliche Gegensatz des $\alpha i \dot{\omega} \nu$ $o \tilde{\nu} \tau o \varsigma$ und $\dot{\varepsilon} \varkappa \varepsilon \tilde{\iota} \nu o \varsigma$ zum beständig vorhandenen Gegensatz zwischen der Welt und dem Reiche Gottes, welches das Reich des Geistes und der Wahrheit ist. Der Glaube, dass Jesus sei der Christus, ist die weltüberwindende Macht. Dass durch Moses das Gesetz gegeben sei, durch Jesus aber die Gnade und Wahrheit (Ev. Joh. I, 17), erscheint bereits als eine gesicherte Ueberzeugung. Das Gesetz ist abgethan, das religiöse Leben wird nicht mehr durch Opfer und Ceremonien genährt und erfüllt; in die frei gewordene Stelle tritt neben der praktischen Liebesthätigkeit eine theoretische Speculation, zu welcher der Glaube sich fortbildet.

§ 4. Die christl. Religion. Jesus u. d. Apostel. Die neutestamentl. Schriften.

Zunächst an die Beziehung zu der jüdischen Nation knüpft sich die Anerkennung Jesu als des **Messias** oder Davidssohnes, der als solcher zugleich Gottessohn ist, in dem nach **Matthäus** benannten Evangelium; die Bezeichnung Jesu als des **Sohnes Gottes** prävalirt in dem (die fortdauernde Gültigkeit des jüdischen Gesetzes nicht behauptenden) **Marcus-Evangelium**, wo die Benennung „Sohn Davids" nur einmal (X, 47 f.) im Munde des Blinden zu Jericho vorkommt. Als Ausdruck des Bewusstseins von der allgemeingültigen Bedeutung der christlichen Religion erscheint die Anerkennung Christi als des **Sohnes Gottes** bei Paulus und die Hervorhebung dieser Auffassung namentlich in dem von paulinischen Anschauungen getragenen **Lucas-Evangelium**. Die Erhabenheit des Christenthums über das Judenthum, des neuen Bundes über den alten mit seinem für die Christen nicht mehr gültigen Gesetze erscheint als persönliche Erhabenheit Jesu Christi über Moses und über die Engel, durch deren Vermittelung das Gesetz gegeben worden sei, in dem von der paulinischen Denkweise getragenen (möglicherweise von Apollos oder von Barnabas verfassten) Briefe an die **Hebräer**, der von Christus als dem Sohne Gottes aussagt, durch ihn seien von Gott die Weltperioden ($αἰῶνες$) geschaffen worden, er sei der Abglanz der göttlichen Herrlichkeit, das Ebenbild des göttlichen Wesens ($ἀπαύγασμα\ καὶ\ χαρακτὴρ\ τῆς\ ὑποστάσεως$), der ewige Hohepriester nach der Weise Melchisedeks, des Priester-Königs, dem auch Abraham sich unterordnete, dem also auch die Leviten als Kinder Abrahams nachstehen. Die Busse und Abkehr von den todten Werken und den Glauben an Gott rechnet der Verfasser dieses Briefes zu dem Elementaren im Christenthum, der Milchspeise oder der Grundlegung, von welcher zur $στερεὰ\ τροφή$ oder zur $τελειότης$ fortzuschreiten sei. Dieser Brief enthält bereits Keime der späteren Gnosis. Das nach dem Apostel **Johannes** benannte vierte **Evangelium**, welches die reine Geistigkeit Gottes lehrt und die Anbetung Gottes im Geist und in der Wahrheit fordert, erkennt in Christus den fleischgewordenen **Logos**, der von Ewigkeit her bei Gott war und mittelst dessen Gott die Welt geschaffen hat und sich den Menschen offenbart; der Logos ward Fleisch ($ὁ\ λόγος\ σὰρξ\ ἐγένετο$), und aus seiner Fülle ($ἐκ\ τοῦ\ πληρώματος\ αὐτοῦ$) schöpfen wir Gnade um Gnade.*) Das Fleischwerden des Logos ist das, was die Logoslehre des Johannes von der damals in der hellenistisch-jüdischen Philosophie herrschenden unterscheidet und auszeichnet.

---

*) Ueber die Entstehungszeit der kanonischen Evangelien und ihr Verhältniss zu einander und zu manchen anderen, grösstentheils untergegangenen Evangelienschriften sind seit dem Erwachen historischer Kritik unzählige Untersuchungen geführt worden, die jedoch immer noch nicht zu einem durchgängig zuverlässigen Ergebniss geführt haben. Die Schwierigkeit, zu einem gesicherten Resultat zu gelangen, ist darin begründet, dass bei der Untersuchung unsser den Redactionen, die uns vorliegen, ältere nicht auf uns gekommene und ebenso auch andere verloren gegangene Evangelienschriften, von denen nur wenige Spuren sich erhalten haben, mitberücksichtigt werden müssen. Wird diese Rücksicht hintangesetzt, so bewegt sich die Untersuchung in einer falschen Voraussetzung; wird sie genommen, so wird eben damit der Bildung von Hypothesen ein so weites Feld eröffnet, dass die methodische Forderung, alle Hypothesen, die sich bilden lassen, mit Ausnahme einer einzigen als unhaltbar, weil gesicherten Thatsachen widerstreitend, zu erweisen, fast undurchführbar wird. Unter diesen Umständen muss es genügen, Annahmen, deren Irrthümlichkeit streng erwiesen ist, zu vermeiden und sich eine solche Vorstellung zu bilden, die, obschon wenigstens zur Zeit nicht streng erweisbar, nach wissenschaftlichen Normen möglich ist und den Thatbestand zu erklären vermag. Die Frage, wie sich die sogenannten „synoptischen Evangelien" (nach Matthäus, Marcus und Lucas) zu einander verhalten, ist für die historische Gesammtansicht von weitaus geringerer Bedeutung, als die Frage, ob sie oder das vierte, nach Johannes benannte Evangelium der Zeit und dem Charakter nach den dargestellten Ereignissen

§ 4. Die christl. Religion. Jesus u. d. Apostel. Die neutestamentl. Schriften.

Wie wichtig und folgenreich aber auch die Begriffe sein mochten, mittelst deren Christi unmittelbare und mittelbare Schüler seine Person dachten, so ist doch nicht (wie Huber will in seinem dankenswerthen Werke über die Philosophie der Kirchenväter, München 1859, S. 8, der S. 10 im Anschluss an Schelling, Philos.

näher stehen. Das Marcus-Evangelium trägt, wie sich aus der weitaus grösseren Naturgemässheit der Darstellung im Vergleich mit den entsprechenden Partien in unserm Matthäus und Lucas mit Zuversicht schliessen lässt, in der Erzählung der Ereignisse, das Matthäus-Evangelium aber, wie sich besonders aus der anderweitig (z. B. durch paulinische Briefe) constatirbaren Stellung der Urapostel zum Gesetz ergiebt, in der Mehrzahl der Reden am meisten (obschon nicht unbedingt) den Charakter eines im Wesentlichen treuen Referates. Hierzu stimmt die Annahme am besten, dass das Marcus-Evangel. (c. I—XVI, 8 mit ursprünglich kürzerem Schluss) unter den erhaltenen Evangelien das früheste sei, das kanonische Matthäus-Evang. aber eine freie, die judenchristliche Grundlage in gewissen Beziehungen in einem universalistischen Sinne umbildende Ueberarbeitung einer sehr frühen, möglicherweise von dem Apostel Matthäus niedergeschriebenen Sammlung von Aussprüchen Jesu über das Himmelreich und die Bedingungen der Zugehörigkeit zu demselben nebst den entsprechenden Erzählungen aus Jesu Leben; bei der Ueberarbeitung wurden andere Schriften (eine Genealogie Jesu, apokalyptische Verkündigungen, und namentlich unser Marcus-Evangelium) mitbenutzt. Das Johannes-Evangelium bekundet eine nachpaulinische Entwickelungsform des christlichen Bewusstseins. Es sondert das Gesetz der Juden streng von dem Gebote Christi ab, wahrt aber die (von dem Gnosticismus aufgegebene) Beziehung zur Tradition und hält im Sinne der Apostel, gleich wie Polykarp und Justin, an der Identität des alttestamentlichen Gottes mit dem Vater Jesu Christi fest, betont aber zugleich (wodurch es über den ersten Johannes-Brief hinausgeht) die Gegenwart des Gottesreiches.

Der Hierapolitaner Papias (vgl. Schleiermacher, über die Zeugnisse des Papias von unsern beiden ersten Evangelien, in den theol. Stud. u. Krit., Jahrg. 1832, S 735—768, wiederabgedr. in Schl.s sämmtl. Werken, Abth. I, Bd. 2, S. 361—392, ferner Th. Zahn in den theol. Stud. u. Krit. 1866, S. 619—699, Franz Overbeck in der Zeitschr. f. wiss. Theol. X, 1867, S. 35—74, Wilh. Weiffenbach, das Papias-Fragment bei Euseb. H. E. III, 39, 3—4 eingehend exegetisch untersucht, Giessen 1874, ders., die Papias-Fragmente über Marcus und Matthäus eingehend exegetisch untersucht und krit. gewürdigt, Berlin 1878, Hilgenfeld, Papias v. Hierapolis, in: Zeitschr. f. wissensch. Theologie, 1875, S. 231—270, C. L. Leimbach, das Papias-Fragment, Gotha 1875, B. Lightfoot, Pap. v. Hierap., in: the contemporary review, 1875, Oct., S. 828—856, D. Martens, Papias als Exeget van Logia des Heeren, Amsterdam 1875, H. Lüdemann, zur Erklär. des Papias-Fragments, in: Jahrb. f. protest. Theol., 5. Jahrg. 1879, S. 365—384, 537—576), ein Judenchrist, der in der ersten Hälfte und wohl auch noch nach der Mitte des zweiten Jahrhunderts nach Chr. lebte und bei unmittelbaren Apostelschülern Erkundigungen nach den Reden Jesu einzog, hat in seiner Schrift: „Auslegung von Aussprüchen des Herrn" (ἐξήγησις λογίων κυριακῶν), wie Eusebius Kirchengeschichte III, 39 mittheilt, auf Grund von Aussagen des den Apostel Johannes überlebenden sogenannten Presbyters Johannes bezeugt, Marcus habe das Evangelium nach der Erinnerung an die Vorträge des Apostels Petrus niedergeschrieben, Matthäus aber habe in hebräischer Sprache eine Sammlung von Aussprüchen Jesu verfasst, die sich anfangs ein Jeder, so gut er konnte, gedeutet habe (oder habe deuten lassen, bis eine schriftliche Uebertragung ins Griechische erfolgte und Verbreitung fand). Irenäus bezeugt (adv. haer. III, 1, griechisch bei Euseb. K.-G. V, 8): ἔπειτα (nachdem Matthäus hebräisch, während Petrus und Paulus in Rom lehrten, dann nach deren Tode Marcus, der Hermeneut des Petrus, dann Lucas, der Gefährte des Paulus, geschrieben hatten) Ἰωάννης ὁ μαθητὴς τοῦ κυρίου ὁ καὶ ἐπὶ τὸ στῆθος αὐτοῦ ἀναπεσὼν καὶ αὐτὸς ἐξέδωκε τὸ Εὐαγγέλιον ἐν Ἐφέσῳ τῆς Ἀσίας διατρίβων. Diese Zeugnisse enthalten die Ansicht, welche in der christlichen Kirche die prävalirende geblieben ist; doch gingen andere Annahmen neben derselben her, und in den letzten Jahrhunderten hat sich die Zahl der Hypothesen erheblich vermehrt. Insbesondere ist, nachdem in einem von der Tradition abweichenden Sinn u. A. Spinoza, zum Theil auch Richard Simon, ferner mehrere englische Deisten Bibelkritik geübt hatten, Deutschland an biblischen Untersuchungen äusserst fruchtbar gewesen. In dem (mit dem Matthäus-Evangelium verwandten) Hebräer-Evangelium, welches noch Hieronymus gesehen hatte, glaubte Lessing

§ 4. Die christl. Religion. Jesus u. d. Apostel. Die neutestamentl. Schriften. 13

der Offenbarung, Werke II, 4, S. 35, Christus „nicht den Lehrer und Stifter, sondern den Inhalt des Christenthums" sein lässt) „die eigentliche Basis und der lebenskräftige Keim der christlichen Lehre" in denselben zu suchen; diese Basis und dieser Keim liegt vielmehr in Jesu eigener sittlicher Anforderung und Bethätigung der Anforderung der Gesinnungsgerechtigkeit, der Herzensreinheit und Liebe (wie auch Huber u. a. O. S. 8 mit Recht anerkennt, dass das Fundament jener Begriffe in Jesu Leben und Lehre liege, wodurch aber seine Zustimmung zu Schellings Satze eine wesentliche Einschränkung erhält).

---

die Quelle der Evangelienbildung überhaupt zu finden; Herder wies auf die der Schrift vorangegangene und dieselbe bedingende mündliche Tradition hin. Auf Lessings Annahme eines schriftlichen Urevangeliums fusst namentlich Eichhorn, auf Herders Traditionshypothese namentlich Gieseler und auch Schleiermacher; die Bedeutung der Zeugnisse des Papias hat namentlich Schleiermacher zur Geltung gebracht. Die Annahme einer wenigstens relativen Ursprünglichkeit des Marcus-Evangeliums vertreten u. A.: Storr, Herder (Werke zur Theol. XII, S. 15), Lachmann (in den theol. Studien u. Kr., 1835, S. 570—590), Chr. H. Weisse, Wilke, Br. Bauer, Hitzig (Johannes Marcus und seine Schriften, Zürich 1843), Sommer, Reuss, Ewald (der jedoch sehr complicirte Annahmen macht), A. Ritschl, Volkmar, Holtzmann (die synoptischen Evangelien, Leipzig 1863, Lehrb. d. hist. krit. Einleit. in d. N. T., Frb. 1885), Schenkel (Charakterbild Jesu, Wiesbaden 1861), Bernh. Weiss, das MatthäusEvangel. und seine Lucas-Parallelen erklärt, Halle 1876. Der letztgenannte Gelehrte kommt in seinen genauen Untersuchungen zu dem sehr beherzigenswerthen Resultat, dass die älteste apostolische Evangelienschrift die Logia des Matthäus seien, die freilich nicht nur Aussprüche Christi, sondern auch Erzählungsstücke enthalten hätten. Diese Logia habe nun Marcus nebst seiner Hauptquelle, dem Vortrage Petri, für sein uns erhaltenes Evangelium gebraucht. Die andern beiden synoptischen Evangelien sollen dann wesentlich nach Marcus erzählen, jedoch unter directer Wiederbenutzung der Logia des Matthäus, aus denen namentlich in dem ersten Evangelium Vieles geschöpft sei, und unter Heranziehung anderer Quellen. Ob ein kurzes Papyrusfragment von Fayum, dessen Inhalt Matth. 26, 30—34 und Marc. 14, 26—30 parallel ist, einem älteren nicht kanonischen Evangelium angehöre, eine Annahme, durch die auch bestätigt würde, dass die Evangelien des Matthäus und Marcus keine Originalwerke wären (s. G. Bickell, ein Papyrusfragment eines nicht kanonischen Evangeliums, in: Ztschr. f. kath. Th., 1885, S. 498—504 und dazu Ad. Harnack in: Theol. Lit. Zt., 1885, S. 277—281), muss wenigstens zweifelhaft sein.

Dass Marcus später als Matthäus geschrieben habe, nehmen in neuerer Zeit u. A. Hugo Grotius, J. L. Hug, auch A. Hilgenfeld und Aug. Klostermann (das Marcus-Evangelium nach seinem Quellenwerth für die evangelische Geschichte, Göttingen 1867) an, womit jedoch das Zugeständniss vereinbar ist, dass (wie namentlich Klostermann ausdrücklich anerkennt) unser Matthäus-Text in seiner gegenwärtigen Redaction das Marcus-Evangelium voraussetze. Nach Griesbachs (bei der Schlichtheit der Erzählung unhaltbarer) Hypothese, der u. A. de Wette (Lehrbuch der histkritischen Einleitung in die kanon. Bücher des neuen Test., 6. Aufl. Berlin 1860, § 82 u. 94—96), D. F. Strauss, Baur, Zeller, Keim beigetreten sind, soll das MarcusEvangelium ein combinirender (und conciliatorischer) Auszug aus den Evangelien nach Matthäus und nach Lucas sein.

Die Abfassung des vierten Evangeliums, dessen Echtheit Bretschneider in seinen „Probabilia", Leipz. 1820, nach anderen ihm darin vorangehenden, z. B. nach Edw. Evanson, Gieseler, bestreitet, und für dessen Verf. er einen alexandrinischen Heidenchristen aus dem Anfang oder der Mitte des 2. Jahrhs. hält, setzt Baur in die Zeit zwischen 150 und 170 n. Chr.; an seine Argumentation schliesst sich neuerdings im Wesentlichen auch J. H. Scholten an in seiner (1864 holländisch erschieneuen) Schrift: das Evangelium nach Johannes, kritisch-histor.Untersuchungen (aus dem Holländischen übersetzt von H. Lang, Berlin 1867).

Hilgenfeld hält dasselbe zwar nicht für ein Werk des Apostels Johannes selbst, aber doch für beträchtlich älter, als Baur angenommen hat; er glaubt, dass es um 130 entstanden sei. Doch möchte, wenn nicht anerkannt wird, dass es nicht durch die Lehren Justins, Valentins etc. bedingt ist, sondern diese bedingt hat, wohl noch höher mit Cap. I—XX hinaufzugehen und ein unmittelbarer Schüler des Johannes, wenn nicht Johannes selbst, als Verf. anzunehmen sein. S. auch

§ 4. Die christl. Religion. Jesus u. d. Apostel. Die neutestamentl. Schriften.

Unbeschadet der wesentlichen Neuheit und Selbständigkeit der christlichen Principien muss die Vorbereitung und Anbahnung derselben theils im **Judenthum überhaupt** anerkannt werden, theils näher in dem Essäismus, und anderntheils (seit Paulus und dem Hebräerbrief und besonders seit den Anfängen der Gnosis und der Entstehung des vierten Evangeliums) in der durch Berührung mit dem Hellenismus bedingten **alexandrinisch-jüdischen Religionsphilosophie.** Die allegorische Schriftdeutung und Theosophie ging wesentlich auf eine Vergeistigung der alttestamentlichen Anschauungen. Die sinnlichen Erscheinungen Gottes wurden als Erscheinungen einer von Gottes Wesen unterschiedenen, in der Welt wirkenden Gotteskraft gedeutet. Wie bei Aristobulus und im zweiten Buche der Makkabäer (III, 39) die Kraft (δύναμις) Gottes, die in der Welt wohne, von Gottes ausserweltlichem Anundfürsichsein, und in den Proverbien (VIII, 22 ff.) und in dem Buche der Weisheit (VII, ff.) die Weisheit Gottes von ihm selbst unterschieden wird, so verkündet Paulus Christum als Gottes Kraft und Weisheit (1. Cor. I, 24: κηρύσσομεν Χριστὸν Θεοῦ Δύναμιν καὶ Θεοῦ Σοφίαν). Wie Philon Gott die Ursache (αἴτιον) der Welt nennt, wodurch (ὑπό) sie ihren Ursprung habe, den Λόγος aber das Werkzeug (ὄργανον), vermittelst (διά) dessen er die Welt gebildet habe, während die vier Elemente (τὰ τέτταρα στοιχεῖα) die Materie (ὕλη) ausmachen, so erscheint in dem Brief an die Hebräer der Sohn Gottes als der, durch welchen (δι' οὗ) Gott schafft, und so ist nach dem Johannes-Evangelium, nach welchem der Logos im Anfang bei Gott war und selbst Gott war (ἦν ἐν ἀρχῇ πρὸς τὸν θεόν und θεὸς ἦν ὁ λόγος), alles Gewordene διὰ τοῦ Λόγου geworden (Ev. Joh. I, 3 u. 10: δι' αὐτοῦ). Aber die alexandrinische Theosophie erkannte die Möglichkeit einer Menschwerdung des göttlichen Logos nicht an und konnte dieselbe nicht anerkennen, da sie gemäss ihrem Dualismus die Materie für unrein und das Herabsteigen der Seele in einen sterblichen Leib für die Folge einer Schuld der-

---

K. Hase, Gesch. Jesu, Leipz. 1876, der das Evangelium von einem Schüler des Apostels etwa zehn Jahre nach dem Tode des Johannes abgefasst sein lässt. Gustav Volkmar (die Religion Jesu, Zürich 1857; der Ursprung unserer Evangelien, Zürich 1866; die Evangelien oder Marcus und die Synopsis der kanon. u. ausserkanon. Evangelien nach dem ältesten Text m. hist.-exeget. Commentar, Leipz. 1869) hält dafür, dass, nachdem um 55 Paulus an die Galater, dann bis 60 an die Korinther und Römer geschrieben habe, gegen Ende 68 oder Anf. 69 die Apokalypse verfasst worden sei, um 75—80 das nach Marcus, dem Jünger von Petrus und Paulus, genannte Evangelium entstanden sei, erst um 90 aber das älteste „Hebräer-Evangelium", um 100 das Lucas-Evangelium sammt der (in Cap. I—XII eine um 90 entstandene Petrus-Geschichte, das „Kerygma Petri", in Cap. XIII ff. den um 75 von Lucas, dem Begleiter des Paulus, niedergeschriebenen Reisebericht benutzenden) Apostelgeschichte, um 105—110 das nach Matthäus benannte Evangelium als eine Vereinigung von Marcus und Lucas, wobei auch das um 90 verfasste, aramäisch geschriebene Hebräer-Evangelium, welches die eigentliche Genealogie Jesu enthielt, mitbenutzt worden sei, endlich nach mehreren anderen Evangelienschriften das „Johannes-Evangelium" zwischen 150 und 165 im Anschluss an Justins Schriften und, wie man überzeugt war, im Sinne des Johannes als des Verfassers der Apokalypse, der (XIX, 13) den Λόγος-Namen Jesu zuerkennt; um 175 erfolgte zu Rom die neutestamentliche Sammlung, welche die Synoptiker von dem Logos-Evangelium, der Apostelgeschichte, 13 Paulus-Briefen, dem ersten Johannes-Brief und der Apokalypse verband. Doch vgl. andererseits Christoph Joh. Riggenbach, die Zeugnisse für das Evangelium Johannis neu untersucht, Basel 1866, und dagegen wiederum A. Hilgenfeld in der Zeitschr. f. wiss. Theol. 10, 1867, S. 179—197. S. auch denselben, das Joh.-Evang. alexandrinisch oder gnostisch? ebenda, 25, 1882, S. 388—435. A. Thoma, die Genesis des Joh.-Evang.s, Berlin, 1882, der es in enge Verbindung mit der alexandrinischen Philosophie bringt. Für die Echtheit tritt Chr. Ernst Luthardt ein, der johanneische Ursprung des viert. Ev.s, Leipz. 1874. bei dem sich auf S. 6 ff. eine Uebersicht über die betreffende Litteratur findet. — Adhuc sub iudice lis est.

§ 4. Die christl. Religion. Jesus u. d. Apostel. Die neutestamentl. Schriften.

selben hielt. Für sie war daher auch die Identificirung des Messias mit dem Logos unmöglich; sie erwartete noch den Messias, während Jesus sich als solchen wusste; sie fand für die Vergeistigung des Gesetzes nicht den principiellen positiven Ausdruck in dem Gebot der Menschenliebe; sie zog aus ihrer Vergeistigung des Gesetzes nicht die (paulinische) Consequenz, dass nunmehr, da der Messias erschienen sei, für Jeden, der an ihn glaube, das alte Gesetz nach seinem buchstäblichen Sinne nicht mehr gelte; sie liess nicht an die Stelle der ceremonialen Verehrung des den Juden geoffenbarten Gottes die Verehrung Gottes in Geist und Wahrheit treten. Um dieser tiefgreifenden Differenzen willen liegt die alexandrinische Philosophie noch auf der Seite der vorchristlichen Zeit und kann nur als eine der Vorstufen, aber sie muss auch als die letzte und nächste der Vorstufen des Christenthums gelten. Vergl. Grundr. I, § 63.

Der Monotheismus als Weltreligion konnte nur aus dem Judaismus hervorgehen. Der Sieg des Christenthums ist der Sieg der ihrer nationalen Beschränktheit enthobenen, gemilderten und vergeistigten Religionsanschauung des jüdischen Volkes über den Polytheismus, welcher Sieg dem vorangegangenen der hellenischen Sprache, Kunst und Wissenschaft in den durch Alexander den Grossen gestifteten und später der römischen Herrschaft anheimgefallenen Reichen analog ist, nur dass der Kampf auf religiösem Gebiet ein um so härterer und langwierigerer war, je mehr bleibend werthvolle Elemente auch die polytheistischen Religionen in sich trugen. War einmal die nationale Abgeschlossenheit dem regen Verkehr der Völker und der Einheit des Weltreichs gewichen, so musste allmählich mehr und mehr an die Stelle des Nebeneinanderbestehens verschiedener Bildungsrichtungen die Herrschaft derjenigen treten, welche die mächtigste, höchste und entwickeltste war, also die Herrschaft der griechischen Sprache, Kunst und Wissenschaft, des römischen Rechts (und für den Westen auch der römischen Sprache) und entweder der griechisch-römischen oder der (verallgemeinerten, entnationalisirten) jüdischen Religion. Sobald von Juden (besonders ausserhalb Palästinas) das Unpassende des Fortbestehens des positiven Gesetzes empfunden, am Monotheismus aber festgehalten und für die durch die Zeitverhältnisse nothwendig gewordene Aufhebung des Gesetzes eine ihrem religiösen Bewusstsein adäquate und zugleich dem Bedürfniss der Nichtjuden nach Unabhängigkeit von dem wirklichen Judenthum gemässe Autorität in dem über Moses und Abraham stehenden, gottmenschlichen Messias gefunden wurde (sei es auch, dass dieser selbst in seiner historischen Erscheinung diese Aufhebung nicht ausgesprochen, vielleicht nicht gewollt, sondern nur durch neue, über das blosse positive Gesetz hinausgehende Forderungen einen Anknüpfungspunkt für dieselbe geboten hatte), sobald diese Bedingungen zusammentrafen, was zuerst in Paulus geschah, musste der Kampf der Religionen beginnen. Schwerer musste es der neuen Richtung werden, innerhalb des Judenthums und innerhalb des Kreises der an dem Buchstaben der Autorität des Messias, der persönlich unter ihnen gelebt hatte, festhaltenden Messiasverehrer durchzudringen, als innerhalb des Hellenismus, obschon auch dieser nicht ohne heftiges Gegenstreben ihr wich, und sie andererseits, indem er ihr unterlag, doch zugleich mit wesentlichen Elementen seiner selbst erfüllte, so dass in gewissem Sinne mit Recht das Christenthum, wiewohl zunächst dem Judaismus entstammt, die über Judaismus und Hellenismus hinausgehende Synthesis beider genannt werden kann, welche beiden Factoren dann zugleich mit noch anderen neu hinzutretenden Motiven auch wieder innerhalb des Christianismus zu einander in Gegensatz traten.

Dem Judenthum gegenüber war das Christenthum Vergeistigung, daher den altgläubigen Positivisten, die sich namentlich in die paulinische Abrogation des Gesetzes nicht zu finden wussten, ein freigeistiges Aergerniss (σκάνδαλον, 1. Cor. I,

23). Den gebildeten Hellenen war die Lehre von einem gekreuzigten Gotte aus jüdischem Geschlecht eine abergläubische Thorheit ($\mu\omega\varrho\iota\alpha$, ebendaselbst), weshalb nicht viele Hochstehende es annahmen (1. Cor. I, 26 ff.): Die Schwachen, Belasteten und Unterdrückten aber hörten gern die Botschaft von dem zu ihrer Niedrigkeit herabgestiegenen Gotte und die Predigt von der zukünftigen Auferstehung zu seligem Leben; ihrem Bedürfniss entsprach der Trost im Unglück, nicht die Religion der heiteren Befriedigung. Die Opposition gegen die Unterdrücker gewann in dem Glauben an Christus einen geistigen Halt, die gegenseitige Unterstützung in dem Gebote der Liebe ein kräftiges Motiv; auf das materielle und geistige Interesse des Einzelnen, auf persönliche Moralität und individuelle Glückseligkeit fiel jetzt nach der Aufhebung der politischen Selbständigkeit der in der früheren Zeit theils einander ganz fernstehenden, theils beständig einander befehdenden Städte und Nationen ein weit volleres Gewicht als zuvor. Die Verbindung Gleichgesinnter zu Einer religiösen Gemeinschaft innerhalb der verschiedensten Völker und bürgerlichen Gemeinwesen ward jetzt zuerst möglich und gewann einen hohen geistigen Reiz; das Bestehen einer Weltmonarchie begünstigte den religiösen Einheitsgedanken und die Predigt der Eintracht und Liebe; eine Religion wurde zum Bedürfniss, die auch in ihren theoretischen Voraussetzungen nicht auf den alten nationalen Anschauungen, sondern auf dem umfassenderen, minder poetischen, mehr reflectirenden Bewusstsein der damaligen Gegenwart beruhte; über künstliche, geistesaristokratische, der Volksmeinung fremde Umdeutungs- und Verschmelzungsversuche, wie sie besonders in dem späteren Stoicismus und in dem Neuplatonismus aufkamen, die nicht wagten und nicht vermochten, das althellenische Princip in seiner ursprünglichen Form dem Christenthum gegenüber festzuhalten, musste die einfachere und volksthümlichere Lehre des Evangeliums den Sieg davon tragen; die allegorische Deutung der Mythen war doch nur ein Beweis, dass man im Grunde derselben sich schäme, bereitete also den Triumph des Christenthums vor, welches dieselben offen verwarf. In sittlichem Betracht aber lag seit der Auflösung der ethischen Harmonie, wie sie in der Blüthezeit des hellenischen Alterthums bestand, bei der fortschreitenden sittlichen Entartung das Heil zunächst in der Läuterung durch Weltentsagung, in der „Kreuzigung der Lüste und Begierden" und in der Hinwendung zu einem solchen ethischen Ideal, welches nicht das natürliche Leben vergeistigte oder künstlerisch verklärte, sondern über dasselbe den Geist hinaushob. Sehr wirksam war bei Vielen die Furcht vor den angedrohten Höllenstrafen und die Hoffnung auf die verheissene Rettung und Beseligung der Genossen des Reichs; aber auch das Blut der Märtyrer ward durch die von ihrer Person auf ihre Sache überfliessende Aufmerksamkeit und Achtung ein Same der Kirche.

§ 5. Der Gegensatz zwischen dem Judenthum und Hellenismus wiederholte sich innerhalb des Christenthums selbst als Gegensatz der Judenchristen und Heidenchristen. Das Judenchristenthum verband mit dem Glauben an Jesus als den Messias noch die Beobachtung des mosaischen Gesetzes, verlor aber bald an Kraft. Das Heidenchristenthum dagegen, welches sich zeitig ausbreitete, hielt sich von der jüdischen Sitte fern, war überzeugt, an die Stelle der Juden in die Bundesgemeinschaft mit Gott eingetreten zu sein, vermochte aber nicht die Verhältnisse von Sünde und Gesetz, Glaube und Rechtfertigung und den Unterschied von Gesetz und Evangelium in der Tiefe sich anzueignen und fusste so auch nicht bestimmt auf der tieferen paulinischen Auffassung des Christenthums, sondern verfolgte, den Paulinismus verflachend, eine mehr moralistische Richtung. Dieses Heidenchristenthum nahm zwar äusserlich die Autorität aller Apostel mit Einschluss des Paulus an, zersetzte aber die Lehre derselben so, dass Christus wesentlich als neuer Lehrer und Gesetzgeber galt, und das religiöse Verhältniss zu ihm in der Anerkennung der Glaubensregel und in der Erfüllung des Gesetzes aufging.

Aus diesem Heidenchristenthum entwickelte sich die altkatholische Kirche, indem sich freilich den heidenchristlichen Gemeinden vielfach freier gesinnte christliche Juden, wahrscheinlich hellenistischer Bildung, angeschlossen haben mögen, welche die Kenntniss und Deutung des Alten Testamentes vermittelten und so die Bücher des Alten Testamentes zum Beweise des christlichen Glaubens benutzen lehrten. Ein dem unserigen bereits nahekommender gesammtapostolischer Schriftkanon, der den drei ersten unserer Evangelien unter Verwerfung anderer das Johannes-Evangelium anreiht und damit eine Sammlung apostolischer Schriften verbindet, wurde constituirt, das Christenthum unter Aufhebung des mosaischen Ceremonialgesetzes wesentlich als das neue Gesetz aufgefasst, welches allen Menschen die Möglichkeit bot, sich zu bekehren, durch Reue Vergebung der Sünden zu erhalten und sich durch ein sündloses Leben Unsterblichkeit zu verschaffen. Durch die Glaubensregel wurde der Glaubensinhalt in gesetzlicher Form bestimmt, im Zusammenhang mit der Ausbildung einer neuen hierarchischen Verfassung. Die Regula fidei geht vorwiegend auf die objectiven Voraussetzungen des Heils, und zwar auf Grund der zumeist durch die Taufformel allgemein im christlichen Bewusstsein sich fixirenden Begriffe von Gott, dem Vater der Welt, und seinem eingebornen Sohn und dem heiligen Geist, im Gegensatz einerseits zum Judaismus, andererseits zu den dem christlichen Gemeingeiste nicht entsprechenden Speculationen der Gnostiker.

Aug. Neander, allgem. Gesch. der christl. Relig. und Kirche, Hamburg 1825—52, 3. Aufl. Gotha 1856; Gesch. der Pflanzung u. Leitung der christl. Kirche durch d. Apostel, Hamburg 1832 u. ö. 5. Aufl. Gotha 1862; Christl. Dogmengesch., herausgeg. von J. L. Jacobi, Berlin 1857. Rich. Rothe, die Anfänge der christl. Kirche und ihrer Verfassung. Bd. I, Wittenberg 1837. A. F. Gfrörer, Geschichte des Urchristenthums, 3 Bde., Stuttgart 1838. Ferd. Christ. Baur, Paulus, der Apostel Jesu Christi, Tübingen 1845, 2. Aufl. von E. Zeller, Leipzig 1866, 67; Vorlesungen über die neutestamentl. Theologie, herausg. von Ferd. Friedr. Baur, Leipz. 1865 ff.; das Christenth. und die christl. Kirche d. drei ersten Jahrhunderte, Tüb. 1853, 3. Aufl. 1863; die christl. Kirche vom Anfang des vierten bis zum Ende des sechsten Jahrh., Tüb. 1859, 2. Aufl. 1863. Albert Schwegler, das nachapost. Zeitalter in d. Hauptmomenten seiner Entwickelung, Tüb. 1846. Reuss, Histoire de la théologie chrétienne au siècle apostologique, 2 vols., Paris 1852. Albrecht Ritschl, die Entstehung der altkathol. Kirche, Bonn 1850, 2. Aufl. 1857. Thiersch, die Kirche im apost. Zeitalter, Frankfurt 1852, 3. Aufl., Augsburg 1879. Joh. Pet. Lange, das apost. Zeitalter, Braunschweig 1853—54. Ad. Hilgenfeld, das Urchristenth. in den Hauptwendepunkten seines Entwickelungsganges, Jena 1855. Gerh. Vct. Lechler, d. apost. u. nachapost. Ztalt., 3. Aufl., Karlsr. 1885. Vgl. zahlreiche Abhandlungen Hilgenfelds in: Zeitschrift für

§ 5. Judenchristenthum, Paulinismus, altkatholische Kirche.

wissensch. Th. Heinrich Holtzmann, Judenthum und Christenthum, Leipzig 1867 (bildet den zweiten Band der Schrift: Gesch. des Volkes Israel und der Entstehung des Christenth. von Georg Weber und H. Holtzmann). Philipp Schaff, Gesch. der christl. Kirche, Bd. I: apost. Kirche, Mercersbury 1851, 2. Aufl., Leipz. 1854, engl. New-York 1853 u. ö.; Gesch. der alten Kirche bis zum Ende des sechsten Jahrh., engl. New-York und Edinb. 1859, 2. Aufl. ebd. 1862, deutsch, Leipzig 1867, 2. Aufl. ebd. 1869 (vgl. Schaff, die Person Jesu Christi, Gotha 1865). Th. Keim, Rom u. d. Christenth. Eine Darstell. d. Kampfes zwisch. d. alt. u. neuen Glauben im röm. Reiche während d. beiden erst. Jahrhh., aus Keims Nachlass hersg. v. H. Ziegler, Berl. 1881. Vgl. noch das später anzuführende Werk von M. v. Engelhardt üb. Justin d. M. Hier sei auch erwähnt Bruno Bauer, der Ursprung des Christenthums aus d. röm. Griechenthum, Berl. 1877. (Philon u. Seneca sind nach Bauers Ansicht die eigentlichen Stifter des Christenthums, Rom und Alexandrien, nicht Palästina, sind die Heimath desselben. Das Urevangelium ist in den ersten Jahren der Regierung Hadrians verfasst. Trotzdem das Meiste verfehlt oder wenigstens übertrieben ist, finden sich doch in dem Werk B.s manche richtige Bemerkungen über das Heidenchristenthum.) E. Wadstein, Ueb. d. Einfluss des Stoicismus auf die älteste christliche Lehrbildung, in: Theolog. Studien u. Kritiken, 1880, S. 587 bis 665. S. ausserdem d. Litterat. Bd. I, Aufl. 7, S. 243.

Der altkatholischen Kirche ($\kappa\alpha\vartheta o\lambda\iota\varkappa\dot\eta$ $\dot\epsilon\varkappa\varkappa\lambda\eta\sigma\acute\iota\alpha$ kommt zuerst vor bei Ignatius, im Brief der Smyrnäer über Polykarps Märtyrertod und im muratorischen Fragment) galt das Christenthum wesentlich als neues Gesetz, vgl. schon Ev. Joh. XIII, 34: $\dot\epsilon\nu\tau o\lambda\dot\eta$ $\varkappa\alpha\iota\nu\dot\eta$, wie auch Paulus Gal. VI, 2 die Liebe, die sich in gegenseitiger Unterstützung bethätige, als den $\nu\acute o\mu o\varsigma$ $\tau o\bar{\upsilon}$ $X\varrho\iota\sigma\tau o\bar{\upsilon}$ im Unterschiede von dem mosaischen Gesetze anerkennt; vgl. 1. Cor. XI, 25; 2. Cor. III. 6 und Hebräer VIII, 13: $\varkappa\alpha\iota\nu\dot\eta$ $\delta\iota\alpha\vartheta\dot\eta\varkappa\eta$, Epist. Barnabae II, 4: nova lex Jesu Christi. Die Vorliebe für die Gesetzesform im Glauben und Handeln und in der Verfassung erklärt sich (gerade wie auch der Uebergang von Luthers Glauben zu Luthers Glaubenssätzen und weiterhin zu den Symbolen der lutherischen Kirche, theils auf dem bei aller Gegnerschaft doch wesentlich miteinwirkenden Vorbild der alten Kirche, theils auf der inneren Nothwendigkeit objectiver Normen und auf der Reaction gegen extrem reformatorische Richtungen beruhte) zum Theil aus dem Einfluss, den die alttestamentliche Gesetzreligion und Hierarchie bei aller christlichen Idealisirung auch auf die Heidenchristen üben musste (und zwar auch ohne bewusste „Concessionen" an die Gegenpartei, die nur nebenbei und weitaus mehr von Seiten einer Fraction der Judenchristen als der Heidenchristen stattgefunden haben), wie auch aus dem Einfluss der altchristlichen Tradition, besonders der $\lambda\acute o\gamma\iota\alpha$ $K\nu\varrho\iota\alpha\varkappa\acute\alpha$, zum andern Theil aus dem kirchlichen Bedürfniss eines Fortgangs von den subjectiven Anschauungen des Paulus zu objectiven Normen und aus der moralischen Reaction gegen einen ultrapaulinischen Antinomismus.

Neander bezeichnet neben der geringen Macht und Reinheit des religiösen Geistes in der nachapostolischen Zeit auch das alttestamentliche Vorbild, das zunächst in Bezug auf die Verfassung Geltung erlangt habe, als Ursache, weshalb in der altkatholischen Kirche eine neue Zucht des Gesetzes zur Geltung gelangt sei. Auf die successive Entfaltung und Ausgleichung des Gegensatzes zwischen Judenchristenthum (Petrinismus) und Paulinismus legen Baur und Schwegler das Hauptgewicht, für die Entstehung des katholischen Christenthums schreiben beide (besonders Schwegler) dem Judenchristenthum (dessen wesentlichste Bedeutung darin liegt, dass es die geschichtliche Vorstufe des Paulinismus war) für die nachpaulinische Zeit (in welcher es als sogenannter Ebjonitismus noch bis gegen 135 mächtig, dann fast nur eine dem Untergang sich zuneigende Antiquität war) mehr Ausbreitung und Einfluss zu, als thatsächlich nachweisbar oder aus inneren Gründen wahrscheinlich ist. Dagegen hat namentlich Albrecht Ritschl nachzuweisen unternommen, wie das katholische Christenthum nicht aus einer Versöhnung

§ 5. Judenchristenthum, Paulinismus, altkatholische Kirche.

der Judenchristen und Heidenchristen hervorgegangen, sondern eine Stufe des Heidenchristenthums allein sei. Der Grund der Umbildung des Paulinismus liegt nach Ritschl in dem kirchlichen Bedürfniss allgemein gültiger Normen des Denkens und des Lebens gegenüber der bei Paulus selbst durch seine Eigenthümlichkeit und seine Erfahrung getragenen mystischen Gebundenheit des theoretischen und praktischen Elementes im Begriffe des Glaubens, wobei freilich mit der Fixirung dessen, was in der Anschauung des Paulus flüssig und lebendig war, auch die Innigkeit und Erhabenheit des paulinischen Christenthums verloren gegangen sei (Entstehung der altkath. Kirche, 1. Aufl. S. 273). In der zweiten Auflage seiner Schrift hält A. Ritschl dafür, die Frage sei nicht so zu stellen, ob sich die altkatholische Kirche auf der Grundlage des Judenchristenthums oder des Paulinismus, sondern ob sie sich aus dem Juden- oder Heidenchristenthum entwickelt habe, und kommt zu dem Resultat, dass sie eine Stufe des Heidenchristenthums allein sei. Das Heidenchristenthum sieht er aber nicht als rein paulinische Richtung an, sondern es soll nur unter einem vorwiegenden Einfluss von „paulinischen Gedanken, wenn auch in gebrochener Gestalt, stehen". Er bemerkt: die Heidenchristen bedurften erst der Belehrung über die Einheit Gottes und die Geschichte seiner Bundesoffenbarung, über sittliche Gerechtigkeit und Gericht, über Sünde und Erlösung, über Gottesreich und Sohn Gottes, ehe sie auf die dialektischen Beziehungen zwischen Sünde und Gesetz, Gnade und Rechtfertigung, Glaube und Gerechtigkeit einzugehen vermochten" (2. Aufl. S. 272). Als der eigentliche Vertreter des sich zur katholischen Kirche entwickelnden Heidenchristenthums gilt ihm Justin der Märtyrer, welcher die Auffassung des Christenthums als des neuen Gesetzes in der Form giebt, die von der katholischen Kirche angenommen worden ist, aber auch die Ansicht wenigstens in ihren Anfängen entwickelt hat, welche dann in der Lehre von der „Homousie des Logos" zum vollendeten Ausdruck gelangte. Derselbe war als Heidenchrist nach Ritschl nicht fähig, in die alttestamentlichen Voraussetzungen der paulinischen Lehre voll einzudringen, und verwischte die Grenzen des religiösen Verhältnisses und des sittlichen Verhaltens.

Das Judenchristenthum, welches sich durch die Vereinigung der Beobachtung des mosaischen Gesetzes mit dem Glauben an die Messiaswürde Jesu charakterisirt, schied sich seit dem Auftreten des Paulus in zwei Fractionen. Die strengen Judenchristen erkannten das Apostelamt des Paulus nicht an und liessen die im Heidenthum geborenen Christen nur unter der Bedingung, dass dieselben sich der Beschneidung unterwürfen, als Genossen des Messiasreiches gelten. Die milder gesinnten Judenchristen aber gestanden dem Paulus eine berechtigte Wirksamkeit unter den Heiden zu und forderten von den aus dem Heidenthum hinzutretenden Gläubigen nur die Beobachtung der für die Proselyten des Thores bei den Juden geltenden Gebote (nach dem sog. Apostelderet, Act. XV, 29: ἀπέχεσθαι εἰδωλοθύτων καὶ αἵματος καὶ πνικτοῦ καὶ πορνείας, wogegen Gal. II, 10 nur die Beisteuer für die Armen in Jerusalem erwähnt wird, die Bedingung, die Paulus am ehesten zugestehen konnte, ohne einen Rückfall in die von ihm bekämpfte Legalität zu begünstigen). Die mildere Fraction, welche den Heidenchristen Duldung gewährte, war schon zur Zeit Justins selbst nur zu einer geduldeten Richtung herabgesunken (Dial. c. Tryph. c. 47). Die strengere Fraction verlor an Haltung in dem Maasse, wie der Gegensatz zwischen Christen und Juden sich schärfte. Das nach der Unterdrückung des Aufstandes unter Barkochba (135 n. Chr.) erlassene Decret, welches den Juden den Aufenthalt in Jerusalem untersagte, schloss auch alle nach jüdischem Gesetz lebenden Judenchristen von diesem Centralpunkte der Christenheit aus und liess nur eine vom mosaischen Gesetze freie Christengemeinde daselbst bestehen, die sich nunmehr unter einem Bischof aus den Heidenchristen constituirte. Endlich schloss die mit der Anerkennung eines gesammtapostolischen Kanons (um 175 n. Chr.) sich constituirende altkatholische Kirche alles Judenchristenthum als häretisch von sich aus (so dass es nach dieser Zeit nur noch als Secte fortexistirte), während sie andererseits auch einen einseitigen, ultrapaulinischen Antinomismus und Gnosticismus verwarf, der zur Aufhebung der Sittlichkeit selbst und zur Auflösung des Zusammenhangs des Christenthums mit seiner alttestamentlichen Basis zu führen drohte.

Die zu Anfang des Christenthums herrschenden Gegensätze bedingen auch die Anfänge der philosophischen Speculation im Christenthum, weshalb sie hier nicht unerwähnt bleiben durften.

Zur Feststellung des neutestamentlichen Kanons wurde die Kirche besonders durch das Ueberhandnehmen der gnostischen Häresien genöthigt: sie musste ihrer „Glaubensautoritäten" gewiss werden. Von Wichtigkeit für die Kenntniss des Kanons ist das muratorische Fragment (darüber Ad. Harnack, in: Zeitschr. f. Kirchengesch., 3. Bd. 1879, S. 358—408), ein lateinisches Verzeichniss der kanonischen Bücher des N. T., aufgefunden von Lodov. Ant. Muratori und 1740 in seinen Antiquitates italicae medii aevi veröffentlicht. Das Verzeichniss ist im Abendland verfasst und nicht später als in dem letzten Viertel des 2. Jahrhunderts.

Erster Abschnitt.

Die patristische Philosophie bis zum Concil von Nicäa.

§ 6. Unter den Kirchenlehrern, welche für unmittelbare Schüler der Apostel galten und apostolische Väter genannt werden, stehen Clemens von Rom, der wahrscheinlich den ersten der beiden unter seinem Namen auf uns gekommenen Briefe an die korinthische Gemeinde verfasst hat, ferner die Verfasser der dem Barnabas, dem Ignatius von Antiochia und dem Polykarp von Smyrna zugeschriebenen Briefe, wie auch der Verfasser des Briefes an Diognet auf der Seite des der katholischen Kirche sich zubildenden Heidenchristenthums. Der „Hirt" des Hermas trägt einen sehr unpaulinischen und von judaistischen Elementen keineswegs freien Charakter. Dem milderen Judenchristenthum gehört die Schrift: „Testamente der zwölf Patriarchen" an. Ein judenchristlicher Standpunkt bekundet sich auch in den pseudo-clementinischen Recognitionen und Homilien. Die kürzlich erst aufgefundene und herausgegebene „Lehre der zwölf Apostel" giebt in ihrem ersten Theile moralische Lehren, im zweiten eine Kirchenordnung. Sie dem Heidenchristenthum zuzuschreiben, sind wir nicht berechtigt.

Die Ausbildung der theoretischen und praktischen Grundlehren in dem Kampfe gegen Judenthum und Heidenthum unter fortschreitender

§ 6. Die apostolischen Väter.

Ausscheidung der beiderseitigen Extreme auf Grund der Zusammenfassung der Autorität aller Apostel (mit Einschluss des Paulus) bildet den Hauptinhalt aller Schriften der apostolischen Väter.

J. Schwane, Dogmengesch. d. vornicän. Zeit, Münster 1862. Auf das nachapostolische Zeitalter bezieht sich auch vielfach das Werk des anonymen Verf.: Supernatural religion. An enquiry into the reality of divine revelation, 2 voll., London, 1874, VI. ed. 1875, 3 voll., London 1879. (Der übernatürliche Charakter des Christenthums wird negirt, da die Wunder, welche denselben allein beweisen könnten, nicht hinlänglich bezeugt seien.) Besonders schätzenswerth die Besprechung dieses Werkes v. B. Lightfoot in verschiedenen Artikeln der contemporary review, 1874 u. 75.

Patrum apostolicorum opera ed. Cotelier, Paris 1672, ed. II. besorgt von Clericus, Amsterdam 1724, auch bei Gallandius und bei Migne wiederabg.; ed. G. Jacobson, Oxon. 1838 u. ö.; ed. Car. Jos. Hefele, Tübingen 1839 u. ö.; recens. etc. Fr. X. Funk, Vol. I. Editio post Hefelianam quartam V., Tub. 1878, Vol. II: Clementis Rom. epistulae de virginitate etc., Tub. 1881; ed. Albert Dressel, Leipz. 1857, 2. Aufl. 1863. Patrum Apostolicorum Opp. Textum recensuerunt, comment. exeget. et hist. illustraverunt O. de Gebhardt, A. Harnack, Th. Zahn, Ed. post Dresselianam alteram tertia, Fasc. I.: Barnabae ep. Graece et Latine, Clementis R. epp. recens. atque illust., Papiae quae supersunt, Presbyterorum reliquias ab Iren. servatas, Ep. ad Diognetum adiecerunt O. de Gebhardt, A. Harnack, Lpz. 1875. Fasc. II; Ignatii et Polycarpi epistulae martyria fragmenta, rec. et ill. Th. Zahn, ibid. 1876; Fasc. III: Hermae Pastor, graece addita versione latina etc. recensuerunt O. de Gebhardt, Ad. Harnack, Lipsiae 1877. Fasc. I. partis 1. ed. II.: Clementis R. ad Corinth. epp. Textum ad fidem codicum et Alexandr. et Constantinopolitani nuper inventi rec. O. de Gebhardt, A. Harnack, Lpz. 1876; Fasc. I., partis 2. ed. altera, Lipsiae 1878; Patrum apostolicorum opera, — recens. O. de Gebhardt, A. Harnack, Theod. Zahn. Ed. minor. Lips. 1877. Novum Testamentum extra Canonem receptum (1. Clem. Rom. epist., 2. Barnabas, 3. Hermas, 4. librorum deperd. fragmenta: Ev. sec. Hebr., sec. Petrum, sec. Aegytios, Matthiae tradit., Petri et Pauli praedicationis et actuum, Petri apocalypseos etc. quae supersunt) ed. Ad. Hilgenfeld, Leipz. 1866; ed. II. Lpz 1876 ff. Auf die apostol. Väter insgesammt beziehen sich Ad. Hilgenfeld, die apost. Vät., Halle 1853. Lübkert, die Theologie der apost. Vät.; in: Ztschr. f. d. hist. Theol. 1854, IV. J. Donaldson, the apostolical fathers, Lond. 1874. J. Sprinzl, die Theologie der apost. Vät., Wien 1880.

Clementis Rom. epp. ex codice Alexandr., in dem Appendix codicum celeberrimorum, ed. Tischendorf. Lipsiae 1857. Clem. R. ep. ed. Lightfoot, Lond. 1869, vgl. dazu dens., Clement of R. An Appendix containing the newly recovered portions, with introductions etc., Lond. 1877 (hierin auch benutzt eine neuentdeckte syrische Uebersetzung der Clemensbriefe). Clem. Rom. ad Cor. ep. ed. J. C. M. Laurent, Leipzig 1870, ed. 2., ebd. 1873. Die beiden Briefe des Cl. nach einem neu aufgefundenen Codex zum ersten Male vollständig herausgeg.: Τοῦ ἐν ἁγίοις ἡμῶν Κλήμεντος ἐπισκόπου Ῥώμης αἱ δύο πρὸς Κορ. ἐπιστολαὶ νῦν πρῶτον ἐκδιδόμεναι πλήρεις ὑπὸ Φιλοθέου Βρυεννίου. Ἐν Κωνσταντινουπόλει, 1875. Clementis R. epistulae, edid., commentario critico et adnotatiouib. instruxit etc. Ad. Hilgenfeld, Lpz. 1876. Clementis Romani quae feruntur homiliae. Textum recognovit, versionem lat. Cotelerii repet. pass. emend., selectas Cotelerii, Davisii, Clerici atque suas annotationes addidit Albertus Schwegler, Stuttgart 1847. Clem. Rom. quae feruntur homiliae viginti nunc primum integrae, ed. Dressel, Gott. 1854. Clementina ed. Paul de Lagarde, Leipzig 1865. Recognitiones Cl. ed. Gersdorf, Lpz. 1838. A. Hilgenfeld, die beid. Br. des Cl. und ihre neuesten Bearbeitungen, in: Ztschr. f. wiss. Theol., 13. Jahrg. 1870, S. 394—419. ders., d. Briefe des röm. Clem. u. ihre syr. Uebersetz., ebenda 1877, S. 549—562. Funk, d. syrische Uebersetz. der Clemensbriefe, in: Theol. Quartalschr., 1877, S. 477—498. K. Wieseler, Ueb. d. Brief des römisch. Clemens an d. Corinther, in: Jahrbb. f. deutsche Theologie, Bd. 22, 1877, S. 353—406. A. Harnack, Ueb. d. sogenannt. zweit. Br. des Clemens an d. Korinther, in: Ztschr. f. Kirchengesch. Bd. 1, 1876, S. 264—283, 329—364. Andr. Brüll, Urspr. u. Vrf. d. Br. d. Cl. v. R. a. d. Cor., in: Theol. Quartalschr. 1876, S. 252—285; ders., d. 1. Br. des Cl. v. Rom an d. Korinth. u. seine gesch. Bedeut., Freiburg i. Br. 1883. H. Holtzmann, die Stellung des Clemensbriefes in d. Gesch. des N. T. Kanons, in: Ztschr. f. wissensch. Theol., 1877, S. 387—403. Maistre, St. Clément de Rome, son histoire—ses écrits etc., 2 vols., Par. 1884. The Clementine Homilies, the Apostolical Constitutions. Translations edited by Roberts and

§ 6. Die apostolischen Väter.

Jam. Donaldson, Edinb. 1870. Ueber die Schriften d. Cl. u. d. sogen. Clementin. Homilien etc.: Ad. Schliemann, die Clementinen, Hamb. 1844. Ad. Hilgenfeld, die clementin. Recognitionen u. Homilien, Jena, 1848; ders., üb. d. Composition der clement. Homilien, in: Zellers Theol. Jahrb., 1850, 1 ff., auch ebenda 1854, 4. G. Uhlhorn, die Homil. u. Recognit. des Clem. Rom., Götting. 1854. Joh. Lehmann, die Clementinischen Schriften mit besonderer Berücksicht. auf ihr literar. Verh., Gotha 1869. S. ferner Bunsens, Baurs, Alb. Ritschls, Volkmars u. A. Untersuchungen. Constitutiones apost. ed. Paul de Lagarde, Leipzig 1862.

S. Ignatii quae feruntur epist. una cum eiusdem Martyrio ed Jul. Henr. Petermann, Leipzig 1849. Vgl. Rich. Rothe, üb. d. Echtheit der ignatianischen Briefe, im Anhang zu seiner Schrift üb. d. Anf. der christl. Kirche, Bd. I, Wittenberg 1837. Theod. Zahn, Ignatius v. Antiochien, 1873 (Z. tritt für die Echtheit der sieben Briefe ein). A. Harnack, die Zeit des Ignatius u. d. Chronologie der antiochienischen Bischöfe etc., Lpz. 1878. J. Nirschl, die Theologie des h. Ignatius — aus seinen Briefen dargest., Mainz 1880. Fr. X. Funk, die Echtheit der ignatian. Briefe, Tüb. 1883.

E. Gaab, der Hirte des Hermas, Basel 1866. Hermae Pastor, Graece — restituit, commentario critico et adnotationibus instruxit — *A. Hilgenfeld, ed. 2., 1881. Th. Zahn, der Hirt des Hermas untersucht, Gotha 1868. Wilh. Heyne, quo tempore Hermae pastor scriptus sit. Diss. inaug., Königsberg 1872. H. Holtzmann, Hermas u. Johannes, in: Zeitschr. f. wissensch. Theol., 1875, S. 40—51. H. M. Th. Behm, üb. d. Verfasser der Schrift, welche den Titel „Hirt" führt, Rostock 1876. Rambouillet, l'orthodoxie du Pasteur Hermas, Par. 1880. A. Brüll, d. Hirt des H., nach Ursprung u. Inhalt untersucht, Freib. i. Br. 1882.

Barnabae epistula. Integram graece iterum edid. etc. Ad. Hilgenfeld, Lipsiae 1877. J. Kayser, üb. d. sogen. Barnabas-Brief, Paderborn 1866. J. G. Müller, Erklärung des Barnabas-Briefes, Leipz. 1869. A. Hilgenfeld, die Abfassungszeit u. die Zeitrichtung des Barnab.-Br., in: Zeitschr. f. wiss. Theol., 13. Jahrg. 1870, S. 115—123. Chr. Joh. Riggenbach, d. sog. Br. d. B., I. Uebers. II. Bemerk., Bas. 1873. Der Apostolat d. heil. Barnabas, in: der Katholik, 1875, Sept., S. 251—267; zur älteren Gesch. des Barnabas-Briefes, ebd. Oct., S. 449—477. C. Heydecke, dissert., qua Barnabae ep. interpolata demonstratur, Braunschw. 1875. O. Braunsberger, d. Ap. Barnabas. Sein Leb. u. d. ihm beigelegte Br. wissensch. gewürdigt, Mainz 1876. M. Güdemann, Zur Erklärung des Barnabas-Briefes, in: Religionsgeschichtl. Studien (Schriften des israelit. litt. Vereins), Leipzig 1876, S. 99—131. W. Cunningham, the epistle of S. Barnabas, a dissertat. including a discussion of its date and authorship, London 1877. Fr. X. Funk, der Barnabas-Brief, eine Schr. vom Ende des 1. Jahrh., in: Theol. Quartalschr., 1884, S. 3—33.

Der Brief an Diognetus ist öfter mit den apostolisch. Vätern und in der Regel mit den Werken Justins des Märtyrers, s. u. § 8, herausgegeben worden, separat auch von Hoffmann, griech. u. deutsch, Gymn.-Pr., Neisse 1851, Otto, Lipsiae 1852, 2. Ausg. 1862, W. A. Hollenberg, Berl. 1853, Br. Lindner (Biblioth. patr. eccles. select., fasc. I), Lips. 1857, Krenkel, Lpz. 1860, Ad. Stelkens, Pars prior, Gymn. Pr., Recklinghausen 1871. Ueber ihn handeln namentlich Otto, de ep. ad Diogn. commentatio. Fr. Overbek, üb. d. pseudo-justinisch. Br. an Diognet, Univ.-Pr., Basel 1872, auch in: Studien zur Gesch. d. alt. K., Schloss Chemnitz 1875, A. Hilgenfeld, d. Br. an Diogn., in: Zeitschr. f. wissensch. Theol., 16. Jahrg., 1873, S. 270—286, J. Dräseke, d. Br. an Diogn., in: Jahrbb. f. prot. Theol., VII, 1881, S. 213—283, 414—484, s. auch ders., d. Br. an D. nebst Beiträgen zur Gesch. des Lebens u. d. Schriften d. Gregorios von Neocäsarea, Lpz. 1881, H. Kihn, d. Ursprung des Briefes an D., Freib. i. Br. 1882.

$\varDelta\iota\delta\alpha\chi\dot{\eta}$ $\tau\tilde{\omega}\nu$ $\dot{\alpha}\pi o \sigma \tau \acute{o}\lambda\omega\nu$ $\dot{\epsilon}\kappa$ $\tau o\tilde{v}$ $\dot{\iota}\epsilon\rho o \sigma o\lambda\upsilon\mu\iota\tau\iota\kappa o\tilde{v}$ $\chi\epsilon\iota\rho o \gamma\rho\acute{\alpha}\varphi o\upsilon$ $\nu\tilde{\upsilon}\nu$ $\pi\rho\tilde{\omega}\tau o\nu$ $\dot{\epsilon}\kappa\delta\iota\delta o\mu\acute{\epsilon}\nu\eta$ $\mu\epsilon\tau\grave{\alpha}$ $\pi\rho o \lambda\epsilon\gamma o\mu\acute{\epsilon}\nu\omega\nu$ — $\dot{\upsilon}\pi\grave{o}$ $\Phi\iota\lambda o \vartheta\acute{\epsilon}o\upsilon$ $B\rho\upsilon\epsilon\nu\nu\acute{\iota}o\upsilon$, $\dot{\epsilon}\nu$ $K\omega\nu\sigma\tau\alpha\nu\tau\iota\nu$. 1883. Aus der grossen Zahl der über diese „Lehre" seit ihrer Herausgabe erschienenen Schriften und Abhandlungen seien hier nur genannt: Theod. Zahn, d. L. d. zw. Ap., in: Forschungen zur Gesch. des neutest. Kanons, III, 1884, S. 278—319. Ad. Harnack, L. d. zw. Ap. nebst Untersuchung. zur ältest. Gesch. der Kirchenverf. u. des Kirchenr., in: O. v. Gebhardt u. A. H., Texte und Untersuch. zur Gesch. der altchristl. Lit., II, 1 u. 2, Lpz. 1884.

Die „apostolischen Väter" eröffnen die Reihe der „Kirchenväter" im weiteren Sinne des Wortes, d. h. derjenigen Kirchenschriftsteller, die nächst Christus

§ 6. Die apostolischen Väter.

und den Aposteln zumeist die kirchliche Lehre und Verfassung begründet haben. (Der Ausdruck „Väter" beruht auf 1. Cor. IV, 15.) Als „Kirchenväter" im engeren Sinne erkennt die katholische Kirche nur diejenigen an, die sie als solche approbirt hat nach den Kriterien der vorzüglichen Reinheit in der Bewahrung und Gelehrsamkeit, in der Vertheidigung und Begründung des kirchlichen Glaubens, der Heiligkeit des Wandels und des (relativen) Alterthums. Hinsichtlich des Alters pflegen drei Perioden angenommen zu werden, die erste bis zum Ende des dritten, die zweite bis zum Ende des sechsten Jahrhunderts (oder näher bis zum Jahr 604, in welchem Gregor d. Gr. starb, hinsichtlich der griechischen Kirche auch wohl bis auf Johannes von Damascus), die dritte entweder bis zum dreizehnten Jahrhundert, oder auch nur durch die Dauer der Kirche selbst begrenzt. Als „doctores ecclesiae" (wobei nicht die antiquitas, um so mehr aber eminens eruditio als Kriterium galt) hat die katholische Kirche folgende noch besonders ausgezeichnet: durch ein Decret des Papstes Bonifacius VIII. vom Jahre 1298 die vier Lateiner: Ambrosius, Augustinus, Hieronymus, Gregor d. Gr.; später wurden durch päpstliche Bullen aus den Griechen Athanasius, Basilius d. Gr., Gregor von Nazianz, Chrysostomus, auch Cyrill von Alexandrien und Johannes von Damascus, aus den Lateinern der Papst Leo d. Gr., wie auch Thomas von Aquino und Bonaventura, endlich auch noch der h. Bernhard (1830) und Hilarius von Poitiers (1852) zu dem Range von Vätern und Lehrern der Kirche erhoben. Nicht als patres, sondern nur als scriptores ecclesiastici werden Männer anerkannt, bei denen jene Kriterien (und insbesondere das der Orthodoxie) nicht in vollem Maasse zutreffen, namentlich: Papias, Clemens von Alexandrien, Origenes, Tertullian, Eusebius von Caesarea und Andere.

Ueber die Person des Clemens von Rom (der nicht nur von Clemens von Alexandrien, sondern höchst wahrscheinlich auch von dem im Philipperbriefe IV, 3 erwähnten Clemens in Philippi, mit welchem Letzteren er von Origenes, Eusebius, Hieronymus und Anderen identificirt wird, zu unterscheiden ist) liegen einander widersprechende Angaben vor. Nach den pseudo-clementinischen Recognitionen war Clemens der Sohn eines vornehmen Römers, Namens Faustinianus; er reiste, um die christliche Lehre kennen zu lernen, nach Caesarea in Palästina, wo er den Petrus fand und von diesem Belehrung über das Christenthum empfing. Nach dem unechten Briefe des Clemens an den Apostel Jacobus hat ihn Petrus zu seinem Nachfolger auf dem römischen Bischofsstuhle erwählt. Nach Tertullian folgte er unmittelbar dem Petrus im Amte; nach Irenäus, Eusebius, Hieronymus und Anderen war er der vierte römische Bischof, indem zwischen Petrus und ihm Linus und Anacletus das Amt bekleideten. Eusebius und Hieronymus lassen ihn von 92—100 n. Chr. der römischen Kirche vorstehen. Mit dem Consular Flavius Clemens, der 95 n. Chr. als judaisirender Atheist (also wahrscheinlich als Christ) unter Domitian hingerichtet wurde, hat ihn die Sage nicht identificirt; doch ist die Identität nicht unmöglich. Eine Spaltung, die in der Gemeinde zu Korinth entstanden war, und zwar nach der Angabe des in der Mitte des zweiten Jahrhunderts n. Chr. lebenden Hegesippus (bei Euseb. K.-G. III, 16) zur Zeit des Domitian, erscheint als der Anlass zu dem im Namen der römischen Gemeinde verfassten officiellen Sendschreiben, welches als der erste Clemens-Brief auf uns gekommen ist. (Das Schreiben zeigt, welche gewaltige Sprache die römische Gemeinde in damaliger Zeit andern Gemeinden gegenüber schon führte, und seine Abfassungszeit ist am besten zwischen 93—97 anzusetzen. Nach Volkmars Ansicht ist es jedoch unecht und um 125 verfasst, auch von Hausrath, Neutestamentliche Zeitgeschichte, wird seine Abfassungszeit weiter herunter gerückt.)

Der Anschauungskreis des Clemens ist im Ganzen ein etwas modificirter, abgeschwächter Paulinismus. Wir werden, lehrt er zwar, nicht durch uns selbst gerecht, nicht durch unsere Weisheit, Einsicht, Frömmigkeit, Werke, sondern durch den Glauben. Aber wir sollen darum doch nicht träge sein zu guten Werken und nicht ablassen von der Liebe, sondern mit freudigem Eifer jedes gute Werk vollbringen, wie auch Gott, der Schöpfer, selbst sich seiner Werke freut. Wir müssen Gutes thun, weil Gott es will, und die Heiligen der Vorzeit sind gerecht erfunden worden nicht nur wegen ihres Glaubens allein, sondern auch wegen ihres Gehorsams. Wo die Liebe herrscht, können Spaltungen nicht bestehen. Haben wir nicht Einen Gott und Einen Christus und Einen Geist der Gnade, der über uns ausgegossen ist, und ist nicht Eine Berufung in Christo? Christus wurde von Gott gesandt, die Apostel von Christus; durch die Auferstehung Christi mit dem heiligen Geist erfüllt, verkündeten sie das Kommen des Reiches Gottes und setzten die ersten Gläubigen zu Aufsehern und Dienern (ἐπισκόπους καὶ διακόνους, vgl. Phil. I, 1) der übrigen ein. Den Vorstehern schulden wir Gehorsam, den Aeltesten Ehrerbietung. Durch Hinweisung auf die alttestamentliche Ordnung, deren symbolisches Verständniss ihm γνῶσις (vgl. 1. Cor. XII, 8; Hebr. V. u. VI.) ist, stützt der Verfasser die beginnende christliche Hierarchie. Den Zweifel vieler an Christi Wiederkunft und an der Auferstehung sucht er auch durch Naturanalogien, wie den Wechsel von Tag und Nacht, das Wachsen des Samenkorns, das (vermeintliche) Wiederaufleben des Vogels Phönix, zu beschwichtigen.

Der sogenannte zweite Brief, der die Lehrer zu einem ihrer Berufung würdigen Lebenswandel ermahnt, ist kein Brief, sondern eine Homilie. Er zeigt in seinen Anschauungen viel Verwandtschaft mit der Apokalypse des Hermas, rührt höchst wahrscheinlich nicht von dem Verfasser des ersten Briefes her, und seine Abfassung wird ungefähr in die Zeit zwischen 130—160 zu setzen sein. — Die Briefe an Jungfrauen (Asketen beiderlei Geschlechts), welche zuerst Wettstein 1752 in einer syrischen Version entdeckt und herausgegeben hat, sind unecht. — Die apostolischen Constitutionen und Canones, die dem Clemens Romanus zugeschrieben wurden, stammen in ihrer gegenwärtigen Form erst aus dem dritten und vierten Jahrhundert n. Chr., einzelne Partien sind älter.

Durch Judenchristen sind dem Clemens die Recognitionen und die Homilien supponirt. Die Recognitionen, auf Grund einer älteren judaistischen Schrift: „Kerygma des Petrus", um 150 n. Chr. verfasst, aber wohl erst später auf ihre gegenwärtige Gestalt gebracht, bekämpfen die Gnosis, als deren Repräsentant der Magier Simon erscheint, halten an der Identität des Weltschöpfers mit dem Einen wahren Gotte fest, unterscheiden jedoch von ihm (philonisch) als sein Organ den Geist, durch den er schuf, den Eingebornen, dessen Haupt er selbst sei. Der wahre Verehrer Gottes ist der, welcher seinen Willen thut und die Vorschriften des Gesetzes beobachtet. Das Böse und das Gute haben die Willensfreiheit zur Voraussetzung. Das Streben nach der Gerechtigkeit und dem Reiche Gottes ist der Weg, in der zukünftigen Welt zur Anschauung der Geheimnisse Gottes zu gelangen. Das geschriebene Gesetz kann nicht ohne die Tradition richtig verstanden werden, die von Christus, dem wahren Propheten, ausgeht und durch die Apostel und Lehrer sich fortpflanzt. Der wesentliche Inhalt des Gesetzes liegt in den zehn Geboten. Das mosaische Opferinstitut hatte nur vorübergehende Bedeutung; an die Stelle desselben hatte Christus die Taufe gesetzt. Für die Nichtjuden, die an Christus glauben, gelten die den Proselyten des Thores auferlegten Gebote. Der Jude soll auch an Christus glauben, der an Christus glaubende Heide auch das Gesetz nach seinen wesentlichen und bleibenden Bestimmungen erfüllen (Recogn. IV, 5: debet is, qui ex gentibus est et ex Deo habet, ut diligat Jesum, proprii habere propositi, ut credat et Moysi; et rursus Hebraeus, qui ex Deo habet, ut credat Moysi, habere debet ex proposito suo, ut credat in Jesum). Die Homilien, wahrscheinlich eine um 170 n. Chr. entstandene Ueberarbeitung der Recognitionen, theilen im Allgemeinen den Standpunkt derselben, indem sie die Grundlehre Christi, des wahren Propheten, der Gottes Sohn, aber nicht Gott sei, darin finden, dass Ein Gott sei, dessen Werk die Welt, und der als der Gerechte einem Jeden geben werde nach seinen Werken; sie enthalten jedoch mehr speculative Elemente, als die Recognitionen. Ihr theoretischer Fundamentalsatz ist, dass Gott, der Eine, Alles nach Gegensätzen geordnet habe. Gott steht zu seiner Weisheit, der Bildnerin des All, in dem Doppelverhältniss der $συστολή$, wodurch er mit ihr eine Einheit ($μονάς$) bildet, und $ἔκτασις$, wodurch diese Einheit sich in eine Zweiheit zerlegt. Auf dem Gegensatze des Warmen und Kalten, Feuchten und Trocknen beruht die Vierzahl der Elemente, in welche Gott die an sich eingestaltige Materie zerlegt und aus denen er die Welt gebildet hat. Der Mensch allein hat Willensfreiheit. Die Seelen der Gottlosen werden durch Vernichtung gestraft. Der wahre Prophet ist zu verschiedenen Zeiten unter verschiedenen Namen und Gestalten aufgetreten, zuerst in Adam, zuletzt in Christus. Durch Christus sind auch die Heiden der göttlichen Offenbarung theilhaftig geworden. Was er von dem Gesetze aufgehoben hat (wie namentlich das Opferwesen), hat niemals wahrhaft zu demselben gehört, sondern schreibt sich von der Verfälschung her, welche die echte Tradition der dem Moses gewordenen Offenbarung bei ihrer späteren Aufzeichnung in den alttestamentlichen Schriften erfahren hat. Wer auch nur an die Eine der Offenbarungen Gottes glaubt, ist schon Gott wohlgefällig. Das Christenthum ist der universelle Judaismus. Wenn der geborene Nichtjude gottesfürchtig das Gesetz erfüllt, so ist er Jude, wo nicht Heide ($Ἕλλην$). Das Zeitverhältniss zwischen den Recognitionen und Homilien ist streitig. Die Homilien hält u. A. Uhlhorn, die Recognitionen Hilgenfeld für die frühere Schrift; jenem stimmt u. A. auch F. Nitzsch bei in seiner Dogmengesch. I, S. 49, jedoch mit dem Zugeständnisse, dass in den (zu Rom verfassten) Recognitionen einzelne Bestandtheile des gemeinsamen Sagenstoffes noch in einer einfacheren, primitiveren Gestalt erscheinen, als in den Homilien. Ferner existirt eine $Ἐπιτομή$ aus den Homilien in mehrfacher Redaction (zuletzt von A. Dressel herausgegeben, Leipz. 1859).

Die Schrift: Testamente der zwölf Patriarchen, welche hier bei dieser pseudonymen Litteratur mit erwähnt sein mag, ist eine wohl um die Mitte des zweiten Jahrhunderts entstandene Schrift, deren Verfasser der milderen judenchristlichen Richtung angehört, welche von den Heidenchristen die Beschneidung nicht forderte. Die Briefe des Paulus und auch die Apostelgeschichte werden den heiligen Schriften zugerechnet. Das Hohepriesterthum Christi vollendet und ersetzt den levitischen Tempeldienst. Auf Jesus ist bei seiner Taufe der Geist Gottes herabgestiegen, der in ihm Heiligkeit, Gerechtigkeit, Erkenntniss und Sündlosigkeit gewirkt hat. Die zerstreuten Israeliten werden gesammelt und zum Christenthum bekehrt werden. Die Furcht Gottes, das Gebet und das Fasten schützt vor der Versuchung und ermöglicht die Erfüllung der göttlichen Gebote.

Die Schrift: „der Hirt", welche zu der Zeit des Bischofs Clemens geschrieben sein will, ist wahrscheinlich zwischen 130 und 160 n. Chr. verfasst worden. Sie wird einem Hermas beigelegt, der aber nur, falls nicht der Röm. XVI, 14 erwähnte, sondern der in dem muratorischen Fragment als Verfasser bezeichnete Bruder des um 139 bis 154 der römischen Gemeinde vorstehenden Bischofs Pius gemeint ist, der wirkliche Verfasser sein könnte. Diese Schrift, die jedenfalls von einem Heidenchristen herrührt, enthält eine Darstellung von Visionen, die dem Hermas zu Theil geworden seien. Ein Schutzgeist in Hirtenkleidung, gesandt von einem ehrwürdigen Engel, ertheilt ihm Gebote für sich und die Gemeinde und deutet ihm Gleichnisse. Die Gebote gehen auf den Glauben an den Einen Gott, der alle Dinge geschaffen hat —

§ 6. Die apostolischen Väter.

Schöpfung aus nichts —, auf Busse und auf den Wandel in der Furcht Gottes. Das alttestamentliche Gesetz bleibt unerwähnt, aber in den Vorschriften über Enthaltsamkeit, Fasten etc. bekundet sich ein äusserlich gesetzlicher Standpunkt, und sogar die Lehre von überverdienstlichen Werken wird schon aufgestellt. Nach der Taufe soll noch einmal Busse zulässig sein. Die christliche Lehre wird vorausgesetzt, aber nicht dargelegt, und der Verfasser leitet seine eigenen Gedanken weder aus dem alten Testamente noch von Sprüchen des Herrn ab. Ein tieferes Verständniss für die Heilsthaten des Erlösers zeigt er nicht. Christus wird von ihm als der ersterschaffene Engel bezeichnet, der stets das reine Organ des heiligen Gottesgeistes gewesen sei. Gott wird mit dem Hausherrn, der heilige Geist mit seinem Sohne, Christus mit dem treuesten seiner Knechte verglichen. Durch Busse und gute Werke zur Vollendung gelangt, wird Hermas von zwölf hülfreichen Jungfrauen umspielt, welche die Kräfte des heiligen Geistes darstellen. Er ist als ein Baustein dem Gebäude der Kirche eingefügt.

Der sogenannte Brief des Barnabas, der sich der allegorisirenden Schriftdeutung sehr befleissigt, ist, wie Hilgenfeld (das Urchristenthum, S. 77, und Nov. test. extra Can. rec. II, S. XIII) annimmt, 96 oder 97 n. Chr., nach Volkmars (auf die Stelle in c. 16 über Neuerrichtung des Tempels mit Hülfe der Römer gestützter) Annahme aber 118—119 n. Chr. verfasst worden, und zwar ganz ersichtlich von einem mit der alexandrinischen Bildung vertrauten, dem Judenthum bestimmt gegenüberstehenden Heidenchristen (c. 16 ἦν ἡμῶν τὸ κατοικητήριον τῆς καρδίας πλῆρες εἰδωλολατρείας), vielleicht aber nach der eigenen Absicht des Verfassers im Sinne und Namen des Barnabas als des Gesinnungsgenossen des Paulus. Im Ganzen finden wir in diesem Brief paulinische Gedanken. Doch erkennt der Verfasser nicht sowohl, wie Paulus und der Verfasser des Hebräerbriefs, eine objective Verschiedenheit zweier Bündnisse (einer παλαιά und einer καινὴ διαθήκη), als vielmehr eine subjective Verschiedenheit der Auffassung der göttlichen Offenbarung an. Die Juden haben durch Buchstäbelei den wahren Sinn des göttlichen Bundesvertrages verfehlt und durch ihre Sünden das Heil verscherzt; schon die Propheten haben dies getadelt und den Gehorsam höher gestellt, als die Opfer. Die Christen sind in die ursprünglich jenen bestimmte Erbschaft eingetreten und das wahre Bundesvolk geworden; ihre Aufgabe ist, Gott zu fürchten und seine Gebote zu halten, nicht die ceremoniellen, sondern das neue Gesetz Jesu Christi (nova lex Jesu Christi), welches die Selbstdarbringung des Menschen an Gott erheischt (vgl. Röm. XII, 1) und nicht ein Joch der Knechtschaft auferlegt (vgl. Gal. V, 1). Die Schriften der Propheten enthalten schon die Lehre von dem Heile, das uns durch die Fleischwerdung Christi und durch seinen Kreuzestod geworden ist. Die Einsicht in diesen wahren Sinn der Schrift mittelst allegorischer Deutung bezeichnet der Barnabasbrief als γνῶσις (vgl. 1. Cor. XII, 1 ff; Hebr. V und VI), die sich zu der πίστις als die höhere Stufe verhalte. Doch soll keine aristokratische Absonderung von der Gemeinde eintreten (vgl. Hebr. X, 25). Die (judaistische) Ansicht, dass das Testament der Juden in dem Sinne, wie diese es auffassen, auch für die Christen gelte, gilt dem Verfasser des Barnabasbriefes als eine sehr schwere Verirrung; er warnt: ἵνα μὴ προσερχώμεθα ὡς ἐπηλύται τῷ ἐκείνων νόμῳ (ut non incurramus tanquam proselyti ad illorum legem, c. 3; ne similetis iis, qui peccata sua congerunt et dicunt: quia testamentum illorum et nostrum est, c. 4). (Der von Tischendorf aufgefundene Codex Sinaiticus liefert auch die vier ersten Capitel, die früher nur in lat. Uebersetzung bekannt waren, im griech. Original; vgl. Weizsäcker, zur Kritik des Barnabasbriefs, aus dem Codex Sinaiticus, Tübinger Univ.-Programm 1862.)

§ 6. Die apostolischen Väter.

Der Brief des Polykarp an die Philipper, der um 150 n. Chr. verfasst worden zu sein scheint, ist wahrscheinlich grösstentheils echt, die dem Ignatius von Antiochia (der wahrscheinlich 115, bald nach dem am 13. December während des Aufenthalts Trajans in Antiochien daselbst stattgehabten Erdbeben, und zwar wohl nicht, wie die Legende will, in Rom, sondern in Antiochia selbst, als Götterverächter von Leoparden zerfleischt wurde, vgl. G. Volkmar im Rhein. Museum, N. F. XII, 1857, S. 481—511, oder nach Harnack etwa 138 gestorben ist) zugeschriebenen Briefe aber sind zu sehr theils der Unechtheit, theils starker Interpolationen aus verschiedenen Zeiten verdächtig, als dass sie als Documente der religiösen Gedankenentwickelung in dem Anfange des zweiten Jahrhunderts benutzt werden könnten. (Setzt man das Todesjahr freilich erst später wie Harnack, so schwinden manche gegen die Echtheit der Briefe erhobenen Bedenken.) Einen Brief des Polykarp an die Philippenser bezeugt schon Irenäus (adv. haer. III, 3); doch ist der auf uns gekommene Brief mit jenem nur theilweise identisch. Von den ignatianischen Briefen besitzen wir eine längere und eine kürzere griechische Recension. Letztere besteht aus 7 Briefen und war schon dem Eusebius aus Cäsarea bekannt, die erstere stammt aus der Mitte des vierten Jahrhunderts. Ausserdem existirt noch eine (in einem ägyptischen Kloster aufgefundene, zuerst von W. Cureton, London 1845, veröffentlichte) kurze syrische Recension der drei Briefe an die Ephesier und Römer und an den Polykarp, die aber nichts als Excerpte aus einer vollständigen syrischen Uebersetzung bietet. Der Charakter der Briefe ist der paulinische, und bei Ignatius zum Theil auch der johanneische. Eigenthümlich aber ist beiden und besonders den Ignatiusbriefen die hierarchische Tendenz. Polykarp (gest. als Märtyrer im Februar 155) ermahnt (cap. 5), den Presbytern und Diakonen so gehorsam zu sein, wie Gott und Christo, die ignatianischen Briefe begründen ein hierarchisches System. Die Ignatiusbriefe, namentlich der Brief an die Römer, athmen Liebe zu dem Martyrium, welches dem Verfasser nahe bevorstehe. In den späteren Stücken tritt immer stärker die hierarchische Tendenz hervor. Nur die Anhänglichkeit an Gott, Christus, den Bischof und die Vorschrift der Apostel schützt vor der Verführung durch die Häretiker, welche Jesum Christum mit Gift vermischen (ad Trallianos, c. 1 ff.). Die Doketen werden hauptsächlich in den Briefen an die Ephesier, Trallianer und Smyrnäer, die Judaisten in den Briefen an die Magnesier und Philadelphier bekämpft. Vgl. Bunsen, die drei echten und die vier unechten Briefe des Ignatius von Antiochien, Hamburg 1847; Ignatius von Antiochien u. s. Zeit, ebd. 1847; Baurs Untersuchungen über die ign. Briefe, Tüb. 1848; ferner Uhlhorns, Hilgenfelds u. A. Untersuchungen, wonach der syrische Text ein Auszug aus dem griechischen ist; Friedr. Böhringer, Kirchengesch. der drei ersten Jahrhunderte, 2. Aufl., Zürich 1861, S. 1—46, der eine genaue Analyse der Briefe giebt; Richard Adalbert Lipsius, über das Verhältniss des Textes der drei syrischen Briefe des Ignatius zu den übrigen Recensionen der ignatianischen Litteratur, Leipzig 1859, auch in: Abh. für die Kunde des Morgenlandes, Leipzig 1859 und 1861 (für die Priorität der in syrischer Sprache auf uns gekommenen Recension), und andererseits wiederum A. Merx, meletemata Ignatiana, Halle 1861. S. auch ob. S. 22 das Werk v. Theod. Zahn. Nach Volkmars Ansicht sind um 170 die drei ersten Märtyrerbriefe, um 175—180 aber die nächsten vier Briefe verfasst und dem echten Polykarpus-Brief die unechten Stellen beigefügt worden.

Der (anonyme) Brief an Diognet (vielleicht den von Capitolin. vit. Ant. c. 4 erwähnten Günstling Marc Aurels), der bald den Schriften Justins, bald denen der apostolischen Väter beigefügt zu werden pflegt, obschon der Stil und der dogmatische Standpunkt von dem des Justin wesentlich abweicht (s. Semisch, Justin I, S. 178 ff.), und die Abfassung durch einen unmittelbaren Apostelschüler keineswegs gesichert ist, da der Verfasser vielmehr auf das katholische Princip der „traditio apostolorum" sich zu beziehen scheint, enthält eine lebendige christliche Apologetik. Seine Abfassungszeit ist sehr unsicher, jedoch nicht vor 160 zu setzen; F. Overbeck, s. ob. S. 22, rückt ihn in die Zeit nach Constantin herab. Der Standpunkt ist dem der Johannes-Briefe und des vierten Evangeliums verwandt. Der Judaismus wird verworfen. In der Beschneidung ein Zeugniss der Erwählung und der göttlichen Vorliebe finden zu wollen, erscheint dem Verfasser des Briefes als eine prahlerische Anmaassung, die Hohn verdiene. Den Opfercultus hält er für eine Verirrung, die ängstliche Strenge in der Auswahl der Speisen und in der Sabbathfeier für unbegründet. Ebenso entschieden aber bekämpft er das Heidenthum. Die griechischen Götter sind ihm seelenlose Gebilde aus Holz, Thon, Stein und Metall, und der ihnen dargebrachte Cultus ist eine Sinnlosigkeit. In der vorchristlichen Zeit hat Gott die Menschen dem untergeordneten Spiele ihrer sinnlichen Lüste überlassen, um zu zeigen, dass nicht aus menschlicher Kraft und Würdigkeit, sondern allein durch die göttliche Barmherzigkeit das ewige Leben erlangt werden könne. Die sittlichen Vorzüge der Christen schildert der Verfasser des Briefes mit glänzenden Farben. Bewundernswerth und ausgezeichnet ist der Wandel der Christen. Das eigene Vaterland bewohnen sie wie Fremdlinge. An allen Leistungen betheiligen sie sich als Bürger, und alles dulden sie wie Auswärtige. Jede Fremde ist ihnen Vaterland, jedes Vaterland eine Fremde. Sie heirathen, wie Alle, sie erzeugen Kinder, aber sie setzen die erzeugten nicht aus. Den Tisch, aber nicht die Frauen, haben sie gemein. Sie befinden sich auf der Erde, aber ihr Leben ist im Himmel. Sie gehorchen den bestehenden Gesetzen, aber durch ihr Leben überbieten sie dieselben. Sie lieben Alle und werden von Allen verfolgt. Man kennt sie nicht und verurtheilt sie doch. Sie werden getödtet und leben. Sie sind arm und machen Viele reich. Was die Seele im Leibe ist, das sind die Christen in der Welt. Der Grund dieses Wandels liegt in der Liebe Gottes, die sich durch die Sendung des Logos, des Weltbildners, bekundet hat, welcher in den Herzen der Heiligen immerdar neu geboren wird (πάντοτε νέος ἐν ἁγίων καρδίαις γεννώμενος). Der Logos ist der τεχνίτης καὶ δημιουργὸς τῶν ὅλων, οὗ τὰ μυστήρια πιστῶς πάντα φυλάσσει τὰ στοιχεῖα, cap. 7.

Die Διδαχὴ κυρίου διὰ τῶν δώδεκα ἀποστόλων τοῖς ἔθνεσιν — ungefähr von dem Umfang des Galaterbriefs — verdanken wir demselben jerusalemer Codex, in dem sich die beiden Briefe des Clemens vollständig gefunden haben. Sie ist dem Clemens Alex. schon bekannt; er citirt sie als zur γραφή gehörend. Ihr erster moralischer Theil, der mit den Worten beginnt: Ὁδοὶ δύο εἰσί (die Wege des Lebens und des Todes), ist vielleicht identisch mit der bei Rufinus und Hieronymus „Duae viae vel iudicium secundum Petrum" und „Iudicium Petri" genannten Schrift. Doch ist auch dieser Theil, der sich mehrfach mit dem Barnabasbrief berührt, philosophisch nicht von Bedeutung. Die Abfassung des Schriftchens fällt wahrscheinlich zwischen 120—160.

§ 7. Das Bestreben der sogenannten Gnostiker, vom christlichen Glauben zum christlichen Wissen fortzuschreiten, ist der erste Versuch einer christlichen Religionsphilosophie; aber die Form der gnostischen Speculation ist nicht der reine Begriff, sondern die phantastische Vorstellung, welche die einzelnen Momente des religiösen Processes zu fingirten Persönlichkeiten hypostasirt, so dass eine christliche, oder vielmehr halbchristliche Mythologie sich ausbildete, unter deren Hülle die Keime eines geschichtsphilosophischen Verständnisses des Christenthums verborgen lagen. Es handelte sich hierbei zuerst um das Verhältniss des Christenthums zum Judenthum, wobei namentlich die praktische Stellung des Ultrapaulinismus zum Judenthum sich in einen auch theoretisch-theologischen Ausdruck kleidete, darnach aber namentlich um das Verhältniss desselben zum Heidenthum und insbesondere zum Hellenismus, wobei besonders die Versuche, das Christenthum hellenisch zu fassen, in den Vordergrund treten. Die Vorstellungen sind theils alttestamentliche und specifisch-christliche, theils besonders hellenische (namentlich stoische und platonisch-pythagoreische) und überhaupt dem Ethnicismus, auch dem orientalischen, entnommene. Nach diesen Beziehungen unterscheiden sich von einander die einzelnen Stadien und Formen des Gnosticismus, der von einfachen Anfängen zu sehr complicirten Systemen fortgeht.

Die Sonderung des Christenthums vom Judenthum bekundet sich in immer schrofferer Form in den Lehren des Cerinth, des Cerdon und des Saturninus, welche sämmtlich den durch Moses und die Propheten verkündeten Gott von Gott, dem Vater Jesu Christi, unterschieden, und des Marcion, der, aller äusseren Gesetzlichkeit feind, das Christenthum als die schlechthin selbständige und voraussetzungslose, absolute Religion gegen die alttestamentliche Offenbarung völlig isolirte, deren Urheber ihm als ein bloss gerechtes, aber nicht gutes Wesen erschien. Ein selbständiger Schüler des Marcion war Apelles, der eine monistische Lehre aufstellte und sich später mehr als andere Gnostiker der kirchlichen Anschauung näherte. Auch durch den Einfluss des Heidenthums bestimmt und zum Theil gerade auf das Verhältniss desselben zum Christenthum gerichtet war die Speculation des Karpokrates, eines christlich-platonischen Universalisten, der Ophiten oder Naassener und der Peraten, die in der Schlange ein weises und gutes Wesen erblickten, des Syrers Basilides, der in einen überweltlichen Raum die obersten göttlichen Mächte setzte, dem von den Juden verehrten Gotte nur eine beschränkte Machtsphäre zuschrieb, die Menschen aber, die an Christus glauben, durch das von dem höchsten Gotte ausgegangene Evangelium erleuchtet und bekehrt werden liess; endlich die in wesentlichen Beziehungen durch den Hellenismus und durch den Parsismus bedingte Gnosis des Valentinus und seiner zahlreichen Anhänger, wonach aus dem Urvater die göttlichen, überweltlichen Aeonen, d. h. hypostasirte Kräfte, die an der Gottheit und ihrer Ewigkeit theilhaben, emanirt sind, die das Pleroma ausmachen, die Sophia aber, der letzte der Aeonen, durch ungeregelte Sehnsucht nach dem Urvater dem Streben und Leiden verfiel, aus dem eine niedere, ausserhalb des Pleroma weilende Weisheit, die Achamoth, ferner das Psychische und die Körperwelt sammt dem Demiurgen

§ 7. Der Gnosticismus.

hervorgingen, und wonach eine dreifache Erlösung stattgefunden hat: innerhalb der Aeonenwelt durch Christus, bei der Achamoth durch Jesus, das Erzeugniss der Aeonen, und auf Erden durch Jesus, den Sohn der Maria, in dem der heilige Geist oder die göttliche Weisheit wohnte. Aehnlich der Lehre des Valentinus ist die in dem Buche „Πίστις Σοφία" enthaltene. Der Syrer Bardesanes hat die Gnosis vereinfacht und in der Willensfreiheit den Vorzug des Menschen gefunden. Der Dualismus des Mani ist eine mit gnostischer Speculation durchsetzte Combination von Magismus und Christenthum.

Die Quellen unserer Kenntniss der Gnosis sind ausser der gnostischen Schrift: Pistis Sophia (e cod. Coptico descr. lat. vertit M. G. Schwartze, ed. J. H. Petermann, Berol. 1851) und mehreren Fragmenten nur die Schriften ihrer Bestreiter, besonders: Irenäus, ἔλεγχος τῆς ψευδωνύμου γνώσεως (ed. Stieren, Lips. 1853; vol. I, p. 901 bis 971: gnosticorum, quorum meminit Irenaeus, fragmenta) und Pseudo-Origenes (Hippolytus), ἔλεγχος κατὰ πασῶν αἱρέσεων (pr. ed. Emm. Miller, Oxonii 1851; C. Hippolyti refutationis omnium haeresium librorum decem quae supersunt ed. L. Duncker et F. G. Schneidewin —, Gotting. 1859; ed. Patricius Cruice, Paris 1860, s. Grundr. Bd. 1, Aufl. 7, S. 27), ferner Schriften des Pseudo-Ignatius, des Justin, des Tertullian, des Clemens Alexand., des Origenes, des Eusebius, des Philastrius, des Epiphanius, des Theodoret, des Augustin und Anderer, auch des Neuplatonikers Plotinus Abhandlung gegen die Gnostiker, Ennead. II, 9. Unter den neueren Historikern sind besonders bemerkenswerth: Neander, genet. Entw. der vornehmst. gnost. Systeme, Berlin 1818 (vergl. Kirchengesch. I, 2, 2. A., S. 631 ff.). J. Matter, hist. crit. du gnosticisme, 1828, 2. éd. 1843. Möhler, Ursprung des Gnosticismus, Tüb. 1831. Ferd. Chr. Baur, de gnosticorum christianismo ideali, Tüb. 1827; die christl. Gnosis od. Religionsphil., Tüb. 1835; d. Christenth. d. drei erst. Jahrhunderte, 2. A., Tüb. 1860, S. 175—234. J. Hildebrand, philosophiae gnosticae origines, Berol. 1839. R. A. Lipsius in: Ersch u. Grubers Encycl. I, 71, bes. abg. Leipz. 1860, und an manchen Stellen seiner Schrift: Zur Quellenkrit. des Epiph., Wien 1865; ders., die Quellen der ältesten Ketzergesch. neu untersucht, Lpz. 1875. Wilh. Möller, Gesch. der Kosmologie in d. griech. Kirche bis auf Origenes, Halle 1860, S. 189—473. A. Hilgenfeld, der Gnosticismus und die Philosophumena, in: Ztschr. für wiss. Theologie, V. Jahrg., Halle 1862, S. 400—464: der Gnosticismus und das neue Testament, in der Zeitschr. f. wiss. Theol., Jahrg. XIII, Leipz. 1870, S. 233—275; ders., die Ketzergeschichte des Urchristenthums, Lpz. 1884. Phil. Schaff, Gesch. der christl. Kirche, Leipz. 1867, I, S. 200—219. A. Harnack, zur Quellenkritik der Gesch. des Gnosticismus, Lpz. 1873; ders., zur Quellenkrit. der Gesch. des Gnosticismus, in: Zeitschr. f. hist. Theol., 1874, II, S. 143—226. H. L. Mansel, the Gnostic heresies of the first and second centuries —, ed. by B. Lightfoot, London 1875. M. Joel, Blicke in d. Religionsgesch. z. Anfang des 2. christl. Jahrh. 1) der Talmud u. d. griech. Spr. nebst 2 Excursen: a. Aristobul, der sogen. Peripatetiker, b. d. Gnosis, Breslau u. Lpz. 1880. G. Koffmane, d. Gnosis nach ihrer Tendenz u. Organisation (12 Thesen), Breslau 1881. Vgl. auch Weingarten, d. Umwandl. der ursprüngl. Gemeindeorganisation zur kath. Kirche, in: hist. Ztschr., 45, 1881, S. 441—468. In Bunsens Analecta Ante-Nicaena, 3 voll., London 1854, s. oben § 4, hat Jac. Bernays (vol. I, p. 205—273) die Auszüge des Clemens von Alexandrien aus dem Valentinianer Theodotus bearbeitet.

Ueber einzelne Gnostiker und ihre Systeme handeln: A. Hilgenfeld, d. Magier Simon, in d. Zeitschr. f. wiss. Theol., Jahrg. XI, 1868, S. 357—396. A. Lipsius, Simon der Magier, in: Schenkels Bibellexicon, Bd. V, S. 301—321. — Ueber die Philosophumena u. Marcion, in: Theol. Jahrbüch., Tüb. 1854, S. 102—126. Lipsius, die Zeit des Marcion u. des Herakleon, in d. Zeitschr. f. wiss. Theol., 10, 1867, S. 55—83. A. Hilgenfeld, Cerdon u. Marcion, in: Zeitschr. f. wiss. Theol., Bd. 24, 1881, S. 1—37. Ueb. Apelles, Ad. Harnack, de Apelle gnosi monarchica, Lpz. 1874. — Ueber die ophitischen Systeme handelt neuerdings namentlich Lipsius in den Jahrgängen 1863 u. 64 der Hilgenfeldschen Zeitschrift f. wiss. Theol. Vgl. Joh. Nep. Gruber, üb. d. Ophiten, Inaug. Diss., Würzburg 1864. Ueber die Peraten handelt Baxmann, die Philosophumena u. die Peraten, in Niedners Ztschr. f. hist. Theol., 1860, S. 218—257. — Ueber Basilides: Jacobi, Basilidis phil. gnostici sentent., Berol. 1852.

§ 7. Der Gnosticismus.

Bunsen, Hippolytus und seine Zeit, Leipz. 1852, I, S. 65 ff. Uhlhorn, das basilidianische Syst., Gött. 1855. Hilgenfeld, das System des Gnostikers Basilides, in: Theol. Jahrb. 1856, S. 86 ff. und: die jüdische Apokalyptik, nebst einem Anhange üb. d. gnost. Syst. d. Basil., Jena 1857, S. 287—299. Baur, das Syst. des Gnostikers Basil. u. d. neuesten Auffassungen desselben, in: Theol. Jahrb. 1850, S. 122 ff., und: das Christenthum der drei ersten Jahrh., 2. A., 1860, S. 204—213. Lipsius, zur Quellenkritik des Epiphanius. Wien 1865, S. 100 f. P. Hofstede de Groot, Basilides am Ausgange des apostol. Zeitalt. als erster Zeuge f. Alter u. Autorität neutestamentl. Schriften, insb. des Johannis-Evangel. Deutsche verm. Ausg., Leipz. 1868; vgl. ferner auch Abhandlungen in der von Hilgenfeld herausg. Zeitschr. für wiss. Theol., z. B. Hilgenfeld, des Basilides des Hippolytus, aufs Neue geprüft, Bd. 21, S. 228—250. Funk, ist der Basil. der Philosophumena Pantheist? in: Theol. Quartalsschr. 63, 1881, S. 277—298. — Ueber Valentinus: H. Rossel, in: hinterlassene Schriften, Berl. 1847, Bd. II, S. 250—300. Georg Heinrici, die valentinian. Gnosis u. d. heil. Schrift, Berl. 1871. Den Brief des Valentinianers Ptolemäus an Flora behandelt Stieren, de Ptolem. Valent. ep. ad Floram. Jena 1843. — Pistis Sophia, opus gnost. Valentino adiudicat., e cod. Coptico Londinensi descripsit et latine vertit Schwartze, ed. Petermann, Berl. 1851. Köstlin, d. gnost. Syst. des Buches Πίστις Σοφία, in: Theol. Jahrb., Tüb. 1854, S. 1—104, 137—196. — Ueber Bardesanes: Aug. Hahn, Bardesanes gnosticus Syrorum primus hymnologus, Lips. 1819, und u. a. auch die Stellen aus dem Fihrist bei Flügel, Mani, Leipz. 1862, S. 161 f. und S. 356 f., ferner A. Merx, Bardesanes von Edessa, Halle 1863, und Hilgenfeld, Bardesanes, der letzte Gnostiker, Leipz. 1864. Ueber Mani: J. de Beausobre, histoire crit. de Manichée et du Manichéisme, Amst. 1734—39. K. A. v. Reichlin-Meldegg, die Theologie des Magiers Manes und ihr Ursprung, Frankfurt 1825. A. F. V. de Wegnern, Manichaeorum indulgentias cum brevi totius Manichaeismi adumbratione e fontibus descripsit, Leipzig 1827. F. Chr. Baur, das manich. Religionssystem, Tübingen 1831. F. E. Coldit, die Entstehung des manich. Religionssystems, Leipz. 1831. P. de Lagarde, Titi Bostreni contra Manich. libri quatuor syriace, Berol. 1859. Flügel, Mani und seine Lehre, Leipz. 1862. Alexis Geyler, das System des Manichaeismus und sein Verh. zum Buddhismus, Jena 1875.

„Die Gnosis ist der erste umfassende Versuch einer Philosophie des Christenthums; aber dieser Versuch schlägt angesichts der ungeheuren Tragweite der den Gnostikern in genialer Weise sich aufdrängenden und doch weit über ihr wissenschaftliches Vermögen hinausgehenden speculativen Ideen in Mystik, Theosophie, Mythologie, kurz in eine durchaus unphilosophische Darstellung um" (Lipsius in: Encyclop. der Wissensch. und Künste, hrsg. von Ersch und Gruber, I, 71, Leipzig, 1860, S. 269). Die Eintheilung der Formen der Gnosis muss (mit Baur, das Christenthum der drei ersten Jahrh., S. 225, wenn schon im Einzelnen nicht durchweg in der Weise Baurs) auf die Religionen gegründet werden, deren verschiedenartige Elemente den Inhalt der Gnosis bedingen.

Der Begriff der $\gamma\nu\tilde{\omega}\sigma\iota\varsigma$ überhaupt, in dem Sinne religiöser Erkenntniss im Unterschied von dem blossen Glauben, ist beträchtlich älter, als die Ausbildung der gnostischen Systeme. Die allegorische Deutung der heiligen Schriften durch die alexandrinisch gebildeten Juden war ihrem Wesen nach Gnosis, und an die Alexandriner, namentlich an Philon, haben die Gnostiker vielfach angeknüpft. Matth. XIII, 11 giebt Christus, nachdem er zu der Menge in Gleichnissen geredet hat, seinen Jüngern die Deutung, da ihnen die der Menge versagte Fähigkeit verliehen sei: $\gamma\nu\tilde{\omega}\nu\alpha\iota\ \tau\grave{\alpha}\ \mu\nu\sigma\tau\acute{\eta}\rho\iota\alpha\ \tau\tilde{\eta}\varsigma\ \beta\alpha\sigma\iota\lambda\epsilon\acute{\iota}\alpha\varsigma\ \tau\tilde{\omega}\nu\ o\grave{\nu}\rho\alpha\nu\tilde{\omega}\nu$. Paulus (1. Cor. I, 4 und 5) preist Gott dafür, dass die Korinther reich seien $\grave{\epsilon}\nu\ \pi\alpha\nu\tau\grave{\iota}\ \lambda\acute{o}\gamma\psi\ \kappa\alpha\grave{\iota}\ \pi\acute{\alpha}\sigma\eta\ \gamma\nu\acute{\omega}\sigma\epsilon\iota$, er bezeichnet (1. Cor. VIII, 1 ff.) die rationelle Ansicht vom Genuss des Götzenopferfleisches als eine $\gamma\nu\tilde{\omega}\sigma\iota\varsigma$, und er unterscheidet (1. Cor. XII, 8) unter den Gnadengaben den $\lambda\acute{o}\gamma o\varsigma\ \sigma o\varphi\acute{\iota}\alpha\varsigma$ und den $\lambda\acute{o}\gamma o\varsigma\ \gamma\nu\acute{\omega}\sigma\epsilon\omega\varsigma$ von der $\pi\acute{\iota}\sigma\tau\iota\varsigma$, wo die $\gamma\nu\tilde{\omega}\sigma\iota\varsigma$ ebenso, wie im Hebräerbriefe (V, 14) die $\sigma\tau\epsilon\rho\epsilon\grave{\alpha}\ \tau\rho o\varphi\acute{\eta}$, besonders auf allegorische Schriftdeutung zu gehen scheint (vgl. 1. Cor. X, 1—12; Gal. IV, 21—31). Apokal. II, 24 wird von einer Erkenntniss der Tiefen des Satanas geredet, wahrscheinlich gegen solche, die sich eine Erkenntniss der Tiefen der Gottheit zuschrieben. An den urchristlichen Begriff der γνῶσις haben sich Judenchristen, wie die Verfasser der Clementinen, und Heidenchristen, orthodoxe wie heterodoxe, in dem Streben nach Vertiefung der christlichen Erkenntniss angeschlossen; insbesondere fällt bei den alexandrinischen Kirchenlehrern auf den Unterschied zwischen πίστις und γνῶσις ein grosses Gewicht. Der Barnabas-Brief will seine Leser belehren zu dem Zweck: ἵνα μετὰ τῆς πίστεως τελείαν ἔχητε καὶ τὴν γνῶσιν, und diese γνῶσις ist die Einsicht in den typischen oder allegorischen Sinn des mosaischen Ritualgesetzes (s. ob. S. 26). Zur allegorischen Deutung neutestamentlicher Schriften aber gingen zuerst Solche fort, die (bewusster oder unbewusster Weise) den Gedankenkreis derselben zu überschreiten versuchten; diese Ausdehnung des Princips allegorischer Deutung kommt zuerst bei häretischen Gnostikern und besonders den Valentinianern auf, wird darnach aber auch von den kirchlich gesinnten Alexandrinern und Anderen geübt. Von den verschiedenen Secten, die man unter dem Namen der Gnostiker zusammenzufassen pflegt, sollen insbesondere die Ophiten (nach Hippol. philos. V, 6 und Epiph. haeres. 26) oder Naassener sich selbst so bezeichnet haben (φάσκοντες μόνοι τὰ βάθη γινώσκειν).

Der religionsphilosophische Gedanke, dass das Judenthum eine blosse Vorstufe des Christenthums sei, kleidete sich dem um 115 n. Chr. in Kleinasien lebenden, vielleicht in Alexandrien gebildeten (nach Hippol. philos. VII, 33: Αἰγυπτίων παιδείᾳ ἀσκηθείς) Cerinthus (Κήρινθος) in die Form einer Unterscheidung des von den Juden verehrten Gottes, der die Welt geschaffen und ein das Christenthum vorbereitendes Gesetz gegeben habe, von dem höchsten wahren Gotte. Der Letztere liess auf Jesus von Nazareth, den Sohn des Joseph und der Maria, bei der Taufe eine reale göttliche Kraft, welche Christus genannt wird, herniedersteigen. Dieser Christus verkündete ihn, den wahren Gott selbst, verliess aber Jesum vor dessen Tode wieder und nahm an dem Leiden desselben nicht Theil, da dieses Leiden nur ein Unglück war, aber keine erlösende Kraft hatte (Iren. I, 26; Hippol. loc. cit.). Das von Epiph. haeres. 28 dem Cerinth und seinen Anhängern zugeschriebene partielle Hinneigen zum Judaismus (προσέχειν τῷ Ἰουδαϊσμῷ ἀπὸ μέρους) darf wohl nicht als ein rückschreitendes Judaisiren von einer schon entwickelteren Kirchenlehre aus (wofür freilich in leicht erklärlichem Missverständniss schon frühe Berichterstatter es genommen haben), sondern nur als ein noch nicht ausgetilgter Rest des ursprünglichen Verflochtenseins mit dem Judenthum bei (durch die Theosophie des Cerinthus durchaus erwiesenen) sehr entschiedenen Tendenz zur Ueberschreitung dieser Schranke angesehen werden. Die Richtung des Cerinthus muss durch die paulinische Lehre von dem Gesetz als der Vorstufe des Christenthums, dem παιδαγωγὸς εἰς Χριστόν, ferner durch Gedanken, wie sie in dem Hebräerbriefe aufgezeichnet worden sind, bedingt sein. Der Unterschied der Religionsformen wird (vermittelst einer über Philons Absicht hinausgehenden Benutzung der philonischen Unterscheidung zwischen Gott und seiner weltschaffenden Kraft) als Unterschied göttlicher Wesen dargestellt.

Die in der Apokalypse des Johannes erwähnten Nikolaiten, welche Irenäus (III, 11) als Vorläufer des Cerinthus bezeichnet, können dies insofern gewesen sein, als sie, den paulinischen Grundsatz der Aufhebung des Gesetzes durch den Glauben consequent durchführend, auch nicht die für die Proselyten des Thores geltenden Gesetze sich auferlegen liessen, die nach dem in der Apostelgeschichte mitgetheilten Vermittelungsvorschlage auch von den Heidenchristen beobachtet werden sollten. Wie die Apokalypse die Nikolaiten bekämpft, so soll nach der Angabe des Irenäus (III, 11) gegen die Irrlehre des Cerinthus das Johannes-Evangelium gerichtet sein, welche Notiz auch dann, wenn das Evangelium nicht zur Zeit des Cerinthus, sondern vielleicht schon vor dem Auftreten desselben, etwa um 100 n. Chr.

§ 7. Der Gnosticismus.

geschrieben ist und sich nicht in directer Opposition gegen antijudaistische Gnostiker, sondern vielmehr gegen Juden und judaisirende Christen kehrt, doch in dem Sinne Wahrheit enthält, dass es, indem es die Weltbildung durch Gottes $\lambda \acute{o} \gamma o \varsigma$ geschehen lässt, der u. A. auch von Cerinthus vertretenen (demnächst aber weit mehr noch von anderen Gnostikern durchgeführten) Trennung des weltbildenden Judengottes von dem höchsten Gott entgegentritt, und dies allerdings auch im Sinne des Apostels Johannes.

Ungewiss ist es, in wie weit mit Recht die Anfänge der häretischen Gnosis dem Simon Magus (der auch Act. Apost. VIII, 9—24 erwähnt wird) zugeschrieben werden, der sich für eine Erscheinung Gottes, und die Helena, die er mit sich führte, für eine Verkörperung der göttlichen $\check{\varepsilon}\nu\nu o \iota \alpha$ ausgegeben haben soll (Justin. apol. I, 26 und 56; Iren. I, 23), auf den aber vieles, was theils Paulus theils Späteren angehört, unhistorisch übertragen worden ist. Die Philosophumena entnehmen die Darstellung seiner Lehre einer Schrift '$A\pi\acute{o}\varphi\alpha\sigma\iota\varsigma$ $\mathring{\eta}$ $\mu\varepsilon\gamma\acute{a}\lambda\eta$, die damals unter seinem Namen vorhanden war. Es existirte eine Secte von Simonianern (Iren. I, 23), die wahrscheinlich Simons Lehre erst in ein System gebracht haben. Wenn die Philosophumena meinen, Simon habe das Wesentliche seines Systems Heraklit dem Dunkeln entnommen, so ist dies wohl dahin zu corrigiren, dass allerdings sehr vieles in den simonischen Lehren der stoischen Philosophie entlehnt scheint. Simons hervorragendster Schüler soll Menander aus Samaria gewesen sein (Iren. I, 23), und unter dem Einfluss Menanders sollen Saturninus aus Antiochien und Basilides gestanden haben (Iren. I, 24). Auch Cerdon soll an Simon und die Nikolaiten angeknüpft haben (Iren. I, 27; Philos. VII, 37).

Saturninus aus Antiochia, der unter Hadrian lebte, lehrte (nach Iren. I, 24: Philos. VII, 28), es gebe einen unerkennbaren Gott ($\vartheta\varepsilon\grave{o}\varsigma$ $\check{\alpha}\gamma\nu\omega\sigma\tau o\varsigma$), den Vater. Dieser habe die Engel, Erzengel, Kräfte und Gewalten geschaffen. Dem Reiche dieses Gottes steht gegenüber das Reich des Satans, welcher Herrscher der $\mathring{v}\lambda\eta$ sei. Durch sieben Engel ($\check{\alpha}\gamma\gamma\varepsilon\lambda o\iota$ $\kappa o \sigma \mu o \kappa \rho\acute{a}\tau o\rho\varepsilon\varsigma$), die sich ein selbständiges Reich hätten gründen wollen, sei der $\mathring{v}\lambda\eta$ ein Stück entrissen worden und die Welt entstanden. Auch der Mensch sei ihr Gebilde, doch habe diesem die höhere Kraft, nach deren Bilde er gestaltet sei, den Lebensfunken verliehen, der nach dem Tode zu seinem Ursprung zurückkehre, während der Leib in seine Elemente sich auflöse. Der Vater ist ungeworden, körperlos und gestaltlos und nur vermeintlich den Menschen erschienen; der Gott der Juden aber ist einer der niederen Engel, welche die Welt erschaffen haben. Christus ist gekommen zur Aufhebung der Macht des Judengottes, zur Rettung der Gläubigen und Guten und zur Verdammniss der Bösen und der Dämonen. Nicht in einem wirklichen Leibe, sondern in einem Scheinleibe ist Christus, der Aeon $\nu o \tilde{v}\varsigma$, erschienen, weil er nichts mit der Sinnlichkeit gemein haben durfte. Durch Gnosis und Askese muss die Reinigung von der Materie vollzogen werden, demnach ist auch Ehe und Zeugung vom Satan. Die Prophezeiungen sind zum Theil von den weltbildenden Engeln eingegeben worden, zum Theil aber vom Satan, der jenen Engeln und besonders dem Judengott entgegen wirkte.

Cerdon, ein Syrer, der (nach dem Zeugniss des Irenäus I, 27, 1 und III, 4, 3) nach Rom kam, als Hyginus (der Nachfolger des Telesphorus und Vorgänger des Pius) Bischof war, also um 140 n. Chr., unterschied, gleich wie Cerinthus und Saturninus, den durch Moses und die Propheten verkündigten Gott von Gott, dem Vater Jesu Christi; jener werde erkannt, dieser aber sei unerkennbar; jener sei gerecht, dieser aber gut (Iren. I, 27; Hippol. philos. VII, 37).

Marcion vom Pontus, der (nach Iren. III, 4, 3) in Rom nach Cerdon zur Zeit des Bischofs Anicet (des Nachfolgers des Pius und Vorgängers des Soter), also (da Anicet frühestens 155, spätestens 157 Bischof wurde und dies 11—12 Jahre blieb) um 160, aber vielleicht auch schon früher, vielleicht seit 143—144 lehrte, nachdem er zu Sinope im Jahre 138 aufgetreten und bereits um 140 zu Sinope von dem dortigen Bischof, der zugleich sein Vater war, excommunicirt worden war und in ethischer Beziehung als Antinomist einen extremen Paulinismus vertrat, von den Evangelien aber nur das des Lucas in einer seinem Standpunkt entsprechenden Redaction (über welche Volkmar in seiner Schrift, das Evangelium Marcions, eingehend handelt) gelten liess, gab, seitdem er auf gnostische Speculationen sich eingelassen hatte, auch den theoretischen Fictionen, in denen die praktische Stellung zum jüdischen Gesetze einen phantastisch-theologischen Ausdruck fand, die schroffste Gestalt. Er begnügte sich nicht mit der Unterscheidung des Weltschöpfers, den die Juden verehrten, von dem höchsten Gotte und mit der Unterordnung jenes unter diesen, sondern erklärte jenen '(gewisse Aussagen des alten Testaments in seinem christlichen Bewusstsein messend und dabei allegorische Deutung verwerfend) zwar für gerecht (im Sinne der schonungslosen Gesetzesvollstreckung), aber für nicht gut, da er auch Urheber von bösen Werken sei und kriegstüchtig und wankelmüthig und widerspruchsvoll. Im fünfzehnten Jahr der Herrschaft des Tiberius sei Jesus von dem Vater, dem höchsten Gott, in Menschengestalt nach Judäa gesandt worden, um das Gesetz und die Propheten und alle Werke des Gottes, der die Welt geschaffen habe und beherrsche (des $Κοσμοκράτωρ$) aufzulösen. Zum Kampf gegen den Weltschöpfer gehört auch, dass wir der Ehe uns enthalten (Clem. Alex. Strom. III, 3 und 4). Zur ewigen Seligkeit kann nur die Seele gelangen; der irdische Leib aber kann den Tod nicht überdauern (Iren. I, 27; Hippol. philos. VII, 29). Dass die Marcioniten das Licht und die Finsterniss als ewige Principien ansehen und ein drittes, vermittelndes Wesen, Jesus, annehmen, den Weltschöpfer von dem Lichtgotte unterscheiden und im Kampf mit dem Bösen ein asketisches Verhalten fordern, sagt der Fihrist (bei Flügel, Mani, Leipzig 1862, S. 159 f.).

Apelles, ein Schüler des Marcion (gest. um 180), wich wesentlich von dem Meister ab. Er nahm ein höchstes Princip ($μία ἀρχή$) an, nämlich den $ἀγέννητος θεός$. Dieser hat eine himmlische Welt mit Engeln geschaffen. Der höchste derselben ist der Demiurg, der die niedere Welt nach dem Bilde der höheren schuf. Ein anderer Engel, der $ἄγγελος πυρσός$ brachte aber die $σάρξ ἁμαρτίας$ hervor und fesselte an diese die aus der überirdischen Welt herabgelockten Seelen. Derselbe ist der Gott der Juden. Auf Bitten des Demiurgen wurde nun von dem höchsten Gotte der Erlöser gesandt. Eusebius (Hist. eccl. V, 16) berichtet von einer Unterredung zwischen dem greisen Apelles und Rhodon, einem Schüler Tatians, die gegen 180 zu Rom stattfand. Apelles gestand hierbei zu, dass die an den Gekreuzigten Glaubenden gerettet werden würden, vorausgesetzt, dass sie gute Werke thäten. Von Rhodon nach dem Beweis für das eine Princip gefragt, erklärte er, dass die Propheten uns nichts darüber lehren könnten, da sie sich selbst widersprächen, und dass ihm die Einheit vielmehr durch eine Art Instinct als durch bestimmte Erkenntniss feststehe. Er wisse nicht, wie es nur einen ungezeugten Gott gäbe, aber er glaube ihn.

In geradem Gegensatz zu dieser antijudaistischen Richtung steht der ethische und religionsphilosophische Judaismus der Clementinen (s. oben § 6) mit seiner scharfen Bekämpfung der Trennung des höchsten Gottes von dem Schöpfer der Welt.

In der Unterscheidung des höchsten Gottes, von dem Christus stamme, und des Demiurgen und Gesetzgebers kommen Karpokrates, Basilides, Valentinus und Andere mit den bisher genannten Gnostikern überein, zeigen aber einen beträchtlicheren Einfluss hellenischer Speculation und nehmen zum Theil auch ausdrücklich auf das Verhältniss des Heidenthums zum Christenthum Bezug. Mit

§ 7. Der Gnosticismus.

parsischen Anschauungen haben Valentin und viel mehr noch Mani das Christenthum versetzt.

Karpokrates aus Alexandrien, zu dessen Anhängern unter Anderen auch eine Marcellina gehörte, die unter Anicet (um 160) nach Rom kam, und der selbst schon um 130 gelehrt haben mag, vertritt einen universalistischen Rationalismus. Seine Anhänger hielten sich Bilder der Personen, denen sie die grösste Verehrung zollten, namentlich ein Bildniss von Jesus, auch von Paulus, aber auch von Homer, Pythagoras, Platon, Aristoteles und Anderen. In der Bestimmung des Verhältnisses des Christenthums zum Judenthum kommt Karpokrates im Wesentlichen mit Cerinthus und Cerdon und am nächsten mit Saturninus überein, indem er annimmt, dass die Welt und Alles, was in ihr ist, von Geistern geschaffen sei, die aus dem ungewordenen Vater, der Monas, hervorgegangen sind, ihm aber weit nachstehen und sich gegen ihn empört haben. Mit den Ebjoniten nahm Karpokrates an, Jesus stamme von Joseph und Maria, aber nicht, wie die Ebjoniten meinten, als der vollkommene Jude, dem um seiner absolut treuen Gesetzeserfüllung willen die Messiaswürde zuertheilt worden sei, sondern vielmehr als der vollkommene Mensch. Karpokrates lehrte, dass Jesus gerade darum, weil er trotz seiner jüdischen Erziehung das jüdische Wesen zu verachten gewusst habe, der Erlöser geworden sei und die Leiden, die den Menschen zur Züchtigung auferlegt seien, aufgehoben habe; jede Seele, die gleich Jesu die weltherrschenden Mächte zu verachten vermöge, werde gleiche Kraft wie er empfangen. Karpokrates begründet diese Ansicht tiefer durch Dogmen, welche er dem Platonismus entnommen hat. Die Seelen der Menschen haben existirt, ehe sie in die irdischen Leiber herabgestiegen sind: sie haben mit dem ungewordenen Gott zusammen während des Umschwungs der Welt das Ewige jenseits des Himmelsgewölbes geschaut (offenbar die nach dem Mythus im Phaedrus ausserhalb des Himmels ruhenden Ideen). Je kräftiger und reiner eine jede Seele ist, um so mehr vermag sie in ihrer irdischen Existenz sich des damals Geschauten wieder zu erinnern; wer aber dies vermag, dem wird eine Kraft ($\delta\acute{u}\nu\alpha\mu\iota\varsigma$) von oben zu Theil, durch die er die Obmacht über die weltherrschenden Gewalten gewinnt. Diese Kraft dringt von der Stelle jenseits des Himmelsgewölbes aus, wo Gott ist, durch die Planetensphären und die denselben innewohnenden weltherrschenden Mächte hindurch und strebt, frei von ihrer Macht, liebend zu den Seelen hin, die ihr selbst ähnlich sind, wie die Seele Jesu es war. Wer völlig rein und unbefleckt von jeglichem Vergehen gelebt hat, kommt nach dem Tode zu Gott; alle anderen Seelen aber müssen zur Busse in verschiedene Leiber nach einander eingehen, bis sie endlich, nachdem sie genug gebüsst haben, alle gerettet werden und in Gemeinschaft mit Gott, dem Herrn der weltbildenden Engel, leben. Jesus hat für die Würdigen und Folgsamen eine Geheimlehre aufgestellt. Durch Glaube und Liebe wird der Mensch gerettet; jedes Werk ist als solches ein Adiaphoron und nur nach menschlicher Meinung gut oder böse. Die Karpokratianer trieben nicht bloss Speculation, sondern hatten einen sehr ausgebildeten Cultus, den ihre kirchlichen Gegner als Magie bezeichneten (Iren. I, 25; Hippol. philos. VII, 32, wonach die Ungenauigkeiten des lateinischen Textes des Irenäus und die von vielen Neueren getheilten Missverständnisse des Epiphanius, haeres. 27, zu berichtigen sein möchten; cf. Theodoret. haer. fab. I, 5). Des Karpokrates Sohn Epiphanes vertrat, das Princip seines Vaters auf die Spitze treibend und wohl auch durch Platons Republik mitbestimmt, einen anarchischen Communismus (Clem. Strom. III, 2).

Die Naassener oder Ophiten, die sich selbst Gnostiker nannten, lehrten, der Anfang der Vollkommenheit sei die Erkenntniss des Menschen, ihr Ende aber die Erkenntniss Gottes ($\mathring{\alpha}\varrho\chi\grave{\eta}$ $\tau\epsilon\lambda\epsilon\iota\acute{\omega}\sigma\epsilon\omega\varsigma$ $\gamma\nu\tilde{\omega}\sigma\iota\varsigma$ $\mathring{\alpha}\nu\vartheta\varrho\acute{\omega}\pi o\nu$, $\vartheta\epsilon o\tilde{\upsilon}$ $\delta\grave{\epsilon}$ $\gamma\nu\tilde{\omega}\sigma\iota\varsigma$ $\mathring{\alpha}\pi\eta\varrho$-$\tau\iota\sigma\mu\acute{\epsilon}\nu\eta$ $\tau\epsilon\lambda\epsilon\acute{\iota}\omega\sigma\iota\varsigma$, Hippol. philos. V, 6). Der Urmensch, Adam, war nach ihrer

Ansicht mannweiblich (ἀρσενόϑηλυς), er vereinigte in sich das Geistige, Psychische und Materielle (τὸ νοερόν, τὸ ψυχικόν, τὸ χοϊκόν); dieses Alles ist wiederum auf Jesus, den Sohn der Maria, herabgekommen (Hipp. philos. V, 6). Dem Traditionsprincip huldigend, führten diese Gnostiker ihre Lehre auf Jacobus, den Bruder des Herrn, zurück (ebend. c. 7). Ein durchgeführteres, dem valentinianischen ähnliches System wird ihnen von Irenäus und Epiphanius zugeschrieben; wahrscheinlich gehört dieses späteren Ophiten an. Mit den Ophiten verwandt sind die Peraten, welche durch ihre Erkenntniss die Vergänglichkeit überwinden zu können behaupteten (διελϑεῖν καὶ περᾶσαι τὴν φϑοράν, Philos. V, 16). Sie unterschieden drei Principien: das ungezeugte Gute, das selbsterzeugte und das gewordene. In die irdische Welt, die Stätte des Werdens, sind alle Kräfte aus den oberen Welten herabgekommen und ist auch Christus, der Erretter, aus der Ungezeugtheit herniedergestiegen, der Sohn, der Logos, die Schlange, welche die Vermittelung ist zwischen dem bewegungslosen Vater und der bewegten Materie. Die Schlange bei dem Sündenfall, ὁ σοφός τῆς Εὔας λόγος, die von Moses aufgerichtete Schlange und Christus sind identisch (Philos. V, 12 ff.).

Basilides (Βασιλείδης), der nach Epiphanius aus Syrien stammte, lehrte seit etwa 125 n. Chr. in Alexandrien. Von seiner Lehre, die vielfach an Philon erinnert und manche platonisch-stoischen Elemente in sich trägt, handeln namentlich Irenäus (I, 24) und Hippolytus (philos. VII, 20 ff.). Nach jenem liess Basilides aus dem ungewordenen Vater, dem ϑεὸς ἄῤῥητος, ἀκατονόμαστος, zuerst den Nus hervorgehen, aus diesem den Logos, aus dem Logos die Phronesis, aus der Phronesis die Sophia und Dynamis, aus der Dynamis und Sophia die δικαιοσύνη und εἰρήνη. Diese als die obersten der Engel bilden mit dem Urvater zusammen den ersten Himmel. Aus ihnen seien andere Engel hervorgegangen, die einen zweiten Himmel, ein Nachbild des ersten, hervorgebracht haben; aus diesen Engeln seien wieder andere hergeflossen, die einen dritten Himmel bildeten, und so fort, so dass im Ganzen 365 Himmel (oder Himmelssphären) und Engelordnungen entstanden seien, an deren Spitze der Herrscher Abraxas oder Abrasax stehe, in dessen Namen die Zahl 365 liegt (1 + 2 + 100 + 1 + 60 + 1 + 200 nach dem Zahlenwerthe der griechischen Buchstaben). Der unterste Himmel wird von uns erblickt, und die Engel, die ihn inne haben, sind auch die Bildner und Herrscher der irdischen Welt; ihr Haupt ist der von den Juden verehrte Gott. Diesem Reiche des Lichtes steht nämlich gegenüber das Chaos, die ῥίζα τοῦ κακοῦ, weit getrennt von ihm, aber dennoch sind aus den höheren Regionen einzelne Strahlen dahin gedrungen, und die dadurch entstandene Mischung gebraucht der Herrscher des letzten Himmels dazu, die irdische Welt zu bilden, indem er so seine eigene Macht zu erweitern beabsichtigt. Jedoch ist mit dem Entstehen der sinnlichen Welt der Anfang gegeben, den in der Materie gefangenen Geist zu befreien, und die Zwecke der πρόνοια gehen ihrer Verwirklichung entgegen. Der Judengott wollte nun dem von ihm auserwählten Volke alle übrigen Völker unterwerfen; da aber widersetzten sich ihm die andern himmlischen Mächte alle, und die übrigen Völker seinem Volke. Von Erbarmen ergriffen, sandte jetzt der ungewordene Vater seinen erstgeborenen Nus, welcher Christus ist, zur Befreiung der Gläubigen von der Gewalt der weltbeherrschenden Mächte. Dieser Nus erschien in menschlicher Gestalt, liess aber nicht sich selbst kreuzigen, sondern substituirte sich den Kyrenäer Simon; wer an den Gekreuzigten glaubt, ist noch unter der Botmässigkeit der Weltherrscher; man muss glauben an den ewigen Nus, der nur anscheinend dem Kreuzestod unterworfen war. Nur die Seelen der Menschen sind unsterblich, der Leib vergeht. Das Götteropfer verunreinigt den Christen nicht. Wer das Wissen hat, erkennt alle Anderen, wird aber selbst nicht von den Anderen erkannt. Der Wissenden sind wenige unter den Tausenden. — Nach Hippolytus führten die Basilidianer ihr System auf Geheimlehren Christi zurück, die ihnen durch Matthäus überliefert worden seien. Basilides soll gelehrt haben, ursprünglich sei schlechthin gar nichts gewesen. Aus dem Nichtsein sei zuerst der Same der Welt hervorgegangen, indem der nichtseiende Gott aus dem Nichtseienden durch seinen Willen, der kein Wille war (nicht durch Emanation) die Einheit hervorgerufen habe, welcher die $\pi\alpha\nu\sigma\pi\epsilon\rho\mu\iota\alpha$ (oder nach Clem. Alex. $\tau\alpha\rho\alpha\chi\sigma\varsigma$ $\varkappa\alpha\iota$ $\sigma\upsilon\gamma\chi\upsilon\sigma\iota\varsigma$ $\alpha\rho\chi\iota\varkappa\eta$) der ganzen Welt in sich trug. In dem Samen war eine dreitheilige Sohnschaft; die erste erhob sich augenblicklich zu dem nichtseienden Gott, die andere, minder fein und rein, wurde durch die erste gleichsam beflügelt, indem dieselbe ihr den heiligen Geist verlieh, die dritte, der Reinigung bedürftige Sohnschaft blieb zurück bei der grossen Masse der $\pi\alpha\nu\sigma\pi\epsilon\rho\mu\iota\alpha$. Der nichtseiende Gott und die beiden ersten $\upsilon\iota\sigma\tau\eta\tau\epsilon\varsigma$ sind in dem überweltlichen Raume, der von der Welt, die er umschliesst, durch eine feste Sphäre ($\sigma\tau\epsilon\rho\epsilon\omega\mu\alpha$) getrennt ist. Zu der Mitte zwischen dem Ueberweltlichen und der Welt kehrte der heilige Geist zurück, nachdem er mit der zweiten Sohnschaft sich zum Ueberweltlichen erhoben hatte, und ward so $\pi\nu\epsilon\upsilon\mu\alpha$ $\mu\epsilon\vartheta\sigma\rho\iota\sigma\nu$. Innerhalb dieser Welt wohnt der Weltherrscher, σ $\mu\epsilon\gamma\alpha\varsigma$ $\alpha\rho\chi\omega\nu$, der sich nicht über das $\sigma\tau\epsilon\rho\epsilon\omega\mu\alpha$ hinaus erheben kann, dies für die absolute Grenze hält und wähnt, er sei der höchste Gott, und über ihm sei nichts; unter ihm steht wiederum der gesetzgebende Gott; jeder von beiden hat sich einen Sohn erzeugt. Der erste dieser beiden $\alpha\rho\chi\sigma\nu\tau\epsilon\varsigma$ wohnt in dem ätherischen Reiche, der Ogdoas, und herrschte auf Erden von Adam bis Moses, der zweite in der Welt unter dem Monde, der Hebdomas, und herrschte von Moses bis auf Christus. Als nun das Evangelium kam, die Erkenntniss des Ueberweltlichen (η $\tau\omega\nu$ $\upsilon\pi\epsilon\rho\varkappa\sigma\sigma\mu\iota\omega\nu$ $\gamma\nu\omega\sigma\iota\varsigma$), indem der Sohn des Weltherrschers durch die Vermittelung des Geistes die Erleuchtung der überweltlichen $\upsilon\iota\sigma\tau\eta\varsigma$ empfing, so erfuhr der Weltherrscher von dem höchsten Gotte und gerieth in Furcht; aber die Furcht ward ihm zum Anfang der Weisheit. Er bereute seine Ueberhebung, und mit ihm der ihm untergeordnete Gott, und auch allen Herrschaften und Mächten in den 365 Himmeln ward das Evangelium verkündet. Durch das von der überweltlichen Sohnschaft ausgehende Licht ward auch Jesus erleuchtet. Die dritte $\upsilon\iota\sigma\tau\eta\varsigma$ erlangte nun die Reinigung, deren sie bedurfte, und erhob sich an den Ort, wo schon die selige Sohnschaft war, zu dem nichtseienden Gotte. Nachdem Jegliches an seinen Ort gekommen ist, fällt das Niedere in $\alpha\gamma\nu\sigma\iota\alpha$ um das Höhere, damit es frei von Sehnsucht sei. Beide Berichte stimmen in dem Grundgedanken überein, dass der von den Juden verehrte Gott nur eine beschränkte Machtsphäre habe (wie auch die Götter der Heiden), die Erlösung aber, die durch Christus geschehen sei, von dem höchsten Gotte herstamme. Der wesentliche Unterschied liegt in der Angabe der Mittelwesen, die nach Irenäus Nus, Phronesis, Sophia, Dynamis etc., nach Hippolytus aber die drei $\upsilon\iota\sigma\tau\eta\tau\epsilon\varsigma$ waren. Welcher von beiden Berichten auf die eigene Lehre des Basilides, und welcher auf Lehren von Basilidianern gehe, ist streitig. Baur hält den Bericht des Hippolytus für den authentischeren, so dass angenommen werden müsste, dass Hippolytus, anderswo minder gut unterrichtet, als sein Lehrer und Vorbild Irenäus, mitunter und namentlich bei der Darstellung des Basilides, bessere Quellen als jener besessen habe; Hilgenfeld dagegen hält wohl mit Recht, besonders auf Grund von seinen eigenen und Lipsius' Forschungen, für erwiesen, dass Hippolytus' Philosophumena eine spätere entartete Form des Basilidianismus zeigen. Aristoteles, auf dessen Lehre Hippolytus die basilidianische zurückzuführen sucht, hat wohl nur auf die astronomischen Ansichten einigen Einfluss geübt; richtig aber ist ohne Zweifel die Bemerkung (Hippol. philos. I, 22), dass die Lehre von der Beflügelung aus Platon entnommen sei. Aus der Vergleichung des Christenthums mit den vorchristlichen Religionen (die sich zu der Vergleichung der Gottheiten gestaltete) stammt der wesent-

§ 7. Der Gnosticismus.

liche Inhalt des Systems. Die ethische Aufgabe des Menschen setzte des Basilides Sohn und Anhänger Isidorus in die Tilgung der Spuren der niederen Lebensstufen, die uns noch anhaften (als προσαρτήματα).

Das umfassendste unter den gnostischen Systemen ist das des Valentinus, dem auch Herakleon und Ptolomäus, Secundus und Marcus und viele Andere anhingen. Valentinus lebte und lehrte bis gegen das Jahr 140 n. Chr. in Alexandrien und danach in Rom, starb um 160 in Cypern. Irenäus bezeugt (III, 4, 3, griechisch bei Euseb. K.-G. IV, 11): Οὐαλεντῖνος μὲν γὰρ ἦλθεν εἰς ʽΡώμην ἐπὶ Ὑγίνου, ἤκμασε δὲ ἐπὶ Πίου καὶ παρέμεινεν ἕως Ἀνικήτου. Er nahm mehr als irgend ein anderer Gnostiker von Platon in seine Lehre auf. Die Hauptquellen unserer Kenntniss des valentinianischen Systems sind: die Schrift des Irenäus gegen die falsche Gnosis, welche hauptsächlich gegen die Lehre des Valentinus und Ptolomäus gerichtet ist, und Hippol. philos. VI, 29 ff., ferner Tertullians Schrift adversus Valentinianos und manche Angaben und Quellenauszüge des Clemens Alexandrinus. An die Spitze alles Existirenden stellen die Valentinianer ein einheitliches, zeit- und raumloses Wesen, eine μονὰς ἀγέννητος, ἄφθαρτος, ἀκατάληπτος, ἀπερινόητος, γόνιμος (nach Hippol. VI, 29), sie nennen dieselbe Vater (πατήρ nach Hippol. l. l.) oder Vorvater (προπάτωρ nach Iren. I, 1, 1), auch Tiefe (βυθός nach Iren. l. l.), den Unnennbaren (ἄρρητος) und den vollkommenen Aeon (τέλειος αἰών). Valentin selbst (nach Iren. I, 11, 1) und manche Valentinianer stellen diesem als weibliches Princip die Sige (σιγή) oder die ἔννοια zur Seite; andere jedoch wollen (nach Hippol. l. l.) den Vater des All nicht mit einem weiblichen Princip verbunden, sondern (nach Iren. I, 2, 4) über den Geschlechtsunterschied erhaben sein lassen. Aus Liebe hat der Urvater gezeugt (Hippolyt. phil. VI, 29: φιλέρημος γὰρ οὐκ ἦν, ἀγάπη γάρ, φησίν, ἦν ὅλος, ἡ δὲ ἀγάπη οὐκ ἔστιν ἀγάπη, ἐὰν μὴ ᾖ τὸ ἀγαπώμενον). Die beiden ersten Erzeugnisse des obersten Princips sind νοῦς und ἀλήθεια, die mit dem erzeugenden und dem gebärenden Princip, dem βυθός und der σιγή, zusammen die Tetraktys (πρώτην καὶ ἀρχέγονον Πυθαγορικὴν τετρακτύν) bilden, die Wurzel aller Dinge (ῥίζα τῶν πάντων). Dem νοῦς wurde von ihnen das Prädicat μονογενής gegeben, er war ihnen (nach Irenäus l. l.) πατὴρ καὶ ἀρχὴ τῶν πάντων. Aus dem νοῦς und der ἀλήθεια stammen λόγος und ζωή, daraus wiederum ἄνθρωπος (das Urbild für die göttliche Individualisirung) καὶ ἐκκλησία (das Urbild für die göttliche Lebensgemeinschaft). Diese alle bilden zusammen eine ὀγδοάς. Noch andere zehn Aeonen stammen aus λόγος und ζωή, und zwölf Aeonen aus ἄνθρωπος und ἐκκλησία, der jüngste dieser zwölf Aeonen, also der jüngste der dreissig Aeonen überhaupt, ist die Sophia, ein weiblicher Aeon. Die Gesammtheit aller dieser Aeonen ist das Pleroma, das Reich der göttlichen Lebensfülle (πλήρωμα), welches sich theilt in jene ὀγδοάς und δεκάς und δωδεκάς. Dreissig Jahre lang lebte der Heiland (σωτήρ, dem sie das Prädicat κύριος nicht gaben) in der Verborgenheit, um das Geheimniss dieser dreissig verborgenen Aeonen anzudeuten. Zur Aufrechterhaltung der Ordnung und der Schranken in diesem Reiche wird noch der Aeon ὅρος geschaffen. Die Sophia begehrte, vermeintlich aus Liebe, in der That aus Ueberhebung, in die unmittelbare Nähe des Urvaters zu kommen und seine Grösse zu erfassen, wie der νοῦς, und dieser allein, dieselbe erfasst; sie würde in diesem Streben sich aufgelöst haben, hätte nicht der ὅρος mit Mühe sie überzeugt, dass der höchste Gott unerkennbar (ἀκατάληπτος) sei. Da sie (nach der Meinung einiger Valentinianer) gleich dem obersten Princip allein hervorbringen wollte, ohne Betheiligung ihres Gatten, und dies doch nicht wahrhaft vermochte, so entstand ein unvollkommenes Wesen, das ein Stoff ohne Form war, weil das männliche, gestaltgebende Princip nicht mitgewirkt hatte, eine οὐσία ἄμορφος, eine Fehlgeburt (ἔκτρωμα). Die Sophia litt unter diesem Erfolge, wandte sich flehend an den Vater,

§ 7. Der Gnosticismus.

und dieser liess sie durch den Horos reinigen und trösten und ihrer Stelle in dem Pleroma wieder theilhaftig werden, nachdem ihr Streben (ἐνθύμησις) und ihr Leiden (πάθος) von ihr abgelöst worden waren. Auf das Geheiss des Vaters liessen nun νοῦς und ἀλήθεια noch Christus und den heiligen Geist emaniren; Christus gab dem Erzeugniss der σοφία Form und Wesen, sprang dann in das Pleroma zurück und belehrte die Aeonen über ihre Stellung zum Vater, und der heilige Geist lehrte dieselben danken und führte sie zur Ruhe und Seligkeit. Als Dankopfer brachten die Aeonen, indem jeder derselben sein Bestes beisteuerte, unter der Zustimmung Christi und des heiligen Geistes ein herrliches Gebilde, nämlich Jesus, den Heiland, dem Vater dar, der patronymisch auch Christus und Logos genannt wird. Er ist die gemeinsame Frucht des Pleroma (κοινὸς τοῦ πληρώματος καρπός), der grosse Hohepriester. Ihn hat das Pleroma gesendet, um die ausserhalb des Pleroma umherirrende ἐνθύμησις der oberen Sophia, eine niedere Sophia, die sogenannte Ἀχαμώθ (von חכם, חכמה) von den Leiden zu erlösen, die sie trug, indem sie Christus suchte. Ihre πάθη waren: Furcht und Trauer und Noth und Flehen (φόβος καὶ λύπη καὶ ἀπορία καὶ δέησις oder ἱκετεία). Jesus trennte diese πάθη von ihr und machte dieselben zu gesonderten Wesen und zu Grundlagen der sichtbaren Welt, die Furcht zu einer psychischen Begierde, die Trauer zu einer hylischen, die Noth zu einer dämonischen, die Bitte und das Flehen aber zur Umkehr und Busse und Restitution des psychischen Wesens. Die Region, in welcher die Achamoth weilt, ist eine niedere, die Ogdoas, diese ist durch den Horos (ὅρος τοῦ πληρώματος) und durch das Kreuz (σταυρός) von der Region der Aeonen getrennt; unterhalb der Ogdoas aber ist die Hebdomas als die Region des Psychischen mit dem Weltbildner (δημιουργός), der sich für den höchsten Gott hält und aus der materiellen Substanz für die Seelen die Leiber gebildet hat. Der materielle Mensch (ὁ ὑλικὸς ἄνθρωπος) ist der Wohnsitz bald für die blosse Seele, bald für die Seele und Dämonen, bald für die Seele und Vernunftkräfte (λόγοι), welche letzteren von Jesus, dem gemeinsamen Erzeugniss des Pleroma, und von der Weisheit (σοφία) in diese Welt ausgestreut worden sind und in die Seele einziehen, wenn nicht Dämonen in ihr wohnen. Das ganze Menschengeschlecht theilt sich in Hyliker, Psychiker, Pneumatiker. Die Heiden sind der Mehrzahl nach Hyliker, die meisten Juden sind Psychiker, und nur die vorzüglichen Geister unter beiden sind Pneumatiker, welche die Wahrheit entweder vorher verkünden oder derselben bei ihrer Offenbarung durch Jesus sich sogleich hingeben. Frei von der Knechtschaft eines jeden äusseren Gesetzes, sind sie sich selbst ein Gesetz. Des Geistes theilhaftig, erheben sie sich über den Glauben zur Gnosis, die ihnen zum Heile genügt, so dass sie der Werke nicht bedürfen. Das Gesetz und die Propheten stammen von dem Demiurgos. Als aber die Zeit der Offenbarung der Mysterien des Pleroma gekommen war, da ward Jesus, der Sohn der Jungfrau Maria, geboren, der nicht bloss von dem Demiurgos, wie die Adamskinder, sondern zugleich auch von der (niedern) Weisheit (der Achamoth) gebildet worden ist oder von dem heiligen Geist, der ihm das geistige Wesen verlieh, so dass er ein himmlischer Logos ward, von der Ogdoas erzeugt durch die Maria. Die italische Schule der Valentinianer, insbesondere Ptolomäus (der vielfach die Evangelien und auch das vierte, auch von ihm, wie namentlich aus seinem Briefe an die Flora bei Epiph. haeres. XXXIII. hervorgeht, dem Apostel Johannes zugeschriebene Evangelium benutzt und grossentheils allegorisch gedeutet hat) und Herakleon (der um 175 das Lucas-Evangelium, um 195 das Johannes-Evangelium commentirt hat; den ersten Commentar erwähnt Clemens Alexandrinus, aus dem zweiten giebt Origenes Auszüge), lehrte, der Leib Jesu sei psychisch gebildet worden, der Geist bei der Taufe auf ihn herabgekommen. Die morgenländische Schule aber, insbesondere Axionikus und Ardesianes (Bardesanes?),

§ 7. Der Gnosticismus.

lehrte, der Leib Jesu sei pneumatisch gewesen, mit dem Geiste gleich von der Empfängniss und der Geburt an begabt. Wie der Christus, den der νοῦς und die ἀλήθεια emaniren liessen, innerhalb der Aeonenwelt, und der Jesus, den das Pleroma gebildet hatte, in der Ogdoas bei der Achamoth ein Hersteller und Retter war, so ist Jesus, der Sohn der Maria, der Erlöser für diese irdische Welt. Die Erlösten sind durch ihn des Geistes theilhaftig geworden; sie erkennen die Geheimnisse des Pleroma, und für sie gilt nicht mehr das von dem Demiurgen gegebene Gesetz. Die vollste Seligkeit knüpft sich an die Gnosis; nur einer beschränkten Seligkeit werden die psychischen Menschen theilhaftig, die bei dem blossen Glauben (der πίστις) stehen bleiben. Diese bedürfen neben dem Glauben der Werke zur Seligkeit; der Gnostiker aber wird ohne die Werke selig als ein pneumatischer Mensch. Die Ausbeutung dieser Lehre zur Beschönigung der Unsittlichkeit und namentlich geschlechtlicher Ausschweifungen gehört besonders dem Marcus und seinen Schülern an, bei denen zugleich die Speculation sich mehr und mehr in Abenteuerlichkeiten und Albernheiten verlor (Iren. I, 13 ff.).

Auf der valentinianischen Lehre von der Verirrung, dem Leiden und der Erlösung der Sophia beruht auch der Inhalt des Buches Pistis Sophia, in welchem der Roman der Leiden dieser Sophia weiter ausgesponnen wird und die Buss- und Klagelieder derselben mitgetheilt werden.

Bardesanes (der Sohn des Daisan, d. h. am Flusse Daisan in Mesopotamien geboren), geb. um 153 n. Chr., gestorben bald nach 224, hat den Gnosticismus auf einfachere, der Kirchenlehre bereits näher stehende Formen zurückgeführt. Doch stellt er noch dem Vater des Lebens eine weibliche Gottheit zur Erklärung der Schöpfung zur Seite. Dass das Böse nicht durch den Naturtrieb und nicht durch das Schicksal, wie die Astrologen wollen, nothwendig werde, sondern aus der Willensfreiheit stamme, die Gott dem Menschen zugleich mit den Engeln als hohen Vorzug ertheilt habe, weist Philippus, ein Schüler des Bardesanes, in dem durch Cureton in seinem Spicilegium Syriacum, Lond. 1855, veröffentlichten Dialog über das Schicksal (περὶ εἱμαρμένης, das Buch der Gesetze der Länder) klar und eindringlich nach. Wie der Leib von der Seele, so ist die Seele vom Geiste bewohnt.

Die von dem Perser Mani (der nach der wahrscheinlichsten Annahme 214 n. Chr. geboren, 238 zuerst mit seiner Lehre öffentlich hervortrat und nach nahezu vierzigjähriger Wirksamkeit dem Hasse der persischen Priester zum Opfer fiel) aufgebrachte Religion, ein phantastisches Gemisch aus gnostisch-christlichen und zoroastrischen Vorstellungen, hat fast nur durch ihr dualistisches Princip, die Ursprünglichkeit eines bösen Urwesens neben dem guten, und die daran geknüpfte asketische Form der Ethik ein philosophisches Interesse. Auch im Menschen finden sich zwei Seelen, eine Leibseele, von dem bösen Princip stammend, und eine Lichtseele, von dem guten sich herleitend. Sie wiederholen den Kampf, der zwischen den kosmischen Principien stattfindet. Den Vollkommenen, die schon hier von aller Materie frei sein sollten, war ein dreifaches Siegel der Vollkommenheit auferlegt, das signaculum oris, Enthaltung von aller animalischen Nahrung und unreiner Rede, das signaculum manuum, Enthaltung von allem Eigenthum und jeglicher Arbeit, und das signaculum sinus, Entsagung der Ehe und des Beischlafs. Augustin, der eine Zeit lang dem Manichäismus ergeben war, hat denselben später in mehreren seiner Schriften bekämpft, und diese sind die Hauptquelle für unsere Kenntniss der manichäischen Lehre.

Im Gegensatz gegen den aristokratischen Separatismus der Gnostiker, wie andererseits gegen die beschränkte Einseitigkeit der judaistischen Christen, bildete sich die katholische Kirche fort, polemisirend, aber auch zugleich zu neuer Production angeregt; ihre feste dogmatische Mittelstellung bezeichnet die Glaubensregel (regula fidei), die allmählich aus den einfacheren, im Taufbekenntniss gegebenen Grundzügen erwachsen ist.

§ 8. Im zweiten Jahrhundert tritt eine Reihe von Apologeten auf, welche die dem Christenthum entgegenstehenden Vorurtheile in ausführlichen Schriften widerlegten, und die sich darin theils an das grössere Publikum, theils an Kaiser und Statthalter wandten. Sie waren in der Litteratur und Philosophie des Griechenthums wohl gebildete Männer, knüpften in ihren Vertheidigungen vielfach an die giltigen Zeitideen an und suchten so die höher stehenden Kreise mit dem Christenthum zu befreunden. — Die Schriften der ersten Apologeten sind uns bis auf einige Fragmente verloren gegangen. Als der hauptsächlichste Repräsentant dieser Richtung muss uns Justin gelten.

Flavius Justinus aus Flavia Neapolis (Sichem) in Palästina, wahrscheinlich im ersten Jahrzehnt des 2. Jahrhunderts geboren, um 150 nach Chr. wirkend, lernte zuerst die griechische Philosophie, insbesondere die stoische und platonische kennen, wurde dann aber theils durch die Achtung, welche die Standhaftigkeit der Christen ihm abnöthigte, theils durch Misstrauen in die Kraft der menschlichen Vernunft für das Christenthum gewonnen. Er vertheidigte dasselbe nunmehr theils gegen Häretiker, theils gegen Juden und Heiden, wollte aber dabei Philosoph bleiben und glaubte auch, beinahe alles Christliche sei schon in der heidnischen Philosophie und Mythologie enthalten. Was bei den griechischen Philosophen und Dichtern und überhaupt irgendwo Wahres gefunden werde, das stamme, lehrt Justin, von dem göttlichen Logos her, der samenartig überall verbreitet, in Christo aber in seiner ganzen Fülle erschienen sei. Doch gilt ihm nicht jede Offenbarung als gleich unmittelbar. Pythagoras und Platon haben aus Moses und den Propheten geschöpft. Das Christenthum fasst Justin wesentlich als das neue Gesetz Christi, des menschgewordenen Logos, auf, der das Ritualgesetz zu Gunsten des Sittengesetzes abrogirt habe. Die jenseitige Belohnung und Bestrafung gilt ihm als eine endlose. Auch der Leib wird auferweckt. Dem Endgerichte geht das tausendjährige Reich Christi voran. Seine auf uns gekommenen Hauptwerke sind: der Dialog mit dem Juden Tryphon, die grössere und die kleinere Apologie.

Ueber die Apologeten im Allgemeinen: R. Ehlers, Vis ac potestas, quam philosophia antiqua, imprimis Platonica et Stoica, in doctr. apologetarum sec. II. habuerit, Gottingae 1859. *I. Μοσχάκης, Μελέται π. τῶν χριστιανῶν Ἀπολογητῶν τοῦ δευτέρου καὶ τρίτου αἰῶνος, ἐν Ἀθήναις* 1876. O. v. Gebhardt u. A. Harnack, Texte u. Untersuchungen zur Gesch. der altchristl. Litt., I. Bd.. 1. u. 2. Heft: d. Ueberlieferung der griech. Apologeten d. 2. Jahrh. in d. alt. K. u. im Mittelalt., von A. Harnack, Lpz. 1882. S. dazu A. Hilgenfeld in: Ztschr. f. wissensch. Th., 1883, S. 1—45.

§ 8. Justinus Martyr.

S. Aristidis, philosophi Atheniensis, Sermones duo, Venetiis 1878. Es ist hierin ein Fragment aus einem armenischen Codex des 10. Jahrhunderts (lateinische Uebersetzung beigegeben) veröffentlicht, welches die Ueberschrift trägt: An den Imperator Hadrianus Caesar, von dem Philosophen Aristides aus Athen. Beigefügt ist aus einem Codex des 12. Jahrh. ein Tractat über Luc. XXIII, 42, 43, zugeschrieben dem atheniensischen Philosophen Aristäus. Daraus Aristides zu machen, ist übereilt. S. dazu die Anzeige von Ad. Harnack, in: Theolog. Litteraturzeit., 1879, No. 16, S. 375—379. L. Massebiau, de l'authenticité du fragment d'Aristide, in: Revue de théol. et de philos., Lausanne, 1879, Mai, S. 217—233. Himpel, das Fragment der Apologie des Aristides und eine Abhandl. üb. Luc. 23, 42, 43. Aus dem Armenischen übersetzt u. erläutert, in: Theolog. Quartalschr., Jahrg. 62, 1880, S. 109—127. F. Bücheler, Aristides und Justin, die Apologeten, in: Rhein. Mus. f. Philol., N. F., Bd. 35, 1880, S. 279—286 (gegen die Echtheit des Fragments). L. Rummler, de Aristidis philosophi Atheniensis sermonibus duobus apologeticis, Pr. d. R.-Sch. Rawitsch, Posen 1881.

Justins Werke haben herausgegeben: Rob. Stephanus 1551, ergänzt von Heinrich Stephanus durch die Oratio ad Graecos, Par. 1592 und den Brief an Diognet, 1595; Friedrich Sylburg mit einer (zuerst zu Basel 1565 erschienenen) lat. Uebersetzung von Lang, Heidelberg 1593; Morellus, Colon. 1686; Prudentius Maranus, Paris 1742 (auch in der von Gallandi herausgegebenen Bibl. vet. patr., t. l. 1765, und in den Opera patr. gr., vol. I—III, 1777—79). Die beste neuere Ausgabe ist die von Joh. Car. Theod. Otto (Corpus apologetarum Christianorum saeculi secundi, vol. I: Justini apolog. I et II; vol. II: Justini cum Tryphone Judaeo dialogus; vol. III: Justini opera addubitata cum fragmentis deperditorum actisque martyrii; vol. IV et V: Opera Just. subditicia; ed. I. Jenae 1842 sqq.; ed. II. Jenae 1846—50; ed. III. von 1875 an). In J. P. Mignes Patrologiae cursus completus bilden Justins Werke den IV. Band der griechischen Väter. Ueber Justin handeln: Karl Semisch, Justin der Märtyrer, 2 Bde., Breslau 1840—42. (Die ältere Litteratur citirt Semisch Bd. I, S. 2—4.) L. Duncker, zur Gesch. der christlichen Logoslehre in den ersten Jahrhunderten. Die Logoslehre Justins, Götting. 1848. H. D. Tjeenk Willink, Justinus Martyr in zijne verhouding tot Paulus, Zwolle 1868. Barth. Aubé, S. Justin Philosophe et Martyr. Etude critique sur l'apologétique Chrétienne au II. siècle, 1861, nur mit neuem Titelblatt 1875. M. v. Engelhardt, Das Christenth. Justins des Märt. Eine Unters. üb. d. Anfänge der kathol. Glaubensl., Erlangen 1858; dageg. Ad. Stählin, Justin d. M. u. sein neuester Beurtheiler, Lpz. 1880. auch Hnr. Behm, Bemerkung. zum Christenth. Justins des M., in: Ztschr. f. k. W. u. k. Leb., 1882, S. 478—491, 627—636. Thümer, üb. d. Platonismus in d. Schriften des Justinus Martyr, Glauchau, Progr. d. Realsch., 1880. E. Schürer, Julius Africanus als Quelle der pseudo-justinsch. Cohortatio ad Graecos, in: Ztschr. f. K.-G., 2, 1878. S. 319—331. D. Völter, üb. Zeit u. Verf. der pseudo-justinsch. Cohortatio ad Gr., in: Ztschr. f. wissensch. Th., 26, 1883, S. 180—215. Vgl. auch Böhringers Darstellung in der zweiten Aufl. seiner Kirchengesch. in Biographien. Ueber die Zeit Justins handelt Volkmar in: Theolog. Jahrb., 1855, S. 227 ff. und 412 ff., üb. seine Kosmologie Wilh. Möller, die Kosmologie in d. griech. Kirche bis auf Origenes, Halle 1860, S. 112—188, üb. seine Christologie H. Waubert de Puiseau, Leyden 1864, üb. seine Theologie C. Weizsäcker in den Jahrb. f. deutsche Theolog. XII, 1, 1867, S. 60—119, über sein Verhältn. z. Apostelgesch. Frz. Overbeck in Hilgenfelds Ztschr. f. w. Theol. XV, 3, 1872, S. 305—349, über sein litterarisches Verh. zu Paulus u. zum Joh.-Ev. A. Thoma in: Ztschr. f. wissensch. Theol. 1875, S. 383—412, 490—565.

Justin eröffnet für uns die Reihe derjenigen Väter und Lehrer der Kirche, welche nicht „apostolische Väter" sind. Sein Lehrtypus entspricht bereits im Wesentlichen der Richtung der altkatholischen Kirche. Er ist nicht der erste Verfasser einer Apologie des Christenthums, aber der erste, von dem vollständige apologetische Schriften auf uns gekommen sind. Quadratus von Athen und Aristides von Athen sind älter als Justin und haben ihre (den Unterschied des Christenthums vom Judenthum hervorhebenden) Vertheidigungsschriften dem Hadrian eingereicht. Die Vertheidigungsschrift des Quadratus soll nicht ohne eine für die Christen günstige Wirkung geblieben sein. Durch philosophische Argumente hat wohl noch nicht Quadratus, wahrscheinlich aber Aristides, das Christenthum vertheidigt, und hierin folgte diesem Justinus nach.

§ 8. Justinus Martyr.

Das Decret des Hadrian, welches Justin am Schluss seiner grösseren Apologie mittheilt, ist ohne Zweifel echt, aber nicht so zu deuten, als ob die Christen nur wegen etwaiger gemeiner Verbrechen und nicht wegen des Christenthums selbst verurtheilt werden sollten. Unter den Begriff der gesetzwidrigen Handlungen überhaupt, den das Decret aufstellt, fällt unzweifelhaft auch die Verweigerung der den Göttern und dem Genius des Kaisers darzubringenden Opfer. Das bekannte Decret des Trajan, welches zwar die officielle Aufsuchung der Christen untersagt, aber doch in dem beharrlichen Bekenntniss zum Christenthum und der Verweigerung der gesetzmässigen Opfer ein todeswürdiges Verbrechen erkennt, blieb unaufgehoben, und es wurde eine milde Praxis eingeführt, indem nicht nur ausdrücklich jedes tumultuarische Verfahren verboten, sondern auch Ankläger, die ihre Beschuldigungen nicht zu erweisen vermochten, mit schweren Strafen bedroht wurden. Schon unter Antoninus Pius wurde auf Grund des unaufgehobenen trajanischen Decrets die Praxis wiederum eine härtere, und hierin lag der Anlass zu den Apologien des Justin Unter Marc Aurel wurde bei dessen persönlicher Abneigung gegen das Christenthum das Decret am rücksichtslosesten zur Ausführung gebracht.

Wir haben keinen hinlänglichen Grund, daran zu zweifeln, dass das aus dem armenischen Codex veröffentlichte und in diesem dem Aristides zugeschriebene Stück diesem Apologeten angehöre, von welchem Hieronymus sagt, er habe ein volumen nostri dogmatis rationem continens contextum philosophorum sententiis geschrieben. Der erste Abschnitt des Fragments handelt von Gott in der späteren platonisirenden Weise. Gott zu ergründen, ist unmöglich; denn seine Wesenheit ist unendlich und unerreichbar. Unsterbliche Weisheit ist er, vollkommen und bedürfnisslos. Er ist ohne Namen, Farbe und Gestalt. Der Himmel und alles Geschaffene wird von ihm umschlossen. Unbeweglich ist er und unaussprechlich, ganz und gar vernünftig. Opfer, Geschenke und andere Darbringungen sind ihm nicht von nöthen. Er hat alle sichtbaren Geschöpfe in seiner Güte geschaffen und dem Menschengeschlecht geschenkt. „Darum ziemt sich, ihm als dem einzigen Gott zu dienen und ihn zu verherrlichen und sich unter einander zu lieben wie sich selbst." Der zweite Abschnitt handelt von dem Menschengeschlecht. Die Christen leiten sich ab von dem Herrn Jesus Christus, welcher der Sohn des hocherhabenen Gottes ist, durch den heiligen Geist geoffenbart. „Er ist vom Himmel herniedergestiegen und von einer hebräischen Jungfrau geboren worden. Sein Fleisch hat er angenommen von der Jungfrau und geoffenbart hat er sich in der menschlichen Natur als der Sohn Gottes. — Er wählte die zwölf Apostel aus und lehrte die ganze Welt durch seine heilsmittlerische lichtspendende Wahrheit." Von der Logoslehre findet sich in dem Fragmente keine Spur.

Justin giebt in der ersten Apologie seine Lebensverhältnisse und besonders in dem Dialog mit Tryphon seinen geistigen Bildungsgang an. Er stammte von griechischen Eltern, die sich, wie es scheint, der Colonie angeschlossen hatten, welche Vespasian nach dem jüdischen Kriege in die verödete samaritanische Stadt Sichem sandte (die von nun an den Namen Flavia Neapolis trug, das heutige Nablus). Wie es scheint, begab er sich zu seiner geistigen Ausbildung nach Griechenland und Kleinasien; den Dialog mit Tryphon soll er nach Eusebius (K.-G. IV, 18) in Ephesus gehalten haben; eine Stelle (dial. c. Tr. c. 1, p. 217 D) kann an Korinth zu denken veranlassen. Der Unterricht eines Stoikers liess ihn unbefriedigt, weil derselbe ihm nicht den gewünschten Aufschluss über das Wesen Gottes gewährte; von dem Peripatetiker schreckte ihn die rasche Honorarforderung, die ihm als eines Philosophen unwürdig erschien, von dem Pythagoreer die Bedingung, vor der Philosophie erst die mathematischen Doctrinen durchzuarbeiten, zurück; bei dem Platoniker fand er Befriedigung. Später aber brachten ihn die Einwürfe eines christlichen Greises gegen platonische Lehren zum Zweifel an aller Philosophie und zur Annahme des Christenthums. Insbesondere schienen ihm die Argumente desselben gegen eine natürliche Unsterblichkeit der Seele und für den Glauben, dass dieselbe nur eine göttliche Gnadengabe sei, unwiderleglich. Wie aber hat das dem Platon und dem Pythagoras entgehen können? Woher ist Hülfe zu hoffen, wenn nicht einmal bei solchen Männern die Wahrheit sich findet? In dieser Stimmung musste Justin entweder bei dem Skepticismus stehen bleiben oder sich mit dem Gedanken einer stufenweisen Entwickelung der Erkenntniss mittelst fortgehender Forschungsarbeit befreunden, oder, falls es ihm Bedürfniss war, irgendwo die absolute Wahrheit vorzufinden, dieselbe als durch göttliche Offenbarung in heiligen Schriften unmittelbar gegeben erkennen. Justin schlug (gleich wie in ihrer Art auf dem Boden des Hellenismus die Neupythagoreer und Neuplatoniker) den letztbezeichneten Weg ein. Durch Alter, Heiligkeit, Wunder und erfüllte Weissagungen sind, sprach der Greis zu Justin, als Organe des heiligen Geistes die Propheten bezeugt; man muss ihnen glauben, denn sie liessen sich nicht auf Beweise ein, als über die Nothwendigkeit der Beweisführung erhabene, vollkommen glaubwürdige Zeugen der Wahrheit. Sie haben den Schöpfer der Welt, Gott den Vater, und den von ihm gesendeten Christus verkündigt. Das Verständniss ihrer Aussagen wird eröffnet durch Gottes Gnade, die im Gebet erfleht sein will. Diese Worte des Greises entzündeten in Justin Liebe zu den Propheten und zu den Männern, die Freunde Christi hiessen, und bei ihnen fand er die allein „sichere und heilsame Philosophie", welche den Anfang und das Ziel aller Dinge offenbare, die Erkenntniss Gottes und Christi gebe und es jedem möglich mache, vollkommen und glücklich zu werden. Justin zog nun im Philosophengewand ($\dot{\epsilon}\nu$ $\varphi\iota\lambda o\sigma\acute{o}\varphi o\nu$ $\sigma\chi\acute{\eta}\mu\alpha\tau\iota$) herum als Lehrer der wahren Philosophie und vertheidigte dieselbe z. B. öffentlich zu Rom gegen den kynischen Philosophen Crescentius, der einer seiner erbittertsten Feinde wurde und aus Hass über die erlittene Niederlage ihm nach dem Leben trachtete. Den Märtyrertod erlitt Justin unter Marc Aurel nach der nicht ganz zuverlässigen Angabe des Chron. Alex. (ed. Rader S. 606) im Jahre 166 n. Chr. Wahrscheinlich ist es, dass er schon im J. 163 zu Rom enthauptet worden ist.

Von den unter Justins Namen auf uns gekommenen Schriften sind nur die beiden Apologien und der Dialog mit Tryphon von unbezweifelter Echtheit. Die erste, grössere Apologie ist zwischen 138 und 150, wahrscheinlich vor 147 n. Chr. verfasst worden, die zweite kleinere, die einen, allerdings selbständigen, zur grösseren bildet, später, aber auch noch unter Antoninus zur Zeit des Stadtpräfecten Urbicus, und beide scheinen an den Kaiser Antoninus Pius gerichtet worden zu sein (nach manchen Forschern die letztere an Marc Aurel). Der Dialog mit Tryphon ist etwa um 150 gehalten und niedergeschrieben worden. Schon um 144 hat Justin eine Streitschrift gegen Häretiker und besonders gegen Marcion verfasst. Die pseudojustinische Cohortatio ad Graecos schöpft aus der Chronologie des Julius Africanus, der 232 starb; in ihr ist auch schon Porphyrius benutzt. J. Dräseke (Ztschr. f. K.-G. VII, 1884 S. 257—303) schreibt dieselbe dem Apollinaris, Bischof von Laodicea, in der 2. Hälfte des 4. Jahrh. zu und hält sie für identisch mit der von Sozomenus genannten Schrift $\pi\epsilon\rho\grave{\iota}$ $\dot{\alpha}\lambda\eta\vartheta\epsilon\acute{\iota}\alpha\varsigma$. Es wird in diesem $\Lambda\acute{o}\gamma o\varsigma$ $\pi\alpha\rho\alpha\iota\nu\epsilon\tau\iota\kappa\acute{o}\varsigma$ $\pi\rho\grave{o}\varsigma$ $^{\scriptscriptstyle c}E\lambda\lambda\eta\nu\alpha\varsigma$ der Nachweis versucht, dass weder Dichter noch Philosophen, sondern nur Moses und die Propheten wahrhafte Gotteserkenntniss besitzen. Unecht ist auch der kürzere $\Lambda\acute{o}\gamma o\varsigma$ $\pi\rho\grave{o}\varsigma$ $^{\scriptscriptstyle c}E\lambda\lambda\eta\nu\alpha\varsigma$ (Oratio ad Gr.), welcher die Unsittlichkeit und Unhaltbarkeit der heidnischen Mythen darthun will, sowie das Schriftchen π. $\mu o\nu\alpha\rho\chi\acute{\iota}\alpha\varsigma$, in welchem durch Zeugnisse der heidnischen Dichter und Philosophen selbst der Polytheismus als verwerflich erwiesen werden soll.

§ 8. Justinus Martyr.

Justin ist davon überzeugt, dass die Lehre, die er vorträgt, die Lehre aller Christen sei, er will durchaus ὀρθογνώμων sein. Diese Lehre ist von den Propheten schon ausgesprochen, welche verkündigen, dass Jesus der Messias ist, der Sohn Gottes, der andere Gott, der zur Erlösung der Welt vom Vater, dem Schöpfer der Welt, gesandt ist. Trotzdem, dass Justin diesen christlichen, apostolischen Glauben aus dem Alten Testamente, als „der heiligen Schrift", beweisen wollte, hielt er auch nach seiner Bekehrung zum Christenthum die griechische Philosophie hoch als Bekundung des allverbreiteten Λόγος σπερματικός (ein Ausdruck, der zwar von der Stoa herübergenommen, aber aller Beziehung auf die natürliche Entwickelung entäussert ist und bei Justin nur den Logos in seiner geistigen und sittlichen Einwirkung auf den Menschen bedeutet), in Christo allein aber als dem menschgewordenen Λόγος selbst sei die volle Wahrheit. An dem Λόγος σπερματικός hat das ganze Menschengeschlecht Theil (Apol. II, c. 8: διὰ τὸ ἔμφυτον παντὶ γένει ἀνθρώπων σπέρμα τοῦ λόγου). Nach dem Maasse ihres Antheils am Logos konnten die Philosophen und Dichter die Wahrheit erkennen (οἱ γὰρ συγγραφεῖς πάντες διὰ τῆς ἐνούσης ἐμφύτου τοῦ λόγου σπορᾶς ἀμυδρῶς ἐδύναντο ὁρᾶν τὰ ὄντα); ein Anderes aber ist der nach dem Maasse der Empfänglichkeit verliehene Same und das Abbild, und ein Anderes dasjenige selbst, an welchem Antheil verliehen wird (Apol. II, c. 13). Alles Wahre, Vernunftgemässe ist christlich: ὅσα οὖν παρὰ πᾶσι καλῶς εἴρηται, ἡμῶν τῶν Χριστιανῶν ἐστιν (Apol. II, c. 13). Christus ist der Logos, an welchem das ganze Menschengeschlecht Theil hat, Gottes Erstgeborener (Apol. I, c. 46: τὸν Χριστὸν πρωτότοκον τοῦ θεοῦ εἶναι ἐδιδάχθημεν καὶ προεμηνύσαμεν λόγον ὄντα, οὗ πᾶν γένος ἀνθρώπων μετέσχε), und die, welche mit dem Logos gelebt haben (οἱ μετὰ λόγου βιώσαντες), sind Christen, obschon sie für Atheisten gehalten worden sein mögen, wie unter den Hellenen Sokrates und Heraklit und die ihnen Aehnlichen, unter den Nichtgriechen Abraham und Ananias und Azarias und Misael und Elias und viele Andere (Apol. I, c. 46). Sokrates hat den Homer verbannt und zur vernünftigen Erkenntniss des wahren Gottes angespornt; er hat jedoch die Verkündigung des Vaters und Werkmeisters der Welt an alle Menschen nicht für rathsam gehalten; das aber hat Christus geleistet durch die Kraft Gottes, nicht durch die Kunst menschlicher Rede (Apol. II, c. 10). Neben der inneren Offenbarung durch den allverbreiteten Logos aber nimmt Justin eine Bekanntschaft griechischer Philosophen mit der mosaischen Lehre an. Die Lehre von der sittlichen Wahlfreiheit hat Platon von Moses entnommen; ferner stammt Alles, was Philosophen und Dichter über die Unsterblichkeit der Seele, über die Strafen nach dem Tode, über die Betrachtung der himmlischen Dinge und Aehnliches gesagt haben, ursprünglich von den jüdischen Propheten her; von hier aus sind überallhin Saatkörner der Wahrheit (σπέρματα τῆς ἀληθείας) gedrungen; aber durch ungenaue Auffassung ist Widerstreit unter den Ansichten entstanden (Apol. I, c. 44). Nicht nur von der jüdischen Religion überhaupt hat Platon gewusst, sondern das ganze Alte Testament gekannt, aber vielfach missverstanden; so ist z. B. seine Lehre von der Ausbreitung der Weltseele in der Form eines x (Tim. p. 36, wodurch Platon den Winkel darstellt, den die Ekliptik mit dem Aequator macht) eine Missdeutung der Erzählung von der ehernen Schlange (4. Moses XXI, 9). Orpheus, Homer, Solon, Pythagoras und Andere haben in Aegypten den Mosaismus kennen gelernt und sind dadurch wenigstens theilweise zu einer Berichtigung irriger Ansichten über die Gottheit gelangt, Cohortatio ad Graecos, c. 14. Diese Ansicht des Verfassers der Cohortatio kommt mit der des Justin überein. Für eine Schrift des Justin selbst darf freilich die Mahnrede schon darum nicht gelten, weil sie cap. 23, 70 die Schöpfung der Materie lehrt und auf das Argument gründet, über

§ 8. Justinus Martyr.

einen ungeschaffenen Stoff würde Gott keine Macht haben, wogegen Justin mit Platon nur die Bildung der Welt aus einer ἄμορφος ὕλη lehrt, Apol. I, p. 92 u. ö., also Dualist bleibt.

Die Gottesvorstellung ist angeboren (ἔμφυτος τῇ φύσει τῶν ἀνθρώπων δόξα, Apol. II, c. 6); auch die allgemeinsten sittlichen Begriffe sind allen Menschen eigen, obschon vielfach getrübt (Dial. c. Tryph. c. 63). Gott ist einheitlich und um seiner Einzigkeit willen namenlos (ἀνωνόμαστος, Apol. I, c. 63) und unaussprechlich (ἄῤῥητος, Apol. I, c. 61. p. 94 D. u. ö.); er ist ewig, unerzeugt (ἀγέννητος, Apol. II, c. 6 u. ö.) und unbewegt (Dial. c. Tryph. c. 27); er thront jenseits des Himmels (Dial. c. Tryph. c. 56: ἐν τοῖς ὑπερουρανίοις ἀεὶ μένοντος). Er hat aus sich vor der Weltbildung eine Vernunftkraft (δύναμίν τινα λογικήν), den Logos, erzeugt und durch ihn die Welt erschaffen: ὁ δὲ υἱὸς ἐκείνου, ὁ μόνος λεγόμενος κυρίως υἱός, ὁ λόγος πρὸ τῶν ποιημάτων καὶ συνὼν καὶ γεννώμενος ὅτε τὴν ἀρχὴν δι' αὐτοῦ πάντα ἔκτισε καὶ ἐκόσμησε, so dass eine immanente Existenz des Logos in Gott und eine Erzeugung desselben nach aussen angenommen wird (Apol. II, c. 6; Dial. c. Tryph. c. 60 ff.), und weil dieser dem väterlichen Willen dient und von Gott geschaffen worden ist, hat er die verschiedensten Bezeichnungen (καλεῖται ποτὲ δὲ υἱός, ποτὲ δὲ σοφία, ποτὲ δὲ ἄγγελος, ποτὲ δὲ θεός, ποτὲ δὲ κύριος καὶ λόγος, ποτὲ δὲ καὶ ἀρχιστράτηγον ἑαυτὸν λέγει, Dial. c. Tryph. c. 61), ja er ist sogar Gott (Apol. I, c. 63). Wie eine Flamme neben der andern besteht, aus ihr hervorgeht, ohne sie zu verringern, so besteht auch der Logos neben Gott. Der Logos ist Mensch geworden als Jesus Christus, der Sohn der Jungfrau (Dial. c. Tryph. c. 48: ὅτι καὶ προυπῆρχεν υἱὸς τοῦ ποιητοῦ τῶν ὅλων, θεὸς ὤν, καὶ γεγέννηται ἄνθρωπος διὰ τῆς παρθένου). Durch ihn ist das mosaische Gesetz aufgehoben worden, in welchem nicht nur die Opfer, sondern auch die Beschneidung, überhaupt alles Rituelle nur um der Herzenshärtigkeit des Volkes willen angeordnet worden war, und an die Stelle desselben hat Christus das Sittengesetz treten lassen (Dial. c. Tryph. c. 18).

Justinus theilt demnach mit dem Judenchristenthum die Anschauung des sittlichreligiösen Lebens unter der Form eines Gesetzes, mit Paulus aber (ohne ihn zu nennen) den Fortgang zur Aufhebung des gesammten Ritualgesetzes. An die Stelle des mosaischen Gesetzes ist das neue Gesetz Christi getreten.

Neben Gott dem Vater und dem Logos, seinem eingeborenen Sohne, sammt den Engeln oder Kräften Gottes, ist der heilige Geist oder die Weisheit Gottes ein Object der Verehrung. Apol. I, c. 6: ὁμολογοῦμεν τῶν τοιούτων νομιζομένων θεῶν (der hellenischen Götter, welche Justinus κακοὺς καὶ ἀνοσίους δαίμονας nennt) ἄθεοι εἶναι, ἀλλ' οὐχὶ τοῦ ἀληθεστάτου καὶ πατρὸς δικαιοσύνης καὶ σωφροσύνης καὶ τῶν ἄλλων ἀρετῶν ἀνεπιμίκτου τε κακίας θεοῦ. ἀλλ' ἐκεῖνόν τε καὶ τὸν παρ' αὐτοῦ υἱὸν ἐλθόντα καὶ διδάξαντα ἡμᾶς ταῦτα, καὶ τὸν τῶν ἄλλων ἑπομένων καὶ ἐξομοιουμένων ἀγαθῶν ἀγγέλων στρατόν, πνεῦμά τε τὸ προφητικὸν σεβόμεθα καὶ προσκυνοῦμεν, λόγῳ καὶ ἀληθείᾳ τιμῶντες. Vgl. Apol. I, c. 13: τὸν δημιουργὸν τοῦδε τοῦ παντὸς σεβόμενοι ... τὸν διδάσκαλόν τε τούτων γενόμενον ἡμῖν καὶ εἰς τοῦτο γεννηθέντα Ἰησοῦν Χριστὸν ... υἱὸν αὐτοῦ τοῦ ὄντως θεοῦ μαθόντες καὶ ἐν δευτέρᾳ χώρᾳ ἔχοντες, πνεῦμά τε προφητικὸν ἐν τρίτῃ τάξει. Getauft wird nach Apol. I, c. 61: ἐπ' ὀνόματος τοῦ πατρὸς τῶν ὅλων καὶ δεσπότου θεοῦ καὶ τοῦ σωτῆρος ἡμῶν Ἰησοῦ Χριστοῦ καὶ πνεύματος ἁγίου.

Die menschliche Seele ist ein Theil der Welt und als solcher ihrer Natur nach vergänglich. Die Unsterblichkeit kommt ihr nur zu als göttliche Gabe. Auch Vernunft und Freiheit kommen ihr nur als eingepflanzte göttliche Kraft zu, vermöge deren sie die Möglichkeit hat, sich zu Gott zu wenden und gerecht zu werden. Die Gerechtigkeit erwirbt sich der Mensch durch Freiheit, durch vernünftige Entscheidung, und so ist die Erlösung des Menschen sein eigenes Werk der Busse und der

§ 8. Justinus Martyr.

Sinnesänderung. Durch die Sendung des Logos wird der λόγος σπερματικός verstärkt, und die volle Erkenntniss von dem Wesen des wahren Gottes vermittelt, in welcher die Gerechtigkeit liegt.

Das göttliche Vorherwissen knüpft sich nicht an ein Fatum und hebt die menschliche Freiheit nicht auf. Es besteht nur die (hypothetische) Nothwendigkeit, dass die Menschen, je nachdem sie das Gute oder das Böse erwählen, der ewigen Seligkeit oder Strafe theilhaftig werden. Die erste Auferweckung geschieht bei der Wiederkunft oder zweiten Parusie Christi, welche nahe bevorsteht (Apol. I, c. 52; Dial. c. Tryph. c. 81 ff., c. 80 ff. u. ö.); tausend Jahre wird Christus in dem erneuten Jerusalem herrschen und seinen Anhängern Ruhe und Freude gewähren, wie der Apostel Johannes in der Apokalypse es prophezeit hat; danach wird die allgemeine Auferstehung folgen und das Gericht, welches Gott durch Christum vollzieht (Dial. c. Tryph. c. 58; c. 81). Zwar erscheint es den Heiden unglaublich und unmöglich, dass die gestorbenen Leiber, die in der Erde zerstreut liegen, wieder lebendig werden sollen. Die Christen wissen es aber, nach der Weissagung, dass es so sein wird. Ein Jeder wird zur ewigen Strafe oder Seligkeit gelangen nach dem Werthe seiner Handlungen (ἕκαστον ἐπ᾽ αἰωνίαν κόλασιν ἢ σωτηρίαν κατ᾽ ἀξίαν τῶν πράξεων πορεύεσθαι, Apol. I, c. 12). Die Hölle (γέεννα) ist der Ort, wo diejenigen durch Feuer gestraft werden sollen, die ungerecht gelebt und nicht an das Eintreffen dessen, was Gott durch Christus verkündigt hat, geglaubt haben (Apol. I, c. 12; 19; 44 u. ö.). Die Strafe dauert so lange, wie Gott will, dass die Seelen seien und gestraft werden (Dial. c. Tryph. c. 5), d. h. ewig (Apol. I, c. 28; Dial. c. Tryph. c. 130), und nicht, wie Platon gemeint hat, bloss tausend Jahre lang (Apol. I, c. 8).

Das sittliche Leben, auf dem die Erkenntniss Gottes beruht, betont Justin sehr stark, und es ist allerdings eine gesetzliche oder moralisirende Auffassung des Christenthums bei Justin zu constatiren, vermöge deren er nicht im Stande ist, Gesetz und Evangelium scharf von einander zu trennen. Hierbei folgt er aber der griechischen, d. h. der damals herrschenden platonisch-stoischen Denkweise, und nicht etwa dem Judenthum, ohne dass man doch annehmen darf, er habe ein tieferes Verständniss der hellenischen Philosophie, namentlich des Platonismus, besessen. Zu weit geht Aubé, der meint, Justins Christenthum sei nichts Anderes als popularisirte, heidnisch-philosophische Moral, und durch den Glauben an Christum als den Sohn Gottes sei dieser Moral nur eine festere religiöse Grundlage gegeben worden, die im Heidenthum nicht möglich gewesen sei. Dagegen betont M. v. Engelhardt in dem erwähnten Werk (Abschnitt: das heidnische Element im Christenthum Justins, S. 447—490), dass Justin allerdings in den Moralismus des Heidenthums gerathen sei, dass man ihn daneben aber auch als Christen anerkennen müsse, da er den Glauben an den gekreuzigten Christus, an den auferstandenen Sohn Gottes, habe. Freilich sei ihm das Verhältniss zwischen Lebens- und Glaubensgerechtigkeit noch verborgen, da er Alles, was zur Herstellung der Gerechtigkeit diene, vom Menschen erwarte.

Justins Einfluss auf die späteren Kirchenväter, von denen er (nach dem Ausdruck des Eusebius, K.-G. IV, 8) als γνήσιος τῆς ἀληθοῦς φιλοσοφίας ἐραστής sehr hoch gestellt wird, war so bedeutend, dass nicht ohne Grund gesagt worden ist (von Lange in: dissertatio, in qua Justini Mart. Apologia prima sub examen vocatur, Jen. 1795, I, p. 7): „Justinus ipse fundamenta iecit, quibus sequens aetas totum illud corpus philosophematum de religionis capitibus, quod a nobis hodie theologia thetica vocatur, superstruxit."

§ 9. Tatian, Athenagoras, Theophilus und Hermias.

§ 9. Unter den Apologeten des Christenthums, die im zweiten Jahrhundert lebten, sind neben Justin die namhaftesten: Tatianus, Athenagoras und Theophilus von Antiochia. Tatian, der Assyrer, bekundet ein mit hochmüthiger Ueberschätzung des Orientalismus und barbarischem Hass gegen hellenische Bildung versetztes, zu einseitiger Askese hinneigendes Christenthum. In den Schriften des Athenagoras von Athen zeigt sich eine gefällige Verbindung von christlichem Denkinhalt mit hellenischer Ordnung und Schönheit der Darstellung; er ist in diesem Betracht der ansprechendste unter den christlichen Schriftstellern jener Zeit. Theophilus von Antiochia erörtert mehr, als die übrigen Apologeten, die subjectiven Bedingungen des Glaubens, insbesondere die Abhängigkeit der religiösen Erkenntniss von der Reinheit der sittlichen Gesinnung. — Des Hermias Verspottung der heidnischen Philosophen stammt aus späterer Zeit und ist sehr unbedeutend.

Tatians Rede an die Griechen erschien zuerst, zugleich mit anderen patristischen Schriften, zu Zürich 1546 (durch Johannes Frisius). Eine lateinische Uebersetzung von Conrad Gesner erschien ebendaselbst 1546. Neuere Ausgaben erschienen von W. Worth (Oxford 1700), Maranus (Paris 1742), zuletzt von J. C. Th. Otto (in: Corp. apol., vol. VI., Jen. 1851). Ueber Tatian handelt Daniel, Tatian der Apologet, Halle 1837. C. A. Semisch, Tatiani diatessaron, antiquissimum N. T. evangeliorum in unum digestorum specimen, Vratislaviae 1856. Th. Zahn, T.s Diatessaron, 1. Th. v. Forschung. zur Gesch. des neut. Kanons u. der altkirchl. Lit., Erlang. 1881. Herm. Dembowski, die Quellen der christl. Apologetik des 2. Jahrh., Theil I: die Apologie Tatians, Lpz. 1878.

Die Schrift des Athenagoras περὶ ἀναστάσεως τῶν νεκρῶν ist zuerst 1541 zu Löwen, und die Πρεσβεία περὶ Χριστιανῶν zugleich mit der vorhin genannten, an diese Apologie sich anschliessenden Schrift, 1557 zu Zürich, danach öfters, zuletzt in: Corpus apologetarum saeculi II. ed. J. C. Th. Otto, vol. VII. Jena 1857, gedruckt worden. Ueber Athenagoras handelt Th. A. Clarisse (de Ath. vita, scriptis et doctrina, Ludg. Bat. 1819). Tit. Voigtländer, in: Beweis d. Glaubens VIII, 1872, S. 36—47. F. Schubring, d. Philosophie des A., Pr. des Kölln. G., Berl. 1882. A. Joannides, πραγματεία π. τῆς παρ' Ἀθηναγόρᾳ φιλοσοφικῆς γνώσεως, I.-D., Jena 1883.

Die Schrift des Theophilus an den Autolykus, zuerst 1546 zu Zürich, zugleich mit der Rede des Tatian gedruckt, hat zuletzt Otto in dem angef. Corpus apol., vol. VIII. Jen. 1861 herausgegeben. Ueber den Begriff des Glaubens bei ihm handelt L. Paul, in: Jahrb. f. protest. Theol. 1875, S. 546—559. Overbeck, in: hist. Ztschr. N. F. 15, S. 465 f.

Des Hermias irrisio gentilium philosophorum erschien zuerst griechisch und lateinisch zu Basel 1555, dann öfters, namentlich auch in der Ausgabe des Justin von Maranus (1742), zusammen mit Apologetarum Quadrati, Aristidis, Aristonis, Miltiadis, Melitonis, Apollinaris reliquiae und mit Marani prolegomena in Justinum, Tatianum, Athenagoram, Theophilum, Hermiam, in dem Corpus etc. von Otto, vol. IX, 1872; zuletzt ist sie herausgeg. v. Herm. Diels in: Doxographi Graeci, Berl. 1879, S. 649 bis 656, vgl. auch ebenda in den Prolegomenis S. 259—263: De Hermiae gentilium philosophorum irrisione.

Wir kennen überhaupt neun Schriftsteller als Apologeten des Christenthums gegen das Heidenthum aus dem zweiten Jahrhundert, nämlich ausser den schon in § 8 erwähnten Quadratus, Aristides und Justinus noch: Meliton von Sardes, Apollinaris von Hierapolis und den Rhetor Miltiades, deren Schriften nicht auf uns gekommen sind (wenigstens keine in griechischer Sprache), und die drei oben erwähnten, von denen wir noch Schriften besitzen: Tatian, Athenagoras und Theophilus. Gegen das Judenthum schrieben ausser Justin namentlich Ariston von Pella und Miltiades.

§ 9. Tatian, Athenagoras, Theophilus und Hermias.

Meliton, Bischof von Sardes, schrieb unter anderm auch eine Apologie des Christenthums, welche er um 170 dem Kaiser Marc Aurel überreichte. In der Schutzschrift an den philosophischen Kaiser wurde von ihm das Christenthum als eine zwar unter den Barbaren zuerst aufgekommene, im römischen Reiche aber zu der Zeit der Kaiserherrschaft zur Blüthe gelangte „Philosophie" bezeichnet, die diesem Reiche zum Heile gereicht habe (Meliton ap. Euseb. hist. eccl. IV, 26). Die Apologie des Meliton von Sardes ist durch Cureton und Renan in syrischer Uebersetzung aufgefunden und von Pitra? im Spicilegium Solesmense II, pag. XXXVIII—LV herausgegeben worden (doch vgl. dagegen Uhlhorn in Niedners Z. f. h. Th. 1866, S. 104).

Apollinaris, Bischof von Hierapolis, schrieb unter anderm (um 180) einen λόγος zu Gunsten des Christenthums an Marc Aurel und πρὸς Ἕλληνας συγγράμματα πέντε (Euseb. hist. eccl. IV. 26 und 27).

Miltiades, ein christlicher Rhetor, der gegen den Montanismus geschrieben hat, hat auch λόγους πρὸς Ἕλληνας und πρὸς Ἰουδαίους verfasst und eine Apologie des Christenthums an die weltlichen Herrscher gerichtet (Euseb. hist. eccl. V, 17).

Ariston von Pella in Palästina, von Geburt ein Hebräer, hat (um 140?) eine Schrift verfasst, worin der zum Christenthum übergetretene Hebräer Iason den alexandrinischen Juden Papiscus nach langem Kampfe von der Wahrheit des Christenthums überzeugt, jedoch hauptsächlich nur durch den Nachweis von der Erfüllung der messianischen Weissagungen in Jesus von Nazareth, weshalb diese Apologie für die Philosophie des Christenthums nur von geringem Belang gewesen sein mag. Celsus erwähnt sie verächtlich, aber auch Origenes nimmt sie nur relativ in Schutz. Nach Ad. Harnack (Texte u. Untersuch. I, H. 3, 1883) ist das Wesentliche dieser Schrift uns erhalten in der einem gewissen Evagrius zugeschriebenen „Altercatio Simonis et Theophili Christiani" aus d. 5. Jahrh. (bei Migne, Bd. 20 u. Harnack a. a. O.).

Tatianus aus Assyrien, nach seiner eigenen Angabe (orat. ad Gr. c. 42) zuerst griechisch gebildet, dann aber dem als Philosophie der Barbaren verachteten Christenthum sich zuwendend, nach Irenäus (adv. haeret. I, c. 28) ein Schüler des Justin, sucht in seiner auf uns gekommenen, um 170 verfassten Schrift πρὸς Ἕλληνας, in welcher oft (nach Ritters Ausdruck, Gesch. der Philos. V, S. 332) „weniger der Christ, als der Barbar sich vernehmen lässt", die griechische Bildung, Sitte, Kunst und Wissenschaft herabzusetzen, um an ihrer Statt das Christenthum zu empfehlen. Zu diesem Behuf verschmäht er es nicht, auch die gemeinsten Verleumdungen aufzufrischen, welche gegen die angesehensten griechischen Philosophen vorgebracht worden waren, unter Entstellung ihrer Lehrsätze (orat. ad Gr. c. 2). Mit rohem Despotismus der Abstraction stellt er die ästhetische Verklärung des sinnlichen Bedürfnisses und die viehische Lust, sofern beide nicht der moralischen Regel unterworfen sind, unter den nämlichen Begriff der Immoralität, um dadurch die christliche Reinheit und Enthaltsamkeit in ein helleres Licht zu setzen, z. B. c. 33: καὶ ἡ μὲν Σαπφὼ γύναιον πορνικὸν ἐρωτομανὲς καὶ τὴν ἑαυτῆς ἀσέλγειαν ᾄδει. πᾶσαι δὲ αἱ παρ' ἡμῖν σωφρονοῦσι καὶ περὶ τάς ἠλακάτας αἱ παρθένοι τὰ κατὰ θεὸν λαλοῦσιν ἐκφωνήματα τῆς παρ' ὑμῖν παιδός σπουδαιότερον. In dogmatischer Beziehung entwickelt er besonders die Lehren von Gott, dem vernünftigen Princip und der ὑπόστασις τοῦ παντός, und von dem Logos, der als actuelle Vernunft nach Gottes Willen durch Mittheilung, nicht durch Theilung aus Gott hervorgetreten sei, wie Licht aus Licht, ferner von der Weltschöpfung und von der Auferstehung, von dem Sündenfall, der das Menschengeschlecht tief sinken liess, jedoch nicht die Willensfreiheit ihm raubte, und von der Erlösung und Wiedergeburt durch Christus (c. 5 ff.). Im Menschen unterschied er zwischen Seele und Geist, ψυχή und πνεῦμα. Der, welcher nur die ψυχή hat, zeichnet sich vor dem Thier durch nichts als die Sprache aus. Die ψυχή ist ihrer Natur nach sterblich, nur durch das πνεῦμα kann sie unsterblich werden. Später hat sich Tatian der valentinianischen Gnosis zugewandt und dann die Secte der Enkratiten gestiftet oder fortgebildet, welche die Ehe, wie auch den Genuss von Fleisch und Wein als Sünde verwarf und den Wein sogar im Abendmahl durch Wasser ersetzte.

Athenagoras von Athen, nach einer freilich sehr zweifelhaften Angabe des (im fünften Jahrhundert an der Katechetenschule lehrenden) Philippus Sidetes, Vorstehers der Katechetenschule zu Alexandrien (s. Guericke, de schola, quae Alexandriae floruit catechetica, Hal. Sax. 1824), mit der griechischen und besonders platonischen Philosophie wohl bekannt, vertheidigt in seiner Apologie, der Πρεσβεία (Supplicatio) περὶ Χριστιανῶν, welche er im Jahre 176 oder 177 an den Kaiser Marc Aurel und dessen Sohn und Mitregenten Commodus gerichtet hat, die Christen gegen die dreifache Anschuldigung des Atheismus, der unzüchtigen Verbindungen und der thyesteischen Mahlzeiten. In der Erwiderung auf den ersten Vorwurf beruft er sich auf Aussprüche verschiedener Dichter und Philosophen gegen den Polytheismus und für die Einheit Gottes und entwickelt die Lehre von der göttlichen Dreieinigkeit. Für den Monotheismus sucht Athenagoras einen Vernunftbeweis zu führen, welcher in der christlichen Litteratur sich hier zuerst findet. Mehrere Götter, meint Athenagoras (Suppl. c. 8), müssten einander ungleich und an verschiedenen Orten sein, denn gleichartig und zusammengehörig sei nur, was einem gemeinsamen Vorbilde nachgebildet sei, also Gewordenes und Endliches, nicht Ewiges und Göttliches; verschiedene Orte aber für verschiedene Götter gebe es nicht, denn der Gott, der die kugelförmige Welt gebildet habe, nehme den Raum jenseits derselben ein als überweltliches Wesen (ὁ μὲν κόσμος σφαιρικὸς ἀποτελεσθεὶς οὐρανοῦ κύκλοις ἀποκέκλεισται, ὁ δὲ τοῦ κόσμου ποιητὴς ἀνωπίερω τῶν γεγονότων, ἐπέχων αὐτὸν τῇ τούτων προνοίᾳ), ein anderer fremder Gott würde weder innerhalb der Weltkugel, noch da, wo der Weltbildner ist, sein können, und wäre er draussen in einer andern oder um eine andere Welt, so ginge er uns nichts an, wäre auch wegen der Begrenztheit seiner Daseins- und Wirkungssphäre kein wahrer Gott.

Auch hellenische Dichter und Philosophen haben bereits die Einheit Gottes gelehrt, indem sie, angeregt vom göttlichen Geiste, selbst forschten; aber die volle Klarheit und Sicherheit der Erkenntniss wird doch nur durch die göttliche Belehrung gewonnen, die wir in der heiligen Schrift bei Moses, Jesaias, Jeremias und den andern Propheten vorfinden, welche, aus ihren eigenen Gedanken heraustretend, dem göttlichen Geist zum Organe dienten, gleich wie die Flöte vom Flötenspieler geblasen wird (Suppl. c. 5—9). Alles ist von Gott durch seinen Verstand, seinen λόγος gebildet (λόγος τοῦ πατρὸς ἐν ἰδέᾳ καὶ ἐνεργείᾳ, πρὸς αὐτοῦ γὰρ καὶ δι' αὐτοῦ πάντα ἐγίνετο), der von Ewigkeit her bei ihm ist, da er immer vernünftig war. Derselbe ist aber hervorgetreten, um Urbild und wirkende Kraft (ἰδέα καὶ ἐνέργεια) für alle materiellen Dinge zu sein, und ist so das erste Erzeugniss des Vaters, der Sohn Gottes. Vater und Sohn sind eins; der Sohn ist im Vater und der Vater im Sohn durch die Einheit und Kraft des Geistes. Auch der Geist, der in den Propheten wirkte, ist ein Ausfluss Gottes (ἀπόρροια τοῦ θεοῦ), von ihm ausgehend und zu ihm zurückkehrend gleich einem Sonnenstrahl. Wir erkennen ab als Object unserer Verehrung Gott, den Vater, Sohn und heiligen Geist, ihre einheitliche Kraft und ihre geordnete Gliederung (τὴν ἐν τῇ ἑνώσει δύναμιν καὶ τὴν ἐν τῇ τάξει διαίρεσιν) und beschränken auch hierauf noch nicht unsere Gotteslehre, sondern nehmen an, dass Engel und Diener von Gott durch seinen Logos zur Betheiligung an der Leitung der Welt bestimmt worden sind (c. 10). Wir bethätigen unseren Gottesglauben durch Seelenreinheit und Feindesliebe (c. 11); denn wir sind überzeugt, dass wir von unserem Leben nach dem Tode Rechenschaft werden geben müssen (c. 12).

An der Verehrung der vermeintlichen vielen Götter können die Christen sich nicht betheiligen (c. 13 ff.). Die sittlichen Anschuldigungen weist Athenagoras mit Berufung auf die Sittenreinheit der Christen zurück (c. 32 ff.).

Die Schrift des Athenagoras über die Auferstehung der Todten enthält nach der Einleitung (c. 1) im ersten Theil (c. 2—10) eine Widerlegung der Einwürfe, im zweiten Theil (c. 11—25) positive Argumente. Sollte die Auferstehung nicht möglich sein, so müsste entweder die Fähigkeit oder der Wille zur Auferweckung der Todten Gott fehlen. Die Fähigkeit würde ihm nur dann fehlen, wenn ihm entweder das Wissen abginge oder die Macht; das Werk der Schöpfung aber beweist, dass ihm beides nicht abgeht, und hält man die Auferstehung wegen des Stoffwechsels für unmöglich, der die nämlichen Stoffe nach einander verschiedenen menschlichen Leibern zuführe, so dass es widersprechend sein würde, diese Stoffe zugleich dem einen und auch dem anderen Leibe bei der Auferstehung wiederzugeben, so ist jene vermeintliche Thatsache selbst in Abrede zu stellen, da ein jedes Wesen von den Nahrungsmitteln, die es zu sich nimmt, nur das ihm Gemässe sich assimiliren kann, Bestandtheile eines menschlichen Leibes nicht in thierisches Fleisch übergehen können, welches wiederum von einem andern menschlichen Leibe assimilirt würde. Der Wille würde Gott nur dann fehlen, wenn die Auferweckung ungerecht wäre gegen die Auferstehenden selbst oder gegen andere Geschöpfe, was sie doch nicht ist, oder wenn sie Gottes unwürdig wäre, was sie gleichfalls nicht ist, da sonst auch die Schöpfung seiner unwürdig sein müsste. Positive Argumente für die Wirklichkeit der Auferstehung sind: 1) der Grund der Erschaffung der Menschen, der darin liegt, dass sie beständig die göttliche Weisheit anschauen sollen, 2) das Wesen des Menschen, welches eine ewige Fortdauer des Lebens zum Behufe eines vernunftgemässen Lebens erheischt, 3) die Nothwendigkeit eines göttlichen Gerichtes über die Menschen, 4) der in diesem Leben nicht erreichte Endzweck der Schöpfung des Menschen, der weder in der Schmerzlosigkeit, noch in der sinnlichen Lust, noch auch in dem Seelenglück allein liegt, sondern in der Betrachtung des wahrhaft Seienden und in der Lust an seinen Beschlüssen.

Theophilus von Antiochien wurde, wie er selbst (ad Autolyc. I, 14) mittheilt, durch die Lectüre der heiligen prophetischen Schriften für das Christenthum gewonnen. In seiner wahrscheinlich bald nach 180 verfassten Schrift an den Autolykus ermahnt er diesen, gleichfalls zu glauben, damit er nicht, wenn er ungläubig bleibe, später zu seinem Nachtheil durch die ewigen Höllenstrafen überführt werde, welche die Propheten und, von ihnen stehlend, auch griechische Dichter und Philosophen vorhergesagt haben (I, 14). Auf die Aufforderung des Autolykus: „zeige mir deinen Gott", antwortet Theophilus (c. 1): „zeige mir deinen Menschen", d. h. zeige mir, ob du frei von Sünden bist, denn nur der Reine kann Gott schauen. Auf die Aufforderung: „beschreibe mir Gott", antwortet er (I, 3): „Gottes Wesen ist unaussprechlich, seine Ehre, Grösse, Erhabenheit, Kraft, Weisheit, Güte und Gnade übersteigen alle menschlichen Begriffe. Wenn ich Gott Licht nenne, so nenne ich sein Gebilde, wenn ich ihn Logos nenne, so nenne ich seine Herrschaft, wenn Vernunft ($νοῦς$), so seine Einsicht ($φρόνησις$), wenn Geist, so seinen Hauch, wenn Weisheit, so sein Erzeugniss, wenn Stärke, so seine Macht, wenn Kraft, so seine Wirksamkeit, wenn Vorsehung, so seine Güte, wenn Herrschaft, so seine Ehre, wenn Herr, so bezeichne ich ihn als Richter, wenn Richter, so nenne ich ihn gerecht, wenn Vater, so nenne ich ihn liebend ($ἀγαπῶντα$ nach Heumanns Conjectur für $τὰ\ πάντα$, oder richtiger: Schöpfer, sofern bei $τὰ\ πάντα$, wie Grabe annimmt, $ποιήσαντα$ ausgefallen ist, vgl. c. 4: $πατὴρ\ διὰ\ τὸ\ εἶναι\ αὐτὸν\ πρὸ\ τῶν\ ὅλων$, und Philon de nom. mut. ed. Mang. I, p. 582 f., wo $θεός$, $ποιητικὴ\ δύναμις$, $δι'\ ἧς\ ἔθηκε\ τὰ\ πάντα$ und $πατήρ$ ein-

§ 9. Tatian, Athenagoras, Theophilus und Hermias.

ander gleichgesetzt werden), wenn Feuer, so nenne ich seinen Zorn, den er gegen die Uebelthäter hegt. Er ist unbedingt, weil ungeworden, unveränderlich, wie unsterblich. Er heisst Gott (θεός) von der Gründung des All (διὰ τὸ τεθεικέναι τὰ πάντα) und wegen des Bewegens und Wirkens (διὰ τὸ θέειν). Gott hat Alles, auch die Materie, aus nicht Seiendem geschaffen zu seiner Ehre (I, 4: τὰ πάντα ὁ θεὸς ἐποίησεν ἐξ οὐκ ὄντων εἰς τὸ εἶναι, ἵνα διὰ τῶν ἔργων γινώσκηται καὶ νοηθῇ τὸ μέγεθος αὐτοῦ). Theophilus bekennt sich also entschieden zur Schöpfungslehre. Wäre die Materie ewig, so wäre sie unwandelbar und könnte nicht umgebildet werden. Der unsichtbare Gott wird aus seinen Werken erkannt, gleich wie aus dem geordneten Laufe eines Schiffes die Anwesenheit eines Steuermannes erschlossen werden kann. Gott ist Einer, und diese reine Einheit ergiebt sich aus der weisen Einrichtung der Welt; um zur Erkenntniss Gottes zu gelangen, muss sich der Mensch der weisen Führung Gottes überlassen, muss gehorsam sein und glauben an die Weisungen Gottes. Der Mensch ist aber ungehorsam gewesen, und dadurch ist das Böse in die Welt gekommen; jedoch gewährt uns Gott die Mittel zur Besserung. Ist diese an uns ausgeführt, dann erkennen wir das Gute in uns und dadurch Gott. Dieser hat Alles durch seinen Logos und seine Weisheit gebildet (I, 7). Der Logos war von Ewigkeit her bei Gott als Λόγος ἐνδιάθετος ἐν τοῖς ἰδίοις (τοῦ θεοῦ) σπλάγχνοις (II, 10) oder ἐνδιάθετος ἐν καρδίᾳ θεοῦ (II, 22); ehe die Welt ward, hatte Gott an ihm, der νοῦς καὶ φρόνησις war, seinen Rathgeber (σύμβουλος); als aber Gott die Welt schaffen wollte, zeugte er diesen Logos, ihn ausser sich setzend (τοῦτον τὸν Λόγον ἐγέννησε προφορικόν) als den Erstgeborenen vor der Schöpfung, nicht als wäre er dadurch selbst des λόγος entleert worden, sondern so, dass er auch nach der Zeugung noch seines der λόγος theilhaftig blieb (II, 24). Die drei Tage vor der Erschaffung der Lichter sind Bilder der Trias: Gottes, des Logos und der Weisheit (II, 15: τύποι τῆς τριάδος τοῦ θεοῦ καὶ τοῦ λόγου αὐτοῦ καὶ τῆς σοφίας). Gott, der uns geschaffen hat, kann und wird uns auch einstmals wieder schaffen bei der Auferstehung (I, 8). Die Namen der griechischen Götter sind Namen vergötterter Menschen (I, 9 ff.). Der an die Götterbilder geknüpfte Cultus ist unvernünftig, die Lehren der heidnischen Dichter und Philosophen sind thöricht. Die heiligen Schriften des Moses und der Propheten sind die älteren und enthalten die Wahrheit, welche die Griechen vergessen und verworfen haben (II, III). — In wie weit der unter des Theophilus Namen auf uns gekommene Commentar zu den vier Evangelien von ihm herstamme, ist zweifelhaft. Die von Euseb. hist. eccles. erwähnte Streitschrift des Theophilus gegen Marcion, wie auch gegen den aristotelisirenden und platonisirenden Hermogenes (der eine ungeschaffene, chaotische Materie annahm, auf welche Gott einwirke, wie der Magnet auf das Eisen, welche Doctrin auch Tertullian bestritten hat) und andere Schriften sind verloren gegangen.

Hermias, dessen Lebenszeit gewiss nicht in das zweite Jahrhundert n. Chr. fällt, vielleicht erst in das fünfte oder sechste Jahrhundert (er hat die pseudojustinische Cohortatio benutzt, und diese ist wiederum von Julius Africanus abhängig, so dass schon hierdurch ein ziemlich später Termin für die Abfassung seiner Schrift gewonnen wird), hat sich in seiner „Verhöhnung der heidnischen Philosophen" (διασυρμός τῶν ἔξω φιλοσόφων), einer Schrift, die witzig sein will, aber in dieser Beziehung nicht viel leistet, die Aufgabe gestellt, nachzuweisen, wie die Ansichten der verschiedenen Philosophen einander widersprechen. „Bald bin ich unsterblich und freue mich, bald bin ich wieder sterblich und jammere; bald werde ich in Atome zerrieben, werde Wasser, werde Luft, werde Feuer; man macht mich zu einem Wild, zu einem Fisch, — zuletzt kommt noch Empedokles und macht mich zu einem Strauch." Da Hermias auf die Gründe und den systematischen Zusammenhang der bekämpften Ansichten nicht eingeht und noch viel weniger den Entwickelungsgang der griechischen Philosophie versteht, so ist sein Schriftchen ohne wissenschaftlichen Werth. Die heidnische Philosophie hält er für eine Gabe der Dämonen, die aus der Vermischung der gefallenen Engel mit irdischen Weibern entsprungen seien, nicht, wie Clemens von Alexandria, für eine durch niedere Engel den Menschen zugekommene Gottesgabe.

§ 10. Irenäus, geboren um 140 in Kleinasien, gestorben um 202 als Bischof von Lyon und Vienne in Gallien, gebildet unter Polykarp, ist für die Entwickelung des christlichen Gedankens hauptsächlich als Bekämpfer der Gnostiker von Bedeutung. Er führt die Ausbildung der Gnosis auf den die Reinheit der apostolischen Ueberlieferung trübenden Einfluss der vorchristlichen Philosophie zurück. Im Kampfe mit der in phantastische Willkür umgeschlagenen Freiheit der Speculation und mit dem zu antimoralischem Libertinismus entarteten Antinomismus betont er die christliche Tradition und das christliche Gesetz und wird eben hierdurch einer der Mitbegründer und Hauptvertreter der altkatholischen Kirche. Die Identität des höchsten Gottes mit dem Weltschöpfer und Urheber des durch Moses gegebenen Gesetzes festhaltend, führt Irenäus die Verschiedenheit der alt- und der neutestamentlichen Offenbarung (mit Paulus) auf den göttlichen Erziehungsplan zurück, in welchem das mosaische Gesetz die Vorstufe des Christenthums ausmache. Der Sohn oder Logos und der heilige Geist sind mit Gott dem Vater eins und Werkzeuge der Schöpfung und Offenbarung. Der Logos wurde Mensch, damit wir würden, was er ist. Christus hat das Wesentliche des Gesetzes, nämlich das Sittengesetz, bestätigt und durch Mitbeziehung auf die Gesinnung erweitert, von den äusseren Gebräuchen aber uns losgesprochen. Der Mensch entscheidet sich mit Willensfreiheit für oder gegen das göttliche Gebot. In dem gleichen Gedankenkreise steht des Irenäus Schüler, der römische Presbyter Hippolytus, der im Einzelnen vollständiger, aber auch noch einseitiger den heidnischen Ursprung der gnostischen Lehren nachzuweisen sucht.

Die ältesten Ausgaben des Irenäus sind die erasmischen: Opus eruditissimum divi Irenaei episcopi Lugdunensis in quibus mire retegit et confutat veterum haereseon impias ac portentosas opiniones, ex vetustiss. codicum collatione emend. opera Des. Erasmi Roterodami ac nunc primum in lucem ed. opera Jo. Frobenii, Basil. 1526; wiederholt ebend. 1528, auch 1543 u. ö.: daran schliessen sich die Ausgaben von Gallasius (Genf 1570), Grynaeus (Bas. 1571), Fr. Feuardentius (1575 und 76; 1596 u. ö.): Joh. Ern. Grabe (Oxon. 1702), Massuet (Par. 1712 und Venet. 1734), Ad. Stieren (Leipzig 1853), welcher letzteren Ausgabe auch Massuets Abhandlungen über die Gnostiker und über das Leben, die Schriften und die Lehre des Irenäus beigedruckt sind; ed. Harvey, Cantabrig. 1859. Bei Migne bildet Irenäus den VII. Bd. der griechischen Abtheilung des Cursus Patrologiae completus. Sehr ausführlich handelt namentlich Böhringer in: Die Kirche Christi, I, 1, 2. Aufl., Zürich 1861, S. 271—612, von Irenäus. Ausserdem existiren Monographien über des Irenäus Christologie, von L. Duncker, Gött. 1843; Lehre von der Sünde, von Eug. Girard, Strassb. 1861; Kosmologie, von W. Möller a. a. O., S. 474—506; Eschatologie, von Moritz Kirchner in

§ 10. Irenäus und Hippolytus.

theol. Stud. und Kritiken, Jahrg. 1863, S. 315—358; Lehre von der Gnade, von Joh. Körber, Ir. de gratia sanctificante, diss. inaug., Wirceb. 1865; Lehre von der Autorität der Schrift, der Tradition und der Kirche, von H. Ziegler, Berlin 1868; von demselb. erschien: Irenäus, der Bischof von Lyon, e. Beitr. z. Entstehungsgesch. d. altkath. Kirche, Berlin, 1871. L. Leimbach, wann ist Iren. geboren? in: Zeitschr. f. luth. Theol. 1873, S. 614—629. Vgl. auch R. A. Lipsius, die Zeit des Irenäus v. Lyon u. d. Entsteh. d. altkath. Kirche, in Sybels hist. Ztschr., Bd. 28, S. 241—295. André Gouilloud, St. Irénée et son temps, deuxième siècle de l'église, Lyon 1876, üb. d. Werke des Irenäus s. das. S. 417—476.

Die Schrift des Hippolytus: κατὰ πασῶν αἱρέσεων ἔλεγχος, wovon früher nur das erste Buch unter dem Titel: Origenis philosophumena bekannt war, ist 1842 durch Mynoides Mynas aufgefunden und 1851 zuerst veröffentlicht worden (vergl. Th. I, 7. Aufl. S. 27). Anderes hat P. A. de Lagarde gesammelt, Hippolyti Romani quae feruntur omnia graece, Lips. et Lond. 1858. Vergl. C. W. Haenell, de Hippolyto episcopo, tertii saeculi scriptore, Gött. 1838. Bunsen, Hippolytus und seine Zeit, Leipz. 1852—53. Döllinger, Hippolytus und Kallistus, München 1853. J. E. Gieseler, über Hippolytus, die ersten Monarchianer und die röm. Kirche in der ersten Hälfte des dritten Jahrh., in den theol. Stud. u. Krit. 1853. Volkmar, Hippolytus und die römischen Zeitgenossen. Zürich 1855. Frz. Overbeck, quaestionum Hippolytearum specimen, Jen. 1864. U. Köhler, d. Tod d. Hippolyt, in: Hermes III, 1869, S. 312—315. Ueb. die Philosophumena s. auch H. Diels, Doxographi Graeci, Prolegomena S. 144—156, Funk, üb. d. Verf. d. Philos., in: Theol. Quartalschr., Bd. 63, 1881, S. 423—464.

In einem Briefe an den Florinus (bei Stieren I, S. 822—824) sagt Irenäus, er erinnere sich aus seiner Knabenzeit noch genau der Reden des greisen Polykarp, dessen Schüler er zugleich mit Florinus gewesen sei. Polykarp erlitt den Märtyrertod 155 oder 156 n. Chr.; nicht lange vorher mag Irenäus in seinem Unterricht gewesen sein. Ueber sein Geburtsjahr ist etwas Sicheres noch nicht festgestellt. Nach Hieronymus (Br. 75) war er auch ein Schüler des Papias. Bald hernach kam Irenäus nach Gallien, wurde in Lyon Presbyter und nach dem im Jahre 177 erfolgten Märtyrertode des Pothinus Bischof. Hieronymus nennt auch den Irenäus einen Märtyrer, und nach Gregor von Tours (Gesch. Galliens I, 27) soll er in der severianischen Verfolgung (um 202) den Tod erlitten haben. Seine Hauptschrift: Enthüllung und Widerlegung der fälschlich sogenannten Erkenntniss (ἔλεγχος καὶ ἀνατροπὴ τῆς ψευδωνύμου γνώσεως) ist in einer alten lateinischen Uebersetzung auf uns gekommen; doch haben sich auch manche Fragmente, insbesondere der grösste Theil des ersten Buches, im Urtext erhalten. Dieses Werk ist besonders gegen die Valentinianer gerichtet. Es ist (nach III, 3, 3) zu der Zeit, da Eleutherus in Rom die Bischofswürde bekleidete, verfasst worden (um 180 n. Chr., aber nach und nach). Eusebius (K.-G. V, 26) erwähnt auch eine Abhandlung gegen die hellenische Wissenschaft; ferner eine Darstellung der apostolischen Verkündigung und andere Schriften. Als den Grundcharakter des Gnosticismus bezeichnet Irenäus die Blasphemie, dass der höchste Gott von dem Weltschöpfer verschieden sei; an diese Zertheilung des Vaters schliesse sich (namentlich bei den Valentinianern) die Zertheilung des Sohnes in eine Mehrheit willkürlich angenommener Wesen an. Das gnostische Vorgeben einer Geheimlehre Jesu ist falsch. Die wahre Gnosis ist die apostolische Lehre, wie sie uns durch die Kirche überliefert wird. Irenäus mahnt an die Schranken des menschlichen Wissens. Der Schöpfer ist unbegreiflich, nicht auszudenken, seine Grösse ist nicht zu ermessen. Er ist Verstand, aber nicht dem menschlichen Verstande ähnlich; er ist Licht, aber nicht unserem Lichte ähnlich. Alle unsere Vorstellungen von ihm sind inadäquat. Besser ist es, nichts zu wissen, an Gott zu glauben und in seiner Liebe zu verharren, als durch spitzfindige Untersuchungen in Gottlosigkeit zu verfallen. Was wir von Gott wissen, wissen wir durch seine Offenbarungen. Ohne Gott kann Gott nicht erkannt werden. Wie die, welche das Licht erblicken, in dem

§ 10. Irenäus und Hippolytus.

Lichte sind, so sind auch die, welche Gott schauen, in Gott und haben Theil an seinem Glanze. Gott selbst ist der Weltschöpfer und offenbart sich in der Welt als seinem Werke, woraus auch schon die Besseren unter den Heiden ihn erkannt haben. Was er gethan habe vor der Schöpfung der Welt, weiss nur er selbst. Auch die Materie der Welt ist durch seinen Willen geworden. Er hat die Welt so geschaffen, wie er sie in seinem Geiste gedacht hatte; er bedurfte dazu keiner (platonischen) Vorbilder; denn die Vorbilder hätten wieder Vorbilder vorausgesetzt ins Unendliche hin. An Gott ist nichts Maassloses; das Maass des Vaters ist der in Jesu menschgewordene Sohn, der ihn erfasst, das Organ aller seiner Offenbarungen, der Verwalter und Austheiler der väterlichen Gnade zum Segen der Menschheit; der Sohn oder das Wort und der Geist oder die Weisheit sind die Hände des Vaters. Der Logos ist nicht einer der untergeordneten Aeonen, die aus Gott emanirt wären, sondern gleich ewig mit Gott (semper coexistens filius patri olim et ab initio semper revelat patrem, II, 30, 9) und gleichen Wesens mit ihm. Der Hervorgang des Sohnes ist nicht eine Scheidung desselben von der Substanz des Vaters; denn die göttliche Substanz lässt keine solche Scheidung zu, sondern in seinem Hervorgange bleibt der Logos mit dem Vater dem Wesen nach Eins, und er ist dem Vater subordinirt, nicht dem Sein nach, sondern insofern der Vater die Quelle seines Seins und seiner Thätigkeit ist. Gott gründet und erhält die Welt durch seinen Logos und thut dies durch sich selbst (ipse est, qui per semet ipsum constituit et elegit et adornavit et continet omnia). Jesus war in Wahrheit Mensch und hat auch jedes Lebensalter (bis gegen das 50. Jahr) durchlebt; er hat „per adoptionem" die menschliche Natur göttlich gemacht.

Das natürliche Sittengesetz hat Gott den Menschen ins Herz gelegt; es blieb ihnen auch, nachdem durch Adams Fall die Sünde gekommen war; im Dekalog ist es aufgezeichnet. Den Juden wurde wegen ihrer Geneigtheit zum Abfall von Gott das Ceremonialgesetz auferlegt, das dem Götzendienst wehrte und Typen des Christenthums enthielt, dem aber keine ewige Gültigkeit bestimmt war. Christus hat die Bande der Knechtschaft, die es enthielt, weggenommen, die Decrete der Freiheit aber ausgedehnt und den Dekalog nicht abrogirt. Die Offenbarung in der Natur, im alten und im neuen Bunde sind die drei Heilsstufen. Es ist der nämliche Gott, der in den verschiedenen Heilsstufen den Menschen hilft, je nach deren verschiedenem Bedürfniss. So wahr die Leiblichkeit Christi Realität hatte, so wahr wird auch unser Leib wieder auferstehen und nicht die Seele allein fortleben. Ihrer eigenen Natur nach ist die Seele nicht unsterblich, da sie nicht selbst Leben ist. Sie nimmt nur Theil an dem von Gott verliehenen Leben, und ihre Fortdauer hängt von Gottes Willen ab. Die Seele hat nicht vor dem gegenwärtigen Leben existirt; eine Seelenwanderung giebt es nicht. Dass sie nach dem Tode des Menschen sich sofort zu Gott aufschwingen könne, bezeichnet Irenäus als eine ketzerische Ansicht, die freilich selbst von Einigen, welche für rechtgläubig gelten, getheilt werde; aber es werde dabei die Ordnung der Beförderung der Gerechten überschritten und die Stufenfolge der Uebung zur Unverweslichkeit verkannt. Zuerst müssen die Seelen in den Hades eingehen; sie steigen aus diesem zur Zeit der Auferstehung empor und bekleiden sich wieder mit ihrem Leibe. Dieser Zeit geht die Erscheinung des Antichristen voran, in welcher die Scheidung der Guten und Bösen, die sich mit dem Fortschritt der Offenbarungen Gottes in steigendem Maasse vollzogen hat, ihre Vollendung erreicht. Der Antichrist ist der menschgewordene Satan. Nachdem er einige Zeit (drei und ein halb Jahr) regiert und in dem Tempel zu Jerusalem gethront haben wird, wird Christus kommen von den Himmeln in demselben Fleisch, in dem er gelitten hat, in der Herrlichkeit des Vaters und den Antichrist mit seinen Anhängern in die Feuerfluth werfen, und zwar, nachdem die Welt genau 6000 Jahre bestanden hat, so dass jedem Tage ihrer Erschaffung 1000 Jahre ihres Bestehens entsprechen. Christus wird dann unter den auferweckten Gerechten 1000 Jahre lang herrschen während der Zeit, die dem siebenten Schöpfungstage, dem Tage der Ruhe, entspricht. Die Erde selbst ist dann durch Christus zu ihrem ursprünglichen Stande erneut. Dieses Freudenreich ist das Reich des Sohnes; ihm folgt das Reich des Vaters, die ewige Seligkeit; denn wie der Geist durch den Glauben zum Sohne führt, so führt der Sohn wiederum die, welche das Heil erlangen, zum Vater. Da aber derselbe Gott, der gütig ist, auch der gerechte ist, so wird nach Ablauf des Reiches des Sohnes eine zweite Auferstehung stattfinden, worin auch die Ungerechten wieder erweckt werden, diese aber zum Gericht. Alle, welche Strafe verdienen, werden zu dieser gelangen in ihren eigenen Seelen und Leibern, in denen sie von der göttlichen Gnade abgewichen sind. Die Strafe ist der Verlust aller Gnadengüter; sie ist ewig und unendlich, wie die göttlichen Güter selbst es sind.

Hippolytus, nach Photius (cod. 121) ein Schüler des Irenäus, war Presbyter in Rom und soll um 235 nach Sardinien exilirt worden sein. Im Lateran zu Rom befindet sich eine in der Nähe von Rom gefundene Statue Hippolyts, die ihn auf einer Kathedra sitzend darstellt, worin ein Verzeichniss seiner Schriften, wie auch der von ihm berechnete Ostercyclus eingegraben ist; darunter ist ein Buch περὶ τῆς τοῦ παντός οὐσίας, und auch der Verfasser des oben citirten ἔλεγχος bezeichnet sich (im 10. Buch) als Verfasser eines Buches unter diesem Titel, so dass schon hiernach mit Wahrscheinlichkeit der ἔλεγχος dem Hippolytus zuzuschreiben ist. Ferner wird dem Hippolytus ein σύνταγμα κατὰ αἱρέσεων beigelegt, und der Verfasser des ἔλεγχος erwähnt seinerseits (im Eingang) eine kleinere Schrift, in der er früher schon die ketzerischen Doctrinen behandelt habe, und die mit jenem σύνταγμα identisch zu sein scheint. Freilich legt Photius die Schrift περὶ τῆς τοῦ παντός οὐσίας dem römischen Presbyter Gaius bei, den Baur (theol. Jahrb. 1853, 1, 3) für den Verfasser des ἔλεγχος hielt; allein das Verhältniss der von diesem stammenden Nachrichten über Cerinth zu den im ἔλεγχος enthaltenen und Anderes, was Dionysius von Alexandria und Eusebius über Gaius berichten, zeugt gegen dessen Autorschaft. Den Hippolytus halten namentlich J. L. Jacobi, Duncker, Bunsen, Gieseler, Döllinger und A. Ritschl für den Verfasser des ἔλεγχος, Andere haben noch auf andere Verfasser gerathen, jedoch ohne zureichenden Grund. Der ἔλεγχος κατὰ πασῶν αἱρέσεων ist nach dem Tode des römischen Bischofs Kallistus (223 n. Chr.), also, wenn Hippolyt der Verfasser ist, zwischen 223 und 235 geschrieben worden. Hippolytus sucht darzuthun, dass die gnostischen Irrlehren nicht aus den heiligen Schriften und der christlichen Tradition, sondern aus der hellenischen Weisheit, aus philosophischen Lehren, aus Mysterien und aus der Sternkunde geschöpft seien (Buch I, Prooem.). In der Darstellung des Valentinianismus folgt er im Wesentlichen dem Irenäus, über die basilidianische Lehre aber hat er eigene Studien gemacht, wobei jedoch in Frage kommt, ob denselben ursprüngliche basilidianische Schriften oder (was wahrscheinlicher ist) spätere, die einem Nebenzweige der Schule angehörten, zu Grunde lagen.

Die Hellenen haben, lehrt Hippolytus, die Theile der Schöpfung verherrlicht, da sie den Schöpfer nicht kannten; ihnen sind die Häresiarchen gefolgt (X, 32). Der eine Gott, der über Alles ist, erzeugt zuerst den Logos, nicht als Rede, sondern als ihm innewohnenden Gedanken des Alls (ἐνδιάθετον τοῦ παντὸς λογισμόν). Diesen allein hat Gott aus Seiendem geschaffen, nämlich aus seiner eigenen Substanz, daher ist der Logos auch Gott, da er göttliche Substanz ist (διὸ καὶ θεός, οὐσία ὑπάρχων θεοῦ). Die Welt ist durch den Logos im Auftrage des Vaters aus nichts geschaffen; daher ist sie nicht Gott, und sie kann vergehen, wenn der

Schöpfer es will. Der Mensch ist als ein abhängiges, aber mit Willensfreiheit begabtes Wesen erschaffen worden; aus dem Missbrauch der Willensfreiheit stammt das Böse. Als einem freien Wesen hat ihm Gott das Gesetz gegeben; denn das Thier wird durch Geissel und Zaum, der Mensch aber durch Gebot und Lohn und Strafe regiert. Das Gesetz ist durch gerechte Männer von Anfang an, dann namentlich durch Moses festgesetzt worden; der Logos, der zur Befolgung mahnt und führt, hat zu allen Zeiten gewirkt, ist aber zuletzt selbst als Sohn der Jungfrau erschienen. Der Mensch ist nicht Gott; willst du aber auch Gott werden (εἰ δὲ θέλεις καὶ θεὸς γενέσθαι), so gehorche deinem Schöpfer und überschreite nicht sein Gebot, damit du, in Geringem treu erfunden, auch mit dem Grossen einst betraut werden kannst (X, 33, vgl. X, 34: ἔσῃ δὲ ὁμιλητὴς θεοῦ καὶ συγκληρονόμος Χριστοῦ οὐκ ἐπιθυμίαις καὶ πάθεσι δουλούμενος· γέγονας γὰρ θεός). Es giebt nicht zwei Götter, sondern nur Einen, wohl aber zwei Personen und eine dritte Oekonomie, die Gnade des heiligen Geistes. Der Logos ist der Verstand, welcher hervorgehend als Sohn Gottes in der Welt offenbar wurde. Alles ist durch ihn; er ist aus dem Vater, wie Licht aus Licht, wie Wasser aus der Quelle, wie der Strahl aus der Sonne. Gott ist nur Einer, der befehlende Vater, der gehorchende Sohn, der erleuchtende heilige Geist. Anders können wir nicht an den Einen Gott glauben, wenn wir nicht wahrhaft an den Vater, Sohn und heiligen Geist glauben.

§ 11. Wie bei den Griechen, erwachte auch bei den christlichen Lateinern frühzeitig das Bedürfniss, den gebildeten Heiden und den Machthabern gegenüber die christliche Religion in das rechte Licht zu stellen und gegen die vielfachen Angriffe und Verleumdungen in Schutz zu nehmen, und dieser Tendenz verdankt die christlich-lateinische Litteratur überhaupt ihren Ursprung. Die Reihe dieser apologetischen Schriftsteller in lateinischer Sprache eröffnet Minucius Felix. Dieser, ein römischer Anwalt von philosophischer und ästhetischer Bildung, vertheidigt in seinem „Octavius", ohne die Christologie zu berühren und ohne mit der heidnisch-humanen Gedankenwelt zu brechen, lebendig und gewandt den Glauben der Christen an die Einheit Gottes, den er bereits bei den namhaftesten Philosophen nachzuweisen sucht, bekämpft scharf den Polytheismus des Volksglaubens als der Vernunft und dem sittlichen Bewusstsein widerstreitend und hält die christlichen Lehren von der Vergänglichkeit der Welt, der Unvergänglichkeit der Seele und der Wiederauferweckung des Leibes gegen Einwürfe aufrecht.

Eine reiche apologetische Thätigkeit gegen Nichtchristen entwickelte auch Tertullianus (160—220), Presbyter zu Karthago. Er zeigte sich freilich noch eifriger in der Bekämpfung gnostischer Richtungen und ging in der Polemik gegen diese, insbesondere gegen den marcionitischen Antinomismus, bis zu einem Extreme asketischer Ethik und Gesetzlichkeit fort, welches die von der Kirche eingehaltene Grenze überschritt und ihn schliesslich dem montanistischen Puritanismus, der den energischen Glauben an die baldige Wiedererscheinung Christi zur Voraussetzung hatte, zuführte. Das Christenthum ist ihm das neue Gesetz Jesu Christi. Der heidnischen Bildung, Litteratur und Kunst steht er feindselig gegenüber, der Speculation will er abhold sein; er glaubt derselben nicht zu bedürfen; die Philosophie gilt ihm als die Mutter der Häresien. Er möchte Jerusalem von Athen, die Kirche von der Akademie schlechthin abtrennen. Seine antiphilosophische Richtung culminirt in dem Satze: Credo quia absurdum est. Dennoch finden wir viel Philosophisches, besonders phantasievolle Speculation, aber auch Consequenz des Gedankens bei ihm, und er hat zu weiterem Philosophiren mannigfache Anregung gegeben. Trotz aller heftigen Polemik gegen die griechischen Philosophen hat er denselben, besonders den Stoikern, für den Ausbau seines eigenen Gedankensystems Vieles entnommen. So huldigt er namentlich dem stoischen Realismus oder Materialismus.

Die apologetische Schrift des Minucius Felix erschien zuerst zugleich mit der Schrift des Arnobius adv. gentes, indem man sie für das letzte (achte) Buch derselben hielt, Rom 1543; unter ihrem richtigen Titel Octavius und als Werk des Minucius Felix ist sie zuerst von Franz Balduin (Heidelberg 1560), dann bei der Ausgabe des Arnobius, Rom 1583 etc. und in neuerer Zeit namentlich von J. G. Lindner (Langensalza 1773), Russwurm (ins Deutsche übers. Hamb. 1824), Muralt (Zürich 1836), Lübkert (mit Uebersetzung und Erklärung, Leipzig 1836), in Gersdorfs Bibl. patrum eccles. lat. sel. vol. XIII von Franc. Oehler (Lips. 1847), von J. Kayser (Paderborn 1863), von Halm, Wien 1867 (s. o. S. 3), v. J. J. Cornelissen, Leiden 1882, v. J. Léonard avec une introduction littéraire, des notes philologiques et un appendice critique, Namur 1883 edirt worden. C. Roeren, Minuciana, G.-Pr., Köln 1859. Adr. Soulet, essai sur l'Octavius de Minucius Felix, Strasbourg 1867. A. Ebert, Tertullians Verh. zu Minuc. Fel., Lpzg. 1868, worin der Verf. beweist, dass Tertullian in seinem Apologeticum den Octavius des Minuc. F. benutzt. E. Behr, der Octavius des M. Minucius Felix in s. Verh. zu Ciceros Büchern de nat. deorum, Gera 1870. A. Faber de M. Minucio Felice commentatio, Nordhaus. 1872. S. auch Th. Keim, Celsus' wahres Wort — mit Lucian und Minuc. Fel. vergl., Zürich 1873, vgl. u. § 13. B. Dombart, zur Erklärung u. Krit. des Minuc. F., in Zeitschr. f. d. bayr. Gymnas., IX, 1873, S. 285—300. Von demselb. existirt auch eine Uebersetzung des Octavius, Erlangen 1875 und 1876. P. de Félice, étude sur l'Octavius de M. F., Blois 1880. Vict. Schultze, d. Abfassungszt. der Apologie Octavius des M. F., in: Jahrbb. f. prot. Theol., 1881, S. 485—506. (Sch. will erweisen, dass d. Octav. zwisch. 300 u. 23. Febr. 303 abgefasst sei.) G. Loesche, Min. Felix' Verh. zu Athenagoras, in Jahrbb. f. prot. Th., 1882, S. 168—178. R. Kühn, der Oct. des M. F. Eine heidnisch-philos. Auffass. vom Christenth., I.-D., Lpz. 1882. P. Schwenke, üb. d. Zeit des M. F., in: Jahrbb. f. prot. Theol., 1883, 2.

Tertulliani opera ed. Rhenanus, Bas. 1539; ed. Rigaltius, Par. 1635, 66; ed. Semler et Schütz, Hal. 1770; E. F. Leopold in: Gersdorf, Bibl. patr. Lat. voll. IV bis VII, Lips. 1839—41; F. Oehler, 3 voll., Lips. 1853—54. Sämmtl. Schrift. aus dem Latein. übers. von K. A. H. Kellner, 2 Bde., Cöln 1881. Ueber ihn schrieben u. A.: J. A. Nösselt, de vera aetate ac doctrina scriptorum Tertulliani, Hal. 1768. W. Münscher, Darstellung d. moral. Ideen des Clemens von Alexandrien und des Tertullian, in: Henkes Magaz. f. Religionsphil., Exegese und Kirchengesch., tom. VI, St. 1, Helmst. 1796, S. 106 ff. Neander, Antignosticus, oder Geist des Tertullian und Einleitung in dessen Schriften, Berlin 1825, 2. Aufl. 1849. Schwegler, in seinem Werke üb. d. Montanismus, Tüb. 1841, S. 302. Hesselberg, Tert. Lehre, entwickelt aus seinen Schriften, 1. Theil: Leben und Schriften, Dorpat 1848. Engelhardt, Tertullians schriftsteller. Charakter, in: Ztschr. f. hist. Theol., 1852, 2. G. Uhlhorn, fundamenta chronologiae Tertullianeae, diss. inaug., Gott. 1852. Vgl. auch Böhringers Darstellung in der zweiten Aufl. seiner Kirchengesch. in Biographien (Bd. I, Abth. 2, S. 1 ff.). F. A. Burckhardt, die Seelenlehre des Tertullian, Budissin 1857. Vict. Bordes, exposé crit. des opinions de T. sur la rédemption, Strasb. 1860. P. Gottwald, de montanismo Tertulliani, Breslau 1862. Grotemeyer, üb. Tertullians Leben u. Schriften, Sch.-Pr. I, II, Kempen 1863, 65. Stöckl, Tertull. de animae humanae natura; de Tertulliani doctr.

§ 11. Minucius Felix, Tertullian. 59

psychologica, Lectionscat., Münster 1863. Herm. Jeep, Tertullian als Apologet, in: Jahrbb. f. deutsche Theol., 9. Bd. 1864, S. 649—687. Ch. Murton, essai sur l'origine de l'âme d'après T., Origène et Lactance, Strasb. 1866. Js. Pelet, ess. sur l'apologeticus de T., Strasb. 1868. A. Ebert, Tertullians Verh. zu Minuc. Felix, Lpz. 1870, nebst einem Anhang über Commodians Carmen apologeticum (Abhandl. d. sächs. Gesellschaft d. Wissensch., V, S. 321—86). Herm. Rönsch, das neue Test. Tertullians, aus den Schriften des Letzteren reconstruirt, Leipz. 1871. K. Leimbach, T. als Quelle f. d. christl. Archäol., in: Zeitschr. f. d. hist. Theol., 1871, S. 108—157. H. Kellner, üb. Tertullians Abhdlg. de pallio u. d. Jahr s. Uebertritts z. Christenth., in: Theol. Quartalsschrift, 52. Jahrg., Tübing. 1870, S. 547—566, zur Chronologie Tertullians, ebd., 53. Jahrgang, 1871, S. 585—609. E. Hückstädt, üb. das pseudotertullianische Gedicht adversus Marcionem, Leipz. 1875 (das Gedicht ist wahrscheinlich in Rom verfasst und stammt aus der Mitte des vierten Jahrh. Hückstädt schreibt es dem Rhetor C. Marius Victorinus zu). G. Caucanas, Tertullien et le Montanisme, Genève 1876. J. P. Condamin, de Q. S. F. Tertulliano vexatae religionis patrono et praecipuo apud Latinos Christianae linguae artifice, Bar le Duc 1877. A. Hauck, Tertullians Leben und Schriften, Erlang. 1877. G. N. Bonwetsch, die Schriften Tertullians nach der Zeit ihrer Abfassung untersucht, Bonn 1878, ders., d. Gesch. des Montanism., Erlang. 1881. W. Belck, Gesch. des Montanismus, seine Entstehungsursachen, Ziel u. Wesen, Lpz. 1883. A. Harnack, zur Chronologie der Schriften Tert.s, in: Zeitschr. f. Kirchengesch., Bd. 2, 1878, S. 572—583. F. Nielsen, Tertullians Ethik, Kjöbenhavn 1879. G. R. Hauschild, Tertullians Psychologie u. Erkenntnisstheorie, G.-Pr., Frankfurt a. M. (Leipz.) 1880. M. Klussmann, curarum Tertullianearum particulae I et II, D. I., Halis 1881. G. Leonhardi, d. apologet. Grundgedanken T.s, in: Zeitschr. f. k. Wissensch. u. k. Leb., 1882, H. 11. Ernst Nöldechen, T. als Mensch u. als Bürger, in: Histor. Zeitschr., Bd. 54, H. 2, 1885, S. 225—260. G. Ludwig, T.s Ethik in durchaus object. Darstell., I.-D., Lpz. 1885. Die beste Darstellung der philosophischen Ansichten Tertullians findet sich noch bei Ritter, Gesch. d. Ph., Bd. V, S. 362—417.

Ueber Commodianus handelt ausser Ebert in der eben erwähnten Abhandl. noch K. Leimbach, üb. C.s Carmen apologeticum, Pr., Schmalkalden 1871.

Der durch Anmuth der Darstellung und Milde der Gesinnung ausgezeichnete Dialog des (wahrscheinlich vor dem Ende der zweiten, nicht erst im dritten Jahrhundert zu Rom als juristischer Sachwalter lebenden) Minucius Felix, welcher sich in der Einkleidung an Ciceros De nat. deor. anlehnt und in seinem Inhalt und seiner Form vielfach an die Supplicatio des Athenagoras erinnert, schildert die Bekehrung des Heiden Cäcilius durch den Christen Octavius. Cäcilius fordert, dass man bei der Ungewissheit alles Ueberirdischen sich darüber nicht in eitler Selbstüberhebung ein eignes Urtheil erlaube, sondern der Ueberlieferung der Vorfahren treu bleibe und, falls man philosophiren wolle, nach der Weise des Sokrates sich auf das Menschliche beschränke, im Uebrigen aber mit diesem und den Akademikern in dem Wissen seines Nichtwissens die wahre Weisheit finde. Quod supra est nihil ad nos. Confessae imperitiae summa prudentia est. Auf diese Argumentation (die freilich jeder Religion, auch der christlichen, sobald sie einmal zur herrschenden und überlieferten geworden war, gleich sehr zu Gute kommen konnte) antwortet Octavius zunächst durch Aufzeigung des Widerspruchs zwischen dem principiellen Skepticismus und dem thatsächlichen Festhalten an der überlieferten Religion. Octavius billigt die Forderung der Selbsterkenntniss, behauptet aber im Gegensatz zu der Abweisung des Transcendenten, es sei in dem Universum Alles so verflochten, dass das Menschliche nicht ohne das Göttliche erkannt werden könne (ut nisi divinitatis rationem diligenter excusseris, nescias humanitatis). Auch sei die Erkenntniss der Gottheit gar nicht so unsicher; sie sei der Vorzug des mit sermo und ratio begabten Menschen und folge aus der Ordnung der Natur, insbesondere aus der zweckmässigen Bildung der Organismen, zuhöchst des Menschen. Quid enim potest esse tam apertum, tam confessum tamque perspicuum, quum oculos in coelum sustuleris et quae sunt infra circaque lustraveris, quam esse aliquod numen praestantissimae mentis, quo omnis natura inspiretur, moveatur, alatur, gubernetur? — Ipsa praecipue formae nostrae pulchritudo Deum fatetur artificem; nihil in homine membrorum est, quod non et necessitatis causa sit et decoris. — Nec universitati solummodo Deus, sed et partibus consulit. — Die Einheit der Naturordnung beweist die Einheit der Gottheit. Gott ist unendlich, allmächtig und ewig, vor der Welt war er sich selbst statt der Welt. Ante mundum sibi ipse fuit pro mundo. Er ist nur sich selbst vollständig bekannt, über unsere Sinneserkenntniss und über unseren Verstand erhaben. Um seiner Einheit willen bedarf er keines Eigennamens; das Wort Gott genügt. Auch dem Volksbewusstsein ist die Anschauung der Einheit des Göttlichen nicht fremd (si Deus dederit etc.); ausdrücklich wird sie fast von allen Philosophen anerkannt. Selbst Epikur, der den Göttern die Thätigkeit, wenn nicht die Existenz abspricht, findet eine Einheit in der Natur; Aristoteles erkennt eine einheitliche Gottesmacht an, die Stoiker lehren die Vorsehung; Platon spricht im Timäus fast ganz christlich, indem er Gott den Vater und Bildner der Welt nennt, der schwer erkennbar und nicht öffentlich zu verkünden sei; denn auch den Christen gilt Gott als der Vater aller Dinge, und sie verkünden ihn öffentlich nur dann, wenn sie zum Zeugniss aufgefordert werden. Man kann dafür halten, dass die Christen Philosophen seien oder die Philosophen schon Christen. Die Götter des Volksglaubens sind vergötterte Könige oder Erfinder. Der Glaube unserer Vorfahren darf für uns nicht maassgebend sein; die Alten waren leichtgläubig und haben an Wundererzählungen sich erfreut, die wir als Fabeln erkennen; denn wären solche Dinge geschehen, so würden sie auch heute geschehen; sie sind aber nicht geschehen, weil sie nicht geschehen können. Am meisten schaden die Dichter der Wahrheit, indem sie uns mit süsser Täuschung umstricken; mit Recht hat Platon sie verbannt; die Mythen beschönigen die Laster der Menschen. Unreine Dämonen lassen sich unter dem Namen der Götter verehren. Der wahre Gott ist allgegenwärtig: ubique non tantum nobis proximus, sed infusus est; non solum in oculis ejus, sed et in sinu vivimus. Die Welt ist vergänglich, der Mensch unsterblich. Gott wird auch den Leib wieder auferwecken, wie ja schon in der Natur Alles sich erneut; die Meinung, dass nur die Seele unsterblich sei, ist eine halbe Wahrheit, die Seelenwanderung eine Fabel, doch liegt auch in ihr eine Ahnung des Wahren. Mit Recht wird den Christen insgesammt ein besseres Loos als den Heiden zu Theil werden, denn schon die Nichtkenntniss Gottes rechtfertigt die Bestrafung, die Gotteserkenntniss die Verzeihung; ferner aber ist auch das sittliche Leben der Christen besser als das der Heiden. Die Lehre von der göttlichen Vorausbestimmung streitet nicht wider die Gerechtigkeit Gottes oder wider die menschliche Freiheit; denn Gott sieht die Gesinnungen der Menschen voraus und bestimmt danach ihr Geschick; das Fatum ist nur Gottes Ausspruch. Quid enim aliud est fatum, quam quod de unoquoque nostrum Deus fatus est? Den Christen dienen die Leiden zur Prüfung, zur Bewährung im Kampfe mit den feindlichen Mächten. Mit Recht enthalten sie sich der weltlichen Vergnügungen, die in sittlicher und religiöser Beziehung bedenklich sind. — Der Hauptsache nach erklärt sich am Ende des Gesprächs Cäcilius überzeugt, obgleich noch Zweifel übrig bleiben. — Das Christenthum erscheint bei Minucius „aller dogmatischen Formen entkleidet, nur als die Religion reiner und geläuterter Menschlichkeit". Der philosophisch gebildete römische Sachwalter glaubt an die Realisirung der heidnischen Ideale in dem Christenthum.

Quintus Septimius Florens Tertullianus, geb. um 160 in Carthago, heidnischen Eltern entstammt, zum Juristen gebildet, trat später (um 197) zum Christenthum über (zum Montanismus nach Nösselt und Hesselberg um 200, nach Uhlhorn 202, was am wahrscheinlichsten ist, nach Andern in den Jahren 204—206) und übertrug seine juridische Auffassung wie auch seine advocatische Beredtsamkeit auf seine christliche Theologie, den Geist unter das Gesetz und gleichsam Christus unter Moses beugend. Es war eine geniale und originelle Natur von mächtiger Thatkraft und feuriger Phantasie, seine Darstellung zeigt häufig „dichterischen Schwung" und hat viel Witz und viel Antithesen aufzuweisen. Von Minucius Felix, dessen Octavius er in seinem Apologeticum, auch in Ad nationes benutzt hat, weicht er in der ausgesprochenen Werthschätzung der heidnischen Philosophie wesentlich ab. Seine Schriften, in denen von künstlerischer Anordnung nichts zu finden ist, sind (nach Neanders Eintheilung) theils apologetisch gegen die Heiden und auf das Verhalten der Christen unter den heidnischen Verfolgungen bezüglich, theils ethisch-disciplinarisch, theils dogmatisch-polemisch. Vormontanistische Schriften der ersten Klasse sind: ad martyres, de spectaculis, de idolatria, ad nationes, apologeticum (197), de testimonio animae; der zweiten Classe: de patientia, oratione (das Gebet), baptismo, poenitentia, ad uxorem, de cultu feminarum; der dritten Classe: de praescriptione haereticorum. Montanistische Schriften der ersten Classe: de corona militis, de fuga in persecutione, contra gnosticos, scorpiace, ad Scapulam (proconsulem); der zweiten Classe: de exhortatione castitatis, monogamia, pudicitia, jejuniis, virginibus velandis, pallio; der dritten Classe: adversus Marcionem, adv. Hermogenem, adv. Valentinianos (wenn anders diese Schrift von ihm selbst stammt), de carne Christi, de resurrectione carnis, de anima, adversus Praxeam. — Die von ihm in griechischer Sprache verfassten Bücher sind verloren gegangen.

Tertullian urgirt unter den alten Kirchenvätern (neben Tatian) zumeist den Gegensatz zwischen Sittlichkeit und Sinnlichkeit, wie auch zwischen der göttlichen Offenbarung und der menschlichen Vernunft. Zwar sollen im letzten Grunde die göttlichen Mysterien nicht vernunftwidrig sein; auch erkennt Tertullian die Schöpfung der Materie durch Gott an und geht nicht zu einem manichäischen Dualismus fort. Aber diese Einheit tritt öfter bei ihm zurück, und in feurigen Declamationen schildert er den Zwiespalt. Was hat der Philosoph und der Christ gemein? Der Schüler Griechenlands und des Himmels? Der Bewerber um Ruhm und der um (ewiges) Leben? Der Wortmacher und der Thatenvollbringer? Der Zerstörer und der Erbauer der Dinge? Der Freund und der Feind des Irrthums? Der Verfälscher der Wahrheit und ihr Wiederhersteller? Ihr Dieb und ihr Wächter? Was haben Athen und Jerusalem, was die Akademie und die Kirche, was die Häretiker und die Christen mit einander gemein? Unsere Lehre stammt aus Salomons Halle, welcher selbst uns hinterliess, den Herrn in Herzenseinfalt zu suchen. Diejenigen mögen bedenken, was sie thun, welche ein stoisches oder platonisches oder dialektisches Christenthum vortragen. Uns ist seit Christus keine Neugier mehr nöthig, noch eine Forschung seit dem Evangelium. Wir sollen nicht über Christi Lehre hinaus noch suchen. Der Christ darf nicht mehr erforschen, als zu finden erlaubt ist, die endlosen Fragen verbietet der Apostel. Was konnte Thales, der erste der Physiologen, dem Krösus Gewisses über die Gottheit sagen? Sokrates wurde verdammt, weil er durch Zerstörung der Götter der Wahrheit näher rückte; aber auch die Weisheit des Sokrates ist nicht hoch anzuschlagen. Denn wer hätte ohne Gott die Wahrheit erkannt, und wem ist Gott bekannt ohne Christus? wem ist Christus verständlich ohne den heiligen Geist? und wem ist dieser zu Theil geworden ohne das Sacrament des Glaubens? Sokrates wurde, wie er selbst gesteht, von einem Dämon geleitet. Jeder christliche Handwerker hat Gott gefunden, weist ihn auf und beantwortet Alles, was man über Gott fragt, während Platon versichert, dass es schwer sei, den Weltbaumeister zu finden, und es nicht angehe, den Gefundenen Allen mitzutheilen. O armseliger Aristoteles, der du den Häretikern die Dialektik, die Kunst des Bauens und Zerstörens, erfunden hast, die Alles erwägt, um nichts zu Ende zu führen! Was beginnst du, verwegene Akademie? Den ganzen Bestand des Lebens hebst du aus den Wurzeln, die Ordnung der Natur störest du, du hebst die Vorsehung Gottes auf, wenn du meinst, dass dieser seinen Werken in den Sinnen trügerische Mittel ihrer Erkenntniss und ihres Gebrauches beigab (eine Anticipation der cartesianischen Argumentation aus der véracité de Dieu). Aus dem alten Testament haben Dichter und Philosophen einzelne Wahrheiten geschöpft, aber dieselben verfälscht und ruhmsüchtig sich selbst zugeschrieben. Von den Platonikern wurde Valentin ausgerüstet, von den Stoikern Marcion; von den Epikureern rührt die Leugnung der Unsterblichkeit der Seele her, von allen Philosophenschulen die Verwerfung der Auferstehung. Die Philosophen sind die Patriarchen der Häretiker. Wo die Materie mit Gott als gleich ursprünglich gesetzt wird, ist Zenons Lehre, wo der feurige Gott citirt wird, Heraklit im Spiel. Die Philosophen widersprechen einander; sie erheucheln die Wahrheit, der Christ aber besitzt sie; nur der Christ ist weise und treu, und Niemand ist grösser als er. Mit dem Christenthum ist auch das Amt der ludi magistri und professores litterarum unverträglich. Der menschlichen Weisheit und Bildung widerstreitet das Christenthum. „Crucifixus est dei filius; non pudet, quia pudendum est. Et mortuus est dei filius; prorsus credibile est, quia ineptum est. Et sepultus resurrexit; certum est, quia impossibile est."

Wie das menschliche Denken, so gilt auch das menschliche Wollen dem Tertullian, namentlich in seiner montanistischen Periode, als verderbt. Er glaubt nicht an eine Durchdringung des sinnlichen Lebens mit ideellem Gehalte, sondern belässt jenes in seiner Rohheit, um es dann zu bekämpfen und zu verdammen und, sofern es die nothwendige, unaufhebbare Basis des geistigen Lebens ist, daraus seine Argumente für die menschliche Sündhaftigkeit zu ziehen. Matrimonium und stuprum haben beide ihr Wesen in der commixtio carnis und unterscheiden sich nur durch die gesetzliche Ordnung (doch stellt Tertullian mitunter in einzelnen Schilderungen, die besser sind, als sein Princip, die christliche Ehe' als wirkliche Lebensgemeinschaft dar). Die reine Jungfräulichkeit ist das Höchste; doch hat Gott die einmalige Ehe aus Nachsicht gestattet (de exhort. c. 1; 9, de monog. c. 15). Der tertullianische Christ ist (gleich wie der tatianische) der „auf einer gezähmten Bestie reitende Engel". In Bezug auf Ehe und Hauswesen wird ihm die „fuga saeculi zu einer Flucht aus der Welt des sittlichen Handelns."

Aehnlich, wie bei den Stoikern (von denen er wenigstens den Seneca hochschätzt, und deren Lehre er, obgleich er nichts von der griechischen Philosophie hat lernen wollen, stark für seine eigenen Ansichten benutzt hat), verknüpft sich bei Tertullian mit einer dualistischen, die Sinnlichkeit unterdrückenden Ethik eine sensualistische Erkenntnisslehre und materialistische Psychologie. Seine theoretische Weltansicht ist ein crasser Realismus, ja Materialismus. Die Sinne täuschen nicht, jedoch muss zu der Erkenntniss der Verstand hinzukommen; aber dieser ist nicht etwa ein höheres Vermögen der Seele, nur die Erkenntnissgegenstände sind höhere oder niedere, nicht die Erkenntnisskräfte. Es wird so der sensualitas ihr volles Recht eingeräumt. Alles Wirkliche ist körperlich; was nicht körperlich ist, ist auch nicht substantiell. Dies wird auch angewandt auf Gott und auf die Seele. Die Körperlichkeit Gottes aber thut seiner Erhabenheit und die Körperlichkeit der Seele ihrer Unsterblichkeit keinen Eintrag. Nihil enim, si non corpus. Omne quod est, corpus est sui generis; nihil est incorporale, nisi quod non est (de anima 7; de carne Chr. 11). Quis enim negaverit, deum corpus esse, etsi deus spiritus est? spiritus enim corpus sui generis in sua effigie (adv. Prax. 7). Die Seele besitzt die menschliche Gestalt, dieselbe, wie ihr Leib, sie ist zart und hell und luftartig. Sie erstreckt sich durch alle Theile und Organe des Leibes. In der Beweisführung

§ 11. Minucius Felix, Tertullian.

für die Materialität der Seele knüpft Tertullian an die Stoiker an. Wäre sie nicht körperlich, so könnte sie nicht vom Leibe Wirkungen erfahren und nicht leidensfähig sein, und es könnte nicht ihr Bestand in dem Leibe durch die Nahrung bedingt sein (de anima 6 f.). Die Seele des Kindes geht aus dem Samen des Vaters hervor, wie bei Pflanzen aus dem Mutterstamme ein Sprössling (tradux) abgesenkt wird, und wächst alsdann an Sinn und Verstand allmählich empor (de anima 9). Jede Menschenseele ist ein Zweig (surculus) aus Adams Seele. Wäre die Seele unkörperlich, so würde sie nur ein Accidens des Leibes sein, wie die Bewegung ein Accidens der Materie ist. Die Seele ist einfach und einförmig. Der Geist, auch der Verstand, der νοῦς, ist nicht in aristotelischer Weise von ihr zu trennen. Der νοῦς ist nur eine besondere Verfassung (suggestus) und Einrichtung (structus) der Seele, welche ihr eingeboren und eingepflanzt und von Geburt an eigen ist, vermöge deren sie handelt und erkennt, und in deren Besitz sie sich aus sich selbst in sich selber bewegt, so dass sie durch sie wie durch eine andere Substanz bewegt zu werden scheint. (De an. 12, vgl. dazu die ausführliche Erörterung von Hauschild, S. 30 ff.) Mit der Seele vererben sich die geistigen Eigenschaften der Eltern auf die Kinder; daher die Erbsünde seit Adam (tradux animae tradux peccati), neben der jedoch auch ein Rest des Guten oder des göttlichen Ebenbildes in uns geblieben ist (quod a deo est, non tam extinguitur, quam obumbratur). Die Seele hat einen natürlichen Zug zum Christenthum (anima naturaliter christiana, de testim. an. 1 f.; Apolog. 17), indem nämlich in den einfachsten und natürlichsten Aeusserungen des religiösen Bewusstseins auch bei den Polytheisten doch wieder unwillkürlich auf die monotheistische Grundlage zurückgegangen wird. Die Seele gelangt von ihrem Selbstbewusstsein aus zum Wissen von ihrem Schöpfer; sie kennt einen einzigen Gott und sie kennt auch seine Natur, die in Güte besteht, aber fürchtet doch seine Strafe. Das Gute kann der Mensch durch freie Wahl thun, und hierdurch kann er im eigentlichen Sinne gut werden, da er im Kampfe gegen das Böse immer stärker wird zum Guten. Es ist so dem Menschen volle Willensfreiheit nach beiden Seiten hin verliehen. Die Seele ist unsterblich ihrer Natur nach, da sie Gott verwandt, untheilbar, unauflöslich, und auch im Schlafe ihre Thätigkeit nicht aufhört, und auch dieser ihrer Natur wird sie sich durch sich selbst bewusst.

Wie die Sonne von uns nicht in ihrer wirklichen Substanz am Himmel, sondern nur aus ihren auf die Erde geworfenen Strahlen erkannt wird, so wird auch Gott dem Menschen niemals in der Fülle seiner Majestät offenbar, sondern nur nach der menschlichen Fassungskraft als ein menschlicher Gott, der sich in seinem Sohne geoffenbart hat (adv. Prax. 14). Gott kann als der grösste nur Einer sein (adv. Marc. I, 3 und 5). Er ist ewig und unveränderlich, frei, keiner Nothwendigkeit unterworfen; seine Natur ist die Vernunft, die mit seiner Güte eins ist. Auch Zorn und Hass kommt Gott zu; mit seiner Güte ist die Gerechtigkeit vereint (adv. Marc. I, 23 ff.; II, 6 ff.). Sobald Gott die Weisheit zu dem Werke der Weltschöpfung nothwendig fand, hat er sie in sich selbst empfangen und gezeugt als eine geistige Substanz, welche Wort ist zur Offenbarung, Vernunft zur Anordnung und Kraft zur Vollendung. Wegen der Einheit dieser Substanz mit der Substanz Gottes heisst sie Gott. Sie ist aus Gott hervorgegangen, wie der Strahl aus der Sonne hervorbricht; Gott ist in ihr, wie die Sonne im Strahl ist, weil die Substanz nur ausgedehnt und nicht getrennt wird. Geist ward vom Geist, Gott von Gott, Licht von Licht, ohne dass der Urgrund der Wesenheit durch den Sprössling vermindert ward. Der Vater ist die ganze Substanz, der Sohn aber eine Ableitung und ein Theil derselben, wie er auch selbst bekennt: der Vater ist grösser als ich (adv. Hermog. 18; Apol. 21; adv. Praxeam 9). Stets war die Vernunft in Gott, aber es gab eine Zeit, da der Sohn nicht war; dieser ist erst geworden, da

Gott ihn als Organ der Weltschöpfung bedurfte und aus sich als zweite Person hervorgehen liess (adv. Prax. 14; adv. Hermog. 3). Doch ist die Zeit im eigentlichen Sinne erst mit der Welt geworden; die Güte, welche die Zeit gemacht hat, hatte vor der Zeit noch keine Zeit (adv. Marc. II, 3). Auch in der Lehre vom Logos schliesst er sich bewusst an die Stoa an, Apolog. I, 198 f.: apud vestros quoque sapientes λόγον, i. e. sermonem atque rationem, constat artificem videri universitatis. Hunc enim Zeno determinat factitatorem, qui cuncta in dispositione formaverit: eundem et fatum vocari et deum et animum Jovis et necessitatem omnium rerum. Haec Cleanthes in spiritum congerit, quem permeatorem universitatis affirmat. Et nos autem sermoni atque rationi itemque virtuti, per quae omnia molitum deum ediximus, propriam substantiam spiritum inscribimus, cui et sermo insit et ratio adsit disponenti et virtus perficienti. Wie der Sohn, so ist auch der heilige Geist aus der göttlichen Substanz hervorgegangen (adv. Prax. 26). Das Dritte von Gott und Sohn ist der Geist, so wie das Dritte von der Wurzel aus dem Strauch die Frucht, das Dritte von der Quelle aus dem Fluss die Mündung, das Dritte von der Sonne aus dem Strahl die Spitze des Strahles ist. So widerspricht die Trinität nicht der Monarchie und hält das Verhältniss der Oekonomie fest (adv. Prax. 8). Die Welt ist aus nichts geschaffen, nicht aus einer ewigen Materie und auch nicht von Ewigkeit her. Gott war auch vor der Weltschöpfung Gott; erst seit derselben aber ist er Herr; jenes ist der Name der Substanz, dieses der Name der Macht (adv. Hermog 3 ff.). Nach dem Bilde Gottes ist der Mensch geschaffen, indem Gott bei der Gestaltung des ersten Menschen sich den künftigen Menschen Christus zum Vorbilde nahm (de resurr. 6). Die Götter der Heiden sind gefallene Engel, die durch die Liebe zu sterblichen Weibern sich zum Abfall von Gott verleiten liessen (de cultu femin. I, 2).

Die Gerechtigkeit war anfangs unentwickelt, eine Natur, welche Gott fürchtet: dann gelangte sie durch das Gesetz und die Propheten zur Kindheit (jedoch nur bei den Juden, da bei den Heiden Gott nicht war; sie standen draussen, wie der Tropfen am Eimer,' sind wie der Staub auf der Tenne); durch das Evangelium erstarkte sie zur Jugend. Durch die neue (montanistische) Prophetie, welche vollkommene Heiligung fordert, wird sie zur männlichen Reife entwickelt (de virginibus velandis 1). Die Seelen der Gestorbenen harren im Hades der Auferstehung und des Gerichts. Die Gerechten erwartet ein seliges Loos; alle Missbildung und Verletzung wird ausgetilgt und auch das weibliche Geschlecht in das männliche verwandelt werden (de resurr. 57; de cultu fem. I, 2).

Ein wesentliches Verdienst hat sich Tertullian durch seine energische Vertheidigung der Religionsfreiheit erworben. Die Wahl der Religion ist ein Recht des Individuums. Es ist nicht religiös, zur Religion zwingen zu wollen. Humani iuris et naturalis potestatis est unicuique quod putaverit colere. Nec alii obest aut prodest alterius religio. Sed nec religionis est cogere religionem, quae sponte suscipi debeat, non vi, quum et hostiae ab animo libenti expostulentur. Ita etsi nos compuleritis ad sacrificandum, nihil praestabitis diis vestris (ad Scap. 2). Colat alius Deum, alius Jovem, alius ad Coelum supplices manus tendat, alius ad aram Fidei, alius, si hoc putatis, Nubes numeret orans, alius Lacunaria, alius suam animam Deo suo voveat, alius hirci. Videte enim, ne et hoc ad irreligiositatis elogium concurrat, adimere libertatem religionis et interdicere optionem divinitatis, ut non liceat mihi colere quem velim, sed cogar colere quem nolim. Nemo se ab invito coli volet, ne homo quidem (Apol. c. 24). (In ähnlicher Art äussert sich Justin Apol. I, c. 2, 4, 12, auch Lactantius Instit. V, 19, 20.) Doch mag zweifelhaft bleiben, ob Tertullian dieselbe Religionsfreiheit den Heiden und Häretikern zugestanden hätte, wenn die Christen in der Majorität und im Besitze der Staats-

§ 12. Der Monarchianismus, Subordinatianismus u. d. Dogma d. Homousie.

gewalt gewesen wären; die unverkennbare Genugthuung, mit der er von den jenseitigen Martern der Feinde Christi redet (de spectac. 30, 61—62; conf. Apol. 49, 295). lässt es kaum voraussetzen.

Unter den lateinischen apologetischen Schriften des dritten Jahrhunderts sind auch noch zu nennen die Gedichte des Commodianus aus Gaza, die Instructiones adversus gentium deos, aus achtzig längeren und kürzeren Akrostichen bestehend, und das 249 abgefasste Carmen apologeticum, 1053 Verse. Beide Werke sind in rhythmischen Hexametern geschrieben, die auf Quantität und Hiatus keine Rücksicht nehmen. Der Dichter vertritt einen grobsinnlichen Chiliasmus und schliesst sich in der Trinitätslehre zunächst an Noëtus aus Smyrna an.

§ 12. Wie die moralische Reaction gegen den gnostischen Antinomismus zu einer gesetzlichen Auffassung der christlichen Sittenlehre führte, welche Aehnlichkeit mit der jüdischen Gesetzlichkeit hatte, ohne mit ihr identisch zu sein, vielmehr das Christenthum als das neue Gesetz Jesu bestimmte und in dem Montanismus und Tertullian über die kirchliche Mitte hinausging: so führte die theoretische Reaction gegen den gnostischen Polytheismus (und Doketismus) und insbesondere gegen die Trennung des höchsten Gottes von dem Weltschöpfer zu einer Hervorhebung des Monotheismus, welche, ohne ein einfaches Zurückgehen auf den Monotheismus der jüdischen Religion zu sein, diesem doch näher kam und in dem Monarchianismus über die von der Kirche sanctionirte trinitarische Mitte hinausging. Der Monarchianismus ist die Lehre von der Einheit Gottes mit Ausschluss der Dreipersönlichkeit, oder die Lehre von der alleinigen Herrschaft des Vaters als Einer göttlichen Person ohne eine besondere persönliche Existenz des Logos und des heiligen Geistes. Der Monarchianismus ist Modalismus, sofern Logos und Geist als Existenzweisen Gottes betrachtet, als Modi seines Wesens oder auch bloss seiner Offenbarung aufgefasst werden. Der Monarchianismus ist theils ein modificirter Ebjonitismus, theils Patripassianismus, theils von vermittelnder Form.

Die älteren Kirchenväter wie auch Justin, bei denen das Trinitätsdogma noch nicht die volle Bestimmtheit hat, zu der später die Kirche es fortbildete, neigen sich, sofern sie den Monarchianismus vermeiden, fast durchweg einem gewissen Subordinatianismus zu, bei dem aber die Einheit des göttlichen Wesens nicht recht gewahrt und die Göttlichkeit in den Logos herabgesetzt oder verendlicht schien. Dieser Subordinatianismus fand später im Arianismus seinen bestimmten Ausdruck. Die kirchlich gewordene Doctrin, die nach Athanasius benannt zu werden pflegt, theilt mit dem Monarchianismus den Gegensatz gegen den Subordinatianismus und die Lehre von dem identischen Wesen des Vaters und des Logos und des Geistes, mit dem Subordinatianismus aber die volle Unterscheidung der drei Momente als dreier

§ 12. Der Monarchianismus, Subordinatianismus u. d. Dogma d. Homousie.

Personen und die Opposition gegen die Reduction derselben auf blosse Attribute oder auch auf blosse Offenbarungsformen Einer göttlichen Person.

In Betreff der reichhaltigen Litteratur mag es genügen, bei dieser specifisch theologischen Frage hier auf Hauptwerke, wie Baurs und Dorners oben (S. 4) angeführte Schriften, ferner auf Schleiermachers Abhandlung über den Sabellianismus, Werke I, 2, S. 485—574; Möhlers Athanasius, Mainz 1827: Heinr. Voigt, die Lehre des Athanasius von Alexandrien, Bremen 1861; Frdr. Boehringer, Athanasius u. Arius od. d. erste grosse Kampf der Orthodoxie u. Heterodoxie, Stuttg. 1874; C. Atzberger, die Logoslehre des h. Ath., München 1880; Ad. Harnack, Art. Monarchianism., in Herzogs R. Enc., zu verweisen.

Sofern die Entwickelung der Lehre von der Einheit und Dreiheit in Gott auf der Exegese der Bibelstellen über den Vater, über Christus und über den heiligen Geist beruht, gehört sie nur der positiven Theologie an; so weit sie aber auf speculativen Gründen beruht, ist sie der theologischen Dogmengeschichte und der Geschichte der christlichen Philosophie gemeinschaftlich. An dieser Stelle mag eine summarische Erwähnung um so eher ausreichen, je ausführlicher und eingehender die Dogmengeschichte jenen Streitpunkt zu behandeln pflegt und behandeln muss.

Eine Fraction der Monarchianer, nämlich die Anhänger Artemons, behauptete, dass bis auf den römischen Bischof Victor ihre Lehre in der römischen Gemeinde die herrschende gewesen und erst durch Victors Nachfolger Zephyrinus (nach 200) verdrängt worden sei. Diese Behauptung mag eine Uebertreibung sein, die auf einer monarchianischen Ausdeutung der Unbestimmtheit älterer Formeln beruht: dass jedoch der Monarchianismus im Zusammenhang mit einer kirchlich-gesetzlichen Auffassung der sittlichen Verhältnisse in der älteren Zeit in der That sehr verbreitet gewesen sei, geht aus manchen auf apostolische Väter zurückgeführten Schriften, insbesondere aus dem lange in hohem Ansehen stehenden „Hirt des Hermas" und auch aus dem Zeugniss eines Gegners des Monarchianismus, nämlich des Tertullian, hervor (adv. Praxeam c. 3): simplices quique, ne dixerim imprudentes et idiotae, quae maior semper credentium pars est, quoniam et ipsa regula fidei a pluribus diis saeculi ad unicum et verum Deum transfert, non intelligentes unicum quidem, sed cum sua οίκονομίᾳ esse credendum, expavescunt ad οίκονομίαν. Numerum et dispositionem trinitatis divisionem praesumunt unitatis quando unitatis ex semet ipsa derivans trinitatem non destruatur ab illa, sed administretur. Itaque duos et tres iam iactitant a nobis praedicari; se vero unius Dei cultores praesumunt, quasi non et unitas irrationaliter collecta haeresim faciat, et trinitas rationaliter expensa veritatem constituat.

Theodotus von Byzanz und Artemon vertreten die dem Deismus oder vielmehr dem alttestamentlichen Offenbarungsglauben, dem Ebjonitismus und auch der synoptischen Lehrweise nahe stehende Form des Monarchianismus. Theodotus lehrte, Jesus sei nach dem Willen des Vaters von der Jungfrau als Mensch geboren, bei der Taufe aber sei der obere Christus auf ihn herniedergestiegen. Diesen oberen Christus aber dachte sich Theodotus als den Sohn des mit dem Weltschöpfer identischen höchsten Gottes, und nicht (mit Cerinth und anderen Gnostikern) als den Sohn einer den Judengott überragenden Gottheit. Artemon nahm eine besondere Einwirkung des höchsten Gottes auf Jesus an, wodurch derselbe, vor allen anderen Menschen ausgezeichnet, zum Sohne Gottes geworden sei. Der Logos-Begriff fehlt bei diesen Monarchianern.

Noëtus aus Smyrna lehrte (nach Hippol. philos. IX, 7 ff.), der Eine Gott, der die Welt geschaffen habe, sei an sich zwar unsichtbar, aber dennoch nach

§ 12. Der Monarchianismus, Subordinatianismus u. d. Dogma d. Homousie.

seinem Wohlgefallen von Alters her den Gerechten erschienen, und eben dieser Gott sei auch der Sohn geworden, als es ihm gefallen habe, sich der Geburt zu unterwerfen; er sei somit sein eigener Sohn, und in der Identität des Vaters und des Sohnes liege eben die μοναρχία Gottes. (Hippolytus vergleicht diese Lehre mit der heraklitischen von der Identität des Entgegengesetzten und hält dafür, dass sie durch den Einfluss derselben entstanden sei.) Ueber ihn und seine Anhänger sagt Theodoretus haeret. fabul. comp. 3, 3: ἕνα φασὶν εἶναι θεὸν καὶ πατέρα τῶν ὅλων δημιουργόν — ἀγέννητον μὲν ἐξ ἀρχῆς, γεννητὸν δὲ ὅτε ἐκ παρθένου γεννηθῆναι ἠθέλησεν, ἀπαθῆ καὶ ἀθάνατον καὶ πάλιν αὖ παθητὸν καὶ θνητόν· ἀπαθὴς γὰρ ὤν, φησί, τὸ τοῦ σταυροῦ πάθος ἐθελήσας ὑπέμεινε· τοῦτον καὶ υἱὸν ὀνομάζουσι καὶ πατέρα, πρὸς τὰς χρείας τοῦτο κἀκεῖνο καλούμενον. Ein Genosse und Anhänger des Noëtus war Epigonus, der die Lehre nach Rom brachte; dessen Schüler war wiederum Kleomenes, welcher unter dem Bischof Zephyrinus, dem Nachfolger des Victor, diese Doctrin vertrat, und mit diesem Kleomenes war nach Hippolytus Kallistus, der Nachfolger des Zephyrinus, befreundet und gleicher Ansicht, indem er lehrte: τὸν λόγον αὐτὸν εἶναι υἱόν, αὐτὸν καὶ πατέρα, ὀνόμασι μὲν (δυσὶ) καλούμενον, ἓν δὲ ὄν, τὸ πνεῦμα ἀδιαίρετον. Die eine Person ist zwar der Benennung, aber nicht dem Wesen nach getheilt (ἓν τοῦτο πρόσωπον ὀνόματι μὲν μεριζόμενον, οὐσίᾳ δ' οὔ). Vater und Sohn sind nicht zwei Götter, sondern Einer; der Vater hat zwar nicht als solcher gelitten, wohl aber mit dem Sohne gelitten (Philos. IX, 12: τὸν πατέρα συμπεπονθέναι τῷ υἱῷ, οὐ . . . πεπονθέναι).

Der Monarchianer Praxeas, der in Rom zur Zeit des Bischofs Victor auftrat, und gegen den später Tertullian eine Streitschrift verfasst hat, scheint die Ansicht des Noëtus angenommen und das Herabsteigen des Vaters in die Jungfrau gelehrt zu haben. Er unterscheidet das Göttliche und Menschliche in Christo als Geist und Fleisch; unter dem Fleische aber versteht er die gesammte menschliche Natur. Gelitten habe Christus als Mensch; dem Vater oder Gott in ihm schrieb Praxeas ein Mitleiden (compati) zu, freilich auch geradezu ein Leiden (ipsum credunt patrem et visum et congressum et operatum et sitim et esuriem passum, Tertull. adv. Prax. c. 16). Der Ausdruck Patripassianismus rührt von Tertullian her.

Als eine Wiederannäherung von der patripassianischen Form des Monarchianismus an die ältere Form desselben, unter Mitaufnahme und entsprechender Modification des Logos-Begriffs, lässt sich die Lehre des Sabellius ansehen, welche auch den heiligen Geist in die Speculation mit bereinzog. Sabellius aus Libyen, Presbyter zu Ptolemais in der Pentapolis in Afrika, der unter Zephyrinus in Rom lebte, ist einer der bedeutendsten Repräsentanten des Monarchianismus, welcher oft überhaupt nach seinem Namen (als Sabellianismus) bezeichnet zu werden pflegt. Er unterschied (nach Athanas. contra Arianos IV; Epiphan. haer. 62; Basilii epist.; Hippol. philos. IX, 11 f.) die Monas und die Trias und lehrte: ἡ μονὰς πλατυνθεῖσα γέγονε τριάς (bei Athanas. orat. IV. contra Arian. § 13). Hiernach könnte es scheinen, als stehe die Monas zu Vater, Sohn und Geist in gleichem Verhältniss als die gemeinsame Grundlage, und als seien die drei Gestalten ihre drei Offenbarungsformen, nämlich erstens bis vor Christus durch Weltschöpfung und Gesetzgebung (oder auch in der allgemeinen Beziehung zur Welt), zweitens in Christus und drittens in der Kirche. In einem solchen Sinne hat namentlich Schleiermacher in seiner Abhandlung über Sabellius (1822; wieder abg. in den Werken I. Bd. 2, S. 485—574) die sabellianische Lehre (der er selbst sich sehr zuneigt) aufgefasst und mit ihm viele neuere Forscher, im Wesentlichen auch Baur. Aber dem angeführten Ausspruch steht der andere zur Seite (ebend. § 25): ὁ πατὴρ ὁ αὐτὸς μὲν ἐστι, πλατύνεται δὲ εἰς υἱὸν καὶ πνεῦμα, wonach es keinem

§ 12. Der Monarchianismus, Subordinatianismus u. d. Dogma d. Homousie.

Zweifel unterliegen kann, dass die μονάς, welche sich zum Sohne und Geiste erweitert, der Vater selbst ist, dass also die Lehre des Sabellius von der (philonischen und) johanneischen, wonach der Vater der an und für sich seiende Gott und der Logos das Offenbarungsprincip ist, nur durch die Nichtanerkennung einer eigenen Persönlichkeit des Logos (und durch die bestimmtere Ausprägung der Lehre vom heiligen Geiste) sich unterscheidet, nicht aber dadurch, dass von ihm der Vater (gleich den übrigen Personen) in eine secundäre Stellung zur Monas herabgedrückt worden wäre. Wie wenig der Ausdruck: ἡ μονάς πλατυνθεῖσα γέγονε τριάς, gegen die Identität der Monas mit dem Vater zeugt, geht klar aus dem ganz analogen Ausdruck hervor, den Tertullian im eigenen Namen gebraucht: unitas ex semet ipsa derivans trinitatem, da doch kein Zweifel sein kann, dass Tertullian selbst den Vater für schlechthin ursprünglich hält und nur aus ihm den Sohn und Geist herfliessen lässt. Es findet eine ἔκτασις und eine συστολή der Gottheit statt (συστέλλεσθαι καὶ πάλιν ἐκτείνεσθαι τὸν θεόν, Athan. c. Ar. 4, 13, Ausdrücke, die von den Stoikern entlehnt sind, sowie auch die Lehre an die Stoa erinnert). Es stellt sich die eine Gottheit der Welt gegenüber in drei verschiedenen Angesichtern (σχήματα, πρόσωπα), analog dem Leibe, der Seele und dem Geiste des Menschen, oder der Sonne, die ein Wesen bleibt und doch drei Wirkungen hat, die runde Gestalt für das Gesicht, die erleuchtende und die erwärmende Kraft. Um der Schöpfung der Welt und insbesondere des Menschen willen ist der Logos hervorgetreten (ἵνα ἡμεῖς κτισθῶμεν, προσῆλθεν ὁ λόγος). Der Logos ist die göttliche Vernunft, nicht eine zweite Person, sondern eine Kraft Gottes; als Person (oder Hypostase) erscheint er erst in Christo. Der Logos ist nicht Gott dem Vater untergeordnet, sondern identisch mit Gottes Wesen; sein hypostatisches Dasein in Christo aber ist ein vorübergehendes. Wie die Sonne den Strahl, der von ihr ausgegangen ist, in sich zurücknimmt, so kehrt der göttliche Logos, nachdem er in Christo sich hypostasirt hat, wiederum zu dem Vater oder der μονάς zurück. Vgl. Voigt, Athan. S. 249; 265 ff. Sabellius unterscheidet in der Monas den θεὸς σιωπῶν und den θεὸς λαλῶν, und der letztere heisst bei ihm Logos.

Dass der Logos vor seiner Erscheinung in Christo zwar existirt habe, aber noch nicht als eine eigene Person, nicht in einer besonderen Abgrenzung seines Wesens, sondern nur als dem Wesen Gottes des Vaters immanent, diesen (sabellianischen) Gedanken drückte Beryllus, Bischof von Bostra in Arabien, (nach Euseb. hist. eccl. VI, 33) in der Formel aus, Christus habe vor seinem irdischen Dasein nicht κατ' ἰδίαν οὐσίας περιγραφήν präexistirt, und er habe nicht eine ihm ursprünglich eigene Gottheit, sondern es wohne in ihm nur die Gottheit des Vaters (μηδὲ θεότητα ἰδίαν ἔχειν, ἀλλ' ἐμπολιτευομένην αὐτῷ μόνην τὴν πατρικήν). Doch hat man, aber unhaltbarerweise, die Angaben über Berylls Lehre auch im Sinne des Noëtianismus zu deuten versucht. Beryll wurde durch Origenes (der freilich die persönliche Präexistenz allen Menschenseelen zuschrieb, also sie auch dem Geiste Christi consequentermaassen zuschreiben musste) für die kirchliche Ansicht gewonnen, dass der Logos als eine besondere Person neben Gott dem Vater bereits vor der Menschwerdung existirt habe. Vgl. Ullmann, de Beryllo Bostreno, Hamb. 1835, und Heinr. Otto Friedr. Fock, die Christologie des Beryll von Bostra, in der von Niedner herausgeg. Zeitschr. für histor. Theol., Leipz. 1846, S. 376—394.

Die Consequenzen für die Lehre von der Person Christi zog aus der sabellianischen Doctrin insbesondere Paulus von Samosata. Ist der Logos keine zweite Person, sondern nur Gottes Vernunftkraft, so muss Jesus (ebenso wie auch jeder vom heiligen Geist erfüllte Prophet) eine von Gott unterschiedene Person als Mensch sein. So wenig daher der Logos als Gottes Vernunftkraft Gott dem

§ 12. Der Monarchianismus, Subordinatianismus u. d. Dogma d. Homousie.

Vater untergeordnet, sondern vielmehr mit ihm identisch ist, so entschieden steht Christus im Verhältniss der Unterordnung zu Gott dem Vater. Jesus ist nach Paulus von Samosata, wenn schon auf übernatürliche Weise erzeugt, doch an sich nur Mensch, aber durch sittliche Vervollkommnung Gottes Sohn und Gott geworden (ἐκ προκοπῆς τεθεοποίηται). Wohl wohnt in ihm Gottes Vernunftkraft, aber nicht vermöge einer substantiellen Vereinigung des Gottes und des Menschen, sondern vermöge einer die menschlichen Verstandes- und Willenskräfte erhöhenden göttlichen Einwirkung. Paulus von Samosata polemisirte (nach Athanas. de syn. c. 51) gegen die Annahme einer Homousie zweier göttlichen Personen, des Vaters und des Sohnes; denn danach würde, meinte er, die gemeinsame οὐσία das Erste, Absolute sein müssen, die beiden Personen aber sich nicht wie Vater und Sohn, sondern wie zwei Brüder als gemeinsame Söhne der οὐσία verhalten (ἀνάγκη τρεῖς οὐσίας εἶναι, μίαν μὲν προηγουμένην, τὰς δὲ δύο ἐκείνης). Dass diese von Paulus bestrittene Ansicht mit der von Sabellius aufgestellten der Sache nach identisch sei (wie Baur will), indem die μονάς des Sabellius zu den πρόσωπα sich so wie jene οὐσία verhalte, ist nach dem Obigen nicht anzunehmen; der Samosatener polemisirt vielmehr gegen die kirchlich gewordene Ansicht, indem er aus ihr jene Consequenz zu ziehen versucht, durch deren anerkannte Absurdität er die Voraussetzung selbst stürzen will. (In der That hat die Synode zu Antiochien 269 n. Chr., indem sie an dem Unterschiede der Personen und der Identität Christi mit der zweiten Person der Gottheit festhielt, den Ausdruck ὁμοούσιος darum abgewiesen, um jener Consequenz zu entgehen, zu der später Synesius fortging.)

Der Arianismus, der die zweite Person der Gottheit dem Vater unterordnet und annimmt, dass sie irgend einmal noch nicht war (ἦν ποτε ὅτε οὐκ ἦν), so wie der kirchliche Abschluss dieser Verhandlungen durch den Sieg der athanasianischen Lehre von der Wesensgleichheit (Homousie) der drei Personen, wie auch die fernere Entwickelung des kirchlichen Dogmas, darf hier als aus der Kirchen- und Dogmengeschichte bekannt vorausgesetzt werden, indem die Erinnerung an die dogmatische Basis der nachfolgenden philosophischen Speculation für unsern Zweck genügen mag. Die Motive des Athanasianismus waren nicht sowohl wissenschaftlicher, als vielmehr specifisch-religiöser und kirchlicher Natur. Eine preisende Darstellung des Athanasius hat vom katholischen Standpunkte aus J. A. Möhler (Mainz 1827, 2. Aufl. Mainz 1844) geliefert; vom orthodox-protestantischen aus stellt H. Voigt (Bremen 1861) ihn dar. Von philosophischer Bedeutung sind seine Bücher Contra gentes, worin er das Christenthum gegen das Heidenthum vertheidigt, und De incarnatione verbi, worin er seine psychologischen Ansichten darlegt. Bekannt ist sein Satz: αὐτὸς ἐνηνθρώπησεν, ἵνα ἡμεῖς θεοποιηθῶμεν. Wie man übrigens über Athanasius (296–373), den die Nachwelt Pater orthodoxiae nannte, urtheilen mag, ob man in dem von ihm vertretenen Dogma einen erfreulichen Fortschritt zu einer reineren Ausprägung des Gedankens der Gottmenschheit, oder ob man darin eine unadäquate Conception finde: jedenfalls muss das historische Factum anerkannt werden, dass die athanasianische Ausprägung des Lehrbegriffs nicht nur nach ihrer Terminologie, sondern auch nach ihrem bestimmten Gedankengehalte nicht von Anfang an der christlichen Kirche angehört hat, sondern ein späteres Moment im Entwickelungsgange des christlichen Denkens bezeichnet. Den Frühern, welche zeitliche Weltbildung oder Weltschöpfung lehrten, war der Logos als ein persönliches Wesen zum Behuf und auf Anlass derselben aus Gott hervorgetreten. Die Lehre des Origenes von der ewigen Weltschöpfung gab auch dem Logos als einem persönlichen Wesen Ewigkeit, was auch mit des Origenes Lehre von der Präexistenz der Menschenseelen harmonirte. Die spätere Orthodoxie liess die Präexistenz der Menschenseelen und die Ewigkeit der Weltschöpfung fallen, hielt aber an der ewigen Existenz des Logos als einer zweiten, von Gott dem Vater gezeugten Person fest, wodurch deren Rang in der Art bestimmt wurde, dass nunmehr die Formel der Homousie nahe lag; der heilige Geist endlich, ursprünglich der Gottesgeist selbst, wurde nun auch als dritte Person in gleichen Rang mit der ersten und zweiten Person gestellt. Dass die Form des religiösen Bewusstseins diese Hypostasirungen nothwendig mache, und eine Aufhebung derselben aus der Religion zu einer nicht religiösen pantheistischen Speculation, oder andererseits zum abstracten Deismus führen müsse, kann schwerlich mit Recht behauptet werden. Das biblische religiöse Bewusstsein kennt ein Erfülltsein des Menschen vom Gottesgeiste ohne dogmatische Fixirung, und diesem Bewusstsein möchte die sabellianische Lehrweise wenigstens nicht ferner stehen, als die herrschend gewordene.

§ 13. Der Reaction gegen den Gnosticismus tritt bei anderen Kirchenlehrern der Versuch zur Seite, die berechtigten Elemente desselben der kirchlichen Doctrin anzueignen. Insbesondere sind die Lehrer an der alexandrinischen Katechetenschule, Clemens von Alexandrien und Origenes Vertreter einer Gnosis, die alle häretischen Elemente fern von sich zu halten und die volle Uebereinstimmung mit dem allgemeinen (katholischen) Kirchenglauben zu bewahren bemüht ist und im Gesammtcharakter der Lehre, obschon nicht in jedem einzelnen Lehrpunkte, diese Uebereinstimmung auch erzielt. Diese Richtung ist der hellenischen Wissenschaft und insbesondere der hellenischen Philosophie geneigt und sucht dieselbe in den Dienst der christlichen Theologie zu stellen. Die Philosophie, lehrt Clemens, indem er die von Irenäus und Tertullian auf die Urzeit, das Judenthum und Christenthum gerichtete geschichtsphilosophische Betrachtung auf das Heidenthum mitbezieht, ist ein Geschenk Gottes durch den Logos und diente den Hellenen zur Erziehung für das Christenthum ebenso, wie den Juden das Gesetz, und muss noch jetzt denen, welche den Glauben mittelst wissenschaftlicher Begründung empfangen, zur Vorbildung für die christliche Lehre dienen. Er selbst hat in seine Lehre viel von Platon, Aristoteles und namentlich von den Stoikern herübergenommen, häufig durch Vermittelung des Philon. Es soll der Glauben auf eine höhere Stufe, nämlich die des Wissens, erhoben und eine wissenschaftliche Form für das Christenthum gefunden werden, die dem Glauben nicht widerspricht und zugleich Versöhnung bietet mit der griechischen Philosophie. Ein theologisches System hat noch nicht Clemens, wohl aber Origenes geliefert.

Die Einheit zwischen Judenthum und Christenthum suchen beide mittelst allegorischer Deutung der alttestamentlichen Schriften festzuhalten. Das Christenthum ist das enthüllte Judenthum; die Offenbarung Gottes ist in ihm vollkommener geworden. Die häretische Gnosis fehlt durch Verkennung der Einheit des Schöpfers und Gesetzgebers mit dem Vater Jesu Christi, durch Weltverachtung und durch Verleugnung der Willensfreiheit. In der Christologie neigen Clemens und Origenes sich zu einem Subordinatianismus hin, der nur in Gott dem Vater das absolute Wesen erkennt, den Sohn und den Geist als Personen im vollen Sinne dieses Wortes auffasst, dieselben als von Ewigkeit her aus dem Wesen des Vaters nach seinem Willen hervorgegangen denkt, aber dem Vater nicht gleich stellt. Auch die Weltschöpfung gilt dem Clemens und dem Origenes als eine nicht in der Zeit, sondern von Ewigkeit her vollzogene That Gottes. Den menschlichen Seelen schreibt Origenes (mit Platon) Präexistenz vor dem Eintritt in den irdischen Leib zu, in den sie in Folge einer Schuld herabgestiegen sind. Die Seele hat Willensfreiheit. Auf der Willensfreiheit beruht der Unterschied des Guten und Bösen, der Tugend und des Lasters; in ihrer vollen Anerkennung liegt der sittliche Charakter des Christenthums im Gegensatz zum Heidenthum. Die thätige Befolgung der göttlichen Gebote ist die Bedingung der Seligkeit. In der Freiheit liegt das Band der gottmenschlichen Einheit Christi. In der Person Christi durchdringen sich das Menschliche und Göttliche nach der Weise eines vom Feuer durchglühten Eisens. Die Erlösungsthat Christi ist ein Kampf wider die dämonischen Mächte; an diesem Kampfe nimmt jeder Christ Theil, der die Welt verleugnet und die Gebote Gottes befolgt. Das Ende der Dinge ist, nachdem die Strafen für die Vergehungen abgebüsst sind, die Wiederherstellung (Apokatastasis) aller Menschen zur ursprünglichen Güte und Seligkeit, auf dass Gott sei Alles in Allem. — Ein Schüler des Origenes war Dionysius Alexandrinus, genannt „der Grosse", der eine Schrift gegen den atomistischen Materialismus verfasste.

Ueber die Frage, ob und in wie weit die Theologie der Kirchenväter überhaupt und insbesondere die der Alexandriner durch die Philosophie Platons und der Neuplatoniker bedingt sei, handeln namentlich R. Cudworth, the true intellectual systeme of the universe, London 1677, von Mosheim bearbeitet, Jena 1733 u. vermehrt, Lugd. Bat. 1773. (Souverain) le Platonisme dévoilé ou essai touchant le verbe Platonicien, Cologne (Amsterdam) 1700: deutsch durch J. F. C. Löffler unter dem Titel: Versuch über den Platonismus der Kirchenväter, oder Untersuchung über den Einfluss der platonischen Philosophie auf die Dreieinigkeitslehre in den ersten Jahrhunderten, Züllichau und Freystadt 1782, 2. Aufl. 1792. Franciscus Baltus, défense de SS. Pères accusés de Platonisme, Paris 1711. Mosheim, de turbata per recentiores Platonicos ecclesia, zuerst 1725 erschienen, auch bei seiner Uebersetzung des Systema intellectuale von Cudworth. Hahn, de Platonismo theologiae veterum ecclesiae doctorum, nominatim Justini et Clementis Alex. corruptore, Wittenb. 1733. Keil, de causis alieni Platonicorum a religione Christiana animi, 1785, und in Programm-Abhandlungen de doctoribus veteris ecclesiae culpa corruptae per Platonicas sententias theologiae liberandis, 1793—1806, wiederabgedr. in Keils Opuscula academica ed. Goldhorn, sectio posterior, Lips. 1821, p. 389—858. Oelrichs, de doctrina Platonis de Deo a Christianis et recentioribus Platonicis varie explicata et corrupta, Marburg 1788. Dähne, de γνώσει Clementis Alexandrini de vestigiis neoplatonicae philosophiae in ea obviis, Lips. 1831. Alb. Jahn, dissert. Platonica, Bern 1839. Baumgarten-Crusius, Lehrb. der Dogmengesch. I, 67 ff. Heinrich v. Stein, der Streit über den angebl. Platonismus der Kirchenväter, in Niedners Zeitschr. f. hist. Th., Jahrg. 1861, Hft. 3, S. 319—418, und im zweiten und dritten Theil seiner

§ 13. Clemens von Alexandrien und Origenes.

Gesch. des Platonismus, Gött. 1864, 75, s. ob. S. 1. In Beziehung zu dieser Frage stehen auch Abhandlungen, wie H. N. Clausen, apologetae ecclesiae Christianae Ante-Theodosiani Platonis ejusque philosophiae arbitri, Havniae 1817; Ehlers u. A. (s. o. Th. I, § 41, 7. Aufl., S. 156).

Von der alexandrinischen Katechetenschule handeln insbesondere Guericke (Hal. Sax. 1524—25) und C. F. W. Hasselbach (de schola, quae Alexandriae floruit, catechetica, Stettin 1826, und de Catechumenorum ordinibus, ibid. 1839); vgl. Baumgarten-Crusius (Dogmengesch. I, S. 126), Schnitzer (Origenes p. V), Redepenning (Origenes, I. S. 57 ff.), auch Matter in seiner Hist. de l'école d'Alexandrie, Paris 1840, J. Simon, Hist. de l'école d'Alexandrie, Paris 1845, E. Vacherot, Hist. crit. de l'école d'Alex., Par. 1846—1851.

Die Werke des Clemens von Alexandrien haben edirt P. Victorius, Florentiae 1550, Frid. Sylburg, Heidelb. 1592, Potter, Oxonii 1715, Frid. Oberthür, Herbipoli 1780, Reinbold Klotz, in: Bibliotheca sacra patrum ecclesiae Graecorum, p. III, Lips. 1831—34; Wilh. Dindorf (4 voll.), Oxonii 1869; bei Migne bilden dieselben den VIII. und IX. Bd. der griech. Väter. Die Bruchstücke der verlorenen Schriften des Clemens, namentlich seiner Hypotyposen, einer erklärenden Uebersicht des Inhalts der Bibel, finden sich in: Supplementum Clementinum, 3 Th. der Forschungen zur Gesch. des neutest. Kanons u. der altkirchl. Litt. von Th. Zahn, Erlang. 1884. Ueber Clemens handeln: Münscher (s. o. bei Tertullian). P. Hofstede de Groot, disp. de Clemente Alex. philosopho christiano, Groningen 1826. Dähne, de $\gamma\nu\omega\sigma\epsilon\iota$ Clementis Alex. (s. o.). Lepsius, über die $\pi\rho\tilde{\omega}\tau\alpha$ $\sigma\tau o\iota\chi\epsilon\tilde{\iota}\alpha$ bei Clemens Alex., in: Rhein. Mus., 4. Jahrg., 1836, S. 142 bis 148. Kling, Bedeut. der alexandrin. Cl. f. d. Entstehung der christl. Theologie, in: Th. St. u. Kr., 1841, S. 863 ff. J. Reinkens, de fide et $\gamma\nu\omega\sigma\epsilon\iota$ Cl. etc., Breslau 1850, de Clemente presbytero Alexandrino, ebd. 1851. Hern. Reuter, Clem. Alex. theol. moralis capita selecta, comm. acad., ebd. 1853. H. Lämmer, Clem. Alex. de $\lambda\delta\gamma o\nu$ doctrina, Lips. 1855. Hébert-Duperron, essai sur la polémique et la philos. de Clément d'Alexandrie, 1855. J. Cognat, Clément d'Alexandrie, sa doctrine et sa polémique, Paris 1858. H. Schürmann, die hellenische Bildung und ihr Verhältniss zur christl. nach der Darstellung des Clem. v. Alex., G.-Pr., Münster 1859. J. H. Müller, idées dogm. de Clém. d'Al., Strassb. 1861. Freppel, Clément d'Alexandrie, Paris 1866. W. Hillen, Clem. Alex. quid de libris sacris novi test. sibi persuasum habuerit, Coesfeld 1867. H. Preische, de $\gamma\nu\omega\sigma\epsilon\iota$ Clementis Alexandrini, Diss., Jena 1871. Funck, Clem. v. Alex. über Familie und Eigenth., in: Theol. Quartalschr., 53. Jahrg., 1871, S. 427 bis 449. C. Merk, Clemens Alex. in seiner Abhängigkeit v. d. griech. Philosophie, Lpz. 1879. F. J. Winter, zur Ethik des Cl. v. Alex., in: Ztschr. f. kirchl. Wissensch. u. kirchl. Leb., I, 1880, S. 130—144, ders., L. des alex. Cl. v. d. Quellen der sittl. Erkenntniss, in d. Gratulationsschriften zum Jubil. E. Luthardts, Lpz. 1881, namentlich aber d. Eth. des Cl. v. A., Lpz. 1882 (Studien zur Gesch. der christl. Eth. 1. Bd.), wo das 1. Cap. die Quellen der sittl. Erkenntn. behandelt. Vgl. auch Baur in: christl. Gnosis, S. 502—540, W. Möller, a. a. O. (Kosmologie der griech. Kirche), S. 506 bis 535 u. Frz. Overbeck, üb. d. Anfänge der patrist. Litteratur, in: hist. Ztschr., N. F. 12, 1882, S. 418—472.

Die Werke des Origenes sind, nachdem J. Merlin, Par. 1512—19 u. ö., die lateinischen Texte edirt hatte, die Schrift adversus Celsum insbesondere, lateinisch bereits 1481 zu Rom in der Uebersetzung des Christophorus Persona, dann griechisch zuerst von David Höschel, Augsburg 1605, dann von W. Spencer, Cantabrig. 1658; 2. ed. 1677, veröffentlicht worden war, auch bereits seine in griech. Sprache erhaltenen Commentare zu biblischen Schriften durch Huetius mit einleitenden Abhandlungen, Rouen 1668, Paris 1679 etc. edirt worden waren, vollständig von C. und C. V. Delarue, Par. 1733—59, herausgegeben worden, danach von Oberthür (15 voll.), Würzburg 1780—94, und von C. H. E. Lommatsch, Berlin 1831—47. Die Schrift $\pi\epsilon\rho\grave{\iota}$ $\dot{\alpha}\rho\chi\tilde{\omega}\nu$ hat namentlich Redepenning, Leipz. 1836, separat herausgegeben, contra Celsum I—IV by W. Selwyn, London 1876. Bei Migne füllen die Werke Bd. XI—XVII. Ueber Origenes handeln u. A.: Schnitzer, Origenes über die Grundlehren der Glaubenswissenschaft, Stuttgart 1836. G. Thomasius, Origenes, Nürnberg 1837. Redepenning, Origenes, eine Darstellung seines Lebens und seiner Lehre, Bonn 1841—46. Krüger, über sein Verhältniss zu Ammonius Sakkas, in Illgens Ztschr. 1843, I, S. 46 ff. Fischer, commentatio de Origenis theologia et cosmologia, Halae 1846. Ramers, des Orig. Lehre von der Auferstehung des Fleisches, Trier 1851. Fermand, exposition crit. des opinions d'Origène sur la nature et l'origine du péché, Strassb. 1859. Harrer, die Trinitätsl. des Kirch. L. Origenes, G.-Pr., Regensb. 1858. Kraus, die L. des Orig. üb. d. Auf-

§ 13. Clemens von Alexandrien und Origenes.

erstehung der Todten, G.-Pr., Regensb. 1859. Fournier, exposition crit. des idées d'Origène sur la rédemption, Strassb. 1861. Jules Avesque, Origène envisagé comme apologète, Strassb. 1868. Knittel, des Origenes Lehre von d. Menschwerdg. des Sohnes Gottes, in: Theol. Quartalschr., 54. Jahrg., 1872, 5, 97—138. H. Schultz, die Christologie des Origenes im Zusammenhange seiner Weltanschauung, in: Jahrbb. f. protest. Theol. 1875, S. 193—247 u. 369—424. Freppel, Origène, Tom. I, Paris 1875, 2. éd. P. Mehlhorn, d. Lehre v. d. menschl. Freiheit nach Origenes' Π. $\alpha\rho\chi\tilde\omega\nu$, in: Zeitschr. f. Kirchengesch., 2. Bd., 1878, S. 234—253. H. J. Bestmann, Origenes u. Plotinus, in: Ztschr. f. kirchl. Wissensch., 1883, 4, S. 169—187. J. Denis, de la philosophie d'Origène, Paris 1884, der S. 407—613 den Origenismus bis auf die neuere Zeit behandelt. Vergl. Baur, Dorner, Ritter, Neander, Möhler und Böhringer in ihren früher citirten Werken, besonders Ad. Harnack, Lehrb. d. Dogmengesch. I, S. 512—556, ferner Kahnis, die Lehre vom heil. Geist, Bd. I, 1847, S. 331 ff., W. Möller a. a. O., S. 536—560.

Ueber den von Origenes bekämpften Christengegner Celsus handeln F. A. Philippi, de Celsi adversarii Christianorum philosophandi genere, Berol. 1836. C. W. J. Bindemann, über C. u. s. Schrift gegen die Christen, in der Ztschr. für hist. Theol. 1842. Gust. Baumgarten-Crusius, de scriptoribus saeculi post Chr. II., qui novam relig. impugnarunt, Misenae 1845, von Engelhardt, Celsus od. die älteste Kritik biblischer Gesch. u. christl. L. vom Standpunkte des Heidenth., in d. Dorpater Zeitschr. f. Th. u. K., Bd. XI, 1869, S. 287—344. Theod. Keim, Celsus' wahres Wort, älteste Streitschr. antiker Weltansch. geg. d. Christenth. v. J. 178 n. Chr., wiederhergestellt, aus d. Griech. übers., unters. u. erläutert, mit Lucian u. Minuc. Felix vergl., Zürich 1873. Aug. Kind, Teleologie u. Naturalismus in d. altchristl. Zeit, d. Kampf des Origen. geg. Celsus um die Stellung des Mensch. in d. Natur, Jena 1875. B. Aubé, histoire des persécutions de l'église, Fronton, Lucien, Celse et Philostrate, Paris 1878. E. Pélagaud, étude sur Celse et la première escarmouche entre la philosophie antique et le christianisme naissant, Lyon 1878. G. Lösche, haben d. späteren neuplaton. Polemiker geg. das Christenth. das Werk des Celsus benutzt? in: Ztschr. f. wissensch. Th. 27, 1884.

Simon de Magistris, S. Dionysii Alexandrini quae supersunt, Romae 1796. Grg. Roch, d. Schr. des alex. Bisch.s Dionysius des Gr., „üb. d. Natur", eine altchristl. Widerlegung der Atomistik Demokrits u. Epikurs, Lpz. 1882.

Die alte Streitfrage über den „Platonismus der Kirchenväter" ist noch heute nicht in jedem Betracht erledigt. Dass ein Einfluss stattgefunden hat, steht ausser Frage, aber streitig ist theils, wie weit derselbe reiche, theils, in wiefern derselbe ein directer oder ein mittelbarer sei. Die gelehrte Beschäftigung einzelner Kirchenlehrer mit den platonischen Schriften hat auf den Entwickelungsgang des christlichen Dogmas und der christlichen Philosophie doch wohl nur einen secundären Einfluss geübt, welcher oft überschätzt worden ist. Bedeutender ist der mittelbare Einfluss, den der Platonismus und Stoicismus in ihrer jüdisch-alexandrinischen Umbildung und Verschmelzung mit jüdischen Religionsanschauungen und in die hellenische Bildung übergegangene Elemente dieser Philosophien wahrscheinlich schon auf neutestamentliche Lehrformen bei Paulus und im vierten Evangelium, viel mehr jedoch auf griechisch gebildete Lehrer des Christenthums und in Folge davon auf die gesammte Christenheit geübt haben. Eben diese zum christlichen Gemeingut gewordenen Begriffe dienten dann aber zu Anknüpfungspunkten für fernere Studien.

„Alexandrien, das Vaterland der Gnosis, ist auch die Geburtsstätte der christlichen Theologie, die in ihrer ersten Form selbst nichts Anderes sein wollte, als eine christliche Gnosis." (Baur, Chr. der drei ersten Jahrh., 2. Aufl. S. 248.) Die Katechetenschule zu Alexandrien mag schon früh nach dem Vorbilde der Schulen hellenischer Bildung entstanden sein, nachdem dort, einer alten Tradition zufolge, der Evangelist Marcus die Botschaft von Christo verkündet hatte. Auch Athenagoras soll an ihr gewirkt haben (s. o.). Um 180 n. Chr. leitete dieselbe Pantänus, der vor seinem Uebertritt zum Christenthum Stoiker war. Neben ihm (seit 189) und nach ihm lehrte an derselben Stelle sein Schüler Titus Flavius Clemens,

§ 13. Clemens von Alexandrien und Origenes.

der Alexandriner, von welchem ein dreigegliedertes Werk auf uns gekommen ist, dessen erster Theil, der λόγος προτρεπτικὸς πρὸς Ἕλληνας, aus den Ungereimtheiten und Anstössigkeiten der Mythologie und der Mysterien gegen das Heidenthum, aber wohl namentlich gegen das Heidenthum im Christenthum, argumentirt und mahnt, zu Christus zu kommen, unterthan dem Einen Gotte und dem einen Logos Gottes; der zweite Theil, der παιδαγωγός, enthält christliche Sittenregeln, indem der Logos hier die Erziehung des neuen Christen vollenden soll. Den dritten Theil bilden die (um 193 verfassten) στρωματεῖς in sieben Büchern (unsere Ausgaben pflegen noch ein Stück als achtes Buch zu bieten), worin Clemens den Inhalt des christlichen Glaubens, also das Wesen des Christenthums, in seinem Verhältniss zu dem Judenthum, zu den Lehren griechischer Philosophen und christlicher Häretiker darlegt und vom blossen Glauben zur Erkenntniss, zu der wahrhaften Gnosis, fortzugehen sucht, jedoch (wie er selbst zugesteht und durch den Titel andeutet, der die Schrift durch den Vergleich mit einem buntdurchwirkten Teppich charakterisirt) nicht in systematischem Zusammenhang, sondern aphoristisch. Ausserdem hat sich von ihm noch eine Abhandlung unter dem Titel: τίς ὁ σωζόμενος πλούσιος; erhalten. Noch mehrere andere Schriften erwähnt Eusebius K.-G. VI, 13, die Fragmente derselben sind gesammelt.

Clemens, auf den von Philon Vieles übergegangen ist, eignet sich den justinischen Gedanken an, dass dem Christenthum als der vollen Wahrheit die Anschauungen der Vorzeit nicht als blosse Irrthümer, sondern als partielle Wahrheiten gegenüberstehen. Der göttliche Logos, der überallhin ausgegossen ist, wie das Licht der Sonne (Str. V, 3) hat von Anfang an die Seelen erleuchtet; durch Moses und die Propheten belehrte er die Juden (Päd. I, 7); unter den Griechen aber erweckte er weise Männer und gab ihnen die Philosophie als Anleitung zur Gerechtigkeit (Strom. I, 5: ἐπαιδαγώγει γὰρ καὶ αὐτή (ἡ φιλοσοφία) τὸ Ἑλληνικὸν ὡς ὁ νόμος τοὺς Ἑβραίους εἰς Χριστόν, vgl. VI, 5), und zwar durch Vermittelung der niederen Engel, die er zu Hirten der Völker aufgestellt hatte (Strom. VII, 2). Ganz wie Justin hält auch Clemens dafür, dass die Philosophen manches heimlich von den Orientalen und insbesondere aus den jüdischen Religionsbüchern geschöpft haben, was sie dann aus Ruhmsucht lügnerisch für das Resultat ihrer selbstständigen Forschung ausgaben und noch dazu verfälschten und verdarben (Strom. I, 1; I, 17; Päd. II, 1 etc.). Doch haben die griechischen Philosophen Anderes wirklich selbst gefunden vermöge des ihnen eingesenkten Samens des göttlichen Logos (Cohort. VI, 59). Die wahre Philosophie findet er nicht bei einer einzelnen Schule, nicht bei der stoischen, platonischen, epikureischen oder aristotelischen, sondern in Allem, was von einer jeden dieser Schulen richtig gesagt ist, und was Gerechtigkeit mit gottesfürchtigem Wissen lehrt; diese allen Schulen entnommene Auslese will er Philosophie nennen. Der trefflichste der griechischen Philosophen freilich ist Platon (ὁ πάντα ἄριστος Πλάτων, . . . οἷον θεοφορούμενος, Päd. III, 11; Strom. I, 7; VI, 17). Wir bedürfen der Hülfe der Philosophie, um von der πίστις zur γνῶσις fortzuschreiten. Die Pistis verhält sich zur Gnosis so, wie die πρόληψις zur ἐπιστήμη, das Eine ist die nothwendige Voraussetzung für das Andere. Der Gnostiker steht zu dem, der ohne die Erkenntniss bloss glaubt, in dem gleichen Verhältniss wie der Erwachsene zu dem Kinde: der Furcht des alten Testaments entwachsen, steht er auf einer höheren Stufe der göttlichen Erziehung. Wer ohne die Philosophie, Dialektik und Naturbetrachtung die Gnosis erreichen will, gleicht dem, der ohne die Pflege des Weinstocks Trauben zu ernten trachtet (Strom. I, 9). Doch ist die Uebereinstimmung mit dem Glauben das Entscheidungsmerkmal der Echtheit der Wissenschaft, Strom. II, 4: κυριώτερον οὖν τῆς ἐπιστήμης ἡ πίστις, καὶ ἐστιν αὐτῆς κριτήριον, die γνῶσις ist ἀπόδειξις τῶν διὰ πίστεως παρειλημμένων τῇ πίστει ἐποικοδομένη, sie

§ 13. Clemens von Alexandrien und Origenes.

ist τελείωσις ἀνθρώπου, Strom. VII, 10. Allerdings ist die heilige Schrift die Norm der Wahrheit, aber sie muss gnostisch erklärt werden, und dazu dient die Philosophie. So wird der wahre Inhalt der Schrift durch die Speculation bestimmt.

Eine positive Gotteserkenntniss hält Clemens für unmöglich: wir wissen nur, was Gott nicht ist. Er ist gestalt- und namenlos, obschon wir mit Recht uns der schönsten Namen zu seiner Bezeichnung bedienen; er ist unendlich; er ist weder Gattung noch Differenz, weder Art noch Individuum, weder Zahl noch Accidenz, noch etwas, dem etwas zukommt (Strom. V, 11 und 12). Er ist über die Einheit und über das Wesen von Allem erhaben (vergl. Platon, Rep. VI, 209 B: οὐκ οὐσίας τοῦ ἀγαθοῦ ἀλλ' ἔτι ἐπέκεινα τῆς οὐσίας, und nach ihm Philon). Dass sich Clemens aber doch nicht bei dieser blossen Negation voll zufrieden giebt, sondern dass er Gott nach der Schrift und auch nach dem Vorgange Philons vielfach analog dem menschlichen Geiste sich vorstellt, ist nicht verwunderlich. Besonders wird aber hervorgehoben: ἀνενδεὲς τὸ θεῖον καὶ ἀπαθές. Nur der Sohn, der des Vaters Macht und Weisheit ist, ist positiv erkennbar (Strom. V, 1 ff.). Er ist vor aller Zeit erzeugt, aber nicht geworden wie die Geschöpfe; er ist dem ewigen Gotte wesensgleich, steht in Wesenseinheit mit dem Vater und ist selbst Gott. Doch neigt sich Clemens auch dem Subordinatianismus zu, wenn er den Sohn als eine Natur bezeichnet, welche dem Allherrscher am nächsten stehe, und andererseits erklärt er ihn wieder gleichsam für eine Thätigkeit des Vaters (ἔστιν ὡς εἰπεῖν πατρική τις ἐνέργεια), so dass ein gewisses Schwanken in Betreff des Verhältnisses zwischen dem Logos und dem Vater, wie bei Philon, so auch bei Clemens nicht zu verkennen ist. Ferner ist der Logos das Urbild der Welt, und durch ihn hat Gott die Welt geschaffen: er ist der Mittler zwischen Gott und der Welt und erhält die Welt, ist so die Vernunft und das Gesetz des Weltganzen, hiernach ist auch die Weltordnung eine vernünftige. Durch den Logos erkennen wir auch den Vater, soweit wir ihn erkennen. Wie bei Philon, ist der Logos die Zusammenfassung der Ideen und der schöpferischen Kräfte. — Der heilige Geist nimmt in der göttlichen Trias die dritte Stelle ein; er ist die Kraft des Wortes, wie das Blut die Kraft des Fleisches (Strom. V, 14; Päd. II, 2).

In seiner Psychologie nimmt Clemens Vieles von der Stoa und von Platon auf. Was seine ethischen Lehren anlangt, so muss sich der Gnostiker durch die Welt der Geburt und der Sünde zur Gemeinschaft mit Gott erheben (Strom. VI, 16). Diese volle, aber freie Hingabe an Gott, das höchste ethische Ziel, ist nicht zu erreichen durch den Glauben, sondern nur durch die Erkenntniss. Mit der Gnosis verbindet sich nothwendig auch die Liebe, die den Menschen vollendet, und die guten Werke, welche der Gnosis folgen wie der Schatten dem Körper (Strom. VII, 10). In dem Bilde des christlichen Gnostikers, das er als Ideal darstellt, ahmt er das Bild des stoischen Weisen nach und zieht auch die ἀπάθεια in dasselbe hinein, da Gott selbst ἀπαθής ist. Der Gnostiker muss die Welt überwinden, die äusseren Güter verachten, alle fleischlichen Regungen unterdrücken. Seine Werke sind vollkommen gute Werke (κατορθώματα), da sie gemäss der rechten Vernunft sind. Der Gnostiker wird sogar hier schon auf Erden zu einem im Fleische wandelnden Gott (Strom. VII, 16: ὁ τῷ κυρίῳ πειθόμενος καὶ τῇ δοθείσῃ δι' αὐτοῦ κατακολουθήσας προφητείᾳ τελέως ἐκτελεῖται κατ' εἰκόνα τοῦ διδασκάλου ἐν σαρκὶ περιπολῶν θεός). nicht nur gottähnlich, θεοειδής, θεοείκελος, sondern θεούμενος: er erhebt sich über die Erde, Raum und Zeit schwinden ihm; in ewiger Betrachtung erschaut und ergreift er Gott, nicht nur in einzelnen ekstatischen Momenten, wie dies Philon und später die Neuplatoniker lehrten, und so geniesst er die ewige Ruhe in Gott (ἀίδιος ἀνάπαυσις ἐν θεῷ). Sonst schliesst Clemens sich in der Ethik sogar dem Ausdrucke nach vielfach der Stoa an, z. B. wenn er sagt, unsere Werke sollten sein ἀκόλουθα τῷ

§ 13. Clemens von Alexandrien und Origenes.

λόγῳ, oder κατὰ νόμον, wenn er die Tugend definirt als διάθεσις ψυχῆς σύμφωνος ὑπὸ τοῦ λόγου, wenn er das εὖ ζῆν gleich setzt dem εὐλόγως βιοῦν oder κατὰ νόμον βιοῦν. Von den sittlichen Vorschriften, die Clemens im Pädagogus aufstellt, sind ganz besonders diejenigen bemerkenswerth, die sich auf die Ehe beziehen. Im Unterschied von Tertullian und Anderen, die in der Ehe nur die gesetzlich geordnete Befriedigung eines thierischen Triebes fanden und dieselbe nur duldeten, die Ehelosigkeit aber für sittlicher erklärten, beruft sich Clemens auf das Vorbild mehrerer Apostel, wie Petrus und Philippus, die in der Ehe lebten, weist die Berufung auf das Vorbild Christi zurück, da Christi Braut die Kirche sei, und er als Sohn Gottes eine aussergewöhnliche Stellung einnehme, und meint, zur Vollkommenheit des Mannes gehöre es, in der Ehe zu leben, Kinder zu zeugen und sich doch durch diese Sorge von der Liebe zu Gott nicht abziehen zu lassen und die Versuchungen zu überwinden, die ihm durch Kinder und Frau, durch Hausgesinde und Besitzungen entstehen (Strom. III, 1; 6; VII, 12). Wie bei der Ehe, so kommt es bei dem Reichthum auf die Gesinnung an, die sich in jeder Lage des Lebens rein und treu zu erhalten weiss, sich nicht an Aeusseres hängt, sondern innerlich frei bleibt (τίς ὁ σωζόμενος πλούσιος; besonders c. 19). Auch beim Märtyrerthum ist das Wesentliche nicht der Act des Bekenntnisses und des Leidens selbst, sondern das beharrliche und erfolgreiche Streben, sich von Sünden zu reinigen und Alles willig zu erdulden, was das Bekenntniss zum Christenthum erfordert (Strom. IV, c. 9; 10).

Origenes, geb. 185 n. Chr., wahrscheinlich zu Alexandrien, gest. 254 unter Valerianus, erhielt seine Jugendbildung durch seinen Vater Leonidas, danach besonders durch Clemens von Alexandrien. Von Jugend auf mit den biblischen Schriften genau vertraut, beschäftigte er sich später auch mit der Lectüre der Werke griechischer Philosophen, besonders des Platon, Numenius, Moderatus, Nikomachus und der Stoiker Chäremon, Kornutus, Apollophanes und Anderer. Dann besuchte er auch, jedoch, wie es scheint, erst nach seinem fünfundzwanzigsten Lebensjahre, die Schule des Ammonius Sakkas, des Stifters des Neuplatonismus (Porphyr. bei Euseb. K.-G. VI, 19). An der christlichen Katechetenschule ertheilte Origenes schon sehr früh, seit seinem achtzehnten Lebensjahre, Unterricht. In seiner Schule wurden alle Werke der Dichter und Philosophen gelesen, nur die der Gottesleugner nicht (Panegyr. des Gregor. Thaumaturg. auf Origenes, c. 13). Der Irrlehre angeklagt, wurde er auf zwei alexandrinischen Synoden des Lehramts verlustig erklärt und aus dem Priesterstande ausgeschlossen. Deshalb genöthigt, Alexandria im Jahre 232 zu verlassen, lebte er in seinem höheren Alter in Cäsarea und in Tyrus, wo er starb. Wegen seines eisernen Fleisses erhielt er den Beinamen Adamantius. Von seinen Schriften, die grösstentheils Erläuterungen biblischer Bücher sind, haben besonders die vier Bücher περὶ ἀρχῶν (über die Grundlehren), worin er die Glaubenslehren in systematischem Zusammenhange darzustellen unter allen christlichen Theologen zuerst unternommen hat, die aber bis auf einige bei Hieronymus erhaltene Fragmente nur in der lateinischen Uebersetzung oder vielmehr das Heterodoxe mildernden Ueberarbeitung des Rufinus auf uns gekommen sind, und die Schrift κατὰ Κέλσου, eine Vertheidigung des christlichen Glaubens gegen die Einwürfe eines Platonikers, philosophische Bedeutung. Obgleich er von der griechischen Philosophie wenigstens in gleichem Maasse abhängig ist wie Clemens, zollt er derselben doch weniger Anerkennung. Trotzdem sieht er in der christlichen Lehre die Vollendung der griechischen Philosophie, also in der heidnischen Weisheit die Vorbereitung zum Christenthum. Porphyrius sagt, freilich etwas übertrieben, von ihm (Euseb. a. a. O.): κατὰ μὲν τὸν βίον Χριστιανῶς ζῶν καὶ παρανόμως, κατὰ δὲ τὰς περὶ τῶν πραγμάτων καὶ τοῦ θείου δόξας ἑλληνίζων καὶ τὰ Ἑλλήνων τοῖς ὀθνείοις ὑποβαλλόμενος μύθοις. Jedenfalls hat Origenes in seiner wissenschaftlichen Dogmatik die Metaphysik seiner Zeit sehr stark benutzt, aber vielfach selbständig ausgebildet.

Vor Origenes gab es kein System der christlichen Lehre. Anfänge einer systematischen Darstellung derselben liegen in dem Briefe des Paulus an die Römer und in dem Hebräerbriefe. Den biblischen und den in der Polemik gegen Nichtchristen und Häretiker gewonnenen Gedankeninhalt auf eine systematische Form zu bringen, fanden sich erst Lehrer an Katechetenschulen genöthigt, wobei das Taufbekenntniss und die Regula fidei zur Grundlage dienten. Bei Clemens erschienen noch die Gegenstände seiner Gnosis in loser Verbindung mit einander, in seinen Schriften ist kein im Einzelnen festgehaltener Plan, sie sind nur Vorarbeiten für ein System. Auf sie gestützt, gründete Origenes ein geordnetes Lehrgebäude der christlichen Dogmen, in welchem die Ordnung noch nicht sehr streng ist, und zu welchem Origenes auch neuplatonische Elemente verwandte. Aber der Gewinn der systematischen Lehrform wurde nicht ohne einen wesentlichen Verlust erreicht. Bei der schulmässigen Voranstellung der auf das vorweltliche Dasein Gottes bezüglichen Lehren wurden die im religiösen Gefühl und in der Religionsgeschichte wurzelnden lebendigen Keime der Dogmenbildung verdeckt, und die soteriologischen Begriffe blieben minder entwickelt.

Origenes sagt: die Apostel haben nur das Nothwendige, aber nicht alle Lehren mit vollkommener Deutlichkeit vorgetragen; bei manchen Dogmen überliessen sie die nähere Bestimmung und die Beweisführung den Jüngern der Wissenschaft, welche auf der Grundlage der gegebenen Glaubenslehren ein wissenschaftliches System erbauen sollten (de princ. praef. 3 sqq.). Den Grundsatz, dass in der systematischen Darstellung von dem an sich Ersten auszugehen sei, hat Origenes ausdrücklich aufgestellt (Tom. in Joh. X, 178), indem er in allegorischer Deutung des Lammessens sagt: man muss bei dem Essen mit dem Kopfe anfangen, d. h. von den höchsten und principiellsten Dogmen über das Himmlische ausgehen und mit den Füssen aufhören, d. h. mit den Lehren enden, die auf das von dem himmlischen Ursprung Fernste unter allem Existirenden gehen, sei es auf das Materiellste oder auf das Unterirdische oder die bösen Geister und unreinen Dämonen.

Innerhalb der christlichen Religion giebt es eine doppelte Stufe, die der mythischen Religion, welche der grossen Menge zukommt, da diese nicht für die Philosophie geeignet ist, und die der vollen Erkenntniss, auf welche sich nur Wenige erheben können. Der Logos bessert zwar Alle, aber einen Jeden nur nach seiner Fähigkeit und Neigung.

Der Gang der Darstellung in den vier Büchern über die Grundlehren ist (nach der von Redepenning, Orig. II, S. 276 gegebenen Uebersicht) folgender: „An die Spitze tritt die Lehre von Gott, dem ewigen Urgrunde alles Daseins, als Ausgangspunkt einer Darstellung, in welcher die Erkenntniss des Wesens und der Wesensentfaltungen Gottes zu dem Entstehen dessen hinüberleitet, was in der Welt das Ewige ist, der geschaffenen Geister, deren Fall erst den Ursprung der gröberen Körperwelt herbeiführt. Ohne Mühe liess sich dieser Stoff um die kirchlichen Lehren vom Vater, Sohn und Geist, von der Schöpfung, den Engeln und dem Sündenfall zusammenordnen. Dies Alles enthält bei Origenes das erste Buch der Grundlehren. Hierauf betreten wir, im zweiten Buche, die Welt, wie sie jetzt ist, sehen sie entstehen in der Zeit aus einem vorweltlichen, obschon nicht urewigen Stoffe, um in demselben ihr wandelbares Dasein bis zur Wiedererhebung und Befreiung der Geister fortzuführen. In diese Welt tritt der Sohn Gottes ein, gesendet von dem Gott des alten Testaments, welcher kein anderer als der Vater Jesu Christi ist; wir hören von der Menschwerdung des Sohnes, von dem heiligen Geiste, wie er von ihm ausgeht in die Gemüther, von dem Seelischen im Menschen im Unterschiede von dem, was in ihm reiner Geist ist, von der Läuterung und Wiedererhebung des Seelischen durch Gericht und Strafen und von der ewigen Seligkeit. Vermittelst der Freiheit, die dem Geiste unverlierbar eigen ist, ringt er sich hinauf im Kampf mit den bösen Mächten der Geisterwelt und den inneren Versuchungen, unterstützt durch Christus selber und alle Mittel der Gnade oder alle Gaben und Wirkungen des heiligen Geistes. Diese Freiheit und das Freiwerden der Menschen zeigt das dritte Buch. Das vierte sondert sich als Lehre von dem Grunde dieses Lehrbegriffs, der Offenbarung in der heiligen Schrift, selbständig ab" (wogegen Spätere diese Lehre dem übrigen Inhalt der Dogmatik voranzustellen pflegen).

Von den einzelnen Lehren des Origenes, die ebenso wie die des Clemens vielfach an Philon erinnern, sind folgende die bemerkenswerthesten. Als apostolische Lehre hält er gleich Irenäus u. A. den Gnostikern gegenüber fest, dass Gott, der aus nichts die Welt geschaffen habe, zugleich gerecht und gut, Urheber des alten und neuen Testamentes, Gesetzgeber und Vater Jesu Christi, des durch den heiligen Geist aus der Jungfrau geborenen, durch freiwillige Erniedrigung menschgewordenen Sohnes sei (de princ. I, 4). Er fasst Gott als ein rein geistiges Wesen auf, das nicht Feuer, nicht Licht, nicht Hauch, sondern eine schlechthin körperlose Einheit ($\mu o\nu\acute{\alpha}\varsigma$ oder $\dot{\epsilon}\nu\acute{\alpha}\varsigma$) sei (de principiis I, 96 ff.). Nur unter der Voraussetzung der Unkörperlichkeit kann Gott als schlechthin unveränderlich gedacht werden, denn alles Materielle ist wandelbar, theilbar und vergänglich (de princ. II, 184). Die Tiefen der göttlichen Weisheit und Erkenntniss sind unerforschlich; keiner Creatur ist die ganze Fülle des göttlichen Lichtes zugänglich (Tom. in Joh. II. 80 f.); nur in reinen Werken und durch dieselben ist Gott zu erkennen. Er ist die $\dot{\epsilon}\nu\acute{\alpha}\varsigma$ und $\mu o\nu\acute{\alpha}\varsigma$, die noch über Wahrheit und Weisheit, über Geist und Vernunft, über Wesen und Sein hinausliegt. Doch ist er nicht ohne Mass und Grenze, sondern sich selbst begrenzend; das schlechthin Unbegrenzte würde sich selbst nicht fassen können (Tom. in Math. XIII, 569). Gottes Allmacht ist durch seine Güte und Weisheit begrenzt (c. Cels. III, 493). Von Gott dem Vater wird immerdar der Sohn erzeuget, gleich wie von dem Lichte der Glanz des Lichtes, oder wie der Wille aus dem Geist hervorgeht, ohne ihn zu trennen oder von ihm getrennt zu werden (de princ. I, 110 ff.). An Allem, was der Vater ist und hat, nimmt der Sohn Theil und steht in diesem Sinne mit dem Vater in Wesengemeinschaft; doch ist er (de orat. 222) nicht nur als Individuum ($\kappa\alpha\tau\grave{\alpha}\ \dot{v}\pi o\kappa\epsilon\acute{\iota}\mu\epsilon\nu o\nu$) ein anderer als der Vater, ein zweiter Gott (c. Cels. V, 608: $\delta\epsilon\acute{v}\tau\epsilon\rho o\varsigma\ \vartheta\epsilon\acute{o}\varsigma$), sondern auch dem Wesen nach ($\kappa\alpha\tau'\ o\dot{v}\sigma\acute{\iota}\alpha\nu$) ihm nachstehend, sofern er bedingt und von dem Vater abhängig ist; er ist $\vartheta\epsilon\acute{o}\varsigma$, aber nicht, wie der Vater, $\dot{o}\ \vartheta\epsilon\acute{o}\varsigma$ oder $\alpha\dot{v}\tau\acute{o}\vartheta\epsilon o\varsigma$, er erkennt den Vater, aber seine Erkenntniss des Vaters ist minder vollkommen, als das Wissen des Vaters von sich (Tom. in Joh. XXXII, 449). Er steht als Abbild dem Urbilde nach und verhält sich zum Vater, wie wir zu ihm (fragm. de princ. I, 4); mindestens in dem Maasse, wie der Sohn und der Geist alle Geschöpfe überragen, überragt beide wiederum der Vater (Tom. in Joh. XIII, 235). Im Verhältniss zur Welt ist er Urbild, $\iota\delta\acute{\epsilon}\alpha\ \iota\delta\epsilon\tilde{\omega}\nu$ (c. Cels. VI, 64), und durch ihn sind alle Dinge geschaffen, und diese sind Abbilder des Logos, nicht Gottes selbst. In der Entfaltung der göttlichen Einheit zur Vielheit ist der Sohn das erste Glied, der Geist das zweite, das der geschaffenen Welt zunächst steht, aber doch selbst noch zur Gottheit gehört als das letzte Moment in der anbetungswürdigen Dreiheit (Tom. in Joh. VI, 133: $\tau\tilde{\eta}\varsigma\ \pi\rho o\varsigma\kappa v\nu\eta\tau\tilde{\eta}\varsigma\ \tau\rho\iota\acute{\alpha}\delta o\varsigma$). Der Geist empfängt Alles, was er ist und hat, durch den Sohn, wie dieser Alles vom Vater empfängt; er ist der Vermittler unserer Gemeinschaft mit Gott und dem Sohne (de princ. IV, 374). Der Ordnung nach später, als der heilige Geist, aber zeitlich später, ist durch des Vaters gütigen Willen die ganze Reihe der Geister vorhanden, in einer für uns unermesslichen

§ 13. Clemens von Alexandrien und Origenes.

jedoch nicht schlechthin unbegrenzten Zahl (de princ. II, 219; fragm. de princ. II, 6). Einst sollen die Geister alle die Erkenntniss Gottes in derselben Vollkommenheit besitzen, in welcher der Sohn sie besitzt, und jeder ein Sohn Gottes sein, wie es jetzt allein der Eingeborene ist (Tom. in Joh. I, 17), durch Theilnahme an der Gottheit des Vaters selbst vergottet (Tom. in Joh. II, 50: μετοχῇ τῆς ἐκείνου θεότητος θεοποιούμενοι), so dass dann Gott Alles in Allem ist (de princ. III, 818; 321).

Die Güte Gottes konnte niemals unbethätigt bleiben und seine Allmacht niemals ohne Objecte seiner Herrschaft sein, daher kann die Schöpfung der Welt nicht in irgend einem Momente der Zeit begonnen haben, sondern muss als anfangslos gedacht werden (de princ. III, 308). Auch würde der Anfang der Weltschöpfung nothwendig eine Veränderung in Gott voraussetzen in dem Augenblick, wo er zur Schöpfung schritt. Weltleere Aeonen hat es niemals gegeben. Doch ist diese gegenwärtige Welt eine gewordene und vergängliche, und es schliesst sich eine Welt an die andere an, jedoch so, dass keine dieser unendlich vielen Welten der andern ganz gleich ist. Gott hat nicht eine Materie vorgefunden und dieselbe nur gestaltet, sondern er ist auch der Urheber der Materie; andernfalls müsste eine Vorsehung, die älter wäre als er, für die Darstellbarkeit seiner Gedanken in der Materie gesorgt, oder ein glücklicher Zufall die Rolle der Vorsehung gespielt haben (de princ. II, 164). In der Welt ist Gott, der an sich unräumlich ist, allgegenwärtig durch seine wirkende Kraft, wie der Baumeister in seinem Werke oder wie unsere Seele als Empfindungsvermögen durch unsern ganzen Körper verbreitet ist; nur das Böse erfüllt er nicht durch seine Gegenwart (de orat. p. 233; de princ. II, 172). Zu den Menschen steigt er nicht räumlich, sondern durch seine Vorsehung herab (c. Cels. V, 186).

Die Seelen sind ursprünglich in ganz gleicher Qualität von Gott geschaffen, aber das Gute gehört nicht zu ihrem Wesen, sondern von ihrer Selbstbestimmung hängt es ab, ob sie sich für das Gute oder für das Böse entscheiden. Die, welche nicht das Gute ergriffen haben, sind zur Strafe für diese ihre Schuld von Gott verstossen und mit Materie umhüllt worden. Auch jetzt haben die menschlichen Seelen noch Wahlfreiheit zwischen dem Guten und Bösen; es sind noch Keime zur Wiederherstellung in ihnen zurückgeblieben. Das Willensvermögen und die Kraft zum Guten haben sie von Gott, aber die Entscheidung ist ihr eigenes Werk; doch gewährt Gott dazu auch seinen Beistand durch seinen heiligen Geist; jede unserer Thaten ist eine Mischung eigenen Wählens und göttlicher Beihülfe (de princ. III; in Ps. p. 672; in Matth. XII, 561). Der ewige Logos giebt allen Vernunftwesen, damit sie ihre Bestimmung erfüllen, so viel Antheil an sich, als sie Liebe zu ihm empfinden; das Böse ist die Abwendung von der Fülle des wahren Seins zur Leere und Nichtigkeit, also eine Privation, das Leben in der Sünde ist ein Leben des Todes (de princ. I, 109). Ursache des Bösen ist nicht Gott und auch nicht die Materie, sondern die freie That jener Abwendung von Gott, die Gott nicht angeordnet, sondern der er nur nicht gewehrt hat (c. Cels. VII, 742). Im Jenseit findet Lohn und Strafe statt. Aber schliesslich muss auch das Böse dem Guten dienen; die Folgen des Bösen können nicht bis über das Weltende hinaus dauern. Das Ende ist die Apokatastasis, die Wiederbringung aller Dinge zur Einheit mit Gott (de princ. III, 312 ff.) die ἐπανόρθωσις, dann ist die Sünde vernichtet, aber auch die ἄλογα und ἄψυχα, sowie die σώματα sind in das μὴ ὄν zurückgekehrt. Die bösen Geister, an ihrer Spitze der Teufel, versuchen uns, was nöthig ist, damit wir uns bewähren (c. Cels. VI, 666); aber auch sie sind besserungsfähig und sollen erlöst werden (de princ. I, 126; III, 233). Gute Engel stehen uns zur Seite; zuletzt ist aus Liebe der Logos selbst herabgekommen, indem er nicht bloss einen menschlichen Leib, sondern auch eine vollständige, vernunftbegabte menschliche Seele an-

§ 13. Clemens von Alexandrien und Origenes.

nahm (de princ. II, 6; VI, 32). Zahlreichen Weltzeiten ist nicht der Logos selbst erschienen; in der gegenwärtigen ist er als Erlöser herabgekommen, um Alles wieder zu Gott zu führen (de princ. II, 17). Der göttliche Logos, mächtiger als die Sünde, ist die welterlösende Macht; durch ihn führt der allmächtige Gott, für welchen nichts unrettbar verloren ist, auch alle wieder zum vollen und seligen Leben zurück (de princ. I, 109; 324). Eine satisfactorische Bedeutung des Todes Christi kennt jedoch Origenes in seinem System nicht, nur eine vorbildliche. Die jenseitigen Strafen dienen zur Läuterung; wie durch Feuer wird das Böse in uns getilgt, rascher in dem Reineren, langsamer in dem Unreineren; die schlimmsten Sünder verharren darin als in ihrer Hölle bis zum Ende der Zeit, wonach Gott sein wird Alles in Allem, das Maass und die Form der ganzen Bewegung der Seelen, die nur ihn empfinden und schauen (de princ. III, 311). Möglich ist es übrigens, dass Origenes im Sinne der Stoiker und anderer griechischer Philosophen die $\dot{\epsilon}παν\acute{o}ρθωσις$ nicht als absolutes Weltende, sondern nur als vorübergehenden Abschluss der endlosen Weltentwickelung angesehen hat.

Die heiligen Schriften sind von Gott inspirirt und enthalten sein Wort oder seine Offenbarungen, sie sind die Erkenntnissquellen der Wahrheit. Die in ihnen enthaltene Lehre hat als geoffenbarte Wahrheit schon unter allen Völkern Eingang gefunden, wogegen die philosophischen Systeme, die mit Beweisen auftreten, nicht einmal einem einzigen Volke, geschweige allen Nationen sich zu empfehlen vermögen. Aber nicht nur die Verbreitung, sondern auch der Eindruck, den wir beim Lesen empfangen, zeugt für die Inspiration der biblischen Schriften; denn wir fühlen uns dabei von dem Wehen des heiligen Geistes berührt. Diese Schriften enthalten vornehmlich ($προηγουμένως$) Belehrung und dienen der Erkenntniss der Weltbildung und anderer Mysterien; demnächst geben sie Vorschriften für unser Verhalten. Hinter dem Gesetz und den Propheten stehen das Evangelium und die apostolischen Briefe in keiner Art zurück. Das alte Testament ist durch das neue enthüllt worden. Aber auch das neue Testament ist nicht das letzte Ziel der Offenbarungen Gottes, sondern verhält sich zu der vollkommenen Wahrheit so, wie das alte sich zu ihm verhält; es erwartet seine Enthüllung durch die Wiederkunft Christi und ist nur Schatten und Abbild derjenigen Dinge, welche nach dem Abschluss der laufenden Weltperiode sein werden; es ist zeitlich und veränderlich und wird sich einst in ein ewiges Evangelium verwandeln (de princ. III, 327; IV, 1 ff.; 364). Auch ein Paulus und Petrus haben nur einen kleinen Theil der Wahrheit erblickt (Hom. in Jerem. VIII, 174 f.; Tom. in Epist. ad. Rom. V, 545). Das Verständniss des geheimen Sinnes der heiligen Schriften oder die allegorische Deutung ist eine Gnadengabe des heiligen Geistes und zwar das grösste aller Charismen; von Origenes wird dasselbe nicht mehr nach der Weise der Früheren und noch des Clemens Gnosis (die ihm nur eine geringere Stufe des Erkennens ist) sondern Weisheit genannt ($\dot{η}$ $θεία$ $σοφία$, c. Cels. VI, 639, Sel. in Ps. p. 568; $χάρισμα$ $τῆς$ $σοφίας$ oder $λόγου$ $καὶ$ $σοφίας$, Sel. in Matth. p. 835). Die allegorische Deutung setzt Origenes der eigentlichen als eine geistige, pneumatische, der somatischen entgegen; von beiden unterscheidet er mitunter noch die moralische Deutung als eine psychische (de princ. VI, 59). (In der That ist die allegorische Deutung überall da, wo nicht der Verfasser selbst eine Allegorie beabsichtigt hat — welche Absicht freilich die Alexandriner demselben jedesmal unterschoben, wenn der Wortsinn sie selbst nicht erbaute — nur ein aphoristisches Philosophiren bei Gelegenheit der Bibelstellen.)

Der von Origenes fälschlich für einen Epikureer gehaltene eklektische Platoniker Celsus, der, höchst wahrscheinlich identisch mit dem um 170 n. Chr. lebenden, von Lucian im Pseudomantis erwähnten Celsus (s. Grundr. Th. I, S. 307), etwa 178 einen $λόγος$ $ἀληθής$ gegen die Christen schrieb, hat theils vom jüdischen, theils

§ 13. Clemens von Alexandrien und Origenes.

von seinem philosophischen Standpunkte aus das Christenthum mit grossem Scharfsinn bekämpft, die historische Basis desselben auf einen misslungenen Aufstandsversuch reducirt, der christlichen Idee der duldenden Liebe die Idee der Gerechtigkeit, dem Glauben an die Erlösung der Menschheit den an eine ewige, vernunftgemässe Ordnung des Universums, der Lehre von dem menschgewordenen Gotte die Jenseitigkeit Gottes, der nur mittelbar auf das Irdische einwirke (der Jude sagt allerdings: ὡς εἴγε ὁ λόγος ἐστὶν ὑμῖν υἱὸς θεοῦ καὶ ἡμεῖς ἐπαινοῦμεν), dem Glauben an die Auferstehung des Leibes die Lehre von der Nichtigkeit der Materie und von der Fortexistenz der Seele allein entgegen gehalten, den Grund der Verbreitung des Christenthums aber in der bei der ungebildeten, an sinnlichen Vorstellungen haftenden Menge durch Drohungen und Verheissungen in Betreff des jenseitigen Zustandes erregten Furcht und Hoffnung gefunden. Es ist dieses Buch geradezu ein reiches Arsenal von Angriffswaffen gegen das Christenthum, die bis in die neuesten Zeiten hinein gebraucht worden sind. Origenes behauptet ihm gegenüber in seiner auf die Aufforderung seines Freundes Ambrosius verfassten, nicht sehr gelungenen Gegenschrift die Vernunftgemässheit und Beweisbarkeit des christlichen Glaubens. Als Beweis gelten ihm namentlich die erfüllten alttestamentlichen Weissagungen (contra Celsum I, 366), die Wunder, die noch täglich an Kranken und Besessenen durch das Ablesen des Evangeliums geschehen (ib. 1, 321 u. ö.), die siegreiche Ausbreitung des Christenthums und seine entsündigende Macht, die strahlende Reinheit der Christengemeinden inmitten des allgemeinen Verderbens (ib. I, 323; III, 466). Dann sucht Origenes die einzelnen Dogmen wesentlich so, wie auch in der Schrift περὶ ἀρχῶν, zu begründen. Das Recht der Christengemeinden, gegen den Willen des Staates zu bestehen, gründet Origenes auf das von Gott stammende Naturrecht, welches höher stehe als das geschriebene Recht (c. Cels. V, 604).

An Origenes hat die spätere Orthodoxie angeknüpft, deren Gestaltung durch seine Doctrin bedingt war (s. oben § 12, Ende), zugleich aber hat dieselbe ihn bekämpft und zwar sein apologetisches, jedoch nicht sein systematisches Hauptwerk gelten lassen, während andererseits Arianer und später Pelagianer sich auf ihn beriefen. In ihm lagen (wie in neuerer Zeit in Schleiermacher) Keime zu einander entgegengesetzten theologischen Doctrinen vereint, welche später zu selbständiger Entfaltung gelangen sollten. Derselbe Justinian, der (529) die Schule der Neuplatoniker aufhob, hat (um 540) durch neun Anathematismen den Origenismus verdammt.

Dionysius der Grosse (geb. gegen Ende des 2. Jahrh.s, übernahm nach Origenes die Leitung der Katechetenschule in Alexandrien, wurde gegen 248 daselbst Bischof und starb 264 oder 265) verfasste eine Schrift περὶ φύσεως, von der wir ein ziemlich umfangreiches Fragment bei Eusebius, praep. ev. XIV, 23—27 besitzen. Er greift darin den demokritischen und epikureischen Atomismus an, indem er mit Schärfe nachzuweisen sucht, wie die Atomistik nicht genüge, eine befriedigende Erklärung der Welt und des Geschehens in ihr zu geben, und wie sie mit sich selbst in Widerspruch gerathe. Auf specifisch christlichen Standpunkt stellt er sich freilich dabei nicht, sondern auf den eklektisch-hellenistisch-christlichen, wie es zu Anfang des Fragments heisst: πότερον ἕν ἐστι τὸ πᾶν, ὡς ἡμῖν τε καὶ τοῖς σοφωτάτοις Ἑλλήνων Πλάτωνι καὶ Πυθαγόρᾳ καὶ τοῖς ἀπὸ τῆς στοᾶς καὶ Ἡρακλείτῳ φαίνεται.

§ 14. Während die christologische Speculation hauptsächlich durch hellenistische Theologen ausgebildet wurde, haben lateinische

Kirchenlehrer vorzugsweise die allgemeine, in dem Glauben an Gott und die Unsterblichkeit liegende Basis, wie auch die anthropologischen und moralischen Momente der christlichen Lehre hervorgehoben.

Das gleiche Thema wie Minucius Felix, also die Lehre von dem Einen ewigen Gott und die Widersinnigkeit und Unsittlichkeit des polytheistischen Volksglaubens, behandelt Arnobius, nur mit geringerer Eleganz der Form, aber vollständigerer Erörterung der Sache, jedoch oft mehr oberflächlich als gründlich, und geht dabei auch auf die christologische Frage ein, indem er die Gottheit Christi besonders aus den Wundern nachzuweisen sucht. Den Glauben an Gott hält er für angeboren. Wie Justin und Irenäus, spricht er der menschlichen Seele, deren Wesen er für ein mittleres zwischen dem Göttlichen und dem grob Materiellen hält, die natürliche Unsterblichkeit ab und bekämpft platonische Argumente für eine Präexistenz und Postexistenz der Seele zu Gunsten des theologisch-moralischen Argumentes. Was die Erkenntniss anlangt, so tritt er hier der platonischen Lehre von der Wiedererinnerung entgegen und vertritt den stoischen Empirismus.

Der Rhetor Lactantius vereinigt in seinen theologisch-philosophischen Schriften Gefälligkeit der Form und ciceronische Reinheit des Stils mit einer ziemlich umfassenden und genauen Kenntniss der Sache; doch ermangelt seine stets klare und leichte Darstellung nicht selten der Gründlichkeit und Tiefe. Er macht als der Erste im Abendlande den Versuch, die christliche Weltanschauung systematisch darzustellen, und legt das Hauptgewicht auf die Moral. Er stellt die christliche Lehre als die geoffenbarte Wahrheit der polytheistischen Religion und der vorchristlichen Philosophie entgegen, welche beide er als falsch und verderblich bekämpft, obschon er zugesteht, dass es keiner Ansicht an einzelnen Elementen der Wahrheit fehle; die rechte Auswahl aber vermöge nur der zu treffen, der zuvor von Gott belehrt sei. Die Vereinigung der wahren Weisheit mit der wahren Religion ist der Zweck, den er durch seine Schriften zu fördern sucht. Verwerfung des Polytheismus, Anerkennung der Einheit Gottes und Christologie sind ihm die Stufen der religiösen Erkenntniss. Die echte Tugend ruht auf der wahren Religion; sie hat ihren Zweck nicht in sich selbst, sondern in dem ewigen seligen Leben.

Die sieben Bücher des Arnobius adversus gentes erschienen zuerst zu Rom 1543, in neuerer Zeit zu Leipzig 1816, hrsg. von Joh. Conr. Orelli; zu Halle 1844, hrsg. von Hildebrand; in Gersdorfs Bibl. patr. eccl. Lat. vol. XII, hrsg. von Franz Oehler, Leipz. 1846; v. Aug. Reifferscheid, s. ob. S. 3. Ueber Arnobius handeln: Petr. Krog Meyer, de ratione et argum. Apologetici Arnobiani, Havniae 1815. E. Klussmann, Arnob. und Lucretius, oder ein Durchgang durch den Epikureismus zum Christenth., in: Philol. Bd. 26, 1867, S. 362—366. Mich. Zink, zur Krit. u. Erklärung des Arnob., G.-Pr., Bamberg 1873. G. Kettner, Cornelius Labeo, ein Beitrag zur Quellenkritik des Arnobius, Progr. d. Königl. Landesschh. Pforta, 1877. K. B. Francke, d. Psychol. u. Erkenntnisslehre des Arnob., I.-D., Leipz. 1878.

§ 14. Arnobius und Lactantius.

Die Werke des Lactantius, von dem zuerst die Institut. div. (Sublaci 1465 f., dann Rom 1470 f. etc.) erschienen, sind sehr häufig gedruckt worden, u. a. Cantabrigiae 1685; hrsg. von J. L. Bünemann, Leipz. 1739; von J. B. Le Brun und Nic. Lenglet-Dufresnoy, Paris 1748; von O. F. Fritzsche in Gersdorfs Bibl. vol. X und XI, Leipz. 1842—44; auch in der von J. P. Migne hrsg. Bibl., Paris 1844. Ueber L. handeln Joach. Just. Rau, diatribe hist.-philos. de philos. L., Jenae 1733. H. J. Alt, de dualismo Lactantiano, Breslau 1839. E. Overlach, d. Theol. des Lactantius, diss., Schwerin 1858. Joh. Jac. Kotzé, specimen de L., Utrecht 1861. P. Bertold, Prolegomena zu Lactantius. Sch.-Pr., Metten 1861. O. Rothfuchs, qua historiae fide Lact. usus sit in libro de mortibus persecutorum, Marb. 1862. Ad. Ebert, üb. d. Verh. des Buches de mortibus persecutorum, in: Berichte d. sächs. Gesellsch. d. Wissensch., 1870, S. 115 bis 138. Joh. Gust. Theod. Müller, quaestiones Lactantianae, diss. inaug., Götting. 1875. H. Dechent, über die Echtheit des Phönix v. Lact., in: Rhein. Mus., N. F., Bd. 35. 1880, S. 39—55.

Die bald nach 300 verfasste Schrift des in Sicca als Lehrer der Rhetorik lebenden Afrikaners Arnobius gegen die Heiden (adversus gentes) ist in den zwei ersten Büchern apologetisch, in ihren fünf letzten mehr polemisch. Sie wurde rasch geschrieben, damit ihr Verfasser zur Taufe zugelassen würde, und nahm Vieles in unselbständiger Weise von Clemens Alexandrinus auf. Arnobius braucht besonders die Schriften des Cornelius Labeo (eines Zeit- und theilweisen Gesinnungsgenossen des Apuleius), der einer der bedeutendsten römischen Antiquare in der christlichen Zeit war und gegen das Christenthum sich geäussert hatte, um seine Polemik gegen das Heidenthum anzuknüpfen, und theilt zugleich grössere Stücke in Auszügen aus diesem Schriftsteller mit. Der Eine Gott, von dem ja selbst die hellenischen Götter, falls sie existirten, ihren Ursprung haben müssten, darf nicht mit Zeus, dem Sohne des Saturn, identificirt werden. Die allegorische Deutung der Göttermythen weist Arnobius mit Schärfe ab. Den Zweifel, ob überhaupt der höchste Gott existire, hält er (I, 31) nicht einmal der Widerlegung werth, da der Gottesglaube einem Jeden angeboren sei (s. unten). Ja selbst die Thiere und Pflanzen, wenn sie reden könnten, würden Gott als den Herrn des Weltalls verkünden (I, 33). Gott ist unendlich und ewig, der Ort und Raum aller Dinge (I, 31), durchaus immateriell und körperlos, nicht ein corpus sui generis wie Tertullian meinte. Im Unterschied von Minucius Felix aber sucht Arnobius auch den Vorwurf derer zu widerlegen, welche behaupteten, nicht darum zürnten die Götter den Christen, weil diese den ewigen Gott verehrten, sondern darum, weil sie einen als Verbrecher gekreuzigten Menschen für einen Gott hielten (I, 36 ff.). Arnobius antwortet, Christus dürfe schon um der von ihm dem Menschengeschlecht erwiesenen Wohlthaten willen Gott genannt werden; er sei aber auch wirklicher Gott, was aus seinen Wunderwerken und aus seiner die Ansichten und Sitten der Menschen umgestaltenden Wirksamkeit erhelle. Arnobius legt ein sehr grosses Gewicht auf den aus den Wundern zu entnehmenden Beweis. Philosophen, sagt er (II, 11), wie Platon, Kronius und Numenius (vergl. Grundriss I, § 65, 7. Aufl., S. 307), denen die Heiden glauben, waren wohl sittenrein und der Wissenschaften kundig, aber sie konnten keine Wunder thun wie Christus, nicht das Meer beruhigen, nicht Blinde heilen etc., folglich müssen wir Christum höher stellen und seinen Aussagen über verborgene Dinge mehr Glauben schenken. Auf Glauben sind wir bei irdischen und überirdischen Dingen angewiesen; der Christ glaubt Christo (II, ff.). Als Mensch musste Christus auf der Erde erscheinen, weil er, wenn er sich auf dieselbe in seiner ursprünglichen Natur hätte herablassen wollen, nicht von den Menschen hätte gesehen werden und seine Werke verrichten können (I, 60).

Arnobius behandelt die Fragen nach Ursprung, Wesen und Unsterblichkeit der Seele ausführlich. Er bekämpft die platonische Präexistenz zu Gunsten des

§ 14. Arnobius und Lactantius.

Creatianismus und lässt die Seele geschaffen werden durch ein Mittelwesen, das vom höchsten Gott um viele Stufen der Würde und Macht geschieden ist. Ihrem Wesen nach ist die Seele durchaus körperlich, und in ihrer Entwickelung ist sie vom Körper abhängig. Wie Justin bekämpft er die platonische Lehre, dass die menschliche Seele ihrer Natur nach unsterblich sei. Sie ist von mittlerer Qualität, von zweifelhafter Natur, d. h. ihren natürlichen Anlagen nach schwebt sie in der Mitte zwischen Leben und Tod, Vernichtung und Fortdauer, schon wegen ihrer Körperlichkeit kann sie nicht von Natur aus unsterblich sein. Während die heidnischen Philosophen die Unvergänglichkeit der Seele aus der vermeintlichen göttlichen Natur derselben folgerten, gilt sie dem Christen als Gottes Gnadengabe. Die Garantien für die Unsterblichkeit liegen in Gottes Güte und Allmacht, in dem Verlangen der Seele selbst, dem Untergange zu entrinnen, und in der Nothwendigkeit einer jenseits eintretenden Vergeltung. Wenn uns kein zukünftiger Lohn für unsere gewaltige Arbeit erwartete, wäre es nicht nur der grösste Irrthum, sondern thörichte Blindheit, die Leidenschaften zu bändigen. Deshalb ist die Lehre Epikurs, dass die Seelen untergehen, ganz falsch (II, 30). Entschieden polemisirt Arnobius auch gegen die platonische Ansicht, dass das Wissen Wiedererinnerung sei; auf das im Menon aufgestellte Argument entgegnet er, der Sclave werde bei den richtigen Antworten auf die von Sokrates gestellten geometrischen Fragen nicht durch eine vorhandene Kenntniss von der Sache, sondern durch einsichtige Ueberlegung (non rerum scientia, sed intelligentia) unter methodisch geordneter Fragestellung geleitet (II, 24). Ein von seiner Geburt an in völliger Einsamkeit aufgewachsener Mensch würde geistig leer sein und keineswegs erfüllt mit Vorstellungen überirdischer, in einem früheren Leben angeschauter Dinge. Es wird dies sehr breit ausgeführt (II, c. 20 ff.), und Lamettrie knüpft an diese Ansichten des Arnobius an, s. Grundr. III, Aufl. 6, S. 177. Vielleicht ist diese Annahme des Arnobius das Urbild zu der Menschenstatue, die in dem Sensualismus Condillacs eine so grosse Rolle spielt (s. Lange, Gesch. d. Material., 3. Aufl. I, S. 336). Die Wahrnehmung ist die einzige Quelle aller Erkenntniss für die Seele, welche als von vornherein leer angesehen wird. Eine Idee nur ist dem Menschen von vornherein angeboren, das ist die Gottesidee, das ist die Idee eines Lenkers und Herrn aller Dinge (I, 33). Mit ihr ist gegeben die Gewissheit der Existenz Gottes, seiner Güte und seiner Vollkommenheit. Die wahre Gottesverehrung liegt nicht in Opfern, sondern in richtigen Ansichten über die Gottheit: opinio religionem facit et recta de divis mens (VII, 51 Or.). Freilich neigt Arnobius auf Grund seines Empirismus zu einer Art Skepticismus. Alle sogenannte Erkenntniss, die sich nicht auf Erfahrung stützt, kommt über Unklarheit und Ungewissheit nicht hinaus, aber auch die auf der Empirie ruhende soll nicht zu völliger Unbestreitbarkeit gelangen, und so bliebe denn nichts übrig, als Verzichtleistung auf positive Urtheile (II, 57). Hiermit ist denn das Bedürfniss nach Offenbarung gegeben.

Ungefähr gleichzeitig mit Arnobius schrieb der zum Christenthum bekehrte Rhetor Firmianus Lactantius seine Institutiones divinae, der an den Hof Constantins des Grossen zur Erziehung dessen Sohnes Crispus berufen wurde und bald nach 325 gestorben ist. Vor seinem Uebertritt zum Christenthum scheint er sich dem Stoicismus zugeneigt zu haben. Aus seinen Institutiones fertigte er einen Auszug an: Epitome divinarum institutionum ad Pentadium fratrem (worin er C. 43 in runder Zahl sagt, Jesus Christus sei vor 300 Jahren geboren). Ausserdem sind von ihm erhalten: liber de opificio Dei ad Demetrianum; de ira Dei liber; de mortibus persecutorum liber; ausserdem Fragmente. Das symbolisch die Unsterblichkeit feiernde Gedicht de Phoenice, welches im 6. Jahrhundert schon allgemein dem Lactantius zugeschrieben wurde, ist nicht einmal unzweifelhaft von einem

§ 14. Arnobius und Lactantius.

Christen verfasst (s. jedoch die S. 83 erwähnte Abhandl. von Dechent, welche das Gedicht dem Lactantius zuschreibt). Hieronymus nennt (cat. c. 80) den Lactantius einen Schüler des Arnobius; doch ergiebt sich aus den eigenen Schriften des Lactantius dieses Schülerverhältniss nicht. Er nennt in den Instit. divin. (V, 1—4) als seine Vorgänger insbesondere den Tertullian, den Minucius Felix und den Cyprian (der von 200—258 gelebt und besonders für die Einheit und Macht der Kirche gestritten hat; ihm gehört der Ausspruch an: Habere jam non potest Deum patrem, qui ecclesiam non habet matrem; vergl. über ihn B. Fechtrup, d. heil. Cyp., sein Leben u. s. Lehre, I. Bd., Münster 1878, Otto Ritschl, Cypr. v. Carthago u. d. Verf. d. Kirche, Götting. 1885), nicht den Arnobius, und auch der Inhalt seiner Schrift scheint nicht auf arnobianischen Einfluss zurückzuweisen. Tertullian genügt ihm nicht von Seiten der Form; den Minucius Felix gebraucht er geradezu als Vorbild, er erwähnt ihn lobend und meint, seine Schrift bekunde, dass er, wenn er sich ganz dieser Sache gewidmet hätte, Vollgenügendes hätte leisten können; Cyprian aber redet ihm für den apologetischen Zweck zu mythisch: er fehle in der Art der Beweisführung, da die Berufung auf die biblischen Schriften die Ungläubigen nicht zu überzeugen vermöge. Lactantius hat seine Institutiones und auch noch den Auszug aus denselben offenbar zu einer Zeit verfasst, da noch das Christenthum öffentliche Anerkennung nicht gefunden hatte; die Anreden an Constantin als den Gönner der Christen sind dem Hauptwerke von ihm selbst oder von Anderen später eingeschoben worden. Die Schrift de opificio Dei, welche eine Ergänzung zu dem vierten Buche der Republik Ciceros sein will und in ihrem stoischen Charakter wenig von dem Christenthum ihres Verfassers kundgiebt, begründet den Gottesglauben auf die zweckmässige Gestaltung der Organismen, bei deren Nachweisung Lactantius sehr ins Einzelne eingeht.

In den Institutiones will Lactantius nicht nur die Existenzberechtigung des Christenthums darthun, sondern auch in der christlichen Lehre selbst unterweisen (VI, 1 ff.; V, 4) und die Weisheit, durch die der Polytheismus zerstört, der wahre Gott erkannt und als Vater geliebt werde, mit der Religion, durch die er als Herr verehrt werde, vereinigen; die Erkenntniss aber müsse der Verehrung vorausgehen. Das höchste Gut des Menschen ist weder die Lust, die auch das Thier hat, noch auch die Tugend, die nur der Weg zu ihm ist, sondern die Religion. Denn die Humanität ist Gerechtigkeit, Gerechtigkeit aber ist Frömmigkeit, Frömmigkeit aber ist Anerkennung Gottes als des Vaters (Inst. III, 11 ff.; IV, 4; V, 1). Lactantius setzt in den Inst. div. den (in der Schrift de opif. Dei ausführlich begründeten) Gedanken als einen kaum bezweifelten voraus, dass die vernunftgemässe Weltordnung eine Vorsehung beweise. Instit. I, 2: nemo est enim tam rudis, tam feris moribus, qui non, oculos suos in coelum tollens, tametsi nesciat, cuius dei providentia regatur hoc omne quod cernitur, aliquam tamen esse intelligat ex ipsa rerum magnitudine, motu, dispositione, constantia, utilitate, pulchritudine, temperatione, nec posse fieri quin id, quod mirabili ratione constat, consilio maiori aliquo sit instructum. Er wendet sich dann zum Beweis der Einheit Gottes, die er aus der Vollkommenheit Gottes als des ewigen Geistes folgert. Inst. I, 3: Deus autem qui est aeterna mens ex omni utique parte perfectae consummataeque virtutis est; ... virtutis autem perfecta natura in eo potius est, in quo totum est, quam in eo, in quo pars exigua de toto est: Deus vero, si perfectus est, ut esse debet, non potest esse nisi unus, ut in eo sint omnia. Eine Mehrheit von Göttern würde die Theilbarkeit der göttlichen Macht involviren, woraus deren Vergänglichkeit folgen würde. Mehrere Götter würden Entgegengesetztes wollen können, woraus Kämpfe zwischen ihnen herfliessen könnten, welche die Weltordnung stören würden; nur wenn eine einheitliche Vorsehung alle Theile beherrscht, kann das Ganze bestehen; also muss nothwendig die Welt durch den Willen eines Wesens gelenkt werden (I, 3). Wie unsern Leib ein Geist regiert, so die Welt Ein Gott (ebend.). Wesen, die dem Einen Gotte gehorchen müssen, sind nicht Götter (ebend.). Die Einheit Gottes wird von den Propheten bezeugt (I, 4), ja auch von Dichtern und Philosophen, nicht als ob diese die Wahrheit recht erkannt hätten, sondern weil die Gewalt der Wahrheit so gross ist, dass sie auch wider den Willen der Menschen denselben einleuchtet (I, 5); keine philosophische Schule ist ganz ohne Elemente der Wahrheit (VII, 7). In der Berufung auf die philosophischen Zeugen für die Einheit Gottes folgt Lactantius offenbar im Wesentlichen dem Minucius Felix; beide schöpfen ihre Kenntniss vorwiegend aus Ciceros Schrift de natura deorum; aber von des Minucius günstigen Urtheil über die Philosophen weicht Lactantius doch wiederum weit ab, indem er, wie Tertullian, die heidnische Religion und Philosophie beide als falsch und irreleitend der von Gott offenbarten Wahrheit entgegensetzt (I, 1; III, 1, u. ö.) und gegen die Philosophen den biblischen Satz kehrt, dass die menschliche Weisheit Thorheit vor Gott sei. Das dritte Buch der Instit. ist eigens der Aufgabe gewidmet, die Nichtigkeit der Philosophie aufzuzeigen: philosophiam quoque ostendere quam inanis et falsa sit, ut omni errore sublato veritas patefacta clarescat (III, 2). Philosophia quaerit sapientiam, non ipsa sapientia est (ibid.). Die Philosophie müsste Wissen oder Meinung sein. Das Wissen (und zunächst das naturphilosophische) ist dem Menschen nicht erreichbar; er kann dasselbe nicht aus dem eigenen Geiste schöpfen, weil dies nur Gott und nicht dem Menschen zukommt; mortalis natura non capit scientiam nisi quae veniat extrinsecus; wir erkennen nicht die Ursachen der Dinge, wie mit Recht Sokrates und die Akademiker lehren. Auf blosses Meinen aber darf der Philosoph sich nicht beschränken, wie mit Recht die Stoiker lehren. Die Widersprüche zwischen den verschiedenen Philosophenschulen benutzt er zur Widerlegung der philosophischen Lehren. Also führt nicht die Philosophie, sondern nur die Offenbarung zur Erkenntniss der Wahrheit. Die Dialektik ist unnütz (III, 18). In der Ethik differiren ebenso wie in der Physik die Ansichten der Philosophen. Um zu wählen, müssten wir schon weise sein, da wir doch von ihnen erst die Weisheit lernen sollten; zudem mahnt der skeptische Akademiker uns ab, irgend einer Schule zu glauben, wodurch er freilich auch den Glauben an seine eigene Richtung zerstört. Was also bleibt übrig, als die Zuflucht zu dem Geber der wahren Weisheit?

Nach der Widerlegung der falschen Religion und Philosophie wendet sich Lactantius zur Darlegung der christlichen Lehre, indem er nachzuweisen sucht, Gott habe von Anfang Alles so geordnet, dass bei dem Herannahen des Weltendes (d. h. des Ablaufens der auf 6000 Jahre bestimmten Weltdauer) der Sohn Gottes habe auf die Erde herabsteigen und leiden müssen, um Gott einen Tempel zu bauen und die Menschen zur Gerechtigkeit zu führen. Hauptsächlich auf die Zeugnisse der Propheten gründet er den Glauben an Christus als den Logos und Gottessohn (Inst. IV). Vater und Sohn sind ein Gott, weil ihr Geist und Wille eins sind: der Vater kann nicht ohne den Sohn wahrhaft verehrt werden (VI, 29). (Den heiligen Geist erkennt Lactantius nicht als dritte Person an, sondern nur als den Geist des Vaters und des Sohnes.) Der von Christus errichtete Gottestempel ist die katholische Kirche (Inst. IV, 30). Die Gerechtigkeit besteht in Frömmigkeit und Billigkeit; die Frömmigkeit ist die Quelle, die Billigkeit, die auf Anerkennung der wesentlichen Gleichheit der Menschen beruht, die Kraft und Wirksamkeit derselben (V, 14). Beides, der Ursprung und die Wirkung der Gerechtigkeit, ist den Philosophen, da sie die wahre Religion nicht hatten, verborgen geblieben, den Christen aber durch Offenbarung kund geworden (V, 15). Die Tugend ist die Erfüllung des göttlichen Gesetzes oder der wahre Gottesdienst, der nicht in Opfern, sondern in der reinen Gesinnung und in der Erfüllung der Pflichten gegen Gott und Menschen besteht (Inst. VI). Nicht die Unterdrückung der Affecte, auch nicht ihre Mässigung, sondern ihr rechter Gebrauch gehört zur Tugend (VI, 16); auch Gott darf der Zorn nicht abgesprochen werden (de ira Dei). Die Gerechtigkeit ist von Gott mit dem Anschein der Thorheit bekleidet worden, um auf das Mysterium der wahren Religion hinzudeuten; sie würde in der That Thorheit sein, wenn nicht der Tugend der jenseitige Lohn vorbehalten wäre. Platon und Aristoteles hatten den löblichen Vorsatz, die Tugend zu vertheidigen; aber sie haben ihr Ziel nicht erreichen können, und ihre Bemühung blieb eitel und unnütz, weil sie die Heilslehre nicht kannten, die in der heiligen Schrift enthalten ist; sie hielten irrthümlicherweise dafür, die Tugend sei um ihrer selbst willen zu erstreben und trage ihren Lohn in sich selbst allein. Inst. V, 18: qui sacramentum hominis ignorant ideoque ad hanc vitam temporalem referunt omnia, quanta sit vis justitiae scire non possunt; nam et quum de virtute disputant quamvis intelligant aerumnis ac miseriis esse plenissimam, tamen expetendam ajunt sua causa; ejus enim praemia quae sunt aeterna et immortalia, nullo modo vident; si rebus omnibus ad hanc praesentem vitam relatis virtutem plane ad stultitiam redigunt. Inst. V, 18: virtus et mercedem suam Deo judice accipiet et vivet ac semper vigebit; quae si tollas, nihil potest in vita hominum tam inutile, tam stultum videri esse quam virtus. Inst. VI, 9: nec aliter virtus quum per se dura sit, haberi pro bono potest, quam si acerbitatem suam maximo bono penset. In dieser Weise schliesst Lactantius auf die Unsterblichkeit der nicht durch Zeugung, sondern durch göttliche Schöpfung entstehenden (de opif. Dei 19) Seele und den von Gott bestimmten jenseitigen Lohn (Inst. V, 18), ohne den die Tugend unnütz sein würde. Die Welt ist um des Menschen, dieser um der Unsterblichkeit, diese um des ewigen Gottesdienstes willen. Die Ueberzeugung von der Unsterblichkeit will Lactantius zuvörderst auf die Zeugnisse der heiligen Schriften, dann aber auch auf glaubhafte Argumente gründen (Inst. VI, 1 ff.). Die Argumente, welche Platon von der Selbstbewegung und von der Intellectualität der Seele entnimmt, scheinen ihm nicht zuzureichen, da andere Autoritäten entgegenstehen (Inst. VII, 8). Die Seele kann körperlos existiren, da ja auch Gott körperlos ist; sie wird fortleben, da sie Gott, den Ewigen, erkennen und verehren kann; ohne die Unsterblichkeit hätte die Tugend nicht den Werth, der ihr doch zukommt, und das Laster nicht die ihm gebührende Strafe (Inst. VII, 10 f.). Die auferstandenen Seelen werden von Gott mit Körpern umkleidet werden (VII, 23). Zuerst erstehen die Gerechten zu seligem Leben; erst in der zweiten Auferstehung werden auch die Ungerechten oder Ungläubigen, und zwar zu ewigen Qualen, wieder erweckt (VII, 26).

Zweiter Abschnitt.
Die patristische Philosophie nach dem Concil von Nicäa.

§ 15. Nachdem die christliche Religion im römischen Staate zur Anerkennung und Herrschaft gelangt war, und die Fundamentaldogmen (auf dem Concil zu Nicäa 325 n. Chr.) kirchlich sanctionirt worden waren, wandte sich das christliche Denken theils der subtileren Durchbildung, theils der positiv-theologischen und der philosophisch-theologischen Begründung der nunmehr in den Grundzügen feststehenden Lehre zu. Die Kämpfe zwischen Häresie und Orthodoxie weckten die productive Kraft des Gedankens. Die theologisch-philosophische Speculation ward in der nächstfolgenden Zeit zumeist von der Schule des Origenes gepflegt, wenn auch gegen einzelne Dogmen sogar von platonisirenden christlichen Schriftstellern heftig polemisirt wurde, so von Methodius, Bischof von Tyrus.

Der hervorragendste Vertreter der Richtung des Origenes ist Gregor von Nyssa (331—394), und neben ihm sind zu nennen sein Bruder Basilius der Grosse (gest. 379) und der dritte berühmte Kappadocier, Gregor von Nazianz (gest. 390). Gregor von Nyssa ist der erste, der (nachdem Athanasius selbst hauptsächlich das christologische Dogma gegen die Arianer und Sabellianer vertheidigt hatte) den ganzen Complex der orthodoxen Lehren aus der Vernunft, wiewohl unter durchgängiger Mitberücksichtigung der biblischen Sätze, zu begründen sucht. In der Form der Betrachtung folgt Gregor dem Origenes; den Inhalt seiner Lehre aber eignet er sich nur in so weit an, als derselbe mit dem orthodoxen Dogma zusammenstimmt, bekämpft ausdrücklich Theoreme wie das der Präexistenz der menschlichen Seele vor dem Leibe und entfernt sich nur noch durch Hinneigung zu der Annahme einer schliesslichen Wiederbringung aller Dinge zur Gemeinschaft mit Gott von der kirchlichen Rechtgläubigkeit. Besonders beschäftigt ihn das Problem der göttlichen Dreieinigkeit und das der Auferstehung des Menschen zum neuen Leben. Die Trinitätslehre betrachtet Gregor als die richtige Mitte zwischen dem jüdischen Monotheismus oder Monarchianismus und dem heidnischen Polytheismus. Die Frage, warum drei göttliche Personen nicht drei Götter, sondern Ein Gott seien, beantwortet er mittelst der Annahme, dass der Ausdruck Gott ($\vartheta\epsilon\acute{o}\varsigma$) das Wesen, welches Eines sei, und nicht die Person bezeichne; seine durch dieses Problem veranlassten Untersuchungen über das Verhältniss des Wesens zu den Individuen anticipieren in gewissem Betracht bereits den Scholasticismus des Mittelalters. Die menschliche

Seele entsteht mit dem Leibe zugleich, sie ist überall in ihrem Leibe gegenwärtig: sie überdauert den Leib, hat dann für sich eine unräumliche Existenz, vermag aber aus der Gesammtheit der Materie die Theilchen, die ihrem Leibe angehört haben, wieder herauszufinden und sich anzueignen, so dass sie mit ihrem Leibe sich bei der Auferstehung wieder umkleiden wird. Auf die menschliche Freiheit bei der Aneignung des Heils legt Gregor grosses Gewicht; ohne diese Voraussetzung könne nicht die Ueberzeugung von der göttlichen Gerechtigkeit bei der Annahme der Einen und Verwerfung der Anderen bestehen; Gott sah voraus, wie der Mensch sich entscheiden würde, und bestimmte hiernach sein Loos. Das sittlich Böse ist das einzige wirkliche Uebel; es selbst war nothwendig um der Freiheit willen, ohne welche der Mensch nicht wesentlich das Thier überragen würde. Auf Grund dieser Rechtfertigung der bestehenden Weltordnung weist Gregor den manichäischen Dualismus zwischen einem guten und einem bösen Princip zurück. Aus Gottes überschwenglicher Güte und aus der negativen Natur des Bösen folgt die endliche Rettung aller Wesen; die Strafe dient zur Reinigung; für das Böse wird kein Ort mehr sein, wann aller Wille in Gott ist.

Vgl. Jos. Schwane, Dogmengesch. d. patrist. Zeit (325—787 n. Chr.), Münster 1866 bis 69. H. Weiss, die grossen Kappadocier, Basilius, Gregor v. Nazianz u. Greg. v. Nyssa als Exegeten, Lpz. 1872.

Die Schriften des Methodius, soweit sie uns noch erhalten sind, finden sich bei Gallandi, Biblioth. Patr., T. III, bei Migne, Patrol. Gr. cursus compl. T. XVIII. Albrt. Zahn, S. Methodii Opp. et S. Methodius platonizans, Halle 1865, die zweite Hälfte führt auch den Sondertitel: Platonismus SS. Patrum ecclesiae Gr. S. Methodii exemplo illustratus. Es ist dies eine reichhaltige Nachweisung der Beziehungen des Meth. zu Platon. Vgl. ausserdem: Gottfr. Fritschel, Method. v. Olympus u. seine Philosophie, Dissert., Lpz. 1879.

Die Werke des Gregor von Nyssa sind theilweise von L. Sifanus (Basil. 1562 und 1571) u. A., vollständiger von Morellus (Paris 1615) herausgegeben worden. Seit 1865 erscheinen Gregorii opera ex rec. Fr. Oehler, Tom. I continens libros dogmaticos, Halis. Einzelne Werke haben Verschiedene, in neuerer Zeit namentlich Krabinger den Dialog über die Seele und Auferstehung, Lpz. 1837, edirt; eine Auswahl der bedeutendsten Schriften nebst deutscher Uebersetzung hat Oehler veröffentlicht (Bibliothek der Kirchenväter, I. Theil: Gregor von Nyssa, Bd. I—IV, Leipzig 1858—59); seinen Dialog über Seele und Auferstehung hat Herm. Schmidt in deutscher Bearbeitung und mit kritischen Anmerkungen, Halle 1864, herausgegeben. Ueber ihn handeln namentlich J. Rupp (Gregors des Bischofs von Nyssa Leben und Meinungen, Leipz. 1834), Heyns (disp. de Greg. Nyss. Lugd. Bat. 1835), E. W. Möller (Gregorii Nysseni doctrinam de hominis natura et illustravit et cum Origeniana comparavit, Halis 1854), Stigler (die Psychologie des heiligen Gregorius von Nyssa, Regensburg 1857), G. Herrmann (Gregorii Nysseni sententiae de salute adipiscenda, Halle 1875), Joh. Bergades (ἡ περὶ σύμπαντος καὶ τῆς ψυχῆς τοῦ ἀνθρώπου διδασκαλία Γρηγορίου τοῦ Νύσσης), D. I. Lips., Thessalon. 1876.

Ueber Basilius d. Gr.: G. Hermant, vie de S. Basile le Grand et celle de Grégoire, 2 voll., Paris 1674. C. R. W. Klose, Basil. d. Gr. nach Leb. u. Lehre, Strals. 1835. Alb. Jahn, Basilius Plotinizans, Bern 1838, nebst Animadversionen, ebd. 1842. Schürmann. de St. Basilio et Gregorio Nazianzeno literarum antiqu. studiosis, G.-Pr., Kempen 1862, P. II, ibid. 1872. Eugène Fialon, étude historique et littéraire sur St. Basile, Nancy 1865.

§ 15. Gregor von Nyssa und andere Origenisten.

Ueber Gregor v. Nazianz: K. Ullmann, G. v. N., d. Theol., Darmst. 1825. J. Draeseke, quaestionum Nazianzenarum specimen, Progr., Wandsbeck 1876. A. Benoit. St. Gregoire de Nazianze, archevêque de Constantinople et docteur de l'égl., sa vie, ses oeuvres et son époque, Mars. et Par. 1876.
Μακαρίου Μάγνητος Ἀποκριτικὸς ἢ Μονογενής. Macarii Magnetis quae supersunt ex inedito codice ed. C. Blondel, Paris 1876. L. Duchesne, de Macario Magnete et scriptis eius, Paris 1876. Theod. Zahn, zu Macarius von Magnesia, in: Zeitschr. f. Kirchengesch. Bd. 2, 1878, S. 450—459. Wagenmann, Porphyrius u. d. Fragmente eines Ungenannten in der athen. Macarius-Handschr., in: Jahrbb. f. deutsche Theol., Bd. 23, 1878, S. 269—314. Zu vergl. C. I. Neumann in den Prolegomenis zu der Ausgabe Iuliani contra Christianos, S. 14—24.

Aus der Schule des Origenes sind die bedeutendsten wissenschaftlichen Leistungen griechischer Väter hervorgegangen. Von ihm vererbte sich auf seine Schüler namentlich auch die Liebe zu platonischen Studien, die sich in ihren Schriften durch zahlreiche Nachbildungen bekundet. Das mit der sich fixirenden Kirchenlehre nicht Uebereinstimmende oder Heterodoxe in der Lehre des Origenes ist von ihnen theils ausdrücklich bekämpft, theils stillschweigend beseitigt worden. Methodius von Tyrus, der etwa 312 als Märtyrer gestorben ist, hat gegen Origenes zwei Werke in dialogischer Form, von denen wir nur noch Fragmente besitzen, geschrieben, *περὶ γενητῶν*, worin er die Lehre von der Ewigkeit der Welt bekämpft, und *περὶ ἀναστάσεως*, worin er die spiritualistische Auferstehungslehre besonders angreift. In der uns auch nur sehr fragmentarisch überlieferten Schrift *περὶ αὐτεξουσίου* polemisirt er gegen den Dualismus und Determinismus der Gnostiker. Vollständig ist uns erhalten das sehr wenig Philosophisches bietende *συμπόσιον τῶν δέκα παρθένων περὶ τῆς ἀγγελομιμήτου παρθενίας καὶ ἁγνείας*. Die Darstellung des Methodius ist reich an spielenden Analogien. So viel Methodius auch sonst platonisirt, so greift er doch heftig an die Lehre von der Präexistenz der Seele, von ihrem Fall und Herabsteigen in den Leib als ihren Kerker. Der Mensch ist nach ihm ein geistleibliches Wesen und als solches, das zugleich ein schönes und das vollendetste Geschöpf ist, durch Gottes Hände gebildet. Demnach kann mit dem Leibe nicht ursprünglich Sünde verbunden sein. An dem Fleische als solchem haftet nichts Böses, sondern dies ist aus dem freien Willen des Menschen hervorgegangen. Der Leib als wesentlicher Bestandtheil des Menschen ist auch unvergänglich, und durch den Tod wird die Seele nur zeitweilig vom Leibe getrennt. Uebrigens ist Gott allein körperlos, die Seele ist körperlich, ein *σῶμα νοερόν*. Es erinnert dies an den Realismus oder Materialismus der Stoiker, mit deren Lehren auch die ethischen Sätze des Methodius Aehnlichkeit haben, wenn sich auch Neuplatonisches hier einmischt, und er ein asketisches Leben anempfiehlt, so z. B. die Vorzüge der Virginität preist. Ein consequenter oder selbständiger Denker war Methodius nicht, und den Origenes scheint er öfter geradezu nicht verstanden zu haben.

In der späteren Zeit ragen hervor „die drei Lichter der Kirche von Kappadocien": Basilius der Grosse von Cäsarea, dessen Freund, der als Kanzelredner und Theolog berühmte Gregor von Nazianz, ein Schüler des Athanasius, *ὁ θεόλογος* genannt namentlich wegen seiner Reden über die Gottheit des Logos, und des Basilius Bruder Gregor, Bischof von Nyssa. Diese alle zollten dem Origenes eine hohe Verehrung; Basilius und Gregor von Nazianz veranstalteten eine Anthologie aus seinen Schriften unter dem Titel *φιλοκαλία*. An hierarchischem Talent ist Basilius, auf dem Gebiete der kirchlichen Theologie und Beredtsamkeit Gregor von Nazianz unter ihnen der ausgezeichnetste; für die philosophische Begründung des Dogmas aber hat Gregor von Nyssa die grösste Bedeutung, weshalb hier nur diesem eine ausführlichere Darstellung zu widmen ist. An Gregorius

§ 15. Gregor von Nyssa und andere Origenisten. 91

von Nyssa erinnert vielfach Makarius, Bischof von Magnesia, dessen Ἀποκριτικός (vollständiger Titel wahrscheinlich: Μακαρίου Μ. Μονογενὴς ἢ ἀποκριτικὸς πρὸς Ἕλληνας. Περὶ τῶν ἀπορουμένων ἐν τῇ κοινῇ διαθήκῃ ζητημάτων καὶ λύσεων) 1867 zu Athen in einer Handschrift aufgefunden worden ist. Makarius berichtet darin an einen Freund Theosthenes von einer mehrtägigen Disputation mit einem christenfeindlichen griechischen Philosophen. Das Werk ist, wie Neumann feststellt, erst nach 410 geschrieben. Die heidnischen Einwürfe sind wahrscheinlich grösstentheils der Schrift des Porphyrius entnommen. Hilarius von Poitiers (über ihn vgl. Adalb. Viehauser, Hil. Pictav. geschild. in s. Kampfe geg. den Arianismus, Klagenfurt 1860; Jos. Hubert Reinkens, Hil. v. Poit, e. Monographie, Schaffb. 1864; Baltzer, d. Theologie des heil. H. v. P., G.-Pr., Rottweil 1879), der Kämpfer für den Athanasianismus im Abendlande um die Mitte des vierten Jahrhunderts, ist viel mehr für die Kirchengeschichte als für die Geschichte der Philosophie von Bedeutung. Das Gleiche gilt, wie von manchen anderen Kirchenlehrern, so von Julius Firmicus Maternus, der um 350 n. Chr. de errore profanarum religionum (ed. C. Halm, a. o. S. 4) schrieb, um die weltlichen Behörden zu energischer Verfolgung des Heidenthums aufzufordern, sich den heidnischen Religionen gegenüber auf den euhemeristischen Standpunkt stellte und Vieles aus Clemens Alexandrinus entlehnt hat.

Zugleich mit der volleren Orthodoxie im objectiven Gehalt der aufgestellten Lehren findet sich in dieser Zeit des zur politischen Herrschaft gelangten und durch Concilienbeschlüsse dogmatisch fixirten Christenthums bereits eine geringere Festigkeit oder doch mindestens eine geringere Unmittelbarkeit der subjectiven Ueberzeugung von eben diesen Lehren. Charakteristisch für dieses Verhältniss ist die Aeusserung, die Gregor von Nyssa in dem „Gespräch mit seiner Schwester Makrina über die Auferstehung" sich beilegt und freilich als eine etwas unbesonnene und kecke bezeichnet, die aber früheren Kirchenlehrern unmöglich gewesen wäre, nämlich: die Worte der heiligen Schrift glichen Befehlen, durch welche wir an eine ewige Fortdauer der Seele zu glauben gezwungen würden; nicht durch einen Vernunftbeweis sei uns diese Lehre zur Ueberzeugung geworden, sondern sclavisch scheine unser Geist aus Furcht das Gebotene anzunehmen, nicht freiwillig aus innerem Triebe den Aussprüchen beizustimmen (III, p. 183 C ed. Morell.). Diese Aeusserung wird zwar getadelt; aber es wird doch ihr gegenüber nicht etwa die verringerte Kraft eines auf dem Zeugniss des göttlichen Geistes an den menschlichen Geist ruhenden, durch Bibel und Predigt unmittelbar erweckten Glaubens neu angeregt und befestigt, sondern in der That die Forderung erfüllt, Vernunftbeweise zu geben, und zwar nicht, um einen ohnedies bereits festen und seiner selbst gewissen Glauben zur Erkenntniss zu erheben und durch Erkenntniss fortzubilden, sondern um den wenigstens momentan wankenden Glauben zu stützen und die mangelnde Ueberzeugung herzustellen. In die Deductionen greift stellenweise die Berufung auf Sätze der Schrift mit ein (die freilich nach der Weise der Alexandriner mit einer nur durch Glaubensregel und Dogma eingeschränkten Willkür allegorisch gedeutet werden, so unbedingt auch Gregor nach seiner ausdrücklichen Erklärung III, 20 der Schrift sich unterwerfen will); aber die volle Einheit der theologischen und philosophischen Betrachtung ist geschwunden. Gregor von Nyssa ist der Repräsentant der beginnenden Sonderung beider geistigen Mächte in dem eben bezeichneten Sinne. Spätere (wie namentlich bereits Augustin) kehrten zwar zu der von Clemens ausgesprochenen Ordnung eines auf dem Glauben ruhenden Denkens zurück, jedoch nicht in dem Sinne einer blossen Wiederherstellung der früheren Form; seit der kirchlichen Fixirung bleibt die unmittelbare Einheit zwischen Begründung und Gestaltung des Dogmas auf die noch nicht dogmatisirten Lehrstücke eingeschränkt, und daneben beginnt das neue Verhältniss des der rationellen Vermittelung gegebener Dogmen dienenden Denkens. Die (christliche) Philosophie wird schon von jetzt an bei den Fundamentaldogmen, was sie im Mittelalter bei den sämmtlichen Dogmen (mit wenigen Ausnahmen) ist, die Dienerin der (nicht mehr mit ihr identischen) Theologie. Doch ist die Grenzlinie keine durchaus feste; in manchen Beziehungen bekundet sich der Charakter der früheren Periode noch in der folgenden, und andererseits der der folgenden bereits in der früheren. Der Gegensatz zeigt sich im vollsten Maasse bei einem Vergleich der beiden ersten christlichen Jahrhunderte, insbesondere der apostolischen und der gnostischen Periode, mit der Culmination der Hierarchie und Scholastik im Mittelalter; derselbe relativirt sich zu einem Unterschiede des Mehr oder Minder in Bezug auf die in der Mitte liegenden Erscheinungen.

Die Werke des Gregor von Nyssa, die philosophisch in Betracht kommen, sind vornehmlich der λόγος κατηχητικὸς ὁ μέγας, περὶ ψυχῆς καὶ ἀναστάσεως, λόγοι ἀντιρρητικοὶ κατὰ Εὐνομίου, κατὰ Εἱμαρμένης, ἀπολογητικὸς περὶ τῆς Ἑξαημέρου, περὶ κατασκευῆς ἀνθρώπου u. a. In systematischem Zusammenhang entwickelt Gregor von Nyssa die christliche Lehre in dem λόγος κατηχητικός. Den Glauben an Gott gründet er auf die kunstvolle und weise Weltordnung, den an die Einheit Gottes auf die Vollkommenheit, die Gott in Rücksicht auf Macht, Güte, Weisheit, Ewigkeit, überhaupt in Rücksicht auf jegliche Eigenschaft zukommen müsse, durch Zersplitterung in eine Mehrheit von Göttern aber aufgehoben werde. Doch muss man dem Irrthum des Polytheismus, um nicht bei der Bekämpfung der Hellenen unvermerkt in das Judenthum zu verfallen, mit einer künstlichen Auseinanderhaltung begegnen, da auch die christliche Lehre einen Unterschied der Hypostasen in der Einheit der Natur Gottes anerkennt. Gott hat einen Logos, denn er kann nicht ohne Vernunft sein. Dieser Logos aber kann nicht eine blosse Eigenschaft Gottes sein, sondern muss als eine zweite Person gedacht werden. Zu dieser erhabeneren Auffassung des göttlichen Logos führt die Erwägung, dass in dem Maasse, wie Gott grösser ist als wir, auch alle seine Prädicate höher als die gleichnamigen bei uns sein müssen. Unser Logos ist ein beschränkter; unsere Rede hat nur ein vorübergehendes Bestehen; der Bestand (ὑπόστασις) des göttlichen Logos aber muss ein unaufhebbarer und ewiger sein und demgemäss nothwendig auch ein lebendiger, da das Vernünftige nicht nach Art der Steine leblos und unbeseelt gedacht werden kann, und zwar muss das Leben des göttlichen Wortes αὐτοζωή, nicht blosse ζωῆς μετουσία sein, weil sonst seine Einfachheit aufgehoben würde. Nun aber giebt es nichts Lebendiges, was ohne Willen wäre; also hat der göttliche Logos auch Willenskraft (προαιρετικὴν δύναμιν). Eben so gross, wie der Wille, muss auch die Macht des göttlichen Logos sein, da eine Vermischung von Macht mit Ohnmacht seine Einfachheit aufheben würde; sein Wille muss als göttlich auch gut und wirksam sein; aus dem Können und Wollen des Guten aber folgt die Verwirklichung, also die Hervorbringung der weise und kunstvoll eingerichteten Welt. Da nun aber doch auch wiederum gewissermaassen der Begriff des Wortes zu den relativen (πρός τι) gehört, indem das Wort in nothwendiger Beziehung auf den, der es spricht, zu denken ist, so muss mit dem Worte zugleich der Vater des Wortes anerkannt werden: οὐ γὰρ ἂν εἴη λόγος μή τινος ὢν λόγος. So vermeidet das Geheimniss unseres Glaubens gleich sehr die Widersinnigkeit (ἀτοπία) der Beschränkung auf den jüdischen Monotheismus, der das Wort nicht als ein lebendiges und wirksames und schaffendes gelten lässt, und die des hellenischen Polytheismus, da wir die Gleichheit der Natur des Wortes und des Vaters des Wortes anerkennen; denn mag Jemand die Güte, oder die Macht, oder die

§ 15. Gregor von Nyssa und andere Origenisten.

Weisheit, oder die Ewigkeit, oder die Freiheit vom Bösen, vom Tod und Untergang, oder die allseitige Vollkommenheit als Merkmal des Vaters aufstellen, so wird er mit den gleichen Merkmalen auch den Logos ausgestattet finden, der aus dem Vater seinen Beistand hat (λόγ. κατηχ. prolog. und cap. 1).

In gleicher Weise sucht Gregor, ausgehend von dem Athem in uns, der freilich nur der Zug der Luft, eines uns fremdartigen Gegenstandes sei, die Gemeinschaft des göttlichen Geistes mit Gottes Wesen und die Selbständigkeit seiner Existenz darzuthun (ebend. cap. 2) und meint dann in dieser Lehre die richtige Mitte zwischen Judenthum und Heidenthum zu finden: aus der jüdischen Annahme werde die Einheit der Natur (ἡ τῆς φύσεως ἑνότης), aus dem Hellenismus aber die Sonderung nach Hypostasen (ἡ κατὰ τὰς ὑποστάσεις διάκρισις) gewahrt (ebend. cap. 3). (Dass freilich die gleiche Argumentation, die zuletzt doch nur auf dem Doppelsinn von ὑπόστασις: a) wirkliches Bestehen, b) individuell selbständiges, nicht attributives Bestehen, beruht, auf jede der göttlichen Eigenschaften bezogen und somit der volle Polytheismus wieder hergestellt werden könnte, lässt Gregor unbemerkt.) Eine Reihe von Schwierigkeiten, in welche diese Betrachtungsweise hineinführt, erörtert Gregor in eigenen Abhandlungen: „über Vater, Sohn und heiligen Geist", „über die heilige Dreieinigkeit", „über den Tritheismus", „an die Hellenen aus den allgemeinen Vernunftbestimmungen". In der letztgenannten Schrift sagt er: wenn der Name Gott die Person bedeute, so würden wir, indem wir von drei Personen sprechen, nothwendig auch von drei Göttern sprechen; wenn aber der Name Gott das Wesen bezeichnet, so nehmen wir nur Einen Gott an, indem wir bekennen, dass das Wesen der heiligen Trias nur eines sei. In der That aber geht der Name Gott auf das Wesen. Ginge derselbe auf die Person, so würde nur Eine der drei Personen Gott genannt werden, sowie nur Eine Vater genannt wird. Wollte man aber sagen: wir nennen doch Petrus und Paulus und Barnabas drei Menschen und nicht Einen Menschen, wie es sein müsste, wenn Mensch das allgemeine Wesen und nicht vielmehr das individuelle Dasein (τὴν μερικὴν oder, was Gregor als den genaueren Ausdruck bezeichnet, ἰδικὴν οὐσίαν) bedeutete, so dass nach dieser Analogie, gleich wie das Wort Mensch auch das Wort Gott auf die Einzelpersönlichkeit bezogen werden sollte, also allerdings von drei Göttern geredet werden müsste, so gesteht Gregor zwar die Analogie zu, wendet sie aber im entgegengesetzten Sinne an, indem er behauptet, das Wort Mensch werde, wie alle ähnlichen, nur missbräuchlich auf die Individuen bezogen; und zwar in Folge des zufälligen Umstandes, dass sich nicht immer das gleiche Wesen in derartigen Individuen wahrnehmen lasse (freilich eine missliche Auskunft, da der Plural gerade nur die Vielheit von Individuen gleichen Wesens bezeichnen kann, indem an die Gleichheit des Wesens und Identität des Begriffs die Möglichkeit der Zählung gebunden ist. Wenn Gregor sagt: a. a. O. p. 85 C D: ἔστι δὲ Πέτρος καὶ Παῦλος καὶ Βαρνάβας κατὰ τὸ ἄνθρωπος εἰς ἄνθρωπος καὶ κατὰ τὸ αὐτὸ τοῦτο, κατὰ τὸ ἄνθρωπος, πολλοὶ οὐ δύναται εἶναι, λέγονται δὲ πολλοὶ ἄνθρωποι καταχρηστικῶς καὶ οὐ κυρίως, so ist die Verwechslung des abstracten Begriffs, welcher freilich nicht den Plural zulässt, und des concreten Begriffs, der denselben fordert, unverkennbar, wie denn auch Gregor mitunter geradezu das Abstractum einsetzt, indem er p. 86 A von der heiligen Schrift sagt: φυλάττουσα ταυτότητα θεότητος ἐν ἰδιότητι ὑποστάσεων.). Wohl nicht ohne ein Gefühl der Mängel seiner Argumentationen gesteht Gregor, der Mensch könne durch scharfe Betrachtung der Tiefen des Geheimnisses nur eine mässige Einsicht gemäss der unaussprechlichen Natur desselben (κατὰ τὸ ἀπόρρητον μετρίαν τινὰ κατανόησιν) erlangen (λόγ. κατηχ. cap. 3 init.).

Gott hat die Welt durch seine Vernunft und Weisheit erschaffen, denn er kann dabei nicht unvernünftig verfahren sein; seine Vernunft und Weisheit aber

§ 15. Gregor von Nyssa und andere Origenisten.

ist nach dem Obigen nicht wie ein gesprochenes Wort oder wie der Besitz eines Wissens zu denken, sondern als eine substantiell existirende, persönliche und willenskräftige Macht. Durch diese zweite göttliche Hypostase ist, wenn die ganze Welt, dann gewiss auch der Mensch erschaffen worden, aber nicht nach irgend einer Nothwendigkeit, sondern aus überschwenglicher Liebe ($\dot{\alpha}\gamma\dot{\alpha}\pi\eta\varsigma$ $\pi\epsilon\rho\iota o v\sigma\dot{\iota}\alpha$), damit es ein Wesen gebe, das der göttlichen Güter theilhaftig werde. Sollte der Mensch für diese Güter empfänglich sein, so musste ein gottverwandtes Element seiner Natur beigemischt werden, wozu namentlich auch das Theilhaben an der göttlichen Ewigkeit, also die Unsterblichkeit, gehört. So ist denn auch der Mensch nach dem Bilde Gottes und zum Besitz aller jener Güter erschaffen worden. Er durfte demgemäss nicht die Gnadengabe der Freiheit, der Unabhängigkeit und Selbstbestimmung entbehren, der Antheil an den Gütern musste ein Kampfpreis der Tugend sein. Durch die Freiheit konnte er sich zum Bösen entschliessen, das nicht in dem göttlichen Willen seinen Ursprung haben kann, weil er dann keinem Tadel unterliegen würde, sondern nur in unserm Innern entspringt als Abweichung von dem Guten, gleich wie die Finsterniss Privation ($\sigma\tau\dot{\epsilon}\rho\eta\sigma\iota\varsigma$) des Lichtes oder die Blindheit Privation der Sehkraft ist. Der Gegensatz zwischen Tugend und Schlechtigkeit darf nicht so gefasst werden, als ob sie zwei selbständige Existenzen wären, sondern wie dem Seienden das Nichtseiende entgegengesetzt wird nicht als eine zweite Existenz, sondern als Nichtexistenz gegenüber der Existenz; auf dieselbe Weise steht auch die Schlechtigkeit der Tugend gegenüber, nicht als etwas an und für sich Seiendes, sondern als Abwesenheit des Bessern. Da nun alles Geschaffene der Veränderung unterworfen ist, so konnte es geschehen, dass zunächst einer der geschaffenen Geister, nämlich der, welcher mit der Aufsicht über die Erde betraut war, vom Guten sein Auge abwandte und neidisch ward, und seine durch Neid entstandene Hinneigung zur Schlechtigkeit bahnte dann in natürlicher Folge allem andern Bösen den Weg. Er verführte die ersten Menschen zu der Thorheit der Abkehr vom Guten, indem er die von Gott gesetzte Harmonie ihrer Sinnlichkeit mit ihrer Geistigkeit störte und ihrem Willen hinterlistig die Bosheit zumischte ($\lambda\acute{o}\gamma$. $\varkappa\alpha\tau$. c. 5 u. 6). Gott wusste, was geschehen werde, und hinderte es nicht, um nicht die Freiheit aufzuheben; er hat aber auch nicht um jener Voraussicht willen den Menschen ungeschaffen gelassen; denn besser als das Nichtschaffen war die Zurückführung der Sünder auf dem Wege der durch sinnliches Leid angeregten Reue zur ursprünglichen Gnade. Die Aufrichtung des Gefallenen geziemte dem Geber des Lebens, dem Gotte, der Gottes Weisheit und Kraft ist; er ist zu eben diesem Zwecke Mensch geworden (a. a. O. c. 7—8; 14 ff.). Die Menschwerdung war seiner nicht unwürdig; denn nur das Böse schändet (a. a. O. c. 9). Der Einwurf, das Endliche könne nicht das Unendliche umfassen, also die menschliche Natur nicht die göttliche in sich aufnehmen, beruht auf der falschen Voraussetzung, als ob die Fleischwerdung des Wortes bedeuten solle, dass die Unendlichkeit Gottes in den Schranken des Fleisches wie in einem Gefäss umfasst werde; die göttliche Natur ist mit der menschlichen vielmehr so verbunden zu denken, wie mit dem Brennstoff die Flamme, die über diesen Stoff hinaus reicht, wie denn auch schon unsere Seele die Grenzen unseres Leibes überschreitet und vermöge der Bewegungen des Gedankens frei durch die ganze Schöpfung sich ausbreitet (a. a. O. c. 10). Uebrigens überschreitet die Art und Weise der Verbindung der göttlichen Natur mit der menschlichen unsere Fassungskraft, obschon wir an dem Factum der in Jesu geschehenen Verbindung um der von ihm vollzogenen Wunderwerke willen nicht zweifeln dürfen; das Uebernatürliche der Wunder zeugt für deren göttlichen Ursprung (cap. 11 ff.).

Nachdem wir uns selbst freiwillig dem Bösen verkauft hatten, musste von dem, welcher aus Güte uns wieder in Freiheit setzen wollte, nicht der Weg ungesetzmässiger Gewalt, sondern der Weg der Gerechtigkeit für diese Erlösung ausfindig gemacht, also ein Lösegeld gezahlt werden, welches grösser war, als der Werth des Loszukaufenden; darum gab der Sohn Gottes sich für uns in den Tod. Um seiner Güte willen wollte er retten, um seiner Gerechtigkeit willen unternahm er die Erlösung der Geknechteten auf dem Wege des Tausches; für seine Macht ist die Menschwerdung ein grösserer Beweis, als es das Beharren in seiner Herrlichkeit sein würde; auch mit seiner Weisheit, Ewigkeit und Allgegenwart stimmt dieselbe zusammen (c. 22 ff.). In der Verhüllung der Gottheit unter der menschlichen Natur liegt zwar eine gewisse Täuschung des Bösen; aber für diesen als Betrüger war es eine gerechte Wiedervergeltung, betrogen zu werden; der Widersacher selbst muss schliesslich das Geschehene gerecht und heilbringend finden, wenn er endlich auch seinerseits geläutert sein wird und dann als ein Geheilter die Wohlthat empfindet (cap. 26). Erst musste die Entartung auf ihren Gipfel gelangt sein, ehe die Heilung eintreten konnte (c. 29). Dass aber nicht die Gnade durch den Glauben an alle Menschen gekommen ist, liegt nicht an Gott, der die Berufung an Alle hat ergehen lassen, sondern an unserer Freiheit; wollte Gott durch Gewalt das Widerstreben brechen, so würde mit dem freien Willen die Tugend und Löblichkeit des menschlichen Verhaltens aufgehoben und der Mensch auf die Stufe des unvernünftigen Thieres herabgedrückt werden (c. 30 f.). Gregor sucht ferner das Gotteswürdige des Todes am Kreuze darzuthun (c. 32). Danach zeigt er das Heilbringende des Gebets und der christlichen Sacramente auf (c. 33—37). Wesentlich ist für die Wiedergeburt der Glaube, dass der Sohn und Geist nicht geschaffene Wesen, sondern gleicher Natur mit Gott dem Vater seien; denn wer auf Geschaffenes sein Heil stellen wollte, würde sich einer unvollkommenen und selbst ihres Heilandes bedürftigen Natur anheimgeben (c. 38 f.; vgl. die Abh. vom Vater, Sohn und heil. Geist p. 38 D: die, welche den Sohn für erschaffen halten, müssen einen Erschaffenen anbeten, was götzendienerisch ist, oder ihn nicht anbeten, was unchristlich und jüdisch ist). Nur der ist in Wahrheit Gottes Kind geworden, der die Wiedergeburt durch freiwilliges Abthun aller Laster bekundet (c. 40).

Eine Reihe anthropologischer Betrachtungen enthält die Schrift „von der Erschaffung des Menschen". Biblische Sätze werden mit aristotelischen und platonischen Gedanken und mit teleologischer Physiologie combinirt. Die Möglichkeit der Erschaffung der Materie durch den göttlichen Geist beruht darauf, dass dieselbe nur die Einheit von Qualitäten ist, welche an sich immateriell sind (cap. 23 f.). Der Mensch ist herrlicher als die übrige Welt (c. 3). Sein Geist durchdringt seinen ganzen Leib, nicht bloss einen einzelnen Theil (c. 12 ff). Er ist zugleich mit dem Leibe geworden, weder vor noch nach ihm (c. 28). Die Seele wird sich einst mit ihrem Leibe wieder vereinigen und, durch Strafe gereinigt, zum Guten zurückkehren (c. 21). Die Eschatologie behandelt Gregor speciell in dem „Gespräch über Seele und Auferstehung". Der Glaube an die Fortdauer nach dem Tode wird für eine Bedingung der Tugend erklärt, da auf die Fortdauer der Vorzug der Tugend vor der Lust sich gründe (p. 184 A). Aber es wird nicht (wie von Lactantius) unmittelbar auf dieses Verhältniss ein („moralisches") Argument für die Unsterblichkeit gebaut, sondern eine theoretische Argumentation für erforderlich gehalten. Dem Einwurf, der von der Voraussetzung einer materiellen Natur der Seele, wie alles Wirklichen, entnommen ist, wird entgegengehalten, dass derselbe den Atheismus involvire, der sich doch durch die weise Weltordnung widerlege: die Geistigkeit Gottes aber, die nicht geleugnet werden könne, beweise die Möglichkeit immaterieller Existenz überhaupt (p. 184 B ff.). Auf die Wirklichkeit einer immateriellen Seele lässt sich ebenso aus den Erscheinungen in dem menschlichen Mikrokosmos schliessen, wie auf die Wirklichkeit Gottes aus den Erscheinungen in der gesammten Welt (p. 188 B ff.). Die Seele wird von Gregor definirt als ein geschaffenes, lebendes, denkendes und, so lange es mit den Sinneswerkzeugen begabt sei, auch sinnlich wahrnehmendes Wesen (p. 189 C). Die denkende Kraft wohnt nicht der Materie inne, weil sonst die Materie überhaupt sich damit begabt zeigen, z. B. die Stoffe sich durch sich selbst zum Kunstwerk zusammenfügen müssten (p. 192 B ff.). In der substantiellen, nicht an die Materie gebundenen Existenz kommt unsere Seele mit der Gottheit überein; doch ist sie nicht mit dieser identisch, sondern ihr nur ähnlich, wie das Abbild dem Urbilde (p. 196 A). Als ἁπλῆ καὶ ἀσύνθετος φύσις vermag die Seele auch nach der Auflösung des leiblichen σύγκριμα zu beharren (p. 197 C): sie begleitet aber gemäss der Eigenthümlichkeit ihrer gestalt- und körperlosen Natur die Elemente ihres Leibes auch nach deren Trennung von einander, gleichsam als Wächterin über ihr Eigenthum, und kann demgemäss bei der Auferstehung sich wiederum mit ihrem Leibe umkleiden (p. 198 B ff.; vergl. p. 213 A ff.). Zorn und Begierde gehören nicht zum Wesen der Seele, sondern sind nur Zustände derselben (πάθη τῆς φύσεως καὶ οὐκ οὐσία), sie sind uns nicht ursprünglich eigen, und wir können und sollen uns wiederum derselben entäussern (p. 199 C ff.), und so lange sie uns als etwas, das uns mit den Thieren gemeinsam ist, anhaften, uns ihrer zum Guten bedienen (p. 204 C ff.). Der Hades, in den die Seele nach ihrer Abtrennung vom Sinnlichen geht, ist nicht ein bestimmter Ort, sondern das Unsichtbare (τὸ ἀφανές τε καὶ ἀειδές, p. 210 A, vgl. Plat. Phädon p. 80 D): die biblischen Ausdrücke, die auf das Unterirdische gehen, will Gregor nicht im eigentlichen Sinne nehmen und auf den Ort beziehen, sondern allegorisch verstehen, ohne übrigens die Anhänger der entgegengesetzten Auffassung bekämpfen zu wollen, da in der Hauptsache, der Anerkennung des Fortbestehens, Uebereinstimmung stattfinde (p. 211 A ff.). Gott verhängt über die Sünder in der Ewigkeit heftige und langdauernde Schmerzen, nicht aus Hass, auch nicht um der Strafe selbst willen, sondern zur Besserung, die nicht ohne schmerzhaftes Ausziehen des Unreinen aus der Seele erfolgen kann (p. 226 B ff.); die Grösse der Schlechtigkeit in einem Jeden ist nothwendigerweise auch das Maass der Schmerzen (227 B); wenn die Reinigung ganz vollzogen ist, so tritt das Bessere wieder hervor, Unvergänglichkeit, Leben, Ehre, Gnade, Ruhm, Kraft, überhaupt Alles, was der menschlichen Natur als dem Ebenbilde Gottes zukommt (p. 260 B). In diesem Sinne ist die ἀνάστασις Wiedereintritt in den ursprünglichen Zustand, wie Gregor sie öfters definirt (ἀνάστασίς ἐστιν ἡ εἰς τὸ ἀρχαῖον τῆς φύσεως ἡμῶν ἀποκατάστασις, p. 252 B. u. ö.).

Die Lehre von der schliesslichen Wiedervereinigung aller Dinge mit Gott wurzelt zu fest in der Ansicht des Gregor von der negativen Natur und beschränkten Macht des Bösen und von der obwaltenden Güte des nur zum Zweck der Besserung strafenden Gottes, als dass die Stellen in seinen Schriften, welche diese Lehre enthalten, für Interpolationen gehalten werden könnten, wofür nach dem Berichte des Photius (Bibl. cod. 233) der Patriarch Germanus von Constantinopel (um 700) dieselben ausgab; offenbar bestimmte den Patriarchen das apologetische Interesse, die Orthodoxie Gregors zu retten. Doch lässt sich nicht leugnen, dass die Freiheitslehre des Gregor, welche eine jede Nöthigung des Willens zum Guten ausschliesst, mit der Annahme der Nothwendigkeit der Rückkehr einer jeden Seele zum Guten nicht wohl zusammenstimmt; man vermisst den Versuch einer Ausgleichung des wenigstens anscheinenden Widerspruchs.

Ohne Zweifel überragt Augustin den Gregor an Genialität; nichtsdestoweniger behauptet auch die origenistisch-gregorsche Lehrweise gegenüber der augustinischen von Seiten des Gedankens und der Gesinnung ihre eigenthümlichen, dem lateinischen Kirchenvater unerreicht gebliebenen Vorzüge.

Erwähnt sei hier **Apollinaris der Jüngere, Bischof von Laodicea**, gest. 390, der in der Christologie von der Kirchenlehre abwich, indem er die volle Menschlichkeit in Christus nicht anerkannte, sondern meinte, an Stelle des νοῦς sei der göttliche Logos getreten. Er war philosophisch gebildet, der peripatetischen Lehre mehr zugethan als der platonischen, und vertheidigte das Christenthum gegen Porphyrius. Manche seiner Schriften wurden, um sie als rechtgläubig erscheinen zu lassen, unter fremdem Namen verbreitet, unter dem des Justinus Martyr, Gregorius Thaumaturgos, sogar unter dem des Athanasius. So werden ihm neuerdings nach den Untersuchungen von J. Dräseke (Ztschr. f. Kirch.-Gesch., Jahrbb. f. prot. Th. und Ztschr. f. wissensch. Theol. 1883 u. 1884, s. auch ob. S. 44) namentlich zugeschrieben die pseudojustinischen Schriften ἔκδοσις τῆς πίστεως und λόγος παραινετικός πρὸς Ἕλληνας..

Die **antiochenische Schule**, deren Hauptvertreter Eusebius von Emesa, gest. 360, Diodorus von Tarsus, gest. 394. und Johannes von Antiochien, **Chrysostomus**, gest. 407, sind, war zwar in ihrem Ursprung auch von Origenes abhängig, wandte sich dann aber besonders gegen die allegorische Methode und drang der hochfliegenden Speculation gegenüber auf nüchternes Denken (vgl. Aug. Neander, d. h. Chrysostomus u. d. K. seiner Z., 3. Aufl. Berl. 1848, Th. Förster, Chr. u. sein Verh. zur antiochen. Schule, Gotha 1869, Kihn, üb. θεωρία und ἀλληγορία nach den verloren gegangenen Schriften der Antiochener, in: Theol. Quartalschr. 62, 1880. S. 531—582).

§ 16. In **Augustin** culminirt die kirchliche Lehrbildung der patristischen Zeit. **Aurelius Augustinus**, geb. am 13. Nov. 354 zu Thagaste in Numidien, gest. den 28. August 430 als Bischof zu Hippo regius, der Sohn eines heidnischen Vaters und einer christlichen Mutter, die auch ihn zum Christenthum erzog, dann dem Manichäismus ergeben, durch classische Studien zum Rhetor gebildet, wurde nach einer skeptischen Uebergangsperiode durch platonische und neuplatonische Speculation vorbereitet, von Ambrosius für das katholische Christenthum gewonnen, in dessen Dienst er nunmehr als Vertheidiger und Fortbildner der Lehre, wie auch praktisch als Priester und Bischof wirkte. Dem Skepticismus der Akademiker setzt Augustin entgegen, der Mensch bedürfe der Wahrheitserkenntniss zur Glückseligkeit, blosses Forschen und Zweifeln genüge nicht; das gegen jeden Zweifel durchaus gesicherte Fundament aller Erkenntniss findet er in dem Bewusstsein von unserm Empfinden, Fühlen, Wollen, Denken, überhaupt von den psychischen Processen. Aus dem unleugbaren Gegebensein irgend welcher Wahrheit schliesst er auf Gott als die Wahrheit an sich; die Ueberzeugung von der Existenz der Körperwelt aber ist ihm nur ein nicht abzuweisender Glaube. Die heidnische Religion und Philosophie bekämpfend, vertheidigt Augustin die specifisch-christlichen Lehren und Institutionen und vertritt insbesondere gegen die Neuplatoniker, die er unter allen alten Philosophen am höchsten schätzt, die christlichen Sätze, dass nur in Christo das Heil sei, dass ausser dem dreieinigen Gotte keinem andern Wesen göttliche Verehrung gebühre, da derselbe alle Dinge selbst geschaffen und nicht untergeordnete Wesen, Götter, Dämonen oder Engel mit der Schöpfung der Körperwelt beauftragt habe; dass die Seele mit ihrem Leibe wieder auferstehen und zur ewigen Seligkeit oder Verdammniss gelangen, aber nicht immer wieder von Neuem in das irdische Leben eingehen werde, dass sie auch nicht vor ihrem Leibe existirt habe und in denselben als einen Kerker gekommen, sondern mit demselben zugleich entstanden sei; dass die Welt geworden und vergänglich und nur Gott und die Seelen der Engel und Menschen ewig seien.

Gegen den Dualismus der Manichäer, die das Gute und das Böse als gleich ursprünglich ansahen und einen Theil der göttlichen Substanz in die Region des Bösen eingehen liessen, um dasselbe zu bekämpfen und zu besiegen, vertheidigt Augustinus den Monismus des guten Princips, des rein geistigen Gottes, erklärt das Böse für eine blosse Negation oder Privation und sucht die Uebel in der Welt aus der Endlichkeit der weltlichen Dinge und der Stufenfolge in denselben als nothwendig und dem Schöpfungsgedanken nicht widerstreitend zu erweisen; auch hält er gegen den Manichäismus (und überhaupt gegen den Gnosticismus) an der katholischen Lehre von der wesentlichen Harmonie des alten und neuen Testamentes fest. Gegen die Donatisten vertheidigt Augustin die Einheit der Kirche. Gegen Pelagius und die Pelagianer behauptet er die Nichtbedingtheit der göttlichen Gnade durch menschliche Würdigkeit, die absolute Prädestination, die aus der durch den Ungehorsam Adams, in dem potentiell die gesammte Menschheit war, in Verderbniss und Sünde versunkenen Masse nach freiem Ermessen Einzelne zur Bekundung der Gnade dem Glauben und Heil zuführe, die Mehrzahl aber zur Bekundung der Gerechtigkeit der ewigen Verdammniss anheimfallen lasse.

Die Werke des Ambrosius sind öfter herausgeg., von Erasmus, Basil. 1527, zuletzt von P. A. Ballerini, Mediolani 1880 ff. Die beste Ausgabe ist die der Benedictiner Nic. le Nourry und Jac. du Frische, Paris 1686—1690. Ed. Migne Voll. XIV—XVII, Paris 1845. Ambrosii de officiis ministrorum libri tres ed. J. G. Krabinger, Tübing. 1857. Vgl. über dieses Werk: Bittner, de Ciceronianis et Ambrosianis officiorum ll. Progr., Braunsberg 1849. J. Draeseke, M. T. Ciceronis et Ambrosii — de officiis ll. tres inter se comparantur, Aug. Taur. 1875. Jak. Reeb, Ueber die Grundlagen des Sittlichen nach Cicero und Ambrosius. Ein Beitr. zur Bestimmung des Verhältnisses zwischen heidnisch-philosophisch. u. christlicher Ethik, Progr., Zweibrücken 1876. P. Ewald, d. Einfluss der stoisch-ciceronian. Moral auf d. Darstell. der Eth. b. A., I.-D., Lpz. 1881. C. P. Caspari, ein dem Ambr. beigelegter Aufsatz üb. d. Ursprung der Seele, in: Kirchenhist. Anecdoten, Christiania 1883. Th. Förster, A., Bisch. v. Mailand, eine Darstell. seines Lebens u. Wirkens, Halle 1884.

Die Werke Augustins sind Basil. 1506, dann von Erasmus (Bas. 1528—29 und 1569), von den Lovanienses theologi (Antw. 1577), von den Benedictinern der Mauriner Congregation (Paris 1689—1700, ed. nov. Antw. 1700—1703), in neuerer Zeit wiederum

§ 16. Augustinus.

zu Paris (1835—40) herausgegeben worden. Von den zahlreichen Schriften Augustins sind besonders häufig die Confessiones (ed. stereotyp. Leipz. 1869, mit Erläuterungen von Karl v. Raumer, Stuttg. 1856, 2. Aufl., Gütersloh 1876; zuletzt übersetzt von Frdr. Merschmann, Frankfurt 1866) und de civitate Dei (Lips. 1825, Colon. 1850, von B. Dombart, Lips. 1863, 2. ed. 1877) einzeln edirt worden; durch kritische Genauigkeit ausgezeichnet ist Krabingers Ausgabe des Enchiridion ad Laurentium de fide, spe et caritate (Tub. 1861). Vgl. Busch, librorum Augustini recensus, Dorp. 1826. In Mignes Patr. bilden Augustins Werke die Bände XXXII—XLVII der lateinischen Väter. Eine französische, auf 15 Bände berechnete Uebersetzung unter der Leitung von Poujoulat und Ranlx erscheint seit 1864 zu Bar le Duc.

Die Biographie des Augustinus von seinem jüngeren Freunde Possidius findet sich bei den meisten Ausgaben der Werke Augustins (insbesondere im X. Bde. der Mauriner Ausgabe); sie ergänzt Augustins eigene Confessiones. Von den zahlreichen neueren Schriften über Augustin sind die umfassendsten: G. F. Wiggers, Versuch einer pragmat. Darstellung des Augustinismus und Pelagianismus, Hamburg 1821—33. Kloth, der heil. Kirchenlehrer Augustinus, Aachen 1840. C. Bindemann, der heil. Aug., Bd. I, Berl. 1844, Bd. II, Leipz. 1855, Bd. III, Greifsw. 1869. Poujoulat, histoire de St. Augustin, 3 vols., Paris 1844, 3. éd. 1852. Flottes, études sur St. Aug., son génie, son âme, sa philosophie, Montpell. 1861. F. Nourrisson, la philosophie de St. Aug., Paris 1865. A. F. Hewitt, the Problems of the age, with studies in St. Aug., New-York 1868. Chrestien, études sur Aug., Montpellier 1870. Am. Biéchy, vie de St. Aug., Limoges 1872. Jos. A. Ginzel, d. Geist des heil. A. in seinen Briefen, in dessen: Kirchenhist. Schriften, Wien 1872, I, 123—245. H. A. Naville, St. Aug., étude sur le développement de sa pensée jusqu'à l'époque de son ordination, Paris 1872. A. Dorner, Aug., sein theolog. System u. seine religionsphilos. Anschauung, Berl. 1873. A. Dupont, la philos. de St. Aug. (Extrait de la Revue cathol. de Louvain), Louvain 1881, der die thomistische Lehre zum Vergleich heranzieht u. die Identität derselben mit der augustinischen, wenigstens in den wesentlichen Punkten, behauptet. J. Storz, d. Philos. des hl. Aug., Frbg. i. Br. 1882. R. W. Bush, A., his life and times, Lond. 1883. Collette, Augustine, London 1883. Mit grosser Ausführlichkeit handelt namentlich Friedrich Böhringer in seiner Gesch. der Kirche Christi (2. Aufl. Bd. XI, 1 u. 2) von Aug., auch Neander in seiner Kirchengesch. (II, 1, 2, S. 671 ff.). A. Lange, Aug. d'après ses confessions, Strassb. 1866. Emil Feuerlein, die Stellung Aug.s in der Kirchen- und Culturgesch., in v. Sybels hist. Ztschr. Jahrg. XI, 1869, S. 270—313. Ueber Aug.s Lehre von der Zeit handelt Fortlage, Heidelberg 1836, über seine Psychologie Gangauf, Augsburg 1852, Heinichen, de Augustini anthropol. orig., Lips. 1862, und Ferraz, Paris 1863, 2. éd. 1869, K. Werner, die augustin. Psychol. in ihrer mittelalterl. scholast. Einkleidung u. Gestaltung (aus Sitzungsber. d. k. k. Ak.). Wien 1882; ders., der Augustinism. in der Scholastik, s. unt. § 36, über seine Logik Prantl (Gesch. der Logik im Abendlande I, Leipzig 1855, S. 665—672), über seine Erkenntnisslehre Jac. Merten, über die Bedeutung der Erkenntnisslehre des heiligen Aug. und des heiligen Thomas von Aquino für den gesch. Entwickelungsgang der Philosophie als reiner Vernunftwissenschaft, Trier 1865, und Nic. Jos. Ludw. Schütz, divi Aug. de origine et via cognitionis intellectualis doctrina ab ontologismi nota vindicata, comm. philos., Monasterii 1867, über seine Lehre von der Selbsterkenntniss E. Melzer, Aug. atque Cartesii placita de mentis humanae sui cognitione quomodo inter se congruant a sesequo differant, D. I., Bonnae 1860, über seine Dialektik H. Hagen in: Jahrb. f. class. Philol. 105, 1872, S. 757—780, über seine Civitas Dei (ein Beitr. z. röm. Gesch. und Götterlehre) Leo Redner, G.-Progr., Conitz 1856, vgl. auch: Eug. Hasselmann, intr. à l'ouvrage int. la cité de Dieu, Strassb. 1869, Herm. Reuter, August. Stud. III, in: Ztschr. f. K.-G., 1881, über seine Lehre von der Sünde und Gnade im Verhältniss zu der des Paulus und zu der der Reformatoren handelt Zeller (in den theol. Jahrb. Tüb. 1854, S. 295 ff.), üb. d. Erbsünde Hillen (Quid de peccati origin., natura et propagatione judicaverit S. Aug.), G.-Pr., Warendorf 1858, üb. seine L. v. d. Rechtfertig. Th. Weber (Augustini de justificatione doctr., Vitenbergae 1875), über seine Lehre vom Wort der Friedr. Nitzsch, Berlin 1865, über seine Lehre von der Dreieinigkeit (de cogitationibus A. philosophicis de trinitate prolatis), Hal. 1841, von Gott, dem Dreieinigen, Theodor Gangauf, Augsburg 1866, über seine Geschichtsphilosophie Jos. Reinkens, Schaffhausen 1866, über seine Lehre vom Wesen und Ursprung der menschl. Seele Heinzelmann, G.-Pr., Halberstadt 1868, ders., über seine Lehre v. d. Unsterblichkeit, Halberst. 1864, vgl. H. J. Bestmann, qua ratione A. notiones philosophiae Graecae ad dogmata anthropologica describenda adhibuerit, Erlang. 1877, über seine Lehre von Gnade und Freiheit Emile Lonitz, Strassb. 1869, über seine Lehre von d. Prädestination und Reprobation Joh.

§ 16. Augustinus.

Pet. Baltzer (aus der österr. Vierteljahrsschrift f. kath. Theol.), Wien 1871, über das Verhältniss der L. v. d. Kirche zu d. L. v. d. prädestinatianischen Gnade Herm. Reuter. Augustinische Studien II, in: Ztschr. f. Kirchengesch., IV. Bd., 1880, über seinen **Beweis für das Dasein Gottes** (der Gottesbeweis in der patristischen Zeit, mit besonderer Berücksichtigung A.s) Carl van Endert, Freiburg i. Br. 1869, s. auch C. Loesche, de Augustino plotinizante in doctrina de Deo disserenda, D. l., Jena 1880, ders. üb. Plotin u. Augustin in: Ztschr. f. kirchl. Wissensch. u. k. Leben, 1884, S. 337—346, üb. seine **Metaphysik im Rahmen seiner L. vom Uebel** Konrad Scipio, Lpz. 1886.

Ambrosius, geb. um 334, empfing seine Bildung zu Rom und war anfangs Jurist. Er übte als Bischof von Mailand (374—397) grossen Einfluss auf geistliche und weltliche Dinge, namentlich ordnete er den Cultus und beförderte das Mönchthum. Er ist ohne besondere philosophische Bedeutung. In der Erklärung der Schrift huldigte er der allegorischen Methode nach der Weise Philons, und wir finden überhaupt sehr viele Anklänge an Philon bei ihm, wie er auch Mancherlei von Origenes, Basilius u. A. entlehnt hat. In seinem Buche de officiis ministrorum giebt er eine christliche Sittenlehre nach dem Muster des ciceronianischen Werks de officiis, indem er zunächst die Eintheilung von diesem nimmt, dann aber auch im Einzelnen sich meist an dasselbe anschliesst, so dass wir hier vielmehr eine stoische als eine aus dem christlichen Geiste entstandene und von demselben durchdrungene Ethik haben. Das Ziel der Sittlichkeit liegt allerdings nach Ambrosius in dem jenseitigen, in dem ewigen Leben und ist die ewige Glückseligkeit in Gott. Hierauf muss sich die Tugend beziehen, und Alles, was sittlich gut ist, ist daher auch nützlich: Ibi plenitudo praemii, ubi virtutum perfectio. Es ist freilich nur eine äusserliche Verbindung des stoischen Ziels, der Glückseligkeit, die in der Tugend besteht, mit dem ewigen Leben zu Stande gebracht. Die Pflichtenlehre des Ambrosius verdient insofern Erwähnung, als sie die einzige von der christlichen Glaubenslehre abgesonderte Darstellung der christlichen Ethik im Mittelalter ist, bis der heilige Thomas die Ethik des Aristoteles commentirte und die christliche in Verbindung mit dieser brachte. Das ambrosianische Werk wurde sehr hoch gehalten und viel gelesen; sein Einfluss auf die Gestaltung der katholischen Ethik ist nicht zu unterschätzen.

Augustins Vater Patricius blieb bis kurz vor seinem Tode der alten Religion zugethan, seine Mutter Monica war eine Christin und übte einen tiefgehenden Einfluss auf den Sohn. Zu Thagaste, Madaura und Carthago gebildet, trat er zuerst in seiner Vaterstadt, dann in Carthago und Rom und von 384—386 in Mailand als Lehrer der Beredtsamkeit auf; doch fesselten stets zumeist die theologischen Probleme sein Interesse. Der Hortensius des Cicero weckte in dem sinnlicher Lust ergebenen Jüngling Liebe zu philosophischer Forschung. In die biblischen Schriften vermochte er damals von Seiten der Form und des Inhalts sich nicht zu finden. Auf die Frage nach dem Ursprung des Uebels schien ihm der manichäische Dualismus die befriedigendste Antwort zu geben: auch schien ihm derselbe, indem er das alte Testament aus dem neuen widersprechend verwarf, richtiger zu urtheilen, als die katholische Kirche, welche die durchgängige Harmonie aller biblischen Schriften voraussetzte. Allmählich aber machten ihn Widersprüche der manichäischen Doctrin in sich und mit astronomischen Thatsachen auch an dieser irre, und er wandte sich nun mehr und mehr dem Skepticismus der Akademiker zu, bis ihn im Jahre 386 die Lectüre einiger Schriften von (Platon und) Neuplatonikern (in der Uebersetzung des Victorinus, eines Rhetors und Grammatikers des 4. Jahrh., der sich im Ganzen an die Neuplatoniker hielt, die $εἰσαγωγή$ des Porphyrius ins Lateinische übertrug, eigene Bücher de syllogismis hypotheticis und de definitione schrieb, Christ wurde und manche theologischen Schriften verfasste;

§ 16. Augustinus.

vgl. üb. ihn: Gust. Koffmane, de Mario Victorino philosopho Christiano, Vratislav. 1880, dagegen A. Bourgoin, de Claudio Mario Victore, rhetore Christiano quinti s., Par. 1883) dem Dogmatismus näher brachte, und die Predigten des Bischofs Ambrosius zu Mailand, die er anfänglich nur um der rhetorischen Form willen besucht hatte, der Kirche wieder zuführten. Die allegorische Deutung des alten Testamentes hob die anscheinenden Widersprüche gegen das neue auf und entfernte aus der Gottesvorstellung den Anthropomorphismus, an dem Augustin Anstoss genommen hatte; der Gedanke der Harmonie des gottgeschaffenen Universums in allen seinen Stufen erhob ihn über den Dualismus. Augustin empfing von Ambrosius die Taufe zu Ostern 387. Er kehrte bald nachher nach Afrika zurück, ward 391 Priester zu Hippo regius und 395 ebendaselbst zur bischöflichen Würde erhoben (zunächst als Mitbischof des Valerius, der bald hernach starb). Er bekämpfte unermüdlich Manichäer, Donatisten und Pelagianer und wirkte für die Befestigung und Ausbreitung des katholischen Glaubens, immer mehr von der Religionsphilosophie zu positiver Dogmatik fortgehend, bis zu seinem Lebensende am 28. August 430.

Die früheste Schrift des Augustinus, die er noch in seiner manichäischen Periode als Rhetor verfasste, nämlich de pulchro et apto, ist verloren gegangen. Von den erhaltenen Schriften ist die früheste die gegen die akademische Skepsis gerichtete (contra Academicos), die er noch vor seiner Taufe während seines Aufenthaltes zu Cassiciacum bei Mailand im Herbst 386 verfasste; er schrieb ebendaselbst die Abhandlungen de beata vita (dass die wahre Glückseligkeit nur in der Erkenntniss Gottes bestehe) und de ordine (namentlich über die Stellung des Guten und Bösen in der göttlichen Weltordnung) und die Soliloquia (über die Mittel zur Erforschung der übersinnlichen Wahrheiten, mit specieller Beziehung auf die Unsterblichkeit der Seele), und nach seiner Rückkehr nach Mailand, auch noch vor der Taufe, die Abhandlung de immortalitate animae, welche eine skizzirte Fortsetzung der Soliloquien ist (Erweis der Unsterblichkeit aus der Ewigkeit der Wahrheit, deren Sitz die Seele), wie auch ein Buch über die Grammatik, und begann Abhandlungen über die Dialektik, Rhetorik, Geometrie, Arithmetik, Musik und Philosophie (August. Retract. I, 6). Doch ist die Echtheit der in seinen Werken enthaltenen Schriften über die Grammatik und über die Principien der Dialektik und Rhetorik bezweifelt worden. Nach Prantls Nachweis sind die Principia dialectices wohl für echt zu halten, wogegen die beigefügte Abhandlung über die zehn Kategorien unecht ist; vielleicht liegt in derselben (wie Prantl vermuthet) eine Ueberarbeitung der Paraphrase des Themistius zu den Kategorien vor. Vgl. W. Crecelius, S. Aurelii Augustini de dialectica liber, G.-Pr., Elberfeldae 1857 (für die Echtheit der Dialektik und Rhetorik und Unechtheit der Gramm., nebst Emendationen des Textes der Dialektik). An die Schrift über die Unsterblichkeit schliesst sich die auf der Rückreise von Mailand nach Afrika während des Aufenthalts in Rom verfasste Schrift de quantitate animae (über das Verhältniss der Seele zum Leibe). Dieser folgten die gegen die manichäische Lösung der Frage nach dem Ursprung des Bösen gerichteten drei Bücher de libero arbitrio (an denen er später in seinen Retractationen am meisten zu ändern hatte), deren zwei letzte er erst in Afrika schrieb, und die ebenfalls in Rom begonnenen Schriften de moribus ecclesiae catholicae et de moribus Manichaeorum. In Thagaste, wohin er 388 zurückkehrte, verfasste er u. a. die Bücher über die Musik, die Schrift de genesi contra Manichaeos, die eine allegorische Deutung der biblischen Schöpfungsgeschichte ist, und das Buch de vera religione, das er schon in Cassiciacum projectirt hatte. Dasselbe ist ein Versuch der Fortbildung des Glaubens zum Wissen. Gegen den Manichäismus ist die Schrift de utilitate credendi gerichtet, die Augustin als Presbyter in Hippo verfasste, wie auch die Schrift de duabus animabus, worin von ihm die Lehre von der Vereinigung einer guten und einer bösen Seele in dem Menschen bekämpft wird, ferner die Schrift gegen Manis Schüler Adimantus, die das Verhältniss des alten Testaments zum neuen erörtert, und die Disputation mit Fortunatus. In die Zeit, da Augustin Presbyter war, fallen ausserdem namentlich noch neben Auslegungen biblischer Schriften, darunter auch einer wörtlichen Auslegung des Anfangs der Genesis, eine Rede über den Glauben und das Glaubenssymbol und seine casuistische Schrift über die Lüge. Unter den von Augustin später, da er Bischof war, verfassten Schriften sind die meisten theils gegen die Donatisten, theils gegen die Pelagianer gerichtete Streitschriften, jene für die Einheit der Kirche, diese für das Dogma der Erbsünde und der Prädestination des Menschen durch die freie Gnade Gottes. Von hervorragender Bedeutung ist neben der Schrift über die Trinität (400—410) die vom Gottesstaate (de civitate Dei), Augustins Hauptwerk, begonnen 413, vollendet 426. Die Confessiones hat Augustin um 400 geschrieben. Die Retractationes sind eine von Augustin wenige Jahre vor seinem Tode verfasste Uebersicht über seine eigenen Schriften mit berichtigenden Bemerkungen, welche hauptsächlich frühere Aeusserungen, die für die Wissenschaften und für die menschliche Willensfreiheit zu günstig lauteten, im streng kirchlichen Sinne einzuschränken bestimmt sind. Es findet sich bei Augustin eine grosse Fülle von Gedanken, die sich schon erklärt aus der Vielseitigkeit seiner wissenschaftlichen Beschäftigung und seinem Lebensgange. In seiner Schreibweise spricht sich die leidenschaftliche afrikanische Natur aus. Die antike Einfachheit ist bei ihm nicht mehr zu finden; sein Stil ist oft schwülstig und dunkel.

Die Erkenntniss, welche Augustin sucht, ist die Gottes- und Selbsterkenntniss. Soliloq. I, 7: Deum et animam scire cupio. Nihilne plus? Nihil omnino. Ib. II, 4: Deus semper idem, noverim me, noverim te. Von den Hauptzweigen der Philosophie erfüllt die Ethik oder die Lehre vom höchsten Gut ihre Aufgabe nur dann recht, wenn sie dieses Gut in dem frui Deo findet; die Dialektik hat Werth als instrumentale Doctrin, als Wissenslehre, welche das Lehren und Lernen lehrt (de ord. II, 38; vgl de civ. Dei VIII, 10: rationalem partem sive logicam, in qua quaeritur, quonam modo veritas percipi possit); die Physik ist nur als Lehre von Gott, der obersten Ursache, von Werth, im Uebrigen aber entbehrlich, sofern sie nichts zum Heile beiträgt (Confess. V, 7: infelix enim homo, qui scit illa omnia, te autem nescit; beatus autem qui te scit etiamsi illa nesciat; qui vero et te et illa novit, non propter illa beatior, sed propter te solum beatus est; ib. X, 55: hinc ad perscrutanda naturae, quae praeter nos est, operta proceditur, quae scire nihil prodest). Im Gegensatz zu dem (in' der frühen Schrift de ordine II, 14 und 15) geäusserten Gedanken, dass die Wissenschaften der Weg seien, um zur Erkenntniss der Ordnung in allen Dingen und demgemäss der Weisheit Gottes zu führen, bemerkt Augustin in den Retractationen (I, 4, 2), viele Männer seien heilig ohne Kenntniss der freien Wissenschaften, und viele, welche diese inne haben, seien ohne Heiligkeit. Die Wissenschaft nützt nur, wenn Liebe dabei ist, sonst bläht sie auf. Wir wollen streben, das, was wir mit festem Glauben ergriffen haben, auch durch die Vernunft zu erkennen (ep. 120). Von dem Streben nach unnützem Wissen muss die Demuth uns heilen. Den guten Engeln ist die Kenntniss aller körperlichen Dinge, mit der die Dämonen sich blähen, etwas Niedriges gegenüber der heiligenden Liebe des unkörperlichen und unveränderlichen Gottes; sie erkennen sicherer das Zeitliche und Veränderliche gerade darum, weil sie dessen erste Ursachen in dem Worte Gottes anschauen, durch welches die Welt gemacht ist (de civ. Dei IX, 22). Diese Ansichten Augustins über den Werth oder Unwerth der verschiedenen Doctrinen

§ 16. Augustinus.

sind von bestimmendem Einfluss auf die gesammte Geistesrichtung des christlichen Mittelalters gewesen.

Der Ansicht über die Philosophie entspricht Augustins Urtheil über die vorchristlichen Philosophen (welches hier hauptsächlich wegen seines Einflusses auf die spätere Zeit ausführlich erwähnt werden mag). Im achten Buche der Civitas Dei (c. 2) giebt er eine Uebersicht über die „italische" und „ionische" Philosophie vor Sokrates; unter jener versteht er die pythagoreische, zu dieser rechnet er die Lehre des Thales, des Anaximander, des Anaximenes und seiner beiden Schüler, des Anaxagoras und des Diogenes, von denen jener Gott als den Bildner der Materie, dieser aber die Luft als den Träger der göttlichen Vernunft gedacht habe. Ein Schüler des Anaxagoras war Archelaus, und für dessen Schüler gilt Sokrates, der (c. 3) zuerst die gesammte Philosophie auf die Ethik beschränkt hat, sei es wegen der Dunkelheit der Physik, oder, wie Einige wohlwollender über ihn geurtheilt haben, weil erst der ethisch gereinigte Geist sich an die Erforschung des ewigen Lichtes wagen dürfe, in welchem die Ursachen aller geschaffenen Wesen unveränderlich leben. Unter den Schülern des Sokrates erwähnt Augustin nur kurz den Aristippus und den Antisthenes und redet dann ausführlicher (c. 4 ff.) von Platon und den Neuplatonikern als den vorzüglichsten unter allen alten Denkern (inter discipulos Socratis, non quidem immerito, excellentissima gloria claruit, qui omnino caeteros obscuraret, Plato). Platon machte sich nach dem Tode des Sokrates mit der ägyptischen und pythagoreischen Weisheit bekannt. Er theilte die Philosophie in die moralis, naturalis und rationalis philosophia. Die letztere gehört vorwiegend mit der naturalis zusammen zur theoretischen (contemplativa), die moralis aber bildet die praktische (activa) Philosophie. Die sokratische Weise, die eigene Ansicht zu verhüllen, hat Platon in seinen Schriften so sehr beibehalten, dass es schwer ist, in den wichtigsten Dingen seine wirkliche Meinung zu erkennen. Augustin will sich deshalb an die neueren Platoniker halten, „qui Platonem ceteris philosophis gentium longe recteque praelatum acutius atque veracius intellexisse atque secuti esse fama celebriore laudantur". Den Aristoteles rechnet Augustin den alten Platonikern zu; doch habe derselbe neben den Akademikern seine eigene „secta" oder „haeresis" gegründet; er war ein „vir excellentis ingenii et eloquio Platoni quidem impar, sed multos facile superans" (de civ. Dei VIII, 12). Die neueren Anhänger Platons wollen nicht Akademiker, noch auch Peripatetiker, sondern Platoniker heissen; unter ihnen ragen hervor Plotinus, Porphyrius, Iamblichus. Diesen ist Gott die causa subsistendi, die ratio intelligendi und der ordo vivendi (c. 4). „Nulli nobis, quam isti, propius accesserunt" (c. 5). Ihrer Lehre stehen nach die religio fabulosa der Dichter, die religio civilis des heidnischen Staates und auch die religio naturalis aller andern alten Philosophen, auch der Stoiker, die im Feuer, und der Epikureer, die in den Atomen die erste Ursache der Dinge zu finden glauben, und die beide in der Erkenntnisslehre zu sensualistisch, in der Moral zu wenig theologisch verfahren. In der Erforschung des ewigen und unveränderlichen Gottes sind die Platoniker mit Recht über die Körperwelt und über die Seele und die veränderlichen Geister hinausgegangen (de civ. Dei VIII, 6: cuncta corpora transcenderunt quaerentes Deum; omnem animam mutabilesque omnes spiritus transcenderunt quaerentes summum Deum). Aber darin weichen sie von der christlichen Wahrheit ab, dass sie neben diesem höchsten Gotte auch untergeordneten Gottheiten und Dämonen, die doch nicht Schöpfer sind, religiöse Verehrung zollen (de civ. Dei VIII, 24). Der Christ weiss auch ohne Philosophie aus der heiligen Schrift, dass Gott uns Schöpfer, Lehrer und Spender der Gnade sei (de civ. Dei VIII, 10).

§ 16. Augustinus.

Die Verwunderung über Platons grosse Uebereinstimmung mit der heiligen Schrift in der Gotteslehre hat einige Christen zu der Annahme geführt, er habe, da er in Aegypten war, den Jeremias gehört oder auch die prophetischen Schriften gelesen. Augustin selbst hat eine Zeit lang diese Meinung gehegt (die er noch de doctr. christ. II, c. 29 äussert); aber er findet (de civ. Dei VIII, 11), dass Platon beträchtlich später als Jeremias gelebt habe; er hält nicht für unmöglich, dass Platon sich durch einen Dolmetscher mit dem Inhalt der biblischen Schriften bekannt gemacht habe, und meint, Platon könne wohl die Lehre von der Unveränderlichkeit Gottes aus den Bibelsprüchen: Ego sum qui sum, und: qui est, misit me ad vos (exod. III, 14) geschöpft haben. Doch hält er (c. 12) für eben so möglich, dass Platon aus der Betrachtung der Welt Gottes ewiges Wesen erschlossen habe, nach dem Ausspruche des Apostels (Röm. I, 19 f.). Sogar die Erkenntniss der Trinität ist den Platonikern nicht ganz verschlossen geblieben, obwohl sie mit undisciplinirten Worten von drei Göttern reden (de civ. Dei X, 29), und Augustin geht bei seiner eigenen Lehre von Gott von der neuplatonischen Fassung aus. Aber sie verwerfen die Incarnation des unveränderlichen Sohnes Gottes und glauben nicht daran, dass die göttliche Vernunft, die sie den πατρικός νοῦς nennen, den menschlichen Leib angenommen und den Kreuzestod erlitten habe; denn sie lieben nicht wahrhaft und treu die Weisheit und Tugend, verschmähen die Demuth und machen an sich das Wort des Propheten wahr (Jesaias XXIX, 14): perdam sapientiam sapientium et prudentiam prudentium reprobabo (de civ. Dei X, 28). In ihren Büchern findet sich sehr Vieles von der christlichen Lehre, aber namentlich nicht die Fleischwerdung des Worts; Confess. VII, 13 f.: ibi (in libris Platonicorum) non quidem his verbis sed hoc idem omnino multis et multiplicibus suaderi rationibus, quod in principio erat Verbum et Verbum erat apud Deum: hoc erat in principio apud Deum; omnia per ipsum facta sunt et sine ipso factum est nihil: quod factum est in ipso, vita erat, et vita erat lux hominum et lux in tenebris lucet et tenebrae eam non comprehenderunt. Et quia hominis anima quamvis testimonium perhibeat de lumine non est tamen ipsa lumen; sed tamen Verbum Deus est lumen verum, quod illuminat omnem hominem venientem in hunc mundum. Et quia in hoc mundo erat et mundus per eum factus est, et mundus eum non cognovit. Quia vero in propria sua venit et sui eum non receperunt; quotquot autem receperunt eum dedit eis potestatem filios Dei fieri credentibus in nomen eius, non ibi legi. Item legi ibi, quia Verbum Deus non ex carne, non ex sanguine, non ex voluntate viri, neque ex voluntate carnis, sed ex Deo natus est. Sed quia Verbum caro factum est et habitavit in nobis, non ibi legi. Ebenso soll sich finden quod sit Filius in forma patris, non rapinam arbitratus esse aequalis Deo, aber nicht, quia semet ipsum exinanivit formam servi accipiens in similitudinem hominum factus. Auch hat er in denselben Büchern gelesen, dass der Sohn vor aller Zeit, Gott gleich ewig ist, und dass von seiner Fülle die Seelen die Seligkeit empfangen, aber nicht, quod secundum tempus pro impiis mortuus est, und dass Gott seines eigenen Sohnes nicht geschont und ihn für uns Alle dahingegeben hat. Diese Philosophen sahen, obschon dunkel, das Ziel, das ewige Vaterland; aber sie verfehlten den Weg; sie schämten sich, aus Schülern Platons Schüler Christi zu werden, der seinem Fischer Johannes durch den heiligen Geist die Erkenntniss von dem fleischgewordenen Worte erschloss (de civ. Dei X, 29). Nicht wer, der Vernunft folgend, nach menschlicher Weise lebt, sondern nur, wer Gott seinen Geist unterwirft und Gottes Geboten folgt, wird selig (Retract. I, 1, 2).

§ 16. Augustinus.

In den frühesten der auf uns gekommenen Schriften sucht Augustin gegen die Akademiker die Nothwendigkeit des Wissens darzuthun. Es ist charakteristisch, dass er dabei nicht von der Frage nach dem Ursprunge unserer Erkenntniss ausgeht, sondern von der Frage, ob der Besitz der Wahrheit uns Bedürfniss sei, oder ob auch ohne denselben die Glückseligkeit bestehen könne, dass er also zunächst nicht genetisch, sondern teleologisch verfährt. Der eine der Mitunterredner, der junge Licentius, vertheidigt den Satz, dass schon das Forschen nach Wahrheit uns glücklich mache, da die Weisheit oder das vernunftgemässe Leben und die geistige Vollkommenheit des Menschen, worauf seine Glückseligkeit beruhe, wenigstens während seines irdischen Lebens nicht in dem Besitz, sondern in dem treuen und unablässigen Suchen der Wahrheit bestehe. Des Licentius Altersgenosse Trygetius aber erklärt den Besitz der Wahrheit für erforderlich, da das beständige Suchen ohne Finden gleichbedeutend mit dem Irren sei. Licentius entgegnet, der Irrthum sei vielmehr die Billigung des Falschen anstatt des Wahren; das Suchen aber sei nicht Irrthum, sondern Weisheit und gleichsam der gerade Weg des Lebens, auf welchem der Mensch so viel als möglich seinen Geist von allen Umstrickungen des Leibes befreie und in sich selbst sammle und am Ende seines Lebens der Erreichung seines Zieles würdig befunden werde, um alsdann göttliche Glückseligkeit, wie jetzt menschliche, zu geniessen. Augustin selbst aber billigt keineswegs die Ansicht des Licentius, die später Lessing wieder aufgenommen hat, wogegen Aristoteles das Wissen für beseligender als das Suchen erklärt (Eth. Nic. X, 7: εὔλογον δὲ τοῖς εἰδόσι τῶν ζητούντων ἡδίω τὴν διαγωγὴν εἶναι). Er behauptet zunächst, dass ohne das Wahre auch nicht einmal die Wahrscheinlichkeit sich gewinnen lasse, welche doch die Akademiker für erreichbar hielten; denn das Wahrscheinliche als das dem Wahren Aehnliche habe an dem Wahren sein Maass. Dann bemerkt er, niemand könne doch ohne den Besitz der Weisheit weise sein; jede Definition der Weisheit aber, welche das Wissen aus dem Begriffe derselben ausschliesse und sie in das blosse Bekenntniss des Nichtwissens und die Enthaltung von jeglicher Bestimmung setze, würde sie mit dem Nichts oder mit dem Falschen identificiren, sei also unhaltbar. (Hierbei bleibt freilich die Weisheit als „Lebensweg" unbeachtet.) Gehöre aber das Wissen zur Weisheit, dann auch zur Glückseligkeit, da nur der Weise glückselig sei. Das Spiel mit dem Namen des Weisen ohne den Besitz der Wahrheitserkenntniss locke nur bedauernswerthe, betrogene Anhänger herbei, die, immer suchend, niemals findend, verödeten, von keinem Lebenshauche der Wahrheit erquickten Geistes schliesslich ihre irreleitenden Führer verwünschen müssten. Auch bestehe nicht die vermeintliche Unfähigkeit des Menschen, zur Erkenntniss zu gelangen, worauf die Akademiker die Forderung gründeten, sich jeder Zustimmung zu enthalten. Weder seien die Sinneseindrücke durchaus trüglich, noch sei von ihnen das Denken völlig abhängig; zu irgend einem Wissen führe selbst in der Physik und Ethik schon die dialektische Erkenntniss der Nothwendigkeit, dass von den Gliedern einer contradictorischen Disjunction das eine wahr sein müsse (certum enim habeo, aut unum esse mundum aut non unum, et si non unum, aut finiti numeri aut infiniti etc.). In der Schrift de beata vita fügt Augustin das Argument hinzu, niemand könne glücklich sein, der nicht besitze, was er zu besitzen wünsche; niemand aber suche, der nicht zu finden wünsche; wer also die Wahrheit suche, ohne sie zu finden, habe nicht, was er zu finden wünsche, und sei nicht glücklich. Auch sei derselbe nicht weise, da der Weise als solcher auch glücklich sein müsse. Auch wer nach Gott sucht, hat zwar schon Gottes Gnade, die ihn leitet, aber nicht die volle Weisheit und Glückseligkeit. In den Retractationen hebt jedoch Augustin hervor, dass die vollendete Beseligung erst im künftigen Leben zu erwarten sei.

Indem Augustin dem Skepticismus gegenüber eine unbezweifelbare Gewissheit als Ausgangspunkt aller philosophischen Forschung sucht, findet er als solche in der Schrift contra Academicos theils die disjunctiven Sätze, theils bemerkt er, die sinnlichen Perceptionen seien doch mindestens subjectiv wahr: noli plus assentiri, quam ut ita tibi apparere persuadeas, et nulla deceptio est (contra Acad. III, 26), und bereits in der fast gleichzeitigen Schrift de beata vita (c. 7) stellt er den so folgenreich gewordenen Grundsatz auf, an dem eigenen Leben lasse sich nicht zweifeln, der in den unmittelbar hernach verfassten Soliloquia die Wendung erhält, das eigene Denken und daher das eigene Sein sei das Gewisseste. Sol. II, 1: Tu, qui vis te nosse, scis esse te? Scio. Unde scis? Nescio. Simplicem te sentis an multiplicem? Nescio. Moveri te scis? Nescio. Cogitare te scis? Scio. In gleichem Sinne schliesst Augustin de lib. arbitr. II, 7 aus dem falli posse auf das Sein und stellt Sein, Leben und Denken zusammen. De vera religione 72 sagt er: noli foras ire, in te redi, in interiori homine habitat veritas, et si animam mutabilem inveneris, transcende te ipsum. Ib. 73: omnis, qui se dubitantem intelligit, verum intelligit, et de hac re, quam intelligit, certus est. Omnis igitur qui utrum sit veritas dubitat, in se ipso habet verum unde non dubitet, nec ullum verum nisi veritate verum est. Non itaque oportet eum de veritate dubitare, qui potuit undecunque dubitare. De trinitate X, 14: utrum aëris sit vis vivendi — an ignis — dubitaverunt homines; vivere se tamen et meminisse et intelligere et velle et cogitare et scire et judicare quis dubitet? quandoquidem etiam si dubitat, vivit, si dubitat, unde dubitet meminit, si dubitat, dubitare se intelligit, si dubitat, certus esse vult, si dubitat, cogitat, si dubitat, scit se nescire, si dubitat, judicat non se temere consentire oportere. Ib. XIV, 7: nihil enim tam novit mens, quam id, quod sibi praesto est, nec menti magis quidquam praesto est, quam ipsa sibi. Augustin hat hiermit den cartesianischen Ausgangspunkt des positiven Philosophirens vorausgenommen. De civ. Dei XI, 26 findet er ein Bild der göttlichen Trinität in der Dreiheit unseres Seins, der Erkenntniss unseres Seins und der Selbstliebe, in welchen drei psychischen Momenten kein Irrthum sei: nam et sumus et nos esse novimus et id esse ac nosse diligimus; in his autem tribus quae dixi, nulla nos falsitas verisimilis turbat; non enim ea, sicut illa quae foris sunt, ullo sensu corporis tangimus, . . . quorum sensibilium etiam imagines iis simillimas nec jam corporeas cogitatione versamus, memoria tenemus et per ipsas in istorum desideria concitamur, sed sine ulla phantasiarum vel phantasmatum imaginatione ludificatoria mihi esse me idque nosse et amare certissimum est. Dass Körper existiren, können wir freilich nur glauben; aber dieser Glaube ist nothwendig für die Praxis (Confess. VI, 7) und weil das Nichtglauben in schlimmeren Irrthum führen würde (de civ. Dei XIX, 18: creditque [Civitas Dei] sensibus in rei cuiusque evidentia, quibus per corpus animus utitur, quoniam miserabilius fallitur, qui nunquam putat eis esse credendum). Auch zur Erkenntniss des Willens anderer Menschen bedürfen wir des Glaubens (de fide rerum, quae non vid. 2). Der Glaube ist im allgemeinsten Sinne die Zustimmung zu einem Gedanken (cum assensione cogitare, de praedest. sanct. 5). Was wir erkennen, glauben wir auch; nicht Alles aber, was wir glauben, vermögen wir sofort zu erkennen; der Glaube ist der Weg zur Erkenntniss (de div. qu. 83 qu. 48 und 68; de trin. XV, 2; Epist. 120). Bei der Reflexion auf uns selbst finden wir in uns nicht nur die Sinnesempfindungen, sondern auch einen innern Sinn, welcher sich jene zum Object macht (denn wir wissen ja von unsern Sinnesempfindungen, die äussern Sinne aber können nicht ihr eigenes Empfinden wahrnehmen), endlich die Vernunft, die den innern Sinn und auch wiederum sich selbst erkennt (de lib. arb. II, 3 ff.). Jedesmal steht dasjenige, was über ein Anderes urtheilt, über dem Beurtheilten; aber über dem Urtheilenden steht wiederum das, wonach es urtheilt. Die menschliche Vernunft findet über sich etwas Höheres; denn sie ist wandelbar, bald kundig, bald unkundig, bald nach Erkenntniss strebend, bald nicht, bald richtig, bald unrichtig urtheilend; die Wahrheit selbst aber, nach der sie urtheilt, muss unwandelbar sein (de lib. arb. II, 6; de vera rel. 54 und 57; de civ. Dei VIII, 6). Findest du deine Natur wandelbar, so gehe über dich selbst hinaus zur ewigen Quelle des Lichtes der Vernunft. Schon wenn du nur erkennst, dass du zweifelst, so erkennst du Wahres; wahr aber ist nichts ohne die Wahrheit. Also lässt sich an der Wahrheit selbst nicht zweifeln (de vera rel. 72 f.).

Die unwandelbare Wahrheit aber ist Gott. Nichts Höheres als sie kann gedacht werden, weil sie alles wahre Sein umfasst (de vera rel. 57; de trin. VIII, 3). Sie ist identisch mit dem höchsten Gute, durch welches alles andere gut ist (de trin. VIII, 4; quid plura et plura? bonum hoc et bonum illud? tolle hoc et illud et vide ipsum bonum, si potes, ita deum videbis non alio bono bonum, sed bonum omnis boni). Gott ist der ewige Grund aller Form, welcher den Geschöpfen ihre zeitlichen Formen verliehen hat, die absolute Einheit, nach der jedes Endliche strebt, ohne sie ganz zu erreichen, die höchste Schönheit, welche über jede andere Schönheit hinausgeht und jede bedingt („omnis pulchritudinis forma unitas est"), die absolute Weisheit, Seligkeit, Gerechtigkeit, das Sittengesetz etc. (de vera rel. 21 u. ö., de lib. arb. II, 9 ff., de trin. XIV, 21). Durch die veränderliche Creatur werden wir an die beständige Wahrheit gemahnt (Confess. XI, 10). In Gott sind die Ideen. De div. qu. 46; de ideis 2: sunt namque ideae principales formae quaedam vel rationes rerum stabiles atque incommutabiles, quae ipsae formatae non sunt, ac per hoc aeternae ac semper eodem modo se habentes, quae in divina intelligentia continentur; et quum ipsae neque oriantur neque intereant, secundum eas tamen formari dicitur omne, quod interire potest et omne, quod oritur et interit. Platon hat darin nicht geirrt, dass er eine intelligible Welt annahm; so nannte derselbe nämlich die ewige und unveränderliche Vernunft, durch welche Gott die Welt gemacht hat; wollte man diese Lehre nicht annehmen, so müsste man sagen, Gott sei unvernünftig bei der Weltbildung verfahren (Retract. I, 3, 2). In der Einen göttlichen Weisheit sind unermessliche und unendliche Schätze der intelligiblen Dinge enthalten, in denen alle die unsichtbaren und unveränderlichen vernunftgemässen Gründe der Dinge (rationes rerum) liegen, und zwar auch der sichtbaren und veränderlichen Dinge, die durch diese Weisheit geschaffen worden sind (de civ. Dei XI, 10, 3; cf. de div. quaest. 83, qu. 26, 2: singula igitur propriis sunt creata rationibus). Bei dem Körper ist Substanz und Eigenschaft verschieden; auch die Seele wird, wenn sie einst immer weise sein wird, dies doch nur sein durch Participation an der unveränderlichen Weisheit selbst, mit der sie nicht identisch ist. Bei den einfachen Wesen aber, die ursprünglich und wahrhaft göttlich sind, ist nicht die Qualität von der Substanz verschieden, da sie eben nicht durch Theilnahme an anderem, sondern an und für sich göttlich oder weise oder glücklich sind (de civ. Dei XI, 10, 3). Ganz so gilt auch von Gott selbst, dass der Unterschied von Qualität und Substanz, ja der Unterschied der (aristotelischen) Kategorien überhaupt auf ihn keine Anwendung findet. Gott fällt unter keine der Kategorien. De trin. V, 2: ut sic intelligamus Deum, si possumus quantum possumus, sine qualitate bonum, sine quantitate magnum, sine indigentia creatorem, sine situ praesidentem, sine habitu omnia continentem, sine loco ubique totum, sine tempore sempiternum, sine ulla sui mutatione mutabilia facientem nihilque patientem. Auch die Kategorie der Substanz passt nicht eigentlich auf Gott, obwohl er im höchsten Sinne ist oder Realität hat.

De trin. VII, 10: res ergo mutabiles neque simplices proprie dicuntur substantiae; Deus autem si subsistit, ut substantia proprie dici possit, inest in eo aliquid tamquam in subjecto et non est simplex, — unde manifestum est Deum abusive substantiam vocari, ut nomine usitatiore intelligatur essentia quod vere ac proprie dicitur. Es ist nicht richtig zu sagen, Gott sei Substanz, und die Güte, Wahrheit, Schönheit, Glückseligkeit seien Attribute oder Accidentien dieser Substanz, sondern er ist Essenz, und diese Essenz fällt mit allem dem, was man als seine Eigenschaften angiebt, zusammen, ib. VI, 7: Non est ibi (in deo) aliud beatum esse et aliud magnum esse aut sapientem aut verum aut bonum aut omnino esse (vgl. ib. VII, 5; Soliloq. I, 3 u. 4). Gottes Wesen ist einfach, und es giebt nichts Getrenntes in ihm. Auch das Wissen, Wollen, Handeln, Sein ist in Gott ein und dasselbe. Doch will Augustin dem kirchlichen Sprachgebrauche folgen (ib. II, 35), um so mehr, da doch eine adäquate Gotteserkenntniss und eine adäquate Bezeichnung dem Menschen in diesem irdischen Leben unerreichbar bleibt. De trin. VII, 7: verius enim cogitatur Deus, quam dicitur, et verius est, quam cogitatur. Es ist fraglich, ob irgend eine positive Aussage über ihn im eigentlichen Sinne gelte (de trin. V, 11; cfr. Conf. XI, 26); wir wissen mit Bestimmtheit nur, was er nicht sei (de ord. II, 44 und 47); doch liegt auch schon ein beträchtlicher Gewinn in der Verneinung des Irrthums (de trin. VIII, 3). Kennten wir Gott überhaupt nicht, so könnten wir ihn nicht anrufen und lieben (de trin. VIII, 12; Confess. I, 1; VII, 16). Gott ist, wie schon die Platoniker richtig erkannt haben, das Princip des Seins und Erkennens und die Richtschnur des Lebens (Conf. VII, 16; de civ. Dei VIII, 4). Er ist das Licht, in welchem wir das Intelligible sehen, das Licht der ewigen Vernunft, wir erkennen in ihm (Conf. X, 65; XII, 35; de trin. XII, 24).

Gott ist der Dreieinige. Augustin bekennt seinen Glauben an die Trinität in dem athanasianisch-kirchlichen Sinne und sucht den Begriff derselben durch verschiedene Analogien dem Verständniss näher zu bringen. De civ. Dei XI, 24: credimus et tenemus et fideliter praedicamus quod Pater genuerit Verbum, hoc est Sapientiam, per quam facta sunt omnia, unigenitum Filium, unus unum, aeternus coaeternum, summe bonus aequaliter bonum, et quod Spiritus sanctus simul et Patris et Filii sit Spiritus et ipsi consubstantialis et coaeternus ambobus, atque hoc totum et Trinitas sit propter proprietatem personarum et unus Deus propter inseparabilem divinitatem, sicut unus omnipotens propter inseparabilem omnipotentiam, ita tamen, ut etiam quum de singulis quaeritur, unusquisque eorum et Deus et omnipotens esse respondeatur, quum vero de omnibus simul, non tres dii vel tres omnipotentes, sed unus Deus omnipotens; tanta ibi est in tribus inseparabilis unitas, quae sic se voluit praedicari. Augustin will nicht (wie Gregor von Nyssa mit Basilius und Anderen), dass das Verhältniss der drei göttlichen Personen oder Hypostasen zu der Einheit des göttlichen Wesens gleich dem der endlichen Individuen zu ihrem Allgemeinen aufgefasst (also dem des Petrus, Paulus und Barnabas zu dem Wesen des Menschen analog gedacht) werde; bei der Gottheit realisirt sich die Substanz voll und ganz in jeder der drei Personen (de trin. VII, 11). Zwar weist Augustin entschieden die Ketzerei der Sabellianer ab, welche mit der Einheit des Wesens zugleich auch die Einheit der Person Gottes behaupten; die Analogien aber, deren er selbst sich bedient, sind von den Momenten der individuellen Existenz entnommen, wie namentlich die des Seins, Lebens und Erkennens in uns (de lib. arb. II, 7), oder die später von ihm bevorzugte Analogie unseres Seins, Wissens und Liebens (Confess. XIII, 11; de trin. IX, 4, de civ. Dei XI, 26), oder die des Gedächtnisses, Gedankens und Willens, oder innerhalb der Vernunft die des Bewusstseins der Ewigkeit, der Weisheit und der Liebe zur Seligkeit (de trin. XI, 16; XV, 5 ff.), oder wenn er in allen geschaffenen Dingen ein Bild der Trinität findet, indem sie alle das Sein überhaupt, ihr besonderes Sein und die geordnete Verbindung jenes Allgemeinen mit diesem Besonderen in sich vereinigen (de vera rel. 13: esse, species, ordo; vgl. de trin. XI, 18: mensura, numerus, pondus). Von der Trinität erscheint, soweit es sich mit deren Würde verträgt, die Spur in allen Creaturen (de trin. VI, 10).

Gott ist das höchste Sein (summa essentia), er ist im vollsten Sinne (summe est) und ist daher unveränderlich (immutabilis); den Dingen, die er aus nichts erschaffen hat, hat er das Sein gegeben, aber nicht das höchste Sein, welches nur ihm selbst zukommt, sondern den einen ein volleres, den anderen ein geringeres; er hat die Naturen der Wesen stufenmässig geordnet (naturas essentiarum gradibus ordinavit, de civ. Dei XII, 2). Ihm ist kein Wesen entgegengesetzt; nur das Nichtsein bildet zu ihm den Gegensatz und das aus dem Nichtsein herfliessende Böse (de civ. Dei XII, 2 f.). Der gute Gott hat mit Willensfreiheit, keiner Nothwendigkeit unterworfen, die Welt geschaffen, um Gutes zu machen (de civ. Dei XI, 21 ff.). Die Welt zeugt durch ihre Ordnung und Schönheit für ihre Erschaffung durch Gott (ib. XI, 4). Gott hat sie nicht aus seinem Wesen gezeugt, denn dann würde sie Gott gleich sein, sondern aus dem Nichts geschaffen (de civ. Dei XIV, 11; Confess. XII, 7), und aus dieser Negation, dem nihil, stammt das Veränderliche in der Welt (de civ. Dei XII, 2). Wenn auch dieses Nichts nicht gleich dem μή ὄν, der Materie, ist, so scheint es doch bisweilen bei Augustin als eine Macht angenommen zu werden, die sich mit der operatio divina verbindet, um die veränderliche Welt entstehen zu lassen. In dieser Verbindung ist das Esse vermindert; die Welt hat das minus esse gegenüber dem summe esse. Als substantia creatrix ist Gott ubique diffusus. Die Welterhaltung ist eine fortgehende Schöpfung. Zöge Gott seine schaffende Macht von der Welt zurück, so würde dieselbe sofort in das Nichts wiederum übergehen (de civ. Dei XII, 25). Sein Schaffen ist nicht ein ewiges; denn die Welt muss als das Endliche begrenzt in der Zeit wie im Raume sein; man darf aber nicht vor ihr unbegrenzte Zeiten und nicht neben ihr unendliche Räume denken; denn Zeit und Raum existiren nicht ausser der Welt, sondern nur in und mit ihr. Die Zeit ist das Maass der Bewegung; im Ewigen aber giebt es keine Bewegung oder Veränderung. Die Welt ist also vielmehr zugleich mit der Zeit, als in der Zeit geschaffen worden (de civ. Dei XI, 6: si recte discernuntur aeternitas et tempus, quod tempus sine aliqua mobili mutabilitate non est, in aeternitate autem nulla mutatio est, quis non videat, quod tempora non fuissent, nisi creatura fieret, quae aliquid aliqua motione mutaret?). Gottes Entschluss zur Weltbildung aber ist ein ewiger (de civ. Dei XI, 4 ff.). Die Welt ist nicht einfach, wie das Ewige, sondern mannigfach, aber doch einheitlich; viele Welten anzunehmen, ist ein leeres Spiel der Einbildungskraft (de ord. I, 3; de civ. Dei XV, 5).

In der Ordnung des Universums durfte auch das Geringste nicht fehlen (de civ. Dei XII, 4). Wir dürfen nicht den Maassstab unseres Nutzens anlegen, nicht für schlecht halten, was uns schadet, sondern müssen ein jedes Object nach seiner eigenen Natur beurtheilen; jedes hat sein Maass, seine Form und eine gewisse Harmonie in sich selbst. Gott ist in Betracht aller Wesen zu loben (ib. 4 f.), alles Sein ist als solches gut (de vera rel. 21: in quantum est, quidquid est, bonum est). Auch die Materie hat in der Ordnung des Ganzen ihre Stelle; sie ist von Gott geschaffen; ihre Güte ist ihre Gestaltbarkeit; der Leib ist nicht ein Kerker der Seele (de vera rel. 36).

Die sichtbare Welt gipfelt im Menschen. Er ist der Mikrokosmus, der die wesentlichen Eigenschaften des Thieres, der Pflanze, des leblosen Körpers in sich schliesst. Jedoch hat er auch Vernunft und verbindet so die materielle Welt mit der geistigen. Die Seele ist eine immaterielle, vom Leibe wesentlich verschiedene Substanz. Sie findet in sich nur Functionen wie Denken, Erkennen, Wollen, sich Erinnern, nichts Materielles (de trin. X, 13). Sie ist eine Substanz oder ein Subject, nicht eine blosse Eigenschaft des Leibes (ibid. 15). Sie empfindet eine jede Affection des Leibes da, wo dieselbe stattfindet, ohne sich erst dorthin zu bewegen; sie ist also in dem Körper ganz und auch ganz in jedem Theile desselben gegenwärtig; das Körperliche dagegen ist mit jedem seiner Theile nur an Einem Orte (Ep. 166 ad. Hier. 4; contra ep. Man. c. 16). Augustin unterscheidet in der Seele namentlich memoria, intellectus und voluntas; die voluntas ist in allen Affecten (de civ. Dei XIV, 6: voluntas est quippe in omnibus, immo omnes nihil aliud quam voluntates sunt). Das Verhältniss der memoria, des intellectus und der voluntas zu der Seele soll nicht wie das der Farbe oder Figur zu dem Körper, oder überhaupt der Accidentien zu dem Substrat gedacht werden, denn diese können ihr Substrat (subjectum, ὑποκείμενον) nicht überschreiten, die Figur oder Farbe kann nicht Figur oder Farbe eines andern Körpers sein, der Geist (mens) aber kann durch die Liebe sich und auch anderes lieben, durch die Erkenntniss sich und auch anderes erkennen, sie theilen demgemäss die Substantialität mit dem Geist selbst (de trin. IX, 4), obschon derselbe die memoria, intelligentia und dilectio nicht ist, sondern hat (ib. XV, 22). Alle jene Functionen können sich auch auf sich selbst wenden, der Verstand sich selbst erkennen, das Gedächtniss dessen gedenken, dass wir ein Gedächtniss besitzen, der freie Wille die Willensfreiheit anwenden oder nicht (de lib. arbitr. II, 19). — So weit Augustin polemisch gegen die Manichäer vorgeht, spricht er sich für die Dichotomie im Menschen aus, will er aber streng wissenschaftlich verfahren, so huldigt er der Dreitheilung in Leib, Seele, Geist. — Die Unsterblichkeit der Seele folgt philosophisch aus ihrem Theilhaben an der unveränderlichen Wahrheit, aus ihrem wesentlichen Vereintsein mit der ewigen Vernunft und mit dem Leben (Solil. II, 2 ff., de imm. an. 1 ff.); die Sünde raubt ihr nicht das Leben, obwohl das selige Leben (de civ. Dei VI, 12). Doch begründet nur der Glaube der Hoffnung auf die wahre Unsterblichkeit, das ewige Leben in Gott (de trin. XIII, 12). (Vgl. unter Platons Argumenten besonders das in der Rep. X, p. 609 und das letzte im Phädon, Grdr. I, § 42, 7. Aufl., S. 169.)

Die Ursache des Bösen ist der Wille, der sich von dem Höheren zu dem Niedern abwendet, der Hochmuth solcher Engel und Menschen, die sich von Gott abwandten, der das absolute Sein hat, zu sich selbst, die doch nur ein beschränktes Sein haben (Enchirid. 23: nequaquam dubitare debemus, rerum quae ad nos pertinent, bonarum causam non esse nisi bonitatem dei, malarum vero ab immutabili bono deficientem boni mutabilis voluntatem, prius angeli, hominis postea). Nicht als ob das Niedere als solches böse wäre; aber die Abwendung von dem Höheren zu ihm hin ist böse. Der böse Wille bewirkt das Böse, wird aber nicht selbst durch irgend eine positive Ursache bewirkt; er hat keine causa efficiens, sondern nur eine causa deficiens (de civ. Dei XII, 6 ff.). Das Böse ist keine Substanz oder Natur (Wesen), sondern eine Schädigung der Natur (des Wesens) und des Guten, ein defectus, eine privatio boni, amissio boni, eine Verletzung der Integrität, der Schönheit, des Heils, der Tugend; wo nichts Gutes verletzt wird, ist kein Böses. Esse vitium et non nocere non potest. Also kann das Böse nur dem Guten anhaften, und zwar nicht dem unveränderlichen, sondern dem veränderlichen Guten. Es kann ein unbedingt Gutes, aber nicht ein unbedingt Böses geben (de civ. Dei XI, 22; XII, 3). Hierin liegt das Hauptargument gegen den

§ 16. Augustinus.

Manichäismus, der das Böse für gleich ursprünglich mit dem Guten und für ein zweites Wesen neben jenem annimmt. Auch das Böse trübt nicht die Ordnung und Schönheit des Universums: es vermag sich den Gesetzen Gottes nicht ganz zu entziehen; es bleibt nicht unbestraft, die Strafe aber, von der es getroffen wird, ist nur als Bethätigung der Gerechtigkeit; wie ein Gemälde mit schwarzer Farbe an rechter Stelle, so ist die Gesammtheit der Dinge für den, der sie zu überschauen vermöchte, auch mit Einschluss der Sünde schön, obschon diese, wenn sie für sich allein betrachtet werden, ihre Missgestalt schändet (de civ. Dei XI, 22; XII, 3; vgl. de vera rel. 44: et est pulchritudo universae creaturae per haec tria inculpabilis, damnationem peccatorum, exercitationem justorum, perfectionem beatorum). Gott hätte diejenigen Engel und Menschen, von denen er voraus wusste, dass sie schlecht sein würden, nicht geschaffen, wenn er nicht auch gewusst hätte, wie sie dem Guten zum Nutzen gereichen würden, so dass das Ganze der Welt wie ein schönes Lied aus Gegensätzen besteht: contrariorum oppositione saeculi pulchritudo componitur (de civ. Dei XI, 13). Er hätte das Böse überhaupt nicht zuzulassen brauchen; aber es schien ihm besser, dass aus dem Bösen Gutes entstehe, als dem Bösen gar keinen Raum zu geben. Augustin legt diesen Betrachtungen ein solches Gewicht bei, dass er nicht, wie Origenes und Gregor von Nyssa und Andere, einer allgemeinen ἀποκαταστάσις zur Theodicee zu bedürfen glaubt.

Gott hat zuerst die Engel geschaffen, von denen ein Theil gut geblieben, der andere böse geworden ist, dann die sichtbare Welt und den Menschen; die Engel sind das Licht, das Gott zuerst schuf (de civ. Dei XI, 9). Von Einem Menschen, den Gott als den ersten schuf, hat das Menschengeschlecht seinen Anfang genommen (ib. XII, 9). Nicht nur diejenigen irren, welche (wie Apuleius) dafür halten, die Welt und Menschen seien immer gewesen, sondern auch die, welche auf unglaubhafte Schriften gestützt, viele Tausende von Jahren für geschichtlich constatirt halten, da doch aus der heiligen Schrift hervorgeht, dass noch nicht sechstausend Jahre seit der Erschaffung des Menschen verflossen sind (ib. XII, 10). Die Kürze dieses Zeitraums kann denselben nicht unglaubwürdig machen; denn wäre auch eine unaussprechliche Zahl von Jahrtausenden seit der Menschenschöpfung verflossen, so würde dieselbe doch gegen die rückwärts liegende Ewigkeit, während welcher Gott den Menschen nicht geschaffen hätte, ebensowohl, wie jene sechstausend Jahre verschwinden, gleich einem Tropfen gegen den Ocean oder vielmehr noch in unvergleichlich höherem Maasse (ib. XII, 12). Ganz verwerflich ist die (stoische) Meinung, dass beim Weltuntergang die Welt sich so, wie sie früher war, erneuere, und alle Ereignisse wiederkehren; nur einmal ist Christus gestorben und wird nicht wieder in den Tod gehen, und wir werden einst auf ewig bei Gott sein (ib. XII, 13 ff.).

In dem ersten Menschen lag schon, obzwar nicht sichtbar, doch nach Gottes Vorherwissen, der Ursprung zweier menschlichen Gemeinschaften, gleichsam zweier Staaten, des weltlichen Staates und des Gottesstaates; denn aus ihm sollten die Menschen werden, von denen die einen mit den bösen Engeln in der Bestrafung, die andern mit den guten in der Belohnung vereint werden sollten, nach dem verborgenen, aber gerechten Rathschluss Gottes, dessen Gnade nicht ungerecht, dessen Gerechtigkeit nicht grausam sein kann (de civ. Dei XII, 27). Durch den Sündenfall, der in dem Ungehorsam gegen das göttliche Gebot lag, verfiel der Mensch dem Tode als der gerechten Strafe (ib. XIII, 1). Es giebt aber einen zweifachen Tod: den des Leibes, wenn die Seele ihn verlässt, und den der Seele, wenn Gott sie verlässt; der letztere ist nicht ein Aufhören des Bestehens und

Lebens überhaupt, wohl aber des Lebens aus Gott. Auch der erste Tod ist an sich ein Uebel, gereicht aber den Guten zum Heil; der zweite Tod, der das summum malum ist, trifft nur die Bösen. Auch der Leib wird auferstehen, der der Gerechten in verklärter Gestalt, edler, als der der ersten Menschen vor der Sünde war, der der Ungerechten aber zur ewigen Pein (ib. XIII, 2 ff.). Da Adam Gott verlassen hatte, ward er von Gott verlassen, und der Tod in jeglichem Sinne war die ihm angedrohte Strafe (ib. XIII, 12; 15). Freiwillig depravirt und mit Recht verdammt, erzeugte er Depravirte und Verdammte; denn wir Alle waren in ihm, als wir Alle noch er allein waren; es war uns noch nicht die Form angeschaffen und zugetheilt, durch die wir als Individuen leben, aber es war schon in ihm die natura seminalis, aus der wir hervorgehen sollten, und da diese durch die Sünde befleckt, dem Tode anheimgegeben und mit Recht verdammt war, so übertrug sich auf die Nachkommen die gleiche Beschaffenheit. Durch den üblen Gebrauch des freien Willens ist die Reihe dieses Unheils entstanden, die das in der Wurzel verdorbene Menschengeschlecht durch eine Folge von Leiden bis zu dem ewigen Tode hinführt, nur mit Ausnahme derer, die durch Gottes Gnade erlöst worden (ib. XIII, 14; cf. XXI, 12: hinc est universa generis humani massa damnata, quoniam qui hoc primitus admisit, cum ea quae in illo fuerat radicata sua stirpe punitus est, ut nullus ab hoc justo debitoque supplicio nisi misericordia et indebita gratia liberetur). Diese Sätze scheinen in Betreff der Entstehung der menschlichen Seelen den Generatianismus oder Traducianismus zu involviren, zu dem in der That Augustin wegen des Dogmas von der Erbsünde sich hinneigt; doch hat er sich nicht unbedingt für denselben entschieden, nur die Präexistenzlehre als irrthümlich abgewiesen und mit ihr zugleich auch die früher von ihm angenommene platonische Lehre von dem Lernen als einer Wiedererinnerung (de quant. an. 20) verworfen, den Creatianismus aber, der jede Seele durch einen besonderen Schöpfungsact Gottes entstehen lässt, nicht missbilligt. Jedoch erheben sich gegen diesen auch Schwierigkeiten, da die Seelen, wie sie täglich von Gott geschaffen werden, doch gut sein müssen. So ist Augustin beim Zweifel stehen geblieben (Retr. I, 1, 3 ff.; cf. de trin. XII, 15). Adam sündigte nicht aus bloss sinnlicher Lust, sondern wie die Engel aus Stolz (ibid. XIV, 3; 13). Die durch die Erbsünde verdorbene Natur kann nur der Urheber derselben wiederherstellen (XIV, 11). Zu diesem Zwecke ist Christus erschienen. Im Hinblick auf die Erlösung liess Gott die Versuchung und den Fall der ersten Menschen zu, obschon es in seiner Macht stand, zu bewirken, dass weder ein Engel noch ein Mensch sündigte; aber er wollte dies ihrer Selbstentscheidung nicht entziehen, um zu zeigen, wie viel Uebel ihr Stolz, wie viel Gutes seine Gnade vermöge (XIV, 21). Der freiwillige Dienst ist der bessere: unsere Aufgabe ist: servire liberaliter Deo.

Die Freiheit des Willens ist nur durch die Gnade und in ihr. Die erste Willensfreiheit, die Freiheit Adams, war das posse non peccare, die höchste aber, die der Seligen, wird sein das non posse peccare (de corr. et grat. 33). Die Erbsünde bringt den Menschen in den Stand des non posse non peccare. Durch die Gnade wird der gute Wille bereitet, er folgt ihr als Diener. Gewiss ist, dass wir handeln, wenn wir handeln, aber dass wir handeln, dass wir glauben, wollen und vollbringen, bewirkt Gott durch die Mittheilung der wirksamen Kräfte an uns. Nichts Gutes thut der Mensch, welches nicht Gott so wirkt, dass es der Mensch wirkt. Gott selbst ist unsere Macht (potestas nostra ipse est, Solil. II, 1; cf. de gratia Christi 26 u. ö.). Die Lehre des Pelagius (welcher nach Aug. de praedest. sanct. c. 10 sagt: „praesciebat Deus, qui futuri essent sancti et immaculati per liberae voluntatis arbitrium et ideo eos ante mundi constitutionem in

§ 16. Augustinus.

ipsa sua praescientia, qua tales futuros esse praescivit, elegit") verkennt die Bedingtheit dieser Selbstentscheidung durch die unwiderstehliche Gnade Gottes und ist nicht im Einklang mit der heiligen Schrift. Vgl. ausser der oben (S. 99) erwähnten Schrift von Wiggers insbesondere noch J. L. Jacobi, die Lehre des Pelagius, Leipz. 1842; Friedr. Wörter, der Pelagianismus nach seinem Ursprung und seiner Lehre, Freib. Br. 1866; F. Klasen, d. innere Entwicklung des Pelagianismus, 1882. Augustins letzte Schriften: de praedestinatione sanctorum und de dono perseverantiae sind gegen den Semipelagianismus, besonders des Cassianus, gerichtet, welcher zugab, dass der Mensch nichts Gutes ohne die Gnade vollenden könne, aber doch den Anfang im Guten, den Gottes Gnade zur Vollendung führe, dem freien Willen des Menschen selbst anheimgab und nicht zugeben mochte, dass Gott nur einen Theil des Menschengeschlechtes retten wolle, und Christus nur für die Auserwählten gestorben sei. Augustin hält dagegen an der allbestimmenden, vorausgehenden, auch den Anfang des Guten im Menschen bedingenden Gnade fest, huldigt also entschieden der Lehre von der Prädestination und schliesst den freien Willen im Menschen aus. Hieronymus (über den u. A. Otto Zöckler, Gotha 1865, und A. Thierry, St. Jérome, la société chrétienne à Rome etc., Paris 1867, Aem. Luebeck, Hieronymus quos noverit scriptores et ex quibus hauserit, Leipzig 1872, handeln) sagt in dem 415 verfassten Dialogus contra Pelagianos: der Mensch kann sich zum Guten oder Bösen bestimmen, aber nur unter dem Beistand der Gnade das Gute vollbringen.

Indem von Anfang an Gottes Gnade einen Theil der Menschen dem allgemeinen Verderben entzog, so entstand neben den irdischen Staaten der Gottesstaat (de civ. Dei XIV, 28). Von diesen beiden Gemeinschaften ist die eine prädestinirt, ewig mit Gott zu herrschen, die andere, ewige Strafe zu leiden mit dem Teufel (ib. XV, 1). Die ganze Zeit, in welcher die Menschen leben, ist die Entwickelung (excursus) jener beiden Staaten (ib. XV, 1). Augustin unterscheidet bald drei, bald sechs Perioden. Die Menschen lebten zuerst noch ohne Gesetz, und es bestand noch kein Kampf mit der Lust dieser Welt, dann unter dem Gesetz, da sie kämpften und besiegt wurden, endlich in der Zeit der Gnade, da sie kämpfen und siegen. Von den sechs Perioden aber geht die erste von Adam bis Noah; Kain und Abel sind die ersten Repräsentanten der beiden Staaten; sie endigt mit der Sündfluth, gleich wie bei dem einzelnen Menschen das Alter der Kindheit durch Vergessenheit begraben wird. Die zweite Periode aber geht von Noah bis Abraham, sie ist dem Knabenalter zu vergleichen; zur Strafe der Hoffart der Menschen erfolgte die Sprachverwirrung bei dem Thurmbau zu Babel, nur das Volk Gottes hat die erste Sprache bewahrt. Die dritte Periode reicht von Abraham bis David, sie ist das Jünglingsalter der Menschheit; das Gesetz wird gegeben, aber es ertönen auch schon deutlicher die göttlichen Verheissungen. Die vierte Periode, die des Mannesalters der Menschheit, reicht von David bis zur babylonischen Gefangenschaft, es ist die Zeit der Könige und Propheten. Die fünfte Periode reicht von der babylonischen Gefangenschaft bis auf Christus; die Prophetie hörte auf, und die tiefste Erniedrigung Israels begann genau zu der Zeit, als es nach der Wiedererbauung des Tempels und der Befreiung aus der babylonischen Gefangenschaft auf einen bessern Zustand gehofft hatte. Die sechste Periode beginnt mit Christus und schliesst mit der irdischen Geschichte überhaupt; sie ist die Zeit der Gnade, des Kampfes und Sieges der Gläubigen und schliesst ab mit dem Eintritt des ewigen Sabbaths, da der Kampf in die Ruhe, die Zeit in die Ewigkeit verschlungen sein wird, die Genossen der Gottesstadt der ewigen Seligkeit sich erfreuen und die Stadt dieser Welt der ewigen Verdammniss anheimfällt, so dass die Geschichte mit einer Scheidung schliesst, die unauflösbar und ewig und unwiderruflich ist. Bei dieser Geschichtsphilosophie hat Augustin die Geschichte der Israeliten zu Grunde gelegt und nach ihren Perioden die der Weltgeschichte überhaupt bestimmt. Von den übrigen Völkern berücksichtigt er vorzugsweise neben den orientalischen das griechische, bei welchem Könige schon vor der Zeit des Josua den Cultus falscher Götter einführten und Dichter theils ausgezeichnete Menschen und Herrscher, theils Naturobjecte vergötterten, und das römische, welches um die Zeit des Untergangs des assyrischen entstand, da in Israel die Propheten lebten. Rom ist das abendländische Babylon, schon in seiner Entstehung durch Brudermord befleckt, allmählich durch Herrschsucht und Habgier und durch scheinbare Tugenden, die vielmehr Laster waren (XIX, 25; vgl. V, 13—30), zu einer unnatürlichen, riesenhaften Grösse angewachsen; zur Zeit seiner Herrschaft über die Völker sollte Christus geboren werden, in welchem die dem Volke Israel gewordenen Weissagungen ihre Erfüllung finden und alle Geschlechter der Menschen gesegnet werden (de civ. Dei XV ff.). — Wenn Augustin so ein sittlich-religiöses Reich in der Geschichte nach christlicher Anschauung sich verwirklichen lässt, so geht er damit über die neuplatonische Lehre, die nur einen begrifflichen, geschichtslosen Weltprocess kennt, wesentlich hinaus und kommt mit seinen eigenen sonstigen, dem Neuplatonismus sehr verwandten Ansichten in Widerspruch.

In sieben Stufen lässt Augustin auch die einzelne Seele zu Gott gelangen; doch hat er diesen Gedanken nur in seiner früheren Zeit durchgeführt. Er bestimmt die Stufen so, dass er von der aristotelischen Doctrin ausgeht, aber (analog der neuplatonischen Lehre von den höheren Tugenden) neue Stufen anfügt. Die Stufen sind: 1) die vegetativen Kräfte, 2) die animalischen (mit Einschluss des Gedächtnisses und der Einbildungskraft), 3) die rationale Kraft, auf der die Ausbildung der Künste und Wissenschaften beruht, 4) die Tugend als Reinigung der Seele durch den Kampf gegen die sinnliche Lust und durch den Glauben an Gott, 5) die Sicherheit im Guten, 6) das Gelangen zu Gott, 7) die ewige Anschauung Gottes (de quant. an. 72 ff.). Das höchste, das unendliche Gut ist Gott selbst, und die höchste Glückseligkeit des Menschen besteht in der ewigen Anschauung und Liebe Gottes. Wir sind nach Gott geschaffen, und unser Herz ist unruhig, bis es in Gott ruht. Freilich wird diese Glückseligkeit in diesem Leben nicht erlangt, und das ethische Ziel fällt demnach in das Jenseits. In der Anschauung Gottes gewinnen wir die vollkommene Aehnlichkeit mit Gott, wodurch wir zwar nicht Götter, nicht Gott selbst gleich werden, aber doch sein Bild in uns hergestellt wird (de trin. XIII, 12, XIV, 24). Von Werth ist nur das Handeln, durch welches sich der Glaube bethätigt; deshalb sind auch die Tugenden des Nicht-Christen vielmehr Laster als Tugenden (de civ. Dei XIX, 25).

Augustin bekämpft entschieden und häufig die Ansicht, dass alle Strafen bloss zur Reinigung der Bestraften dienen sollen: sie sind erforderlich als Beweis der göttlichen Gerechtigkeit; würden alle ewig bestraft, so würde dies nicht ungerecht sein; da aber auch die göttliche Barmherzigkeit sich bekunden muss, so wird ein Theil gerettet, jedoch nur der kleinere; der weit grössere bleibt in der Strafe, damit gezeigt werde, was Allen gebührte (de civ. Dei XXI, 12). Kein Mensch von gesundem Glauben kann sagen, dass selbst die bösen Engel durch Gottes Erbarmung gerettet werden müssten, weshalb auch die Kirche nicht für sie betet; wer aber aus unzeitigem Mitleid die Rettung aller Menschen annehmen möchte, müsste aus dem gleichen Grunde auch die der bösen Engel annehmen; die Kirche bittet zwar für alle Menschen, aber nur darum, weil sie von keinem Einzelnen mit Sicherheit weiss, ob Gott ihn zum Heil oder zur Verdammniss bestimmt hat, und weil noch die Zeit erfolgreicher Reue vorhanden ist; wüsste sie gewiss, welche diejenigen seien, die „praedestinati sunt in aeternum ignem ire cum diabolo", so würde sie für diese ebensowenig beten, wie sie Gott um Errettung des Teufels anfleht (de civ. Dei XXI, 24). Demgemäss hält Augustin den Dualismus zwischen Gutem und Bösem hinsichtlich des Endes der Weltentwickelung ebenso entschieden fest, wie er denselben gegenüber dem Manichäismus hinsichtlich des ewigen Princips aller Wesen bekämpft und durch den Gedanken der Stufenordnung aufhebt.

Die Schriften Augustins waren Jahrhunderte lang eine Hauptquelle für die christliche Philosophie und Theologie, und häufig knüpften die grossen dogmatischen Differenzen in der christlichen Kirche an Augustins Lehre an. Unter den grossen Philosophen der neueren Zeit finden sich namentlich bei Descartes viel augustinische Elemente, vor Allem der Ausgang vom Bewusstsein, der aber ebensowenig Descartes wie Augustin mit einer objectiven Metaphysik brechen liess.

§ 17. Die Philosophie in der christlichen Kirche im Orient beruht in der späteren patristischen Zeit auf der Verknüpfung platonischer und neuplatonischer und zum Theil auch aristotelischer Gedanken mit der christlichen Dogmatik. Synesius aus Kyrene, geb. wahrscheinlich zwischen 365 und 370, gegen 430 gest., hielt als christlicher Priester und Bischof an den wesentlichen Grundgedanken des Neuplatonismus fest und betrachtete das davon Abweichende im christlichen Dogma als eine heilige Allegorie. Nemesius, Bischof von Emesa in Phönicien, wahrscheinlich ein jüngerer Zeitgenosse des Synesius, fusst in seiner Schrift über die Natur der Seele gleichfalls vorzugsweise auf der platonischen und zum Theil auch aristotelischen Doctrin, lehrt die Präexistenz der menschlichen Seele und die ewige Fortdauer der Welt, verwirft jedoch andere platonische Lehren. Er vertheidigt die Annahme der Willensfreiheit gegen den Fatalismus. Aeneas von Gaza dagegen bestreitet in seinem um 487 verfassten Dialog „Theophrastus" die Lehre der Präexistenz der menschlichen Seele und auch die der Ewigkeit der Welt. Die letztere Annahme bekämpfen im sechsten Jahrhundert namentlich auch der Bischof von Mitylene Zacharias Scholasticus und der Commentator des Aristoteles Johannes Philoponus aus Alexandrien, welcher Letztere, indem er die aristotelische Lehre, dass die substantielle Existenz im vollsten Sinne den Individuen zukomme, auf das Dogma der Trinität anwandte, der Anschuldigung des Tritheismus verfiel.

Der Zeit, da neuplatonische Ansichten sich nur im Gewande des Christenthums Eingang versprechen durften, wahrscheinlich dem Ende des fünften Jahrhunderts, gehören die Schriften an, die ihr Verfasser als das Werk des Areopagiten Dionysius von Athen, eines unmittelbaren Apostelschülers, bezeichnet hat. An die in diesen Schriften enthaltene Speculation schliesst sich grossentheils Maximus der Bekenner an (580—662), ein tiefsinniger mystischer Theolog. Der im achten Jahrhundert lebende Johannes von Damascus giebt in

§ 17. Griechische Kirchenlehrer aus der Zeit nach Augustin.

seiner Schrift „Quelle der Erkenntniss" eine kurze Darstellung der (aristotelischen) Ontologie, dann eine Bekämpfung der Häresien, endlich eine ausführliche systematische Darstellung der orthodoxen Glaubenslehre; in dem ganzen Werke will Johannes nach seiner ausdrücklichen Erklärung nichts Eigenes vorbringen, sondern nur das, was von heiligen und gelehrten Männern gesagt wurde, zusammenfassen und vortragen; er arbeitet demgemäss nicht selbst an der Fortbildung der Lehre, die ihm als im Wesentlichen abgeschlossen gilt, sondern stellt nur die Gedanken seiner Vorgänger ordnend zusammen, wobei ihm die Philosophie und insbesondere die Logik und die Ontologie als Werkzeug der Theologie dient, so dass bereits das scholastische Princip bei ihm zur Geltung gelangt.

Des Synesius Werke sind von Turnebus, Paris 1553, von Dionysius Petavius, Paris 1612, 1631, 1633 herausgegeben worden, einzelne seiner Schriften öfters, insbesondere von Krabinger das Calvitii encomium (zugleich deutsch), Stuttg. 1834, und die ägypt. Erz. über die Vorsehung (zugl. deutsch), Sulzbach 1835, die Hymnen von Grégoire und Collombat, Lyon 1836 u. von J. Flach, Tüb. 1875, auch in dem 15. Bande der Sylloge poëtarum gr. von J. F. Boissonade, Paris 1823—1832; längere Uebersetzungsproben aus den Hymnen s. b. Rixner, Handb. d. Gesch. d. Philos., Bd. I, S. 98 ff. Ueber Synesius handeln namentlich Aem. Th. Clausen, de Synesio philosopho, Libyae Pentapoleos metropolita, Kopenh. 1831. Thilo, comm. in Synes. hymnum sec., zwei Universitätsprogramme, Halle 1842 und 1843. Bernh. Kolbe, der Bischof Synesius von Cyrene, Berlin 1850. H. Druon, études sur la vie et les oeuvres de Synesius, Paris 1859. Franz Xaver Kraus, observationes criticae in Syn. Cyr. epistulas. Solisb. 1863, Studien über Syn. von Kyrene, in: theol. Quartalschr., Jahrg. 1865, Heft 3, S. 381—448, Heft 4, S. 537—600 u. 1866, Heft 1, S. 85—129. Ern. Malignas, essai sur la vie et les idées philos. et relig. de Synesius évêque de Ptolémaïs, Strasb. 1867. Rich. Volkmann, Syn. von Cyrene, eine biograph. Charakteristik aus den letzten Zeiten des untergeh. Hellenismus, Berlin 1869. G. Sievers, Synes. v. Cyr., in: Studien zur Gesch. d. römisch. Kaiser, Berl. 1870. Ὁ Συνέσιος πλωτινίζων — ὑπὸ Φιλαρέτου Παφείδου, Leipz. Doct.-Diss., ἐν Κωνσταντινουπόλει, 1875. Ed. Reinh. Schneider, de vita Synesii philosophi atque episcopi, Leipz. Doct.-Diss., Grimma 1876. Eine biographische u. litterarische Einleitung s. auch in der französ. Uebersetzung der Werke des Synesius von H. Druon, Paris 1878.

Nemesii περὶ φύσεως ἀνθρώπου pr. ed. graec. et lat. a Nicasio Ellebodio, Antv. 1865; ed. J. Fell, Oxon. 1671; ed. Ch. Fr. Matthaei, Lips. 1802; Nemes., über die Freiheit, aus dem Griech. übers. von Fülleborn in dessen: Beitr. zur Gesch. der Phil. I, Züllichau 1791; Nemesius, über die Natur des Menschen, deutsch von Osterhammer, Salzburg 1819. M. Evangelides, Zwei Capp. aus ein. Monographie üb. Nem. und s. Quellen, I.-D., Berl. 1882.

Aeneae Gazaei Theophrastus, ed. J. Wolf, Turici 1560; Aen. Gaz. et Zach. Mityl. de immortalitate animae et mortalitate universi, ejusdem dial. de opif. mundi ed. C. Barth Lips. 1655; Αἰνείας καὶ Ζαχαρίας, Aeneas Gazaeus et Zacharius Mitylenaeus de immortalitate animae et consummatione mundi ed. J. F. Boissonade, Paris 1836. Ueber den Aeneas von Gaza handelt Wernsdorf, Naumburg 1816 und in der disp. de Aen. G. ed. adorn. vor der Ausgabe von Boissonade; Zachariae episc. Mitylenes aliorumque scripta hist. graece plerumque deperdita syriace ed. J. P. N. Land, Leyden 1870 (tom. III. der Anecdota syriaca).

Ueber die Ausgaben der Schriften des Joh. Philop. s. Grdr. I, § 70, 7. Aufl. S. 329. Vgl. über ihn Trechsel in: Theol. Stud. u. Kritiken, 1835, St. 1.

Die dem Dionysius Areopagita zugeschriebenen Schriften, περὶ θείων ὀνομάτων, περὶ μυστικῆς θεολογίας, π. τῆς ἱεραρχίας οὐρανίου, π. τῆς ἐκκλησιαστικῆς Ἱεραρχίας und Briefe, erschienen griechisch zuerst als Dion. Areopag. opera zu Basel 1539, dann Ven. 1558, Par. 1562; ed. Lanselius, Par. 1615; ed. Balthas. Corderius, Ant. 1634, wiederabgedr. Par. 1644, Brixen 1854, zuletzt in der Migne'schen Sammlung; deutsch

§ 17. Griechische Kirchenlehrer aus der Zeit nach Augustin.

von J. G. V. Engelhardt (die angeblichen Schriften des Areopagiten Dionysius, übersetzt und mit Abhandlungen begleitet. Sulzbach 1823), der auch die Abhandlung von Dalläus (Genevae 1664) über das Zeitalter des Verfassers der areopagitischen Schriften reproducirt. Vgl. L. F. O. Baumgarten-Crusius, de Dionys. Areopag., Jen. 1823, auch in den Opusc. theol., Jen. 1836. Karl Vogt, Neuplatonismus und Christenthum, Berlin 1336. F. Hipler, Dionysius der Areop., Regensburg 1861, de theologia librorum qui sub D. A. nomine feruntur, Part. I. (Ind. lect.) bis IV, Brunsb. 1871—1885. Ed. Böhmer, D. A., in der Zeitschr. Damaris 1864, Hft. 2. J. Colet, two treatises ou the Hierarchies of D., with transl., intr. and notes, by J. H. Lupton, London 1869. Joh. Niemeyer, Dionys. Areop. doctr. philos. et theol., diss., Hal. 1869. J. Kanakis, Dion. d. Areop. nach sein. Char. als Philos. dargestellt, I.-D., Lpz. 1881 (die Schriften sollen um die Wende des 1. und 2. Jahrh.s entstanden und aus den eklekt. plat. Kreisen stammen. Es wären dann viele Interpolationen anzunehmen). C. M. Schneider, Areopagitica, d. Schriften des h. D. v. A., eine Vertheidig. ihrer Echtheit, Regensb. 1884.

Maximi Confessoris opera ed. Combefisius, Paris 1675; Max. Conf. de variis diffic. locis s. patrum Dionysii et Gregorii librum ed. Fr. Oehler, Hal. 1857.

Johannis Damasceni opera in lat. serm. conversa per Jacob. Billium, Par. 1577; opera quae extant ed. Le Quien, Paris 1712, ed. novissima, Venet. 1748. F. Alfred Perrier: Jean Damascène, sa vie et ses écrits, Strasb. 1862. Fr. Hendr. Joh. Grundlehner, J. Dam., Utrecht 1876. Jos. Langen, J. v. Damascus, Gotha 1879.

Synesius war Neuplatoniker, ehe er Christ wurde, und er zeigt sich auch in den prosaischen Schriften und einem Theil seiner Hymnen als Neuplatoniker. Die Philosophin Hypatia (Grdr. I, § 69) war seine Lehrerin, und er blieb mit ihr auch später in einem befreundeten Verhältniss. Nachdem er das Christenthum angenommen hatte und von Theophilus, dem Patriarchen von Alexandrien, zum Bischof von Ptolemais designirt war, erklärte er demselben offen, nicht in jedem Betracht der kirchlichen Lehre beizustimmen. Er glaubt nicht an den Untergang der Welt, neigt sich der Lehre von der Präexistenz der Seele zu, nimmt zwar die Unsterblichkeit der Seele an, hält aber die Auferstehungslehre nur für eine heilige Allegorie; doch will er im Lehrvortrag sich den geltenden Dogmen accommodiren, denn er hält dafür, das Volk bedürfe der Mythen, die reine bildlose Wahrheit sei nur Wenigen erkennbar und würde auf die schwachen Geistesaugen der Menge nur blendend wirken (Epist. 95, p. 236 A ed. Petav.). Eben dieser dem christlichen Gemeingeiste widerstreitende Aristokratismus der Intelligenz giebt sich in den Dichtungen kund, die er verfasst hat, nachdem ihm trotz jener Erklärung die Bischofswürde ertheilt worden war. Mehr noch in neuplatonischer, als in christlicher Weise fasst er Gott auf als die Einheit der Einheiten, die Monade der Monaden, die Indifferenz der Gegensätze, die in überseienden Wehen, durch ihre erstgeborene Gestalt in unaussprechlicher Weise ergossen, eine dreigipfelige Kraft erhielt, als überseiende Quelle gekrönt durch die Schönheit der Kinder, die der Mitte entströmt, um die Mitte sich schaaren. Nach dieser Darlegung aber legt Synesius der allzukühnen Leier Schweigen auf; sie soll nicht dem Volke der Heiligthümer geheimstes (die Priorität der Monas vor den drei Personen?) verkünden. Indem der ewige Geist, ohne Theilung getheilt, in die Materie einging, erhielt die Welt ihre Form und Bewegung; er ist auch in denen, die hierher herabsanken, als die zum Himmel wieder emporführende Kraft.

Ohne philosophische Bedeutung ist Cyrill, Patriarch von Alexandrien 412 bis 444, dessen werthvollste Schrift πρὸς τὰ τοῦ ἐν ἀθέοις Ἰουλιανοῦ ein besonderes Interesse für uns hat wegen der vielen in ihr enthaltenen Fragmente aus des Kaisers Julians Werk κατὰ Χριστιανῶν. Das Christenthum galt dem neuplatonisch gesinnten Kaiser als ein verschlechtertes Judenthum, vermischt mit einigen Elementen des Heidenthums. Herausgegeben sind die Ueberreste der julianischen Schrift, freilich in sehr nachlässiger Weise, von dem Marquis d'Argens: Défense du paganisme par l'empereur Julien en Grec et en Français, 2 Vol., Berlin 1764 u. ö., dagegen neuerdings sehr sorgfältig: Iuliani imperatoris librorum contra Christianos quae supersunt colleg. rec. prolegomenis instrux. Carol. Ioann. Neumann, Lipsiae 1880 (Scriptorum Graecorum qui Christianam impugnaverunt religionem quae supersunt fasciculus III; I u. II werden erst später erscheinen); dazu eine deutsche Uebersetz. von demselb., Leipzig 1880.

Im Wesentlichen steht auch Nemesius, der um 450, nach Anderen schon um 400 lebte, auf dem neuplatonischen Standpunkte; das aristotelische Element ist bei ihm nur von untergeordneter Bedeutung und bestimmt mehr die Form, als den Inhalt seines Philosophirens. Seine Forschung ist vorzugsweise psychologischer Art. Die Seele ist ihm, wie dem Platon, eine unkörperliche Substanz, die beständig sich selbst bewegt; von ihr erhält der Leib seine Bewegung; sie war aber auch schon, ehe sie in den Leib einging; sie ist ewig, wie alles Uebersinnliche; es entstehen nicht immer neue Seelen, sei es durch Zeugung oder durch unmittelbare Erschaffung (also gegen den Traducianismus und Creatianismus). Auch ist die Meinung falsch, die Welt sei bestimmt unterzugehen, nachdem die Zahl der Seelen voll geworden; Gott wird das wohl Gefügte nicht wieder auflösen. Doch verwirft Nemesius die Annahme einer Weltseele und einer Wanderung der menschlichen Seelen in thierische Leiber. In der Betrachtung der einzelnen Seelenvermögen und auch in der Lehre von der Willensfreiheit schliesst sich Nemesius mehrfach an Aristoteles an. Jede Thierspecies ist an bestimmte Triebe gebunden; die Handlungen der Menschen aber sind unendlich mannigfach. In der Mitte zwischen dem Sinnlichen und Uebersinnlichen stehend, hat der Mensch vermöge seiner Vernunft sich zu entscheiden, wohin er sich wenden will; das ist seine Freiheit.

Aeneas von Gaza, ein Schüler des Neuplatonikers Hierokles in Alexandrien, und Zacharias von Mitylene billigen von den neuplatonischen Lehren nur die, welche mit dem christlichen Dogma übereinstimmen.

In eben dieses Verhältniss will Johannes Philoponus (dessen Schriften zwischen 500 und 570 fallen), ein Schüler des Ammonius Hermiae (Grundr. I, 7. Aufl. S. 328, 332), zu Aristoteles treten, ohne dass ihm dies jedoch durchweg gelingt. Er urgirt (im Unterschiede von Simplicius und anderen Neuplatonikern) die Differenz zwischen der platonischen und aristotelischen Lehre. Die Ideen sind ihm die schöpferischen Gedanken Gottes, die als Urbilder vor ihren zeitlichen Abbildern existiren können und müssen.

Den neuplatonischen Gedankenkreis sucht mit der christlichen Lehre der vorgebliche erste Bischof von Athen, Dionysius der Areopagite (Act. XVII, 34), zu verschmelzen. „Nachdem die Kirchenlehre sich entwickelt hatte und Gemeingut der Gläubigen geworden war, suchte man auch wieder eine grössere Tiefe des Glaubens im Gegensatz gegen den öffentlichen Glauben, weil dieser in demselben Grade, in welchem er auch den Oberflächlichsten zugänglich zu sein schien, den tiefer Strebenden ungenügend erscheinen mochte. Hierzu kam, dass durch die heidnische Philosophie, indem sie von Neuem und in grösserem Maasse unter die Christen eindrang, dem Zweifel und mithin dem Mysticismus Nahrung geboten werden musste" (Ritter).

Die erste Erwähnung der areopagitischen Schriften findet sich in einem Briefe des Bischofs Innocentius von Maronia, in welchem dieser über eine Unterredung referirt, die um 532 auf Befehl des Kaisers Justinian unter dem Vorsitz des Metropoliten von Ephesus, Hypatius, mit den Severianern (bekanntlich gemässigteren Monophysiten, welche zugestanden, dass Christus $\kappa\alpha\tau\grave{\alpha}$ $\sigma\acute{\alpha}\rho\kappa\alpha$ $\acute{o}\mu oo\acute{v}\sigma\iota o\varsigma$ $\acute{\eta}\mu\tilde{\iota}\nu$ gewesen sei, von den strengeren Monophysiten aber als $\varphi\vartheta\alpha\rho\tau o\lambda\alpha\tau\rho\alpha\iota$ bekämpft wurden) zu Constantinopel gehalten worden war. Die Severianer beriefen sich auf Stellen des Cyrillus, Athanasius, Felix, Julius, Gregorius Thaumaturgus und auch

§ 17. Griechische Kirchenlehrer aus der Zeit nach Augustin. 119

des Dionysius Areopagita (dessen Schrift die Streitfragen kaum berührt, obschon sie einzelne der auf dem chalcedonischen Concil 451 gebrauchten Ausdrücke enthält und lieber die Lehre positiv entwickeln, als Gegner verdammen will, hierdurch aber dem Sinne des 482 erlassenen kaiserlichen Henotikon gerecht wird). Hypatius, der Wortführer der Katholiken, bestritt die Echtheit der dem Dionysius beigelegten Schriften, die weder Cyrill, noch Athanasius u. A. gekannt haben. Später erlangten diese Schriften dennoch in der katholischen Kirche Geltung, namentlich seitdem die römischen Päpste Gregorius, Martin und Agathon sie in ihren Schriften angeführt und sich auf sie berufen hatten. Der Commentar, den der orthodoxe Abt Maximus Confessor zu denselben verfasste, bekräftigte ihre Autorität. Auf die scholastische Philosophie im Abendlande übten sie, seitdem Scotus Erigena sie übersetzt hatte, einen nicht unbeträchtlichen Einfluss; die Mystiker des Mittelalters zogen vornehmlich aus ihnen den Kern ihrer Anschauungen. Die Unechtheit hat zuerst Laurentius Valla behauptet, dann Morinus, Dalläus und Andere nachgewiesen. Für uns kann nicht die Unechtheit, sondern nur noch die genauere Bestimmung der Abfassungszeit in Frage kommen; wahrscheinlich stammen sie aus den letzten Jahrzehnten des fünften Jahrhunderts. Eine Hinaufrückung des Pseudo-Dionysius aus der zweiten Hälfte des fünften in die erste Hälfte des vierten Jahrhunderts widerstreitet dem Gesammtentwickelungsgange des christlichen Denkens und kann nur einen Schein von historischer Begründung gewinnen, wenn mit Hintansetzung der Gesammtbetrachtung der Blick an einzelnen Stellen älterer Kirchenväter haftet, die, weil sie den modernen Gelehrten an analoge Stellen bei Dionysius erinnern, für wirkliche Reminiscenzen erklärt werden, welche eine Bekanntschaft mit jener Schrift beweisen sollen, während die Anklänge sich in der That theils aus der gemeinsamen platonischen und neuplatonischen Basis, theils aus einem Einfluss in entgegengesetzter Richtung erklären. Der neuplatonische Einfluss ist ganz unverkennbar; die Form des Neuplatonismus aber bekundet, obschon zumeist an Plotinus angeknüpft wird, doch auch (wie u. A. auch Erdmann mit Recht anerkennt) einen Miteinfluss der späteren Glieder jener Schule, namentlich des Iamblichus und des Proklus, mit welchen beiden die Schrift die Erhebung des Einen nicht bloss über das Seiende, sondern auch über das Gute theilt; an des Proklus μονή, πρόοδος und ἐπιστροφή (Grdr. I, § 70, 7. Aufl., S. 330) erinnert die Lehre von Gott, der die getheilte Menge des Geschaffenen wiederum zur Einheit wende und den dem All innewohnenden Krieg zur gleichgestaltigen Vereinigung führe durch die Theilnahme am göttlichen Frieden (de div. nom. c. 11). Nicht inmitten des Kampfes um fundamentale Lehrbestimmungen, sondern erst, nachdem ein in allen oder fast allen Hauptstücken feststehendes Corpus doctrinae erreicht, traditionell geworden und zu gesicherter Herrschaft gelangt war, konnte naturgemäss dieses Ganze als solches inmitten der Kirche in der Weise des Pseudo-Dionysius gleichzeitig anerkannt und negirt, oder zu symbolischer Geltung herabgesetzt werden.

Dionysius unterscheidet eine bejahende Theologie καταφατική, die, von Gott zu dem Endlichen herabsteigend, Gott als den Allnamigen betrachte, und eine abstrahirende ἀποφατική, die, den Weg der Verneinungen einhaltend, von dem Endlichen wiederum zu Gott aufsteige und ihn als den Namenlosen, über alle positiven und negativen Prädicate Erhabenen betrachte, um schliesslich, nach vollendetem Aufsteigen in das über den Geist erhabene Dunkel eingetreten, ganz lautlos und dem Unaussprechlichen gänzlich vereint zu sein (de theol. myst. c. 3). Der ersteren gehören an die von Dionysius (de div. nom. c. 1 und 2; de theol. myst. c. 3) erwähnten, nicht auf uns gekommenen theologischen Abhandlungen, worin Gottes Einheit und Dreieinigkeit, der Vater als der Urquell der Gottheit, Jesus und der Geist als seine Sprossen und das Eingehen des überwesentlichen Jesus in die wahr-

§ 17. Griechische Kirchenlehrer aus der Zeit nach Augustin.

hafte menschliche Natur, wodurch er zur Wesenheit werde, betrachtet worden ist, dann die Schrift de divinis nominibus, worin die geistigen oder intelligiblen Benennungen Gottes, welche alle von der ganzen Dreieinigkeit gelten, und die (auch verloren gegangene) symbolische Theologie, worin die vom Sinnlichen auf ihn übertragenen Benennungen erörtert worden sind. Den aufsteigenden Weg der Betrachtung enthält als verneinenden Abschluss die kurze Schrift de theologia mystica. Die höchste Erkenntniss ist zugleich die mystische Unwissenheit. Wenn wir von allen positiven und negativen Bestimmungen absehen, dann erfassen wir Gott in seinem Ansichsein. Diese mystische Erhebung vollendet ist Vergottung des Menschen die $\vartheta \acute{\epsilon} \omega \sigma \iota \varsigma$, die bestimmt wird als $\dot{\eta}\ \pi \varrho \grave{o} \varsigma\ \tau \grave{o} \nu\ \vartheta \varepsilon \acute{o} \nu\ \dot{\omega} \varsigma\ \dot{\varepsilon} \varphi \iota \varkappa \tau \grave{o} \nu\ \dot{\alpha} \varphi o \mu o \iota \omega \sigma \iota \varsigma\ \tau \varepsilon\ \varkappa \alpha \grave{\iota}\ \ddot{\varepsilon} \nu \omega \sigma \iota \varsigma$, de eccles. hier. 2, p. 200. Die himmlische Hierarchie der Engel und die kirchliche als ihr Abbild betrachtet Dionysius in den beiden entsprechenden Schriften. Von ihm schreibt sich die später allgemein angenommene Eintheilung der ersteren, der Engelwelt, in drei Triaden her. In der ersten sind die Seraphim, Cherubim, Throni; in der zweiten die Dominationes, Virtutes, Potestates und in der dritten die Principatus, Archangeli, Angeli. — Der Endzweck der irdischen Hierarchie ist die Vergöttlichung der Menschheit; dieselbe kommt zu Stande durch den Logos, welcher den menschlichen Geist mit göttlichen Kräften erfüllt. Und zwar erreicht der Mensch dies Ziel durch die auf einander folgenden Stufen der Reinigung, Erleuchtung und Vollendung.

In der Schrift über die Benennungen Gottes erwähnt Dionysius beistimmend die Doctrin „einiger unserer göttlichen heiligen Lehrer", dass die übergute und übergöttliche Güte und Gottheit an sich die Urheberin der (ideellen) Güte und Gottheit an sich sei, indem jene die gutesschaffende aus Gott hervorgegangene Gabe sei, dass die Vorsehungen und Güten, an welchen das Existirende theilnehme, von Gott, dem Untheilbaren, in überschwenglicher reicher Fülle ausfliessen, so dass in Wahrheit der Alles Versuchende über Alles erhaben sei, und das Ueberseiende und Uebernatürliche durchaus jegliche Natur und Wesenheit übertreffe (de nom. div. c. 11). Das überwesentliche Eine begrenzt das seiende Eine und alle Zahl und ist selbst Ursache und Princip des Einen und der Zahl und alles Seienden Zahl und Ordnung zugleich. Deshalb wird die über Alles erhabene Gottheit als Monas gepriesen und als Trias, ist aber weder als Monas noch als Trias von uns oder von irgend Einem erkannt, sondern, damit wir das Uebergreinte in ihm und seine göttliche Schöpferkraft wahrhaft preisen, nennen wir mit der triadischen und einigen Benennung ihn den Namenlosen, den Ueberwesentlichen, in Bezug auf das Seiende. Keine Monas oder Trias, keine Zahl, keine Einheit, keine Erzeugung, kein Seiendes oder von Seiendem Gekanntes erklärt die über allen Verstand erhabene Heimlichkeit der überwesentlich übererhabenen Uebergottheit. Sie hat keinen Namen, keinen Begriff, sondern im Unzulänglichen ist sie über Alles hinaus. Und nicht einmal den Namen der Güte geben wir ihr, als ob er für sie passte, sondern in der Sehnsucht, von jener unaussprechlichen Natur etwas einzusehen und zu sagen, weihen wir ihr zuerst den heiligsten und ehrwürdigsten Namen und stimmen dadurch auch wohl mit den heiligen Schriften überein, aber bleiben weit unter der Wahrheit des Gegenstandes, weshalb sie auch den Weg der Verneinungen vorgezogen haben, der die Seele von dem ihr Verwandten wegrückt und sie durch alle göttlichen Intelligenzen durchführt, über welchen das über allen Begriff, über allen Namen, über alle Erkenntniss Erhabene steht (de div. nom. c. 13).

Die gesammten Ausflüsse dessen, der aller Dinge Ursächliches ist, fasst Dionysius unter der Benennung des Guten zusammen (de div. nom. c. 5). Gott hat alle Vorbilder des Existirenden in sich bestehen (die Ideen), welche die heilige

Schrift προορισμούς nennt. Das Gute erstreckt sich weiter als das Seiende, es umfasst das Seiende und Nichtseiende und ist über beides erhaben. Das Böse ist ein Nichtiges. Das Böse würde, wenn es als solches subsistirte, sich selbst böse sein, also sich vernichten. Der Name des Seienden erstreckt sich auf alles Seiende und ist über alles Seiende erhaben; das Seiende erstreckt sich weiter als das Leben. Der Name des Lebens erstreckt sich auf alles Lebende und ist über alles Lebende erhaben; das Leben erstreckt sich weiter, als die Weisheit. Der Name der Weisheit erstreckt sich über alles Geistige und Verstandbegabte und Empfindende und ist über dieses Alles erhaben. Auf die Frage, warum dennoch das Lebende höher stehe und Gott näher sei, als das (bloss) Seiende, das Empfindende höher, als das (bloss) Lebende, das Verständige höher, als das (bloss) Empfindende, und die Geister wiederum höher, als das (bloss) Verständige, antwortet Dionysius: darum, weil das von Gott reicher Begabte auch besser und über das Uebrige erhaben sein muss; der Geist aber ist am reichsten begabt, da ihm ja auch das Sein und Leben und Empfinden und Denken zukommt etc. (de div. nom. c. 4 und 5). (In dieser Antwort stellt Dionysius das, was den grössten Reichthum von Attributen hat, am höchsten nach der Weise des Aristoteles; und doch stellt derselbe Dionysius innerhalb des Ideellen und Ueberideellen das Abstracteste, das den grössten Umfang, aber beschränktesten Inhalt hat, am höchsten nach der Weise des Platon; er so wenig, wie Proklus und wie überhaupt irgend einer seiner neuplatonischen Vorgänger, vermag die eine oder die andere dieser entgegengesetzten Gedankenrichtungen consequent durchzuführen.) — Welchen bedeutenden Einfluss dieser Pseudodionysius nicht nur auf Johannes Scotus Erigena und die Mystiker des Mittelalters, sondern auch auf die Scholastik, sogar auf Thomas und die Thomisten gehabt hat, sehen wir aus Corderius, Observationes in Dionysii opp. Tom. I.

Hauptsächlich auf Gregor von Nyssa und auf Dionysius fasst Maximus Confessor (580—662), der als Gegner der Monotheleten und als standhafter Dulder ein grosses Ansehen in der Kirche genoss. Er lehrte eine Offenbarung Gottes durch Natur und Schrift. Der Logos lässt alles Geschaffene von sich ausgehen und führt auch Alles wieder in sich zurück; aus ihm entspringt alle Bewegung, und er ist alles Bewegten Ziel. Die Sünde hat den Menschen und die Natur von ihrem ewigen Grunde getrennt, daher musste die Versöhnung durch die Menschwerdung des Logos wieder in Stande kommen. Da jedoch die Menschwerdung Gottes in Christo der Gipfel der Offenbarung ist, würde sie auch ohne den Sündenfall stattgefunden haben Sie ist zugleich des Menschen Vergottung (θέωσις). Da der Mensch Mikrokosmus ist, so erstrecken sich die Folgen der Menschwerdung des Logos auch auf alles Uebrige ausser dem Menschen, und so ist das letzte Ziel die Einigung aller Dinge mit Gott.

Der um 700 lebende Mönch Johannes Damascenus fasst in seiner πηγὴ γνώσεως mit Hülfe der aristotelischen Logik und Ontologie die sämmtlichen kirchlichen Lehren in einer systematisch geordneten Darstellung zusammen. Die Autorität seiner Schrift ist im Morgenlande noch heute gross; die späteren Scholastiker des Abendlandes haben in der Darstellung der theologischen Doctrin auch unter seinem Einfluss gestanden.

§ 18. Die philosophischen Bestrebungen in dem abendländischen Theile der Kirche nach Augustin knüpfen sich hauptsächlich an die Namen Claudianus Mamertus, Marcianus Capella, Boëthius und Cassiodorius. Claudianus Mamertus, ein Presbyter zu Vienne in

§ 18. Lateinische Schriftsteller aus der Zeit nach Augustin.

Gallien, vertheidigte um die Mitte des fünften Jahrhunderts vom augustinischen Standpunkte aus gegen den Semipelagianer Faustus die Lehre von der Unkörperlichkeit der menschlichen Seele, die nur der zeitlichen, nicht der räumlichen Bewegung unterworfen sei. **Marcianus Capella** schrieb um 430 ein Lehrbuch der septem artes liberales, welches von grossem Einflusse auf die Bildung des Mittelalters geworden ist. **Anicius Manlius Torquatus Severinus Boëthius**, durch Neuplatoniker gebildet, hat durch Uebersetzungen, Erklärungen und Ergänzungen von Schriften des Aristoteles, Porphyrius, Euklides, Nikomachus, Cicero und Anderer, wie auch durch seine eigene auf neuplatonischen Grundsätzen ruhende Schrift de consolatione philosophiae eifrig und erfolgreich für die Erhaltung der antiken wissenschaftlichen Bildung in der christlichen Kirche gewirkt. Des Boëthius Zeitgenosse, **Magnus Aurelius Cassiodorius Senator** bekämpft in seiner Schrift de anima, wie Claudianus Mamertus, die Annahme der Körperlichkeit der vernunftbegabten menschlichen Seele und hebt ihre Gottähnlichkeit hervor. Er schrieb ferner über den Unterricht in der Theologie und daneben über die freien Künste und Wissenschaften, hierin zunächst auf Boëthius fussend, neben dessen reichhaltigeren Werken er in didaktischer Absicht eine kürzere Darstellung giebt. Auf den Leistungen dieser Männer ruhen wiederum die Schriften des **Isidorus Hispalensis** (um 600), welcher den Westgothen die antike Bildung übermittelte, des **Beda Venerabilis** (um 700) und des **Alcuin** (um 800).

Für einige der in diesem Paragraphen zu behandelnden Philosophen, so namentlich für Boëthius, Alcuin, vgl. A. Richter, der Uebergang der Philosophie zu den Deutschen im VI.—XI. Jahrh., Progr. d. R.-Sch., Halle 1880. Ueber die Gelehrten am Hofe Karls d. Gr. s. Philipps, K. d. Gr. im Kreise der Gelehrten in: Almanach der kaiserl. Akad. d. Wissensch., Wien 1857; Ad. Ebert, die literar. Bewegung zur Zeit K. d. Gr. in: Deutsche Rundschau, 1877.

Die Schrift des Claudianus Mamertus de statu animae haben namentlich Petrus Mosellanus, Bas. 1520, Casp. Barth, Cygn. 1655 u. August Engelbrecht (im Corpus scriptor. ecclesiasticorum Latinor.), Wien 1885 edirt. Martin Schulze, die Schr. des Cl. M., Presbyters zu V., üb. d. Wesen der Seele, I.-D., Lpz. 1883.

Das Satiricon des Marcianus Capella ist oft herausgegeben worden, in neuerer Zeit namentlich von Franz Eyssenhardt, Leipz. 1866. Vgl. E. G. Graff, althochdeutsche, dem Anfange des 11. Jahrh. angehörige Uebersetzung und Erläuterung der von M. C. verfassten zwei Bücher de nuptiis Mercurii et philologiae, Berlin 1838, und Hattemer, Notkers W. II, S. 257—372. Ueber M. C. und seine Satire handelt C. Böttger in: Jahns Archiv, Bd. 13, 1847, S. 591—622. Ueber sein logisches Compendium handelt Prantl, Gesch. der Log. I, S. 672—679.

Die Schrift des Boëthius de consolatione philosophiae libri V ist zuerst zu Nürnberg 1473 edirt worden, neuerdings v. Obbarius, Jen. 1843, zuletzt, zugleich mit den dem Boëthius früher allgemein zugeschriebenen theologischen Abhandlungen, von R. Peiper, Lpz. 1871. E. A. Bétant, de la consolation de la philos., traduction grecque de Maxime Planude publ. pour la prem. fois dans son entier, Genève 1871. Seine Werke erschienen zu Venedig 1491, zu Basel 1546 und 1570; in der Migne'schen Sammlung als Bd. LXIII, Par. 1847; die Commentarii in libr. Aristotelis π. ἑρμηνείας, 2 Tom. v. C. Meiser, Leipz. 1877, 1880; die althochd. Uebers. der Consol. hrsg. von Graff und von Hattemer, s. u. S. 144. Ueber ihn handelt besonders: Fr. Nitzsch (das System des B. und die ihm zugeschrieb. theol. Schriften, Berlin 1860); vgl. Schenkl in: Verh.

§ 18. Lateinische Schriftsteller aus der Zeit nach Augustin. 123

der 18. Vers. deutscher Philologen und Schulmänner, Wien 1859, S. 76—92, über das Verhältniss des B. zum Christenthum, und über seine Logik; Prantl, Gesch. der Log. I, Lpz. 1855, S. 679—722. Ausserdem C. F. Bergstedt, de vita et scriptis Boethii, Upsal. 1842. J. G. Suttner, B., d. letzte Römer, sein Leb., s. christl. Bekenntn., s. Nachruhm, Eichstädt, Progr., 1852. Gust. Baur, de Anicio Manl. Sever. Boëthio christ. doctr. assertore, Darmst. 1841, ders., B. u. Dante, Leipz. 1873. Giovanni Bosisio, memoria intorno al luogo del supplizio di Sev. Boezio, Pavia 1855; derselbe, sul catolicismo di Anic. M. T. Sev. Boezio, Pavia 1867; derselbe, sull' autenticità delle opere theologiche di Anic. M. T. Sev. Boezio, Pavia 1867. Ch. Jourdain, de l'origine des traditions sur le christianisme de Boëce, Paris 1861. Francesco Puccinotti, il Boezio ed altri scritti storici e filosofici, Firenze 1864. Oscar Paul, Anic. Manl. B., 5 BB. üb. d. Musik, aus d. Lat. in d. deutsche Spr. übertragen u. mit besonderer Rücksicht der griech. Harmonik sachl. erkl., Lpz. 1872. H. Usener, Anekdoton Holderi, ein Beitr. zur Gesch. Roms in ostgoth. Zeit (Festschr. zur Begrüss. der 32. Versamml. deutsch. Philol. etc.), Bonn 1877. L. C. Bourquard, de A. M. Sever. B., christiano viro, philosopho ac theologo, Angers 1877. Prietzel, B. und seine Stellung zum Christenth., Progr., Löbau 1879. V. di Giovanni, Sev. Boezio filosofo e suoi imitatori, Palermo 1880. H. Weissenborn, zur B.-Frage, Pr., Eisenach 1880. Th. Stangl, Boëthiana, Gotha 1882. C. Krieg, üb. d. theolog. Schriften des B., Jahresber. der Görres-Gesellsch. f. 1884, S. 23—52. A. Hildebrand, B. u. seine Stellung zum Christenth., Regensb. 1885.

Die Werke des Cassiodorius sind zu Paris 1579, dann von Jo. Garetius Rothomagi 1679, dann zu Venedig 1729 herausgegeben worden und der früher unedirte Schluss der Schrift de artibus ac disciplinis liberalium litterarum von A. Mai, Rom 1831. Ueber ihn handeln F. D. de St. Marthe (Paris 1695), Buat (in: Abh. der Bair. Akad. d. W. I, S. 79 ff.), Stäudlin (in: kirchenhist. Archiv für 1825, S. 529 ff.), Prantl (Gesch. der Log. I, S. 722—724). A. Thorbecke, Cassiodorus Senator, Heidelberg 1867. Adolf Franz, M. Aur. Cassiodorus Senator, e. Beitr. z. Gesch. der theol. Lit., Bresl. 1872. S. auch d. ziemlich ausführl. Darstell. in Eberts Allgem. Gesch. d. Literat. des Mittelalt., Bd. I, S. 473—490.

Des Isidorus Hispalensis Realwörterbuch unter dem Titel: Originum s. Etymologiarum libri XX ist zu Augsburg 1472 c. notis Jac. Gothofredi in Auct. lat. p. 811 ff. und neuerdings durch E. V. Otto, Lips. 1833, das Buch de nat. rerum durch Gust. Becker. Berl. 1857, die Opera sind durch de la Bigne. Paris 1580, Jac. du Breul, Par. 1601, Colon. 1617, und in neuerer Zeit durch Faustinus Arevalus in sieben Bänden zu Rom 1797—1803, endlich auch in Mignes Patrolog. cursus completus edirt worden. Ueber seine Logik handelt Prantl, Gesch. d. Log. II, 2. Aufl., S. 12—15. Vgl. F. A. Eckstein, Analekten zur Gesch. d. Pädagogik: ein griech. Elementarbuch aus dem Mittelalter; Isidors Encyclopädie u. Victorinus etc., Progr., Halle 1861.

Die Werke des Beda Venerabilis sind zu Paris 1521 und 1544, Basel 1563 und zu Köln 1612 und 1688 erschienen, ferner edirt von A. Giles, the compl. works of venerable Beda in the original latin, 12 voll., Lond. 1843—44, seine carmina hat H. Meyer, Lips. 1835 edirt. Ueber ihn handeln H. Gehle, de Bedae Ven. vita et scriptis disp. hist. theol., Lugd. Bat. 1838, Jos. A. Ginzel, kirchenhist. Schriften, Wien 1872, II, 1—14 und K. Werner, Beda der Ehrwürdige u. seine Zeit, Wien 1875.

Alcuins Schriften haben Quercetanus (Duchesne) Paris 1617 und Frobenius Ratisb. 1777 herausgegeben. Ueber ihn handeln: F. Lorenz, Alcuins Leben, Halle 1829, Monnier, Alcuin et son influence littéraire, relig. et polit., Paris 1854, Prantl, Gesch. der Log. II, S. 16—19. H. A. Bahrdt, Alc. d. Lehrer Karls d. Gr., Lauenburg 1861, Schönfelder, Alcuin, Zittau 1873, K. Werner, Alcuin u. sein Jahrh. Ein Beitr. zur christl. theolog. Literärgesch., Paderborn 1876. Vgl. Bähr, Gesch. der röm. Lit. im Karolingischen Zeitalter, Karlsruhe 1840, und Ebert. Allgem. Gesch. der Literat. des Mittelalters im Abendl., 2. Bd.: d. lat. Lit. vom Zeitalter Karls d. Gr. bis zum Tode Karls d. Kahl., Lpz. 1880, S. 12—36.

Die Werke des Rabanus Maurus hat Colvener, Cöln 1627, herausgeg., bei Migne füllen sie 6 Bde., 107—112 der Patrol. lat. Vgl. üb. ihn Ebert a. a. O., S. 120 bis 145. Schwarz, de Rhab. M., primo Germaniae praeceptore, Hdlb. 1811. J. Gegenbaur, d. Klosterschule Fulda, Pr., Fulda 1856. Köhler, Hr. M. u. d. Schule zu Fulda, Diss., Lpz. 1870. Richter, R. M. Ein Beitr. zur Gesch. der Päd. im Mittelalter, Pr., Malchin 1883.

§ 18. Lateinische Schriftsteller aus der Zeit nach Augustin.

Die philosophische Bedeutung des Presbyters Claudianus Mamertus (zu Vienne in der Dauphinée, gest. um 477) knüpft sich an seine Argumentation für die Unkörperlichkeit der Seele. Hatte einst Tertullian die Körperlichkeit Gottes behauptet, so war zwar diese Ansicht längst aufgegeben worden, aber noch um 350 n. Chr. behauptete der (oben § 15, S. 91 erwähnte) Athanasianer Hilarius, Bischof von Poitiers, dass im Unterschiede von Gott alles Geschaffene, also auch die menschliche Seele, körperlich sei. Eben diese Lehre vertraten später Cassianus, der Hauptbegründer des Semipelagianismus, der zwischen dem augustinischen und pelagianischen Standpunkte zu vermitteln sucht, Faustus, Bischof von Regium in Gallien, einer der hervorragendsten Semipelagianer nach der Mitte des fünften Jahrhunderts, und Gennadius gegen das Ende des fünften Jahrhunderts. Alles Geschaffene ist nach Faustus eine Einheit von Stoff und Form; alles Geschaffene ist begrenzt, hat also ein örtliches, mithin auch ein körperliches Dasein; alles Geschaffene hat Qualität und Quantität, da nur Gott über die Kategorien erhaben ist, mit der Quantität aber nothwendig auch Räumlichkeit; die Seele endlich wohnt im Leibe, ist also eine räumlich begrenzte und daher auch körperliche Substanz. Claudianus Mamertus entgegnet: zwar müssen alle Geschöpfe, also auch die Seele, unter Kategorien fallen; sie ist Substanz und hat Qualität; aber die Seele fällt nicht, wie der Körper, unter die sämmtlichen Kategorien, und insbesondere kommt ihr nicht eine Quantität im eigentlichen räumlichen Sinne dieses Wortes zu; sie hat eine Grösse nur der Tugend und Einsicht nach. Die Bewegung der Seele geschieht nur in der Zeit, nicht wie die des Körpers, in Zeit und Raum. Auch die Einheit der Seele zeugt für ihre Unkörperlichkeit; Gedächtniss, Denken, Wollen sind nicht verschiedene Theile, sondern nur verschiedene Seiten der einen Seele, die ganz im Gedächtniss, im Denken und Wollen aufgeht. Sie fasst ja auch die Empfindungen aller Sinne in eins zusammen und ist bei jeder Sinnesempfindung ganz betheiligt. Die Welt muss, um vollständig zu sein, alle Arten des Daseins in sich haben, also ausser dem körperlichen auch das unkörperliche, welches durch seine Freiheit von Quantität und Raum mit Gott ähnlich und über die Körper erhaben, durch seine Geschöpflichkeit aber und sein Behaftetsein mit Qualität und zeitlicher Bewegung von dem qualitätslosen und ewigen Gotte verschieden und der Körperwelt ähnlich ist. Die Seele wird nicht vom Körper umfasst, sondern umfasst den Körper, indem sie ihn zusammenhält. Doch adoptirt Claudianus auch den neuplatonisch-augustinischen Gedanken, dass die Seele ganz in allen Theilen ihres Leibes gegenwärtig sei, so wie Gott in allen Theilen der Welt.

Die um 430 (zwischen 400 und 439) von Marcianus Capella (der sich nicht zum Christenthum bekannt hat, aber von grossem Einfluss auf die ganze Cultur des Mittelalters gewesen ist) verfasste Schrift über die artes liberales, eingeleitet durch die Vermählung des Mercur mit der Philologie, enthält das älteste vollständig auf uns gekommene Compendium der damals und später in den Schulen gelehrten Doctrinen. Vgl. unt. § 19, S. 129.

Ueber Boëthius (480—525) vgl. Grdr. I, 7. Aufl., S. 300 f. und 311. Wir besitzen noch seine Uebersetzungen der Analytica priora und posteriora, der Topica und Soph. Elench. des Aristoteles sowie seine Uebersetzung des Buches de interpretatione nebst zwei Commentarien — der erste ist für Anfänger, der zweite weit ausführlichere für Geübtere geschrieben, der letztere ist unter allen diesen gelehrt-philosophischen Schriften die werthvollste —, seine Uebersetzung der Kategorien nebst seinem Commentar, seinen Commentar zu des Victorinus Uebersetzung der von Porphyrius verfassten Isagoge, seine eigene Uebersetzung der Isagoge des Porphyrius, welche er gleichfalls mit einem Commentar versah, dann

§ 18. Lateinische Schriftsteller aus der Zeit nach Augustin. 125

die Schriften: Introductio ad categoricos syllogismos; de syllogismo categorico, de syllogismo hypothetico, de divisione; de differentiis topicis; nicht ganz erhalten ist sein Commentar zur Topik Ciceros. Der Zweck des Boëthius in diesen Schriften ist nur der didaktische, das von den früheren Philosophen Erforschte in einer möglichst leicht verständlichen Form zu überliefern, und sie sind ein sehr wichtiges Lehrmittel für die folgenden Jahrhunderte, besonders seine Bearbeitungen der Isagoge des Porphyrius. Durch Boëthius vornehmlich wurde die aristotelische Logik, die formale Grundlage für die Scholastik, dem Mittelalter überliefert. Seine Consolatio, die abwechselnd aus Prosa und aus Versen besteht, ruht auf neuplatonischen Gedanken und geht darauf hinaus, dass, was auch dem Menschen in diesem Leben widerfahren möge, ihm nach Gottes Absicht doch zum Heile gereiche. Deshalb können wir auf Gott hoffen und an ihn unsere Bitten richten. Ob die christlich-theologischen Tractate de trinitate, de persona et duabus naturis in Christo contra Eutychen et Nestorium und zwei andere kleine dem Diaconus Johannes gewidmete Abhandlungen von Boëthius verfasst sind, steht noch nicht ganz fest. Allerdings hat Usener in dem Anekdoton Holders ein Excerpt aus einer bisher unbekannten Schrift des Cassiodorius Senator veröffentlicht, worin eben dieser Zeitgenosse des Boëthius die Abfassung der erwähnten Schriften durch Boëthius bezeugt. Die Möglichkeit aber bleibt noch, dass die betreffende Notiz aus Cassiodorius von einem späteren Abschreiber eingeschaltet sei. Die Schrift de fide Christiana ist späteren Ursprungs. Die Beantwortung der Frage, ob Boëthius Christ gewesen sei, wird davon abhängen, ob man sich für die Echtheit der erwähnten theologischen Abhandlungen entscheidet. In der Consolatio findet sich von dem Christenthum des Boëthius nichts. Seine Schriften wurden mehrfach commentirt und in viele Sprachen übersetzt. Seine Consolatio, welche sogar der König Alfred von England bearbeitete, war eins der vorzüglichsten Lesebücher in den Schulen des Abendlandes. Bei den Philosophen des 11. bis 13. Jahrhunderts stand Boëthius so in Ansehen, dass er schlechthin auctor von ihnen genannt wurde.

Cassiodorius Senator, geb. um 477, gest. nicht vor 562 (vielleicht von 477 bis 570 lebend), lange Jahre Geheimsecretär am ostgothischen Hofe, zog sich 540 von diesem Amte in das Kloster Vivarium zurück, entwickelte hier eine reiche literarische Thätigkeit und wirkte namentlich auch darauf hin, dass in den Klöstern die Wissenschaften gepflegt, namentlich Abschriften von Büchern angefertigt wurden. Das bedeutendste seiner Werke sind die Institutiones divinorum et saecularium lectionum, deren erstes Buch eine Einleitung in das theologische Studium ist, während das zweite eine kurze Darstellung der septem artes giebt. Cassiodorius will in allen seinen Schriften nicht einen wesentlichen Fortschritt des Denkens begründen, sondern nur aus den Werken, die er gelesen, eine übersichtliche Zusammenstellung des Nothwendigsten geben (de anima 12). In seiner Schrift de anima behauptet er, nur der Mensch habe eine substantielle und unsterbliche Seele, das Leben der unvernünftigen Thiere aber liege in ihrem Blute (de an. 1). Die menschliche Seele ist vermöge ihrer Vernünftigkeit zwar nicht ein Theil Gottes, denn sie ist nicht unveränderlich, sondern kann sich auch zum Bösen bestimmen, ist aber doch fähig, durch Tugend sich Gott zu verähnlichen; sie ist geschaffen zum Bilde Gottes (de an. 2 f.). Sie ist geistig, da sie Geistiges zu erkennen vermag. Das Körperliche ist nach drei Dimensionen, nach Länge, Breite und Dicke, ausgebreitet, es hat feste Grenzen und ist an jeder bestimmten Stelle nur mit je einem seiner Theile; die Seele aber ist ganz in ihren Theilen, sie ist in ihrem Leibe überall gegenwärtig und nicht durch eine räumliche Form begrenzt (de an. 2: ubicumque substantialiter inserta est; tota est in partibus suis, nec alibi maior, alibi minor est, sed alicubi intensius, alicubi remissius, ubique tamen vitali intensione porrigitur; ib. 4: ubicumque est nec formam recipit). Im Unterschiede von Claudianus Mamertus will Cassiodorius auch die Kategorie der Qualität nicht im eigentlichen Sinne auf die Seele beziehen (de an. 4). Die freien Künste und Wissenschaften (die drei artes oder scientiae sermonicales, Grammatik, Dialektik, Rhetorik, und die vier disciplinae oder scientiae reales: Arithmetik, Geometrie, Musik und Astronomie) empfiehlt Cassiodorius als nützlich, weil sie dem Verständnisse der heiligen Schriften und der Gotteserkenntniss dienen, obschon man auch ohne sie zur Erkenntniss der christlichen Wahrheit gelangen könne (de instit. div. litt. 28). Seine Schrift de artibus ac disciplinis liberalium hat in den nächstfolgenden Jahrhunderten vielfach als Lehrbuch gedient; Cassiodorius verweist in dem logischen Theil dieser Schrift öfters auf die reichhaltigeren Zusammenstellungen des Boëthius. Hauptsächlich aus diesem und aus Apuleius hat er seine Dialektik geschöpft.

Isidor von Sevilla (Isidorus Hispalensis, gest. 636) hat durch sein Realwörterbuch die encyclopädischen Studien gefördert und insbesondere auch die logische Schultradition, von Cassiodorius und Boëthius ausgehend, fortgeführt, indem er im zweiten Buche jenes Werkes die Rhetorik und Dialektik darstellt, welche beide er unter dem Namen Logik zusammenfasst. Auch seine drei Bücher Sentenzen, welche Aussprüche von Kirchenvätern enthalten, und seine Schriften de ordine creatorum und de rerum natura haben Späteren als Quelle ihrer Kenntnisse gedient.

Hauptsächlich aus den Schriften des Isidorus setzte der Angelsachse Beda (674—735) seine Compendien zusammen. Aus diesen, wie auch aus Cicero, Isidorus und Augustin, aus der pseudo-augustinischen Schrift über die zehn Kategorien, schöpfte dann Alcuinus (735 in York geb., lange am Hofe Karls d. Gr., wo er besonders an der Hochschule wirkte, aber auch der Berather des Kaisers in Sachen des Cultus und des Unterrichts war, seit 796 Abt von Tours, dessen Klosterschule er zu einer „Muster-Unterrichtsanstalt" umwandelte, gest. 804; als Schriftsteller nennt er sich öfters Albinus) in seinen dialogisch abgefassten Lehrbüchern über die Grammatik und Dialektik, in dem Dialogus de rhetorica et virtutibus (die letzteren beider für den Kaiser Karl selbst zunächst verfasst) und in dem Buche de animae ratione ad Eululiam virginem. In seiner Psychologie schliesst er sich ziemlich eng an Augustin an und zeigt mystische Elemente, an welche vielleicht Hugo von St. Victor anknüpfte. Ein im Mittelalter viel gelesenes Excerpt aus Cassiodorius über die sieben freien Künste wurde früher mit Unrecht für sein Werk gehalten. Dasselbe nennt jene Doctrinen die sieben Säulen der Weisheit oder die Stufen der Erhebung zur vollkommenen Wissenschaft (Oper. ed. Froben. II. p. 268). In den durch Alcuin begründeten Klosterschulen wurden die septem artes et disciplinae liberales, oder doch einzelne derselben von den Doctores scholastici gelehrt und mit Vorliebe Dialektik getrieben. Auch er hat grosse Verdienste um die Vermittelung antiker philosophischer Bildung an die Deutschen.

Unter den Schülern Alcuins ist zu erwähnen Fredegisus, welcher Alcuins Nachfolger als Abt von St. Tours war, wegen seiner Schrift de nihilo et tenebris (herausgeg. von Migne in: Patrologiae cursus completus, Bd. 105, auch von Max Ahner in seiner Dissertation: Fredegis v. Tours, ein Beitr. zur Gesch. der Philos. des Mittelalt., Lpz. 1878). In dieser sucht er nachzuweisen, dass Nichts nicht reine Negation, sondern etwas Reales sei, ebenso wie die Finsterniss. Jeder Name bezeichne Etwas, folglich müsse auch mit dem Namen „Nichts" Etwas bezeichnet werden und ihm ein Sein zukommen. Offenbar war ihm das Nichts der unbekannte Stoff, aus dem Alles gebildet wäre, die gestaltlose Materie, nicht etwa die göttliche Natur selbst. Einen Rationalismus, den man bei ihm hat finden wollen, lehrt

Fredegis nicht. Rabanus Maurus (deutsch Hraban), „der Schöpfer des deutschen Schulwesens" (geb. 776 zu Mainz, über 20 Jahre lang Abt von Fulda, seit 847 Erzbischof von Mainz, gest. 856), behandelt in seiner Schrift de institutione clericorum unter anderm die Dialektik, inwiefern sie für kirchliche Zwecke dienstbar sei; ausserdem giebt er noch Philosophisches in seinem Werke de universo II. XXII. Er schliesst sich vielfach an Isidor und Alcuin an und compilirt aus den Werken Früherer, namentlich aus Augustin und Cassiodor. — Aus der Anwendung der Dialektik auf die Theologie ist die „Scholastik" entsprungen, zu welcher die blosse Beschäftigung mit der Dialektik als einem Theile des Triviums, wie sie vom fünften Jahrhundert an in den Schulen stattfand, wohl noch nicht zu rechnen ist.

Zweite Periode der Philosophie der christlichen Zeit.

Die scholastische Philosophie.

§ 19. Die Scholastik ist die Philosophie im Dienste der bereits bestehenden Kirchenlehre oder wenigstens in einer solchen Unterordnung unter dieselbe, dass auf gemeinsamem Gebiete diese als die absolute Norm gilt, und insbesondere die Reproduction antiker Philosophie unter der Herrschaft der Kirchenlehre und im Fall einer Discrepanz mit Accommodation an dieselbe. Ihre Abschnitte sind 1) die beginnende Scholastik oder die Verbindung der aristotelischen Logik und neuplatonischer Philosopheme mit der Kirchenlehre, von Johannes Scotus Erigena bis auf die Amalricaner oder vom neunten bis zum Beginn des dreizehnten Jahrhunderts; 2) die volle Ausbildung und weiteste Verbreitung der Scholastik oder die Verbindung der nunmehr vollständig bekannt gewordenen aristotelischen Philosophie mit dem Dogma der Kirche, von Alexander von Hales bis zu dem Ausgange des Mittelalters, dem Wiederaufblühen der classischen Studien, dem Aufkommen der Naturforschung und dem Eintritt der Kirchenspaltung. Jedoch wurde auch im Gegensatz zur eigentlichen Scholastik von Seiten der Vernunft selbständige Opposition gegen den Dogmatismus und den Autoritätsglauben offener oder versteckter gemacht, und an Stelle der katholischen Lehre eine natürliche Religion zu setzen oder auch alle Religion zu vernichten versucht, so dass man von einer „Aufklärung" im Mittelalter mit Recht reden kann. In ähnlichem Verhältniss wie bei den Christen steht während dieser Zeit bei den Arabern und Juden die Philosophie zu den betreffenden Religionslehren.

§ 19. Begriff und Eintheilung der Scholastik.

Eine Sammlung theils bisher ungedruckter, theils wegen ihrer Seltenheit schwer zugänglicher gedruckter Schriften, die für die mittelalterl. Philosophie von Bedeutung sind, hat zu erscheinen angefangen unt. d. Titel: Bibliotheca philosophorum mediae aetatis, herausgeg. von Carl Siegm. Barach, 1. Bd.: Bernardi Silvestris de mundi universitate libri II; 2. Bd.: Excerpta e libro Alfredi Anglici de motu cordis, item Costa-Ben-Lucae de differentia animae et spiritus liber translat. a Ioanne Hispalensi, Innsbr. 1876, 78.

Ueber die Scholastik handeln namentlich: Lud. Vives, de causis corruptarum artium, in seinen Werken, Basel 1555. Lambertus Danaeus, in seinen Prolegom. in primum librum sententiarum cum comm., Genev. 1580. Ch. Binder, de scholastica theologia. Tüb. 1624. J. Launoy, de varia Aristotelis fortuna in acad. Parisiensi, Par. 1653, und de scholis celebr. a Carolo M. et post ipsum instauratis, Par. 1672. Ad. Tribechovius, de doctoribus scholasticis et corrupta per eos divinarum humanarumque rerum scientia, Giessen 1665, 2. Aufl., besorgt von Heumann, Jena 1719. C. D. Bulaeus, hist. universit. Parisiensis, Par. 1665—73. Jac. Thomasius, de doctoribus schol., Lips. 1676. Jac. Brucker, hist. crit. philos., t. III. Lips. 1743, p. 709—912. W. L. G. v. Eberstein, die natürl. Theologie der Scholastiker, nebst Zusätzen über die Freiheitslehre und den Begriff der Wahrheit bei denselben, Leipz. 1803. Tiedemann, Buhle, Tennemann, Ritter u. A., in ihren allgem. Gesch. der Philosoph. In neuerer Zeit besonders: A. Jourdain, recherches critiques sur l'âge et l'origine des traductions latines d'Aristote, Par. 1819, 2. Aufl., Par. 1843, deutsch von Stahr, Halle 1831. Hampden, the Schol. philos., Oxf. 1832. Rousselot, études sur la philosophie dans le moyen-âge Par. 1840—42. Duc de Paraman, hist. des rév. de la philos. en France pendant le moyen-âge jusqu'au 16. siècle, Par. 1845. Barth. Hauréau, de la philosophie scolastique, 2 voll., Par. 1850; ders., Singularités historiques et littéraires, Paris 1861; ders., Histoire de la philos. scolastique, I. partie (de Charlemagne à la fin du XII. siècle), Par. 1872, II. partie, t. 1 u. 2, Par. 1880 (H. hat manches neue historische Material mit verarbeitet u. die Scholastik richtiger gewürdigt, als dies seit Brucker üblich war). Clemens, comment. de scholastica sentent. philosophiam esse theologiae ancillam, Münster 1856. Prantl, Gesch. der Logik im Abendlande, Bd. II, Leipz. 1861, 2. Aufl. 1885, Bd. III, ebd. 1867, Bd. IV, ebd. 1870. Herm. Doergens, zur Lehre von den Universalien, Habil.-Schr., Heidelberg 1861. Wilh. Kaulich, Gesch. der scholast. Philosophie, 1. Theil: von Joh. Scotus Erigena bis Abälard, Prag 1863. Alb. Stöckl, Gesch. der Philos. des Mittelalters, Bd. I—III, Mainz 1864—66. Erdmann in dem betreffenden Abschnitt seines Grundr. d. Gesch. d. Ph., Bd. I, 3. Aufl., Berlin 1878, S. 240—458, und in der Abhandlung: der Entwickelungsgang der Scholastik, in Zeitschr. für wiss. Theologie, Jahrg. VIII, Heft 2, Halle 1865, S. 113—171. Jos. Bach, die Dogmengeschichte des Mittelalters vom christolog. Standpunkte, I. Th.: die werdende Scholastik, Wien 1873, II. Th.: Anwendung der formalen Dialektik auf das Dogma v. d. Person Christi. — Reaction der positiven Theologie, ebd. 1875. J. Schwane, Dogmengesch. der mittleren Zeit (787—1517), Frbg. 1883 (von streng kathol. Standp. aus). Vgl. auch V. A. Huber, die englischen Universitäten, Bd. I. (Mittelalter), Cassel 1839. Charles Thurot, de l'organisation de l'enseignement dans l'université de Paris au moyen-âge. Paris et Besançon 1850. F. Zarncke, die deutschen Univers. im Mittelalter, I, Leipzig 1857. K. v. Raumer, die deutschen Universitäten, Stuttg. 1861. L. Figuier, vies des savants illustres du moyen-âge avec l'appréciation sommaire de leurs travaux, Paris 1867. De Cupély, esprit de la philos. scol., Paris 1868. Jahnel, woher stammt der Ausdr. synderesis bei den Scholastikern, in: theol. Quartalschr., 52. Jahrg., Tübingen 1870, S. 241—251. Maurice, mediaeval philosophy; or a treatise of moral and metaphysical philosophy from the 5. to the 14. century. New edit., London 1870. Max Maywald, die Lehre v. d. zweifachen Wahrheit, ein Versuch d. Trennung von Theol. u. Philos. im Mittelalter, ein Beitr. z. Gesch. d. schol. Philos., Berlin 1871. Hayd, die Principien alles Seienden bei Aristoteles u. d. Scholastikern, (G.-Pr., Freising 1871. Math. Schneid, die scholastische L. von Materie u. Form und ihre Harmonie mit den Thatsachen der Naturwissensch., Eichstädt 1873; ders., Aristoteles i. d. Scholastik, Eichst. 1875. Salvat. Talamo, l'Aristotelismo nella storia della filosofia 1873, 3. ed., Siena 1882, auch in das Französ. übers., Paris 1876. K. Werner, der Entwickelungsgang der mittelalterl. Psychologie von Alcuin bis Albertus Magnus (in der Denkschr. der k. k. Akademie d. Wissensch.), Wien 1876. H. Denifle, d. Universitäten des Mittelalters, 1. Bd., Berl. 1885. — Die Geschichte der religiösen Aufklärung im Mittelalter vom Ende des 8. Jahrh. bis zum Anfange des 14. behandelt Herm. Reuter, 2 Bde., Berlin 1875, 77.

§ 19. Begriff und Eintheilung der Scholastik.

Der Name Scholastiker (doctores scholastici), mit dem die Lehrer der septem artes liberales (Grammatik, Dialektik, Rhetorik im Trivium; Arithmetik, Geometrie, Musik und Astronomie im Quadrivium) oder doch einige derselben in den von Karl dem Grossen gegründeten Klosterschulen, wie auch die Lehrer der Theologie bezeichnet wurden, ward demnächst auf Alle übertragen, die sich schulmässig mit den Wissenschaften, insbesondere mit der Philosophie, beschäftigten. (Der früheste Gebrauch der Bezeichnung σχολαστικός als Terminus ist bei Theophrast nachweisbar in einem Brief an seinen Schüler Phanias, woraus Diog. L. V. 50 Einiges erhalten hat. An das Mittelalter kam der Ausdruck durch Vermittelung des römischen Alterthums.)

Im Beginn der scholastischen Periode steht das philosophische Denken noch nicht durchaus in dem Verhältniss der Dienstbarkeit zur Kirchenlehre, insbesondere behauptet Scotus Erigena vielmehr die Identität der wahren Religion mit der wahren Philosophie, als die Unterordnung dieser unter jene, weicht thatsächlich von der Kirchenlehre nicht unwesentlich ab und sucht durch Umdeutung derselben im Sinne der von ihm angenommenen (dionysisch-neuplatonischen) Philosophie die Kluft zu überbrücken; auch in der nächstfolgenden Zeit wird eine gewisse Conformität des Denkens mit der Kirchenlehre nur allmählich unter heftigen Kämpfen gewonnen. In dem zweiten Zeitabschnitt (seit der Mitte des 13. Jahrhunderts) erscheint die Conformität zwischen der umgebildeten aristotelischen Philosophie und dem kirchlichen Glauben als festbegründet; doch ist dieselbe von Anfang an dadurch eingeschränkt, dass die specifisch christlichen Dogmen (Trinität, Incarnation, Auferweckung des Leibes etc.) von der Begründbarkeit durch die Vernunft ausgenommen werden müssen. Das (von den namhaftesten Scholastikern ausdrücklich behauptete) Verhältniss der Dienstbarkeit der Philosophie ist nicht so zu verstehen, dass alle Dogmen philosophisch hätten begründet werden sollen, noch auch so, dass alles Philosophiren in directer Beziehung zur Theologie gestanden, und dass ein Interesse an philosophischen Problemen um ihrer selbst willen überhaupt gar nicht bestanden hätte; ein solches war vielmehr, wenn schon in einem eingeschränkten Kreise von Problemen in grosser Intensität vorhanden; die Dienstbarkeit bestand darin, dass der Freiheit des Philosophirens durch die Festigkeit des kirchlichen Dogmas eine unüberschreitbare Schranke gesetzt war, dass der Entscheidungsgrund über Wahrheit und Falschheit auf dem der Philosophie und Theologie gemeinsamen Gebiete nicht in der Beobachtung und in dem Denken selbst, sondern in der kirchlichen Lehre gefunden wurde, und dass die aristotelische Doctrin demgemäss theils in der Kosmologie (hinsichtlich der Lehre von der Weltewigkeit), theils in der Psychologie (hinsichtlich der Lehre von dem νοῦς in seinem Verhältniss zu den niederen Theilen der Seele) von den hervorragendsten Scholastikern umgebildet wurde, während die philosophisch nicht begründbaren Dogmen überhaupt nicht zum Gegenstand rein philosophischer Discussion gemacht werden durften; auf dem durch diese Schranken abgegrenzten Gebiet liess allerdings die Theologie der Philosophie eine nur selten und ausnahmsweise angetastete Freiheit. Allmählich ward (zumeist zur Zeit der durch Wilhelm von Occam erneuten Herrschaft des Nominalismus) der Kreis der durch die Vernunft beweisbaren theologischen Sätze immer mehr eingeschränkt, bis endlich an die Stelle der scholastischen Voraussetzung der Vernunftgemässheit der Kirchenlehre ein Zwiespalt zwischen der (aristotelischen) Schulphilosophie und dem christlichen Glauben tritt, der (zumeist in der Periode des Uebergangs zur Philosophie der Neuzeit, s. Bd. III, § 3 ff.) einen Theil der Philosophen (wie namentlich Pomponatius und seine Anhänger) zur verhüllten Parteinahme für ein dem dogmatischen Supranaturalismus feindliches Denken führt, einen Theil der Gläubigen dagegen (Mystiker und Reformatoren) zur offenen Parteinahme gegen die Schulvernunft und für eine unmittelbare Hingabe an die alles menschliche Denken überragende Offenbarung, wiederum Andere aber zu neuen Versuchen in der Philosophie veranlasst, und zwar theils durch Erneuerung älterer Systeme (insbesondere der neuplatonischen), theils auch durch selbständige Forschung (Telesius, Francis Bacon u. A.).

Erster Abschnitt.
Die Anfänge der Scholastik.

§ 20. Johannes Scotus oder Erigena, der früheste namhafte Philosoph der scholastischen Zeit, von schottischer Nationalität, aber wahrscheinlich in Irland geboren und erzogen, durch Karl den Kahlen nach Frankreich berufen, schloss sich in seiner Speculation, die er vornehmlich in der Schrift de divisione naturae darlegt, zunächst an Dionysius den Areopagiten an, dessen Werke er ins Lateinische übersetzt hat, wie auch an dessen Commentator Maximus Confessor, ferner an Gregor von Nazianz, Gregor von Nyssa und andere griechische Kirchenlehrer, demnächst auch an die lateinischen, namentlich an Augustin. Die wahre Philosophie gilt ihm als identisch mit der wahren Religion. Indem er das kirchliche Dogma durch die vermeintlich altchristlichen, thatsächlich aber aus dem Neuplatonismus geflossenen Anschauungen des Pseudo-Dionysius zu interpretiren sucht, gewinnt er ein die Keime des mittelalterlichen Mysticismus ebensowohl wie des dialektischen Scholasticismus enthaltendes System, welches jedoch von der kirchlichen Autorität als dem wahren Glauben widerstreitend verworfen wurde (von Leo IX, 1050 und von Honorius III, 1225).

Den christlichen Schöpfungsbegriff sucht Erigena zu verstehen, indem er ihn im Sinne der neuplatonischen Emanationslehre umdeutet. Gott ist ihm die oberste Einheit, einfach und doch auch mannigfach; der Hervorgang aus ihm ist die Vervielfältigung der göttlichen Güte vermöge des Herabsteigens vom Allgemeinen zum Besonderen, so dass zuerst nach dem allgemeinsten Wesen aller Dinge die Gattungen von hoher Allgemeinheit werden, dann das minder Allgemeine bis zu den Species, endlich die Individuen, und zwar mittelst des successiven Hinzutretens der Differenzen und Proprietäten. Diese Lehre beruht auf der Hypostasirung des Allgemeinen als einer der Ordnung nach vor dem Besondern realiter existirenden Wesenheit, also auf der platonischen Ideenlehre in der Auffassung, die später durch die Formel: „universalia ante rem" bezeichnet zu werden pflegte. Doch schliesst Scotus auch das Sein des Allgemeinen in dem Besonderen nicht aus. Den Hervorgang der endlichen Wesen aus der Gottheit nennt Scotus den Process der Entfaltung (analysis, resolutio) und stellt demselben zur Seite die Rückkehr in Gott oder die Vergottung (reversio, deificatio), die Congregation der unendlichen Vielheit der Individuen zu den Gattungen und schliesslich zu der einfachsten Einheit von Allem, die Gott ist, so dass dann Gott Alles und das All Gott ist, und die Kreisbewegung sich vollendet hat. An Dionysius den Areopagiten schliesst sich Johannes Scotus auch an in der Unterscheidung einer bejahenden Theologie, die Gott positive Prädicate im symbolischen Sinne beilege, und einer verneinenden, welche ihm dieselben im eigentlichen Sinne abspreche.

Die Schrift des Scotus de divina praedestinatione gegen den Mönch Gottschalk gerichtet, erschien (nachdem seine Uebersetzung des Dionysius schon zu Köln 1556 gedruckt worden war) zuerst in Guilberti Manguini vett. auctt. qui nono seculo de praedestinatione et gratia scripserunt opera et fragments, Paris 1650, tom. I, p. 103 sqq. Das Werk de divisione naturae, ein Gespräch zwischen Lehrer und Schüler, durch Papst Honorius III. am 23. Febr. 1225 zur Verbrennung verurtheilt, gab zuerst Thomas Gale Oxf. 1681 heraus, danach zunächst C. B. Schlüter Münster 1838, ferner zugleich mit der Uebersetzung des Dionysius und mit der Schrift de praedestinatione H. J. Floss Par. 1853 als 122. Bd. von Mignes Patrologiae cursus completus, deutsch u. m. e. Schluss-Abth. üb. Leb. u. Schrift. d. Erig., d. Wissensch. u. Bildg. seiner Zeit, d. Voraussetzgn. s. Denkens u. Wiss. etc. versehen v. Ludw. Noack, in v. Kirchmanns philos. Bibl., Berl., später Leipz. 1870—76. Erigenas Comm. zu Martianus Capella hat Hauréau, Par. 1861, edirt. Ueber Johannes Scotus handeln insbesondere: P. Hjort, Johann Sc. Er. od. v. d. Ursprung einer christl. Philos. u. ihr. heiligen Beruf, Kopenhagen 1823. Heinrich Schmidt in s. Schr.: der Mysticismus des Mittelalters in seiner Entstehungsperiode, Jena 1824, S. 114—178. Fr. Ant. Staudenmaier, J. Sc. Er., Bd. I, Frankf. a. M. 1834. Ad. Helfferich, die christl. Mystik, II, Gotha 1842, S. 55—126. St. René Taillandier, Scot. Erigène et la philosophie scolastique, Strassbourg 1843. Nic. Möller, Joh. Sc. Er. und seine Irrthümer, Mainz 1844. Theod. Christlieb, Leben und Lehre des Joh. Sc. Er., Gotha 1860. Joh. Huber, Joh. Sc. Erig., ein Beitrag zur Gesch. der Phil. u. Theol. im Mittelalter, München 1861. A. Stöckl, de Joh. Sc. Er., Monast. 1867. Jul. Steeg, Joh. Sc. Er. christologia, diss. dogm.-hist., Argentorati 1867. Oscar Hermens, das Leben des Erig., I.-D., Jena 1868. Meusel, doctr. J. Sc. Er. cum christiana comp., G.-Pr., Bautzen 1869. H. Rähse, des Joh. E. Stellung zur mittelalt. Scholast. u. Myst., Rostock 1874. F. J. Hoffmann, der Gottes- und Schöpfungsbegr. des Joh. Sc. Er., I.-D., Jena 1876. R. Hoffmann, de Ioannis Scot. Er. vita et doctrina, D. I., Halle 1877. G. Anders, Darstellung u. Krit. der Ansicht E.s, dass d. Kategorien nicht auf Gott anwendbar seien, I.-D., Jena 1877. G. Buchwald, der Logosbegr. des Joh. Sc. Er., I.-D., Lpz. 1883. Vgl. Hauréau, philos. scolastique I, p. 111—130, auch hist. de la ph. sc., I, S. 148—176, Wilh. Kaulich, in: Abh. d. böhm. Ges. d. W. XI, 1861, S. 147—198 u. Gesch. d. scholast. Philos. I, S. 65—226, Ad. Ebert a. a. O., S. 257—67, ferner die Vorreden der Editoren, und speciell über die Logik Prantl, Gesch. d. Log. II, 2. Aufl., S. 22—37.

Johannes, der in den Handschriften bald Scotus, bald Jerugena oder Erigena genannt wird, stammte wahrscheinlich aus Irland (welches damals Scotia maior hiess als das Stammland der Schotten, die aus ihm nach Schottland hinübergewandert sind). Gales Deutung von Erigena auf Ergene in der Grafschaft Hereford als Geburtsort ist falsch. Mackenzies Deutung auf Aire in Schottland unwahrscheinlich; der Name weist (wie Thomas Moore, history of Ireland I, c. 13 dargethan hat) auf

Hibernia ('Ιέρνη) hin. Das Geburtsjahr muss um 810 fallen. Seine Bildung hat Johannes wahrscheinlich auf den damals in Irland blühenden Schulen erhalten. Er verstand das Griechische ebensowohl als das Lateinische. Von den Schriften alter Philosophen kannte er den Timäus des Platon in der Uebersetzung des Chalcidius, die Schrift de interpretatione des Aristoteles, die Categ. nebst der Isagoge des Porphyrius und den Lehrbüchern des Boëthius, Cassiodorius, Marcianus Capella, Isidorus und Späterer, ferner die dem Augustin zugeschriebenen Principia dialectices und decem Categ. Anfang der vierziger Jahre kam er nach Westfrancien. Karl der Kahle berief ihn bald nach seinem Regierungsantritt an die Hofschule (schola palatina) zu Paris, der er längere Zeit vorstand, und beauftragte ihn mit der Uebersetzung der 824 Ludwig dem Frommen durch den Kaiser Michael Balbus geschenkten Schriften des vermeintlichen Dionysius Areopagita. Der Papst Nicolaus I. aber beklagte sich beim Könige, dass Scotus diese Uebersetzung ihm nicht vor der Veröffentlichung zur Censur zugesandt habe, und wollte diesen wegen häretischer Ansichten zur Verantwortung ziehen. Ausserdem hatte Scotus noch Verdriesslichkeiten, indem er von Hincmar von Rheims in dessen theologischen Streit gegen Gottschalks „Prädestinationslehre" hineingezogen und wegen seiner über den beiden Parteien stehenden Meinung der Ketzerei verdächtigt wurde. Es ist ungewiss, ob Johannes Scotus hierauf das Lehramt an der Hofschule niederlegte; doch behielt er die Gunst des Königs und blieb in der Nähe desselben. Nach einigen Angaben soll er um 822 durch Alfred den Grossen an die zu Oxford gegründete Universität berufen und später als Abt zu Malmesbury von den Mönchen ermordet worden sein; doch scheint hier eine Verwechselung mit einem andern Johannes stattzufinden. Nach Hauréau (nouvelle biographie générale, tom. XVI.) ist anzunehmen, dass Johannes Scotus schon um 877 in Frankreich gestorben ist.

Während die Kirchenväter zwar an die Autorität des alten und demnächst auch des neuen Testaments sich banden (wobei die oft sehr freie allegorische Deutung sie über eine blosse Abhängigkeit hinaushob), aber zu ihren Vorgängern durchweg sich wesentlich im Verhältniss der Gleichberechtigung fühlten und keine Scheu trugen, die Anschauungen derselben nach ihrer eigenen Einsicht rectificirend umzubilden, unterwirft sich die Scholastik und der Absicht nach bereits Erigena dem Ansehen der „Väter" nahezu in dem gleichen Maasse, wie dem Schriftworte selbst. Mit dem Glauben an die geoffenbarte Wahrheit muss nach Scotus alle unsere Forschung beginnen. De praedest. I: salus nostra ex fide inchoat. De divis. nat. II, 20 (ed. Schlüter): non enim alia fidelium animarum salus est, quam de uno omnium principio quae vere praedicantur credere et quae vere creduntur, intelligere. Wir dürfen, heisst es ib. I, 66, über Gott nicht unsere eigenen Erfindungen vorbringen, sondern nur das, was in der heiligen Schrift geoffenbart ist und aus ihren Aussprüchen sich entnehmen lässt. Ib. II, 15: ratiocinationis exordium ex divinis eloquiis assumendum esse existimo. Unsere Sache aber ist es, den Sinn der göttlichen Aussprüche, der ein vielfältiger und gleich der Pfauenfeder in mancherlei Farben schillernder ist, denkend zu ermitteln (ib. IV, 5), insbesondere auch den bildlichen Ausdruck auf den eigentlichen zurückzuführen (ib. I, 66). Bei der Aufgabe, in die Geheimnisse der Offenbarung einzudringen, sollen die Schriften der Kirchenväter uns leiten. Uns ziemt es nicht, über die Einsichten der Väter abzuurtheilen, sondern wir müssen uns fromm und ehrfuchtsvoll an ihre Lehren halten; aber es ist uns gestattet, das auszuwählen, was den göttlichen Aussprüchen nach dem Ermessen der Vernunft mehr zu entsprechen scheint (ib. II, 16), zumal, wo bei den alten Kirchenlehrern selbst Widersprechendes sich findet (ib. IV, 16). Die wahre Autorität kann nach Scotus nicht in Widerspruch kommen mit der wahren Vernunft, und ebenso wenig die wahre Vernunft mit der wahren Autorität, da sie

§ 20. Johannes Scotus oder Erigena.

beide aus derselben Quelle, nämlich der göttlichen Weisheit, fliessen. Die wahre Autorität ist eben nichts Anderes als die durch Vernunft gefundene Wahrheit, die von den Vätern schriftlich überliefert ist. Trotz der Anlehnung an die christlichen Lehren ist das System des Scotus im Wesentlichen als neuplatonisch zu bezeichnen.

Johannes Scotus behauptet unter Berufung auf Augustin die Identität der wahren Philosophie mit der wahren Religion; er stützt sich namentlich darauf, dass die Gemeinschaft des Cultus an die Gemeinschaft der Lehre gebunden sei. De praedest. prooem.: non alia est philosophia, i. e. sapientiae studium, et alia religio, quum hi, quorum doctrinam non approbamus, nec sacramenta nobiscum communicant. Quid est aliud de philosophia tractare nisi verae religionis regulas exponere? Conficitur inde veram esse philosophiam veram religionem conversimque veram religionem esse veram philosophiam. Aber er fasst die wahre Religion nicht schlechtweg im Sinne der durch die Autorität sanctionirten Lehre auf, sondern giebt für den Fall einer Collision zwischen Autorität und Vernunft der Vernunft den Vorrang. De divis. nat. I, p. 39. Ib. I, 71: auctoritas ex vera ratione processit, ratio vero nequaquam ex auctoritate. Omnis auctoritas, quae vera ratione non approbatur, infirma esse videtur; vera autem ratio quum virtutibus suis rata atque immutabilis munitur, nullius auctoritatis adstipulatione roborari indiget. Doch gesteht er zu (ib. II, 36): nihil veris rationibus convenientius subjungitur, quam sanctorum patrum inconcussa probabilisque auctoritas. Von seinen Gegnern wurde ihm Geringschätzung der kirchlichen Autoritäten zum Vorwurf gemacht; über die Prädestination habe er (in seiner Schrift gegen Gottschalk) zu selbständig argumentirt.

Einer der Grundgedanken (aber freilich auch einer der Grundirrthümer) des Erigena ist (wie auch Hauréau mit Recht bemerkt) die Gleichsetzung der Grade der Abstraction mit den Stufen der Existenz. Er hypostasirt die Tabula logica.

In der Schrift: περὶ φύσεως μερισμοῦ id est de divisione naturae libri quinque, geht Johannes Scotus aus von der Eintheilung der φύσις, unter welchem Begriffe er alles Seiende und Nichtseiende zusammenfasst, in vier Species: 1) die, welche schafft und nicht geschaffen wird, 2) die, welche geschaffen wird und schafft, 3) die, welche geschaffen wird und nicht schafft, 4) die, welche weder schafft noch geschaffen wird. De divis. nat. I, 1: videtur mihi divisio naturae per quatuor differentias quatuor species recipere, quarum prima est quae creat et non creatur, secunda quae creatur et creat, tertia quae creatur et non creat, quarta quae nec creat nec creatur. Die erste ist die Ursache alles Seienden und Nichtseienden, die zweite umfasst die in Gott subsistirenden Ideen als die primordiales causas, die dritte geht auf die im Raum und in der Zeit erscheinenden Dinge, die vierte endlich fällt mit der ersten zusammen, sofern beide auf Gott gehen, die erste nämlich auf Gott als den Schöpfer, die vierte auf Gott als den Endzweck aller Dinge. Alles, was aus der Allursache hervorgeht, strebt auch durch natürliche Bewegung zu seinem Anfange zurück, ausserdem kommt es nicht zur Ruhe. So ist das Ende jeder Bewegung ihr Anfang; sie endigt mit keinem andern Ausgang als mit ihrem Anfang, zu dem sie immer zurückkehren muss, um darin zu verharren und zu ruhen: Finis enim totius motus est principium sui, — quod appetit et quo reperto cessabit, non ut substantia ipsius pereat sed ut in suas rationes, ex quibus profectus est, revertatur (de div. nat. V, 3; 34). Die Brücke nun von dem Einen zum Vielen und von dem Vielen zum Einen bildet der Logos.

§ 20. Johannes Scotus oder Erigena.

Unter dem Nichtseienden, welches Johannes Scotus in seine Eintheilung mit aufnimmt, will er nicht dasjenige verstehen, was gar nicht ist (quod penitus non est), die blosse Privation, sondern zuhöchst das, was unsere sinnliche und vernünftige Erkenntniss überragt, dann das, was in der Ordnung des geschaffenen Seins, die von der Vernunftkraft (virtus intellectualis) durch ratio und sensus hindurch bis zu der anima nutritiva et auctiva herabführt, jedesmal das Höhere ist, sofern es als solches von dem Niederen nicht erkannt wird, wogegen es als ein Seiendes zu bezeichnen sei, sofern es von den Höheren und von sich selbst erkannt wird; ferner aber werde auch das bloss noch potentiell Existirende (wie das Menschengeschlecht in Adam, die Pflanze in dem Samen) ein Nichtseiendes genannt; viertens nach philosophischer Redeweise das Körperliche, da es werde und vergehe und nicht gleich dem Intelligibeln wahrhaft sei; fünftens die Sünde als Verlust des göttlichen Ebenbildes (de div. nat. I, 2 ff.).

Das schaffende unerschaffene Wesen hat allein essentielle Subsistenz; es ist allein wahrhaft, es ist die Essenz aller Dinge. De div. nat. I, 3: ipse namque omnium essentia est, qui solus vere est, ut ait Dionysius Areopagita. Ib. I, 14: solummodo ipsam (naturam creatricem omniumque causalem) essentialiter subsistere. Gott ist Anfang, Mitte und Ende der Dinge. Ib. I, 12: est igitur principium, medium et finis: principium, quia ex se sunt omnia quae essentiam participant, medium autem quia in se ipso et per se ipsum subsistunt omnia, finis vero quia ad ipsum moventur, quietem motus sui suaeque perfectionis stabilitatem quaerentia. Er ist Alles in Allem, jedoch so, dass er unvermischt für sich bleibt, also über Allem steht, ib. I, 62: nulliquae ad participandum se plus aut minus adest (universalis essentia), sicut lux oculis. Tota enim in singulis est in se ipsa, III, 20: ac sic ordinate in omnia proveniens facit omnia et fit in omnibus omnia et in se ipsum redit revocans in se omnia, et dum in omnibus fit super omnibus esse non desinit. Er ist für die Welt zugleich das immanente und auch das transscendente Sein. Gottes Wesen ist unerkennbar den Menschen und selbst den Engeln. Als das Nichts kennt er sogar sich selbst nicht, was er ist: Deus itaque nescit se quid est, quia non est quid; incomprehensibilis quippe in aliquo et sibi ipsi et omni intellectui, div. nat. II, 28, womit jedoch das Selbstbewusstsein Gottes noch nicht ausgeschlossen zu sein braucht. Aus dem Sein der Dinge kann Gottes Sein, aus ihrer Ordnung, wonach sie sich in Classen gliedern, seine Weisheit, aus ihrer constanten Bewegung sein Leben erschaut werden; unter seinem Sein aber ist der Vater, unter seiner Weisheit der Sohn, unter seinem Leben der heilige Geist zu verstehen (ib. I, 14). Gott ist also Ein Wesen (essentia) in drei Substanzen. Freilich treffen alle diese Bezeichnungen nicht im eigentlichen Sinne zu: mit Recht sagt Dionysius, durch keinen Namen könne die höchste Ursache wahrhaft bezeichnet werden; jene Ausdrücke haben nur symbolische Geltung. Sie gehören der affirmativen Theologie an, die bei den Griechen καταφατική heisst; die verneinende Theologie (ἀποφατική) hebt sie wieder auf. Symbolisch oder metaphorisch kann Gott Wahrheit, Güte, Essenz, Licht, Gerechtigkeit, Sonne, Stern, Hauch, Wasser, Löwe und unzähliges Andere genannt werden; in Wahrheit ist er über alle diese Prädicate erhaben, da jedes derselben einen Gegensatz hat, er aber gegensatzlos ist. De div. nat. I, 16: essentia ergo dicitur Deus, sed proprie essentia non est, cui opponitur nihil, ὑπερούσιος igitur est, id est superessentialis; item bonitas dicitur, sed proprie bonitas non est, bonitati enim malitia opponitur; ὑπεράγαθος igitur, plus quam bonus, et ὑπεραγαθότης, id est plus quam bonitas. In gleicher Art legt Johannes Scotus der natura creatrix non creata die Prädicate ὑπέρθεος, ὑπεραληθής und ὑπεραλήθεια, ὑπεραιώνιος und ὑπεραιωνία, ὑπέρσοφος und ὑπερσοφία bei, welche alle zwar affirmativ lauten, aber einen negativen Sinn involviren. Ebenso lässt er dieselbe (und zwar dies ausdrücklich auch nach Augustin) über die zehn Kategorien erhaben sein, jene allgemeinsten Genera, in welche Aristoteles alles Geschaffene eingetheilt habe (ib. I, 16 ff.).

Aus dem unerschaffenen schaffenden Wesen geht die Schöpfung hervor, und zwar zunächst das geschaffene und doch zugleich auch selbst schaffende Wesen, welches die Gesammtheit der primordiales causae, der prototypa, primordialia exempla oder ideae ist, der ewigen Urbilder der Dinge. De divis. nat. II, 2: species vel formae, in quibus rerum omnium faciendarum priusquam essent, immutabiles rationes conditae sunt. Auch προορίσματα, praedestinationes werden diese Ideen genannt. Die Einheit dieser causae primordiales ist der Logos, wenn er auch der apophatischen Betrachtungsweise nach nur „die vom menschlichen Geiste gedachte Einheit der Welt in den göttlichen Eigenschaften", also mit Gott zusammenfällt (Buchwald, S. 30). Die Idealwelt ist ewig, aber doch geschaffen, und verhält sich zu Gott wie das Werk zum Meister; sie ist nicht gleich ewig wie Gott, sondern ewig von Gott geschaffen.

Die ersten Gründe aller Einzelobjecte sind enthalten in der göttlichen Weisheit oder dem göttlichen Wort, dem eingebornen Sohne des Vaters, sie entfalten sich ihrerseits unter dem Einfluss des heiligen Geistes (oder der pflegenden göttlichen Liebe) zu ihren Wirkungen, den geschaffenen und nicht schaffenden Objecten. Ib. II, 18: spiritus enim sanctus causas primordiales, quas pater in principio, in filio videlicet suo, fecerat, ut in ea quorum causa sunt procederent, fovebat, hoc est divini amoris fotu nutriebat: ad hoc namque ova ab alitibus, ex quibus haec metaphora assumta est, foventur, ut intima invisibilisque vis, quae in eis latet, per numeros locorum temporumque in formas visibiles corporalesque pulchritudines, igne aëreque in humoribus seminum terrenaque materia operantibus, erumpat. Die Materialität dieser letzteren Objecte ist, wie Scotus ib. I, 36 mit Berufung auf Gregor von Nyssa (vgl. Grdr. ob., § 15, S. 94) lehrt, nur Erscheinung; sie beruht auf der Verflechtung der Accidentien (accidentium quorundam concursus) untereinander. Unter dem Nichts, aus dem sie nach der kirchlichen Lehre geschaffen sind, ist Gottes eigenes, alle Erkenntniss überragendes Wesen zu verstehen. De divis. nat. III, 19: ineffabilem et incomprehensibilem divinae naturae inaccessibilemque claritatem omnibus intellectibus sive humanis sive angelicis incognitam (superessentialis est enim et supernaturalis) eo nomine (nihili) significatam crediderim. Die Schöpfung ist ein Hervorgang (processio) Gottes durch die primordiales causas oder principia in die unsichtbaren und sichtbaren Creaturen (ib. III, 25). Auch dieser Hervorgang ist ein ewiger. Ib. III, 17 sq. omnia quae semper vidit, semper fecit; non enim in eo praecedit visio operationem, quoniam coaeterna est visioni operatio; — videt enim operando et videndo operatur. Aller endlichen Dinge Substanz ist Gott. Gott und die Creatur sind nicht von einander verschiedene Wesen, sondern ein und dasselbe. Non enim extra eam (divinam naturam) subsistunt; conclusum est, ipsam solam esse vere ac proprie in omnibus et nihil vere ac proprie esse quod ipsa non sit. Proinde non duo a se ipsis distantia debemus intelligere Dominum et creaturam, sed unum, et id ipsum. Nam et creatura in Deo est subsistens, et Deus in creatura mirabili et ineffabili modo creatur, se ipsum manifestans, invisibilis visibilem se faciens et incomprehensibilis comprehensibilem et occultus apertum et incognitus cognitum et forma et specie carens formosum et speciosum et superessentialis essentialem et supernaturalis naturalem, — et omnia creans in omnibus creatum et omnium factor factum in omnibus. Ausdrücklich sagt Scotus, dass er diese Lehre nicht von der Incarnation allein verstanden wissen wolle, sondern von der Condescendenz des dreieinigen Gottes in alles Geschaffene. Unser Leben ist Gottes Leben in uns. Ib. I, 78: se ipsam sancta trinitas in nobis et in se ipsa amat, videt, movet. Die Erkenntniss Gottes durch die Engel und Menschen ist Gottes Selbstoffenbarung in ihnen (apparitio Dei) oder Theophanie (θεοφάνεια, ib. I, 7 ff.). Der Mensch fasst Alles in sich zusammen, Geistigkeit und Leiblichkeit, und ist der wahre Mikrokosmus, IV, 10: proinde post mundi visibilis ornatus narrationem introducitur homo veluti omnium conclusio, ut intelligeretur, quod omnia quae ante ipsum condita narrantur, in ipso universaliter comprehenduntur. Die Sünde des Menschen hat zur Ursache seine Freiheit. Der Mensch wandte sich zu sich selbst anstatt zu Gott und fiel so, II, 25: prior enim, ut arbitror, ad se ipsum quam ad Deum conversus est atque ideo lapsus. In Gott hat das Böse nicht seinen Grund; denn es giebt in Gott keine Idee des Bösen. Deshalb ist auch das Böse ein Nichtsein und ist überhaupt grundlos; denn hätte es einen Grund, so wäre es auch nothwendig. Es ist eine Privation des Guten und strebt danach, das Sein zu vernichten. Bestimmungen, die Scotus von Augustin genommen hat.

Das die Vielheit zur Einheit, die Welt und die Menschen zu Gott zurückführende, also das die Welt erlösende Princip ist der Logos. Er hat sich als das Princip der Einheit mit der menschlichen Natur als dem Mikrokosmus verbunden und so die Vielheit zur Einheit gemacht und trägt zur Erlösung fortwährend bei, indem er die Einzelnen zur höheren Erkenntniss und in Folge dessen zur Einigung mit Gott, zur Vergottung, bringt (s. Buchwald, S. 72). Ein Theil wird freilich nur zu dem ursprünglichen Zustand zurückgeführt, der andere aber durch Verherrlichung über die Natur vergottet; in Keinem jedoch, ausser in dem Logos ist die Menschheit mit der Gottheit zur Einheit der Substanz vereinigt und in die Gottheit selbst verwandelt, um Alles zu überragen (de div. nat. V, 25). Mit dieser Lehre der Vergottung (θέωσις, deificatio) steht Erigena auf dem Boden der griechischen Väter, des Irenäus, Hippolytus, Clemens, Origenes, Athanasius, und vor allem des Dionysius Areopagita und Maximus. Die Anfänge dazu finden sich freilich schon mannigfach in der griechischen Philosophie.

Das Wesen, welches weder schafft, noch geschaffen wird, ist nicht ein viertes neben den drei ersten, sondern sachlich mit dem schaffenden ungeschaffenen Wesen identisch: es ist Gott als das letzte Ziel der Dinge, wohin Alles, sowohl die physische als die intellectuelle Natur, schliesslich zurückkehrt, um dann ewig in ihm zu ruhen und nicht aufs Neue aus ihm hervorzugehen. De divis. nat. II, 2: prima namque et quarta unum sunt, quoniam de Deo solummodo intelliguntur: est enim principium omnium quae a se condita sunt, et finis omnium quae eum appetunt, ut in eo aeternaliter immutabiliterque quiescant. Causa siquidem omnium propterea dicitur creare, quoniam ab ea creata sunt, in genera et species et numeros, differentias quoque ceteraque quae in natura condita considerantur, mirabili quadam divinaque multiplicatione procedit dum ad finem pervenient reversura sunt, propterea finis omnium dicitur et neque creare neque creari perhibetur; nam postquam in eam reversa sunt omnia, nihil ulterius ab ea per generationem loco et tempore generibus et formis procedet, quoniam in ea omnia quieta erunt et unum individuum atque immutabile manebunt. Nam quae in processionibus naturarum multipliciter divisa atque partita esse videntur, in primordialibus causis unita atque unum sunt, ad quam unitatem reversura in ea aeternaliter atque immutabiliter manebunt. Ib. III, 23: iam desinit creare, omnibus in suas aeternas rationes, in quibus aeternaliter manebunt et manent, conversis, appellatione quoque creaturae significari desistentibus; Deus enim omnia in omnibus erit et omnis creatura obumbrabitur in Deum, videlicet conversa sicut astra sole oriente.

§ 20. Johannes Scotus oder Erigena.

Da die Gottheit dem Johannes Scotus die Substanz aller Dinge ist, so kann er nicht mit den Aristotelikern (die er Dialektiker nennt) das **Einzelobject** als eine Substanz betrachten, von der das Generelle auszusagen und in der das Accidentielle enthalten sei; Alles ist ihm vielmehr in der Einen göttlichen Substanz enthalten und das Specielle und Individuelle dem Generellen immanent, und dieses ist wiederum in jenem als in seinen natürlichen Theilen (de divis. nat. I, 27 ff.). Aber diese Ansicht ist auch nicht mit der ursprünglich platonischen identisch; sie beruht auf der Uebertragung des aristotelischen Substanzbegriffs auf die platonische Idee und des Verhältnisses der συμβεβηκότα zur Substanz auf das der Individuen zur Idee.

Dass diese gesammte Doctrin aus **Dionysius dem Areopagiten** und seinem Commentator **Maximus** gezogen sei, sagt Johannes Scotus ausdrücklich, besonders in der an den König gerichteten Dedication seiner Uebersetzung der Scholien des Maximus zum Gregor von Nazianz; auch bekundet sich durchweg die platonische und neuplatonische Basis. Platon ist ihm philosophorum summus, aber dann sagt er doch: ne videas sectam illius sequi (de div. nat. III, 36, 37). Die versuchte Verschmelzung mit der **kirchlichen** Lehre konnte nicht ohne Inconsequenzen durchgeführt werden. Ist die Gottheit das ὄν, das reale Wesen, das durch den allgemeinsten Begriff, den des Seins, erfasst wird, so kann einestheils die Auffassung unter der Form der Persönlichkeit nur der Phantasie, nicht dem Gedanken angehören, anderntheils kann die Mehrfachheit, insbesondere die Trinität, nicht ihr selbst, sondern erst ihrer Entfaltung zukommen, und demgemäss sollte namentlich der Logos der zweiten Form, der geschaffenen und schaffenden, angehören, wie Plotin in der That auf das schlechthin einfache Urwesen an zweiter Stelle den νοῦς mit den Ideen folgen lässt (und dann als dritte Gottheit die Weltseele), und doch muss Johannes Scotus zufolge der athanasianischen Umformung der Logoslehre den Logos (wie auch den heiligen Geist) dem Urwesen selbst zurechnen und stellt nur die Ideen, die in ihm sind, in die zweite Classe (gleich wie in die dritte die durch Mitwirkung des heiligen Geistes gewordene Welt). — Die Rückkehr aller Dinge in Gott, die Scotus der Consequenz seiner Grundanschauung gemäss annimmt, stimmt nicht zu dem kirchlichen Lehrbegriff.

Neben den platonischen und neuplatonischen Einflüssen geben sich auch **aristotelische** bei Johannes Scotus kund, obschon er metaphysische Lehren des Aristoteles nur mittelbar kannte. Die drei ersten seiner vier Eintheilungsglieder sind eine neuplatonisch-christliche Umbildung der drei von Aristoteles (Metaph. XII, 7) aufgestellten Eintheilungsglieder: das unbewegte Bewegende, das bewegte Bewegende, das bewegte Nichtbewegende, welche Scotus aus einer Stelle des Augustin kennen konnte (de civ. Dei V, 9: causa igitur rerum quae facit nec fit, Deus est; aliae vero causae et faciunt et fiunt, sicut sunt omnes creati spiritus, maxime rationales; corporales autem causae, quae magis fiunt quam faciunt, non sunt inter causas efficientes annumerandae). Die dionysische Lehre von der Rückkehr in Gott ergab dann die vierte Form.

Dem Johannes Scotus sind die **Universalien** vor, aber darum nicht weniger auch in den Einzelobjecten oder vielmehr die Einzelobjecte in jenen; der Unterschied dieser (realistischen) Lehrformen von einander ist bei ihm noch nicht zur Entfaltung gelangt. Zum Nominalismus aber konnte sein System Spätere wohl nur in dem Sinne führen, dass es durch die unüberwundenen Widersprüche zur Polemik gegen seine Voraussetzung der substantiellen Existenz der Universalien und zur Auffassung derselben als bloss subjectiver Formen veranlassen mochte; positiv enthält es nicht Keime des Nominalismus. In der Notiz, die aus der alten Historia a Roberto rege ad mortem Philippi primi zuerst Buläus in seiner Histor. univers.

Paris. I, p. 443 veröffentlicht hat: in dialectica hi potentes exstiterunt sophistae: Johannes, qui eandem artem sophisticam vocalem esse disseruit, Robertus Parisiacensis, Roscellinus Compendiensis, Arnulphus Laudunensis, hi Johannis fuerunt sectatores qui etiam quamplures habuerunt auditores (vgl Hauréau philos. scol. I, S. 174 f. und Prantl, Gesch. der Log. II, S. 78), ist schwerlich (mit Hauréau und Prantl) Johannes Scotus unter dem Johannes zu verstehen, sondern ein im Uebrigen uns unbekannter späterer Dialektiker. Erigena ist durchaus Realist. Zwar gehen nach ihm die Grammatik und Rhetorik als Zweige oder Hülfsmittel der Dialektik nur auf die Worte (voces), nicht auf die Dinge, und gelten ihm daher nicht als eigentliche Wissenschaften (de divis. nat. V, 4: matri artium, quae est dialectica, semper adhaerent: sunt enim veluti quaedam ipsius brachia rivulive ex ea manantes vel certe instrumenta, quibus suas intelligibiles inventiones humanis usibus manifestat); die Dialektik selbst aber oder die $\lambda o\gamma\iota\varkappa\eta$, rationalis sophia, coordinirt er (de div. nat. III, 30) der Ethik, Physik und Theologie als die Lehre von der methodischen Form der Erkenntniss (quae ostendit quibus regulis de unaquaque trium aliarum partium disputandum) und weist ihr insbesondere die Erörterung der allgemeinsten Begriffe oder der Kategorien (Prädicamente) zu, die er keineswegs für bloss subjective Gebilde, sondern für die Bezeichnungen der höchsten Genera alles Geschaffenen hält. De divis. nat. I, 16: Aristoteles, acutissimus apud Graecos, ut ajunt naturalium rerum discretionis repertor omnium rerum, quae post Deum sunt et ab eo creatae, innumerabiles varietates in decem universalibus generibus conclusit; — illa pars philosophiae, quae dicitur dialectica, circa horum generum divisiones a generalissimis ad specialissima iterumque collectione a specialissimis ad generalissima versatur. Ib. I, 29: dialectica est communium animi conceptionum rationabilium diligens investigatrixque disciplina. Ibid. I, 46: dialecticae proprietas est rerum omnium, quae intelligi possunt, naturas dividere, conjungere, discernere, propriosque locos unicuique distribuere atque ideo a sapientibus vera rerum contemplatio solet appellari. Ib. IV, 4: intelligitur, quod ars illa, quae dividit genera in species et species in genera resolvit, quae $\delta\iota\alpha\lambda\epsilon\varkappa\tau\iota\varkappa\eta$ dicitur, non ab humanis machinationibus sit facta, sed in natura rerum ab auctore omnium artium, quae vere artes sunt, condita et sapientibus inventa et ad utilitatem solerti rerum indagine usitata. Ib. V, 4: ars illa, quae a Graecis dicitur dialectica ut definitur bene disputandi scientia, primo omnium circa $o\dot{v}\sigma\iota\alpha\nu$ veluti circa proprium suum principium versatur, ex qua omnis divisio et multiplicatio eorum, de quibus ars ipsa disputat, inchoat per genera generalissima mediaque genera usque ad formas et species specialissimas descendens, et iterum complicationis regulis per eosdem gradus, per quos degreditur, donec ad ipsam $o\dot{v}\sigma\iota\alpha\nu$, ex qua egressa est, perveniat, non desinit redire in eam, qua semper appetit, quiescere et circa eam vel solum vel maxime intelligibili motu convolvi.

In der Betrachtung der Kategorien (im ersten Buch) ist theils die Lehre von der Verflechtung derselben untereinander, theils der Versuch bemerkenswerth, unter die Begriffe der Bewegung und Ruhe dieselbe zu subsumiren, ferner die Reduction der Kategorie des Ortes auf die logische Definition, die der Verstand vollziehe. Die dialektischen Vorschriften über die Form oder Methode des Philosophirens erörtert Johannes Scotus nicht ausführlich; als das Wesentlichste gilt ihm der Gebrauch der vier Formen, die von den Griechen genannt worden seien: $\delta\iota\alpha\iota\varrho\epsilon\tau\iota\varkappa\eta$, $\delta\varrho\iota\sigma\tau\iota\varkappa\eta$, $\dot\alpha\pi o\delta\epsilon\iota\varkappa\tau\iota\varkappa\eta$, $\dot\alpha\nu\alpha\lambda\upsilon\tau\iota\varkappa\eta$. Unter der letzteren versteht er die Zurückführung des Abgeleiteten und Zusammengesetzten auf das Einfache, Allgemeine und Principielle (de praed. prooem.), gebraucht aber den Ausdruck auch im entgegengesetzten Sinne von der Entfaltung Gottes in die Creatur. Praef. ad amb. S. Max.: divina in omnia processio ἀναλυτική dicitur, reversio vero θέωσις, i. e. deificatio.

In dem Streite über die Prädestination erklärte sich Johannes Scotus gegen Gottschalks (hauptsächliche Gegner Gottschalks Rabanus Maurus und Hincmar von Rheims, vgl. über ihn Victor Borrasch, Thorn 1868) Lehre einer zweifachen Vorausbestimmung theils zur Seligkeit, theils zur Verdammniss, und für die Annahme der ersteren allein. In den Streitigkeiten über die Eucharistie betonte er die geistige Seite der Präsenz Christi. Doch müssen diese specifisch theologischen Verhandlungen hier unerörtert bleiben.

§ 21. Die von Johannes Scotus bekämpfte Ansicht der auf Schriften des Aristoteles und des Boëthius, wie auch des Augustinus und Pseudo-Augustinus fussenden von ihm sogenannten Dialektiker, dass das Individuum Substanz im vollsten Sinne sei, die Species und Genera aber Substanzen im secundären Sinne, dass die generellen und specifischen Charaktere von der individuellen Substanz zu prädiciren seien, und dass ausserdem die unwesentlichen Merkmale oder Accidentien ihr inhäriren, fand unter den Scholastikern während und nach der Zeit des Johannes Scotus zahlreiche Anhänger, die zum Theil in ausdrücklichem Gegensatz gegen seine neuplatonische Theorie dieselbe vertraten, während Andere vielmehr dem Allgemeinen die wahre Substantialität zuerkannten. Bei einem Theile der Dialektiker tauchte der Zweifel auf, ob, da das Generelle sich von dem Individuellen aussagen lasse, die Gattung für etwas Sachliches (Reales) gelten dürfe, indem es nicht anzugehen scheine, dass eine Sache als Prädicat von einer andern Sache ausgesagt werde; dieser Zweifel führte zu der Behauptung, dass die Genera nur als Worte (voces) anzusehen seien.

Die Entwickelung dieser Lehren knüpfte sich insbesondere an des Porphyrius Einleitung zu den logischen Schriften des Aristoteles, in welcher von den Begriffen: genus, differentia, species, proprium und accidens gehandelt wird. Man untersuchte, ob hierunter fünf Realitäten, oder nur fünf Worte (quinque voces) zu verstehen seien. Eine Stelle in eben dieser Einleitung berührte die drei Fragen: ob die Genera und Species (oder die sogenannten Universalien) substantielle Existenz haben, oder bloss in unseren Gedanken seien, ob sie, falls sie substantiell existiren, Körper oder unkörperliche Wesen seien, und ob sie von den sinnlich wahrnehmbaren Objecten gesondert oder nur in und an diesen existiren. Porphyrius weist die nähere Erörterung dieser Fragen (welche er namentlich in den dem früheren Mittelalter unbekannten metaphysischen Schriften des Aristoteles, in dem platonischen Parmenides und endlich bei seinem Lehrer Plotinus vorfand) als eine für seine einleitende Schrift zu schwierige Aufgabe ab. Aber schon die wenigen Worte reichten hin, um das Problem selbst und die möglichen Lösungsversuche so zu bezeichnen, dass sich daran das Hervortreten des mittelalterlichen Realismus und Nominalismus anknüpfen konnte, um so mehr, da die dialektische Behandlung der kirchlichen Fundamentaldogmen immer wieder darauf zurückführen musste.

Die (platonische oder doch von Aristoteles dem Platon zugeschriebene) Ansicht, dass die Universalien eine von den Einzelobjecten gesonderte, selbständige Existenz haben und vor diesen (sei es bloss dem Range und dem Causalverhältniss, oder auch der Zeit nach) existiren, ist der extreme Realismus, der später auf die Formel gebracht wurde: universalia ante rem. Die (aristotelische) Ansicht, dass die Universalien zwar eine reale Existenz haben, aber nur in den Individuen, ist der gemässigte Realismus, für den die Formel gilt: universalia in re. Der Nominalismus ist die Lehre, dass nur die Individuen reale Existenz haben, die Gattungen und Arten aber bloss subjective Zusammenfassungen des Aehnlichen seien, die mittelst des gleichen Begriffs (conceptus) vollzogen werden, durch den wir die vielen einander gleichartigen Objecte denken, und mittelst des gleichen Wortes (nomen, vox), durch das wir aus Mangel an lauter Eigennamen die einander gleichartigen Objecte sämmtlich bezeichnen: der Nominalismus ist, sofern er die Subjectivität des Begriffs betont, Conceptualismus, sofern aber die Identität des Wortes, extremer Nominalismus (oder Nominalismus im engeren Sinne). Die Formel des Nominalismus lautet: universalia post rem. Diese sämmtlichen Hauptrichtungen finden sich schon, theils keimartig, theils in einer gewissen Entwickelung, im neunten und zehnten Jahrhundert vor; aber die vollere Entfaltung, die dialektische Begründung und die schärfere gegenseitige Bekämpfung derselben, wie auch das Hervortreten der verschiedenen möglichen Modificationen und Combinationen gehört der Folgezeit an.

Ueber den Realismus und Nominalismus im Mittelalter handeln u. A.: Jac. Thomasius (oratio de secta nominalium, in seinen Orationes, Lips. 1683—86), Ch. Meiners (de nominalium ac realium initiis, in: Comm. soc. Gott. XII, class. hist.), L. F. O. Baumgarten-Crusius (progr. de vero scholasticorum realium et nominalium discrimine et sententia theologica, Jen. 1821), Exner (über Nominalismus und Realismus, Prag 1842), Stöckl (der Nomin. und Real. in d. Gesch. d. Philos., 1854), H. O. Köhler (Realism. und Nominalismus in ihrem Einfluss auf die dogmat. Systeme des Mittelalters. Gotha 1858), C. S. Barach, zur Gesch. des Nomin. vor Roscellin, nach handschr. Quellen der Wiener kais. Hofbibliothek, Wien 1866 (über Marginal-Glossen zu einem Mscr. der pseudo-augustin. Kategorien), Joh. Heinr. Löwe, der Kampf zwischen dem Real. u. Nomin. im Mittelalt., sein Ursprung und sein Verlauf (aus d. Abhh. der k. böhm. Gesellsch. d. W., VI. Folge, 8. Bd.), Prag 1876. Vgl. die ob. angeführten Schriften über die Phil. der Scholastiker.

Dem Mittelalter waren (wie nach Jourdains Untersuchungen über die Phys. und Metaph. namentlich Cousin, Hauréau und Prantl nachgewiesen haben) bis fast gegen die Mitte des zwölften Jahrhunderts von logischen Schriften der Alten ausschliesslich folgende bekannt: Arist. Categ. und de interpretatione in der boëthi-

§ 21. Realismus u. Nominalismus vom 9. bis gegen das Ende des 11. Jahrh.

nischen Uebersetzung, Porphyrii Isagoge in den Uebersetzungen des Boëthius und des Victorinus, Marcianus Capella, Augustin, Pseudo-Augustin, Cassiodorius, Boëth. ad Porphyr. a Victorino translatum, ad Porphyrium a se translatum, ad Arist. categ., ad Arist. de interpret., ad Cic. top., introd. ad categoric. syll. de syllog. categorico, de syll. hypothetico, de divisione, de definitione de differ. top. Es fehlte die Kenntniss der beiden Analytica, der Topik und der soph. elench. des Aristoteles. Von den sämmtlichen Schriften des Platon besass man wohl nur einen Theil des Timäus in der Uebersetzung des Chalcidius (vgl. jedoch Hauréau, de la philos. scolast. S. 75); im Uebrigen waren seine Lehren nur mittelbar, insbesondere durch Stellen des Augustin, jener Zeit bekannt. Ferner besass man die Schrift des Apuleius de dogmate Platonis. Die Kenntniss der Analyt. und Top. des Aristoteles verbreitete sich allmählich seit 1128, die der metaph. und phys. Schriften um 1200. Aus den Schriften des Augustin, Cassiodor und Claudianus Mamertus, Pseudo-Dionysius, Marc. Capella, des Isidorus etc. schöpften die früheren Jahrhunderte des Mittelalters ihre psychologische, religiös-philosophische und encyclopädische Bildung. S. ob. § 18, S. 124 ff.

Löwe weist in der citirten Abhandlung S. 1—31 nach, dass am Schlusse der antiken Philosophie nebst dem Nominalismus alle Hauptrichtungen des Realismus schon vertreten waren, und bemerkt, dass „das Mittelalter den Kampf wieder aufgenommen, fortgesetzt, durch eingeschobene Mittelglieder modificirt, mit einem grossen Aufwande von Scharfsinn bis in die feinsten Unterscheidungen verzweigt, ihn aber weder geschaffen, noch eine Lösung zu Stande gebracht hat, die nicht schon vor ihm im Wesentlichen gegeben worden wäre". So finden wir bei Porphyrius den entschiedenen Realismus, bei Boëthius, Macrobius und Chalcidius vermittelnde Richtungen und bei Marcianus Capella den ausgesprochenen Nominalismus. Dieser letzte fasste den Gattungsbegriff in ganz nominalistischer Weise als die Zusammenfassung vieler Arten durch Einen Namen.

Die Stelle der Isagoge des Porphyrius, an welche das Aufkommen der verschiedenen dialektischen Richtungen sich geknüpft hat, lautet in der Uebersetzung des Boëthius, in welcher sie dem Mittelalter vorlag: Quum sit necessarium, Chrysaori, et ad eam quae est apud Aristotelem praedicamentorum doctrinam, nosse quid sit genus, quid differentia, quid species, quid proprium et quid accidens, et ad definitionum assignationem, et omnino ad ea quae in divisione et in demonstratione sunt, utili istarum rerum speculatione, compendiosam tibi traditionem faciens, tentabo breviter velut introductionis modo, ea quae ab antiquis dicta sunt aggredi, ab altioribus quidem quaestionibus abstinens, simpliciores vero mediocriter conjectans. Mox de generibus et speciebus illud quidem sive subsistant sive in solis nudis intellectibus posita sint, sive subsistentia corporalia sint an incorporalia, et utrum separata a sensilibus an in sensilibus posita et circa haec consistentia, dicere recusabo; altissimum enim negotium est hujusmodi et majoris egens inquisitionis. Victor Cousin hat (ouvrages inédits d'Abélard, Paris 1836, p. LVI) nach dem Vorgange Tennemanns und Anderer auf diese Stelle als den Ausgangspunkt des Streites zwischen Realismus und Nominalismus im Mittelalter besonders aufmerksam gemacht.

Im Unterschied von dem Neuplatonismus des Joh. Scotus hält namentlich die Schule des Rabanus Maurus an dem aristotelisch-boëthianischen Standpunkte fest. Ueber Hraban s. ob. § 18, S. 127.

Eric (Heiricus) von Auxerre, der in Fulda auf der von Alcuins Schüler Rabanus gestifteten Schule unter der Leitung des Haimon (gleichfalls eines Schülers des Alcuin) studirte, dann auch noch zu Ferrières ausgebildet, in Auxerre eine Schule eröffnete, hat u. a. Glossen zu der pseudo-augustinischen Schrift Categoriae als Marginalnoten in sein Exemplar geschrieben, die Cousin und Hauréau aufgefunden und veröffentlicht haben. Die Darstellung ist klar und leicht; der Gegensatz der logischen Standpunkte ist noch wenig ausgeprägt. Heiricus sagt (bei Hauréau, philos. scol. S. 142) mit Aristoteles und Boëthius: rem concipit intellectus, intellectum voces designant, voces autem litterae significant, und erklärt (nach Arist. de interpr. 1) res und intellectus für naturalia, die voces aber und vollends die litterae für conventionell (secundum positionem hominum). Er setzt aber nicht das Allgemeine in unseren Begriffen zu einer realen Allgemeinheit in Beziehung, sondern äussert sich vielmehr nach der Weise des Nominalismus (bei Hauréau, philos. scol. S. 141): sciendum autem, quia propria nomina primum sunt innumerabilia, ad quae cognoscenda intellectus nullus seu memoria sufficit, haec ergo omnia coartata species comprehendit et facit primum gradum, qui latissimus est, scilicet hominem, equum, leonem et species hujusmodi omnes continet; sed quia haec rursus erant innumerabilia et incomprehensibilia, alter factus est gradus angustior iam, qui constat in genere, quod est animal, surculus et lapis; iterum haec genera, in unum coacta nomen, tertium fecerunt gradum arctissimum iam et angustissimum, utpote qui uno nomine solummodo constet, quod est usia. — Begriffe von Qualitäten bezeichnen nicht Dinge. Heiricus bei Hauréau, ph. sc. S. 139: si quis dixerit album et nigrum absolute sine propria et certa substantia, in qua continetur, per hoc non poterit certam rem ostendere, nisi dicat albus homo vel equus aut niger. — In demselben Codex finden sich mit Marginalnoten versehen vor: die boëthianische Uebersetzung der aristotelischen Schrift de interpr., Augustin. de dialectica und die boëthianische Uebersetzung der Isagoge des Porphyrius. In den Glossen zu der letzteren Schrift werden die porphyrianischen Fragen im Sinne des gemässigten (aristotelisch-boëthianischen) Realismus entschieden, der sich uns überhaupt als die in jener Zeit herrschende Lehrform bekundet. Den genera et species wird (bei Cousin, ouvr. inéd. d'Abélard, S. LXXXII) das vere esse oder vere subsistere vindicirt; sie seien an sich unkörperlich, aber in dem Körperlichen subsistirend; dieses sei als Einzelnes der Gegenstand der sinnlichen Wahrnehmung, das Allgemeine aber, als für sich bestehend aufgefasst, sei der Gegenstand des Gedankens. Das genus wird (conceptualistisch) erklärt als cogitatio collecta ex singularum similitudine specierum. Diese commentirenden Glossen sind einschliesslich der Angabe über Platon: sed Plato genera et species non modo intelligit universalia, verum etiam esse atque praeter corpora subsistere putat, fast nur Auszüge aus Boëth. in Porphyr. a se translatum, insbesondere aus der von Hauréau, ph. sc. I, S. 95 ff. citirten Stelle.

Des Heiricus Schüler Remigius von Auxerre, der seit 882 in Rheims und später in Paris grammatischen, musikalischen und dialektischen Unterricht ertheilte, wo er namentlich auch Otto von Clugny zum Schüler hatte, bekundet in einem (grossentheils aus dem Commentar des Johannes Scotus zu demselben Autor entnommenen) Commentar zum Marcianus Capella (woraus Hauréau, phil. scol. I, S. 144 ff. und Notices et extraits de manuscripts t. XX, p. II, Mittheilungen macht) eine mehr realistische Tendenz, lehrt auch platonisirend, dass das Specielle und Individuelle durch Participation am Allgemeinen bestehe, ohne jedoch den boëthianisch-aristotelischen Standpunkt der Immanenz aufzugeben. Er erklärt das Genus für die Complexion vieler species (genus est complexio, id est collectio et comprehensio multarum formarum i. e. specierum); dass dies nicht von bloss subjectiver Zusammenfassung, sondern von einer objectiven Einheit zu verstehen sei, geht aus der Definition der forma oder species als eines substantiellen Abschnittes des genus (partitio substantialis) oder als der substantiellen Einheit der Individuen hervor (homo est multorum hominum substantialis unitas). Remigius erörtert die

§ 21. Realismus u. Nominalismus vom 9. bis gegen das Ende des 11. Jahrh.

(auch von Früheren schon behandelte) Frage, in welcher Art die Accidentien vor ihrer Vereinigung mit den betreffenden Individuen existiren, z. B. die rhetorische Bildung vor ihrer Vereinigung mit Cicero. Er entscheidet dieselbe dahin, dass die Accidentien, bevor sie hervortreten, potentiell schon in den Individuen liegen, dass z. B. die rhetorische Bildung in der menschlichen Natur überhaupt angelegt sei, dass sie aber in Folge der Sünde Adams in die Tiefe der Unwissenheit herabgesunken sei, in der memoria ruhe und durch das Lernen zum Bewusstsein (in praesentiam intelligentiae) hervorgerufen werde (Remig. bei Hauréan, notices et extraits de manusc. XX, II, S. 20).

Von den dialektischen Schriften aus dem neunten Jahrhundert kommt hier noch ein von Cousin aufgefundener und (in: Ouvrages inédits d'Abélard, Paris 1836) veröffentlichter Commentar: super Porphyrium in Betracht, für dessen Verfasser Cousin und Hauréan auf Grund handschriftlicher Tradition den Rabanus Maurus halten, der aber wohl richtiger (mit Prantl, dem auch Kaulich folgt) einem seiner (unmittelbaren oder mittelbaren) Schüler zugeschrieben wird. Die Logik wird dort eingetheilt nicht, wie von Rabanus selbst de universo XV, 1, ed. Colvener, Col. 1627, in Dialektik und Rhetorik, sondern in Grammatik, Rhetorik und Dialektik. Die Absicht des Porphyrius wird mit den Worten angegeben (bei Cousin a. a. O. S. 613): intentio Porphyrii est in hoc opere facilem intellectum ad praedicamenta praeparare tractando de quinque rebus vel vocibus, genere scilicet, specie, differentia, proprio et accidente, quorum cognitio valet ad praedicamentorum cognitionem. Es wird die Meinung Einiger erörtert, Porphyrius habe nicht de quinque rebus, sondern de quinque vocibus in seiner Isagoge handeln wollen, und der Grund angeführt, andernfalls würde die Definition unpassend sein, die er von dem genus gebe: genus est quod praedicatur; denn eine Sache könne nicht Prädicat sein. Res enim non praedicatur. Quod hoc modo probant: si res praedicatur, res dicitur, si res dicitur, res enunciatur, si res enunciatur, res profertur: sed res proferri non potest, nihil enim profertur nisi vox, neque enim aliud est prolatio, quam aëris plectro linguae percussio. Ein anderer Beweis werde darauf gegründet, dass ja auch Aristoteles in der Schrift über die Kategorien, wozu Porphyrius eine Einleitung geben wolle, vorzugsweise de vocibus zu handeln beabsichtige (nach dem Ausdruck des Boëthius: de primis rerum nominibus et de vocibus res significantibus); die Einleitung aber müsse dem Hauptwerke entsprechen. Doch werde darum nicht geleugnet, dass genus auch real genommen werden könne, denn Boëthius sage, die Eintheilung derselben müsse der Natur gemäss sein. Das genus wird erklärt als substantialis similitudo ex diversis speciebus in cogitatione collecta. In dem Ausspruch des Boëthius: alio namque modo (substantia) universalis est quum cogitatur, alio singularis quum sentitur, wird die Meinung gefunden: quod eadem res individuum et species et genus est, et non esse universalia individuis quasi quiddam diversum, ut quidam dicunt; scilicet speciem nihil aliud esse quam genus informatum et individuum nihil aliud esse quam speciem informatam. Diese Abhandlung zeigt, wie in der damaligen Zeit noch ziemlich friedlich und unentwickelt die Keime der verschiedenartigen Doctrinen nebeneinander bestanden.

Der Schulbetrieb der Dialektik, wie überhaupt der artes liberales, bestand fort während des zehnten und elften Jahrhunderts, jedoch bis gegen das Ende des letzteren fast ganz ohne neue wissenschaftliche Resultate. Um die Mitte des 10. Jahrhunderts soll ein Mönch Poppo in Fulda hauptsächlich auf der Grundlage des Boëthius, wie es dort und überhaupt zu jener Zeit durchweg traditionell war, gelehrt und auch die Schrift de consolatione commentirt haben (s. Prantl II, 2. Aufl., S. 49 nach Trithem. Ann. Hirsaug. p. 113); doch ist diese Notiz unsicher. Ferner soll ein gewisser Reinhard im Kloster zu St. Burchard in Würzburg die Kategorien des Aristoteles commentirt haben. Eine rege Schulthätigkeit entfaltete sich im Kloster zu St. Gallen, zuerst, wie es scheint, durch die von Rabanus zu Fulda gegründete Schule angeregt. Notker Labeo (gest. 1022) hat um die Erhaltung und Entwickelung derselben wesentliche Verdienste. Er hat die aristotelischen Schriften Categoriae und de interpretat., des Boëthius Consol. philos. und des Marcianus Capella de nuptiis Philologiae et Mercurii (wie auch die Psalmen) ins Deutsche übersetzt und Abhandlungen von den Theilen der Denkkunst, von den Vernunftschlüssen, von der Redekunst und von der Musik verfasst (herausg. von Graff, Berlin 1837, vollständiger und genauer von Heinrich Hattemer, in: Denkmale des Mittelalters, 3. Bd., St. Gallen 1844—1849).

In dem Kloster zu Aurillac in der Auvergne, das von Otto von Clugny, dem Schüler des Remigius, unter strengere Regel gebracht worden war, danach auf anderen Schulen Frankreichs und auch in Spanien bei den Arabern (von denen er auch die indischen Zahlzeichen entnahm) bildete sich Gerbert aus, der nachmalige Papst Sylvester II., ein Mann von der umfassendsten Gelehrsamkeit, mehr aber den Fächern des Quadriviums, als denen des Triviums zugewandt (gest. 1003). Vgl. über ihn C. F. Hock, Wien 1837; Max Büdinger, Cassel 1851; G. Friedlein, Erlangen 1861; ferner M. Cantor, mathematische Beiträge zum Culturleben der Völker, Halle 1863, wo in Abschnitt XIII. über Boëthius, XIX. über Isidor, Beda und Alcuin, XX. über Odo von Clugny, XXI. und XXII. über Gerberts Leben und Mathematik gehandelt wird; Tappe, Gerbert oder Papst Sylvester II. und seine Zeit, Berlin 1869; Ad. Franck, Gerbert (le pape Sylv. II.), état de la phil. et d. scienc. au X. siècle in seinem: Moralistes et Philosophes, Par. 1872, S. 1—46; K. Werner, Gerb. v. Aurillac, d. Kirche u. Wissensch. seiner Zeit, 2. Ausg., Wien 1881. Von seinen Schriften handelt die eine über das Abendmahl, die andere über das Vernünftige und den Vernunftgebrauch (de rationali et ratione uti, gedruckt bei Pez, thes. anecd. I, 2, S. 146 ff. und in den Oeuvres de Gerbert, collationnées sur les manuscrits, précédées de sa biographie, suivies de notes critiques par A. Olleris, Clermond-Ferrand et Paris 1867, S. 297—310); ausserdem hat Cousin (ouvrages inédits d'Abélard, S. 644 f.) einiges Mathematische veröffentlicht. Gerbert findet in dem Satze rationale ratione utitur die Schwierigkeit, dass die Geltung desselben der logischen Regel zu widersprechen scheine, das Prädicat müsse allgemeiner als das Subject sein. Um diese Schwierigkeit zu lösen, unterscheidet er mit Aristoteles: das Vernünftige ist theils ein Ewiges und Göttliches (wozu Gerbert auch die platonischen Ideen rechnet), theils ein in der Zeit Lebendes; jenes bethätigt stets die Vernunftanlage, dieses nur mitunter. Bei jenem ist die Potentialität untrennbar von der Actualität, es ist sub necessaria specie actus, bei diesem gehört nur die Fähigkeit des Vernunftgebrauches zum Wesen, der wirkliche Vernunftgebrauch dagegen ist hier nur ein accidens, nicht eine substantialis differentia. Daher gilt der Satz: rationale ratione utitur, bei den Vernunftwesen der ersten Classe allgemein, bei denen der zweiten aber nur particular; Gerbert meint, das ohne Angabe der Quantität hingestellte Urtheil könne auch im particularen Sinne genommen werden. So löst Gerbert die Schwierigkeit. Er verflicht auf eine nicht unangemessene Weise mit der Erörterung dieses Problems die Unterscheidung des höheren Begriffs im logischen Sinne, d. h. des Begriffs mit weiterem Umfange, von dem Begriff, der auf ein dem Range nach in der Stufenreihe der Wesen höher stehendes Object geht.

Zu den Schülern Gerberts gehört Fulbert, der im Jahre 990 zu Chartres eine Schule eröffnete und 1007—1029 Bischof daselbst war. Anhängliche Schüler nannten ihn ihren Sokrates. Ausgezeichnet in geistlichem und weltlichem Wissen, richtete er bei seinem Unterricht doch auch die dringliche Ermahnung an seine Schüler,

§ 21. Realismus u. Nominalismus vom 9. bis gegen das Ende des 11. Jahrh.

sich von trüglichen Neuerungen fern zu halten und nicht von den Pfaden der heiligen Väter abzuweichen. Es begann um jene Zeit bereits die Gefahr einer Erhebung der Dialektik über die Autorität der biblischen und kirchlichen Aussprüche hervorzutreten, weshalb nun von kirchlicher Seite ausdrücklich die dienstbare Stellung gefordert wird. Petrus Damiani (vgl. über ihn Vogel, Jena 1856 u. F. Neukirch, das Leben des Petrus D., I. Th.: bis zur Ostersynode 1059, Götting. 1875), der Apologet mönchischen Lebens und mönchischer Askese, sagt um 1050 (opera ed. Cajetan., Par. 1743, III, p. 312): quae tamen artis humanae peritia si quando tractandis sacris eloquiis adhibetur, non debet ius magisterii sibimet arroganter arripere, sed velut ancilla dominae quodam famulatus obsequio subservire, ne si praecedit oberret. In gleichem Sinne beklagt sich um jene Zeit der Mönch Othlo (gest. in Regensburg um 1083) in seiner Schrift de tribus quaest. (bei Pez, thes. anecd. III, 2, S. 144), es gebe Dialektiker, die dies so exclusiv seien, dass sie selbst die Aussprüche der heil. Schrift nach der Autorität der Dialektik einschränken zu müssen wähnten und mehr dem Boëthius als den heiligen Schriftstellern Glauben schenkten. Ein Collisionsfall lag vor in der Definition der Person als der substantia rationalis bei der Anwendung auf die kirchliche Trinitätslehre, und der Streit sollte auf diesem Punkte bald nachher (durch Roscellin) zum Ausbruch gelangen.

Ein Schüler Fulberts war Berengar von Tours (999—1088), dessen dialektischer Eifer grösser war, als sein Respect vor der kirchlichen Autorität. Er musste zwei Mal seine Ansichten über das Abendmahl gegen seine Ueberzeugung widerrufen, wovor ihn nicht einmal sein Freund Papst Gregor VII. schützen konnte, bereute aber diese Schwachheit auf das Bitterste. An seinen rationalisirenden Standpunkt in der Abendmahlsfrage knüpfte sich sein Conflict mit dem orthodoxen Dialektiker Lanfranc (geb. zu Pavia um 1005, zuerst zu Bologna zum Juristen gebildet, danach Mönch und Scholastiker im Kloster zu Bec in der Normandie, seit 1070 Erzbischof von Canterbury, gest. 1089; opp. ed. d'Achery, Paris 1648; ed. Giles, Oxon. 1854), welchem nach der Meinung der Zeitgenossen und dem Urtheil der Kirche Berengar unterlag. Die Ansicht des Berengar, die derselbe in seiner Schrift de sacra coena adv. Lanfrancum (ed. A. F. und F. Th. Vischer, Berlin 1844) vertheidigt, wird von dem Bischof Hugo von Langres so zusammengefasst: dicis in hujusmodi sacramento corpus Christi sic esse, ut panis et vini natura et essentia non mutetur, corpusque quod dixeras crucifixum, intellectuale constituis. Berengar bekämpft die Annahme der Aenderung der Substanz ohne entsprechende Aenderung der Accidentien, indem er sich dabei auf dialektische Argumente gegenüber dem kirchlichen Dogma stützt. Bei der Erkenntniss der Wahrheit müsse man mehr die Vernunft als Autoritäten gebrauchen, und er beruft sich hierfür auf Augustin, der gelehrt habe, überall auf die Vernunft, das Ebenbild Gottes in uns, zurückzugehen, also sich der Dialektik zu bedienen. Seine Gegner beschränkten die Autorität theils der Sinne, theils der dialektischen Argumente. Vgl. Lessing, Ber. Turonensis, oder Ankündigung eines wichtigen Werks desselben, Braunschw. 1770; Stäudlin in: Stäudlins und Tzschirn. Archiv 1814, Bd. II, St. 1, u. A. Auf das Ansehen der Schriften des Johannes Scotus Erigena äusserte dieser Streit eine ungünstige Rückwirkung; denn da Berengar in der Abendmahlslehre sich an dessen Buch de eucharistia grossentheils angeschlossen hatte, so wurde auch dieses (auf der Synode zu Vercelli 1050) verdammt und das Lesen der Schriften desselben überhaupt verboten. Eine fernere Folge war, dass man jetzt die Unantastbarkeit des Glaubensinhaltes durch die Vernunft zu urgiren begann.

Wahrscheinlich ist von Lanfranc und nicht erst von seinem Schüler Anselmus die Schrift verfasst: Elucidarium sive dialogus summam totius theologiae complectens (früher unter Anselms Werken gedruckt, doch auch bezweifelt, von Giles auf Grund mehrerer Handschriften dem Lanfranc vindicirt und in die Ausgabe seiner Schriften aufgenommen), worin der gesammte Inhalt der damaligen Dogmatik echt scholastisch in syllogistischer Form mit dialektischer Erörterung der Gründe und Gegengründe dargestellt und diese Form der Untersuchung auch zur dogmatischen Ausführung und Fixirung des Phantasiebildes von jenseitigen Zuständen verwandt wird (z. B. in der Erörterung der Fragen, ob man im künftigen Leben Kleider tragen werde, in welcher Körperstellung die Verdammten in der Hölle seien etc.).

Hildebert von Lavardin, Bischof von Tours, geb. 1057, gest. um 1133, ein Schüler oder doch Verehrer Berengars, wendete sich, vor der Gefährlichkeit und Leerheit der Dialektik warnend, der Unmittelbarkeit des Glaubens zu, der nicht contra rationem sei. Er definirt den Glauben als voluntaria certitudo absentium supra opinionem et infra scientiam constituta (tract. theol. c. 1 ff. in: opera ed. Ant. Beaugendre, Par. 1708 p. 1010). Gott wolle nicht ganz begriffen werden, damit dem Glauben sein Verdienst bleibe, aber auch nicht ganz unerkannt bleiben, damit der Unglaube keine Entschuldigung habe. Für die Existenz Gottes sucht Hildebert einen Beweis zu führen, indem er aus dem Gewordensein unserer selbst wie alles Endlichen auf einen ewigen Urheber schliesst. Mit der skeptischen Geringachtung der Dialektik verbindet sich bei Hildebert ein pantheistisch-mystischer Zug. Gott ist ihm über, unter, ausserhalb und innerhalb der Welt: super cuncta, subter cuncta, extra cuncta, intra cuncta, intra cuncta nec inclusus, extra cuncta nec exclusus, super cuncta nec elatus, subter cuncta nec substratus, super totus praesidendo, subter totus sustinendo, extra totus complectendo, intra totus est implendo. In seiner philos. moralis schliesst sich Hildebert an Cicero und Seneca an. Bernhard von Clairvaux nennt den Hildebert „tantam ecclesiae columnam".

§ 22. Als durchgeführter Parteistandpunkt gegenüber dem Realismus trat der Nominalismus erst in der zweiten Hälfte des elften Jahrhunderts hervor, indem ein Theil der Scholastiker die Ansicht, dass die Logik es mit dem richtigen Wortgebrauch zu thun habe und die Genera und Species nur (subjective) Zusammenfassungen der durch den gleichen Namen bezeichneten Individuen seien, dem Aristoteles zuschrieb und die Deutung bekämpfte, die den Universalien eine reale Existenz vindicirte. Diese Nominalisten wurden zuweilen als moderne Dialektiker bezeichnet, da sie zu der althergebrachten realistischen Deutung des Aristoteles in Opposition traten. Unter den Nominalisten dieser Zeit ist der bekannteste Roscellinus, Canonicus zu Compiègne, der durch seine Anwendung der nominalistischen Doctrin auf das Trinitätsdogma grossen Anstoss erregte und dadurch das sofortige Unterliegen des Nominalismus veranlasste. Wenn nach der nominalistischen Theorie in der Wirklichkeit nur Individuen existiren, so sind die drei Personen der Gottheit drei individuelle Substanzen, also in der That drei Götter, und nur der kirchliche Sprachgebrauch, der bloss die Personen, aber nicht die Substanzen in der Dreizahl zu erwähnen pflegt, steht dieser Bezeichnung entgegen. Roscellin, der diese Consequenz offen aussprach, wurde auf der Kirchenversammlung zu Soissons (1092) zum Widerruf dieser anstössigen Aussage über die

Gottheit verurtheilt, scheint aber den Nominalismus selbst, aus dem sie geflossen war, auch später noch festgehalten und gelehrt zu haben. Derselbe erlosch in der nächstfolgenden Zeit nicht gänzlich, doch wagten Wenige, sich offen zu ihm zu bekennen; erst im vierzehnten Jahrhundert wurde er aufs Neue, insbesondere durch Wilhelm von Occam, zur Geltung gebracht. Unter Roscellins Zeitgenossen war sein einflussreichster Gegner Anselm von Canterbury. Die realistische Richtung vertrat in Frankreich namentlich **Wilhelm von Champeaux**, der die Gattung einem jeden der Individuen wesentlich, oder, wie er später durch Abälard zu sagen veranlasst wurde, auf eine indifferente Weise inhäriren liess; auch Abälard, der eine vermittelnde Richtung suchte, bekämpfte den extremen Nominalismus seines früheren Lehrers Roscellin.

Einen Brief des Roscellin an Abälard hat J. A. Schmeller aus einer münchener Handschrift (cod. lat. 4643) in den Abh. der philos.-philol. Classe der k. bayr. Akad. der Wiss. V, 3, S. 189 ff., 1851 veröffentlicht und danach auch Cousin der neuen Gesammtausgabe von Abälards Werken beigefügt. Die Dissertation des Job. Mart. Chladenius (de vita et haeresi Roscellini, Erlangen 1756 und in G. E. Waldaus thesaurus bio- et bibliographicus, Chemnit. 1792) ist veraltet. Die theologischen Consequenzen der zur Zeit Roscellins und Anselms einander bekämpfenden Richtungen entwickelt Bouchitté (le rationalisme chrétien à la fin du onzième siècle, Paris 1842).

Ueber Wilhelm von Champeaux handelt E. Michaud, Guillaume de Champeaux et les écoles de Paris au XIIe siècle, d'après des documents inédits, Paris 1867, 2. éd. ebd. 1868.

Häufig wird Roscellin als der Stifter der nominalistischen Richtung bezeichnet. So sagt z. B. Otto von Freising (de gestis Frederici I., lib. I.) von Roscellin: primus nostris temporibus sententiam vocum instituit in logica. Auch Anselm, Abälard, Johann von Salisbury und Vincentius von Beauvais nennen keinen Vorgänger. Dagegen wird Roscellin von Caramuel Lobkowitz in der Schrift Bernardus triumphans genannt: nominalium sectae non autor, sed auctor, und in der schon oben (bei Johannes Scotus S. 138) citirten Notiz wird ein (wohl erst um 1060 lebender) Johannes (nicht Erigena, noch auch Johann der Sachse, der um 847 durch den König Alfred aus Frankreich nach England berufen wurde, wo er als Abt von Althenay starb) als sein Vorgänger, und werden Robert von Paris und Arnulph von Laon als seine Gesinnungsgenossen genannt. Der Abt Hermann zu Tournay in der ersten Hälfte des zwölften Jahrhunderts berichtet, um 1100 habe der Magister Raimbert zu Lille die Dialektik nominalistisch gelehrt (dialecticam clericis suis in voce legebat) und mit ihm viele Andere. Diese hätten den Odo oder Odardus angefeindet (später Bischof von Cambray), der die Dialektik nicht nach moderner Weise (juxta quosdam modernos) nominalistisch (in voce), sondern nach Boëthius und den alten Lehrern realistisch (in re) vorgetragen habe. Diese Modernen, klagt der Berichterstatter, wollen die Schriften des Porphyrius und Aristoteles lieber nach ihrer neuen Weisheit, als nach der Darstellung des Boëthius und der andern Alten deuten. Schwerlich hat sich in so kurzer Zeit die Schule des Roscellin bereits so sehr ausgebreitet; der Parteigegensatz muss schon früher sich entwickelt haben. Danach ist die Nachricht (Avent. Annal. Boior. VI), Roscellin, der Bretagner, sei novi lycei conditor, und durch ihn ein novum genus Aristotelicorum oder Peripateticorum aufgekommen, nur in der Beschränkung gültig, dass er der einflussreichste Vertreter der sententia vocum war. Der Realismus des Odo (s. Auszüge aus seinem W. über die Erbsünde bei Hauréau, hist. de la ph. sc., I, 300—307) geht auch daraus hervor, dass er wie Anselm von Canterbury die Möglichkeit der Erbsünde dadurch erklärte, dass die Wesenheit der Species Substanz der Individuen sei, in dem Individuum also die ganze Art afficirt werden könne.

Roscellinus (oder Rucelinus), geboren in Armorica (also in der Niederbretagne), studirte in Soissons und Rheims, lebte eine Zeitlang (um 1089) als Canonicus in Compiègne und später in Besançon, docirte auch in Tours und in Locmenach (bei Vannes in der Bretagne), wo sich auch der junge Abälard unter seinen Schülern befand. Im Jahre 1092 nöthigte ihn das Concil zu Soissons zum Widerruf seiner tritheistischen Darstellung der Trinitätslehre. Eine Schrift scheint er nicht verfasst, sondern seine Ansichten nur mündlich vorgetragen zu haben. Doch besitzen wir noch einen wahrscheinlich von ihm an Abälard gerichteten Brief, der hauptsächlich auf die Trinitätslehre eingeht. Im Uebrigen sind wir für die Ermittelung seiner Ansicht auf die, wenn nicht schiefen, so doch jedenfalls leidenschaftlich gefärbten Angaben seiner Gegner, namentlich seines Schülers Abälard, angewiesen. Auch sprechen Anselm sowie Johannes von Salisbury über ihn. Doch ist uns noch eine gewisse Controle möglich durch die Vergleichung mit nominalistischen Aeusserungen Früherer, welche uns mehrfach den befriedigendsten Commentar liefert.

Anselm sagt de fide trin. c. 2: illi nostri temporis dialectici, immo dialectices haeretici, qui non nisi flatum vocis putant esse universales substantias; qui colorem nihil aliud queunt intelligere quam corpus, nec sapientiam hominis aliud quam animas; er wirft diesen „Häretikern der Dialektik" vor, ihre Vernunft sei so an die Einbildungskraft gebunden, dass sie sich nicht von ihr loszumachen und nicht das, was für sich betrachtet werden müsse, herauszuheben vermöge. So wenig der Ausdruck „flatus vocis" von den Nominalisten selbst gebraucht worden sein kann, so gewiss muss er doch seinen Anknüpfungspunkt in deren eigener Ausdrucksweise haben, er erinnert an die oben (S. 143) angeführte Stelle in dem Commentar des Pseudo-Rabanus super Porphyrium: res proferri non potest, nihil enim profertur nisi vox, neque enim aliud est prolatio, nisi aëris plectro linguae percussio, wodurch bewiesen werden soll, dass das genus, weil es der boëthianischen Definition gemäss als Prädicat ausgesagt werde, nicht eine res, sondern nur eine vox sein könne. Der andere Vorwurf des Anselm, dass Roscellin nicht die Eigenschaft von dem mit dieser Eigenschaft behafteten Subject zu unterscheiden wisse, beweist, dass Roscellin mit der oben (S. 142) erwähnten Doctrin des Heiricus übereinstimmte: si quis dixerit nigrum et album absolute, . . . per hoc non poterit certam rem ostendere, nisi dicat albus homo vel equus aut niger. Freilich erweist sich eben hierdurch der Vorwurf als unbegründet; denn die Nominalisten bekämpfen die Identificirung der Abstraction ($\dot{\alpha}\varphi\alpha\iota\varrho\varepsilon\sigma\iota\varsigma$) mit der Annahme eines realen Gesondertseins und selbständigen Bestandes des Abstrahirten ($\chi\omega\varrho\iota\sigma\mu\delta\varsigma$), Anselm aber, der in dieser Identificirung steht, spricht ihnen von diesem seinem Standpunkte aus mit dem $\chi\omega\varrho\iota\sigma\mu\delta\varsigma$ zugleich die Fähigkeit der $\dot{\alpha}\varphi\alpha\iota\varrho\varepsilon\sigma\iota\varsigma$ ab, ohne doch die Nichtberechtigung der den Standpunkt seiner Gegner bedingenden (freilich von diesen selbst vielleicht nicht mit genügender Bestimmtheit vollzogenen) Unterscheidung dargethan zu haben.

Anselm sagt ferner (de fide trin. c. 2): qui enim nondum intelligit, quomodo plures homines in specie sint homo unus, qualiter in illa secretissima natura comprehendet, quomodo plures personae, quarum singula quaeque est perfectus Deus, sint Deus unus? et cujus mens obscura est ad discernendum inter equum suum et colorem ejus, qualiter discernet inter unum Deum et plures rationes (relationes)?

denique qui non potest intelligere aliud esse hominem nisi individuum, nullatenus intelligit hominem nisi humanam personam. Der Gegensatz der Standpunkte ist hiermit scharf bezeichnet: dem Realismus gilt die Gesammtheit der gleichartigen Individuen als eine reale Einheit, die Gesammtheit der Menschen als eine Gattungseinheit, unus homo in specie; dem Nominalismus dagegen liegt diese Einheit nur in dem gemeinsamen Namen, als reale Einheit aber gilt ihm ausschliesslich das Individuum.

Johannes von Salisbury sagt in seinem Metalogicus II, 17: „Der eine heftet sich an Worte, obgleich diese Lehre mit Roscellin fast ganz erloschen ist", und im Polycraticus VII, 12: „Einige behaupten, die Worte selbst seien die Gattungen und Arten — doch diese Ansicht ist längst verworfen und verschwand mit ihrem Urheber".

In der Consequenz des Nominalismus liegt es, ebenso wie er den Complex mehrerer Individuen für eine blosse subjective Zusammenfassung hält, auch die Unterscheidung von Theilen in dem Individuum für eine blosse subjective Zerlegung zu erklären. Dass Roscellin auch diese Consequenz gezogen hat, geht aus den Angaben des Abälard hervor. Abälard sagt in seinem Briefe über Roscellin an den Bischof von Paris (ep. 21): hic sicut pseudo-dialecticus, ita et pseudo-christianus quum in dialectica sua nullam rem, sed solam vocem partes habere aestimat, ita divinam paginam impudenter pervertit, ut eo loco quo dicitur dominus partem piscis assi comedisse, partem hujus vocis quae est piscis assi non partem rei intelligere cogatur. Id. de divis. et defin. p. 472 ed. Cousin: fuit autem, memini, magistri nostri Roscellini tam insana sententia, ut nullam rem partibus constare vellet; sed sicut solis vocibus species, ita et partes adscribebat. Die Entgegnung, dass doch die Wand ein Theil des Hauses sei, habe Roscellin durch die Argumentation abweisen wollen, dann müsste die Wand als Theil des Ganzen ein Theil der Theile, woraus sie bestehe, nämlich des Fundamentes und der Wand und des Daches sein, also auch ein Theil ihrer selbst. So offenbar sophistisch diese Argumentation Roscellins in der vorliegenden ungeschickten (vielleicht auch nicht vollkommen treu oder doch nicht vollständig im Zusammenhange mit Roscellins gesammtem Gedankenkreise überlieferten Fassung) ist, so lässt sich doch der auf nominalistischem Standpunkte unabweisbare Gedanke darin wiederfinden, dass die Beziehung des Theils auf das Ganze, wie jede Beziehung, nur subjectiv sei, realiter aber ein jedes nur an und für sich auf sich selbst bezogen existire, folglich nichts als Theil realiter, abgesehen von unserer Beziehung desselben auf das Ganze, existire, da es ja sonst auch an und für sich, auf sich selbst bezogen, Theil, folglich Theil seiner selbst, sein müsste. In diesem Sinne verstanden, würde die Argumentation zwar einseitig und ebenso bestreitbar, wie der nominalistische oder individualistische Parteistandpunkt selbst (da sich die objective Realität von Beziehungen mindestens mit eben so vollem Rechte annehmen, wie bestreiten lässt), aber doch keineswegs sophistisch sein. Die von Abälard gezogene Consequenz aber, die auf das Verzehren eines Theils des Wortes Bratfisch geht, trifft um so weniger zu, da bei dem Verzehren eine factische Zerlegung eintritt und Roscellin doch nur die objectiv-reale Gültigkeit der von uns bloss denkend und redend vollzogenen Partition bestritten hat. Was Substanz ist, ist nach der Lehre des Roscellin als Substanz nicht Theil; der Theil aber ist als Theil nicht Substanz, sondern Resultat der subjectiven Zerlegung der Substanz in unserer (Betrachtung und) Rede. Bei vielen uns unentbehrlichen Theilungen (z. B. des Zeitlichen nach Jahrhunderten, des räumlich Ausgedehnten nach den üblichen Maasseinheiten, des Kreises nach Graden etc.), denen wir oft in naiver Weise eine objective Bedeutung beizumessen geneigt sind, ist Roscellins Bemerkung unzweifelhaft zutreffend.

§ 22. Roscellin, der Nominalist u. Tritheist, Wilh. v. Champeaux, der Realist.

Wie mit dem Nominalismus überhaupt der Sensualismus verbunden zu sein pflegt, so auch bei Roscellin. Wenigstens wirft Anselm ihm und seinen Genossen vor: „In ihren Seelen ist das Denken so von körperlichen Dingen umsponnen, dass es sich aus ihnen gar nicht herauszuwickeln vermag."

Wahrscheinlich hätte der Nominalismus Roscellins, obgleich consequenter durchgeführt, als von Früheren geschehen war, doch keine besonders grosse Beachtung gefunden und nicht Roscellins Namen als den eines Parteihauptes verewigt, wenn nicht die damit verknüpfte **tritheistische Deutung der Trinitätslehre** allgemeines Aufsehen erregt hätte. Wie schon die Dialektiker, über die sich der Mönch Othlo beklagt (s. oben S. 145), so hält auch Roscellin an der boëthianischen Definition der Person als substantia rationalis unbedingt fest: er giebt nicht zu, dass, auf die Trinität bezogen, diese Ausdrücke in anderem Sinne, als sonst, zu nehmen seien', und sagt: non igitur per personam aliud aliquid significamus quam substantiam, licet ex quadam loquendi consuetudine triplicare soleamus personam, non substantiam (Epist. ad Abaelardum, bei Cousin Ab. opp. II, S. 798); er erklärt die substantia generans und die substantia generata für nicht identisch: semper enim generans et generata plura sunt, non res una, secundum illam beati Augustini praefatam sententiam, quo ait, quod nulla omnino res est quae se ipsam gignat (ebend. S. 799); er fragt, warum nicht drei Ewige (tres aeterni) anzunehmen seien, da ja doch die drei Personen ewig seien (si tres illae personae sunt aeternae). Hiermit stimmt Abälards Angabe überein, introd. ad theol. t. II, S. 84 ed. Cousin: alter (Rosc.) tres in Deo proprietates, secundum quas tres distinguuntur personae, tres essentias diversas ab ipsis personis et ab ipsa divinitatis natura constituit, und die Anselms Epist. II, 41: Roscellinus clericus dicit, in Deo tres personas esse tres res ab invicem separatas, sicut sunt tres angeli, ita tamen, ut una sit voluntas et potestas. De fide trin. c. 3: tres personae sunt tres res sicut tres angeli aut tres animae, ita tamen, ut voluntate et potentia omnino sint idem. Roscellin habe das Argument vorgebracht, andernfalls, wenn die drei Personen res una seien, würde folgen, dass mit dem Sohne zugleich auch der Vater und der heilige Geist habe in das Fleisch eingehen müssen. Ausdrücklich soll Roscellin erklärt haben (nach Anselm Ep. II, 41): tres deos vere posse dici, si usus admitteret (welche Aeusserung übrigens mit gewissen Stellen Gregors von Nyssa und anderer griechischer Kirchenväter und selbst mit dem milden Urtheil Augustins über das Eine. den νοῦς und die Weltseele als die drei Hauptgötter der Neuplatoniker verglichen, nicht in dem Grade als häretisch und vom gemeinen Glauben abweichend erscheint, wie wenn Augustins und Anderer strengerer Monotheismus, der in manchen Wendungen dem sabellianistischen Modalismus sich annähert und nur vermöge der Unverträglichkeit der kirchlichen Incarnationslehre mit demselben darüber hinausgeht, als Maassstab angelegt wird). Was Anselm entgegenhält, ist die Realität der Gattungseinheit: unus Deus. Uebrigens konnte Roscellin, der kein Häretiker sein, sondern den christlichen Glauben festhalten und vertheidigen wollte, in der Meinung stehen, mit dem Ausdruck: tres substantiae (der sich u. a. auch bei Johannes Scotus auf die drei göttlichen Personen bezogen findet) nicht gegen die Kirchenlehre zu verstossen, da er substantia durchaus in der Bedeutung des selbständig Existirenden versteht, in welcher es als Uebersetzung des griechischen Wortes ὑπόστασις gelten kann, welches bekanntlich in der Mehrheit (τρεῖς ὑποστάσεις) von den drei Personen gebraucht wird; er verstiess freilich gegen die kirchlich gewordene Terminologie, welche substantia stets als Uebersetzung des griechischen Wortes οὐσία nimmt und es daher nur in der Einzahl gebraucht, um die Einheit des Wesens (essentia) zu bezeichnen, welcher Gebrauch um so constanter sein musste, da auch οὐσία die gleiche Doppelbedeutung, wie substantia, hat.

§ 22. Roscellin, der Nominalist u. Tritheist, Wilh. v. Champeaux, der Realist.

Zu dem Sabellianismus, dem Hauréau (ph. sc. I, S. 189 f.) irrthümlicherweise die Lehre des Roscellin gleichsetzt, bildet dieselbe auf Grund eines gemeinsamen Princips den geraden Gegensatz. Der Sabellianismus schliesst: drei Personen in der Gottheit sind drei Götter; nun giebt es nicht drei Götter, sondern nur Einen Gott; also giebt es in der Gottheit nicht drei Personen (sondern nur drei Daseinsformen). Roscellin aber schliesst: drei göttliche Personen sind drei göttliche Wesen; nun giebt es drei göttliche Personen; also giebt es drei göttliche Wesen. Roscellin bekennt sich zu eben der Ansicht, welche die Sabellianer als eine unabweisbare, aber an sich verwerfliche Consequenz der athanasianischen Doctrin bezeichneten, während die Vertheidiger der Kirchenlehre nicht zugaben, dass jene auch von ihnen als verwerflich erkannte tritheistische Ansicht wirklich eine Consequenz der athanasianischen Auffassung sei. Vom Arianismus andererseits unterscheidet sich Roscellins Lehre wesentlich durch die Anerkennung der Gleichheit der Macht (und des Willens) der drei göttlichen Personen. Mit Lanfranc, dem damals hochgefeierten Besieger der berengarschen Häresie, und mit Lanfrancs Schüler und Nachfolger Anselm scheint Roscellin anfangs sich hinsichtlich der Trinitätslehre im Einklang geglaubt zu haben, bis einer seiner Zuhörer, Johannes, sich brieflich an Anselm mit der Mittheilung der roscellinschen Ansicht und Bitte um ein Urtheil wandte; dies gab dem Anselm den Anlass zur Bekämpfung des Roscellin.

Wilhelm von Champeaux, geb. um 1070, gest. als Bischof von Châlons-sur-Marne 1121, studirte unter Manegold von Lutenbach zu Paris, dann unter dem damals sehr berühmten (von Anselmus Cantuarensis wohl zu unterscheidenden) Anselm von Laon, endlich auch unter Roscellin zu Compiègne, zu dessen Richtung aber die seinige, welche die Realität der Universellen (obschon in re, dem Individuum immanent) behauptet, einen scharfen Gegensatz bildet; er lehrte dann an der Kathedralschule zu Paris, wo auch Abälard ihn hörte und mit ihm disputirte, verliess dieselbe aber im Jahre 1108, um sich als Chorherr in die Abtei von St. Victor zurückzuziehen; doch nahm er dort bald nachher seine Vorträge über Rhetorik, Philosophie und Theologie wieder auf und scheint den Grund zu der mystischen Richtung gelegt zu haben, die später in der Schule zu St. Victor herrschte. Von 1113—21 war Wilhelm Bischof von Châlons. Mit dem h. Bernhard von Clairvaux stand er bis zu seinem Tode in Freundschaft. Schriften theologischen Inhalts (de eucharistia und de origine animae, in welcher letzteren er sich für den Creatianismus, also für das unmittelbare Geschaffenwerden der Seelen bei dem Beginn ihres irdischen Daseins, erklärt) und andere sind erhalten und (von Mabillon und von Marténe und Patru) edirt. Ueber philosophische Probleme existiren einige Manuscripte; hauptsächlich sind wir auf die Angaben des Abälard angewiesen. Dieser sagt (in seiner Historia calamitatum) über Wilhelm von Champeaux: erat autem in ea sententia de communitate universalium, ut eandem essentialiter rem totam simul singulis suis inesse adstrueret individuis, quorum quidem nulla esset in essentia diversitas, sed sola multitudine accidentium varietas. Abälard richtet hiergegen den Einwurf, dann würde die nämliche Substanz verschiedene Accidentien erhalten, die mit einander unverträglich seien, insbesondere müsste (wie dies in der Schrift de gener. et spec. vermuthlich im Sinne Abälards anschaulich ausgeführt wird) das Nämliche an verschiedenen Orten sein. Denn ist das menschliche Wesen ganz in Sokrates, so ist es nicht in dem, was nicht Sokrates ist; ist es also zugleich auch in Platon, so muss Platon auch Sokrates sein und Sokrates ausser an seinem eigenen Orte sich auch an dem Orte des Platon befinden. Darauf hin soll Wilhelm von Champeaux seine Ansicht so umgestaltet haben, dass er statt essentialiter sagte: individualiter, also die allgemeine Substanz nicht nach ihrem vollen

Wesen, sondern mittelst individueller Modification in einem jeden der Individuen existiren liess; nach anderer Lesart jedoch, die wahrscheinlich die richtige ist: indifferenter, wonach Wilhelm von Champeaux dem abälardschen Argumente dadurch auszuweichen suchte, dass er statt der numerischen Einheit die unterschiedlose Mehrfachheit der Existenz des allgemeinen Wesens annahm. (Die unten zu erwähnende Schr. „de generibus et speciebus" unterscheidet allerdings die Indifferenzlehre ausdrücklich von der Lehre Champeaux's. Aber dieser hat eben verschiedene Stadien durchgemacht.) In einer (von Michaud citirten) Stelle einer theologischen (von Patru, Paris 1847, edirten) offenbar aus seiner späteren Periode datirenden Schrift sagt Wilhelm: Vides has duas voces, unum scil. et „idem" duobus accipi modis, secundum indifferentiam et secundum identitatem eiusdem prorsus essentiae; secundum indifferentiam, ut Petrum et Paulum idem dicimus esse in hoc quod sunt homines; quantum enim ad humanitatem pertinet, sicut iste est rationalis, et ille, et sicut iste est mortalis et ille. Sed si veritatem confiteri volumus, non est eadem utriusque humanitas, sed similis, quum sint duo homines. Sed hic modus unius ad naturam divinitatis non est referendus. Wie übrigens das Problem der Trinität zu der realistischen Ansicht hinführte und durch dieselbe begreiflich werden sollte, geht am klarsten aus einer (von Hauréau, phil. sc. I, S. 227 citirten) Stelle des Robert Pulleyn hervor, der (sentent. I, 3) einen „Dialektiker" von jener Richtung sagen lässt: species est tota substantia individuorum, totaque species eademque in singulis reperitur individuis; itaque species una est substantia, eius vero individua multae personae, et hae multae personae sunt illa una substantia.

Gegen das Ende des 11. Jahrhunderts bekundet sich (wie Thurot, Revue critique d'histoire et de littérature, 1868, No. 42, S. 249 bemerkt) eine lebhafte intellectuelle Bewegung, die zu mancherlei Combinationsversuchen zwischen logischen und grammatischen Ueberlieferungen geführt zu haben scheint. Doch möchte es nicht gerechtfertigt sein, aus diesem Grunde eine neue Periode hier beginnen zu lassen, da der wesentliche Gesammtcharakter des Philosophirens, wie es durch das überlieferte Material bedingt war, erst um 1200 eine durchgängige Veränderung erfahren hat.

§ 23. **Anselmus**, geboren 1033 zu Aosta (Augusta Praetoria in Piemont), trat, durch Lanfrancs Ruf angezogen, 1060 in das Kloster zu Bec in der Normandie, ward 1063 Prior, 1078 Abt desselben und war seit 1093 bis zu seinem Tode 1109 Erzbischof von Canterbury, welches Amt er nach den Principien des Papstes Gregor VII. verwaltete. Sein Motto: Credo, ut intelligam, fordert den Fortgang von der Unmittelbarkeit des Glaubens zu dem erreichbaren Maasse wissenschaftlicher Einsicht, aber durchaus nur in dem Sinne, dass der im Voraus bereits als Dogma feststehende (und nicht, wie bei den Vätern, mit dem philosophisch-theologischen Denken und durch dasselbe sich erst gestaltende) Glaubensinhalt schlechthin unangetastet bleibe und die absolute Norm für das Denken sei. Das Resultat der Prüfung darf nur ein bejahendes sein; ist es in irgend einem Betracht verneinend, so ist eben damit das prüfende Denken selbst als falsch und sündig erwiesen, indem das kirchlich sanctionirte Dogma der adäquate Lehrausdruck der von Gott geoffenbarten Wahrheit ist. Anselms

§ 23. Anselm von Canterbury.

Ruhm knüpft sich vornehmlich an den in der Schrift „Proslogium" von ihm aufgestellten ontologischen Beweis für das Dasein Gottes und an die von ihm in der Schrift „Cur Deus homo?" entwickelte christologische Satisfactionstheorie. Das ontologische Argument ist der Versuch, Gottes Dasein aus dem Gottesbegriff selbst zu erweisen. Unter Gott verstehen wir, der Definition gemäss, das Grösste, was überhaupt gedacht werden kann. Dieses ist in unserm Intellect, da wir die Gottesvorstellung haben, und selbst der Atheist begreift, was mit dem Ausdruck: das Grösste schlechthin, bezeichnet wird. Das Grösste aber kann nicht bloss im Intellect sein, denn dann liesse sich ein Anderes, Grösseres denken, welches ausserdem auch noch in der äusseren Wirklichkeit wäre. Also muss das Grösste im Intellect und zugleich auch in der äusseren Wirklichkeit sein. Also wird Gott nicht bloss von uns gedacht, sondern er existirt auch wirklich. Dass dieses Argument ein Fehlschluss sei, behauptete schon Anselms Zeitgenosse, der Mönch Gaunilo zu Mar-Moutier. Gegen seine Einwürfe versucht Anselm dasselbe in dem „Liber apologeticus" zu retten.

Nach Anselms kirchlich gewordener Satisfactionstheorie, welche wesentlich eine Anwendung juridischer Analogien auf ethischreligiöse Verhältnisse ist, ist die Schuld des Menschen, weil gegen Gott begangen, unendlich schwer, muss daher nach Gottes Gerechtigkeit durch eine unendlich schwere Strafe gesühnt werden. Sollte diese das Menschengeschlecht selbst treffen, so verfielen Alle der ewigen Verdammniss, was der göttlichen Güte widerstreiten würde; eine Vergebung ohne Sühne aber würde der göttlichen Gerechtigkeit widerstreiten; also blieb, damit sowohl der Güte, als der Gerechtigkeit genügt werde, nur die stellvertretende Genugthuung übrig, die bei der Unendlichkeit der Schuld nur von Seiten Gottes als des allein unendlichen Wesens geleistet werden konnte. Nur als ein von Adam stammender (jedoch sündlos von der Jungfrau empfangener) Mensch aber konnte er das Menschengeschlecht vertreten; also musste die zweite Person der Gottheit Mensch werden, um die Gott gebührende Genugthuung anstatt der Menschheit zu leisten und dadurch den gläubigen Theil derselben zur Seligkeit zu führen.

Die Werke Anselms sind zu Nürnberg durch Casp. Hochfeder 1491, ebendas. 1494, zu Paris 1544 und 1549, zu Köln 1573, ebend. durch Picardus 1612, dann namentlich von Gabr. Gerberon, Par. 1675, dann ebend. 1721 und Venet. 1744 herausgegeben worden und in neuerer Zeit in der J. P. Migneschen Sammlung, Bd. 155, Paris 1852—1854. Die Schrift: Cur Deus homo? hat neuerdings Hugo Laemmer, Berl. 1857 herausgegeben, auch O. Fridolin Fritzsche. Zürich 1868. Das Monologium und Proslogium nebst den zugehörigen Schriften: Gaunilonis liber pro insipiente und Ans. liber apologeticus hat Carl Haas edirt als 1. Theil der Sancti Anselmi opuscula philosophicotheologica selecta, Tüb. 1863. Anselms Leben hat sein Schüler Eadmer, Mönch zu Canterbury, beschrieben (de vita S. Anselmi, ed. G. Henschen in Act. sanctorum t. X,

§ 23. Anselm von Canterbury.

p. 866 sqq. und Gerberon bei seiner Ausgabe der Werke A.s); hieraus haben auch Johannes von Salisbury und Andere geschöpft. Von Neueren handeln über Anselm namentlich: Möhler in der Tüb. Quartalschr., Jahrg. 1827 und 1828, wieder abgedr. in den ges. Schriften hrsg. von Döllinger, Regensburg 1839, Bd. I, S. 32 ff. G. F. Franck, Anselm v. C., Tüb. 1842. Rud. Hasse, A. v. C., Lpz. 1843—52. G. W. Church, Saint Anselm, Lond. 1870; J. G. F. Billroth, de Ans. Cant. proslogio et monologio, Lps. 1832. Charles de Rémusat, Anselme de Cantorbéry, tableau de la vie monastique et de la lutte du pouvoir spirituel avec le pouvoir temporel au XIe siècle, Paris 1854. 2. éd. ebend. 1868. M. Rule, life and times of St. Anselm, 2 vols., Lond. 1882. Vergl. A. v. C. als Vorkämpfer für die kirchliche Freiheit des 11. Jahrh., in G. Philipps und G. Görres' hist.-polit. Bl. für das kathol. Deutschland, Bd. 42, 1858. Ueber die anselmsche Satisfactionstheorie handeln C. Schwarz (diss. de satisf. Chr. ab Ans. Cant. exposita, Gryph. 1841), Ferd. Chr. Baur in seiner Geschichte der Versöhnungslehre und im zweiten Bande seiner Schrift über die Lehre von der Dreieinigkeit, Dorner in seiner Entwickelungsgesch. der Lehre von der Person Christi, H. Cremer in: Evang. K. Z., 1883, 481—492 und Andere. Ueber A.s Lehre vom Glauben und Wissen handelt Ludw. Abroell, A. C. de mutuo fidei ac rationis consortio, D. I., Wirceburgi 1864. Aemilius Höhne, Anselmi Cantuarensis philosophia cum aliorum illius aetatis decretis comparatur eiusdemque de satisfactione doctrina dijudicatur, diss. inaug., Lips. 1867. Ueber das ontologische Argument handeln: R. Hasse, de ontologico Ans. pro existentia Dei argum., Bonn 1849. Alb. Stöckl, de argumento, ut vocant, ontolog., Monast. 1862. Emil Herwig, über den ontologischen Beweis, Diss., Rostock 1868. Vgl. Joh. Janda. krit.-hist. Entwickelung des Gottesbegriffs. Diss., Rostock 1868; Jahnke, üb. d. ontol. Bew. v. Dasein Gottes, mit besonderer Berücksichtigung auf Ans. u. Descartes, Pr.. Strls. 1874; G. Runze, der ontolog. Gottesbeweis, krit. Darstell. seiner Gesch. seit Anselm bis auf d. Gegenw., Halle 1881; W. G. T. Shedd, hist. of Chr. doctrin II. New-York 1864, S. 111—140 und 263—268. Ueber A.s L. v. d. Freiheit Alb. Stöckl, de S. Anselmi de liberi arbitrii notione sententia, im: Ind. lect. Monaster. per menses aestiv. 1871.

Anselm fordert die unbedingte Unterwürfigkeit unter die Autorität der Kirche in dem Maasse, dass, wenn hiernach allein die Periode der Scholastik, welcher er angehört, zu charakterisiren wäre, dieselbe als die Zeit der strengsten Subordination der Philosophie bezeichnet werden müsste (u. A. mit Cousin, der in seinem Cours de l'histoire de la philosophie, neuvième leçon, in: Oeuvres I, Bruxelles 1840, S. 190 die erste Periode als subordination absolue de la philosophie à la théologie bestimmt, die zweite als alliance, die dritte als commencement d'une séparation). Aber theils ist der Charakter des anselmschen Philosophirens nicht der der gesammten Periode, da bei andern hervorragenden Denkern sich abweichende Richtungen geltend machen, gegen welche die strenge Kirchlichkeit sich erst den Sieg erkämpfen muss, theils ist die Absicht der vollsten Unterwerfung noch sehr verschieden von jener durchgeführten Gestaltung der Philosophie in allen ihren Theilen zum Werkzeuge der Kirche, wie wir solche in der nächstfolgenden Periode, namentlich bei Thomas und seinen Schülern, finden. Charakteristisch ist übrigens, dass Anselm nicht nur das Dasein Gottes, sondern auch (was später Thomas, Duns Scotus und Occam abwiesen und nur Raymundus Lullus wiederum versuchte) die Trinität und Incarnation zu begründen versucht und zwar vermittelst platonischer und neuplatonischer Doctrinen, ohne dadurch aber dem natürlichen Denken ein volles Recht einräumen zu wollen. Im Monologium will er die Schriftbeweise für die Trinitätslehre ganz weglassen und sich nur auf Vernunftgründe stützen, und in der Schrift: Cur Deus homo? will er ebenfalls durch die blosse Vernunft, ohne die Offenbarung zu Hilfe zu nehmen, beweisen, dass ein Mensch ohne Christus nicht gerettet werden könne.

Häufig spricht Anselm seinen Grundsatz aus, dass die Erkenntniss auf dem Glauben, nicht der Glaube auf vorangehender, durch Zweifel und Denken vermittelter Erkenntniss ruhen müsse, Proslog. 1: neque enim quaero intelligere ut credam, sed credo ut intelligam. Nam et hoc credo, quia, nisi credidero, non intelligam. Er hat diesen Grundsatz aus Augustin (de vera rel. 5; 24; de util. cred. 9; de ord. II, 9; Augustin. in Joh. Ev. tract. 40, 9: credimus, ut cognoscamus, non cognoscimus, ut credamus) geschöpft; doch sagt Anselm daneben auch: intellige, ut credas (Proslog. 1), wie auch Augustin diesen Weg mit und neben dem andern gelten lässt und eine wechselseitige Förderung von Glauben und Wissen annimmt. Anselm fügt seiner Forderung das Argument bei: wer nicht glaubt, wird nicht erfahren, wer nicht erfährt, wird nicht verstehen (de fide trin. 3). Die Erkenntniss ist das Höhere; der Fortgang zu ihr ist Pflicht nach dem Maasse der Befähigung. Cur Deus homo? c. 2: wie die rechte Ordnung erfordert, dass wir die Geheimnisse des Christenthums erst glaubend in uns aufnehmen, ehe wir sie denkend erwägen, so scheint es mir Nachlässigkeit zu sein, wenn wir, nachdem wir im Glauben befestigt sind, nicht auch trachten, das Geglaubte zu verstehen: negligentiae mihi esse videtur, si postquam confirmati sumus in fide, non studemus, quod credimus, intelligere. Diese Sätze nimmt Anselm aber nicht in dem Sinne, dass, nachdem zunächst durch willige und vertrauensvolle Hingabe die Aneignung erfolgt und das Verständniss ermöglicht sei, nunmehr dem zur Einsicht Gelangten ein freies Urtheil über den Werth und die Wahrheit des Ueberlieferten zustehe (in welcher Deutung der Satz auch von unserm Verhältniss zu der antiken Poesie, Mythologie und Philosophie gelten würde), sondern im Sinne der absoluten Unantastbarkeit der katholischen Lehre. Der Glaubensinhalt kann durch die aus ihm erwachsene Erkenntniss nicht zu höherer Gewissheit gebracht werden, denn er hat an sich ewige Festigkeit; noch viel weniger aber darf er bekämpft werden. Denn, sagt Anselm, ob das wahr sei, was die allgemeine Kirche mit dem Herzen glaubt und mit dem Munde bekennt, darf kein Christ in Frage stellen, sondern zweifellos daran festhaltend, diesen Glauben liebend und nach demselben lebend, forsche er in Demuth nach den Gründen seiner Wahrheit. Kann er es zur Einsicht in denselben bringen, so danke er Gott; kann er es nicht, so renne er nicht dagegen an, sondern beuge sein Haupt und bete an. Denn eher wird die menschliche Weisheit an diesem Felsen sich selbst einrennen, als den Felsen umrennen (de fide trinit. c. 1 u. 2). Also das Wissen steht nicht etwa unbedingt über dem Glauben, sondern es muss erst beurtheilt werden nach seiner Uebereinstimmung mit dem Glauben. In dem Briefe, den Anselm dem Bischof Fulco von Beauvais zu dem Concil mitgab, welches gegen Roscellin gehalten werden sollte, erläutert er in gleichem Sinne den Satz: Christianus per fidem debet ad intellectum proficere, non per intellectum ad fidem accedere aut si intelligere non valet, a fide recedere, und giebt — mit grösserer Consequenz als Humanität — den Rath, mit Roscellin auf der Synode sich nicht erst in eine Verhandlung einzulassen, sondern sofort den Widerruf von ihm zu verlangen. Der Erfolg konnte nur der sein, dass der Gegner unüberzeugt blieb und nur die Wahl hatte, entweder zum Märtyrer seiner Lehre zu werden oder heuchlerisch sich zu fügen. Roscellin hat zu Soissons, wie er selbst später erklärte, aus Todesfurcht das Letztere gewählt, um nach beseitigter Gefahr doch wieder auf seine unaufgegebene Ueberzeugung zurückzukommen. Nachträglich sucht ihn Anselm durch die Schrift de fide trinitatis zu widerlegen.

Der Dialogus de grammatico, wahrscheinlich Anselms früheste Schrift, ist das Gespräch eines Lehrers mit seinem Schüler über die von den Dialektikern damals (wie Anselm c. 21 bezeugt) häufig behandelte Frage, ob grammaticus unter die Kategorie der Substanz oder unter die der Qualität zu subsumiren sei. Die grammatische Bildung gehört nicht zum Wesen des Menschen, wohl aber zum Wesen des Grammatikers als solchen; also lassen sich die Sätze aufstellen: omnis homo potest intelligi sine grammatica; nullus grammaticus potest intelligi sine grammatica; warum folgt aus diesen Prämissen nicht, was doch anscheinend nach den logischen Regeln daraus folgen sollte: nullus grammaticus est homo? Wegen des verschiedenen Sinnes, in dem die Prämissen gelten: Jeder Mensch kann in gewisser Hinsicht, sofern er nämlich nur als Mensch betrachtet wird, aber nicht in jeder Hinsicht, sofern er nämlich etwa auch Grammatiker ist, ohne grammatische Bildung sein; von dem Grammatiker aber gilt der Untersatz schlechthin. Also folgt nur, dass die Begriffe grammaticus und homo verschieden sind, aber nicht, dass kein Grammatiker ein Mensch sei. Ist der Grammatiker Mensch, so ist er Substanz; wie kann dann aber Aristoteles grammaticus als Beispiel eines Qualitätsbegriffs anführen? In grammaticus liegt ein Zweifaches, grammatica und homo (die adjectivische und die substantivische Bedeutung), jenes in dem Worte grammaticus an sich selbst (per se), dieses mittelbar (per aliud), wenn wir auf jene Bedeutung achten, so ist es Bezeichnung eines Wie (Quale), nicht eines Was (Quid), wenn aber auf diese, so ist es Bezeichnung einer Substanz, des homo grammaticus, und zwar einer substantia prima, sofern ein einzelner Grammatiker gemeint ist, einer substantia secunda, sofern die Species gemeint ist. Da die Dialektik es zunächst mit den Ausdrücken (voces) und deren Bedeutung und nur mittelbar mit den bezeichneten Dingen (res) zu thun hat (wie Anselm mit Boëthius annimmt, der in seinem Commentar zu den Kategorien sagt: non de rerum generibus neque de rebus, sed de sermonibus rerum genera significantibus in hoc opere tractatus habetur), so muss der Dialektiker sich an die Bedeutung halten, die unmittelbar in den Worten an sich (per se) liegt, und also auf die Frage: quid est grammaticus? antworten: vox significans qualitatem; denn die direct bezeichnete res ist das quale, das habens grammaticam, und nur secundum appellationem wird der Mensch mitbezeichnet. — Diese Abhandlung zeigt, dass auch Anselm trotz seines „Realismus" die Dialektik zunächst auf die voces bezieht, und dass er mit Aristoteles das Einzelwesen für die Substanz im ersten und vollsten Sinne (substantia prima), die species und das genus aber für die Substanz im secundären Sinne (substantia secunda) hält.

In dem Dialogus de veritate lässt Anselm nach Aristoteles die Wahrheit des bejahenden und verneinenden Urtheils von dem Sein oder Nichtsein des Ausgesagten abhängen; die res enunciata sei die causa veritatis für das Urtheil, obschon nicht dessen veritas oder rectitudo selbst. Von der Wahrheit des Urtheils und überhaupt des Gedankens unterscheidet Anselm eine Wahrheit des Thuns und überhaupt des Seins und macht dann platonisirend nach Augustin den Schluss von dem Bestehen irgend welcher Wahrheit auf die Existenz der Wahrheit an sich, an der jedes andere Wahre, um wahr zu sein, participiren müsse. Die Wahrheit an sich ist nur Ursache; die Wahrheit des Seins ist ihre Wirkung und zugleich Ursache für die Wahrheit der Erkenntniss; diese letztere ist nur Wirkung. Die Wahrheit an sich, die summa veritas per se subsistens, ist Gott.

In dem (um 1070, schon vor dem Dial. de verit. verfassten) Monologium hat Anselm auf die realistische Annahme, dass die Güte, die Wahrheit und überhaupt die Universalien eine von den Einzeldingen unabhängige, nicht bloss eine diesen immanente, an ihr Bestehen gebundene Existenz (wie es die der Farbe im Körper ist) besitzen, einen Beweis für das Dasein Gottes gebaut, worin er im Wesentlichen dem Augustin (de lib. arb. II, 3—15; de vera rel. 55 ff.) de trin. VIII, 3, s. oben S. 148, vgl. Boëth. de consol. phil. V, pr. 10) folgt. Es giebt viele Güter, die wir theils als Mittel oder des Nutzens wegen (propter utilitatem), theils an sich um ihrer inneren Schönheit willen (propter honestatem) begehren. Diese Güter aber sind alle nur mehr oder minder gut und setzen daher, gleich Allem, was nur vergleichsweise das ist, was es ist, etwas voraus, was eben dies im vollen

Sinne sei und woran sie ihren Maassstab haben; alle relativen Güter haben also ein absolutes Gut, etwas, das aus sich und durch sich gut ist (illud igitur est bonum per se ipsum, quoniam omne bonum est per ipsum), nicht wieder durch Theilnahme an einem Höheren — denn sonst wäre es eben nicht das Absolute, zur nothwendigen Voraussetzung; dieses summum bonum ist Gott (Monol. c. 1). Desgleichen ist jedes Grosse oder Hohe nur vergleichsweise gross oder hoch; es muss also ein absolut Grosses oder Hohes geben und dieses ist Gott (c. 2). Alles Seiende setzt ein absolutes Sein voraus, durch welches es ist, welches aber selbst durch sich selbst ist, und dieses ist Gott (c. 3: quoniam ergo cuncta quae sunt, sunt per ipsum unum: procul dubio et ipsum unum est per se ipsum). Die Stufenreihe der Wesen (naturae) kann nicht derart sein, dass sie ins Endlose fortlaufe (nullo fine claudatur); also muss es mindestens Ein Wesen geben, welches keins mehr über sich hat. Aber es giebt auch nur Ein solches; denn wären mehrere einander gleiche höchste Wesen, so würden sie entweder alle Antheil haben an der höchsten Wesenheit (essentia) oder mit dieser identisch sein; wenn sie daran Antheil haben, so sind nicht sie das Höchste, sondern die höchste Wesenheit ist dann das Höchste; wenn sie mit ihr identisch sind, so sind sie in ihr nothwendig auch einheitlich. Das einheitliche höchste Wesen aber ist Gott (c. 4). Das Absolute ist aus und durch sich selbst (c. 6), das Bedingte ist nach Stoff und Form nicht aus ihm, aber durch es geschaffen (c. 7 ff.). Gott hat die Welt aus Nichts geschaffen; das Nichts ist aber nicht etwa eine Materie, aus welcher die Welt zum Dasein geformt worden wäre. Jedoch waren die Dinge im Verstande Gottes vorher ewig (nullo namque pacto fieri potest aliquid rationabiliter ab aliquo, nisi in facientis ratione praecedat aliquod rei faciendae quasi exemplum sive forma vel similitudo aut regula. Patet itaque, quoniam priusquam fierent universa, erat in ratione summae naturae, quid aut qualia aut quomodo futura essent), und diese Musterbilder sind das innere Sprechen Gottes, wie der Gedanke das innere Wort im Menschen ist. Nach diesen Ideen, seinem Worte, hat Gott die Dinge geschaffen, und so ist das Gewordene das Abbild dieses Wortes (c. q. f. c. 29 ff.). Das Geschaffene besitzt nicht an sich die Kraft der Beharrung im Sein, sondern bedarf der erhaltenden Gegenwart Gottes. Sicut nihil factum est, nisi per creatricem praesentem essentiam, ita nihil viget, nisi per eiusdem servatricem praesentiam (c. 13; vgl. Augustin. de civ. Dei XII, 25, s. oben S. 104, wo die Welterhaltung als fortgehende Schöpfung aufgefasst und die Ansicht entwickelt wird, dass die Welt, wenn Gott ihr seine Macht und Gegenwart entzöge, augenblicklich in das Nichts zurücksinken würde). Jedes Einzelne, welches gerecht ist, ist dies nur durch Participation an der Gerechtigkeit und von der Gerechtigkeit selbst verschieden; Gott aber ist nicht ein an der Gerechtigkeit participirendes Object, sondern die Gerechtigkeit selbst (c. 16). In dem Absoluten ist die Gerechtigkeit mit der Güte, Weisheit und jeder anderen Wesensbestimmung (proprietas) identisch (c. 17); sie alle involviren die Ewigkeit und die Allgegenwart (c. 18 ff.). Der Sprechende und das von ihm gesprochene Wort, durch welches er alle Dinge geschaffen hat, bilden eine Zweiheit, ohne dass irgend zu sagen ist, was sie in der Zweizahl seien; sie sind nicht zwei Geister, nicht zwei Schöpfer etc.; sie sind andere (alii), aber nichts anderes (aliud); durch ihr gegenseitiges Verhältniss, für welches die Zeugung das treffende Bild ist, sind sie zwei, durch ihr Wesen eins (c. 37 ff.). Um der Einheit willen muss mit der Selbstverdoppelung ein Zurückstreben, ein Zusammenschluss sich verbinden; wie durch die Selbstverdoppelung zu dem primitiven Bewusstsein, der memoria, das Bewusstsein des Bewusstseins, die intelligentia, hinzutritt, so bekundet sich das Streben nach dem Zusammenschluss als die gegenseitige Liebe des Vaters und Sohnes, die aus der memoria und Intelligentia procedirt, d. h. als der heilige Geist (c. 49 ff.). — Die durchgängige, logisch ungerechtfertigte Hypostasirung von Abstractionen ist bei diesem „exemplum meditandi de ratione fidei" offenbar; Anselm selbst erkennt thatsächlich an, dass er nicht zu dem Begriff von Personen gelangt sei, indem er (c. 78) die Ansicht äussert, nur die Armuth der Sprache nöthige uns, die trina unitas durch den Ausdruck persona (oder auch durch substantia im Sinne von ὑπόστασις) zu bezeichnen, im eigentlichen Sinne aber gebe es in dem höchsten Wesen ebensowenig eine Mehrheit von Personen, wie von Substanzen. Omnes plures personae sic subsistant separatim ab invicem, ut tot necesse sit esse substantias quot sunt personae; quod in pluribus hominibus, qui quot personae, tot individuae sunt substantiae, cognoscitur. Quare in summa essentia sicut non sunt plures substantiae, ita nec plures personae. (Anselm geht hier in derselben Richtung weiter fort, in welcher sich Augustin von der bei griechischen Theologen, wie Basilius, Gregor von Nazianz und Gregor von Nyssa, herrschenden generischen Auffassung der Trinität entfernt und dem Monarchianismus angenähert hat. Andererseits konnten Stellen dieser Art den Roscellin, der an der vollen Bedeutung des Begriffs der Person festhielt, leicht zu der Meinung führen, Anselm werde sich mit seiner Behauptung, die drei Personen seien drei res per se und könnten, falls nur der Gebrauch es gestatte, als drei Götter bezeichnet werden, einverstanden erklären müssen.) — In dem Monologium sucht Anselm auch (c. 67—77) das Wesen des menschlichen Geistes zu erkennen und seine Ewigkeit zu erweisen. Der menschliche Geist ist ein creatürliches Abbild des göttlichen Geistes und hat gleich jenem memoria, intelligentia und amor. Er kann und soll Gott als höchstes Gut lieben und alles andere um seinetwillen; in dieser Liebe liegt die Bürgschaft seiner Ewigkeit und ewigen Seligkeit, denn ein Ende derselben wird weder mit seinem Willen eintreten, noch auch gegen seinen Willen durch Gott, da dieser selbst die Liebe ist. Verschmäht aber der endliche Geist die Liebe Gottes, so muss er ewige Strafe leiden und, um sie zu erleiden, fortdauern, da er, wenn er vernichtet würde, keine Pein empfinden, also ohne die ihm gebührende Strafe bleiben würde; der immutabilis sufficientia der Seligen muss die inconsolabilis indigentia der Unseligen entsprechen. Die Liebe wurzelt im Glauben, dem Bewusstsein von ihrem Object, und zwar in dem lebendigen Glauben, der ein Streben nach seinem Objecte involvirt (dem credere in Deum im Unterschiede von dem blossen credere Deum esse), und bedingt ihrerseits die Hoffnung auf die endliche Erreichung des Erstrebten. (Die ganze Härte des augustinischen Gegensatzes zwischen der durch den „Glauben" bedingten ewigen Seligkeit und der „Gerechtigkeit" genannten Befriedigung an der ewigen Pein der Gegner erscheint unverhüllt bei Anselm.)

Dem Gottesbegriff, den Anselm im Monologium auf kosmologischem Grunde durch logisches Aufsteigen von dem Besondern zum Allgemeinen gewinnt, sucht er im Proslogium (Alloquium Dei, ursprünglich: Fides quaerens intellectum) ontologisch durch blosse Entwickelung dieses Begriffs reale Gültigkeit zu vindiciren, also Gottes Dasein aus dem blossen Gottesbegriff zu erweisen, denn es hatte ihn beunruhigt, dass bei dem im Monologium eingeschlagenen Wege der Erweis des Daseins des Absoluten als abhängig von dem Dasein des Relativen erschien (prooem. prosl.: coepi mecum quaerere, si posset forte inveniri unum argumentum, quod nullo alio ad se probandum, quam se solo indigeret, et solum ad astruendum, quia deus vere est et quia est summum bonum nullo alio indigens, et quo omnia indigent, ut sint et bene sint, et quaecunque credimus de divina substantia, sufficeret). Das ontologische Argument geben wir hier, da der Ausdruck selbst für die Entscheidung über die Beweiskraft von Bedeutung ist, mit

§ 23. Anselm von Canterbury.

Anselms eigenen Worten wieder. Domine Deus, qui das fidei intellectum, da mihi, ut, quantum scis expedire, intelligam, quia es, sicut credimus, et hoc es quod credimus. Et quidem credimus, te esse bonum quo maius bonum cogitari nequit. An ergo non est aliqua talis natura, quia dixit insipiens in corde suo (nach Psalm XIV, 1): non est Deus? Sed certe idem ipse insipiens quum audit hoc ipsum quod dico: bonum, quo maius nihil cogitari potest, intelligit utique quod audit, et quod intelligit utique in eius intellectu est, etiam si non intelligat illud esse. (Aliud est rem esse in intellectu, et aliud intelligere rem esse. Nam quum pictor praecogitat imaginem quam facturus est, habet eam quidem iam in intellectu, sed nondum esse intelligit iam esse quod fecit; quum vero iam pinxit, et habet in intellectu et intelligit iam esse quod fecit.) Convincitur ergo insipiens esse vel in intellectu aliquid bonum quo maius cogitari nequit, quia hoc quum audit intelligit, et quidquid intelligitur in intellectu est. At certe id quo maius cogitari nequit, non potest esse in intellectu solo. Si enim quo maius cogitari non potest, in solo intellectu foret, utique eo quo maius cogitari non potest, maius cogitari potest (sc. id, quod tale sit etiam in re). Existit ergo procul dubio aliquid, quo maius cogitari non valet, et in intellectu et in re (c. 2). Hoc ipsum autem sic vere est, ut nec cogitari possit non esse. Nam potest cogitari aliquid esse, quod non possit cogitari non esse, quod maius est utique eo, quo non esse cogitari potest. Quare si id, quo maius nequit cogitari, potest cogitari non esse, id ipsum quo maius cogitari nequit, non est id quo maius cogitari nequit, quod convenire non potest. Vero ergo est aliquid, quo maius cogitari non potest, ut nec cogitari possit non esse, et hoc es tu, Domine Deus noster (c. 3). Die Frage, wie dann aber auch nur der Thor in seinem Herzen sprechen oder denken könne, es sei kein Gott, beantwortet Anselm durch die Unterscheidung zwischen einem blossen cogitare der vox significans und dem intelligere id ipsum, quod res est (c. 4). Dass das Argument ein Fehlschluss sei, wurde schon von Zeitgenossen Anselms bemerkt, ohne dass sofort die Natur des Fehlers völlig klar geworden wäre. Jede Folgerung aus der Definition gilt nur hypothetisch, unter der Voraussetzung der Existenz des Subjectes. In diesem richtigen Sinne hatte schon der Eleate Xenophanes aus dem Wesen Gottes auf seine Einheit und Geistigkeit geschlossen (vgl. Arist. Metaph. III, 2, 24: θεούς μὲν εἶναι φάσκοντες ἀνθρωποειδεῖς δέ) und Augustin (der bereits Gott als das summum bonum, quo esse aut cogitari melius nihil possit, bezeichnet) aus der Definition Gottes seine Ewigkeit gefolgert: wer zugiebt, dass ein Gott sei, und demselben doch die Ewigkeit abspricht, widerspricht sich, denn im Wesen Gottes liegt die Ewigkeit, so gewiss wie Gott ist, ist er auch ewig. Augustin. Confess. VII, 4: non est corruptibilis substantia Dei, quando si hoc esset, non esset Deus. (Die Stelle de trinit. VIII, c. 3 und andere, auf die öfters verwiesen wird, entsprechen vielmehr der Argumentation im Monologium.) Der Unterschied der anselmschen Argumentation von der augustinischen liegt darin, dass durch jene das Sein Gottes selbst aus der Definition erschlossen werden soll, und diese Eigenthümlichkeit des ontologischen Argumentes ist gerade sein Fehler. Mit logischem Rechte lässt sich nur schliessen: so gewiss, als Gott ist, hat er Realität, was aber eine leere Tautologie ist, oder höchstens etwa: so gewiss, als Gott ist, ist er nicht nur im Geiste, sondern auch in der Natur, welchem letzteren Gegensatze Anselm fälschlich den des Vorgestelltwerdens und wirklichen Seins supponirt. Diese Supposition, welche zur Beseitigung der Clausel: wenn Gott ist, führt, knüpft sich bei Anselm sprachlich an die Verwechselung eines metaphorischen Gebrauchs des Ausdrucks „in intellectu esse" mit dem eigentlichen. Zwar unterscheidet Anselm richtig den Doppelsinn: in der Vorstellung sein, und: als seiend erkannt werden, und will mit Recht nur die erste Bedeutung seiner

Argumentation zum Grunde legen; er vermeidet in der That die von ihm bezeichnete Verwechselung; aber er vermeidet nicht die andere, das Vorgestelltwerden, welches metaphorisch ein Sein des Objects in dem Intellect genannt werden kann, in der That aber nur das Sein eines Bildes des (sei es wirklichen, sei es fingirten) Objectes in dem Intellect ist, mit einem realen Sein des Objectes in dem Intellect gleich zu setzen; hierdurch wird der trügerische Schein erzeugt, als ob bereits gesichert sei, dass das Object irgendwie existire, als ob also der Bedingung jedes Argumentirens aus der Definition, dass nämlich die Existenz des Objectes bereits feststehe, genügt sei, und es sich nur noch um die nähere Bestimmung der Art und Weise der Existenz handle; das, was als absurd erwiesen wird, ist in der That nicht die Meinung, die der Atheist hegt, dass Gott nicht existire und die Gottesvorstellung eine objectlose Vorstellung sei, sondern die Meinung, die er nicht hegt noch auch anzunehmen genöthigt werden kann, aber dem Anselm zu hegen oder doch annehmen zu müssen scheint, dass Gott selbst eine objectlose Vorstellung sei und als bloss subjective Vorstellung existire: dieser Schein wird so lange festgehalten, als er dazu dient, der Argumentation eine anscheinende Basis zu geben; im Schlusssatze aber, der doch nicht die blosse Art der Existenz, sondern das Sein selbst als Resultat der Argumentation zu enthalten prätendirt, wird dann wieder zu dem ursprünglichen Sinne des Gegensatzes in intellectu esse und in re esse, nämlich: vorgestellt werden und wirklich sein, zurückgekehrt.

Den Anselm bestritt in einem anonymen Liber pro insipiente adversus Anselmi in Proslogio ratiocinationem ein Mönch Gaunilo in dem Kloster Mar-Moutier (Majus Monasterium nicht weit von Tours, nach Martène, in dessen handschriftlicher Geschichte des Klosters, bei Ravaisson, rapports sur les bibliothèques de l'Ouest, Paris 1841, append. XVII, ein Graf von Montigny, der nach Unglücksfällen, die er 1044 in Fehden erlitten hatte, ins Kloster getreten war, wo er noch bis 1083 gelebt hat). Gaunilo, der von dem übrigen Inhalt des Proslogiums mit grosser Achtung redet, trifft ganz richtig die schwache Stelle des anselmschen Arguments, dem er entgegenhält, aus dem Verstehen des Gottesbegriffs folge nicht ein Sein Gottes im Intellect, woraus dann weiter ein Sein desselben in re sich ableiten lasse; das Sein dessen, quo maius cogitari nihil possit, in unserm Intellect gelte nur in dem gleichen Sinne, wie das Sein jedweden andern Dinges in unserm Intellect, sofern es gedacht werde, also z. B. auch einer fingirten Insel; würde es in dem volleren Sinne genommen: intelligere rem esse, was aber ja auch Anselm nicht wolle, so würde damit das zu Erweisende schon vorausgesetzt sein. Das reale Sein des Objects müsse im Voraus feststehen, damit aus seinem Wesen seine Prädicate sich erschliessen lassen. Prius enim certum mihi necesse est fiat, re vera esse alicubi maius ipsum, et tum demum ex eo quod maius est omnibus, in se ipso quoque subsistere non erit ambiguum. Auf eine anschauliche Weise sucht dann Gaunilo aus dem Zuvielbeweisen darzuthun, dass das Argument fehlerhaft sei, indem nämlich auf gleiche Weise auch die Existenz einer vollkommenen Insel sich würde folgern lassen. Anselm aber wies in seiner Entgegnung in dem liber apologeticus adversus respondentem pro insipiente den Vorwurf des Zuvielbeweisens ab, indem er die Zuversicht aussprach, dass sein Argument von Allem gelte, praeter quod maius cogitari non possit (ohne freilich das Recht dieser Beschränkung der Argumentation auf das, was das Grösste schlechthin sei, darzuthun), und fiel in seinen Erörterungen, die den Sitz des Fehlers betreffen, da auch Gaunilo noch nicht mit voller logischer Bestimmtheit den trügerischen Schein bei der Metapher: in intellectu esse, aufgedeckt hatte, in den alten Fehler zurück, das cogitari und intelligi mit einem eigentlichen esse in cogitatione vel intellectu gleichzusetzen, so dass er beständig, ohne die Absurdität zu bemerken, zwei Wesen mit einander vergleicht, wovon dem einen zwar das Gedachtwerden, aber nicht das Sein zukomme, dem andern dagegen ausser dem Gedachtwerden auch noch das Sein, und nun schliesst, das letztere sei um das Sein grösser als jenes; das grösste denkbare Wesen also, das doch im Intellect sei, könne nicht bloss im Intellect, sondern müsse auch noch ausserhalb des Intellects in der Wirklichkeit sein. Der Widerspruch, dass das Grösste als im blossen Intellect seiend ebensowohl einerseits das Grösste sein müsste, wie auch andererseits nicht sein könnte, beweist nicht, dass es auch noch eine Existenz in re habe, sondern vielmehr, dass der Ausdruck, sofern es gedacht werde, sei es im Intellect, im eigentlichen Sinne falsch und unzulässig ist; mindestens gilt es nicht vor erwiesener Existenz.

Den andern Mangel des Argumentes, dass nämlich der unbestimmte Begriff dessen, über welches hinaus nichts Grösseres gedacht werden könne, von dem Begriff eines persönlichen Gottes noch weit absteht, hat Anselm durch die Entwickelung des Begriffs des Grössten, was denkbar sei, zu ergänzen gesucht (c. 5 ff.), indem er zeigt, dass das Grösste als Schöpfer, als Geist, als allmächtig, als barmherzig etc. gedacht werden müsse. — Die in neuerer Zeit mehrfach und namentlich auch von Hasse (Anselm, II, S. 262—272) geäusserte Ansicht, das ontologische Argument stehe und falle mit dem Realismus, ist falsch; diese Ansicht ist bei den Argumenten des Monologiums zutreffend, welche in der That auf der platonisch-augustinischen Ideenlehre ruhen, aber nicht bei dem im Proslogium entwickelten Argument, an dessen Verwechselung des intelligi mit dem esse in intellectu der Realismus, der den subjectiven Begriffen reale Universalien, welche durch sie erkannt werden, entsprechen lässt, keineswegs gebunden ist. Wohl involvirt der Realismus die Voraussetzung (welche übrigens auch der Nominalismus als solcher nicht schlechthin abweist, sondern nur der Skepticismus dahingestellt sein lässt und der Kriticismus durch Unterscheidung der empirischen Objectivität von der transcendentalen bekämpft), dass die Denknothwendigkeit auch das objectivreale Sein verbürge; aber diese Voraussetzung ist sehr verschieden von der dem ontologischen Argument zu Grunde liegenden Verwechselung des Gedachtwerdens mit dem Sein des Gedachten selbst in unserm Verstande; sie besagt nur, dass dasjenige, von dem der Satz oder das Urtheil, dass es existire, kategorisch (nicht bloss hypothetisch) durch logisches Denken fehlerlos erwiesen sei, auch wirklich existire, nicht, dass dasjenige, was wir, sei es willkürlich oder auch mit subjectiver Nothwendigkeit, vorstellen, oder dessen Begriff wir verstehen, in eben dieser Vorstellung oder diesem Verständniss irgendwie selbst existire oder auch um dieser Vorstellung und dieses Verständnisses willen als objectiv existirend anerkannt werden müsse. (Es ist jedoch nicht zu verkennen, dass gerade der von Anselm vertretenen Form des Realismus jene Verwechselung besonders nahe lag.)

Das Verdienst Anselms um die Lehre von der Erlösung und Versöhnung der Menschheit in der Schrift: Cur Deus homo? (von der das erste Buch 1094, das zweite 1098 verfasst worden ist) liegt in der Ueberwindung der bis dahin vielverbreiteten Annahme eines Loskaufs von dem Teufel, welche bei mehreren Kirchenlehrern (z. B. bei Origenes und anderen Griechen, auch bei Ambrosius, Leo d. Gr. etc.) in das Eingeständniss einer Ueberlistung des Teufels durch Gott auslief. Anselm setzt an die Stelle des Conflicts der Gnade Gottes mit dem (auch von Augustin de lib. arbitr. III. 10 behaupteten) Rechte des Teufels den Conflict zwischen der Güte und der Gerechtigkeit Gottes, der in der Menschwerdung seine Lösung fand. In Adam haben alle Menschen gesündigt, da alle Menschen ein Wesen der Art nach und so der erste Mensch die ganze Menschheit in sich darstellt. So ist die Erbsünde möglich, und es schulden alle Menschen Gott Genugthuung, die Gott nach seiner Gerechtigkeit fordern muss. Diese Schuld kann Gott ohne Wiederherstellung seiner Ehre nicht vergeben wegen seiner Gerechtigkeit, die Strafe kann er aber auch nicht vollziehen wegen seiner Liebe. So kann denn diese Genugthuung nur geschehen von einem Andern, der selbst nicht verpflichtet war, sich hinzugeben, weil schuldlos, aber den Werth alles Geschöpflichen übersteigt, um Gott vollen Ersatz für die geraubte Ehre zu bringen. Dies leistet der Gottmensch, der als sündlos Gott nichts schuldig war, dessen That also Andern zu Theil werden konnte. Der Tod Christi ist so ein Positives, ein Thun, eine Satisfaction, die Gott gebracht wird, nicht eine Strafe, die vollzogen wird. Der Mangel seiner Theorie ist die (dem mittelalterlichen Prävaliren der Seite des Gegensatzes zwischen Gott und Welt gemässe) Transscendenz, in welcher der Act der Versöhnung Gottes, obschon vermittelst der Menschheit Jesu, ausserhalb des Bewusstseins und der Gesinnung der zu erlösenden Menschen vollzogen wird, so dass vielmehr die juridische Forderung einer Abtragung der Schuld, als die ethische einer Läuterung der Gesinnung zur Erfüllung gelangt. Das paulinische „Sterben und Auferstehen mit Christo" wird nicht mit durchdacht, die subjectiven Bedingungen der Aneignung des Heils bleiben unerörtert, eine gleichmässige Rettung aller Menschen möchte in der Consequenz liegen, und die Beschränkung der Frucht des fremden Verdienstes Christi auf den Theil der Menschen, der gläubig die Gnade annimmt, muss als eine willkürliche erscheinen, so dass diese Aneignung kirchlicherseits auch an andere, bequemere Bedingungen, schliesslich an das Ablassgeld, geknüpft werden konnte. Gegen die realistische Betonung des objectivgöttlichen Momentes trat die Geltung der Subjectivität der menschlichen Personen zurück (die umgekehrt ein einseitiger Nominalismus bis zur Zerreissung der Gemeinschaft steigern konnte). Dieser Mangel musste in der Folgezeit eine reformatorische Bewegung hervorrufen, die, zunächst gegen die äussersten Consequenzen gerichtet, in einer ethisch-religiösen Umbildung der Fundamentalanschauung selbst ihre Vollendung findet. Doch mag hier die blosse Andeutung dieser specifisch-theologischen Momente genügen.

§ 24. Petrus Abaelardus (Abeillard oder Abélard), geboren 1079 zu Pallet (oder Palais) in der Grafschaft Nantes, unter Roscellin, Wilhelm von Champeaux und andern Scholastikern gebildet, dann an verschiedenen Orten, insbesondere auch von 1102—1136, jedoch mit mehreren Unterbrechungen, zu Paris, lehrend, gestorben 1142 in der Priorei St. Marcel bei Châlons-sur-Saône, vertritt in der Dialektik eine sowohl das nominalistische Extrem des Roscellin als auch das realistische des Wilhelm von Champeaux vermeidende, jedoch dem Nominalismus nahestehende Richtung, indem er zwar nicht in den einzelnen Worten als solchen, wohl aber in den Aussagen oder den Worten hinsichtlich ihrer Bedeutung (sermones) das Allgemeine findet. Im göttlichen Geist existirten die Formen der Dinge vor der Schöpfung als Begriffe (conceptus mentis).

Abälard stellt in seiner Einleitung in die Theologie den Grundsatz auf, dass die vernünftige Einsicht erst den Glauben begründen müsse, indem dieser sonst seiner Wahrheit nicht sicher sei.

§ 24. Abälard und Petrus Lombardus.

Es ist ein und dasselbe, Christ und Logiker zu sein: denn der Logos, welcher die Menschen zu logischen Denkern macht, ist in Christus ein Individuum geworden. Eine Vermittelung zwischen den Grundlagen des Christenthums und den Vernunftwahrheiten erstrebte Abälard. Der Trinitätslehre giebt er im Gegensatz zu dem Tritheismus des Roscellin und im Anschluss an augustinische Ausdrücke durch die Deutung der drei Personen auf Gottes Macht, Weisheit und Güte eine monarchianische Wendung, jedoch ohne die Personalität jener Attribute aufheben zu wollen. Jedoch neigt er sich, wenn er die Selbständigkeit der drei Personen aufrecht erhält, dem Subordinatianismus zu. Die platonische Weltseele deutet er auf den heiligen Geist oder die göttliche Liebe hinsichtlich ihrer Beziehung zur Welt, sofern diese Liebe Allen, auch den Juden und Heiden, irgend welche Güter verleihe. In der Ethik legt Abälard Gewicht auf die Gesinnung; nicht die That als solche, sondern die Absicht begründet Sünde oder Tugend. Was nicht gegen das Gewissen ist, ist nicht Sünde, obschon es fehlerhaft sein kann, sofern nämlich das Gewissen irrt; zur Tugend reicht die Uebereinstimmung der Gesinnung mit dem Gewissen nur dann zu, wenn dasselbe für gut oder Gott wohlgefällig eben das hält, was wirklich gut oder Gott wohlgefällig ist.

Abälards Schüler, Petrus Lombardus, der „Magister sententiarum" verfasste ein Lehrbuch der Theologie, welches lange Zeit hindurch allgemein als Grundlage des theologischen Unterrichts und der dialektischen Erörterung dialektischer Probleme gedient hat.

Ueber den Zustand der Naturlehre im Occident und besonders in Frankreich während der ersten Hälfte des 12. Jahrhunderts handelt Ch. Jourdain, Paris 1838.

Ein Theil der Schriften Abälards, insbesondere sein Briefwechsel mit Heloise, sein Commentar zum Römerbrief und seine Einleitung in die Theologie, wurde zuerst aus den Manuscripten des Staatsraths François d'Amboise durch Quercetanus (Duchesne) Par. 1616 herausgegeben, die Theologia christiana in dem Thesaurus novus anecdotorum von Martène und Durand, t. V, 1717, die Ethik oder das Buch: Scito te ipsum, in dem Thesaurus anecdotorum novissimus von B. Pez, t. III, 1721, der Dialogus inter philosophum, Judaeum et Christianum von F. H. Rheinwald, Berl. 1831, und von demselben eine Epitome theologiae christianae, Berol. 1825, identisch mit den Sententiae, vielleicht ein von einem Schüler Ab.s nachgeschriebenes Heft, ferner als Victor Cousin Ouvrages inédits d'Abélard, Paris 1836, worin namentlich die theologische Schrift Sic et non, welche einander entgegengesetzte Aussprüche von Kirchenvätern enthält, jedoch unvollständig, auch die von Abälard verfasste Dialektik, das von Cousin dem Abälard zugeschriebene Fragment de generibus et speciebus und Glossen zu der Isagoge des Porphyrius, zu des Aristoteles Categ. und de interpretatione und zu den Topica des Boëthius enthalten sind. Eine Sammlung der Werke hat später Cousin veranstaltet (Petri Abaelardi opera hactenus seorsim edita nunc primum in unum collegit, textum rec., notas, argum., indices adj. Victor Cousin, adjuvante C. Jourdain, t. I, Par. 1849, t. II, ib. 1859); die Schrift Sic et non haben vollständig zuerst E. L. Th. Henke und G. Steph. Lindenkohl, Marburg 1851, edirt. In Mignes Patrol. cursus completus bilden Ab.s theologische Schriften den 178. Band.

Abälards Leben ist von ihm selbst in der Historia calamitatum mearum beschrieben worden; über dasselbe und insbesondere über sein Verhältniss zu Heloise handeln: Gervaise, Par. 1720, John Berington, Birmingh. u. Lond. 1787, deutsch von Sam. Hahnemann, Leipz. 1789, Fessler 1806, Fr. Chr. Schlosser, Ab. u. Dulcin, Leben und

§ 24. Abälard und Petrus Lombardus.

Meinungen eines Schwärmers und eines Philosophen, Gotha 1807, Guizot, Par. 1839, Ludw. Feuerbach, Ab. u. Heloise, 2. Aufl., Leipz. 1844, Moritz Carriere, Ab. u. Hel. Ihre Briefe u. Leidensgesch. übers. u. eingeleitet, Giessen 1844, 2. Aufl. 1853: die schon 1616 erschienene Schrift: les amours, les malheurs et les ouvrages d'Abélard et Héloise hat Villemain, Par. 1835, von Neuem herausgegeben. Vgl. auch B. Duparay, Pierre le Vénérable, abbé de Cluny, sa vie, ses oeuvres et la société monastique au douzième siècle, Châlons sur Saône 1862. Ueber seine Dogmatik und Moral handelt Frerichs, Jena 1827. Fr. Braun, de Petri Ab. ethica, Marburg 1852, über die Principien seiner Theologie Goldhorn, Leipz. 1836 (vgl. Zeitschr. f. hist. Theol., Jahrg. 1866, Heft 2, S. 162—229: Ab.s dogmat. Hauptwerke), über seine wissenschaftliche Bedeutung überhaupt Cousin in seiner Introduction zu den Ouvrages inéd., Par. 1836, und J. A. Bornemann in der Abhandlung: Anselmus et Ab. sive initia scholasticismi, Havniae 1840. Das vollständigste Werk über Ab. hat Charles de Rémusat verfasst: Abélard, Paris 1845, wo auch aus den noch uneditirten abälardschen Glossulae super Porphyrium (verschieden von den in Cousins Ausgabe der Ouvr. inéd. befindlichen Glosse) Mittheilungen, aber zuweilen an entscheidenden Stellen nur in französischer Umschreibung, gemacht werden. J. L. Jacobi, Ab. u. Hel., Berlin 1850. L. Tosti, storia di Abälardo e dei suoi tempi, Nap. 1854. A. Wilkens, Peter Ab., Bremen 1855. G. Schuster, Ab. und Hel., Hamb. 1860. Ed. Bonnier, Ab. et St. Bernard, Paris 1862. H. Hayd, Ab. und seine Lehre, Regensburg 1863. O. Johanny de Rochely, St. Bernard, Ab. et le rationalisme moderne, Paris et Lyon 1867. J. O. Bergeret, du dogme de la redemption d'après Ab., Strassb. 1869. H. Böttcher, das Leben des Peter Ab., in: Zeitschr. f. histor. Theol, 1869, S. 315—376, über die Schriften, den philos. Standpunkt und die Ethik des Peter Ab., ebd. 1870, S. 1—90. Vacandard, P. Abélard, et sa lutte avec St. Bernard, sa doctrine, sa méthode, Par. 1881. S. M. Deutsch, die Synode zu Sens 1141 und d. Verurtheil. Ab.s, Berl. 1880; ders., P. Ab. ein kritisch. Theolog des 12. Jahrhunderts, Leipz. 1883. Th. Ziegler, Ab.s Ethica, in: Strassb. Abh. zur Phil., Ed. Zeller zu sein. 70. Geburtst., Frb. i. Br. 1884, S. 199—222. H. Denifle, die Sentenzen Ab.s und die Bearbeitung seiner Theologia vor Mitte des 12. Jhs., in: Archiv f. Litt. u. Kirchengesch. des Mittelalters, I, 1885, S. 165—227. Ueber die Philos. Ab.s zu vergl. die beiden Werke von Hauréau. Prantl, Gesch. d. Log., II, S. 162—207.

Petri Lombardi libri quatuor sententiarum sind Venet. 1477, Basil. 1516, Col. 1576 u. ö., auch im 192. Bande der Migneschen Patrologie edirt worden, des Robertus Pullus Sentenzen und zugleich die des Peter von Poitiers durch Mathoud, Paris 1655; aus den Quaestiones de divina pagina oder der Summa theologiae des Robert von Melun hat du Boulay in der Hist. univers., Par., Fragmente veröffentlicht, dann auch Hauréau, ph. sc., I, p. 332 ff. F. Protois, Pierre Lombard, son époque, sa vie, ses écrits et son influence, Par. 1881.

Abälards Namen hat ausser dem grossen Lehrtalent und den kirchlichen Conflicten (Verurtheilung durch zwei Synoden, zu Soissons 1121 und zu Sens 1141) das unglückliche Liebesverhältniss zu Heloise, der Nichte des rachsüchtigen Canonicus Fulbert, populär gemacht. Abälard lehrte die Dialektik zu Melun, dann zu Corbeil, dann zu Paris in der mit der Kathedralkirche verbundenen Schule, danach auf dem Berge Sainte-Geneviève und im Kloster des heiligen Dionysius; in der Kathedralschule zu Paris hat er auch theologischen Unterricht ertheilt.[*]) Sehr richtig nennt Rémusat Abälards Unterricht „plus original pour le talent, que pour les idées" (Abél. I, p. 31). Victor Cousin sagt (Ouvruges inéd. d'Ab., Introduct. p. VI): „c'est l'application régulière et systématique de la dialectique à la théologie qui est peut-être le titre historique le plus éclatant d'Abélard"; er meint (p. III sq.),

---

[*]) Aus der Vereinigung der Schulen der Logik auf dem Berge der heiligen Genoveva mit der theologischen Schule im Kloster Notre-Dame ist die pariser Universität hervorgegangen; die Lehrer und Schüler bildeten eine Corporation, Universitas magistrorum, oder wie in den päpstlichen Bullen im 13. Jahrhundert meistens gesagt wird. „Universitas magistrorum et scholarium Parisiis studentium", der corporative Charakter knüpfte sich insbesondere an die von Innocenz III. 1208 und 1209 ertheilten Rechte und an die 1215 durch den päpstlichen Legaten Robert de Courçon sanctionirten Statuten, wodurch die frühere Abhängigkeit vom Kanzler der Kathedralkirche fast völlig aufgehoben ward.

§ 24. Abälard und Petrus Lombardus.

seit Karl dem Grossen und schon früher habe man wohl theils Grammatik und elementare Logik, theils Dogmatik gelehrt, aber fast gar nicht die Dialektik in die Theologie eingeführt; das habe vornehmlich Abälard gethan. „Abélard est le principal auteur de cette introduction; il est donc le principal fondateur de la philosophie du moyen-âge. de sorte que la France a donné à la fois à l'Europe la scolastique au douzième siècle par Abélard, et au commencement du dix-septième, dans Descartes, le destructeur de cette même scolastique et le père de la philosophie moderne" (p. IV). Es liegt in dieser Aeusserung einiges Wahre, jedoch mit starker Ueberspannung. Anselm hat vor Abälard und mit grosser Virtuosität die Dialektik auf die Theologie angewandt und in seiner Weise die Dogmatik rationalisirt; und schon vor Anselm hat mit noch höherer Genialität im Anschluss an Dionysius Areopagita, mithin an den Neuplatonismus, Johannes Scotus Erigena eben diese Anwendung vollzogen, die auch bei den Kirchenvätern, insbesondere bei Augustin, keineswegs fehlt. Auch der Zeitraum zwischen Johannes Scotus und Anselm zeigt manche beachtenswerthen Versuche der Anwendung von Dialektik auf theologische Fragen, insbesondere auf die Lehre vom Abendmahl und von der Trinität. Abälard ist also auf einem schon gebahnten Wege fortgegangen; eigenthümlich ist ihm mehr die leichte und geschmackvolle Darstellung, als die streng dialektische Form; doch hat er allerdings zur bleibenden Geltung der letzteren in der Theologie sehr wesentlich beigetragen. Gegenüber der strengen Orthodoxie Anselms zeigt er eine für jene Zeit ziemlich starke rationalistische Tendenz.

Obwohl Abälard des Griechischen nicht ganz unkundig gewesen sein mag, so kannte er doch, wie die damaligen Scholastiker überhaupt, griechische Schriften nur aus lateinischen Uebersetzungen, den Platon nur aus den Anführungen des Aristoteles, Cicero, Macrobius, Augustinus und Boëthius, aber, wie es scheint, nicht aus der Uebersetzung des Chalcidius von einem Theile des Dialogs Timäus, die ihm hätte zugänglich sein können, von Aristoteles nicht nur nicht die Ethik und Physik und Metaphysik, sondern auch nicht die beiden Analytiken, die Topik und die Schrift de sophistarum elenchis, er kannte nur die Categ. und de interpretatione. Er selbst sagt in seiner (spät und wahrscheinlich erst 1140—42 verfassten) Dialektik (bei Cousin S. 228 f.): Sunt autem tres, quorum septem codicibus omnis in hac arte eloquentia latina armatur: Aristotelis enim duos tantum, Praedicamentorum scilicet et Periermenias libros, usus adhuc Latinorum cognovit, Porphyrii vero unum, qui videlicet de quinque vocibus conscriptus, genere scilicet, specie, differentia, proprio et accidente, introductionem ad ipsa praeparat Praedicamenta; Boëthii autem quatuor in consuetudinem duximus libros, videlicet Divisionum et Topicorum cum Syllogismis tam categoricis quam hypotheticis. Dass er die Physik und Metaphysik nicht kenne, sagt er ebend. S. 200, und dass er Platons Dialektik nicht aus dessen eigenen Schriften entnehmen könne, weil diese nicht übersetzt seien, ebend. S. 205 f. In der nächsten Zeit nach Abälard und zum Theil bereits während seines Lebens verbreitete sich die Kenntniss der übrigen logischen Schriften des Aristoteles; auch dem Abälard selbst muss (wie Prantl, Gesch. der Log. II, S. 100 ff. nachweist) mittelbar Einzelnes aus eben diesen Schriften bei der Abfassung seiner Dialektik bekannt gewesen sein. Zu einer Stelle der Chronica des Robert de Monte bei dem Jahre 1128 hat eine „alia manus", die aber nach Pertz, Monum. VIII, S. 293, gleichfalls aus dem zwölften Jahrhundert ist, die Notiz beigefügt: Jacobus Clericus de Venetia transtulit de graeco in latinum quosdam libros Aristotelis et commentatus est, scilicet Topica, Analyt. pr. et post. et Elenchos, quamvis antiquior translatio haberetur. Die ältere Uebersetzung dieser Theile des Organon ist die des Boëthius, die aber nicht verbreitet war; auch die neue Uebersetzung wurde nicht sofort allgemein bekannt und war insbesondere dem Abälard nicht zu Gesichte gekommen, als dieser seine Dialektik schrieb. Gilbertus Porretanus, gest. im Jahre 1154, citirt bereits die aristotelische Analytik als ein verbreitetes Werk. Sein Anhänger, Otto von Freising, hat die Topik, die Analytica und die Elench. Soph. zuerst oder doch als einer der Ersten nach Deutschland gebracht, vielleicht in der boëthianischen Uebersetzung; Johann von Salisbury kennt sowohl diese als auch neu angefertigte Uebersetzungen, welche letzteren grössere Wörtlichkeit erstrebten. Der erst um die Mitte des zwölften Jahrhunderts bekannt gewordene Theil der Logik wurde von nun an Jahrhunderte lang als „nova logica" bezeichnet, und der schon früher bekannte Theil als „vetus logica". Mit dieser Unterscheidung ist nicht zu verwechseln die einer „Logica antiqua" (oder antiquorum), welche sowohl die nova, als die vetus Logica umfasste, und einer „Logica moderna" (modernorum), welche letztere ihren Anfängen nach bereits der ersten Hälfte des zwölften Jahrhunderts angehört und auf eine Verschmelzung der logischen Terminologie mit der grammatischen (besonders der des Priscian) beruht, ihre weitere Ausbildung aber in der zweiten Hälfte des zwölften und im Laufe des dreizehnten Jahrhunderts gefunden hat, im Anschluss an die durch Vermitteluug der Araber und demnächst auch durch directe Uebersetzung aus dem Griechischen neu bekannt werdenden Schriften von Aristoteles und Aristotelikern; vgl. unten §§ 25 und 33.

Der griechischen und römischen Heidenwelt, namentlich den Philosophen, zollt Abälard grosse Anerkennung. Von den letzteren sind manche zur wahren Gotteserkenntniss vorgedrungen und müssen auch in der Tugendübung den Christen als Muster vorgehalten werden. Abälard geht so weit, ihnen Lohn im Jenseits dafür zuzusprechen. In der Dialektik erkennt er den Aristoteles als die oberste Autorität an. Charakteristisch für das Autoritätsbedürfniss jener Zeit ist Abälards Wort bei einer Differenz in Betreff der Definition des Relativen zwischen Platon und Aristoteles (Dial. p. 204), es lasse sich wohl eine Mittelstrasse halten, doch das dürfe nicht sein, denn: si Aristotelem Peripateticorum principem culpare praesumamus, quem amplius in hac arte recipiemus? Nur Eins ist ihm bei Aristoteles unleidlich, sein Kampf gegen seinen Lehrer Platon. Am liebsten will Abälard durch günstige Deutung der Worte Platons Beiden Recht geben (Dial. p. 206). Freilich gehören diese Aeusserungen dem höheren Alter Abälards an. Im Kampf gegen Dialektiker seiner Zeit hat er mitunter ihren Führer, den Aristoteles, wenn dieser mit der theologischen Autorität in Conflict zu kommen schien, wegwerfend beurtheilt (Theol. Christ. III, p. 1275; ib. 1282: „Aristoteles vester").

Der Dialektik weist Abälard die Aufgabe zu, das Wahre und Falsche zu unterscheiden. Dial. p. 435: veritatis seu falsitatis discretio. Glossulae super Porphyrium bei Rémusat p. 95: est logica auctoritate Tullii (vgl. Boëth. ad Top. Cic. p. 762) diligens ratio disserendi, i. e. discretio argumentorum per quae disseritur i. e. disputatur. Die logische discretio wird vollzogen mittelst der discretio impositionis vocum (Dial. p. 350). Si quis vocum impositionem recte pensaverit, enuntiationum quarumlibet veritatem facilius deliberaverit, et rerum consecutionis necessitatem velocius animadverterit. Hoc autem logicae disciplinae proprium relinquitur, ut scilicet vocum impositiones pensando, quantum unaquaeque proponatur oratione sive dictione discutiat; physicae vero proprium est inquirere, utrum rei natura consentiat enuntiationi, utrum ita sese, ut dicitur, rerum proprietas habeat vel non (ibid. p. 351). Die Physik ist die Voraussetzung der Logik; denn man muss die Eigenthümlichkeit der Objecte kennen, um die Worte richtig anzuwenden (ebend.). Die Worte sind, wie Abälard nach der damals allgemeinen Weise im peripatetischen Sinne lehrt, von den Menschen erfunden worden, um ihre Gedanken auszudrücken; die Gedanken aber sollen den Dingen gemäss sein, Theol. christ. p. 1275: vocabula homines instituerunt ad creaturas designandas, quas intelligere potuerunt, quum videlicet per illa vocabula suos intellectus manifestare vellent. Cf. ib. p. 1162 sq. über die cognatio zwischen den sermones und intellectus. Dial. p. 487: neque enim vox aliqua naturaliter rei significatae inest, sed secundum hominum impositionem; vocis enim impositionem summus artifex nobis commisit, rerum autem naturam propriae suae dispositioni reservavit, unde et vocem secundum impositionis suae orginem re significata posteriorem liquet esse. Aber die menschliche Rede ist, weil von menschlichem Ursprung, darum doch nicht willkürlich, sondern hat in den Dingen ihre Norm. Introd. ad theol. II, 90: constat juxta Boëthium ac Platonem, cognatos de quibus loquuntur rebus oportere esse sermones.

Wie Abälard zu dem Problem des Nominalismus und Realismus, der Lehre von den Universalien stehe, ist immer noch streitig. In seiner Dialektik geht er nicht eigens darauf ein; in den Glossae in Porphyrium begnügt er sich mit einer Erläuterung des Wortsinns der porphyrianischen Stelle, die eben nur das Problem selbst bezeichnet; nur in den Glossulae super Porphyrium hat er seine Ansicht dargelegt; aber diese Glossulae existiren bloss handschriftlich. Rémusat hat viele Mittheilungen daraus gemacht, aber gerade an den entscheidendsten Stellen den lateinischen Text nicht mit abdrucken lassen. Dazu kommt, dass der Tractat de intellectibus und der de generibus et speciebus, woraus sich Bestimmteres entnehmen liesse, beide dem Abälard nur mit Unrecht beigelegt werden. Doch lassen sich die Grundzüge seiner Ansicht wohl erkennen. Sein Schüler Johannes von Salisbury bezeichnet dieselbe als eine Umformung des roscellinschen Nominalismus in dem Sinne, dass Abälard nicht in den voces als solchen, sondern in den sermones das Allgemeine gefunden habe; der Hauptgrund der Vertreter dieser Richtung gegen den Realismus sei der Satz, ein Ding könne nicht von einem Dinge prädicirt werden, das Allgemeine aber sei das von Mehreren Prädicirbare, also kein Ding. Joh. Sal. Metalog. II, 17: alius sermones intuetur et ad illos detorquet quidquid alicubi de universalibus meminit scriptum; in hac autem opinione deprehensus est peripateticus Palatinus Abaelardus noster; — rem de re praedicari monstrum dicunt. Hiermit stimmen Abälards eigene Aeusserungen zusammen. Abälard sagt Dial. p. 496: nec rem ullam de pluribus dici, sed nomen tantum concedimus; das Universelle aber definirt er (bei Rémusat II, 104) als das, quod de pluribus natum est praedicari (nach Arist. de interpret. c. 7: τὰ μὲν καθόλου τῶν πραγμάτων, τὰ δὲ καθ' ἕκαστον, λέγω δὲ καθόλου μὲν ὃ ἐπὶ πλειόνων πέφυκε κατηγορεῖσθαι, καθ' ἕκαστον δὲ ὃ μή, οἷον ἄνθρωπος μὲν τῶν καθόλου, Καλλίας δὲ τῶν καθ' ἕκαστον); also liegt die Allgemeinheit in dem Wort. Aber sie liegt doch auch nicht in dem Wort als solchem, so dass dieses selbst etwas Allgemeines wäre (jedes Wort ist ja selbst ein einzelnes Wort), sondern in dem auf eine Classe von Objecten bezogenen Wort, in dem Wort, sofern es von diesen Objecten prädicirt wird, also in der Aussage, sermo; nur metaphorisch werden die bezeichneten Objecte selbst Universalia genannt. Rémusat II, p. 105: Ce n'est pas le mot, la voix, mais le discours, sermo, c'est à dire l'expression du mot, qui est attribuable à divers, et quoique les discours soient des mots, ce ne sont pas les mots, mais les discours qui sont universels. Quant aux choses, s'il était vrai qu'une chose pût s'affirmer de plusieurs choses, une seule et même chose se retrouverait également dans plusieurs, ce qui répugne. Ebend. S. 109: il décide que bien que ces concepts ne donnent pas les choses comme discrètes ainsi que les donne la sensation, ils n'en sont pas moins justes et valables et embrassent les choses réelles, de sorte qu'il est vrai que les genres et les espèces subsistent, en ce sens qu'ils se rapportent à des choses subsistantes, car c'est par métaphore seulement que les philosophes ont pu dire que ces universaux subsistent; au sens propre ce serait dire qu'ils sont substances et l'on veut dire seulement que les objets qui donnent lieu aux universaux subsistent. Zur Erläuterung des sehr unbestimmten Ausdrucks: „donner lieu" können uns, da Rémusat hier den abälardschen Text nicht mittheilt, nur die obigen Worte über die genres und espèces, dass diese „se rapportent à des choses subsistantes", dienen. Die französischen Historiker pflegen diese Ansicht Abälards als Conceptualismus zu bezeichnen; doch legt Abälard selbst keineswegs auf den subjectiven Begriff, conceptus, als solchen das Hauptgewicht, sondern auf das Wort in seiner Beziehung zu dem bezeichneten Object. Der Kern seiner Ansicht liegt in dem Ausspruch: (bei Rémusat II, p. 107): Est sermo praedicabilis. Nur unentwickelt ist hierin der Conceptualismus enthalten, sofern die Bedeutung des Wortes zunächst der an dasselbe geknüpfte Begriff ist, der aber selbst wieder auf das bezeichnete Object (wie das Urtheil auf objective Verhältnisse) sich bezieht, wonach Abälard bei den Worten und Sätzen eine significatio intellectualis und realis unterscheidet, Dial. p. 238 sqq.; vgl. Dial. p. 496 Abälards Ausspruch, das Definitum sei das nach seiner Bedeutung (und nicht nach seiner eigenen Wesenheit) erklärte Wort (nihil est definitum, nisi declaratum secundum significationem vocabulum).

In Betreff der objectiven Existenz bekämpft Abälard ausdrücklich die (extrem realistische) Annahme, dass das Allgemeine eine selbständige Existenz vor dem Individuellen habe. Zwar werden die Species aus dem Genus durch Formation desselben: in constitutione speciei genus quod quasi materia ponitur, accepta differentia, quae quasi forma superadditur, in speciem transit (Dial. p. 486); aber dieses Hervorgehen der Species aus dem Genus involvirt nicht eine Priorität des letzteren der Zeit oder der Existenz nach. Introd. ad theolog. II, 13, p. 1083: quum autem species ex genere creari seu gigni dicantur, non tamen ideo necesse est genus species suas tempore vel per existentiam praecedere, ut videlicet ipsum prius esse contigerit quam illas; numquam etenim genus nisi per aliquam speciem suam esse contingit, vel ullatenus animal fuit, antequam rationale vel irrationale fuerit, et ita species cum suis generibus simul naturaliter existunt, ut nullatenus genus sine illis, sicut nec ipsae sine genere esse potuerint. Man kann in Aeusserungen dieser Art die aristotelische Ansicht der Immanenz des Allgemeinen in dem Individuellen finden (wie namentlich H. Ritter, Gesch. der Philos. VII, S. 418, besonders nach dieser Stelle Abälard die Ansicht zuschreibt: universalia in re, non ante rem); aber Abälard ist weit davon entfernt, diesen gemässigten Realismus principiell auszusprechen und consequent durchzuführen; denn nach diesem Princip hätte er gerade den subjectiven Sinn des Wortes „universale" für den metaphorischen erklären und den Ausdruck: „was praedicirt werden kann" dahin deuten müssen: „was ein solches Objectives ist, dass sein Begriff (und das entsprechende Wort) prädicirt werden kann". Abälard weist vielmehr die realistische Ansicht (eam philosophicam sententiam, quae res ipsas, non tamen voces, genera et species esse confitetur) ausdrücklich zurück (Dial. p. 458). Jedoch man würde bei Abälard vergeblich irgend eine strenge Lösung jenes Problems suchen, mit dem er sich nur beiläufig und mehr polemisch als in positiver Entwickelung beschäftigt hat. Sein Verdienst liegt hier nur in der glücklichen Beseitigung einiger unhaltbaren Extreme.

Trotz der Bekämpfung der selbständigen Existenz des Allgemeinen weiss sich Abälard doch auch mit der platonischen Ansicht, wie er auf Grund der Angaben des Augustinus, Macrobius und Priscianus dieselbe versteht, zu befreunden. Die Ideen existiren als Musterformen der Dinge schon vor der Erschaffung der letz-

§ 24. Abälard und Petrus Lombardus.

teren im göttlichen Verstande. Doch geht der Rest von Substantialität, der nach der plotinischen Umformung der platonischen Doctrin den Ideen noch geblieben war, bei den christlichen Denkern, die nicht zu dem sokratischen Begriff das Object, sondern zu dem persönlichen Gottesgeiste ein vermittelndes Glied für die Schöpfung der Welt suchen, immer mehr verloren. Abälard gelangt schon zu der Auffassung der Ideen als subjectiver Begriffe des göttlichen Geistes (conceptus mentis). Theol. christ. I, p. 1191: non sine causa maximus Plato philosophorum prae ceteris commendatur ab omnibus. Ibid. IV, p. 1836: ad hunc modum Plato formas exemplares in mente divina considerat, quas ideas appellat et ad quas postmodum quasi ad exemplar quoddam summi artificis providentia operata est. Introd. ad theol. I, p. 987: sic et Macrobius (Somn. Scip. I, 2, 14) Platonem insecutus mentem Dei, quam Graeci Νοῦν appellant, origines rerum species quae ideae dictae sunt, continere meminit, antequam etiam, inquit Priscianus, in corpora prodirent, h. e. in effecta operum provenirent. Ib. II, p. 1095 sq.: hanc autem processionem, qua scilicet conceptus mentis in effectum operando prodit, Priscianus in primo constructionum (Instit. gramm. XVII, 44) diligenter aperit dicens generales et speciales formas rerum intelligibiliter in mente divina constitisse, antequam in corpora prodirent, h. e. in effecta per operationem, quod est dicere: antea providit Deus quid et qualiter ageret, quam illud impleret, ac si diceret: nihil impraemeditate sive indiscrete egit. In Bezug auf den göttlichen Geist neigt sich also Abälard in der That einem Conceptualismus zu, für welchen aber kein Grund mehr übrig bleibt, die Ideen auf die Universalien zu beschränken, da Gott ja auch das Einzelne denkt. Diese Consequenz ward bereits durch Bernhard von Chartres gezogen (s. unten S. 175 f.).

Da die Trinität auf den Unterschied zwischen Allmacht, Weisheit und Güte hinausläuft, und sich diese Eigenschaften auch in den geschaffenen Dingen manifestiren, so war nach Abälard auch für die heidnischen Philosophen die Möglichkeit gegeben, die göttliche Trinität zu erkennen. Es würde dieses Geheimniss nicht nur den Propheten des alten Bundes, sondern auch den Philosophen der Heiden offenbart. Denn beiden wurde eine göttliche Inspiration zu Theil. Theol. chr. I, 1126: quam (divinae trinitatis distinctionem) — divina inspiratio et per prophetas Judaeis et per philosophos gentibus dignata est revelare, ut utrumque populum ad cultum unius Dei ipsa summi boni perfectio agnita invitaret.

Mit Augustin nimmt Abälard an, dass die Platoniker unter den alten Philosophen dem christlichen Glauben am nächsten stehen, indem das Eine oder Gute, der Nus mit den Ideen und die Weltseele auf die drei Personen der Trinität zu deuten seien: Gott den Vater, den Logos und den heiligen Geist, ibid. I, 1013: bene autem (Plato) spiritum sanctum animam mundi quasi vitam universitatis posuit, cum in bonitate Dei omnia quodammodo vivere habeant, et universa tamquam viva sint apud Deum et nulla mortua, h. e. nulla inutilia, nec etiam ipsa mala, quae optime per bonitatem ipsius disponuntur. Abälards Beziehung der Weltseele auf den heiligen Geist erregte Anstoss und war einer der Anklagepunkte des heiligen Bernhard von Clairvaux gegen ihn. In der Dialektik hebt Abälard geflissentlich die Unterschiede zwischen der platonischen und katholischen Lehre hervor, insbesondere die Zeitlichkeit des Hervorganges der Seele aus dem Νοῦς, da doch der heilige Geist von Ewigkeit aus dem Vater und dem Sohne hervorgehe und nur seine Wirkung auf die Welt einen zeitlichen Anfang mit der Welt selbst genommen habe. Er erklärt sich entschieden gegen die, welche, zu sehr der Allegorie ergeben, in der Dreiheit des Tagathon, des Noys und der Weltseele die heilige Dreifaltigkeit erblicken wollten. Die Stelle in der Dialektik erscheint wie eine Revocation, wes-

§ 24. Abälard und Petrus Lombardus.

halb Cousin (Ouv. inéd. d'Abél., Introd. p. XXXV) nicht ohne Grund auf eine Abfassung dieser Schrift nach dem Concil von Sens (1141) geschlossen hat.

Sind nach der Consequenz des Nominalismus oder Individualismus drei göttliche Personen drei Götter, so ist Ein Gott Eine göttliche Person. Abälard, der den nominalistischen Standpunkt überhaupt (ungeachtet der denselben dem Conceptualismus annähernden Modification) nicht verlassen hat, den roscellinischen Tritheismus aber entschieden verwirft, neigt sich dem Monarchianismus zu (der die drei Personen auf drei Attribute Gottes reducirt), ohne freilich sich zu dieser Consequenz zu bekennen. Otto von Freising, ein Schüler des Gilbertus Porretanus, sagt, indem er die theologische Ansicht Abälards aus seinem bei Roscellin, seinem ersten Lehrer, eingesogenen Nominalismus ableitet (de gestis Frid. 1, 47): sententiam ergo vocum seu nominum in naturali tenens facultate non caute theologiae admiscuit, quare de sancta Trinitate docens et scribens tres personas nimium attenuans non bonis usus exemplis inter cetera dixit: sicut eadem oratio est propositio, assumptio et conclusio, ita eadem essentia est pater et filius et spiritus sanctus. Diesen Vergleich gebraucht Abälard, Introd. ad theol. II, p. 1078; der Anlass zu demselben liegt wohl in Augustin, de vera rel. 13, s. o. S. 109. Doch gehört die Beziehung auf den Syllogismus Abälard selbst an. Ausserdem bedient er sich mit Vorliebe der an Monarchianismus anstreifenden Vergleiche Augustins, des Bekämpfers der generischen Auffassung der Trinität. Zum Subordinatianismus neigt er sich hin, wenn er den Vater die Allmacht sein lässt, den Sohn aber die Weisheit, nämlich eine gewisse Macht, einen Theil jener Macht, vermöge deren Gott nicht getäuscht werden kann (Introd. ad theol. I, 994: est divina sapientia quaedam divina potentia, per quam videlicet deus cuncta perfecte discernere atque cognoscere habet, ne in aliquo errare per inscientiam possit), und den Geist die Güte, welche die Macht gar nicht mehr in sich schliesst, sondern nur der Wille Gottes ist, Alles zum Besten zu lenken. Besonders führt Abälard zur Verdeutlichung der Trinität das Gleichniss vom Siegel an, in welchem dreierlei zu unterscheiden sei, erstens das Erz, aus dem es gemacht ist, zweitens die Form, durch welche das Erz erst geeignet ist, zu siegeln, endlich das Siegel als wirklich siegelndes (aes ipsum, sigillabile et sigillans).

Die Frage, ob Gott auch anders thun könne, als er wirklich thue, entscheidet Abälard dahin, dass sie nur bei abstracter Rücksicht auf die göttliche Macht allein bejaht werden könne; werde aber die Einheit der Macht mit der Weisheit beachtet, so müsse sie verneint werden (Th. chr. p. 1353 sqq.; Epit. th. ed. Rheinw. p. 53 sqq.).

Bei der Darstellung der kirchlichen Lehren liegt Abälards Hauptverdienst in dem Streben nach einer gewissen Selbständigkeit gegenüber der patristischen Autorität. Die kecke Schrift: „Sic et non" lässt die Autoritäten sich gegenseitig paralysiren durch Zusammenstellung der einander widerstreitenden Sätze. Zwar giebt Abälard Regeln an, nach welchen die Widersprüche meist nur als scheinbare erkannt oder auch auf Rechnung von Fälschern oder von ungenauen Abschreibern gesetzt werden sollen, doch bleiben auch solche übrig, die den Satz anzuerkennen nöthigen, dass nur, was in den kanonischen Schriften stehe, Alles unbedingt wahr sei, und keiner der Kirchenväter den Aposteln an Autorität gleichgesetzt werden dürfe. Wir sind auf Forschung angewiesen, zu welcher nach Aristoteles der Zweifel den Weg bahnt. Dubitando enim ad inquisitionem venimus, inquirendo veritatem percipimus (Prol., bei Cousin p. 16). Wo nicht ein strenger Beweis geführt werden kann, muss das sittliche Bewusstsein maassgebend sein. Introd. ad th. III, p. 119: magis autem honestis quam necessariis rationibus utimur, quoniam apud bonos id semper principium statuitur, quod ex honestitate amplius commendatur.

Nicht unbeträchtlich ist Abälards Verdienst in der Ethik besonders um die Ausbildung der Lehre vom Gewissen durch Betonung des subjectiven Momentes. Die christliche Ethik gilt ihm als Reformation des natürlichen Sittengesetzes. Dieses letztere ist für Alle dasselbe, es beweist seine Wahrheit selbst und ist für keine Angriffe zugänglich. Theol. christ. II, p. 1211: si enim diligenter moralia evangelii praecepta consideremus, nihil ea aliud quam reformationem legis naturalis inveniemus, quam secutos esse philosophos constat. Die Philosophen haben gleich dem Evangelium nach der Gesinnung (animi intentio) das Sittliche bestimmt; sie lehren mit Recht, dass die Guten die Sünde aus Liebe zur Tugend hassen und nicht aus knechtischer Furcht vor Strafe (ib. p. 1205). Die Aufgabe der Ethik ist nach Abälard, das höchste Gut als das Ziel des Strebens und den Weg zu demselben aufzuzeigen (Dialog. inter philos., Jud. et Chr. p. 669). Das höchste Gut schlechthin ist Gott, das höchste Gut für den Menschen die Liebe zu Gott, die ihn Gott wohlgefällig macht, und das höchste Uebel der Hass Gottes, durch den er diesem missfällig wird (ib. p. 694 sqq.); der Weg aber, der zum höchsten Gute hinführt, ist die Tugend, d. h. der zur bleibenden Eigenschaft verfestigte gute Wille (ib. p. 699 sq.; ib. 675: bona in habitum solidata voluntas). Der Habitus der Tugend macht zu guten Handlungen geneigt, wie der entgegengesetzte zu bösen (Eth. prol. p. 594). Aber nicht in der Handlung, sondern in der Absicht (intentio) liegt das sittlich Gute und Böse. Im weiteren Sinne zwar bezeichnet Fehler (peccatum) jede Abweichung von dem Angemessenen (quaecunque non convenienter facimus, Eth. c. 15), auch die unabsichtliche, im engeren Sinne aber nur die freiwillige. Das Werk als solches ist indifferent; auch der Hang zum Bösen, der uns in Folge der Erbsünde anhaftet, z. B. die blosse natürliche, in der Complexion des Körpers begründete Geneigtheit zum Zorn oder zur Wollust ist noch nicht Sünde; erst die Zustimmung zum Bösen ist Sünde, und zwar, weil sie eine strafbare Verachtung Gottes involvirt. Eth. c. 3: non enim quae fiant, sed quo animo fiant, pensat Deus, nec in opere, sed in intentione meritum operantis vel laus consistit. Ib. c. 7: opera omnia in se indifferentia nec nisi pro intentione agentis vel bona vel mala dicenda sunt, non videlicet quia bonum vel malum sit ea fieri, sed quia bene vel male fiant, hoc est ex intentione qua convenit fieri aut minime. Ib. c. 3: hunc vero consensum proprie peccatum nominamus, hoc est culpam animae, qua damnationem meretur vel apud Deum res statuitur. Quid est enim iste consensus nisi contemtus Dei et offensio ipsius? Non enim Deus ex damno, sed ex contemtu offendi potest. Abälard hebt den Begriff des Gewissens (conscientia) als des eigenen sittlichen Bewusstseins des handelnden Subjectes gegenüber den objectiven Normen scharf hervor. Im Begriff der Sünde liegt zugleich mit der Abweichung von dem sittlich Guten an sich auch der Widerstreit gegen das eigene sittliche Bewusstsein; was also diesem Bewusstsein nicht widerstreitet, ist nicht Sünde, obschon das, was mit dem eigenen sittlichen Bewusstsein harmonirt, darum doch nicht sofort schon Tugend ist, sondern nur dann, wenn dieses Bewusstsein das richtige ist. Das Zusammentreffen der objectiven Normen und des subjectiven Bewusstseins ist die Voraussetzung der Tugend im vollen Sinne, welche die hiermit übereinstimmende Willensrichtung ist, das gleiche Zusammentreffen ist die Voraussetzung der Sünde im vollen Sinne als der abweichenden Willensrichtung. Ist aber die subjective sittliche Ueberzeugung eine irrige, so ist das ihr entsprechende Wollen und Handeln zwar nicht gut, sondern fehlerhaft, aber in geringerem Maasse, als es selbst ein mit den objectiven Normen zusammentreffendes Handeln sein würde, falls dieses dem eigenen Gewissen widerstreitet. Eth. c. 13: non est peccatum nisi contra conscientiam. Ebd. c. 13: non est itaque intentio bona dicenda, quia bona videtur, sed insuper quia talis est sicut existimatur, quum videlicet illud, ad quod tendit, si Deo placere credit, in hac insuper existimatione sua nequaquam fallatur. Ebd. c. 14: sic et illos, qui persequantur Christum vel suos, quos persequendos credebant, per operationem peccasse dicimus, qui tamen gravius culpam peccassent, si contra conscientiam eis parcerent. Die Sünde im eigentlichen, strengen Sinne als Zustimmung zu dem erkannten Bösen und Beleidigung Gottes ist vermeidbar, obschon wegen des sündigen Hanges, den wir zu bekämpfen haben, nur sehr schwer. Ib. c. 15: si autem proprie peccatum intelligentes solum Dei contentum dicamus peccatum, potest revera sine hoc vita transigi, quamvis cum maxima difficultate. Abälard neigt sich sogar der Relativität des Guten und des Bösen zu, indem er den Unterschied zwischen Gut und Böse nur von dem freien Willen Gottes abhängig macht, so dass sogar das, was man durchaus verabscheuen müsste, wenn Gott es befiehlt, gut werde. Comment. in ep. ad Rom. II, 869: unde et ea, quae per se videntur pessima et ideo culpanda, cum iussione fiunt dominica, nullus culpare praesumit, — adeo autem boni vel mali discretio in divinae voluntatis dispositione consistit, — constat itaque — totam boni vel mali discretionem in divinae dispensationis placito consistere.

Die rationalistische Tendenz Abälards bezeichnet der heilige Bernhard von Clairvaux durch die Vorwürfe: quum de Trinitate loquitur, sapit Arium (mit Rücksicht auf den Vergleich des Vaters und Sohnes mit genus und species, wogegen andere Vergleiche vielmehr sabellianisch lauten), quum de gratia, sapit Pelagium, quum de persona Christi, sapit Nestorium (Bern. in epist. ad Guidonem de Castello), und: dum multum sudat, quomodo Platonem faciat Christianum, se probat ethnicum (Bern. in epist. ad papam Innocentium). Aber obschon Abälard zum Widerruf der von der Kirchenlehre abweichenden Sätze genöthigt ward, war sein Einfluss auf seine Zeitgenossen und auf die Folgezeit ein nicht unbedeutender. Durch Anselm und Abälard ist der Theologie des Mittelalters die dialektische Form unverlierbar aufgeprägt worden.

Aus der Schule Abälards stammt ein anonymer Commentar zu dem Buche de interpretatione, woraus Cousin (fragmens philos., phil. scol.) Einiges publicirt hat. Die Logik wird dort als doctrina sermonum bezeichnet, und dem Gange gemäss, den auch Abälard selbst in seiner Dialektik nimmt, in die doctrina incomplexorum, propositionum et syllogismorum eingetheilt. Weniger schliesst sich an Abälards Lehrweise die Abhandlung de intellectibus an, welche Cousin (fragm. philos., 2. éd., Paris 1840, p. 461—496) als ein Werk Abälards herausgegeben hat, worin die Begriffe (intellectus), die der Verfasser auch speculationes oder visus animi nennt, erörtert und von sensus, imaginatio, existimatio, scientia, ratio unterschieden werden. Die aristotelische Schrift Anal. poster. muss mindestens stellenweise dem Verfasser schon bekannt gewesen sein und zwar nach einer andern Uebersetzung als der boëthianischen, da in dieser δόξα durch opinatio, nicht durch existimatio übersetzt ist (s. Prantl, Gesch. der Log. II, S. 104 und 206 f.). Aus der sinnlichen Wahrnehmung wird durch Abstraction der Begriff gewonnen, worin wir eine Form ohne Rücksicht auf ihr Substrat (subiecta materia) oder auch ein ununterschiedenes Wesen ohne die Discretion der Individuen (naturam quamlibet indifferenter absque suorum scilicet individuorum discretione) denken. Die Art, wie wir hierbei auf das Object achten, ist eine andere als die, wie das Object selbst subsistirt, da in Wirklichkeit das indifferens nur in der individuellen Discretion existirt und nicht rein für sich, wie im Gedanken (nusquam enim ita pure subsistit, sicut pure concipitur, et nulla est natura, quae indifferenter subsistat).

§ 24. Abälard und Petrus Lombardus.

Aber hierdurch wird der Begriff nicht falsch; denn das wäre er nur dann, wenn ich dächte, das Object verhalte sich anders, als es sich wirklich verhält, nicht aber dann, wenn nur der modus attendendi des intellectus und der modus subsistendi der res sich von einander unterscheiden.

Die Abhandlung, welcher Cousin den Titel gegeben hat: de generibus et speciebus (als ein Werk Abälards von Cousin aus einer Handschrift von St. Germain herausgegeben in: Ouvr. inéd. d'Ab. p. 507—550) kann, wie schon H. Ritter (Gesch. der Philos. VII, S. 363, vgl. Prantl II, S. 144 ff.) richtig erkannt hat, nach Stil und Inhalt Abälard nicht angehören. Unsicher ist aber auch Ritters Vermuthung, dass Joscellin (oder Gauslenus), 1122—1151 Bischof von Soissons, von dem wir durch Johannes von Salisbury (Metalog. II, 17, p. 92) wissen, dass er „universalitatem rebus in unum collectis attribuit et singulis eandem demit", oder einer seiner Schüler der Verfasser sei. Mehrere Ansichten in Betreff der Streitfrage zwischen Nominalismus und Realismus werden in gelehrter und scharfsinniger Weise angeführt und besprochen, die zwar sämmtlich der ersten Hälfte des zwölften Jahrhunderts angehören, aber wohl kaum alle bereits der Zeit der Jugend Abälards (in welcher Cousin die Schrift entstanden glaubt). Im Unterschiede von Abälard bekennt sich der Verfasser dieser Schrift, der freilich zum Theil mit abälardschen Argumenten (p. 514) kämpft, zu einem gemässigten Realismus, der das Allgemeine zwar nicht dem einzelnen Individuum für sich, wohl aber der Gesammtheit der gleichartigen Individuen immanent sein lässt. Abälard hatte (s. o. S. 167) seine nominalistische Auffassung der Universalien auf die aristotelische Definition gegründet: universale est, quod de pluribus natum est praedicari, indem er darauf seinen Satz anwandte: nec rem ullam de pluribus dici, sed nomen tantum concedimus, oder: res de re non praedicatur; der Verfasser jenes Tractates aber entgeht dieser nominalistischen Consequenz jener Definition dadurch, dass er praedicari in dem Sinne nimmt: principaliter significari per vocem praedicatam (bei Cousin a. a. O. S. 531); dasjenige aber, was bezeichnet wird, ist jedesmal etwas Objectives, und bei den Speciesnamen ist das, was principaliter bezeichnet wird, die Gesammtheit der gleichartigen Individuen. (Den Unterschied des principaliter significare von der Mitbezeichnung erläutert der Verfasser durch einen Hinweis auf das aristotelische Beispiel album für die Qualität, welcher an Anselms Dialog de grammatico anklingt.) Demgemäss definirt der Verfasser (p. 524 sq.): speciem dico esse non illam essentiam hominis solam, quae est in Socrate vel quae est in aliquo alio individuorum, sed totam illam collectionem ex singulis aliis huius naturae coniunctam, quae tota collectio, quamvis essentialiter multa sit, ab auctoritatibus tamen una species, unum universale, una natura appellatur, sicut populus quamvis ex multis personis collectus sit, unus dicitur. Das Einzelne ist nicht mit dem Allgemeinen identisch, sondern wenn das Allgemeine von dem Einzelnen ausgesagt wird (z. B. Socrates est homo), so ist darunter zu verstehen, dass jenes diesem inhärire (p. 533: omnis natura, quae pluribus inhaeret individuis materialiter, species est). Die übliche Bezeichnung des genus als der materia, der substantialis differentia als der forma, die von dem genus bei der Speciesbildung angenommen und getragen werde, findet sich auch hier (p. 516 u. ö.). Für das Individuum ist seine Species die Materie und seine Individualität die Form (p. 524: unumquodque individuum ex materia et forma compositum est, ut Socrates ex homine materia et Socratitate forma, sic Plato ex simili materia, sc. homine, et forma diversa, sc. Platonitate, componitur, sic et singuli homines; et sicut Socratitas, quae formaliter constituit Socratem, nusquam est extra Socratem, sic illa hominis essentia, quae Socratitatem sustinet in Socrate, nusquam est nisi in Socrate).

§ 25. Platonisirende u. realistische Scholastiker des zwölften Jahrhunderts.

Petrus Lombardus (aus Lumelogno bei Novara in der Lombardei), gest. 1164 als Bischof von Paris, stellte in seinen vier Büchern sententiarum Aussprüche von Kirchenvätern über kirchliche Dogmen und Probleme zusammen, nicht ohne Einfluss der abälardschen Schrift Sic et non und der Summa sententiarum des Hugo von St. Victor. Petrus Lombardus handelt im ersten Buche von Gott als dem absoluten Gute (quo fruimur), im zweiten von den Creaturen (quibus utimur), im dritten von der Menschwerdung (welche Hugo sofort in seinem ersten Tractat zugleich mit der Lehre von Gott und der Dreieinigkeit abgehandelt hat), von der Erlösung und den Tugenden, im vierten von den sieben Sacramenten als den das Heil vermittelnden Zeichen (signa) und von den letzten Dingen. Sein Werk, das gemeinverständlich war, die Gegensätze ausgeglichen hatte, aber nicht in die Tiefe ging, ward und blieb Jahrhunderte lang in den Schulen die Hauptgrundlage des theologischen Unterrichts. Es wurde von Einigen nachgeahmt, sehr häufig aber commentirt. Die dialektische Behandlung theologischer Fragen nahm in der Regel von seinen Sentenzen ihren Ausgang. Eine ähnliche Schrift hatte vor Petrus Lombardus schon Robert Pulleyn verfasst (Robertus Pullus, gest. zu Rom 1150, sein Werk war betitelt Sententiarum libri octo, bei Migne in Bd. 186), aus dessen Buch sententiarum libri octo Petrus L. Vieles entlehnt hat, und ungefähr gleichzeitig mit Petrus L. oder später als derselbe treten als Verfasser solcher libri sententiarum auf: Robert von Melun, Hugo von Rouen (gest. zu Rom 1164) und Peter von Poitiers, Kanzler der Universität Paris (gest. 1205), ein Schüler des Petrus Lombardus, Hugo von St. Victor in seiner Summa sententiarum, Alanus ab insulis. Vielleicht von der Summa Hugos nannte man die Verfasser solcher Schriften, die bieten wollten, was die bedeutendsten Kirchenlehrer für Wahrheit hielten und etwa noch im Gegensatz zu Abälards Sic et non die Widersprüche unter den Autoritäten zu beseitigen suchten, Summisten.

§ 25. Eine ausgesprochene Neigung zu der platonischen Philosophie, soweit sie damals im Abendlande bekannt war, zeigt eine Reihe von Scholastikern des zwölften Jahrhunderts, an deren Spitze Bernhard von Chartres steht. Nach ihm sind zunächst zu nennen Wilhelm von Conches, sein Schüler, und Adelard von Bath, die jedoch bemüht waren, auch an den aristotelischen Lehren in Bezug auf die Erkenntniss der Sinnenwelt festzuhalten. Unter den Logikern jener Zeit sind als Vertreter bestimmter realistischer Richtungen die Schüler Bernhards von Chartres Walter von Mortagne und besonders Gilbertus Porretanus, der Verfasser eines Commentars zu (Pseudo-) Boëthius de trinitate und de duabus naturis in Christo und einer Schrift über die sechs letzten Kategorien von Bedeutung. Gegen die einseitige Streitlogik und für Verbindung classischer Studien mit der Schultheologie wirkte als gelehrter und eleganter Schriftsteller Johannes von Salisbury, der auch dem Platon den Vorzug vor Aristoteles gab. Genannt sei hier sogleich noch Alanus ab insulis (aus Lille), der ähnlich wie Lombardus im kirchlichen Sinne eine auf Sätze der Vernunft gegründete Darstellung der Theologie verfasste.

§ 25. Platonisirende u. realistische Scholastiker des zwölften Jahrhunderts.

Bernhards von Chartres (B. Silvestris) de mundi universitate ll. II, sive megacosmus et microcosmus, herausgeg. v. C. S. Barach u. Joh. Wrobel, in: Biblioth. philosophor. mediae aet., herausg. v. C. S. Barach, I, Innsbr. 1876. Einzelnes daraus hatte früher Cousin veröffentlicht in dem Anhang zu den Ouvrages inéd. d'Abélard p. 627 bis 639; ebd. 640—644 ist Einiges aus Bernhards allegorischer Deutung der Aeneide Virgils abgedruckt. Hauréau, hist. de la ph. scolast. I, p. 409—417 hatte Mehreres hinzugefügt.

Die Schrift des Wilhelm von Conches über die Natur unter dem Titel: Magna de naturis philosophia wurde 1474 herausgegeben; von der Philosophia minor ist der Anfang unter dem Titel περὶ διδάξεων bei den Werken des Beda Venerabilis, Basil. 1563, Colon. 1612 und 1688, II, p. 206 sqq. gedruckt. Neuerdings hat Cousin, Ouvrages inéd. d'Abél. p. 669—977 Einiges aus der secunda und tertia philos. (d. h. aus der Anthropologie und Kosmologie) desselben veröffentlicht. Glossen zu des Boëthius Schrift de consolat. philos. hat Ch. Jourdain im Auszuge in den Notices et extraits des manuscrits XX, 2, 1861 herausgegeben. Vielleicht gehört (nach Hauréaus Vermuthung) dem Wilhelm von Conches auch der Commentar zum platonischen Timäus an, woraus Cousin (welcher den am Anfange des zwölften Jahrhunderts lebenden Honorius von Autun für den Verfasser hält) in dem Anhange zu den Ouvr. inéd. d'Abél. p. 644—657 Auszüge veröffentlicht hat. Die Dragmaticon philosophiae (statt Dramaticon, nach der damals herrschenden falschen Schreibart, wie auch der Grammatiker Pierre Hélie in seiner Glosse zu Priscinn das genus dragmaticum als das „quod fit per interrogationem et responsionem" erklärt) betitelte Schrift, sein letztes Werk, ist als Dialogus de substantiis physicis confectus a Wilhelmo Aneponymo philosopho industria Guil. Grataroli Argentorati 1583 edirt worden. Vgl. Hauréau in den oben S. 128 citirten Singularités historiques et littéraires, Paris 1861.

Aus Adelards von Bath Schriften de eodem et diverso (ταυτὸν καὶ θάτερον) und den quaestiones naturales hat A. Jourdain, rech. crit. 2. éd., 1843, p. 258—277, Bruchstücke in Uebersetzung mitgetheilt. S. auch Hauréau I, 345 ff.

Briefe theologischen Inhalts von Walter von Mortagne sind gedruckt bei d'Achery, spicileg. ed. de la Barre, Par. 1723, III, p. 520 sqq.; auch Mathoud zu seiner Ausgabe der Werke des Robert Pulleyn, Paris 1655, theilt Einiges von ihm mit.

Des Gilbertus Porretanus Commentare zu des (Pseudo-) Boëthius vier theologischen Abhandlungen ist in der Ausgabe der Schriften des Boëthius Basil. 1570, p. 1128—1273 abgedruckt, auch bei Migne, Patr. lat. T. L, XIV; seine Schrift de sex principiis ist in den ältesten lateinischen Ausgaben des Aristoteles bei dem Organon, separat aber namentlich von Arnold Woestefeld, Leipz. 1507 edirt worden. Vgl. über ihn Lipsius in Ersch und Grubers Encycl. Sect. I, Theil 67; Joh. Fr. Schulte, d. Compilationen Gilberts und Alanus in d. Sitzungsber. d. Wiener Akad. d. Wissensch., auch separat, Wien 1870; Usener, Gislebert de la Porrée, in: Jahrb. f. protest. Theol. 5, 1879, S. 183—192.

Des Johannes von Salisbury Policraticus sive de nugis curialium et vestigiis philosophorum ist zuerst in einer undatirten Ausgabe, Brüssel gegen 1476, dann Lyon 1513 u. ö., die Briefe sind Paris ed. Masson 1611 und mit dem Policraticus in der Bibl. max. patrum Lugd. 1677, t. XXIII. gedruckt worden, der Metalogicus Par. 1610 u. ö., den Entheticus (Nutheticus) hat Christian Petersen Hamb. 1843 herausgegeben mit litteraturgeschichtlichen Untersuchungen, eine Gesammtausgabe der Werke hat J. A. Giles besorgt, 5 voll., Oxford 1848, wiederabg. in Mignes Patrolog. Bd. 199. Ueber ihn handeln: Herm. Reuter, Joh. v. S., zur Geschichte der christlichen Wissenschaft im zwölften Jahrhundert, Berl. 1842; Carl Schaarschmidt, J. S. in seinem Verhältniss zur class. Litteratur, im Rhein. Mus. f. Ph., N. F., XIV, 1858, 200—234, Johannes Saresberiensis nach Leben und Studien, Schriften und Philosophie, Leipz. 1862. Vgl. Prantl, Gesch. d. Log. II, S. 234—260.

Alani ab insulis op. ed. de Visch, Antv. 1653. De arte catholicae fidei ed. Pez, in Thes. anecd. t. I. Am vollständigsten sind seine Schriften im 120. Bande der mignesehen Patrologie enthalten; üb. seine Compilationen handelt Joh. Frdr. Schulte an dem bei Gilbert angef. Orte.

Entschiedener als bei Abälard, bei dem sie auch wenigstens in früheren Jahren zu bemerken, tritt die Vorliebe für Platon auf bei Bernhard von Chartres (Bernardus Silvestris), geb. um 1070—1080, bis etwa 1260 lebend, Wilhelm von Conches und Adelard von Bath. Diese, sämmtlich in der ersten Hälfte des

§ 25. Platonisirende u. realistische Scholastiker des zwölften Jahrhunderts.

zwölften Jahrhunderts lehrend, fussten auf Platon, bemühten sich aber doch, um nicht gegen die aristotelische Autorität zu verstossen, die Ansichten beider Denker mit einander zu vereinigen. Wir stehen, sagt Bernhard von sich und seinen Zeitgenossen im Vergleich mit den Alten wie Zwerge auf den Schultern der Riesen: ut possimus plura eis et remotiora videre, non utique proprii visus acumine aut eminentia corporis, sed quia in altum subvehimur et extollimur magnitudine gigantea. Johannes von Salisbury bezeichnet den Bernhard als perfectissimus inter Platonicos seculi nostri und als den überströmenden Born der Wissenschaften in Gallien. In der Schule zu Chartres (vgl. über sie Schaarschmidt, Joh. Saresberiensis, S. 73 ff.), an welcher Bernhard in ausgezeichneter Weise wirkte, bildete das Studium der antiken Litteratur geradezu den Mittelpunkt des Unterrichts. Auf Grund des platonischen Timäus (nach der Uebersetzung des Chalcidius), wahrscheinlich eines Theils der Schrift des Apuleius de dogmate Platonis und der augustinischen Berichte über den Platonismus oder vielmehr über den Neuplatonismus giebt Bernhard in seinem Werke de mundi universitate, das nach der Art des Satiricon des Marcianus Capella theils in Versen, theils in Prosa abgefasst ist und ein durchaus allegorisch-mythisches Gewand trägt, eine Naturphilosophie, in der wenig an das Christenthum erinnert. Er sagt selbst in dem Breviarium dazu: in huius operis primo libro, qui Megacosmus dicitur — Natura ad Noym, i. e. Dei providentiam, de primae materiae, l. e. hyles, confusione querimoniam quasi cum lacrimis agit et ut mundus pulcrius expolietur petit. Noys igitur eius motu precibus petitioni libenter annuit et ita quatuor elementa ab invicem seiungit. — Itaque in primo libro ornatus elementorum describitur. In secundo libro, qui Microcosmus dicitur — Noys ad Naturam loquitur et de mundi expolitione gloriatur et in operis sui completione se hominem plasmaturam pollicetur. — Physis igitur de quatuor elementorum reliquiis hominem format. — Er nimmt an, dass die Materie (Hyle), die von Gott geschaffen ist, geformt werde durch die Weltseele, den Ausfluss der göttlichen, die Ideen in sich tragenden Vernunft, die ihrerseits der Logos Gottes des Vaters, der suprema divinitas, die Bernhard auch Tagaton nennt, sei. Die Ideen oder formae exemplares, welche bei allem Wechsel der Individuen unverändert beharren, die ursprünglichen Gründe aller Dinge, sind als ewige Begriffe der Gattungen, Arten und auch der Individuen in der göttlichen Vernunft. De mundi universit. bei Cousin, ouvr. inéd. d'Abél. p. 628, Burach, I, 2, Z. 15 ff.: Noys summi et exsuperantissimi Dei est intellectus et ex eius divinitate nata natura, in qua vitae viventis imagines, notiones aeternae, mundus intelligibilis, rerum cognitio praefinita. Erat igitur videre velut in speculo tersiore quidquid generationi, quidquid operi Dei secretior destinarat affectus. Illic in genere, in specie, in individuali singularitate conscripta quidquid hyle, quidquid mundus, quidquid parturiunt elementa. Illic exarata supremi digito dispunctoris textus temporis, fatalis series, dispositio saeculorum. Illic lacrymae pauperum fortunaeque regum etc. Die Seele ist hieraus als Endelychia (ἐντελέχεια des Arist.) gleichsam durch eine Emanation hervorgegangen (velut emanatione defluxit). Die Seele hat dann die Natur gestaltet (naturam informavit). Das Böse und Uuvollkommene in der Welt wird verursacht durch die Materie. Die Noys ist dem Logos, die Endelychia oder die Weltseele dem heiligen Geiste gleich. Auf diese Weise wird die Dreieinigkeit construirt. Gott wird auch als die Einheit, die Hyle als das Andere bezeichnet, welches unter dem Zeitlichen das Erste und Aelteste sei. Dass übrigens Bernhard und seine Anhänger sich Mühe gegeben hätten, zwischen Platon und Aristoteles zu vermitteln, berichtet Johannes von Salisbury, Metalog. II, p. 92. — Die Lehre Bernhards hat in der Scholastik nachhaltigen Einfluss geübt; so hat sich ihre Wirkung ausser auf die unmittelbaren Schüler Bernhards, noch auf Wilhelm von Auvergne, wahrscheinlich sogar auf Amalrich von Bena (s. u.) erstreckt.

§ 25. Platonisirende u. realistische Scholastiker des zwölften Jahrhunderts.

Wilhelm von Conches, welchen Johannes von Salisbury den „begabtesten Grammatiker nach Bernhard von Chartres" nannte, behandelte insbesondere physiologische und psychologische Probleme, identificirte, ebenso wie sein Lehrer, die Weltseele mit der Person des heiligen Geistes, bekannte sich jedoch bei Abweichungen des Platonismus von der christlichen Lehre ausdrücklich zu der letzteren: Christianus sum, non academicus (bei Cousin, ouvr. inéd. d'Ab. p. 673), namentlich in Bezug auf die Frage nach der Entstehung der Seelen: cum Augustino credo et sentio quotidie novas animas non ex traduce (welche Ansicht freilich Augustin nicht unbedingt verworfen hatte), non ex aliqua substantia, sed ex nihilo, solo jussu creatoris creari. So wenig sich Wilhelm von Conches in der Naturlehre an die Autorität der Kirchenväter binden will („etsi enim majores nobis, homines tamen fuere"), so unbedingt ordnet er sich derselben in geistlichen Dingen unter: „in eis quae ad fidem catholicam vel ad institutionem morum pertinent, non est fas Bedae vel alicui alii sanctorum patrum contradicere." Gegen diejenigen, welche die Wesenheiten aus der Dialektik ausrotten und die Universalien wie die Einzeldinge bloss als Normen gelten lassen, polemisirt er.

In welcher Art die Ideenlehre mit der aristotelischen Doctrin vermittelt wurde zeigt die (um 1115 verfasste) Schrift des Adelard von Bath, der auch durch reiche, auf weiten Reisen und namentlich auch bei den Arabern eingesammelte Naturkenntnisse sich hervorgethan, auch den Euklides aus dem Arabischen übersetzt hat (vgl. Sprenger, Mohammed, Bd. I, Berlin 1861, S. 111). Er sagt (bei Hauréau, philos. scol. I, p. 225 sq.), Aristoteles habe mit Recht die Genera und Species den Individuen immanent sein lassen, sofern die sinnlichen Objecte je nach der Art, wie sie betrachtet werden, indem wir entweder auf ihre individuelle Existenz oder auf das Gleichartige in ihnen achten, Individuen oder Species oder Genera seien, Platon aber habe auch mit Recht gelehrt, dass dieselben in voller Reinheit nur ausserhalb der sinnlichen Dinge, nämlich im göttlichen Geiste, existiren. Er glaubt die beiden durch die Indifferenzlehre mit einander vereinigen zu können. Adelard von Bath vergleicht die blosse Autorität mit einer Halfter (capistrum) und verlangt, dass durch die Vernunft zwischen dem Wahren und Falschen unterschieden werde. Die Erkenntniss der Naturgesetze soll mit der Anerkennung der Abhängigkeit von Gottes Willen vereinigt werden; Adelard sagt: „voluntas quidem creatoris est, ut a terra herbae nascantur, sed eadem sine ratione non est".

Als den Hauptvertreter der Ansicht, dass die nämlichen Objecte je nach dem verschiedenen Stande (status), in welchem sie betrachtet werden, indem entweder auf ihre Verschiedenheit oder auf das Nichtverschiedene, indifferens oder consimile, in ihnen unsere Aufmerksamkeit sich richte, Individuen oder Species oder Genus seien, bezeichnet Johannes von Salisbury (Metalog. II, 17) den Walter von Mortagne (gest. als Bischof von Laon 1174): partiuntur igitur status duce Gautero de Mauretania et Platonem in eo quod Plato est, dicunt individuum, in eo quod homo, speciem, in eo quod animal, genus, sed subalternum, in eo quod substantia, generalissimum. Diese Ansicht, sagt Johannes, habe zu seiner Zeit keine Vertreter mehr. Schon Abälard (in den Glossulae super Porphyrium bei Rémusat, Ab. II, p 99 sqq., vielleicht gegen Adelard von Bath) und in anderem Sinne der Verfasser der Schrift de generibus et speciebus (bei Cousin, ouvr. inéd. d'Ab. p. 518) haben dieselbe bekämpft.

Gilbert de la Porrée (Gilbertus Porretanus, auch Pictaviensis nach seinem Geburtsorte Poitiers, 1142—1154 Bischof von Poitiers), ein Schüler Bernhards von Chartres und Anderer, stellte im Anschluss an die aristotelisch-boëthianische Definition des Allgemeinen: quod natum est de pluribus praedicari die Ansicht von

§ 25. Platonisirende u. realistische Scholastiker des zwölften Jahrhunderts.

formis nativis auf, welche Johannes von Salisbury (a. a. O.) so zusammenfasst: universalitatem formis nativis attribuit, et in earum conformitate laborat; est autem forma nativa originalis exemplum et quae non in mente Dei consistit, sed rebus creatis inhaeret, haec graeco eloquio dicitur εἶδος, habens se ad ideam ut exemplum ad exemplar, sensibilis quidem in re sensibili, sed mente concipitur insensibilis, singularis quoque in singulis, sed in omnibus universalis. Gilbert unterscheidet in seinem Commentar zu (Pseudo-)Boëthius de trinitate (in: op. Boëth. et Basil. 1570, p. 1152) zwei Bedeutungen des Wortes Substanz: 1) quod est, sive subsistens, 2) quo est, sive subsistentia. Die genera und species sind generales und speciales subsistentiae aber nicht substantiell existirende Objecte (non substant vere, p. 1139); die subsistirenden Dinge sind das Sein ihrer Subsistenzen (res subsistentes sunt esse subsistentiarum), die Subsistenzen aber sind substantielle Formen (formae substantiales, p. 1255 sqq.). Es giebt generische und specifische, aber auch singuläre Subsistenzen, welche letzteren immer nur in einem Individuum sind; die Individuen unterscheiden sich von einander nicht bloss durch accidentielle, sondern auch durch substantielle Proprietäten (p. 1128). Der Verstand (intellectus) sammelt (colligit) das Universelle, welches est, aber nicht substat, aus den particularen Dingen, welche sunt und auch (als Subjecte der Accidentien) substant (p. 1138 sq.), indem er auf ihre substantialis similitudo oder conformitas achtet (p. 1135 sq.; 1252). In den sinnlichen oder natürlichen Dingen sind Form und Materie verbunden; die Formen existiren als Formae nativae nicht abgetrennt (inabstractae), sondern verwachsen (concretae); der Verstand kann in abstrahirender Weise (abstractim) auf sie achten (attendere); denn oft werden Dinge nicht in der Weise, wie sie sind, sondern in anderer Weise aufgefasst (concipiuntur, p. 1138). In Gott, der reine Form ohne Materie ist, sind die Urbilder der körperlichen Dinge (corporum exemplaria, p. 1138) als ewige stofflose Formen. Auf Gott kann (wie Gilbert mit Augustin u. A. lehrt) keine der Kategorien im eigentlichen Sinne angewandt werden (p. 1154); die theologische Betrachtung, die auf das Stofflose, abstract Existirende geht, kann nicht durchaus den Gesetzen der natürlichen, concreten Dinge gemäss sein (p. 1140; 1173). In theologischem Betracht wurde Gilbert verübelt, dass er lehrte, der Eine Gott in den drei Personen sei die Eine Deitas oder Divinitas, die Eine forma in Deo, qua Deus sit, die forma, qua tres personae informentur. Besonders auf dem Concil zu Paris 1147 und dann zu Rheims 1148 wurde die Sache verhandelt. Der heilige Bernhard verwarf die Unterscheidung von Divinitas und Deus. Die Schrift Gilberts de sex principiis handelt von den sechs letzten Kategorien: actio, passio, ubi, quando, situs, habere. Sie ist von Späteren oft commentirt worden. Der Kategorie der Substanz sind nach Gilbert zwar Quantität, Qualität und Relation (in proprio statu) inhärent (formae inhaerentes), die sechs letzten Kategorien aber nur (respectu alterius) assistent (formae assistentes). Freilich ist die Gültigkeit dieser Unterscheidung sehr zweifelhaft, besonders bei der Zurechnung der relatio zu den formae inhaerentes, da doch die Relation gerade in der Beziehung auf Anderes besteht; Gilbert genügte es, dass die Möglichkeit überhaupt, auf Anderes bezogen zu werden, in dem Objecte selbst liegt. Albertus Magnus ist ihm hierin beigetreten; die späteren Scholastiker aber erkennen nur die Substanz, Quantität und Qualität als absolute Kategorien an und schreiben den sieben übrigen eine relative Natur zu, wie auch Leibniz als „déterminations internes" nur „l'essence, la qualité, la quantité" anerkennt (der aber die aristotelische Zehnzahl der Kategorien auf die Fünfzahl: Substanz, Quantität, Qualität, Action nebst Passion, Relation reducirt).

Johannes von Salisbury in Südengland (Johannes Saresberiensis), geboren um 1110—1120, gebildet in Frankreich 1136—1148, dann nach England zurück-

§ 25. Platonisirende u. realistische Scholastiker des zwölften Jahrhunderts.

gekehrt, mit Theobald, dem Erzbischof von Canterbury, und Thomas Becket befreundet, endlich Bischof von Chartres 1176 bis zu seinem Tode 1180, war ein Schüler Abälards, des antinominalistischen Logikers Alberich, des Robert von Melun, Wilhelm von Conches und Gilbert de la Porrée, auch des Theologen Robert Pulleyn und Anderer. Wie Abälard und Bernhard von Chartres und in noch weiterer Ausdehnung als diese verband er das Studium classischer Autoren mit der logisch-theologischen Bildung. Er verfasste 1159—1160, ungefähr zwanzig Jahre nach der Zeit, in welcher er seine logischen Studien betrieben hatte, seine beiden Hauptschriften, den Policraticus, d. h. die Besiegung der nugae des Hofes durch kirchlich-philosophische Gesinnung, und den Metalogicus, über den Werth und den Nutzen der Logik, worin er „logicae suscipit patrocinium" (prol. p. 8 ed. Giles). Der Metalogicus ist sehr reich an Mittheilungen über den Schulbetrieb der Logik zu jener Zeit. Johannes erwähnt im Metalogicus (II, 16) acht verschiedene Ansichten (die achte, wonach die species „maneries" s. v. a. manieres seien, ist verwandt mit der siebenten, dass sie auf einem colligere beruhen), darunter an dritter Stelle (nach der des Roscellin und des Abälard) die conceptualistische, die er mit den Worten bezeichnet: alia versatur in intellectibus et eos duntaxat genera dicit esse et species; sumunt enim occasionem a Cicerone et Boëthio, qui Aristotelem laudant auctorem, quod haec credi et dici debeant notiones (Cicero freilich beruft sich nur auf Graeci, wobei an die Stoiker zu denken ist); est autem, ut aiunt, notio ex ante percepta forma cuiusque rei cognitio enodatione indigens, et alibi; notio est quidam intellectus et simplex animi conceptio; eo ergo deflectitur quidquid scriptum est, ut intellectus aut notio universalium universalitatem claudat. Zu keiner jener Ansichten bekennt sich Johannes durchaus; Prantl bezeichnet ihn überhaupt als einen principlosen Eklektiker. Jedoch neigt sich Johannes zumeist den Ansichten Gilberts zu; er fasst die Universalia als den Dingen immanente wesenhafte Qualitäten oder Formen auf, die nur die Abstraction trenne, und will keine selbständigen Ideen zulassen, die von Gott unabhängig wären. Uebrigens bleibt er in dieser Frage grossentheils bei dem blossen Zweifel stehen (Metal. II, 20): qui me in his quae sunt dubitabilia sapienti, academicum esse pridem professus sum. Er hält es nicht für angemessen, bei derartigen Problemen allzulange zu verweilen oder gar das ganze Leben hindurch nichts Anderes zu treiben, und wirft selbst dem Aristoteles „astutias" und „argutias" vor (Metalog. III, 8; Policr. IV, 3; VII, 12 u. ö.). Derselbe sei überzeugender in der Zerstörung fremder Ansichten, als in der Begründung eigener, und keineswegs irrthumsfrei und gleichsam sacrosanct (Metal. III, 8; IV, 27). Johannes hat zu oft die Erfahrung gemacht, wie bei der Verfechtung einer Meinung der einen Stelle, aus welcher eben diese Meinung hervorgegangen war, alle die anderen onantastbaren Stellen der Autoritäten gewaltsam angepasst wurden, als dass er nicht von derartigen Auslegungskünsten sich hätte abgestossen fühlen sollen; er verlangt, man solle den Wechsel im Wortgebrauch beachten und nicht durchweg Gleichmässigkeit im Ausdruck verlangen, giebt auch wirkliche Verschiedenheit der Gedanken und sogar Irrthümer bei den meisten alten Meistern selbst zu, ohne freilich die Differenzen als Entwickelungsformen des philosophischen Gedankens zu begreifen. Im Gegensatz zu dem fruchtlosen Schulgezänk legt Johannes auf das „utile" ein starkes Gewicht, insbesondere auch auf moralische Förderung. Alle Tugend, auch die der Heiden, stammt aus göttlicher Erleuchtung und Begnadigung (Policrat. III, 9). Der volle Wille hat vor Gott das Verdienst der That; doch liegt in den Werken die von Gott gewollte Bewährung des Willens (Policr. V, 3: probatio delectionis exhibitio operis est). Johannes' praktischer Standpunkt ist der streng kirchliche.

Alanus ab insulis (Ryssel, Allain de Lille), doctor universalis, gestorben als Mönch zu Clairvaux um 1203, schrieb fünf Bücher de arte sive de articulis fide catholicae, worin er die Hauptlehren der christlichen Kirche den Angriffen der Juden, Mohammedaner und Häretiker gegenüber durch Verstandesgründe zu stützen sucht. Ausgehend von allgemeinen Sätzen, wie quidquid est causa causae, est etiam causa causati; omnis causa subiecti est etiam causa accidentis; nam accidens habet esse per subiectum; nihil semet ipsum composuit vel ad esse produxit (nequit enim aliquid esse prius semet ipso) etc., stellt er, im Wesentlichen der Ordnung der Sentenzen des Petrus Lombardus sich anschliessend, im ersten Buch die Lehre von Gott, dem Einen und Dreifaltigen, der einheitlichen Ursache aller Dinge, auf, im zweiten Buche die Lehre von der Welt, der Schöpfung der Engel und Menschen und dem freien Willen (reparatio) des gefallenen Menschen, im vierten die Lehre von den kirchlichen Sacramenten, im fünften die Lehre von der Wiederauferweckung und dem zukünftigen Leben. Alanus hat schon das Buch von den Ursachen (liber de causis) gekannt, welches auf neuplatonischen Sätzen beruht und durch Juden an die Scholastiker kam. — Uebrigens steht es nicht fest, welche von den unter seinem Namen gehenden Schriften den Alanus ab insulis wirklich zum Verfasser haben.

§ 26. Gegen die hohe Werthschätzung der Dialektik, namentlich gegen ihre Anwendung auf die Theologie, machte sich im zwölften Jahrhundert eine scharfe Opposition geltend in der mystischen Theologie, die besonders vertreten ist durch **Bernhard von Clairvaux**, durch **Hugo** und **Richard von St. Victor**.

Aehnliche Lehren wie die des Dionysius Areopagita und des Johannes Scotus wurden unter pantheistischer Identificirung Gottes mit dem Wesen der Welt durch **Amalrich von Bena** und **David von Dinant** aufgestellt. Letzterer und wohl auch Amalrich haben bereits einzelne aus dem Arabischen übersetzte Schriften gekannt.

Ueber die orthodoxen, wie auch über die häretischen Mystiker dieser Periode s. Wilh. Preger, Gesch. d. deutsch. Mystik im Mittelalter, I. Th. bis zum Tode Meist. Eckharts, München 1875. Vgl. auch A. Jundt, histoire du panthéisme populaire au moyen-âge et au seizième siècle (suivie de pièces inédites concernant les frères du libre esprit, maître Eckhart, les libertins spirituels), Paris 1875; Heinrich Schmidt, der Mysticismus in seiner Entstehungsperiode, Jena 1824; Görres, die christl. Mystik, Regensb. 1836—42; Helfferich, die christl. Mystik, Hamb. 1842; Noack, die christl. Mystik des Mittelalters, Königsb. 1853.
Bernardi Clarevallensis opera ed. Martène, Venet. 1567; ed. Mabillon, Paris 1696 und 1719. Ueber ihn handeln Neander, Berl. 1813, 3. Aufl. 1865, Ellendorf, Essen 1837, und G. L. Plitt in der von Niedner herausg. Zeitschr. f. histor. Theologie, 1862, S. 163—238. Paul Thenaud, St. Bernard et son traité de consideratione, Strassb. 1869. Hnr. Reuter, Bernhard von Clairvaux, in: Zeitschr. f. Kirchengesch., Bd. 1, 1877, S. 36—50. Hugonis a S. Victore opera, Par. 1524; Venet. 1588; stud. et industr. Canonicorum abbat. S. Vict. ed. Rothomag. 1648, und danach bei Migne, Bd. 175—177. Ueber ihn handeln A. Liebner, Leipz. 1836, Hauréau, Paris 1860, Ed. Böhmer in der Zeitschr. Damaris 1864, Heft 3, C. Hettwer, de fidei et scientiae discrimine et consortio iuxta mentem Hugonis a. St. Victore, Breslau 1875. Richardi a S. Vict. opera, Venet. 1506; Par. 1518; bei Migne Patrol. Bd. 194. Ueber ihn handelt J. G. V. Engelhardt, Rich. v. S. Vict. und Johannes Ruysbroek, Erlangen 1838. Wilh. Kaulich, die Lehren des Hugo und Richard v. St. Victor, in den Abh. der Böhm. Gesellschaft der Wiss., 5. Folge, 13. Bd., aus den Jahren 1863 und 1864, Prag 1864 (auch separat ausgegeben).

§ 26. Mystiker und Pantheisten des zwölften Jahrhunderts.

Ueber Amalrich und die Amalricaner handelt Chr. U. Hahn in d. theol. Stud. u. Krit. 1846, Heft 1, s. auch desselb. Gesch. der Ketzer im Mittelalt., Bd. 3; über Amalrich von Bena und David von Dinant handelt Krönlein in d. theol. Stud. u. Krit. 1847, S. 271—330. Ch. Jourdain, mémoire sur les sources philosophiques des hérésies d'Amaury de Chartres et de David de Dinant, in: Mém. de l'ac. des inscript. et de bell. lettr. 26, 2, 1870, S. 467—498. M. Hauréau, mém. sur la vraie source des erreurs attribuées à Dav. de D., ebd., 29, 2, 1877, S. 319—330; s. auch dess. hist. de la phil. sc. II, 2, S. 73—168; ferner W. Preger, Gesch. der deutsch. Myst. im Mittelalt., I. S. 166—191.

Die orthodoxen Mystiker des zwölften Jahrhunderts, wie Abälards Gegner Bernhard von Clairvaux (doctor mellifluus 1091—1153, von seinen Schriften hier zu erwähnen: de contemtu mundi, de consideratione, de deligendo deo, de gradibus humilitatis), der das Wissen nur in so weit schätzt, als es der Erbauung dient, ein Streben nach dem Wissen um des Wissens willen für heidnisch hält, Hugo von St. Victor (1096—1141, von seinen Werken zu nennen: Eruditio didascalica, in den ersten drei Büchern eine Uebersicht über die weltliche Wissenschaft, Summa sententiarum, s. o. S. 174, Dialogus de sacramentis legis naturalis et scriptae, seine Hauptschrift: de sacramentis, in welcher er auch ein System der Theologie giebt), der bei encyclopädischer Gelehrsamkeit und gründlicher Kenntniss der Alten doch alle weltliche Wissenschaft nur als Vorbereitung zur Theologie gelten lässt, den Grundsatz aufstellt: „rerum incorrupta veritas ex ratiocinatione non potest inveniri", und sein Schüler Richard von St. Victor (gest. 1173, Schriften: de trinitate, de praeparatione ad contemplationem, de contemplatione) haben um die Bearbeitung der kirchlichen Lehre Verdienst, stehen aber, indem sie thatsächlich das Bild der Phantasie über den Vernunftbegriff erheben, der Philosophie zu fremd und feindlich gegenüber, als dass sie zur Förderung derselben wesentlich hätten beitragen können. Der Prior Walther von St. Victor nannte (nach Buläus, hist. univ. Par. I, p. 404 und Launoy, de var. Arist. fort. c. 3) um 1180 Abälard, Petrus Lombardus, Gilbert und Petrus von Poitiers, welche sämmtlich „uno spiritu Aristotelico afflati ineffabilia trinitatis et incarnationis scholastica levitate tractarent", die „quatuor labyrinthos Franciae".

Für Bernhard ist die höchste der Seligkeiten „die geheimnissvolle Auffahrt der Seele in den Himmel, das süsse Heimkehren aus dem Lande der Leiber in die Region der Geister, das Sichaufgeben in und an Gott". Er hält für die Bedingungen aller mystischen Erhebung die Demuth und die Liebe zu Gott, welche sich aus der Demuth entwickelt. Auf dieser Grundlage kann der Mensch in die Tiefen der Wahrheit eindringen, und bei der Bewunderung derselben kann der Geist ausser sich kommen und sich in den „Ocean der unendlichen Wahrheit" versenken. Jedoch ist diese Contemplation immer eine ausserordentliche Begnadigung von Seiten Gottes. Aus der Erhebung sinkt der Emporgetragene rasch wieder zurück. Hugo und Richard von St. Victor unterscheiden drei Thätigkeiten der Erkenntniss, die cogitatio, die meditatio und die contemplatio, welche der Einbildungskraft, der Vernunft und der Intelligenz entsprechen. Die cogitatio hat es mit dem Sinnlichen zu thun, die meditatio ist das discursive, begriffliche Denken, und in der contemplatio erscheint dem Geist ohne discursives Denken das ideale Object unmittelbar. Durch die niederen Stufen der Erkenntniss kann sich der Mensch zur Contemplation erheben. Nach den Objecten, auf welche sich die Contemplation bezieht, unterscheidet Richard sechs Stufen derselben. Die unterste ist in imaginatione et secundum imaginationem, und der Geist wendet sich auf ihr der sinnlichen Welt zu, um in ihrer Schönheit die Schönheit Gottes zu schauen. Die oberste Stufe ist supra rationem et praeter rationem, auf welcher sich der Geist den höchsten, das Erkenntnissvermögen unserer Vernunft übersteigenden Geheimnissen zukehrt, so vor allem

§ 16. Mystiker und Pantheisten des zwölften Jahrhunderts.

der Trinität. Nach dem Grade unterscheidet Richard drei Stufen der Contemplation. Die unterste ist nur eine dilatatio mentis, die zweite eine sublevatio mentis und die höchste eine alienatio mentis, auf welcher der Geist sich selbst entrückt ist, das individuelle Bewusstsein aufhört und in dem Schauen völlig aufgeht. Der Mensch kann sich zu dieser höchsten Erleuchtung vorbereiten, aber sich dieselbe nicht selbst verschaffen; er muss sie abwarten. Das Regulativ für die Wahrheit dessen, was er im Zustande der Entrückung schaut, bildet die heilige Schrift. Was dieser widerspricht, ist Täuschung.

In einem von der Kirchenlehre abweichenden, dem Pantheismus sich annähernden Sinne philosophirten Amalrich von Bena (Amaury de Bennes) im District von Chartres (gest. als Lehrer der Theologie zu Paris 1206 oder 1207) und seine Anhänger. Amalrich soll eine Identität des Schöpfers und der Schöpfung gelehrt haben. Gott ist die einheitliche Essenz aller Creaturen. Die Ideen schaffen und werden geschaffen. Alles Getheilte und Veränderliche kehrt schliesslich in Gott zurück, um in Gott unveränderlich zu ruhen, und wird dann in ihm als ein unveränderliches Individuum bleiben. Abraham und Isaak sind nicht verschieden, sondern derselben Natur; ebenso ist alles Eins, und dieses Eine ist Gott (Martin. Polon. Chronic. expeditiss. l. IV: dixit enim deum esse essentiam omnium creaturarum et esse omnium. Item dixit, quod sicut lux non videtur in se, sed in aere, sic deus nec ab angelo neque ab homine videbitur in se sed tantum in creaturis, vgl. Gerson, de concordia metaph. cum log. IV). Vielleicht hat auf Amalrich, der nur mündlich gelehrt zu haben scheint, die sogenannte Theologie des Aristoteles (s. u. §. 29), wie auch das Buch de causis und Avicebrons Fons vitae einigen Einfluss geübt; der Kern seiner Lehre ist aber zweifellos von Erigena genommen, und wenn man weiter zurückgehen will, von Maximus und Dionysius Areopagita. Manches erinnert an Bernhards von Chartres Platonismus.

Bald nach dem Tode Amalrichs wurde bekannt, dass seine Häresie sich nicht auf den Satz beschränkte, den er offen gelehrt hatte, und zu dessen Widerruf er schliesslich gezwungen worden war, jeder Gläubige müsse sich für ein Glied des Leibes Christi halten, sondern auf einer pantheistischen Basis ruhe und mit der viel verzweigten Häresie zusammenhänge, die damals den Bestand der katholischen Kirche bedrohte, und mit der auch das von dem gut kirchlich gesinnten Abt von Calabrien, Joachim von Floris (über den E. Renan in der Revue des deux mondes t. 64, Juillet 1866, S. 94—142 handelt, s. auch J. N. Schneider, Joachim von Floris und der Apokalyptiker des Mittelalters, Dillingen 1873) um 1200 verfasste ewige Evangelium und auch noch spätere Mystik (insbesondere das durch Johann aus Parma, der 1210—1289 lebte, verfasste Evangelium sancti spiritus der Fraticellen) in manchem Betracht zusammentrifft. Gott bewirke, so lehrten die Amalricaner, Alles in uns, das Wollen sowie das Handeln, so dass es keinen Unterschied zwischen Gut und Schlecht, auch kein Verdienst und keine Schuld gebe. Gewissensbisse seien unnöthig: Qui cognoscit Deum esse in se, lugere non debet sed ridere. Gott der Vater sei in Abraham und den Patriarchen Mensch geworden, der Sohn in Christo und allen Christen, jetzt habe das Zeitalter des heiligen Geistes begonnen, der sich in den Amalricanern verkörpert habe und die kirchlichen Satzungen und Sacramente, wie auch den Glauben und die Hoffnung zu Gunsten des Wissens und der Liebe aufhebe. In welchen der Geist lebe, die hätten die Gabe der Freiheit, sie seien Gott. Nicht Werke entschieden, sondern die Gesinnung; wer in der Liebe stehe, sündige nicht. Nur Erdichtungen seien Auferstehung und jüngstes Gericht; wer die richtige Erkenntniss Gottes habe, der trage in sich den Himmel, wer aber eine Todsünde begangen, der habe in sich die Hölle. S. besonders Haureau, hist. de la phil. scol. II, 1, S. 86 ff. nach einer anonymen Abhandlung contra Amau-

§ 26. Mystiker und Pantheisten des zwölften Jahrhunderts.

rianos, die aus dem 13. Jahrhundert herrührt und auf der Bibliothek von Troyes aufgefunden worden ist. Sie ist namentlich gerichtet gegen einen Priester von Amiens, mit Namen Godinus, und es heisst u. A. darin: quid absurdius quam quod Deus est lapis in lapide, Godinus in Godino, adoretur ergo Godinus, non solum dulia sed latria, quia Deus est. — Ecce hoc usque credidimus filium incarnatum; jam isti praedicant Christum ingodinatum. — Die Lehren der Amalricaner wurden auf der Synode zu Paris 1210 und auf dem von Innocenz III. berufenen Lateranconcil 1215 verdammt. Die Gebeine Amalrichs wurden auf dem Kirchhof ausgegraben und im freien Felde verscharrt. Die Häresie rottete man durch Gefängnissstrafen und Scheiterhaufen aus (s. Caesarius v. Heisterbach, Illustr., mirac. et hist. memor. l. V, 22, citirt bei Hauréau, hist. de la ph. sc.: II, 1, S. 94 ff.). Das Studium der aristotelischen Schriften über die Natur aber wurde, soweit es die Lehre Amalrichs zu begünstigen schien, ebenso wie das der Schriften des Erigena durch kirchliche Decrete verboten (vgl. unt. §. 30).

Ueber das Leben und die Lebensumstände des David von Dinant (in der Bretagne oder an der Maas) wissen wir sehr wenig. Er soll sich an dem päpstlichen Hofe unter Innocenz III. aufgehalten und bei diesem sogar in Gunst gestanden haben. Mit Amalrich scheint er persönlich nicht in Berührung gekommen, auch nicht mittelbar dessen Schüler gewesen zu sein. Zwei Schriften werden ihm zugeschrieben, eine: de tomis, hoc est de divisionibus (Alb. M., Summa theol. p. II, tract. IV, qu. 20), in dem Titel an Erigena erinnernd, und eine zweite: quaterni oder quaternuli (in den Documenten der pariser Synode 1210, bei Martène, Thesaurus novus anecdotorum, t. IV: quaternuli magistri D. de D. — episcopo Parisiensi offerantur et comburantur). Es ist aber wahrscheinlich, dass beide Titel sich auf dieselbe Schrift beziehen, die aus einer Reihe nur lose mit einander verknüpfter Paragraphen (quaterni) bestand. Thomas von Aquino in II. libr. sententiarium dist. XVII, quaest. 1, art. 1 berichtet über ihn: divisit res in partes tres, in corpora, animas et substantias separatas. Et primum indivisibile, ex quo constituuntur corpora, dixit Yle; primum autem indivisibile, ex quo constituuntur animae, dixit Noym vel mentem; primum autem indivisibile in substantiis aeternis dixit Deum. Et haec tria esse unum et idem: ex quo iterum consequitur esse omnia per essentiam unum. Nach Albertus Magnus, Summa theol. p. II, tract. XII, qu. 72, membr. 4, art. 2, sagt David: manifestum est unam solam substantiam esse non tantum omnium corporum sed etiam omnium animarum et hanc nihil aliud esse quam ipsum Deum, quia substantia, de qua sunt omnia corpora dicitur Hyle, substantia vero, de qua sunt omnes animae, dicitur ratio vel mens. Manifestum est igitur Deum esse substantiam omnium corporum et omnium animarum. Patet igitur, quod Deus et Hyle et mens una sola substantia sunt. Unterschieden sich die erste Materie und der νοῦς, so stände über ihnen ein gemeinsames Höheres, worin sie übereinkämen, und dann wäre dieses Gott und νοῦς und erste Materie zugleich (Albert. M., Summa th. I, 4, 20). Zu dem unterschiedslosen Sein als dem Princip alles Einzelnen gelangt David auf dialektischem Wege durch die Annahme, dass alle Unterschiede nur unter Zugrundelegung eines allgemeinen Genus denkbar seien. Quellen dieses Pantheismus, der Aehnlichkeit mit dem Spinozas hat, sind nicht Johannes Scotus und Dionysius Areopagita, vielmehr hat auf David von Dinant wahrscheinlich die Schrift „fons vitae" des Avicebron (Ibn Gebirol, s. unten § 29) besonders eingewirkt, sowie ihm auch ausser der Metaphysik und Physik des Aristoteles selbst maurische Commentare zu Aristoteles bekannt gewesen sein mögen. Albert der Grosse leitet den Pantheismus des David von Xenophanes ab und namentlich von einem Schüler des Xenophanes, den er Alexander nennt, und dessen kleine verabscheuenswerthe Schrift er selbst öfter in

Händen gehabt haben will. Hauréau glaubt dieses Schriftchen entdeckt zu haben in dem kurzen Tractat de unitate et uno, der sich fälschlich unter den Schriften des Boëthius, z. B. in der zu Venedig 1491 erschienenen Ausgabe, auch bei Migne, findet: in den meisten Manuscripten ist als Verfasser desselben der Philosoph Alexander bezeichnet, in einigen Boëthius und Algazel. Wahrscheinlich gehört das Schriftchen dem Christenthum und auch dem Mittelalter an; als den Verfasser bezeichnet Hauréau den Dominicus Gundisalvi, Archidiaconus von Segovia, der mit arabischer und jüdischer Philosophie sehr vertraut war und bekannt ist als Uebersetzer des Aristoteles, und der auch in einigen Manuscripten als Verfasser angegeben wird. Sollte dieser Tractat wirklich von David benutzt worden sein, so kann er doch nicht als hauptsächliche Quelle von dessen Pantheismus gelten. — Die Kirche reagirte gegen die heterodoxen Denker um so energischer, als sie gleichzeitig von der albigensischen Häresie bedroht war.

§ 27. Die Umbildung der scholastischen Philosophie seit dem Ausgang des zwölften Jahrhunderts und ihre Ausbildung zu der höchsten ihr erreichbaren Vollkommenheit beruht auf dem Bekanntwerden mit der Gesammtheit der aristotelischen Schriften durch Vermittelung der Araber und Juden, demnächst auch der Griechen, und auch mit der Denkweise der jene Kenntniss vermittelnden Philosophen selbst. Bei den Griechen hatte, seitdem die neuplatonische Philosophie durch das Decret des Justinian (529) unterdrückt und auch ihr (bei Origenes und seinen Schülern hervorgetretener) Einfluss auf Abweichungen von der Orthodoxie innerhalb der christlichen Theologie beseitigt worden war, die aristotelische Philosophie immer mehr an Ansehen gewonnen, indem zuerst hauptsächlich Häretiker, dann auch Orthodoxe sich der aristotelischen Dialektik in den theologischen Streitigkeiten bedienten.

Die Schule der syrischen Nestorianer zu Edessa, später die zu Nisibis und die medicinisch-philosophische Lehranstalt zu Gandisapora waren Hauptsitze aristotelischer Studien; durch ihre Vermittelung kam die aristotelische Philosophie an die Araber. Auch die syrischen Monophysiten betheiligten sich an dem Studium des Aristoteles, besonders auf den Schulen zu Resaina (Rish-'ainā) und Kinnesrin. Der Monophysit und Tritheist Johannes Philoponus und der orthodoxe Mönch Johannes Damascenus waren christliche Aristoteliker, der Letztere stellte scholastisch die Logik und Metaphysik des Aristoteles in den Dienst der systematischen Darstellung der streng orthodoxen Glaubenslehre. Im achten und neunten Jahrhundert geriethen auch im Orient die Studien mehr und mehr in Verfall; doch erhielt sich die Tradition. Im elften Jahrhundert zeichneten sich besonders als Logiker Michael Psellus und Johannes Italus aus. Aus den nächstfolgenden Jahrhunderten haben sich mehrere Commentare zu Schriften des Aristoteles und zum Theil auch Abhandlungen über andere

§ 27. Griechische und syrische Philosophen im Mittelalter.

Philosophen erhalten. Im fünfzehnten Jahrhundert ging von den Griechen, besonders nach der Einnahme Konstantinopels durch die Türken im Jahre 1453, die erweiterte Bekanntschaft des Abendlandes mit der antiken Litteratur aus, woran sich auf dem Gebiete der Philosophie zunächst der Kampf zwischen dem aristotelischen Scholasticismus und dem neuaufkommenden Platonismus geknüpft hat.

Ueber die Philosophie der Griechen im Mittelalter handelt namentlich Jac. Brucker (hist. crit. philos. t. III, Lips. 1743, p. 532—554) und in neuerer Zeit speciell über die Logik Carl Prantl (Gesch. der Log. I, S. 643 ff. und II, S. 263—303). Ueber die peripatetische Philosophie bei den Syrern handelt E. Renan (Paris 1852). Vgl. Georg Hoffmann, de hermeneuticis apud Syros Aristoteleis, Leipz. 1869, ed. 2. 1873. Der Commentar des Eustratius u. A. (Εὐστρατίου καὶ τῶν ἄλλων) zur Nikom. Ethik des Aristoteles ist Venet. Ald. 1536 (fol.) gedruckt worden. S. Schleiermacher, über die griech. Scholien zur Nik. Ethik, Werke, III, 2, S. 390—426; Val. Rose in: Hermes V, 1870, S. 61—113.

Schon in der Schule des Origenes genoss die aristotelische Logik ein gewisses Ansehen. Gregor von Nazianz schrieb einen Auszug des Organons (s. Prantl, Gesch. der Log. I, S. 657). Aber anfangs trieben mehr Häretiker als orthodoxe Christen aristotelische Philosophie. Die platonischen Lehren standen den christlichen näher und wurden höher geachtet. Jedoch in dem Maasse, wie die Theologie Schulwissenschaft wurde, ward die aristotelische Logik als Organon geschätzt.

Mit dem Nestorianismus zugleich fand im fünften Jahrhundert der Aristotelismus Aufnahme bei dem im Osten wohnenden Theile der Syrer, insbesondere an der Schule zu Edessa. Das älteste Document dieser Philosophie bei den Syrern ist ein Commentar zu Arist. de interpr., verfasst von Probus, einem Zeitgenossen des Bischofs Hibâ von Edessa, des Uebersetzers der Commentare des Theodorus von Mopsveste zu biblischen Schriften. Derselbe Probus hat auch Commentare zu den Anal. pri. u. Soph. El. geschrieben. Neben Probus werden von den Syrern Hibâ und Kûsni als solche genannt, welche griechische (philosophische) Werke in das Syrische übersetzt haben. Als die Schule zu Edessa wegen des in ihr herrschenden Nestorianismus auf Befehl des Kaisers Zenon 489 zerstört wurde, flohen die Betheiligten grossentheils nach Persien und verbreiteten dort, von den Sassaniden begünstigt, ihre religiösen und philosophischen Anschauungen. Aus den Trümmern der Schule zu Edessa gingen die Schulen zu Nisibis und zu Gandisapora hervor, die letztere vorzugsweise medicinisch (academia Hippocratica). Der König Nûshirwân von Persien interessirte sich lebhaft für die Philosophie des Platon und des Aristoteles. Gelehrte aus der Schule zu Gandisapora wurden in der Folge Lehrer der Araber in der Medicin und Philosophie. Später, aber nicht mit geringerem Eifer, als die Nestorianer, warfen sich die syrischen Monophysiten oder Jacobiten auf das Studium des Aristoteles. Zu Resaina (Rish-'ainâ) und Kinnesrin in Syrien bestanden Schulen, in denen die aristotelische Philosophie herrschte. Der Urheber dieser Studien war Sergius von Resaina, der Uebersetzer des Aristoteles ins Syrische, in der ersten Hälfte des sechsten Jahrhunderts. (Vgl. Assemani, Bibliotheca Orientalis II, 315 ff.). In Codices des britischen Museums existiren von ihm (nach Angabe Renans de philos. perip. apud Syros p. 25): Log. tractatus, liber de causis universi iuxta mentem Aristotelis, quo demonstratur universum circulum efficere, und andere Schriften. Unter den zu Kinnesrin gebildeten Männern verdient namentlich der auch als Theolog und Grammatiker berühmte Bischof Jacob von Edessa (starb 708 n. Chr. Vgl. über ihn Bar Hebraei Chronicon eccles. ed. J. B. Abbeloos et Th. d. Laksy I, 290 ff.) Erwähnung, der theologische und philosophische Schriften aus dem Griechischen ins Syrische übersetzt hat; seine Uebersetzung der Kateg. des Aristoteles ist handschriftlich vorhanden.

Ueber Johannes Grammaticus oder Philoponus s. oben § 17, S. 116 ff., über Johannes Damascenus ebend. S. 121. In der zweiten Hälfte des neunten Jahrhunderts zeichnete sich der Patriarch Photius von Constantinopel durch umfassende Gelehrsamkeit aus; seine Bibliotheca (ed. Bekker. Berl. 1824) enthält Auszüge auch aus manchen philosophischen Schriften. Seine Zusammenstellung der aristotelischen Kategorien existirt handschriftlich.

Michael Psellus (geb. 1020) schrieb ausser einer Einleitung in die Philosophie (gedruckt Ven. 1532 und Par. 1541) und einem Buche über die Meinungen der Philosophen von der Seele (edirt Par. 1618 u. ö.) auch Commentare über des Porphyrius quinque voces und Aristoteles Kategorien (Venet. 1532; Par. 1541) und des Aristoteles Schrift de interpretatione (Ven. 1503). Ferner rührt von ihm ein Compendium der Logik unter dem Titel Σύνοψις εἰς τὴν Ἀριστοτέλους λογικὴν ἐπιστήμην her, das in fünf Büchern den Inhalt der Schrift des Aristoteles περὶ ἑρμηνείας, der Isagoge des Porphyrius, der aristotelischen Kategorien und Analytica priora und der Topik wiedergiebt. Die Topik erscheint in der Gestalt, die sie auch bei Boëthius hat; dann folgt in dem 25. und 26. Capitel des fünften Buches ein Abschnitt über σημασία (significatio) und über ὑπόθεσις (suppositio). Die σοφιστικοί ἔλεγχοι, die Psellus jedenfalls auch behandelt hatte, fehlen in der Handschrift. Eine ausführliche Uebersicht über den Inhalt der Synopsis giebt Prantl, Gesch. der Log. II, 2. Aufl., S. 271—294. In diesem Compendium finden sich die syllogistischen Memorialworte, in welchen α das allgemein bejahende, ε das allgemein verneinende, ι das particular bejahende, ο das particular verneinende Urtheil bezeichnet. Die quatuor memoriales für die Modi der einzelnen Figuren sind in je einen Sinn gebenden Satz zusammengefasst. Sie lauten für die vier Hauptmodi der ersten Figur: γράμματα, ἔγραψε, γραφίδι, τεχνικός, für die fünf theophrastischen Modi der ersten (aus denen Galenus die vierte Figur gebildet hat): γράμμασιν, ἔταξε, χάριαι, πάρθενος, ἱερόν, für die vier Modi der zweiten Figur: ἔγραψε, κατέχε, μέτριον, ἄχολον, für die sechs Modi der dritten Figur: ἅπασι, ἀθενερός, ἰσάκις, ἰσαπίδι, ὁμαλός, φέριστος (vgl. Prantl, Gesch. der Log. II, S. 282 ff.). Bei den lateinischen Logikern entsprechen denselben die bekannten Worte: Barbara, Celarent, Darii, Ferio etc. Die an das letzte Capitel der Topik sich anschliessende Erörterung der σημασία und ὑπόθεσις bildet einen Theil der Doctrin, welche spätere lateinische Logiker unter dem Titel: de terminorum proprietatibus darzustellen und als moderne Logik (Tractatus modernorum) im Gegensatz zu der altüberlieferten (Logica antiqua) zu bezeichnen pflegten. Höchst wahrscheinlich hat die Synopsis auch den ferneren Theil dieser Lehre enthalten (s. u. § 35 bei Petrus Hispanus).

Wir besitzen von dieser Synopsis eine beinahe wörtliche Uebersetzung in den Summulae logicales des Petrus Hispanus, und vor diesem war sie schon von Wilhelm Shyreswood und Lambert von Auxerre (s. u. § 35) etwas freier lateinisch bearbeitet worden. Dass nun wirklich die Logik des Petrus Hispanus aus dem Griechischen übertragen ist, und nicht umgekehrt die Synopsis aus den lateinischen Summulae, wie letzteres Val. Rose (Hermes, II, 1867, S. 146 f.) und Charles Thurot (Revue archéol. n. s. X, 1864, S. 267—281 u. Revue crit. 1867 No. 13 u. 27) wollen, kann nach der Begründung Prantls (a. a. O. S. 266 ff., vgl. auch desselb.

§ 27. Griechische und syrische Philosophen im Mittelalter.

Mich. Psell. u. Petr. Hisp., eine Rechtfertigung, Leipz. 1867) nicht mehr zweifelhaft sein. In der früher in Augsburg, jetzt in München befindlichen einzigen Handschrift der Synopsis, die aus dem 14. Jahrhundert stammt, ist die Notiz hinzugefügt: τοῦ σοφωτάτου Ψελλοῦ εἰς τὴν Ἀ. λ. σύνοψις, und hiernach hat Ehinger die Schrift mit Recht als ein Werk des Psellus herausgegeben. In einigen Katalogen von Handschriften ist nun allerdings Georgius Scholarius (Gennadius, gest. um 1464, s. Grundr. III, 6. Aufl. S. 12) als Uebersetzer der Logik des Petrus Hispanus angegeben. Aber von diesem kann schon wegen des höheren Alters der Handschrift unsere Synopsis nicht als Uebersetzung herrühren, dagegen kann er wohl die aus dem Griechischen in das Lateinische übersetzte Schrift in das Griechische wieder übertragen haben. Wollte man die Synopsis jedenfalls für eine Uebersetzung aus dem Lateinischen halten, so müsste man an einen früher lebenden Uebersetzer denken, etwa an Maximus Planudes. Aber dass die griechische Schrift Original ist, dafür bürgen schon Stellen in den lateinischen Summulae, die in ihrem Widersinn verrathen, dass sie aus dem Griechischen übertragen sind. Sodann ist die Uebereinstimmung der drei Logiker, Wilhelm Shyreswood, Lambert von Auxerre und Petrus Hispanus, in dem neu hinzukommenden Material „de terminorum proprietatibus" kaum anders zu erklären, als durch die Annahme, dass eine neue Quelle für die Logik aus der griechischen Litteratur in das Abendland gekommen sei. Wie freilich dieser ganze neue Abschnitt, der im Allgemeinen wohl aus der in der Stoa üblichen Verschmelzung der Logik mit der Rhetorik und Grammatik hervorging, entstanden ist, darüber fehlt noch die volle Aufklärung. Prantl weist auf Themistius hin, dem am ersten eine solche Verbindung zuzutrauen wäre, und der auch sonst von Psellus benutzt worden ist.

Ein jüngerer Zeitgenosse und Nebenbuhler des Psellus und Nachfolger desselben in der Würde eines ὕπατος φιλοσόφων war Johannes Italus, der einen Commentar zu der aristotelischen Schrift de interpretatione, wie auch zu den ersten vier Büchern der Topik und andere logische Schriften verfasst hat, die handschriftlich erhalten sind (s. Prantl, Gesch. d. Log. II, 2. Aufl. S. 301 f.). Gleichzeitig mit Johannes Italus lebte Michael Ephesius, der Theile des aristotelischen Organons commentirt hat. Dem zwölften Jahrhundert gehört auch Eustratius, Metropolit von Nicäa, an, der aristotelische Schriften, insbesondere auch die Nik. Ethik, commentirt (zum Theil nur Auszüge aus älteren Commentaren zusammengestellt) hat.

In der ersten Hälfte und um die Mitte des dreizehnten Jahrhunderts lebte Nikephorus Blemmydes, der namentlich eine Ἐπιτομὴ λογικῆς verfasst hat (hrsg. von Thomas Wegelin, Augsburg 1605). (Die griechischen voces memoriales für die syllogistischen Modi mit Ausnahme der fünf theophrastischen Modi finden sich auch in dieser Ἐπιτομή, jedoch in den Handschriften nur am Rande beigeschrieben, ohne dass der Text darauf Bezug nimmt; sie sind also wahrscheinlich erst von Späteren hinzugefügt worden.) Ein Georgius Aneponymus schrieb gleichfalls um jene Zeit ein Compendium der aristotelischen Logik (gedruckt Augsburg 1600).

Aus dem Anfange des vierzehnten Jahrhunderts ist ein von Georgius Pachymeres verfasstes Compendium der Logik erhalten: Ἐπιτομὴ τῆς Ἀριστοτέλους λογικῆς (gedruckt Paris 1548), das sich eng an das aristotelische Organon anschliesst. Im vierzehnten Jahrhundert verfasste Theodorus Metochita Paraphrasen zu physiologischen und psychologischen Schriften des Aristoteles, auch Abhandlungen über Platon und andere Philosophen (Fabric. Bibl. Gr. vol. IX). Gregorius Palamas, um 1347 Metropolit von Thessalonich, bekannt als Vertheidiger der Hesychasten, verfasste eine Schrift Προσωποποιία, in welcher die Seele als Anklägerin gegen den Körper auftritt, der Körper sich wiederum vertheidigt, und die Richter ihr Urtheil nicht zu Gunsten der Seele fallen, herausgegeben von Turnebus, Paris 1553, bei Migne u. neuerdings von Alb. Jahn, Halle 1884. Im Jahre 1367 ist von Heliodorus aus Prusa eine Paraphrase der Nikomachischen Ethik des Aristoteles verfasst worden, die früher dem Andronicus Rhodius zugeschrieben wurde. Sie ist unter dessen Namen auch zuletzt noch von Mullach, Fragm. phil. Graec., III, abgedruckt. S. Val. Rose, in Hermes, II, 1867, S. 212. — Das Studium des Platon und des Aristoteles wurde in der nächstfolgenden Zeit von den Griechen mit Eifer getrieben.

§ 28. Die Philosophie bei den Arabern ist durchgängig ein mehr oder minder mit neuplatonischen Anschauungen versetzter Aristotelismus. Griechische Arzneikunde, Naturwissenschaft und Philosophie gelangte an die Araber besonders unter der Herrschaft der Abbäsiden (seit 750 nach Chr.), indem durch syrische Christen erst medicinische, demnächst (seit der Regierung des Almamun in der ersten Hälfte des neunten Jahrhunderts nach Chr.) auch philosophische Werke aus dem Griechischen ins Syrische und Arabische übersetzt wurden. Die Tradition griechischer Philosophie knüpfte sich an die bei den letzten Philosophen des Alterthums herrschende Verbindung von Platonismus und Aristotelismus und an das von christlichen Theologen gepflegte Studium der aristotelischen Logik als eines formalen Organons der Dogmatik; aber in Folge des strengen Monotheismus der mohammedanischen Religion musste die aristotelische Metaphysik insbesondere die aristotelische Gotteslehre, in vollerem Maasse, als bei den Neuplatonikern und bei den Christen zur Geltung gelangen, in Folge der Verknüpfung der philosophischen Studien mit den medicinischen aber die naturwissenschaftliche Doctrin des Aristoteles eifriger durchgearbeitet werden.

Unter den arabischen Philosophen im Orient sind die bedeutendsten: Alkendi (Al-Kindi), der noch mehr als Mathematiker und Alfärabi berühmt ist, Alfärabi, der mit dem Aristotelismus zugleich auch die neuplatonische Emanationslehre annahm, „die lauteren Brüder", eine geordnete Gemeinschaft, deren Glieder ein umfassendes System aufbauten aus neuplatonischen, aristotelischen, galenischen, ptolomäischen und den Büchern der Offenbarung entstammenden ethisch-religiösen Elementen, das vielfach an die Lehre Alfärabis erinnert, Avicenna, der einen reineren Aristotelismus vertritt und Jahrhunderte lang, auch bei den christlichen Gelehrten des späteren Mittelalters, als Philosoph und noch mehr als Lehrer der Medicin im höchsten Ansehen stand, endlich Algazel (al Gazzäli), der zu Gunsten der theologischen Orthodoxie einem philosophischen Skepticismus huldigt; im Abendlande aber: Avempace (Ibn Bädsha) und Abubacer (d. i. Abû Bekr Ibn Tophail), die den Gedanken der selbständigen stufenweisen Entwickelung des Menschen durchführen, der Letztere namentlich auch (in seinem „Naturmenschen") gegenüber der positiven Religion, mit welcher jedoch die philosophische Lehre das gleiche Ziel der Vereinigung unseres Intellects mit dem göttlichen anerkenne, endlich Averroës (Ibn Roschd), der berühmte Commentator des Aristoteles, dessen Lehre von dem passiven und activen Verstande er in einem dem Pantheismus sich annähernden und die individuelle Unsterblichkeit ausschliessenden Sinne deutet, indem er nur Einen der gesammten Menschheit gemeinsamen activen Intellect anerkennt, der in den einzelnen Menschen vorübergehend sich particularisire, aber jede seiner Emanationen wiederum in sich zurücknehme, so dass sie nur in ihm der Unsterblichkeit theilhaftig werden.

Ueber die Philosophie der Araber und insbesondere über die arabischen Uebersetzungen des Aristoteles handeln nach dem Vorgange des Mohammed al Schahrestäni (gest. 1153), Gesch. der relig. und philos. Secten bei den Arabern, arabisch edirt von W. Cureton, Lond. 1842—46, deutsch von Haarbrücker, Halle 1850 bis 1851, Abulfaragius (d. i. der syr. Bischof Gregorius Bar Hebraeus, im dreizehnten Jahrhundert), histor. dynast. (Oxf. 1663) und anderen arabischen Gelehrten insbesondere Folgende: Huetius, de claris interpretibus, Paris 1681, p. 123 sq. Renaudot, de barbaricis Aristotelis versionibus, apud. Fabr., bibl. gr., t. III, p. 291 sqq. ed. Harless, cf. I, p. 861 sqq. Brucker, hist. crit. philos. III, Lips. 1743, p. 1—240 (der besonders auf Moses Maimonides und dem Historiker Pocock fusst, aber auch dem unzuverlässigen Leo Africanus manche Fabeln nacherzählt). Reiske, de principibus muhammedanis, qui aut ab eruditione aut ab amore litterarum et litteratorum claruerunt, Lips. 1747. Casiri, bibliotheca Arabico-hispana, Madrid 1760. Buhle, commentatio de studii graecarum litterarum inter Arabes initiis et rationibus, in comm. reg. soc. Gotting., t. XI, 1791, p. 216; proleg. edit. Arist. quam curavit Buhle, t. I, Biponti 1791, p. 315, sqq. Camus, notices et extraits de manuscr. de la bibl. nat., t. VI, p. 392. De Sacy, mém. sur l'origine de la littérature chez les Arabes, Par. 1805. Jos. v. Hammer in der Leipz. Litteraturzeitung, Jahrgang 1813, 1814, 1820, 1826, besonders Stück 161—163, worin eine kurze Geschichte der arab. Metaphysik zu finden ist. A. Tholuck, de vi, quam Graeca philosophia in theologiam tum Mohammedanorum, tum Judaeorum exercuerit, part. I, Hamb. 1835. F. Wüstenfeld, die Akademien der Araber und ihre Lehrer, Göttingen 1837; Gesch. der arab. Aerzte, Göttingen 1840. Aug. Schmölders, documenta philosophiae Arabum, Bonn 1836, und Essai sur les écoles philosophiques chez les Arabes, Paris 1842 (wo besonders über die Motakallimûn oder philosophirenden Theologen und speciell über den Philosophen Algazel gehandelt wird). Flügel, de arabicis scriptorum graec. interpretibus, Meissen 1841. J. G. Wenrich, de auctorum graecorum versionibus et commentariis syriacis, arabicis, armeniacis, persicisque, Lips. 1842. Ravaisson, mém. sur la philos. d'Aristote chez les Arabes, Par. 1844 (in Compt. rend. de l'acad. t. V). Ritter, Gesch. der Philos. VII, S. 633—760 und VIII, S. 1—178; vgl. auch Ritters Abh. über unsere Kenntniss der arab. Philos., Gött. 1844. Hauréau, ph. sc. I, S. 362—390; histoire de la phil. scol. II, 1, S. 15—53. Hammer-Purgstall, Gesch. der arab. Litteratur, Bd. I—VII, Wien 1850—56. E. Renan, de philos. perip. apud Syros, Par. 1852, p. 51 sq. S. Munk, mélanges de philosophie juive et arabe, renfermant des extraits méthodiques de la source de vie de Salomon Ibn Gebirol, dit Avicebron etc., des notices sur les principaux philosophes arabes et leurs doctrines, et une esquisse historique de la philosophie chez les Juifs, Paris 1859; vgl. dessen Artikel: Arabes, Kendi, Farabi, Gazali, Ibn Badja, Ibn Roschd, Ibn Sina in dem Dictionnaire des sciences philos., Paris 1844—52. W. Meister, d. Philosophenschule zu Bagdad, München 1876. Friedr. Dieterici, die Philosophie der Araber im X. Jahrhundert nach Chr. (nach den Schriften der lautern Brüder). A. Allgem. Th. I. Einleitung und Makrokosmus, Lpz. 1876, II. Mikrokosmus, Lpz. 1879. B. Specieller Th. (Quellenwerke): III. Die (mathematische) Propädeutik, Berl. 1865. IV. Die Logik und Psychologie, Lpz. 1868, V. Die Naturanschauung und Naturphilos., II. Ausg. Lpz. 1876, VI. Der Streit zwischen Mensch

§ 28. Arabische Philosophen im Mittelalter.

und Thier (eine arab. Dichtung aus dem X. Jahrh. n. Chr.), Berl. 1858, 2. Ausg. 1875, VII. Die Anthropologie, Lpz. 1871, VIII. Die Lehre v. d. Weltseele, Lpz. 1873; ders., Aristotelism. u. Platonism. im X. Jahrh. n. Chr. bei d. Arabern, Vortrag in der Philologen-Vers. zu Innsbruck gehalt. 1874, in: Verhandlung. der 29. Versamml. deutsch. Philologen n. Schulmänner, Lpz. 1875; ders., der Darwinismus im zehnten und neunzehnten Jahrh., Lpz. 1878 (in der ersten Abhandl. dieser Schr. wird gezeigt, dass schon die Araber des 10. Jahrh. die Affen als eine Uebergangsstufe zwischen Thier und Mensch betrachteten); ders., die Abhandlungen der Ichwân es safâ, zum ersten Mal aus arab. Handschriften herausgeg., Lpz. 1883; ders., d. Wissensch. d. Araber im X. Jahrh., Vorwort z. d. Abhandl. der Ichw. es s., Lpz. 1885. Heinr. Steiner, die Mutaziliten oder Freidenker im Islam als Vorläufer der islamischen Dogmatiker und Philosophen nebst kritischen Anm. zu Gazzalis Munkid, Lpz. 1865. W. Spitta, zur Gesch. Abu'l-Hasan al-Ash'ari's, Lpz. 1876 (A. H. war einer der Hauptvertreter der Orthodoxie gegen die Mutaziliten). E. H. Palmer, oriental mysticism, a treatise on the sufistic and unitarian theosophy of the Persians, compiled from native sources, London 1867. Leop. Dukes, Philosophisches aus dem X. Jahrh., ein Beitrag zur Literaturgesch. der Mohamedaner und Juden, Nakel 1868. G. Dugat, histoire des philosophes et des théologiens Musulmans (de 632 à 1258 de Jés. Chr.), Paris 1878. Vgl. auch I. Barthélemy Saint Hilaire, Mahomet et le Coran précédé d'une introduct. sur les devoirs mutuels de la philos. et de la relig., Par. 1865; A. v. Kremer, Gesch. der herrschenden Ideen des Islam, Lpz. 1868; Hermes Trismegistus an die menschl. Seele, arab. und deutsch hrsg. von H. L. Fleischer, Leipz., 1870; P. F. Frankl, ein mutazilitischer Kalâm aus dem X. Jahrh., als Beitrag zur Gesch. der muslimischen Religionsphilos., Wien 1872; Kitâb-ul-Fihrist. Mit Anmerk. herausgeg. v. Gust. Flügel, nach dess. Tode besorgt v. Jos. Rödiger und August Müller, 2. Voll., Lpz. 1871, 72: Aug. Müller, die griech. Philosophen in der arabischen Ueberlieferung, Halle 1873, worin sich eine Uebersetzung der auf die griech. Philos. bezüglichen Artikel aus dem Fihrist des Muhammed ibn Ishâq findet nebst Anmerkungen, in welchen aus anderen arabischen Quellen die Angaben vervollständigt werden.

Ueber Alkendi handeln: Abulfaragius in seiner Hist. dynast. IX., dann von den Neueren, namentlich Brucker, hist. crit. philos. III, Lpz. 1743, S. 63—69. Casiri, Bibl. Arab. I, 352 ff. Wüstenfeld, Gesch. der arab. Aerzte und Naturforscher, Gött. 1840, S. 21 ff. Schmölders, essai sur les écoles philos. chez les Arabes, S. 131 ff. Hauréau, ph. sc. I, S. 363 ff., der dort auch einige Mittheilungen aus dem handschriftlich vorhandenen Tractatus de erroribus philosophorum (aus dem 13. Jahrh.) macht. G. Flügel, Al-Kindi, genannt der „Philosoph der Araber", ein Vorbild seiner Zeit und seines Volkes, Leipz. 1857 (in den Abh. für die Kunde des Morgenlandes, herausg. von der deutschen morgenländ. Gesellschaft, I. Bd. No. 2), wo (S. 20—35) auch die Titel der 265 von ihm verfassten Abhandlungen nach dem Fihrist aufgezählt werden. Munk im Dict. des sc. ph. s. v. Kendi und Mélanges p. 339—341. O. Loth „Al Kindi als Astrolog" in „Morgenländische Forschungen", Festschrift, Lpz. 1875.

Ueber Alfârâbi handeln u. A. Casiri, bibl. Arab.-Hisp. I, p. 190. Wüstenfeld, Gesch. der arab. Aerzte und Naturf., S. 53 ff. Schmölders, docum. philos. Arab. p. 15 sq. Munk im Dict. s. v. Farabi und Mélanges p. 341—352. Zwei seiner Schriften sind lateinisch Par. 1638 edirt worden, nämlich de scientiis und de intellectu et intellecto (die letzte Schrift auch schon bei den Werken des Avicenna Venet. 1495); Schmölders giebt dazu s. a. O. noch zwei andere studio Aristotelicae philosophiae praemittendis commentatio (p. 17—25) und Abu Nasr Alfarabii fontes quaestionum (p. 43—56). Ziemlich zahlreich sind Anführungen des Alfarabius bei Albertus Magnus und Anderen. Die eingehendste Darstellung ist die Abh. von Moritz Steinschneider, Alfar., des arab. Philos. Leben und Schriften nebst Anhängen: Joh. Philoponus bei den Arabern, Darst. der Philos. Platos, Leben u. Testament des Arist. von Ptolemäus, in den Mémoires de l'acad. imp. des sciences de St. Pétersbourg, VII. série, tom. XIII, No. 4. auch separat, Petersb. und Leipz. 1869.

Ueber die „lauteren Brüder" handeln die oben citirten Schriften von Frdr. Dieterici.

Mehrere Schriften des Avicenna sind schon vor dem Ende des zwölften Jahrhunderts ins Lateinische übersetzt worden, die Canones der Heilkunde durch Gerhard von Cremona, durch Dominicus Gundisalvi aber und den Juden Avendeath seine Commentare zu den aristotelischen Schriften de anima, de coelo, de mundo, Auscultat. phys. und Metaphys., ferner seine Analyse des Organon (Jourdain, rech. critiques p. 116 sqq.). Edirt wurde die Metaph. schon Venet. 1493, die Logik (theilweise), die Physik, de coelo et mundo, de anima und mehrere andere Schriften unter dem Titel: Avicennae peripa-

§ 28. Arabische Philosophen im Mittelalter.

tetici philosophi ac medicorum facile primi opera in lucem redacta Venet. 1495 u. ö., eine kurze Bearbeitung der Logik hat in französischer Uebersetzung P. Vattiers Paris 1658 herausgegeben; ein dem elementaren Unterricht bestimmtes Lehrgedicht, das die logischen Grundlehren enthält, hat Schmölders docum. philos. Arab. p. 26—42 veröffentlicht. Avicennas Gedicht an die Seele hat von Hammer-Purgstall übersetzt in der Wiener Zeitschr. für Kunst etc. 1837. Von seiner Philosophie handelt Schahrestâni in der Geschichte der religiösen und philosophischen Secten, S. 348—429 des arab. Textes, II, S. 213—332 der deutschen Uebersetzung von Haarbrücker; von seiner Logik handeln Prantl, Gesch. d. Log. II, 2. Aufl., S. 325—367, und B. Haneberg, zur Erkenntnisslehre des Ibn Sina und Albertus Magnus, in den Abh. der philos.-philol. Cl. d. bayer. Akad. der Wissensch. XI, 1, München 1866, S. 189—267; von seiner Psychologie S. Landauer, in: Zeitschr. der deutsch. morgenl. Gesellsch., Bd. 29, S. 335—418 (eine psychol. Schr. Avicennas mit deutscher Uebers.).

Von der Schrift des Algazel: „Makâssid al falâsifa" hat schon um die Mitte des zwölften Jahrhunderts Dominicus Gundisalvi eine Uebersetzung veranstaltet; edirt wurde dieselbe unter dem Titel: Logica et philosophia Algazelis Arabis durch Peter Lichtenstein aus Cöln Venet. 1506. Die Confessio fidei orthodoxorum Algazellana findet sich bei Pococke spec. hist. Arab. p. 274. sqq., vgl. Brucker hist. crit. philos. V, p. 348 sq., 356 sq. Durch Jos. von Hammer-Purgstall ist die ethische Abhandlung: O Kind! arabisch und deutsch Wien 1838 herausgegeben worden; in der Einleitung giebt von Hammer ausführliche Nachrichten über das Leben des Algazel. Eine moralische Schrift: die Wage der Handlungen, ist, von Rabbi Abraham ben Hasdai aus Barcelona ins Hebräische übersetzt, durch Goldenthal unter dem Titel: Compendium doctrinae ethicae, Leipz. 1839 veröffentlicht worden. Aus einer berliner Handschrift des von Algazel verfassten Liber quadraginta placitorum circa principio religionis hat Tholuck in der oben angef. Abh. de vi etc. theologische Sätze mitgetheilt. Ueber das Werk: „die Wiederbelebung der Religionswissenschaften" handelt Hitzig in der Zeitschr. d. d. morgenl. Ges. VII, 1852, S. 172—186 und Gosche (s. unten). Der arabische Text dieses Buches (Ichjâ al-ulûm) ist in Bulak gedruckt erschienen. Aug. Schmölders, Artikel Alg. in Ersch und Grubers Encycl.; Essai sur les écoles philos. chez les Arabes et notamment sur la doctrine d'Algazali, Paris 1842; vgl. dazu Derenburgs Rec. in den Heidelb. Jahrb. 1845, S. 420—431. Munk im Dictionn. des sc. phil. s. v. Gazali und Mélanges p. 366—383. R. Gosche über Ghazzâlis Leben und Werke, in: Abh. der Berliner Akad. d. Wiss. 1858, phil.-hist. Cl., S. 239—311. Ueber die Logik handelt Prantl II. S. 361—373.

Ueber Avempace handelt Munk in seinen Mélanges de philos. juive et arabe, S. 386—410.

Des Abubacer Schrift: „Hajj Ibn Jokdhân" wurde schon früh ins Hebräische übersetzt, arabisch von Ed. Pococke unter dem Titel: Philosophus autodidactus sive epistola, in qua ostenditur, quomodo ex inferiorum contemplatione ad superiorum notitiam mens ascendere possit, mit latein. Uebersetzung herausgegeben Oxford 1671, wieder abgedr. 1700, nach dieser Uebersetzung durch Ashwell und durch den Quäker George Keith und nach dem arabischen Original durch Simon Ockley ins Englische, von Andern ins Holländische, von Joh. Georg Pritius (Frankf. 1726) und von J. G. Eichhorn (der Naturmensch, Berlin 1783) ins Deutsche übersetzt. Vgl. über Abubacer Ritter, Gesch. der Phil. VIII, S. 104—115; Munk, mélanges p. 410—418.

Die Schriften des Averroës sind lateinisch zuerst 1472, dann sehr häufig, in Venedig allein über 50 Mal, meist mit den aristotelischen Werken gedruckt worden. Für die beste Ausg. gilt die in Venedig 1553 gedruckte. M. Jos. Müller, Philos. und Theol. des Averroës, in: Monumenta saecularia, hrsg. von der k. bayer. Akad. d. Wiss. zur Feier ihres 100jähr. Bestehens am 28. März 1859, München 1859; Averroës, Philosophie und Theologie. Aus dem Arab. übersetzt von Marc. Jos. Müller, München 1875 (2 religionsphilos. Abhandlungen des Av.: Harmonie der Relig. u. Phil. und eine Art philos. Dogmatik in deutsch. Uebers.); Averroës (Vater und Sohn), drei Abhandlungen über die Conjunction des separaten Intellects mit dem Menschen, aus dem Arab. übers. von Samuel Ibn Tibbon, deutsch von Isaac Herz, Berlin 1869; Averroë, il commento medio alla Poetica di Aristotele, per la prima volta pubblicato in Arabo e in Ebraico e recato in Italiano da F. Lasinio, P. I, II, testo Arabo, la versione Ebraica, Pisa 1873. Ueber Averroës handeln namentlich: E. Renan, Averroës et l'averroïsme, Paris, 1852, 2. éd. Par. 1865, 3. éd. Par. 1869, und Munk, Dict. III, S. 157 ff. und Mélanges S. 418—458, über die Logik Prantl, Gesch. der Log. II, 2. Aufl., S. 380—397. Ueber die (dem Averroismus entstammte) Lehre von der zweifachen Wahrheit handelt Max

Maywald, Diss., Jena 1868; über die Religionsphilos. des Averroës Merx in: Philos. Monatsh., 1875, S. 145—165. Eine medicinische Schrift, die Therapeutik des Averroës, ist unter dem Titel Colliget (Cullijât, Allgemeinheiten) lateinisch im zehnten Bande der Werke des Aristoteles nebst dem Commentar des Averroës Venet. 1552 und öfters gedruckt worden. Eine astronomische Schrift, ein Abriss des ptolemäischen Almagest, worin er sich streng an das System des Ptolemäus anschliesst, existirt noch in hebräischer Uebersetzung handschriftlich auf der National-Bibliothek zu Paris; übrigens urtheilt er in andern Schriften im Anschluss an Ibn Bâdsha und Ibn Tophail, die Rechnungen seien zwar richtig, aber der wirkliche Sachverhalt werde durch dieses System nicht dargestellt; die Annahme der Epicyklen und Excentricitäten sei ohne Wahrscheinlichkeit; er wünsche, dass seine Worte, da er selbst schon zu alt sei, Andere zur Forschung anregen möchten (Averr. in Arist. Metaph. XII, 8). In der That hat sein etwas jüngerer Zeitgenosse, der Astronom Abu Ishak al Bitrôshi (Alpetragius, um 1200), ein Schüler des Ibn Tophail, um die Epicyklen, Excentricitäten und die zwei einander entgegengesetzten Bewegungen der Sphären nicht annehmen zu dürfen, eine andere Theorie ausgesonnen, deren Grundgedanke ist, dass nicht durch eine eigene Gegenbewegung, sondern den mit zunehmender Entfernung von der obersten bewegenden Sphäre verminderten Einfluss eben dieser Sphäre die langsamere Bewegung von Ost nach West zu erklären sei. Die Schrift des Alpetragius wurde von Michael Scotus 1217 ins Lateinische übersetzt; eine andere lateinische Uebersetzung, durch eine hebräische vermittelt, erschien Venet. 1531. Vgl. Munk, mél. p. 513—522. Bei weitem berühmter aber, als in der Medicin und Astronomie, ist Averroës in der Philosophie, besonders durch seine Commentare zu den Schriften des Aristoteles, geworden. Mehrere dieser Schriften hat er dreifach bearbeitet, nämlich 1) durch kurze Paraphrasen, worin er die Lehren des Aristoteles in streng systematischer Ordnung wiedergiebt, die aristotelische Erörterung fremder Ansichten weglässt, jedoch mitunter eigene Gedanken und Annahmen anderer arabischer Philosophen beifügt, 2) durch Commentare von mässigem Umfang, die er selbst als Résumés bezeichnet und die man die mittleren Commentare zu nennen pflegt, 3) durch (später verfasste) ausführliche Commentare. Wir besitzen noch diese dreifache Bearbeitung bei den Analytica posteriora, der Physik, der Schrift de coelo, den Büchern de anima und der Metaphysik. (Von dem mittleren Commentar zu de anima ist das arabische Original, mit hebräischen Buchstaben geschrieben, in der pariser Bibliothek vorhanden.) Nur kürzere Commentare und Paraphrasen existiren zu der Isagoge des Porphyr., den Kateg., de interpr., Anal. priora, Top., de soph. el., Rhetor., Poët., de gen. et corr., Meteorologica. Zu der Nikom. Ethik hat Averroës nur einen kürzeren Commentar geschrieben. Nur Paraphrasen existiren von den Parva naturalia und von den vier Büchern de partibus animalium und den fünf Büchern de generatione animalium. Es existirt kein Commentar des Ibn Roschd über die zehn Bücher hist. animalium, auch nicht über die Politik, von welcher wenigstens in Spanien keine Exemplare vorhanden waren. Die griechischen Originale der aristotelischen Schriften kannte Ibn Roschd nicht; auch verstand er weder die griechische noch die syrische Sprache, wo die arabischen Uebersetzungen unklar oder unrichtig waren, konnte er nur aus dem Zusammenhang der aristotelischen Lehre den richtigen Sinn zu erschliessen versuchen. Ausser den Commentaren hat Ibn Roschd noch mehrere philosophische Abhandlungen verfasst, wovon die bedeutendsten sind: 1) Tehafot al Tehafot, d. h. destructio destructionis, eine Widerlegung der algazelschen Widerlegung der Philosophen; hiervon existirt handschriftlich eine hebräische Uebersetzung, nach welcher wiederum eine (sehr stümperhafte) lateinische Uebersetzung angefertigt wurde ist, die zu Venedig 1497 und 1527 und in dem Anhange zu mehreren alten lateinischen Ausgaben der Werke des Aristoteles mit den Commentaren des Averroës gedruckt worden ist. 2) Untersuchungen über verschiedene Stellen des Organon, lateinisch unter dem Titel: Quaesita in libros logicae Aristotelis, in den nämlichen lateinischen Ausgaben der Werke des Aristoteles abgedruckt, sowie eine „Epitome" des Organon, die vielleicht identisch ist mit der von Levi Gerson erwähnten Summula logicalis des Averroës. 3) Physikalische Abhandlungen (über Probleme der Physik des Aristoteles), lateinisch in eben jenen Ausgaben abgedr. 4) Zwei Abhandlungen über die Vereinigung des reinen (stofflosen) Intellects mit dem Menschen oder des activen Intellects mit dem passiven, lateinisch ebendaselbst unter den Titeln: Epistola de connexione intellectus abstracti cum homine und de animae beatitudine. 5) Ueber den potentiellen oder materiellen Intellect, nur in hebräischer Uebersetzung noch vorhanden. 6) Widerlegung der von Ibn Sina aufgestellten Eintheilung der Wesen in die schlechthin zufälligen (sublunarischen), die an sich zufälligen aber durch ein anderes (Gott) nothwendigen, und das schlechthin nothwendige Wesen (wogegen Averroës bemerkt, dass das nothwendige Product einer nothwendigen Ursache überhaupt nicht

§ 28. Arabische Philosophen im Mittelalter.

zufällig genannt werden dürfe); der Tractat existirt hebräisch unter den Manuscripten der pariser Bibliothek. 7) Ueber den Einklang der Religion mit der Philosophie, hebräisch ebendaselbst vorhanden. 8) Ueber den wahren Sinn der religiösen Dogmen oder Wege der Beweisführung für die religiösen Dogmen, verfasst 1179, hebräisch ebendaselbst, arabisch im Escurial. 9) De substantia orbis. Einige andere Abhandlungen sind verloren gegangen.

Als den Entstehungsgrund des Mohammedanismus bei den Arabern bezeichnet Sprenger in seinem Werke „das Leben und die Lehre des Mohammed", I, Berlin 1861, S. 17, das Bedürfniss, zu einem offenbarungsgläubigen Monotheismus von universalistischem Charakter zu gelangen; dem Bedürfniss aber folge jedesmal mit Nothwendigkeit der bis zur Erreichung des Zieles immer wieder erneute Versuch der Befriedigung. Dem kirchlichen Christenthum gegenüber kann der Mohammedanismus als die späte, aber um so energischere Reaction des seit dem Concil von Nicäa mehr noch gewaltsam unterdrückten als geistig überwundenen Subordinatianismus betrachtet werden. Ein Edict, wie das des Kaisers Theodosius vom Jahre 380, welches alle Akatholiken als „ausschweifende Wahnsinnige" mit zeitlichen und ewigen Strafen bedroht, konnte wohl den Katholicismus äusserlich befestigen, aber nicht innerlich kräftigen, musste vielmehr einen dumpfen Gewohnheitsglauben begünstigen, der nur noch in Streitverhandlungen über dogmatische Subtilitäten eine gewisse Lebenskraft bewies, einem mächtigen Anprall von aussen aber nicht widerstehen konnte.

Ebjonitische Christen hatten sich auch nach dem Siege des Katholicismus besonders in den Oasen der Nabathäischen Wüste erhalten. Sie theilten sich in mehrere Secten, von denen die einen dem Judenthum, die anderen dem orthodoxen Christenthum näher standen. Zur Zeit des Mohammed bestanden in Arabien zwei dieser Secten, die Rakusier und Hanife (nach Sprenger I, S. 43 ff.). Zu den Ersteren gehörte (nach Sprengers Vermuthung) Koss, der in Mekka die Einheit Gottes und die Auferstehung der Todten predigte und zu diesem Zwecke auch die Messe von Okäs besuchte, wo ihn Mohammed hörte. Die Hanife waren (nach Sprenger a. a. O.) Essäer, welche fast alle Kenntniss der Bibel verloren und manche fremden Einflüsse erfahren hatten, aber sich zum strengen Monotheismus bekannten. Ihr Religionsbuch hiess „Rolle des Abraham". Zur Zeit des Mohammed lebten mehrere Glieder dieser Secte in Mekka und Medina, und Mohammed selbst, der ursprünglich die Götter seines Volkes angebetet hat, ward ein Hanif. Die Lehre der Hanife war der Islâm, d. h. die Unterwürfigkeit unter den Einen Gott; sie selbst waren Moslim. d. h. Unterwürfige. Doch sind die angeführten Vermuthungen Sprengers nach Andern höchst unsicher. Von grossem Belang war der Einfluss, den direct das Judenthum auf Mohammed übte (vgl. Abraham Geiger, Was hat Mohammed aus dem Judenthum aufgenommen? Bonn 1833). Der Name Mohammed scheint ein Amtsname zu sein, den der Stifter der neuen Religion sich beilegte; nach einer alten Tradition hiess er ursprünglich Kotham, später auch Abul Käsim (Vater des Käsim) nach seinem ältesten Sohne; er aber sagte von sich, er sei der Mohammed, d. h. der Gepriesene, der Messias, den die Thorah verkünde, im Evangelium aber sei sein Name Ahmad, d. h. der Paraklet (s. Sprenger I, S. 155 ff.); Abraham habe ihn gerufen und der Sohn der Maria habe ihn vorausverkündet (ebend. S. 166).

In Mohammed selbst und in seinen Anhängern führte die Abstraction des Einen unendlich Erhabenen, dem allein Verehrung gebühre, zu der Exaltation eines rasch auflodernden Fanatismus, der jeden Widerstand erbarmungslos vernichtete, über die Fülle der concreten Lebensmächte nicht in ihrer wesentlichen Bedeutung zu würdigen und zu pflegen wusste, die Immanenz des Göttlichen in der Endlichkeit verkannte, die Sinnlichkeit nicht bildend zu vergittlichen, sondern nur theils zu despotisiren, theils in ungebrochener Leidenschaft frei zu lassen vermochte und für den Geist nur die selbstlose, blindgläubige und fatalistische Unterwerfung unter den Willen Alláhs und unter seine Offenbarung durch den Propheten übrig liess. Durch eine der christlichen Friedensmoral entgegengesetzte, den Krieg zur Ehre Gottes fordernde Lehre und durch eine mittelst dieser Lehre religiös sanctionirte Praxis wurden anfangs höchst bedeutende Erfolge erzielt; aber bald trat die Stabilität, dann die Erschlaffung und Entartung ein.

Mag die Verbrennung der nach der Zerstörung durch Christen unter dem Bischof Theophilus im Jahre 392 noch gebliebenen oder ergänzten Bände der alexandrinischen Bibliothek durch Amr, den Feldherrn des Khalifen Omar, im Jahre 640 zu Gunsten der exclusiven Geltung des Korân (nach Abulfarag. hist. dyn. p. 116) eine blosse Sage oder eine geschichtliche Thatsache sein, jedenfalls stand der Islâm gerade der in den Hauptschriften jener Sammlung vertretenen althellenischen Lebensanschauung am schroffsten entgegen. Der griechischen Götterwelt musste er mehr noch als das Christenthum feind sein. Unter den griechischen Philosophen bot Aristoteles, obschon der Geist seiner Lehre namentlich in der auf dem hellenischen Princip der Freiheit und des Maasses beruhenden Ethik ein wesentlich verschiedener ist, doch manche Berührungspunkte. Seine Lehre von der persönlichen Einheit Gottes machte seine Metaphysik den Mohammedanern in vollerem Maasse, als den christlichen Kirchenvätern, annehmbar; seine Physik gab Aufschlüsse auf einem von dem Korân kaum berührten Gebiete und musste insbesondere als wissenschaftliche Basis der Arzneikunde willkommen sein; seine Logik konnte jeder Wissenschaft und vornehmlich jeder nach wissenschaftlicher Form strebenden Theologie als methodisches Werkzeug (Organon) dienen. Ausserdem war Aristoteles der Philosoph, der den wissensdurstigen Arabern besonders in seinen alexandrinischen Auslegern geboten wurde, so dass sie gar keine Wahl unter verschiedenen Philosophen hatten. So fand allmählich der Aristotelismus Eingang, obschon der Korân jede freie Forschung über religiöse Lehren untersagt und den Zweifelnden mit der Hoffnung auf eine Lösung seiner Bedenken am jüngsten Tage abtröstet. Doch blieb die fremde Philosophie stets auf enge Kreise beschränkt. — Der Rationalismus der Mutaziliten (Mutazila = die sich trennende Partei), die besonders für den freien Willen und die sittliche Verantwortlichkeit des Menschen eintraten und so die absolute Vorherbestimmung verwarfen, indem sie die Prädestination zur blossen Präscienz abschwächten, die Orthodoxie der Aschariten, welche im Gegensatz zu den Mutaziliten das Prädestinationsdogma streng aufrecht erhielten etc., sind Richtungen der theologischen Dogmatiker (Motakallimûn, hebr. Medabberim, d. h. Lehrer des Wortes, im Unterschied von den Lehrern des Fikh, d. h. des überlieferten Gesetzes).

Die Bekanntschaft der mohammedanischen Araber mit den Schriften des Aristoteles wurde durch syrische Christen vermittelt. Schon vor der Zeit des Mohammed waren nestorianische Syrer als Aerzte unter den Arabern thätig. Mit nestorianischen Mönchen soll auch Mohammed Verkehr gehabt haben. Jedoch erst nach der Verbreitung der Herrschaft der Mohammedaner über Syrien und Persien und vornehmlich seit der Regierung der Abbâsiden (750 n. Chr.) kam fremde Wissenschaft unter ihnen auf, besonders Medicin und Philosophie; die letztere war schon in den letzten Zeiten des Neuplatonismus, namentlich durch David den Armenier (um 500 n. Chr., s. Grdr. I, 7. Aufl., S. 332, seine Proleg. zur Philos. und zu der Isagoge und sein Comm. zu den Kateg. in Brandis' Scholiensammlung zu Arist., seine Opera, Venet. 1823; über ihn C. F. Neumann, Par. 1829) und darnach besonders durch die Syrer dort gepflegt worden. Christliche Syrer übersetzten

§ 28. Arabische Philosophen im Mittelalter.

griechische Autoren, namentlich medicinische und später philosophische erst ins Syrische, dann aus dem Syrischen ins Arabische (oder sie benutzten vielleicht auch ältere syrische Uebersetzungen, welche zum Theil auch heute noch vorhanden sind). Während der Herrschaft und im Auftrage des Almamûn (813—833 n. Chr.) sind zuerst aristotelische Schriften ins Arabische übersetzt worden und zwar unter der Leitung des Johannes Ibn-al-Batrik (d. h. des Sohnes des Patriarchen, nach Renan l. l. p. 57 von Johannes Mesue, dem Arzte, wohl zu unterscheiden); diese Uebersetzungen, zum Theil noch erhalten, gelten (nach Abulfaragius, histor. dynast. ff. p. 153. u. ö.) für treu, aber unelegant. Namhafter ist Honaïn Ibn Ishak (Johannitius), ein Nestorianer, der unter Motawakkil blühte und 876 n. Chr. starb. Mit der syrischen, arabischen und griechischen Sprache vertraut, stand er zu Bagdad an der Spitze einer Schule von Interpreten, der auch sein Sohn Ishak ben Honaïn und sein Neffe Hobeisch-el-Asam angehörten. Nicht nur die Schriften des Aristoteles selbst, sondern auch mehrerer alter Aristoteliker (Alexander Aphrodisiensis, Themistius, auch neuplatonischer Interpreten, wie Porphyrius und Ammonius), ferner des Galenus etc. wurden ins (Syrische und) Arabische übersetzt. Auch von diesen Uebersetzungen sind einige arabische noch vorhanden, von den syrischen wohl nur Fragmente. Des Christen Ibn-Abdallah Na'ima um 840 angefertigte arabische Uebersetzung der sogenannten Theologie des Aristoteles ist von Fr. Dieterici, Lpz. 1882, herausgegeben, eine deutsche Uebersetzung mit Anmerkungen von demselben, Lpz. 1883, erschienen. Des Honaïn, gest. 877, arabische Uebersetzung der Kategorien wurde Leipz. 1846 durch Jul. Theod. Zenker herausgegeben. Im zehnten Jahrhundert wurden neue Uebersetzungen angefertigt und zwar durch christliche Syrer, von denen die bedeutendsten waren die Nestorianer Abu Bischr und Mattá (gest. zwischen 320 und 330 der Hedschra = 933 bis 943 n. Chr.) und Jahja ben Adi, der Tagritenser, wie auch Isa ben Zar'â, nicht nur von den Schriften des Aristoteles, sondern auch von denen des Theophrast, des Alexander von Aphrodisias, des Themistius, Syrianus, Ammonius etc. (Vgl. den Artikel „Anûlûtikâ (d. i. Analytica) bei Haji Khalfa, Lexicon bibliogr. ed. Flügel I, S. 486.) Die von diesen Männern ausgegangenen arabischen Uebersetzungen haben sich weit verbreitet und grossentheils bis heute erhalten; ihrer haben sich Alfârâbi, Avicenna, Averroës und die anderen arabischen Philosophen bedient. Auch die Republik, der Timäus und die Leges des Platon sind ins Arabische übersetzt worden. Averroës (in Spanien um 1150) hat die Rep. gekannt und paraphrasirt, wogegen ihm die Politik des Aristoteles gefehlt hat; das zu Paris handschriftlich vorhandene Werk „Sijâga", d. h. Politica, ist die unechte Schrift de regimine principum s. secretum secretorum; die aristotelische Politik ist nicht arabisch vorhanden. Auch Auszüge aus Neuplatonikern, besonders aus Proklus, sind ins Arabische übertragen worden. Besonders in Folge der Berührung mit den Arabern gingen die Syrer über die blosse Beschäftigung mit dem Organon hinaus; sie begannen in arabischer Sprache alle Theile der Philosophie in Anschluss an Aristoteles zu cultiviren, worin ihnen später die Araber selbst nachfolgten, die aber bald ihre syrischen Lehrer übertrafen. Schüler von syrischen und christlichen Aerzten waren Alfârâbi und Avicenna. Die spätere syrische Philosophie trägt den Typus der arabischen; unter ihren Vertretern ist der bedeutendste der im dreizehnten Jahrhundert lebende, von jüdischen Eltern stammende Jacobit Gregorius Barhebräus oder Abulfaragius, dessen Compendium der peripatetischen Philosophie (Butyrum sapientiae) noch heute bei den Syrern in hohem Ansehen steht. (Ein Exemplar dieses Werkes findet sich zu Florenz in der Bibl. Laurent. 179 seq., s. Renan a. a. O. p. 66, wo Assemani's Irrthum, dass dieser Codex die Honaïnsche Uebersetzung des Arist. ins Syrische enthalte, berichtigt wird.)

§ 28. Arabische Philosophen im Mittelalter.

Alkendi (Abu Jusuf Jacub Ibn Ishak Al Kindi, aus dem Stamme Kindah), geboren zu Barsa am persischen Meerbusen, mit dem Beinamen „Philosoph der Araber", lebte in und nach der ersten Hälfte des neunten Jahrhunderts n. Chr. bis gegen 870. Er ist als Mathematiker, Astrolog, Arzt und Philosoph berühmt. Die Mathematik hielt er für die Grundlage aller, auch der philosophischen Forschung, jedoch auch auf die Naturwissenschaften legte er grossen Werth und behandelte sie als einen wichtigen Theil der Philosophie. Zu den logischen Schriften des Aristoteles hat er Commentare verfasst und auch über metaphysische Probleme geschrieben. In der Theologie war er Rationalist. Seine Astrologie gründete er auf die Annahme eines allgemeinen harmonischen Causalzusammenhangs, wonach ein jedes Ding, wenn es vollständig gedacht werde, wie ein Spiegel das ganze Universum erkennen lasse.

Alfârâbi (Abu Nasr Mohammed ben Mohammed ben Tarkhan aus Fârâb), geboren gegen das Ende des neunten Jahrhunderts, erhielt seine philosophische Bildung hauptsächlich zu Bagdad, wo er auch als Lehrer auftrat. Unter dem Einfluss der mystischen Secte der Sûfi gebildet, von diesem Einfluss aber sich in gewissem Betracht später emancipirend, ging Alfârâbi nach Aleppo und Damascus, wo er 950 n. Chr. starb. In der Logik folgt Alfârâbi fast durchaus dem Aristoteles. Ob dieselbe für einen Theil der Philosophie zu halten sei oder nicht, hängt nach ihm von der weiteren oder engeren Fassung des Begriffs der Philosophie ab, und diese Frage gilt ihm daher als unnütz. Die Argumentation ist das Werkzeug (instrumentum), aus Bekanntem das Unbekannte zu ermitteln; ihrer bedient sich der utens logicus; die logica docens aber ist die Theorie, welche auf eben dieses Werkzeug, die Argumentation, geht oder über dasselbe als über ihren Stoff, ihr Subject oder Substrat (subiectum) handelt. Doch geht die Logik auch auf die einzelnen Begriffe (incomplexa) als Elemente der Urtheile und Argumentationen (nach Albert. M., de praedicabil. I, 2 sqq., vgl. Prantl, Gesch. der Log. II, 308 ff). Das Universelle definirt Alfârâbi (nach Albertus, de praed. II, 5) als das unum de multis et in multis, woran sich unmittelbar die Folgerung schliesst, dass dasselbe keine vom Individuellen gesonderte Existenz besitze (non habet esse separatum a multis). Bemerkenswerth ist, dass Alfârâbi sich nicht schlechthin zu dem Satze bekennt: singulare sentitur, universale intelligitur, sondern auch das Singulare, wiewohl es in seiner Materialität Object der sinnlichen Wahrnehmung ist, seiner Form nach im Intellect sein lässt und andererseits das Universelle, obschon es als solches dem Intellect angehört, auch in sensu sein lässt, sofern es mit dem Einzelnen verschmolzen existirt (nach Alb. An. post. I, 1, 3).

Aus der Metaphysik des Alfârâbi verdient besonders sein Beweis für das Dasein Gottes Erwähnung, woran sich Albertus Magnus und spätere Philosophen angeschlossen haben. Dieser Beweis ruht auf Plat. Tim. p. 28: τῷ γενομένῳ φαμὲν ὑπ' αἰτίου τινὸς ἀνάγκην εἶναι γενέσθαι und Arist. Metaph. XII, 7: ἔστι τοίνυν τι καὶ ὃ κινεῖ etc. Alfârâbi unterscheidet nämlich (Fontes quaestionum c. 3 ff., bei Schmölders, doc. phil. ar. p. 44) das, was eine mögliche (mumkin al-vudshúd) und das, was eine nothwendige Existenz (vâdshib al-vudshúd) hat (wie Platon und Aristoteles das Veränderliche und das Ewige). Wenn das Mögliche wirklich existiren soll, so ist dazu eine Ursache erforderlich. Die Welt ist (c. 2) zusammengesetzt, also geworden oder verursacht. Die Reihe der Ursachen und Wirkungen kann aber weder ins Unendliche zurückgehen, noch auch kreisförmig in sich zurücklaufen; also muss sie von einem nothwendigen Gliede abhangen, welches das Urwesen (ens primum) ist. Dieses Urwesen hat nothwendige Existenz; die Annahme, dass es nicht existire, würde einen Widerspruch in sich schliessen. Es hat keine

§ 28. Arabische Philosophen im Mittelalter.

Ursache und bedarf zu seiner Existenz keiner ausser ihm liegenden Ursache; aber es ist Ursache für alles Existirende. Seine Ewigkeit involvirt die Vollkommenheit. Es ist frei von allen Accidentien. Es ist einfach und unveränderlich. Es ist als das absolut Gute zugleich absolutes Denken, absolutes Denkobject und absolutes denkendes Wesen (intelligentia, intelligibile, intelligens). Es hat Weisheit, Leben, Einsicht, Macht und Willen, Schönheit, Vortrefflichkeit, Glanz; es geniesst die höchste Glückseligkeit, ist das erste wollende Wesen und der erste Gegenstand des Wollens (Begehrens). Alfârâbi setzt in die Erkenntniss dieses Wesens den Zweck der Philosophie und bestimmt die praktische Aufgabe dahin, soweit die menschliche Kraft es zulasse, sich zur Aehnlichkeit mit Gott zu erheben; er verwirft die von den Sûfi's behauptete Annahme der Möglichkeit einer mystischen Vereinigung mit der Gottheit; er erklärt die Behauptung, dass wir mit dem „separaten Intellect" Ein Wesen werden können, für ein eitles Geschwätz (was ihm von Späteren, auch von Averroës, sehr verübelt worden ist). In seinen Lehren über das durch Gott Bedingte schliesst sich Alfârâbi (Fontes quaest. c. 6 ff.) an die Neuplatoniker an. Seine Grundanschauung ist die Emanation (Faidh). Aus dem Urwesen ist als erste Creatur der Intellect hervorgegangen (der Νοῦς des Plotinus, welche Lehre freilich nur bei Plotin, nicht bei Alfârâbi, Consequenz hat, da jener das Eine über alle Prädicate hinaushebt, Alfârâbi aber dem Urwesen bereits Intelligenz mit Aristoteles und mit der religiösen Dogmatik zuerkennt). Aus dieser Intelligenz ist als neue Emanation die Seele geflossen, in deren mit einander sich verschlingenden Vorstellungen die Körperlichkeit begründet liegt. Die Emanation schreitet von den höheren oder äusseren Sphären zu den niederen oder inneren fort. In den Körpern sind Materie und Form nothwendig mit einander verbunden. Die irdischen Körper sind zusammengesetzt aus den vier Elementen. An die Materie sind die niederen Seelenkräfte gebunden, bis einschliesslich zum potentiellen Intellect; dieser wird unter der Einwirkung (Einstrahlung) des activen göttlichen Intellects zum actuellen Intellect (i. in actu oder in effectu), der als Resultat der Entwickelung erworbener Intellect (i. acquisitus, nach des Alex. Aphr. L. von dem νοῦς ἐπίκτητος, s. Gdr. I, § 51) ist. Der actuelle menschliche Intellect ist von der Materie frei, eine einfache Substanz, die allein den Tod des Körpers überdauert und unzerstörbar beharrt. Das Uebel ist eine nothwendige Bedingung des Guten in der Endlichkeit. Alles steht unter Gottes Leitung und ist gut, da es von ihm geschaffen ist. Zwischen dem menschlichen Verstand und den Dingen, nach deren Erkenntniss er strebt, besteht (wie Alfârâbi, de intellecto et intellectu, p. 48 sqq. lehrt) eine Gleichheit der Form, die auf der gemeinsamen Gestaltung durch das nämliche Urwesen beruht und die Erkenntniss möglich macht.

Das freie Denken wurde vom strenggläubigen Mohammedanismus verfolgt, und deshalb bildete sich zu Basra der Geheimbund der „lauteren Brüder" oder „Brüder der Reinheit", Ichwân es safâ, von denen, wahrscheinlich in der zweiten Hälfte des zehnten Jahrhunderts, das den Arabern damals zugängliche Wissen in einer Encyclopädie von 51 Abschnitten zusammengefasst wurde. Es zerfallen die sämmtlichen Wissenschaften in vier grössere Abtheilungen: 1) die Propädeutik und Logik, 2) die Physik mit der Anthropologie, 3) die Lehre von der Weltseele, 4) die Theologie, und zwar ist diese ganze Philosophie ein besonders mit neuplatonischen und neupythagoreischen Elementen vermischter Aristotelismus. Von grossem Einfluss auf dieselbe ist noch die pseudoaristotelische Theologie gewesen. Wie die Zahlen sich aus der Eins, welches zwar das Princip der Zahlen, aber selbst noch keine Zahl ist, zur Vielheit entwickeln, so gelangt auch das All zur

§ 28. Arabische Philosophen im Mittelalter.

Mannigfaltigkeit der Dinge aus der Einheit, kehrt aber zu dieser aus jener zurück. Die Kraft, welche das Bewegende dabei ist, ist die Weltseele, als die den ganzen Stoff in seiner Vielheit durchströmende und die Wiedervereinigung der einzelnen Theile zur Allseele vermittelnde. Wenn die Zahl dem Wesen der Dinge entspricht, so müssen die Urwesen den Grundzahlen, d. h. den ersten neun Zahlen, gleichen. Es muss also neun Stufen in der ganzen Weltentwickelung geben. Das ἕν entspricht dem ὄν oder Gott, allah, welcher das Princip aller Dinge, aber selbst kein Ding ist. Dieses Erste entwickelt sich zur zweiten Potenz, dem νοῦς, arab. akl: in ihr sind die Formen aller Dinge rein enthalten. Die Drei entspricht der Urseele oder Allseele, ψυχή, arab. nafs. Das Vierte ist die Form des Stoffes, selbst noch nicht stofflich, ἡ πρώτη ὕλη, arab. al-hajjûlâ al ûlâ. Hierauf folgt die zweite Materie, ἡ δευτέρα ὕλη, arab. al-hajjûlâ al-thânija, welche Länge, Breite, Tiefe angenommen hat, aber noch nicht Schönheit in sich darstellt. Die Welt, welche die Dinge nun in vollster Harmonie zeigt und die Kugelform hat, der κόσμος, arab. al alam, entspricht der Sechs. Unter der höheren, der Sphärenwelt, beginnt die veränderliche Welt, welche durch die Natur geschaffen wird. Diese letztere, φύσις, arab. at tâbica, ist eine Kraft der Allseele, durchdringt alle Körper unter dem Mondkreise und ist die siebente Stufe in dem System. Durch sie wirkt die Allseele auf die vier Elemente, στοιχεῖα, arab. arkân, welche die Welt des Entstehens und Vergehens bilden und die achte Stelle einnehmen. Der Neun endlich entsprechen die drei, Mineral, Pflanze und Thier, welche aus der Mischung der vier Elemente entstanden sind. Hiermit hat die Emanation ihr Ende erreicht. Bei der Rückströmung zu dem Einen giebt es dann von dem starren leblosen Stoffe aufwärts bis zu den lebenden Wesen und weiter von den vollkommeneren bis zu den vollkommensten eine lange Reihe von Mittelstufen, und „die ganze Schöpfung ist eine in sich geschlossene harmonisch gegliederte Kette von Wesen, die nirgends unterbrochen ein vollständig wohlgefügtes All darstellt" (Dieterici, d. Philos. d. Arab. I. Einleit. u. Makrok. S. 141). In den einzelnen Disciplinen herrscht Aristoteles bei weitem vor, doch sind auch solche behandelt, die Aristoteles nicht bearbeitet hat, z. B. die Mineralogie. Neben Aristoteles hat Galen vielfach eingewirkt, besonders auf die Anthropologie. Die in der Theologie enthaltenen Abschnitte haben mehr Bedeutung für das Sufithum als für die Philosophie. — Diese Abhandlungen der „lautern Brüder" haben bald auch in Spanien Eingang gefunden.

Avicenna (Abu Ali Al Hosain Ibn Abdallah Ibn Sinâ) wurde geboren zu Kharmaithen in der Provinz Bokhara im Jahre 980 n. Chr. Früh entwickelt, studirte er Theologie, Philosophie und Medicin und schrieb schon in seiner Jugend eine wissenschaftliche Encyclopädie. Er lehrte Medicin und Philosophie in Ispahan und schrieb beinahe über alle Gegenstände, die Aristoteles behandelt hatte. Mehr als hundert Bücher hat er verfasst. In seinem achtundfünfzigsten Lebensjahre starb er zu Hamadân im Juli 1037, nachdem er ein bewegtes Leben geführt hatte. Sein medicinischer „Kanon" diente Jahrhunderte lang als Grundlage des Unterrichts, und auch seine sonstigen Werke genossen besonders bei den orientalischen Mohammedanern das grösste Ansehen. In der Philosophie ging er von den Lehren des Alfârâbi aus, modificirte dieselben aber in dem Sinne, dass er manche neuplatonischen Sätze fallen liess und der eigenen Lehre des Aristoteles sich annäherte. In der Logik ist besonders einflussreich sein Satz geworden, den auch Averroës sich angeeignet hat und den Albertus Magnus öfters anführt (Alb., de praedicab. II, 3 und 6): intellectus in formis agit universalitatem, „das Denken bethätigt die Allgemeinheit in der Denkform". Das genus, wie auch die species, die differentia, das accidens und das proprum, ist an sich weder allgemein noch singulär; indem

§ 28. Arabische Philosophen im Mittelalter.

aber der denkende Geist die einander ähnlichen Formen vergleicht, bildet er das genus logicum, von welchem die Definition gilt, dass es von vielen specifisch verschiedenen Objecten ausgesagt werde als Antwort auf die Frage nach dem Was (der quidditas). Das genus naturale ist das, was zu jener Vergleichung geeignet ist. Fügt der Verstand zu dem Generellen und Specifischen noch die individuellen Accidentien hinzu, so wird hierdurch das Singulare (Avic. Log. ed. Venet. 1508 f. 12, bei Prantl, Gesch. der Log. II, 2. Aufl., S. 255 f.). Nur im bildlichen Sinne kann das Genus Materie und die specifische Differenz Form genannt werden; streng gültig ist diese (von Aristoteles öfters gebrauchte) Bezeichnung nicht. Avicenna unterscheidet verschiedene Modi des Seins der genera: sie sind ante res, in rebus, post res. Ante res sind sie im Verstande Gottes; denn Alles, was ist, hat eine Beziehung auf Gott, wie das Kunstwerk auf seinen Künstler; es existirt in seiner Weisheit und seinem Willen, ehe es in die natürliche Vielheit des Daseins eintritt; in diesem Sinne und nur in diesem Sinne ist das Allgemeine vor dem Einzelnen. Mit seinen Accidentien in der Materie verwirklicht, constituirt es das natürliche Ding, die res naturalis, worin das allgemeine Wesen immanent ist. Das dritte ist die Auffassung durch unsern Intellect: sofern dieser die Form abstrahirt und sie dann wiederum auf die vielen individuellen Objecte bezieht, denen sie nach ein und der nämlichen Definition zukommt, so liegt in dieser Beziehung (respectus) das Allgemeine (Avic. Log. f. 12, Metaph. V, 1 u. 2, f. 87, bei Prantl, S. 356). Unser Denken, welches auf die Dinge sich richtet, enthält doch Dispositionen, die ihm eigenthümlich sind; indem die Dinge gedacht werden, kommt im Denken solches hinzu, was nicht ausserhalb desselben ist; so gehört die Allgemeinheit als solche, der Gattungsbegriff und die specifische Differenz, das Subject und Prädicat und anderes Derartige nur dem Denken an. Nun kann unsere Betrachtung sich nicht bloss auf die Dinge richten, sondern auch auf die dem Denken eigenthümlichen Dispositionen, und dies geschieht in der Logik (Metaph. I, 2; III, 10, bei Prantl, S. 327 f.) Eben hierauf bezieht sich der Unterschied der intentio prima und secunda. Die Richtung der Betrachtung auf die Dinge ist die intentio prima; die intentio secunda aber richtet sich auf die unserm Denken der Dinge eigenthümlichen Dispositionen. Indem das Universelle als solches nicht den Dingen, sondern dem Denken angehört, fällt es der secunda intentio zu. Als das Princip der Vielheit der Individuen gilt dem Avicenna die Materie, die er nicht mit Alfârâbi für eine Emanation der Seele, sondern mit Aristoteles für ewig und unerschaffen hält; in ihr ist alle Potentialität begründet, wie die Actualität in Gott. Von dem unveränderlichen Gott kann nichts Veränderliches unmittelbar ausgehen. Sein erstes und allein unmittelbares Product ist die intelligentia prima (der νοῦς des Plotin, wie bei Alfârâbi und den „lautern Brüdern"); von da reicht durch die verschiedenen Himmelssphären hindurch die Kette der Ausflüsse bis auf unsere Erde herab. Aber der Hervorgang des Niederen aus dem Höheren ist nicht als ein einmaliger und zeitlicher, sondern als ein ewiger zu denken; Ursache und Wirkung sind dabei einander gleichzeitig. Die Ursache, die den Dingen das Dasein gegeben hat, muss sie fortwährend im Dasein erhalten; man irrt, wenn man sich vorstellt, einmal ins Dasein gebracht, beharrten die Dinge nunmehr durch sich selbst. Unbeschadet ihrer Abhängigkeit von Gott ist die Welt von Ewigkeit her. Zeit und Bewegung war immer (Avic. Metaph. VI, 2 n. ö., vgl. den Bericht in dem tractatus de error. philosophorum bei Hauréau, ph. sc. I, S. 368). Avicenna unterscheidet eine zweifache Entwickelung unseres potentiellen Verstandes zur Actualität, die eine, gewöhnliche, durch Unterricht, die andere, seltene, durch unmittelbare göttliche Erleuchtung. Nach einer durch Averroës überlieferten Angabe soll Avicenna in seiner nicht auf uns gekommenen Philosophia orientalis, von seinen aristotelischen Grundanschauungen abweichend, Gott als himmlischen Körper gedacht haben.

Algazel (Abu Hâmid Mohammed Ibn Mohammed Ibn Achmed Al-Ghazzâli), geb. 1059 zu Tús in Khorasan, Lehrer zu Bagdad, später in Syrien als Sûfi lebend, gest. zu al-Tâbarân 1111, war in der Philosophie Skeptiker, um in der Theologie einer um so strengeren Gläubigkeit zu huldigen; nur als Vorbereitung zur Theologie hat die Philosophie ihre Berechtigung. Dieser Umschlag ist eine Reaction des exclusiv religiösen Princips des Mohammedanismus gegen die philosophische Betrachtung, die trotz aller Accommodation es doch nicht zur wirklichen Orthodoxie gebracht hatte, und besonders gegen den Aristotelismus; mit der neuplatonischen Mystik dagegen hat der Sufismus des Algazel eine wesentliche Verwandtschaft. Algazel trägt in seiner Schrift: Makâssid al falâsifa (die Zielpunkte der Philosophen) die philosophischen Lehren vor, im wesentlichen nach Alfârâbi und besonders Avicenna, um sie dann in der zugehörigen Schrift: Tahâfut al-falâsifa (Bekämpfung der Philosophen, Destructio philosophorum) einer destructiven Kritik zu unterwerfen, und in den „Fundamentalsätzen des Glaubens" seine positiven Ansichten darzulegen. Averroës schrieb zur Entgegnung seine Destructio destructionis philosophorum und tadelt in dieser u. a., dass Algazel die Scheidung zwischen den Wissenden und der Menge aufgegeben und speculative Fragen in allgemein verständlicher Form behandelt habe. Algazel liess es sich besonders angelegen sein, da die Menschen seiner Meinung nach zu seiner Zeit zu zuversichtlich lebten, Furcht vor den Strafgerichten Gottes zu erwecken. Von den religiösen Dogmen vertheidigt er gegen die Philosophen insbesondere die zeitliche Schöpfung der Welt aus Nichts, die Realität der göttlichen Attribute und die Auferstehung des Leibes wie auch die Wundermacht Gottes im Gegensatz zu dem vermeintlichen Causalgesetz. Im Mittelalter wurde seine im Makâssid gegebene Darstellung der Logik, Metaphysik und Physik viel gelesen.

Der Erfolg des Skepticismus des Algazel war im Orient der Triumph einer unphilosophischen Orthodoxie; nach ihm sind dort keine namhaften Philosophen mehr aufgekommen. Dagegen blühte die arabische Philosophie in Spanien auf, welches bei religiöser Toleranz ein ausserordentlich günstiger Boden für die Entwickelung der Wissenschaften und Künste war, und so cultivirten daselbst nach einander mehrere Denker die philosophischen Doctrinen.

Avempace (Abu Bekr Mohammed ben Jahjah Ibn Bâdsha), geboren zu Saragossa gegen das Ende des elften Jahrhunderts, ist als Mediciner, Mathematiker, Astronom und Philosoph berühmt. Um 1118 schrieb er zu Sevilla logische Abhandlungen. Später lebte er zu Granada, dann auch in Afrika. Er starb in nicht hohem Alter 1138 n. Chr., ohne umfassende Werke vollendet zu haben; doch schrieb er kleinere (grösstentheils verlorene) Abhandlungen (vgl. ein Verzeichniss s. Werke nach Ibn-Abl'Ussaibija bei Gayangos, History of the Mohammedan dynasties in Spain I, Appendix p. XIII.), von denen Munk, mélanges S. 386, folgende ihrem Titel nach anführt: logische Tractate (die nach Casiri, biblioth. arabico-hisp. Escurialensis I, p. 179, sich noch in jener Bibliothek befinden), eine Schrift über die Seele, andere über die „Leitung des Einsamen" (Tadbir al-muta vachchid), ferner über die Verbindung des Intellects mit dem Menschen und Abschiedsbrief; dazu kommen Commentare über die Physik, Meteorologie und andere naturwissenschaftliche Abhandlungen des Aristoteles. Den Hauptinhalt der Schrift: „Leitung des Einsamen" theilt Munk nach einem jüdischen Philosophen des vierzehnten Jahrhunderts, Moses von Narbonne, Mél. p. 349—409, mit. Dieselbe behandelt die Stufen der Erhebung der Seele von dem instinctiven Verfahren aus,

§ 28. Arabische Philosophen im Mittelalter.

welches sie mit den Thieren theilt, durch fortschreitende Befreiung von der Materialität und Potentialität bis zu dem intellectus acquisitus, der eine Emanation des activen Intellects oder der Gottheit ist. Den intellectus materialis scheint Avempace (nach Averroës, de anima fol. 168 A) mit der virtus imaginativa identificirt zu haben. Auf der obersten Stufe der Erkenntniss (im Selbstbewusstsein) ist das Denken mit seinem Object identisch.

Abubacer (Abu Bekr Mohammed ben Abd al Malic Ibn Tophail al Keisi), geboren um 1100 zu Wadi-Asch (Guadix) in Andalusien, gest. in Marocco 1185, berühmt als Arzt, Mathematiker, Philosoph und Dichter, verfolgte weiter die von Ibn Bâdsha eingeschlagene Bahn der Speculation. Sein Hauptwerk, das auf uns gekommen ist, ist betitelt: Hajj Ibn Jokdhân, d. h. der Lebende, der Sohn des Wachenden, und ist ein philosophischer Roman. Der Grundgedanke ist der gleiche, wie ihn Ibn Bâdsha's „Leitung des Einsamen", nämlich die Darlegung der stufenweisen, rein natürlichen Entwickelung der Fähigkeiten des Menschen bis zur Erkenntniss der Natur und Gottes, und bis zur Gemeinschaft seines Intellects mit dem göttlichen. Aber Ibn Tophail geht beträchtlich weiter, als sein Vorgänger, in der Verselbstständigung des Menschen gegenüber den Institutionen und Meinungen der menschlichen Gesellschaft; er lässt den Einzelnen sich aus sich selbst entwickeln, indem er die Selbständigkeit des Denkens und Wollens, zu welcher ihm selbst die bisherige Gesammtgeschichte verholfen hatte, von dieser Bedingung ablöst und so in seinem Naturmenschen als aussergeschichtliches Ideal setzt (wie im achtzehnten Jahrhundert Rousseau). Wenn in der Ekstase sich der Mensch mit Gott vereinigt hat, dann schwindet die Vielfältigkeit der Dinge, die nur für die Sinne existirt, und das Universum ist Eines, Gott. Die Vereinigung mit Gott bringt Seligkeit, die Entfernung von ihm Qual. Die positive Religion mit ihrem auf Lohn und Strafe gestellten Gesetz gilt Ibn Tophail nur als die nothwendige Zucht der Menge; die religiösen Vorstellungen sind ihm bildliche Hüllen der Wahrheit, deren gedankenmässiger Erfassung der Philosoph sich stufenweise annähert.

Averroës (Abul Walid Mohammed Ibn Achmed Ibn Mohammed Ibn Roschd), geboren 1126 zu Cordova, wo sein Grossvater und Vater hohe richterliche Aemter bekleideten, studirte zuerst die positive Theologie und Jurisprudenz, dann die Medicin, Mathematik und Philosophie. Er erhielt später das Richteramt zu Sevilla, dann zu Cordova. Wie er selbst, so hat auch einer seiner Söhne (Abu Mohammed Abd-Allah) philosophische Abhandlungen verfasst. Averroës war ein jüngerer Zeitgenosse und Freund des Ibn Tophail, der ihn dem Chalifen Abu Jacub Jusuf bald nach dessen Thronbesteigung (1163) vorstellte und statt seiner selbst zu der Arbeit empfahl, eine Analyse der aristotelischen Werke zu liefern. Ibn Roschd gewann die Gunst dieses mit den philosophischen Problemen wohl vertrauten Fürsten, dessen Leibarzt er später (1182) ward. Eine Zeit lang stand er auch bei dessen Sohne Jacub Al-Manssûr, der 1184 seinem Vater in der Regierung folgte, in hoher Gunst und ward noch 1195 von ihm geehrt; bald hernach aber wurde er angeklagt, die Philosophie und die Wissenschaft des Alterthums zum Nachtheil der mohammedanischen Religion zu cultiviren, und durch Almansur seiner Würden beraubt und nach Elisana (Lucena) bei Cordova verwiesen, später in Marocco geduldet. Gegen das Studium der griechischen Philosophie ergingen strenge Verbote; Gott habe das höllische Feuer für die bestimmt, hiess es in dem Edicte Al-Manssûr's, welche lehrten, die Wahrheit könne durch die Vernunft allein gefunden werden. Die aufgefundenen Schriften über Logik und Metaphysik wurden den Flammen überliefert. Averroës starb 1198 in seinem dreiundsiebenzigsten Lebensjahre. Bald hernach nahm die Herrschaft der Mauren in Spanien ein Ende. Die arabische

Philosophie erlosch; die humane Bildung erlag der exclusiven Herrschaft des Korân und der Dogmatik.

Averroës zollt dem Aristoteles die unbedingteste Verehrung, weitaus mehr, als Avicenna gethan hatte; er betrachtet ihn, wie Religionsstifter betrachtet zu werden pflegen, als den Menschen, den Gott unter allen den höchsten Gipfel der Vollkommenheit habe erreichen lassen. Aristoteles ist ihm der Begründer und Vollender der wissenschaftlichen Erkenntniss. De anim. l. III: Aristoteles est regula et exemplar, quod natura invenit ad demonstrandam ultimam perfectionem humanam. Aristotelis doctrina est summa veritas, quoniam eius intellectus fuit finis humani intellectus. Quare bene dicitur, quod fuit creatus et datus nobis divina providentia, ut sciremus, quicquid potest sciri. In der Logik schliesst sich Averroës überall nur erläuternd an Aristoteles an. Der Satz des Avicenna: intellectus in formis agit universalitatem, ist auch der seinige (Averr., de an. I, 8; cf. Alb. M., de praedicab. II, c. 6). Die Wissenschaft geht nicht auf allgemeine Dinge, sondern auf die Individuen nach der Seite ihrer Allgemeinheit, die der Verstand durch Abstraction ihrer gemeinsamen Natur erkennt (Destr. destr. fol. 17: scientia autem non est scientia rei universalis, sed est scientia particularium modo universali, quem facit intellectus in particularibus, quum abstrahit ab iis naturam unam communem, quae divisa est in materiis). In der Materie liegen keimartig die Formen, die durch Einwirkung der höheren Formen und zuhöchst der Gottheit entwickelt werden. Es findet nur ein Uebergehen von der Möglichkeit zur Wirklichkeit statt, und alles Mögliche wird einmal wirklich, ja ist es eigentlich schon. Die Ueberzeugung von der Existenz Gottes soll sich nicht nur auf Autorität gründen, sondern auf rationelle Demonstrationen. Die kosmologische Beweisart, deren Averroës verschiedene Formen kennt, führt nicht zum Ziele, dagegen soll die physico-theologische zwingender sein.

In der Psychologie ist am bemerkenswerthesten die Erklärung, die Averroës von der aristotelischen Lehre vom νοῦς giebt. Thomas von Aquino, der dieselbe bekämpft, bezeichnet sie mit den Worten: intellectum substantiam esse omnino ab anima separatam, esseque unum in omnibus hominibus; — nec Deum facere posse quod sint plures intellectus; doch habe Averroës hinzugefügt: per rationem concludo de necessitate, quod intellectus est unus numero, firmiter tamen teneo oppositum per fidem. In dem Commentar zum zwölften Buche der Metaphysik vergleicht Averroës das Verhältniss der thätigen Vernunft zum Menschen mit dem der Sonne zum Gesicht: wie die Sonne durch ihr Licht das Sehen bewirkt, so bewirke die thätige Vernunft das Erkennen; hierdurch werde im Menschen die Vernunftfähigkeit zur wirklichen Vernunft, die mit jener thätigen Vernunft Eins sei. Averroës will zwischen zwei Ansichten vermitteln, von denen er die eine dem Alexander von Aphrodisias, die andere dem Themistius und den anderen Commentatoren zuschreibt. Alexander nämlich habe den potentiellen Verstand (der nach der Auffassung des Alexander, freilich nicht nach der des Averroës, mit dem passiven, ν. παθητικός, identisch ist) für eine bloss gewordene und vergängliche, mit dem animalischen Vermögen verbundene Disposition gehalten, die schlechthin formlos sei, um alle Formen rein aufnehmen zu können; diese Disposition sei in uns, der νοῦς ποιητικός aber, der sie zur Entfaltung bringe oder zum νοῦς ἐπίκτητος werden lasse, ausser uns, nämlich als die Gottheit; nach unserm Tode existire unser individueller νοῦς nicht mehr. Themistius dagegen und andere Commentatoren haben den potentiellen Verstand nicht für eine blosse, an die niederen Seelenkräfte geknüpfte Disposition gehalten, sondern denselben dem nämlichen Substrat inhäriren lassen, welchem auch der active Verstand angehöre und welches neben den animalischen, an den Stoff

§ 28. Arabische Philosophen im Mittelalter.

gebundenen Seelenkräften ohne Vermischung mit denselben in uns sei, und dessen Actualität der active Intellect einer jeden einzelnen Seele sei, so dass diesem unserm individuellen νοῦς Unsterblichkeit zukomme. Averroës dagegen hält den potentiellen oder „hylischen" Verstand (νοῦς παθητικός) allerdings für mehr als eine blosse, vergängliche Disposition und nimmt (mit Themistius und den meisten anderen Commentatoren ausser Alexander) an, dass die nämliche Substanz beides sei, potentieller oder hylischer und activer Intellect (nämlich jenes, sofern sie die Formen aufnehme, dieses, sofern sie die Formen bilde); aber er hält nicht dafür, dass die nämliche Substanz an sich und in individueller Existenz beides sei, sondern er nimmt (mit Alexander) an, es gäbe überhaupt nur Einen activen Intellect, und der Mensch habe an sich nur jene Disposition, von dem activen Intellect afficirt werden zu können, aber bei der Berührung des activen Intellects mit dieser Disposition entstehe in uns der potentielle oder materielle Intellect, indem der Eine active Intellect sich bei dem Eingehen in die Vielheit der Seelen in diesen particularisire, wie das Licht an den Körpern. Der potentielle Intellect ist (nach Munks Uebersetzung) „une chose composée de la disposition qui existe en nous et d'un intellect qui se joint à cette disposition, et qui, en tant qu'il y est joint, est un intellect, prédisposé (en puissance) et non pas un intellect en acte en tant qu'il n'est plus joint à la disposition" (aus dem Commentaire moyen sur le traité de l'Ame, bei Munk, mél. S. 447). Die blosse Disposition ist der νοῦς παθητικός, der als vergänglich von Averroës mit dem „hylischen Intellect", den er gleich dem activen für unvergänglich erklärt, nicht identificirt werden kann; Averroës sagt: intellectus materialis non est passivus, sed immixtus. Der active Intellect wirkt auf den potentiellen zunächst so ein, dass er denselben zum actuellen und erworbenen Verstand fortbildet, demnächst aber auf diesen so, dass er ihn in sich absorbirt, und dass demgemäss nach dem Tode unser νοῦς zwar fortexistirt, aber nicht als eine individuelle Substanz, sondern als ein Moment des dem Menschengeschlecht gemeinsamen universellen Verstandes. Diesen universellen Verstand aber fasst Averroës (im Anschluss an die älteren arabischen Commentatoren und in gewissem Betracht mittelbar an die Neuplatoniker) als einen Ausfluss der Gottheit auf, und zwar als emanirt aus dem Beweger des untersten der himmlischen Kreise, also der Mondsphäre. Diese Ansicht hat Averroës besonders in seinen Commentaren zu de anima entwickelt. Die psychologische Ansicht des Averroës steht hiernach in der Begriffsbestimmung des materiellen Intellectes der des Themistius, in der Begriffsbestimmung des activen Intellectes der des Alexander näher und kommt mit der letzteren in der Consequenz überein, dass die individuelle Existenz unseres νοῦς auf die Zeit bis zu unserem Tode hin beschränkt ist und nur dem Einen νοῦς die Ewigkeit zukommt, weshalb später die Lehre der Alexandristen und die der Averroisten beide von der katholischen Kirche verworfen wurden (vgl. Grdr. I, § 49 u. 51; III, § 3).

Averroës will keineswegs der Religion und am wenigsten dem Mohammedanismus, der ihm als die vollkommenste unter allen gilt, feindlich entgegentreten. Er fordert auch von dem Philosophen den dankbaren Anschluss an die Religion seines Volkes, in der er erzogen sei, obschon nur im Sinne der schicklichen Accommodation, die freilich den Vertretern des religiösen Princips nicht genügen konnte. Die Religion enthält ihm die philosophische Wahrheit unter der Hülle der bildlichen Vorstellung; durch allegorische Deutung geschieht der Fortgang zur reineren Erkenntniss, während die Masse an dem Wortsinn sich hält. In dem Glauben sind zwei Theile zu unterscheiden, ein sofort deutlicher und ein der Auslegung bedürftiger; der erstere enthält die Pflichten für die ganze Gemeine, letzterer gilt nur für die Gelehrten. Die ungelehrten Leute müssen die Vorschriften nach dem Wortlaut ausführen und dürfen nicht durch die verschiedenen Interpretationen der Gelehrten gestört werden. Die volle Wahrheit ist erst in der Philosophie zu finden. Aber nur wenige können das höchste Ziel, die philosophische Wahrheit, erreichen, und für die Andern ist die Offenbarung nothwendig. Theologisch muss so Manches beibehalten werden, was philosophisch nicht gilt, und auch philosophische Wahrheiten giebt es, die theologisch nicht anzunehmen sind. So zeigte sich schon bei Averroës die Lehre von der doppelten Wahrheit, der theologischen und der philosophischen, die dann auch von christlichen Gelehrten angenommen wurde. Die höchste Stufe der Einsicht ist das philosophische Wissen; in der Vertiefung der Erkenntniss liegt die dem Philosophen eigenthümliche Religion; denn man kann Gott keinen würdigeren Cultus darbringen, als den der Erkenntniss seiner Werke, wodurch wir zur Erkenntniss seiner selbst nach der Fülle seines Wesens gelangen (Averroës im grossen Commentar zur Metaph., bei Munk, mélanges S. 456 f.).

Die Lehren der arabischen Philosophen fanden bald Anhänger auf christlichem Boden, und besonders scheint die Universität Paris und der Franziskanerorden Empfänglichkeit dafür gezeigt zu haben. Hauptsächlich gegen die arabische Philosophie richtete sich die in den Jahren 1240, 1270, 1276 zu Paris ausgesprochene Verdammung einer Anzahl Dogmen. Solche Sätze sind: Quod intellectus hominum est unus et idem numero. Quod mundus est aeternus. Quod deus non cognoscit singularia. Quod anima, quae est forma hominis, secundum quod homo corrumpitur corrupto corpore. Quod liberum arbitrium est potentia passiva, non activa, et quod necessitate movetur ab appetibili. Quod voluntas hominis ex necessitate vult et eligit.

§ 29. **Die Philosophie der Juden im Mittelalter** ist theils die Kabbála, theils die umgeformte platonisch-aristotelische Lehre. Die Kabbála oder emanatistische Geheimlehre ist niedergelegt in den Büchern Jezirah (Schöpfung) und Sohar (Glanz). Jenes galt schon im zehnten Jahrhundert nach Chr. als ein uraltes Buch, ist aber vielleicht erst nach der Mitte des neunten Jahrhunderts verfasst worden. Die im Sohar dargestellte Lehre ist seit dem Anfange des dreizehnten Jahrhunderts im Anschluss an ältere Anschauungen durch Isaac den Blinden und seine Schüler Esra und Asriel und andere Anti-Maimunisten ausgebildet und um 1300 durch einen spanischen Juden, höchst wahrscheinlich durch Moseh ben Schem Tob de Leon, niedergeschrieben worden; später sind Zusätze und Commentare hinzugekommen. Die Sage führt das Buch Jezirah bald auf den Stammvater Abraham, bald auf den Rabbi Akiba (der in Folge seiner Betheiligung an dem Aufstande des Barcochba um 135 nach Chr., den er für den Messias erklärt hatte, und seiner Ueberschreitung des nach der Unterdrückung desselben ergangenen Lehrverbots in hohem Alter hingerichtet wurde) und das Buch Sohar auf seinen Schüler Simeon Ben Jochai zurück. In der That sind einzelne kabbalistische Grundlehren alt; auf die Fortbildung derselben aber haben griechische und besonders platonische Anschauungen vielleicht schon durch Vermittelung der jüdisch-alexandrinischen Religionsphilosophie und später vermittelst neuplatonischer Schriften einen beträchtlichen Einfluss geübt.

Die Berührung mit fremden Culturkreisen, namentlich zuerst mit dem Parsismus, dann mit dem Hellenismus und Römerthum, später auch mit dem Christenthum und Mohammedanismus, erweiterte den Blick des jüdischen Volkes und führte stufenweise mehr und mehr zur Aufhebung der nationalen Schranken in seinem Gottesglauben. In dem Maasse aber, wie die Anschauung von der Welt an Fülle gewann, ward die Gottesvorstellung transscendenter: Jehovah ward geistiger, höher, dem Einzelnen ferner, schliesslich über Raum und Zeit erhaben gedacht und seine Beziehung zur Welt durch Mittelwesen bedingt. So fand zuerst die persische Engellehre Eingang und ward besonders von den Essenern mit Vorliebe gepflegt; dann bildete sich, besonders in Alexandria unter dem Miteinfluss der griechischen Philosophie, die Lehre von den göttlichen Attributen und Kräften aus, welche am entwickeltsten, mit der platonischen Ideenlehre und der stoischen Logoslehre verschmolzen, in Philons Schriften uns vorliegt und als Lehre vom Logos und von den Aeonen auch in die christliche Glaubenslehre und Gnosis Eingang gefunden hat. Eine gewisse mystische Doctrin knüpft sich bei den Rabbinen in den ersten christlichen Jahrhunderten als allegorische Deutung wesentlich an zwei Bibelstellen: die Schöpfungsgeschichte im ersten Buche Mosis und die Vision des göttlichen Thronwagens (der Merkaba) in der Prophetie des Hesekiel. In der späteren, ausgebildeteren Gnosis der Kabbála wird die Entstehung der Welt aus Gott emanatistisch als ein stufenweis absteigender Hervorgang des Geringeren aus dem Höheren vorgestellt.

Von den verstandesmässig philosophirenden Theologen gehören vielleicht die ältesten der (um 761 nach Chr. durch Anan ben David gestifteten) Secte der Karäer oder Karaïten an (die den Talmud verwirft), wie namentlich David ben Merwan al Mokammez (um 900). Bedeutender ist unter den Rabbaniten der denkgläubige Saadja ben Joseph al Fajjumi (892—942), der Vertheidiger des Talmud und Bekämpfer der Karaïten, der die Vernunftgemässheit der mosaischen und nachmosaischen Glaubenssätze des Judenthums zu erweisen unternahm. Eine neuplatonische Richtung vertritt der um 1050 in Spanien lebende Salomon Ibn Gebirol, den die christlichen Scholastiker für einen arabischen Philosophen gehalten haben und unter dem Namen Avicebron anführen. Seine Lehren, die er besonders in dem Buche „fons vitae" niederlegte, sind auf die spätere Ausbildung der Kabbála, wie dieselbe im Buche Sohar vorliegt, nicht ohne einen wesentlichen Einfluss geblieben. Gegen Ende des elften Jahrhunderts verfasste Bahja ben Joseph eine moralische Schrift über die Herzenspflichten; er legt auf die innere Moralität mehr Gewicht, als auf die blosse Legalität. Eine directe Reaction gegen die Philosophie übte um 1140 der Dichter Juda ha-Levi in seinem Buche Khosari, worin er zuerst die griechische Philosophie, dann auch die christliche und mohammedanische Theologie durch die jüdische Lehre besiegt werden lässt und die Gründe entwickelt, worauf das rabbinische Judenthum beruhe, übrigens auch die Geheimlehre des Buches Jezirah anpreist, welches er auf den Patriarchen Abraham zurückführt.

Eine Ausgleichung zwischen jüdischer Theologie und aristotelischer Philosophie versuchte um die Mitte des zwölften Jahrhunderts Abraham ben David von Toledo herzustellen. Bald nach ihm unternahm mit weit bedeutenderem Erfolge die Lösung eben dieser Aufgabe der berühmteste unter den jüdischen Philosophen des Mittelalters, Moses ben Maimun (Moses Maimonides, 1135—1204) in seiner Schrift: „Führer der Umherirrenden" (Moreh Nebûchim), der dem Aristoteles in der Erkenntniss der sublunarischen Welt eine unbedingte Autorität zuschreibt, in der Erkenntniss des Himmlischen und Göttlichen aber sein Ansehen durch die Offenbarungslehren einschränkt und auf die gesammte jüdische Theologie (selbst auf die der Karäer, namentlich bei Ahron ben Elia im vierzehnten Jahrhundert) durch Hervorhebung der geistig-sittlichen Momente einen trotz vorübergehender heftiger Gegenwirkungen sich dauernd behauptenden wohlthätigen Einfluss geübt hat.

Im dreizehnten und vierzehnten Jahrhundert fand die Philosophie der arabischen Aristoteliker, von den mohammedanischen Machthabern verfolgt, ein Asyl bei den Juden in Spanien und Frankreich, besonders in der Provence, indem die Schriften derselben aus dem Arabischen ins Hebräische übersetzt und zum Theil auch wieder mit Commentaren versehen wurden. Als Commentator von Paraphrasen und Commentaren des Averroës und auch als Verfasser selbständiger Werke ist besonders Levi ben Gerson berühmt, dessen Schriften in die erste Hälfte des vierzehnten Jahrhunderts fallen. Durch Vermittelung von Juden wurden arabische Uebersetzungen von (echten und unechten) Werken des Aristoteles und Schriften von Aristotelikern ins Lateinische übertragen, und auf diesem Wege gelangte zuerst die Kenntniss der gesammten aristotelischen Philosophie an die Scholastiker, die, hierdurch angeregt, nicht lange hernach auch unmittelbar auf den griechischen Text gegründete Uebersetzungen der Schriften des Aristoteles sich verschafften.

Ueber die gesammte Philosophie der Juden giebt eine Uebersicht Sal. Munk, mélanges de philosophie juive et arabe, p. 461—511: Esquisse historique de la philo-

§ 29. Die Philosophie der Juden im Mittelalter.

sophie chez les juifs, welche Skizze auch nach einer früheren Veröffentlichung ins Deutsche übersetzt von B. Beer, Leipz. 1852, erschienen ist. S. auch Gust. Karpeles, Gesch. d. jüd. Literatur, 2 Bde., Berl. 1886. Eine besondere Lehre behandelt ausführlich: D. Kaufmann, Geschichte der Attributenlehre in der jüdischen Religionsphilosophie d. Mittelalters von Saadja bis Maimûni, Gotha 1877 (ausser Saadja u. Maimûni werden in dem Werke mehr oder weniger ausführlich besprochen: Salomo ibn Gabirol, Jehuda Halevi, Joseph ibn Zaddik, Abraham ibn Daud.); ders., die Spuren Al-Batlajûsis in d. jüd. Religionsphilos., Lpz. 1881. Ueber die Begriffe von Substanz und Accidens in der Philosophie des jüdischen Mittelalters handelt A. Schmiedl, in: Monatsschrift für Gesch. u. Wiss. des Judenthums, hrsg. von Frankel, Breslau 1864; ders., Studien über jüdische, insbes. jüd.-arabische Religionsphilosophie, Wien 1869. Mor. Eisler, Vorlesungen üb. d. jüdischen Philosophen d. Mittelalt., 2. Abtheil., üb. Philos. u. Rel. des Moses Maimonides, Wien 1870, 1. Abtheil. enthaltend eine Darstellung der Systeme Saadjas, Bachjas, Ibn Gebirols, Jehuda Halevis und Ibn Esras, Wien 1876, 3. Abth., Darstell. der Systeme d. Gersonides, Chasdai Crescas u. Josef Albo, Wien 1884. L. Stein, d. Willensfreiheit u. ihr Verh. zur göttl. Präscienz u. Providenz b. d. jüd. Philosophen des Mittelalters, Berl. 1882. L. Knoller, das Problem der Willensfreiheit in d. älter. jüd. Religionsphilos., Breslau 1884. Die weiter unten aufgeführten Abhandlungen M. Joëls über Maimonides etc., sowie auch weiter über Ibn Gebirol und Saadja sind zusammen wieder herausgegeben in desselb. Verfs. Beiträgen zur Gesch. d. Philos., 2 Bde., Breslau 1876. Eisler und Joël stellen die Bedeutung der jüdischen Philosophie zu hoch. Vgl. J. M. Jost, H. Grätz und Abr. Geiger in ihren Darstellungen der Geschichte des Judenthums, ferner: Julius Fürst, Bibliotheca judaica, bibliographisches Handbuch der gesammten jüdischen Literatur, Leipz. 1849—63; Steinschneider, jüdische Literatur, in Ersch und Grubers Encyklopädie, Sect. II, Bd. 27; verbesserte engl. Uebers. Jewish Lit., London 1857; mehrere Artikel im Catal. libr. hebr. in Bibl. Bodl., Berlin 1851—60.

A. Nager, die Religionsphilosophie des Talmud, Leipzig 1864. E. Benamozegh, morale juive et morale chrétienne, examen comparatif, suivi de quelques réflexions sur le principe de l'Islamisme, Poissy 1867; cf. Abraham ben Jischak, schola talmudica, ed. B. H. Querbach, Berlin 1868. L. Marx, die Unsterblichkeitslehre der Juden in Bibel und Talmud, Diss., Rostock 1868. Emanuel Deutsch, der Talmud, London 1869, deutsch Berlin 1869. Ludw. Stern, üb. d. Talmud, Vortr., Würzburg 1875. M. Jacobson, Versuch einer Psychologie des Talmud, Hamburg 1878.

Eine Sammlung kabbalistischer Schriften, durch Joh. Pistorius veranstaltet worunter das Buch Jezirah in lateinischer Uebersetzung, wie auch Joh. Reuchlins (zuerst 1517 erschienene) libri tres de arte cabbalistica, wurde Basel 1587 gedruckt unter dem Titel: Artis Cabbalisticae scriptores. Das Buch Jezirah ist hebräisch Mantua 1562, dann auch ins Lateinische übersetzt und erläutert von Rittangelus, Amsterdam 1642 u. ö. herausgegeben worden. Das Buch Sohar ist, zuerst Mantua 1558—60, dann vollständiger Cremona 1560 und Lublin 1623, angeblich auch Amst. 1670, dann theilweise, mit latein. Uebers., in einer ziemlich umfassenden Sammlung kabbalistischer Schriften, durch Christian Knorr von Rosenroth unter dem Titel Kabbala denudata seu doctrina Ebraeorum transcendentalis et metaphysica atque theologica, Bd. I, Sulzbach 1677—1678, Bd. II, Frankf. 1684 und separat Sulzbach 1684 veröffentlicht worden, ferner Amst. 1714, 1728, 1772, 1805, auch Krotoschin 1844, 1858 etc. Schon im siebenzehnten Jahrhundert wurde die Echtheit der Sohar bestritten durch Joh. Morin (Exercit. bibl., p. 363 sqq.; cf. Tholuck, comm. de vi, quam graeca philos. in theolog. tum Mohammedanorum, tum Judaeorum exercuerit, II. p. 16 sqq.) und durch Leon von Modena (in der Schrift Arc Nohem, veröffentlicht durch Jul. Fürst, Leipzig 1840). Unter den neueren Werken über die Kabbala ist das bedeutendste das von Ad. Franck, syst. de la Kabbale, Paris 1842, ins Deutsche übertragen von A. Jellinek, Leipz. 1844 unter dem Titel: die Kabbala oder die Religionsphilosophie der Hebräer; eine ausführliche, jedoch in der Polemik gegen Francks Auffassung der kabbalistischen Doctrin zu weit gehende Kritik dieses Werkes ist die Schrift von H. Joël: Midrasch ha Sohar, die Religionsphilosophie des Sohar und ihr Verhältniss zur allgemeinen jüdischen Theologie, Leipz. 1849; vgl. auch: L. Zunz, die gottesdienstlichen Vorträge der Juden, Berlin 1832, Cap. IX.: die Geheimlehre. Franck, deux mémoires sur la Cabbale, Paris (Acad.) 1839; Franck im Dict. ph., Art. Kabbala; Adler in Noacks Jahrbüchern 1846 u. 1847. M. S. Freystadt, philos. cabbalistica et pantheismus, ex fontibus primariis adumbr., Regiom. 1832; philosophus et cabbalista, Choker u-Mekubbal, ebd. 1840. Tholuck de ortu cabbalae (als II. Theil der oben angef. Commentatio), Hamburg 1837. H. Grätz, Gnosticismus und Judenthum, Krotoschin 1846. Ad. Jellinek, Moses ben Schem Tob de Leon und sein

§ 29. Die Philosophie der Juden im Mittelalter.

Verhältniss zum Sohar, Leipz. 1851; Beiträge zur Geschichte der Kabbala, Leipzig 1852: Auswahl kabbalistischer Mystik, Leipz. 1855. S. Munk, mélanges S. 275 ff. u. ö. Isaac Misses, Zofnat Paaneach, Darst. und krit. Beleuchtung der jüdischen Geheimlehre, Krakau 1862—63. Grätz, Gesch. der Juden, Bd. VII, 1863, Note 3, S. 442 ff. und Note 12, S. 487 ff. Ginsburg, the Kabbalah, its doctrines, development and literature, an essay, Lond. 1865. Eliphas Lévi, la science des esprits, révélation du dogme secret des Kabbalistes, esprit occulte des évangiles, appréciation des doctrines et des phénomènes spirites, Paris 1865. Zur späteren Geschichte der Kabbäla mag ausser den Werken über die Geschichte des Judenthums von Specialschriften hier Abr. Geiger, Leon da Modena (1571—1648), seine Stellung zur Kabbalah, zum Thalmud und zum Christenthum, Breslau 1856, citirt sein.

Saadjas Buch über die Religionen und Lehrmeinungen ist, aus dem Arabischen im zwölften Jahrhundert durch Jehuda ibn Tibbon ins Hebräische übersetzt, mehrfach edirt worden; eine deutsche Uebersetzung von Jul. Fürst ist Leipz. 1845 erschienen. Ferner, Ph. Bloch, vom Glauben u. Wissen, S. s. Emunoth we-Deoth. (Einleit. u. Kosmologie) aus d. Hebräisch. d. Jehudah ibn T. übers., Münch. 1879. J. Guttmann, d. Religionsphilosophie des Saadia, dargest. u. erläutert, Gött. 1882. Ueber ihn handelt Sal. Munk, notice sur Saadia, Paris 1838; Leop. Dukes, in: litt. Mittheilungen über die ältesten hebräischen Exegeten, Grammatiker und Lexikographen, Stuttgart 1844; Jul. Fürst, Glaubenslehre und Philosophie des S., Leipz. 1845.

Das Hauptwerk des Ibn Gebirol, fons vitae, ist in umfassenden Auszügen, die der jüdische Philosoph Schem Tob ibn Falaquera im dreizehnten Jahrhundert aus dem arabischen Original entnommen und (unter dem Titel: Mekor chajjim) ins Hebräische übertragen hat, von S. Munk nebst französischer Uebersetzung in den Mélanges de philos. juive et arabe, Paris 1857 veröffentlicht worden; über ein lat. Manuscript des ganzen Werkes berichtet Seyerlen in Zellers theol. Jahrb. XV. und XVI. Die Entdeckung, dass Ibn Gebirol mit dem von den Scholastikern oft angeführten Avicebron (oder Avencebrol) identisch sei, hat S. Munk schon im Literaturblatt des Orients 1845, No. 46, col. 721 mitgetheilt. Von den religiösen Dichtungen des Ibn Gebirol geben u. A. Munk, mélanges S. 159 ff. und Michael Sachs in seiner Schrift: die religiöse Poesie der Juden in Spanien, Berlin 1845, S. 3—40, Proben, vgl. Abrah. Geiger, Salomon Gebirol und seine Dichtungen, Leipz. 1867. Eine Abhandlung des Ibn Gebirol über Verbesserung der Sitten, verfasst 1045, ist, durch Jehuda ibn Tibbon 1167 ins Hebräische übersetzt, Riva 1562 und Luneville 1804, veröffentlicht worden. Eine durch Dominicus Gundisalvi latinisirte Abhandlung über die Seele erwähnt Munk a. a. O. S. 170 als eine wahrscheinlich von Ibn Gebirol verfasste, jedoch von dem Uebersetzer stellenweise interpolirte Schrift. Ueber die ethischen Werke des Ibn Gebirol und der arabischen Philosophen handelt Leopold Dukes, Hannover 1860. D. Stössel, Salom. ben Gebirol als Philos. u. Förderer der Kabbäla, Lpz. 1881.

Die Schrift des Bahja ben Joseph über die Herzenspflichten ist in der hebräischen Uebersetzung des Jehuda Ibn Tibbon, Neapel 1490 u. ö., zuletzt von Is. Benjakob, Leipz. 1846, herausgegeben worden, mit deutscher Uebersetzung von R. J. Fürstenthal, Breslau 1836. Ueber ihn handelt Ad. Jellinek bei der Ausgabe des Is. Benjakob, Leipz. 1846, und M. F. Stern, die Herzenspflichten von B. b. J., Wien 1856.

Das Buch Khusari des Jehuda ha-Levi ist nach der von Jehuda Ibn Tibbon aus Granada im Jahr 1167 zu Lunel angefertigten Uebersetzung öfters, u. a. Prag 1838—40, mit Comm. von G. Brecher, mit lateinischer Uebersetzung durch Joh. Buxtorf, Basel 1660, mit deutscher Uebers. durch H. Jolowicz und Dav. Cassel, Leipz. 1841—53, edirt worden; die Einleitung zu dieser letzteren Ausgabe enthält auch das bibliographische Material. D. Kaufmann, Jeh. H., Versuch einer Charakteristik, Breslau 1877.

Die in arabischer Sprache verfasste Schrift des Abraham ben David ha-Levi aus Toledo: der erhabene Glaube, hat sich in einer hebräischen Uebersetzung erhalten, welche mit beigefügter deutscher Uebersetzung Simson Weil, Frankfurt a. M. 1852, veröffentlicht hat. Ueber ihn handelt J. Gugenheimer, Catal. Bodl. 1850, S. 1022, ferner Guttmann, die Religionsphilos. des Abr. ibn Daud a. T., in: Monatsschr. f. Gesch. u. Wissensch. des Judenth., 1878, S. 14—35, 452—469, 532—568, auch besonders erschienen.

Das philosophische Hauptwerk des Moses Maimonides: Dalälat al Häïrin (Leitung der Zweifelnden) ist in der hebräischen Uebersetzung des Samuel ibn Tibbon (um 1200) unter dem Titel: Moreh Nebuchim mehrmals schon vor 1480 ohne Angabe des Orts, dann Venet. 1551 etc. erschienen, in lat. Uebersetzung Paris 1520 und gleichfalls

§ 29. Die Philosophie der Juden im Mittelalter.

in latein. Uebersetzung edirt von Joh. Buxtorf, Basel 1629; ins Deutsche ist der erste Theil durch R. J. Fürstenthal, Krotoschin 1838, der dritte Theil durch Simon Scheyer, Frankfurt a. M. 1838, der zweite Theil (nach Munk) durch M. E. Stern übersetzt worden. Das Ganze hat S. Munk arabisch und französisch mit kritischen, litterarischen und erklärenden Anmerkungen veröffentlicht unter dem Titel: Le guide des égarés, traité de théologie et de philosophie, t. I—III, Paris 1856, 61, 66 (bei welcher höchst verdienstvollen Arbeit nur zu bedauern ist, dass die schlechte Uebersetzung des Titels anscheinend eine neue Sanction gewonnen hat, da doch Munk selbst in seiner Note über den Titel II, S. 379 f. als den wahren Sinn bezeichnet: Indication ou guide pour ceux qui sont dans la perplexité, dans le trouble ou dans l'indécision, so dass nicht die Verirrten, sondern die gleichsam planetenartig unsicher Umherirrenden, die Suchenden oder Zweifelnden, zu verstehen sind, welche, da verschiedene Wege sich vor ihnen aufthun, der der Philosophie und des Positivismus, der allegorischen und der wörtlichen Bibeldeutung, unentschieden und des Rathes bedürftig sind; die lateinische Uebersetzung Paris 1520 hat den richtigen Titel: dux seu director dubitantium aut perplexorum; Albertus Magnus citirt: dux neutrorum; Andere: directio perplexorum). Mos. Maimonidis lib. More Nebuchim (Doctor perplexorum) ex versione Samuelis Tibbonidae cum commentariis Ephodaei, Schemtob, Ibn Crescas nec non Don Isaci Abravanel adiectis summariis et indicibus, 3 voll., Berl. 1875. J. Perles, die in einer Münchener Handschr. aufgefundene erste lat. Uebersetz. des maimonidisch. Führers, Breslau 1875. Die Ethik des Maimonides hat in deutscher Uebersetzung Simon Falkenheim, Königsberg 1832, veröffentlicht. Sein Vocabularium logicae ist Venet. 1550 u. ö., zuletzt Frankf. a. M. 1846 gedruckt worden. Iggeret Teman, od. Sendschreib. d. Rabbi Moses ben Maimon an d. jüd. Gemeinde Jemens. Verf. in arab. Spr. im J. 1172 u. übers. ins Hebräische 1210 v. Sam. ibn Tibbon. Krit. beleuchtet u. mit Anmerk. nebst Einleit. versehen v. Dav. Hollub, Wien 1875. Ueber Maimonides handelt ausser Munk u. A. auch Frank in dem Dictionnaire des sciences philosophiques, tom. IV, p. 31, Simon Scheyer, Frankf. a. M. 1845, und (hebr.) über M.'s Lehre von den Stufen der Prophetie, Rödelheim 1848, Abr. Geiger, Rosenberg 1850, M. Joël, die Religionsphilosophie des M. b. M. im Progr. des Bresl. jüdisch-theol. Seminars 1859, und insbesondere über seinen Einfluss auf den Scholastiker Albertus Magnus M. Joël, Breslau 1863. Ueber die Ethik des Maimonides und ihren Einfluss auf die scholastische Philosophie des 13. Jahrh. handelt Ad. Jaraczewsky, in: Zeitschr. f. Philo. u. philos. Kritik, N. F., Bd. 46, Halle 1865, S. 5, 24, ferner Rosin, d. Eth. des Maim., Breslau 1876. Moses ben Maimûns acht Capitel. arab. und deutsch mit Anm. von M. Wolff, Leipz. 1863. Ueber seinen Einfluss auf Spinoza handelt S. Rubin, Sp. und Maimonides, Wien 1868. J. H. Weiss, Biographien berühmter jüdischer Gelehrten des Mittelalters, 1. Heft: Rabbi Moses ben Maimon, Wien 1881. S. Weiss, Philo v. Alex. u. Mos. Maim., I.-D., Halle 1884.

Commentare zu dem Moreh Nebùchim oder zu Theilen desselben haben u. A. Schem Tob ben Joseph ibn Falaquera (1280, gedruckt zu Pressburg 1837), Joseph ibn Caspi (um 1300, herausgeg. zu Frankfurt a. M. 1848; vgl. den Art. über Joseph Caspi in Ersch und Grubers Enc.), Moses ben Josua von Narbonne (verfasst 1355—1362, edirt durch Goldenthal, Wien 1852) und Is. Abrabanel (im fünfzehnten Jahrhundert, hrsg. von M. J. Landau, Prag 1831—32) geschrieben.

Commentare des Levi ben Gerson, bezüglich auf die Isagoge des Porphyrius. Categ. und de interpr. sind nach der lateinischen Uebersetzung des Jacob Mantino im ersten Bande der alten lateinischen Ausgaben der Werke des Aristoteles nebst den Commentaren des Averroës abgedruckt. Sein philosophisch-theologisches Werk „Milhamoth Adonai" ist zu Riva di Trento 1560 edirt worden. Ueber seine Religionsphilosophie handeln M. Joël, Breslau 1862, und Isid. Weil, Paris 1868, und über seine Logik Prantl, Gesch. der Log. II, S. 399 f. Neuerdings ist erschienen: Levi ben Gerson, Milchamot ha-Schem. Die Kämpfe Gottes. Religionsphilosophische und kosm. Fragen, in sechs Büchern abgehandelt. (In hebr. Sprache.) Neue Ausg., Leipzig 1866. Ueber ihn und die jüdische Philosophie im 14. Jahrh. vgl. Ad. Franck, Moralistes et Philosophes, Paris 1872, S. 47—70.

Ahron ben Elias aus Nikomedien, des Karäers, System der Religionsphilosophie (Ez Chajjim), vollendet 1346 zu Constantinopel, ist von Delitzsch und Steinschneider, Leipz. 1841, herausgegeben worden; vgl. Franck in den Archives israélites 1842, S. 173, Jul. Fürst, Gesch. des Karäerthums, Leipz. 1862—65, und M. Heidenheim, die Christologie der Karaiten, in d. Vierteljahrsschr. f. deutsch- u. engl.-theol. Forschg. u. Krit., Bd. 4, 1871, S. 488—515.

§ 29. Die Philosophie der Juden im Mittelalter.

Die Entstehung der Kabbâla rückt am weitesten Ad. Franck hinauf, indem er Spuren derselben bereits in der Septuaginta, in den Sprüchen Jesus Sirachs und in dem Buche der Weisheit zu finden meint und sie aus dem Einfluss der zoroastrischen Religion auf die Juden ableitet. Doch gesteht Franck selbst zu, dass an die Stelle des Dualismus ein Emanatismus und an die Stelle der Engel Ideen, Gestalten, Attribute gesetzt seien, dass die „Mythologie von der Metaphysik verdrängt werde", und es fragt sich sehr, ob diese Umgestaltung bloss durch den jüdischen Monotheismus oder auch durch hellenische Denkweise bedingt sei; dass wenigstens das ausgebildetere, kabbalistische System einen Einfluss des Platonismus bekunde, ist nicht zu bezweifeln. Beachtenswerth ist die (auch von S. Munk, Palästina p. 515 und Mél. p. 468 vertretene) Vermuthung, dass die Essäer oder Essener die ersten Träger einer halb mythischen, halb philosophischen Lehre gewesen seien, die sich bei den Juden in Palästina spätestens um die Zeit der Entstehung des Christenthums entwickelt habe, und durch welche theils die christliche Gnosis, theils die Ausbildung der Kabbâla bedingt sei. Später hat die vielleicht schon durch griechische Originale, demnächst aber durch arabische Uebersetzungen vermittelte Kenntniss neuplatonischer Sätze und gewiss auch noch die Philosophie des Ibn Gebirol auf die kabbalistische Doctrin eingewirkt. Es scheint, dass die Engellehre, bezogen auf die Schöpfung und auf den Thronwagen bei Ezechiel, die früheste und vielleicht schon essenische Form einer später in die Kabbâla eingegangenen Speculation war, dass beträchtlich später und nur in ziemlich loser Anknüpfung an jene ältere Speculation die Ausbildung der Lehre von den Sephiroth und von den Welten folgte als unbedingt durch jüdisch-alexandrinische, gnostische und neuplatonische Einflüsse. Ueber die Anfänge sind bei dem Mangel urkundlicher Nachrichten nur Vermuthungen möglich; bestimmter lässt sich über die ausgebildetere Kabbâla urtheilen.

Das Bedürfniss, zwischen der transcendent gedachten Gottheit und der sichtbaren Welt eine Vermittelung zu finden, hat zu den kabbalistischen Speculationen geführt, in welchen die orientalische Engellehre und die alexandrinisch modificirte platonische Ideenlehre mit einander verschmolzen sind. Die von späteren Kabbalisten und von Historikern aufgeworfene Frage, ob die kabbalistischen Sephiroth von Gott unterschiedene Wesen seien (wie Rabbi Menachem Reccanati gewollt hat und in neuerer Zeit H. Joël meint, der sie für Geschöpfe erklärt) oder Momente der Existenz Gottes, die nur wir subjectiv unterscheiden (wie nach Cordueros Angabe Rabbi David Abbi Simra angenommen haben soll), oder ob Gott (nach der vermittelnden, von Franck gebilligten Ansicht von Corduero) zwar über, jedoch nicht ausser, sondern auch in denselben stehe, scheint unlösbar zu sein, da sie schärfere Unterscheidungen sucht, als jene nicht reflectirende, sondern phantasirende Weise der Betrachtung zulässt, gerade wie auch dem Logos und den übrigen Kräften oder Ideen bei Philon das Schwanken zwischen der attributiven und substantiellen Existenzform wesentlich ist (vgl. Grdr. I, § 63). Die emanatistische Doctrin der Kabbâla tritt nicht in bewusster, auf philosophische Gründe gestützter Opposition gegen die Schöpfungslehre, sondern als Deutung derselben auf; aber man darf darum nicht (mit H. Joël) den emanatistischen Charakter der kabbalistischen Grundlehren verkennen, dieselben im Sinne der dogmatischen Schöpfungslehre verstehen und den Emanatismus ausschliesslich in den späteren Zusätzen und Commentaren suchen, in welchen freilich derselbe am bestimmtesten entwickelt und auf metaphysische Axiome basirt ist.

Das Buch Jezirah entwirft die Grundzüge der Lehre von Gott, den Mittelwesen und den Welten. Es betrachtet (pythagoreisirend und platonisirend) die Zahlen (Sephiroth) und die Buchstaben, die Elemente des göttlichen Wortes, die

§ 29. Die Philosophie der Juden im Mittelalter.

in die Luft eingezeichnet seien auf der Grenze der intellectuellen und der physischen Welt, als die Basis der Weltseele und der gesammten Schöpfung.

In dem Buche Sohar wird die Unerkennbarkeit Gottes an sich und seine stufenweise Manifestation durch die Emanationen gelehrt. Gott, der Alte der Tage, der Verborgene der Verborgenen, ist, abgesehen von seiner Offenbarung in der Welt, das Nichts, so dass die Welt, von ihm geschaffen, aus dem Nichts hervorgegangen ist (welche Lehre an die basilidianische von dem nicht seienden Gotte und an die dionysische erinnert). Dieses Nichts ist unendlich und wird darum auch das Grenzenlose, En-Soph, genannt. Sein Licht hat anfangs den ganzen Raum erfüllt; es existirte nichts Anderes, als es selbst. Damit aber Anderes werde, concentrirte es sich auf einen Theil des Raumes, so dass ausser ihm eine Leere war, die es dann wiederum durch ein stufenweise schwächeres Licht erfüllte. Zuerst offenbarte sich En-Soph in seinem Wort oder Wirken, seinem Sohne, dem Urmenschen, Adam Kadmon, der der Mensch bei den Thieren im Gesicht des Hesekiel (Ezech. c. 1) ist. Die den Adam Kadmon constituirenden Kräfte oder Intelligenzen (die seine Theilwesen sind, wie die $\delta v \nu \acute{\alpha} \mu \varepsilon \iota \varsigma$ oder $\lambda \acute{o} \gamma o \iota$ die Theilwesen des philonischen Logos) sind die zehn Sephiroth, Zahlen, Formen, Lichtkreise, die den Thron des Höchsten umgeben. Die drei ersten Sephiroth sind: 1) Kether, Krone, 2) Chokhma, Weisheit ($\sigma o \varphi \iota \alpha$), 3) Binah, Verstand ($\lambda \acute{o} \gamma o \varsigma$). (Diese Trennung von $\sigma o \varphi \iota \alpha$ und $\lambda \acute{o} \gamma o \varsigma$ gehört mindestens der nachphilonischen Zeit an, ist aber ohne Zweifel in dieser Form noch viel stärker.) Die sieben übrigen Sephiroth sind: 4) Chéesed, Gnade (oder auch Gedühla, Grösse), 5) Din, Gericht, Strenge (oder auch Geburah, Stärke), 6) Tiphéret, Schönheit, 7) Nézach, Festigkeit, 8) Hod, Pracht, 9) Jesód, Fundament, 10) Malkúth, Reich. Mitunter werden die zweite, vierte und siebente der Sephiroth als Säule der Gnade unter einander gestellt, die dritte, fünfte und achte als Säule der Stärke, die erste, sechste und neunte als Säule der Mitte (was an die gnostische Unterscheidung des gerechten und des guten Gottes erinnert, was hier freilich, um das monotheistische Princip zu wahren, ein blosser Unterschied der Kräfte oder Attribute geworden ist). Die Sephiroth bilden die erste Emanationsstufe oder die Welt Azilah, auf welche noch drei andere Welten (nach Jesaias XLIII, 7 benannt) folgen: die Welt Beriah (von bará, schaffen, gestalten), welche die reinen Formen oder einfachen Substanzen (Ideen) enthält, die als geistige, intelligente Wesen gedacht werden, dann die Welt Jezirah (von jazar, bilden), welche die der himmlischen Sphären, der Seelen oder Engel ist, endlich die Welt Asijja (von asah, machen), welche die der materiellen Gotteswerke, der sinnlich wahrnehmbaren, entstehenden und vergehenden Objecte ist. (Mit der Viertheilung des Plotin: das Eine, der $Noῦς$ mit den ihm immanenten Ideen, die Seele und das Materielle, kommt diese Lehre in so weit überein, als nicht die Ideen schon in die Sephiroth hineingezogen sind.) Auf die geistige Welt wirken die drei ersten Sephiroth, auf die psychische die drei folgenden, auf die materielle die siebente bis neunte. Im Menschen gehört der ersten dieser drei Welten die geistige, unsterbliche Seele (neschama), der zweiten der beseelende Hauch (ruach), der dritten der Lebenshauch (nephesch) an. Die Seele durchwandert verschiedene Leiber, bis sie gereinigt zu der Geisterwelt emporsteigt. Die letzte Seele, die in das irdische Leben eingeht, wird die des Messias sein.

Zu der mystischen Kabbála bildet die verstandesmässig reflectirende Philosophie einen Gegensatz, der mitunter zu gegenseitigen Anfeindungen geführt hat. Das Aufkommen dieser Philosophie knüpft sich wesentlich an die Berührung des Judenthums mit dem Hellenismus und Mohammedanismus. Wenig bedeutend waren die logisch-philosophischen Studien jüdischer Aerzte, wie namentlich des Isaac Israeli (um 900, gest. in hohem Alter um 940—950; nach Steinschneiders Ver-

§ 29. Die Philosophie der Juden im Mittelalter.

muthung, Alfar., S. 248, war er der Verfasser eines alten Jezirah-Commentars). Die Karaiten, die mit der talmudischen Tradition brachen, scheinen die ersten jüdischen Theologen gewesen zu sein, die nach dem Vorbilde der mohammedanischen die Dogmatik systematisch darstellten. Ihnen folgten hierin später die rabbinischen Theologen (Rabbaniten).

Saadja, geboren zu Fajjum in Aegypten um 892, zum Vorsteher der jüdischen Schule zu Sora oder Sura in Babylonien ernannt 928, gest. 942, auch als religiöser Dichter berühmt, war (nach dem Ausdruck von Jost, Geschichte des Judenthums, II, Leipzig, 1858, S. 279) „eine Frucht des jüdischen Bodens, umgeschaffen durch Pfropfreiser aus dem arabischen Garten". Er schrieb im Jahre 932 n. Chr. sein religionsphilosophisches Hauptwerk, worin er, nach dem Vorgange, wie es scheint, seines älteren karaitischen Zeitgenossen David ben Merwân al Mokammez aus Racca in dem arabischen Irak, einen Nachweis der Vernunftgemässheit der jüdischen Glaubenssätze und der Unhaltbarkeit der entgegenstehenden Dogmen und Philosopheme zu geben versucht. Er greift namentlich an die Atomisten, die Emanatisten, die Dualisten, Empedokles, die Sophisten, die Skeptiker und die christlichen Religionsphilosophen; für die Skeptiker, meint er, sei es am besten, dass man sie hungern liesse, bis sie den Hunger verspürten, oder schlage, bis sie vor Schmerzen weinten. Die Schrift enthält (nach Julius Fürst) ausser der Einleitung zehn Abschnitte: 1) die Welt und ihre Wesen sind geschaffen, 2) Schöpfer der Dinge ist Einer, 3) über Gesetz und Offenbarung, 4) der Gottesgehorsam und die Widersetzlichkeit, die Allgerechtigkeit und die Unfreiheit, 5) Verdienst und Schuld, 6) das Wesen der Seele und ihre Fortdauer, 7) Wiederbelebung der Todten, 8) die Befreiung und Erlösung, 9) der Lohn und die Strafe, 10) die Sittenlehre. Die Cardinalpunkte seiner Lehre sind: Einheit Gottes, Mehrheit der Attribute ohne Mehrheit der Personen — also gegen die Hypostasirung der Attribute in der christlichen Dreieinigkeit —, die wesentlichen Attribute Gottes: Leben, Allmacht, Weisheit. Schöpfung der Welt aus Nichts, nicht aus einem vorhandenen Stoffe, Unantastbarkeit des geoffenbarten Gesetzes, Freiheit des Willens, jenseitige Vergeltung und (mit Abweisung der Seelenwanderungslehre) Wiedervereinigung der Seele mit ihrem Körper in der Auferstehung, welche eintritt, nachdem die Zahl der Seelen, die geschaffen werden sollten, erschöpft ist. Demgemäss ist der Inhalt der Lehre des Saadja durchaus im Einklang mit der jüdischen Orthodoxie; auf die religiös-philosophische Form ihrer Entwickelung aber hat das Vorbild der arabischen Motakallimûn Einfluss geübt, und zwar steht er den Mutaziliten am nächsten, d. h. der rationalisirenden Fraction der Motakallimûn (über sie s. oben S. 194). Der positive Einfluss des Aristotelismus ist gering. Doch kennt Saadja logische Lehren und insbesondere die Kategorienlehre des Aristoteles, deren Nichtanwendbarkeit auf die Gottheit er (II, 8) ausführlich zu beweisen unternimmt. Er bekämpft Lehren, die auf dem Aristotelismus beruhen, wie namentlich die der Weltewigkeit, und auch die naturalistische Bibelkritik des Chiwi-el-Balkhi (aus Baktrien).

In Spanien ist der früheste Vertreter der Philosophie unter den Juden Salomo ben Jehuda ben Gebirol (oder Gabirol, d. h. Gabriel, arabisch Abu Ajjûb Soleiman ibn Jahja ibn Djeribûl), nach Sal. Munks Entdeckung derselbe, den die Scholastiker unter dem Namen Avicebron (oder auch Avencebrol) als Verfasser der Schrift: Fons vitae (Mekor chajjim) kennen und für einen arabischen Philosophen halten. Geboren um 1020 oder 1021 zu Malaga, erzogen zu Saragossa, wirkte er in den Jahren 1035 bis gegen 1069 und 1070 als religiöser Dichter, Moralist und Philosoph. Der Grundgedanke seines Hauptwerkes „Fons vitae" wird von dem Uebersetzer der Hauptstellen, Schem Tob, in der Lehre

§ 29. Die Philosophie der Juden im Mittelalter.

gefunden, dass auch die geistigen Substanzen eine Materie, nämlich eine geistige Materie haben, durch welche ihre Form getragen werde, indem die Materie gleichsam als Basis die von oben kommende Form aufnehme, dass also die Dinge in der Welt, sowohl die körperlichen als die geistigen, aus Materie und Form bestehen. Albertus Magnus sagt (Summa totius theolog. I, 4, 22), die dem Philosophen Avicebron zugeschriebene Schrift ruhe auf der Annahme: corporalium et incorporalium esse materiam unam, und auch Thomas von Aquino (quaest. de anima, art. VI) nennt denselben den Urheber der Lehre, dass die Seele und überhaupt jede Substanz ausser Gott aus Materie und Form zusammengesetzt sei. Aus Munks Veröffentlichung jener Auszüge geht hervor, wie diese Annahme des Ibn Gebirol sich dem Ganzen seiner Philosophie einreiht, die ein Product der Verschmelzung jüdischer Religionslehren mit aristotelischen und besonders mit neuplatonischen Philosophemen ist. Zwischen dem einheitlichen Schöpfer und der sichtbaren Welt muss es Mittelwesen geben, da der Abstand zwischen Gott und der Körperwelt zu gewaltig ist, als dass sie mit einander unmittelbar verbunden sein könnten. Ein solches Mittelwesen ist der göttliche Wille, der aus Gott selbst hervorgeht und die ganze Welt schafft und bewegt, also der Grund der Welt wird nicht wie bei den Aristotelikern im göttlichen Denken gefunden. Freilich schwankt die Darstellung Ibn Gebirols zwischen der Annahme des Willens als einer von Gott unterschiedenen Hypostase und der Annahme desselben als einer mit Gott wesentlich identischen Kraft. Weitere Stufen nach unten sind die allgemeine Materie und die allgemeine Form, der Weltgeist, die Weltseele, die sich als vegetative, animalische und denkende zeigt, endlich die Natur, welcher die sichtbare Welt entstammt. Die Körperwelt ist der Geisterwelt nachgebildet, und alles Sichtbare findet in dem Unsichtbaren ein Analogon. Das erste Buch der Schrift „Fons vitae" handelt von der Materie und Form überhaupt und von ihren verschiedenen Arten, das zweite von der Materie als Trägerin der Körperlichkeit der Welt, worauf die Kategorien anwendbar sind, das dritte von der Existenz der (relativ) einfachen Substanzen, welche die in dem geschaffenen Intellect enthaltenen Mittelwesen zwischen Gott, dem ersten wirkenden Wesen, und der körperlichen Welt sind, das vierte von dem Bestehen dieser Mittelwesen aus Materie und Form, das fünfte von der Materie und Form im allgemeinsten Sinne oder der universellen Materie und universellen Form, woran sich Betrachtungen über den göttlichen Willen anschliessen, durch welchen das Sein aus dem Nichts gezogen sei, das Mittlere zwischen Gott als der ersten Substanz und Allem, was aus Materie und Form besteht, die Lebensquelle, aus der alle Formen emaniren. Die Argumentationen des Verfassers haben durchgängig die platonische Hypostasirung dessen, was durch die allgemeinen Begriffe gedacht wird, zur Voraussetzung. Alles, was subsistirt, fällt unter den Begriff der Subsistenz, also hat jedes Subsistenz, also hat jedes Subsistirende mit jedem andern die reale Subsistenz gemeinsam; dieses Gemeinsame aber kann nicht eine Form sein, da in der Form eines Objectes seine Eigenthümlichkeit und Differenz von anderen Objecten liegt, also ist es die Materie, und zwar die Materie im allgemeinsten Sinne (materia universalis), die sich als körperliche und geistige Materie specificirt. Da die Form nur in der Materie ihre Existenz haben kann, so können auch die intelligibeln Formen nicht ohne eine ihnen zugehörige Materie sein. Gott aber, der ohne Materie ist, wird nur im eigentlichen Sinne Form genannt. (Freilich wäre es consequenter gewesen, den allgemeinen Satz entweder auch auf Gott anzuwenden, oder diesem die gesonderte Existenz abzusprechen und ihn mit der materia universalis oder der allgemeinen Substanz zu identificiren, was durch David von Dinant, wohl nicht ohne Einfluss der Doctrin Avicebrons, geschah, und in neuerer Zeit wiederum durch Spinoza.) In der Lehre von der Materie der intelligibeln Wesen folgt Avicebron dem Platon, sofern dieser nach dem Bericht des Aristoteles auch den Ideen eine Materie zuschrieb (was die nothwendige Folge ihrer Hypostasirung war), und dem Plotin, welcher letztere ausdrücklich die in Platons Lehre mindestens implicite liegende Unterscheidung der verschiedenen Arten der Materie vollzogen hat. Plotin Ennead. II, 4, 4: mit der $\mu o \rho \varphi \acute{\eta}$ ist überall nothwendig auch die $\mathring{v}\lambda\eta$ oder das $\mathring{v}\pi o \varkappa \epsilon \acute{\iota}\mu\epsilon\nu o\nu$ verbunden, dessen $\mu o \rho \varphi \acute{\eta}$ sie ist; besteht die sinnliche Welt, das Abbild der jenseitigen oder intelligibeln, aus Materie und Form, so muss auch in ihrem Urbilde mit der Form zugleich eine Materie sein. Vgl. Steinschneider, Alfarabi, S. 115 und 254. Der jüdische Philosoph kannte zwar nicht die Werke des Plotin, wohl aber einige von den neuplatonischen Schriften des spätesten Alterthums in arabischen Uebersetzungen. Diese fast sämmtlich pseudonymen Schriften, woraus seit dem Ende des zwölften Jahrhunderts vermittelst lateinischer Uebersetzungen auch Scholastiker geschöpft haben, sind (nach Munk, mélanges, S. 240 ff., der sich dabei zum Theil auf den im Jahr 1153 gestorbenen arabischen Historiker der religiösen und philosophischen Secten Mohammed al Scharestáni stützt) folgende:

1) Die Elementa theologiae des Proklus.

2) Pseudo-Empedokles, über die fünf Elemente und vielleicht noch andere dem Empedokles zugeschriebene Werke, deren Uebersetzungen bald nach dem Anfang des zehnten Jahrhunderts durch den aus Cordova stammenden Mohammed ibn Abdallah ibn Masarra aus dem Orient nach Spanien gebracht worden waren; dem alten Naturphilosophen werden darin die Lehren beigelegt, der Schöpfer habe als das primitive Element die erste Materie geschaffen; aus dieser sei der Intellect emanirt, aus diesem die Seele; die vegetative Seele sei die Rinde der animalischen, diese die Rinde der anima rationalis, diese wiederum die der anima intellectualis, die Einzelseelen seien Theile der universellen Seele, das Product dieser Seele aber sei die Natur, in welcher der Hass herrsche, wie in der allgemeinen Seele die Liebe; von der Natur verführt, haben die Einzelseelen sich dem Sinnlichen zugewandt; zu ihrer Rettung, Reinigung und Wiedererinnerung an das Intelligible aber gehen von der allgemeinen Seele die prophetischen Geister aus.

3) Pseudo-Pythagoras, der den Schöpfer, den Intellect, die Seele und die Natur durch die Monas, Dyas, Trias und Tetras symbolisirt oder auch als Einheit vor der Ewigkeit, mit der Ewigkeit, nach der Ewigkeit und vor der Zeit, endlich als Einheit in der Zeit unterscheidet.

4) Pseudo-Aristoteles, Theologia, eine Schrift, die bereits im neunten Jahrhundert, nach Dieterici um 840, ins Arabische übersetzt worden ist, in lateinischer Uebersetzung den Scholastikern bekannt wurde und 1519 zu Rom unter dem Titel: sapientissimi philosophi Aristotelis Stagiritae theologia sive mystica philosophia secundum Aegyptios erschienen, 1572 noch einmal in Paris von Carpentarius herausgegeben wurde, auch in Du Vals Gesammtausgabe der arist. Werke abgedruckt ist; nach dieser Uebersetzung und auch nach dem arabischen Texte giebt Munk, mélanges, S. 249 ff. Auszüge aus derselben. Aus arabischen Handschriften ist sie zum ersten Mal herausgegeben von Fr. Dieterici, Lpz. 1882 und von demselben aus dem Arabischen übersetzt und mit Anmerkungen versehen Lpz. 1883. Die neuplatonische Lehre von der ersten Ursache, von dem Intellect mit den reinen Formen (Ideen), die in ihm sind, von der Weltseele mit den Einzelseelen und von der die entstehenden und vergehenden Dinge in sich befassenden Natur wird darin entwickelt. In dem Mittelpunkt der ganzen Speculation steht die Seele, durch welche das Werden überhaupt möglich wird. Ergreift den Geist die Sehnsucht nach unten, so bildet sich aus ihm die Seele. Die Seele ist demnach nichts als Geist,

der in der Form der Sehnsucht sich bildete. Die Seele hat nun bisweilen Allsehnsucht, bisweilen Theilsehnsucht. Hat sie die erstere, „so bildet sie die Alldinge in der That und ordnet dieselben in einer geistigen Allweise, ohne ihre Allwelt zu verlassen. Hegt sie aber zu den Theildingen, welche Abbilder ihrer Allformen sind, Sehnsucht, so schmückt sie dieselben aus und mehrt sie an Reinheit und Schönheit; sie reinigt dieselben von den Fehlern, die ihnen zugestossen sind. Sie ordnet dieselben in einer höheren und erhabeneren Weise, als dies die näheren Ursachen derselben, d. h. die Himmelskörper, vermögen." Vgl. Haneberg, die Theologie des Aristoteles, in den Sitzungsberichten der münchener Akademie der Wiss. vom Jahr 1862, Bd. I, S. 1—12, Steinschneider, Alfar., S. 158 u. 250, F. Dieterici, die Theologie des Ar., in: Zeitschr. d. deutsch. Morgenl. Gesellsch. 1877, S. 117—126, ders. üb. d. sogen. Theologie des A. b. d. Arabern in d. Abhandlungen des Orientalistencongresses 1881. D. bezeichnet die Schrift als den etwa hundert Jahre älteren Vorgänger des ausgeführteren Systems der lautern Brüder. Nach der eigenen Angabe des Butha hat ein Christ Ibn Abdallah Nâ'ima aus Emessa diese von Porphyrius aus Tyrus erklärte Schrift des Aristoteles ins Griechische für Achmed ibn al Mu'tasim billah übersetzt. Das griechische Original ist wahrscheinlich von einem Neuplatoniker, wenn auch nicht von Porphyrius, verfasst.

5) Vielleicht das Buch de causis, welches gleichfalls neuplatonische Lehren enthält, grösstentheils in wörtlichen Auszügen aus des Proklus Institutio theologica. Schon Thomas erkannte als Quelle die „Elevatio theologica" des Proklus, worunter die Στοιχείωσις θεολογική, vielleicht das Werk eines Schülers des Proklus, zu verstehen ist. Nach Albertus, dem die Quelle freilich noch unbekannt war, ist der Verfasser des Buches de causis David Judaeus quidam, von dem man sonst nichts weiss. Nach Bardenhewer ist der Autor nicht ein Jude, sondern ein Mohammedaner, der etwa im 9. Jahrhundert jenseits des Euphrat gelebt und die Στοιχείωσις in arabischer Uebersetzung vor sich gehabt haben soll, so dass die Schrift auch ursprünglich arabisch verfasst ist. Es ist eine Compilation von 31 metaphysischen Thesen. Sie wurde als ein vermeintliches Werk des Aristoteles nicht durch den Archidiakonus Dominicus Gundisalvi mit Hülfe des convertirten Juden Johannes Avendeath (Ibn David) ins Lateinische übersetzt, vielmehr durch Gerhard von Cremona in Toledo zwischen 1167 und 1187, war den späteren Scholastikern bekannt und ist schon von Alanus ab Insulis (Alanus von Ryssel), der sie als „liber de essentia purae bonitatis" citirt, benutzt worden. Die Meinung, dass Aristoteles der Verfasser sei, wurde trotz der besseren Einsicht des Albertus und Thomas von Vielen noch lange festgehalten, und unter den Werken des Aristoteles ist das Buch auch in den lateinischen Ausgaben derselben bis Anfang des 17. Jahrh. häufig mit abgedruckt worden (z. B. Venet. 1496, ferner im VII. Bande der lat. Ausgabe der Werke des Aristoteles und Averroës, Venet. 1552). Analysen seines Inhalts finden sich bei Hauréau, philos. scol. I., S. 284 ff. und bei Vacherot, hist. critique de l'école d'Alexandrie III, S. 96 ff. Die Begriffe werden darin hypostasirt; was dem abstracteren Begriff entspricht, gilt als die höhere, frühere und mächtigere Ursache; das Sein geht dem Leben, das Leben der individuellen Existenz voran. Die pseudo-pythagorelische Unterscheidung des Höchsten, das vor der Ewigkeit sei, des Intellects, der mit ihr, der Seele, die nach ihr und vor der Zeit sei, und der zeitlichen Dinge findet sich auch in dieser Schrift. Vgl. Haneberg, a. a. O. S. 361—388, Steinschneider, Alfar., S. 113 u. 249, namentlich Otto Bardenhewer, d. pseudo-aristotelische Schr. üb. das reine Gute, bekannt unter dem Namen Liber de causis. Im Auftrage der Görresgesellsch. bearbeitet (der arab. Text des

§ 29. Die Philosophie der Juden im Mittelalter.

Buches mit deutscher Paraphrase und mit ausführlicher Einleitung, die v. d. Scholastikern benutzte latein. Uebersetzung mit eingehender Gesch. derselb. und über d. hebräisch. Uebersetzungen), Frb. i. Br. 1882.

So beträchtlich der Einfluss der Philosophie des Ibn Gebirol auf einen Theil der christlichen Scholastiker (und insbesondere auch auf Duns Scotus) geworden ist, so gering war derselbe bei den Juden der nächstfolgenden Zeit, bei denen nur seine Dichtungen und moralischen Schriften seinem Namen Popularität verschafften. Die arabischen Philosophen des zwölften Jahrhunderts aber scheinen ihn gar nicht gekannt zu haben. Der Aristotelismus, der sich in Folge des allmählich wachsenden Einflusses der Schriften des Ibn Sina auch bei den Mohammedanern und Juden in Spanien Bahn brach, verdrängte die neuplatonischen Anschauungen, die jedoch bald in der Kabbâla eine Zufluchtstätte fanden. Dazu kommt, dass die Mittelstellung, die Ibn Gebirol dem aus der göttlichen Weisheit fliessenden Willen zuweist, so sehr er an einzelnen Stellen die Einheit desselben mit Gott betont und ihn als Attribut zu fassen sucht, den strengeren Monotheisten zum Anstoss gereichen mochte.

Bahja (oder Bachja) ben Joseph verfasste gegen Ende des elften Jahrhunderts eine Schrift über die Herzenspflichten, worin er, ausgehend von einer Betrachtung über die Einheit Gottes, ein vollständiges System der jüdischen Moral entwirft. Er unterscheidet mit einigen arabischen Motakallimûn die Herzenspflichten von den Gliederpflichten. Zu den ersteren zählt er Liebe und Vertrauen zu Gott, Demuth, auch Betrachtung der Natur. Sie stehen zu den Gliederpflichten in demselben Verhältniss wie die Ursache zur Wirkung; die ersteren sind geheime, die letzteren offene Pflichten. Dass die inneren Pflichten nicht eine blosse Zuthat zu der durch Gesetzestreue sich bekundenden Frömmigkeit, sondern die Grundlage aller Gesetze seien und den Werth der Handlung bedingen, sucht er durch Vernunft, Schrift und Ueberlieferung darzuthun. Die Beweise für das Dasein und die Einheit Gottes zu kennen, ist nach Bahja eines jeden Menschen religiöse Pflicht.

Jehuda ben Samuel ha-Levi aus Castilien (geb. um 1080), der berühmte Dichter religiöser Lieder, äussert sich in seiner Schrift Khosari, worin er auf die (historische) Bekehrung eines Chazarenkönigs zum Judenthum die Scenerie der Gespräche baut, mild über die mohammedanische und christliche Religion, wegwerfend aber über die griechische (aristotelische) Philosophie, die keinen zeitlichen Anfang der Welt zugestehe. Er mahnt, sich von ihr fern zu halten. In Betreff des Verhältnisses zwischen Offenbarung und Philosophie vertritt er dieselbe Ansicht wie Algazel, von dessen Schriften er nicht unwesentlich beeinflusst ist. Aehnlich den Neuplatonikern will er das Absolute über alle Bejahung erheben. Das jüdische Gesetz sucht er auf eine gemeinverständliche Weise als vernunftgemäss zu begründen.

Als Verfasser eines „Mikrokosmus" (um 1140) ist Josef Ibn Zaddik zu erwähnen. Er polemisirt gegen die Lehre, dass Gott mit einem geschaffenen Willen wolle, bei der Schöpferthätigkeit schliesst er das Nachdenken und Ueberlegen Gottes aus. Vergl. über ihn d. ausführl. Darstell. bei D. Kaufmann, Gesch. d. Attributenl., S. 253—337.

Abraham ben David aus Toledo schrieb im Jahr 1160 in arabischer Sprache das Werk: der erhabene Glaube, worin er die aristotelische Philosophie in Schutz nimmt, die neuplatonische Richtung des Ibn Gebirol aber scharf bekämpft. Er entwickelt insbesondere die Lehre von der Freiheit des menschlichen Willens.

§ 29. Die Philosophie der Juden im Mittelalter.

Moses Maimonides (Moscheh, Sohn des Richters Maimûn), geb. zu Cordova den 30. März 1135, zog mit seinem Vater wegen des von den Almohaden geübten Religionszwanges erst nach Fez, dann (1165) über Palästina nach Aegypten und lebte in Fostat (Alt-Kairo), wo er am 13. December 1204 gestorben ist. Durch die aristotelische Philosophie gebildet, auch mit arabischen Commentatoren bekannt, insbesondere auch noch mit Abubacer, wogegen er die Schriften des Averroës erst wenige Jahre vor seinem Tode gelesen hat, brachte er in seiner (1158—1168 verfassten) Erläuterung der Mischnah und in den vierzehn Büchern des Gesetzes (1170—1180) systematische Ordnung in das Talmud-Conglomerat (wogegen der historische Sinn bei ihm, wie bei seinen Zeitgenossen überhaupt, unentwickelt blieb. Sein (um 1190 vollendetes) philosophisches Hauptwerk, der „Führer der Umherirrenden" (Moreh Nebûchim) enthält (nach Munks Urtheil, Mélanges S. 486) in philosophischem Betracht zwar keine epochemachenden Resultate, hat aber mächtig dazu beigetragen, die Juden mehr und mehr zum Studium der peripatetischen Philosophie anzuregen, wodurch sie fähig wurden, die Wissenschaft der Araber dem christlichen Europa zu übermitteln und so einen beträchtlichen Einfluss auf die Scholastik zu üben. Maimonides wendet sich an solche, die sich mit Philosophie beschäftigt und den Glauben verloren haben und sich nur durch wissenschaftliche Vermittelung denselben wieder aneignen können. Am bedeutendsten hat Maimonides auf die jüdische Theologie eingewirkt. Er geht von der Ueberzeugung aus, dass das Gesetz nicht bloss zur Uebung des Gehorsams, sondern auch als Offenbarung der höchsten Wahrheiten den Juden gegeben sei, dass also die Gesetzestreue im Handeln keineswegs genüge, sondern auch die Erkenntniss der Wahrheit eine religiöse Pflicht sei. Er hat hierdurch das religionsphilosophische Denken kräftig angeregt, jedoch auch durch Aufstellung bestimmter Glaubenssätze wider Willen zu einer beengenden Fixirung jüdischer Dogmen beigetragen, obschon seine eigene Forschung durchaus einen rationellen Charakter trägt. Astrologische Mystik weist er ab; man soll nur glauben, was entweder durch die Sinne bezeugt oder durch den Verstand streng erwiesen oder durch Propheten und fromme Männer überliefert ist. Freilich darf nicht Alles, was sich im Pentateuch findet, im wörtlichen Sinne verstanden werden. Die Texte der heiligen Schrift, wörtlich genommen, können zu verkehrten Vorstellungen von Gott und zu Irreligiosität führen. So oft demnach der wörtliche Sinn einer Stelle der heiligen Schrift einem wissenschaftlich erwiesenen Lehrsatz widerstreitet, muss dieser buchstäbliche Sinn aufgegeben und der allegorische angenommen werden. Auf dem wissenschaftlichen Gebiete gilt dem Maimonides Aristoteles als der zuverlässigste Führer, von dem er nur auf dem Gebiete der Religionslehre theilweise abgeht, insbesondere in der Lehre von der Schöpfung und Leitung der Welt. Maimonides hält an dem Glauben fest (ohne den nach seiner Ansicht auch die Lehre von der Inspiration und den Wundern als Suspensionen der Naturgesetze nicht würde bestehen können), dass Gott nicht nur die Form, sondern auch die Materie der Welt aus dem Nichts ins Dasein gerufen habe, weil ihm die philosophischen Gegenbeweise nicht als stringent erscheinen. Hätten dieselben mathematische Gewissheit, so müssten die anscheinend entgegenstehenden Bibelstellen allegorisch gedeutet werden, was jetzt nicht zulässig ist. Demgemäss hält Maimonides für verwerflich die Annahme der Weltewigkeit im aristotelischen Sinne, wonach die immer vorhandene Materie auch immer die durch den Trieb zur Verähnlichung mit dem ewigen Gottesgeiste begründete Ordnung oder Form an sich getragen habe; die Bibel lehre das zeitliche Entstandensein der Welt. Näher stehe der biblischen Lehre die platonische Annahme, die Maimonides mit strengster Genauigkeit nach dem Wortsinne des Dialogs Timäus (welchen er in einer arabischen Uebersetzung lesen konnte) so auffasst, dass zwar die Materie ewig sei, die durch Gott gewirkte Ordnung aber, durch deren Hinzutritt aus der Materie die Welt werde, zeitlich entstanden sei. Doch bekennt er sich nicht selbst zu dieser Lehre, sondern hält an dem Glauben fest, dass auch die Materie durch Gott geschaffen worden sei. Die Gottheit kann nicht definirt, auch Qualitäten können nicht von ihr ausgesagt werden, ebenso wenig wie wirkliche Relationen. Die wahre Gotteserkenntniss ist die Einsicht, dass sein Wesen unerkennbar. Je mehr man Positives von Gott negirt hat, desto weiter ist man in der Gotteserkenntniss gekommen. Nur Thätigkeiten kann man ihm beilegen, die aber, wenn sie auch verschieden sind, nicht etwa Unterschiede im Wesen Gottes anzeigen. Von Gott muss alle Körperlichkeit fern gehalten werden, ebenso jede Affection und Veränderung, ferner ist Gott eine Actualität, keine Potenzialität darf ihm zugeschrieben werden, keinem Geschöpfe ist er ähnlich. Gott ist in gleicher Weise erhaben über die ihm beigelegten Vollkommenheiten wie über die von ihm ferngehaltenen Unvollkommenheiten.

In der Ethik legt Maimonides besonderes Gewicht auf die Willensfreiheit. Jeder Mensch hat die volle Freiheit, den guten Weg einzuschlagen und fromm zu sein, oder böse Wege zu gehen und schlecht zu werden. Lass dich nicht von Thoren bereden, dass Gott vorausbestimme, wer gerecht oder böse sein solle. Wer sündigt, hat sich es selbst zuzuschreiben und kann nichts Besseres thun als schleunig umkehren. Gottes Allmacht hat dem Menschen die Freiheit zuertheilt, und seine Allwissenheit kennt seine Wahl, ohne sie zu lenken. Nicht um des Lohnes und der Strafe willen sollen wir gleich Kindern und Unwissenden das Gute wählen, sondern dasselbe um seiner selbst willen aus Liebe zu Gott verrichten; doch steht der unsterblichen Seele die jenseitige Vergeltung bevor. Die höchste Lust des Menschen, das höchste Gut ist die Erkenntniss der Wahrheit, die Glückseligkeit ist gleich der Gotteserkenntniss. Maimonides unterscheidet, dem Aristoteles folgend, von den ethischen die dianoëtischen Tugenden. Bei dem tugendhaften Verhalten kommt es auf das Treffen der rechten Mitte an, die Uebung der dianoëtischen Tugenden steht höher als die der ethischen. — Die Auferstehung des Leibes lässt Maimonides nur als einen Glaubensartikel gelten, der nicht bekämpft werden dürfe, aber auch nicht erörtert werden könne.

Die Voraussetzung des Maimonides, dass es ein vom Glauben unabhängiges Wissen gebe, welchem, sofern es volle Gewissheit habe, der buchstäbliche Schriftsinn geopfert werden müsse, erschien einem Theile der Rabbinen als eine unzulässige Beeinträchtigung der Autorität der biblischen Offenbarung, als ein „Verkaufen der heiligen Schrift an die Griechen", als eine „Zerstörung des festen Grundes"; die Umdeutung sinnlicher Schilderungen von der Gottheit und vom künftigen Leben, die bildliche Auffassung einzelner Wunder, das Aufsuchen von Vernunftgründen für die Gesetze war ihnen eine Gefährdung der Religion. Es gab in Frankreich Fanatiker, welche sich nicht mit dem Banne begnügten, sondern sogar die Hülfe christlicher Inquisitoren gegen die verhasste Ketzerei in Anspruch nahmen und erlangten. Aber gerade dieser Schritt als Verrath am jüdischen Gemeingeist trug wesentlich zum Siege der denkgläubigen Richtung des Maimonides bei, dessen Schriften nunmehr eine fast unangefochtene Autorität sowohl bei den occidentalischen als bei den orientalischen Juden erlangten. Auch von arabischen und christlichen Denkern wurden dieselben hochgeschätzt.

Unter den zahlreichen jüdischen Philosophen, die meist als Uebersetzer und Commentatoren von Schriften des Aristoteles und arabischer Aristoteliker auftreten, sind die bedeutendsten: im dreizehnten Jahrhundert Schem Tob ben Joseph ibn Falaquera, der Commentator des Moreh Nebûchim und Uebersetzer der Auszüge aus Ibn Gebirols Lebensquelle, im vierzehnten Jahrhundert aber Levi ben

§ 30. Der Umschwung der scholastischen Philosophie um 1200.

Gerson, geb. 1288, gest. 1344, ein Anhänger der Richtung des Ibn Roschd, der sich auch zu der aristotelischen Lehre von der Bildung der Welt durch Gott aus einem vorhandenen Stoffe, welcher freilich als schlechthin formlos ein Nichts sei, bekennt und die Unsterblichkeit der Seele als ihre Vereinigung mit dem activen Intellect erklärt, woran eine jede nach dem Grade ihrer Vollkommenheit Antheil habe, und Moses, der Sohn des Josua, aus Narbonne, Meister Vidal genannt, der zu dem Moreh des Maimonides den oben (S. 209) erwähnten Commentar und auch zu Schriften arabischer Philosophen Commentare verfasst hat, welche handschriftlich vorhanden sind.

Die Nachbildung des Moreh durch den (im vierzehnten Jahrhundert lebenden) Karaïten Ahron ben Elia aus Nikomedien in seinem „Lebensbaum" (worin auch detaillirte Angaben über die religiösen und philosophischen Richtungen bei den Arabern enthalten sind) ist eine auf Philosophie gegründete Darstellung der Dogmen des Mosaismus.

Seit dem fünfzehnten Jahrhundert hat der erneute Platonismus (wovon später zu handeln ist) auch auf die Philosophie der Juden einen gewissen Einfluss geübt, der sich in den Dialogen über die Liebe von Leo dem Hebräer, dem Sohne des Isaac Abrabanel, bekundet. Diese später in das Hebräische übersetzten Dialoge erschienen ursprünglich italienisch unt. d. Titel: „Dialogi di amore, composti per Leone Medico, di natione Hebreo, et dipoi fatto christiano". (Vinegia, Ald.) 1541. Vgl. B. Zimmels, L. Hebraeus, e. jüd. Ph. d. Renaissance, Ipz. D., Breslau 1886.

Zweiter Abschnitt.

Die volle Ausbildung und Verbreitung der Scholastik.

§ 30. Das Bekanntwerden der Metaphysik, der Physik und Psychologie und der Ethik des Aristoteles und der theils auf dem Neuplatonismus, theils auf dem Aristotelismus beruhenden Schriften arabischer und jüdischer Philosophen bewirkte eine wesentliche Erweiterung und Umbildung der philosophischen Studien bei den christlichen Scholastikern. Die emanatistische Theosophie in einigen jener Schriften und besonders auch in gewissen anfangs fälschlich dem Aristoteles zugeschriebenen, in der That aber dem Neuplatonismus entstammten Büchern begünstigte eine an die Lehren des Johannes Scotus Erigena sich anschliessende Hinneigung zu pantheistischen Doctrinen, gegen welche bald eine mächtige kirchliche Reaction erfolgte, die anfangs auch die aristotelische Naturphilosophie und Metaphysik zu treffen drohte, demnächst aber, nachdem der theistische Charakter der echten Schriften des Aristoteles erkannt war, seiner Lehre zum entschiedenen Siege verhalf und den von den früheren Scholastikern aus Augustin und anderen Kirchenvätern entnommenen Platonismus zurückdrängte. Die Herrschaft des aristotelischen, arabischen und jüdischen Monotheismus in der Philosophie der späteren Scholastiker hatte die entschiedene Durchführung der bisher nur unvollkommenen Sonderung einer theologia naturalis von der theologia revelata zur Folge, indem nunmehr der Dreieinigkeitsglaube, in dessen philosophischer Begründung Kirchenväter und frühere Scholastiker die Hauptaufgabe ihres philosophischen Denkens gefunden hatten, auf die Offenbarung allein gestützt und als theologisches Mysterium dem begründeten philosophischen Denken entzogen, der Glaube an das Dasein Gottes aber philosophisch durch aristotelische Argumente gerechtfertigt wurde. Durch umfassende Aneignung und theilweise auch durch Umbildung der aristotelischen Lehren im kirchlichen Sinne ward die scholastische Philosophie für die auch in der „theologia naturalis" enthaltenen Fundamentalsätze materiell und formell, für die dem blossen Glauben vorbehaltenen Mysterien aber formell das adäquate Werkzeug der kirchlichen Theologie, bis seit der Erneuerung des Nominalismus die scholastische Voraussetzung der Harmonie des Glaubensinhaltes mit der Vernunft, die freilich schon seit der Herrschaft des Aristotelismus im dreizehnten Jahrhundert nur noch von jenen Fundamentalsätzen in vollem Maasse galt, mehr und mehr eingeschränkt und zuletzt vollends aufgehoben ward.

Horoy, Medii aevi bibliotheca patristica seu eiusdem temporis patrologia ab anno 1216 usque ad concilii Tridentini tempora. — Series prima, quae complectitur omnes doctores — ecclesiae Latinae ad saeculum XIII. pertinentes, Paris 1879 ff. (Die Sammlung ist auf etwa 100 Bde. berechnet.) — K. Werner, d. Scholastik des späteren Mittelalters, 1. Bd.: Joh. Duns Scotus, 2. Bd.: d. nachskotistische Scholastik, 3. Bd.: der Augustinismus in der Schol. des späteren Mittelalters, Wien 1881—1883.
Ueber das Bekanntwerden der physischen, metaphysischen und ethischen Werke des Aristoteles (und auch der Schriften der arabischen und jüdischen Commentatoren) bei den Scholastikern handelt insbesondere Am. Jourdain, recherches critiques sur l'âge et l'origine des traductions latines d'Aristote, Paris 1819, 2. éd. 1843, deutsch von Stahr, Halle 1831; vgl. Renan, Averr., Paris 1852, S. 148 und 158 ff., 228 ff. S. auch Leclerc, histoire de la médecine arabe, Paris 1876, den Abschnitt: La science arabe en Occident ou autrement sa transmission par les traductions de l'arabe en latin, II, S. 341—526; Wuestenfeld, die Uebersetzung arabischer Werke in das Lateinische seit dem XI. Jahrh. in: Abhandlung. der K. Gesellsch. d. Wissensch. zu Göttingen, 1877. K. Werner, der Averroismus in d. christl.-peripatet. Psychol. des späteren Mittelalters, aus Sitzungsber. d. k. Ak. d. W., Wien 1881. Ueber die erste Aufnahme, welche diese Schriften fanden, handelt namentlich Hauréau, phil. scol. I, S. 391 ff.; vgl. Hauréau, le concile de Paris de l'année 1210, in: Revue archéol., nouvelle série, cinquième année, dixième volume, Paris 1864, S. 417—434. G. v. Hertling, zur Gesch. der aristot. Politik im Mittelalter, in: Rhein. Mus., 39, 1884, S. 446—457. — Ueber die Ursachen des Umschwungs und Aufschwungs der Scholastik im 13. Jahrh. s. Frdr. Nitzsch, in: Jahrb. f. protest. Theol., II. Jahrg., 1876, S. 532—560; über den Inhalt der allgemeinen Bildung zur Zeit der Scholastik handelt R. v. Liliencron, München 1876.

Die Frage, wann und auf welchem Wege die Scholastiker mit den aristotelischen Schriften ausser dem Organon bekannt geworden seien, ist durch Amable Jourdains Untersuchungen in dem Sinne gelöst worden, dass die erste Bekanntschaft durch die Araber und Juden vermittelt, nicht lange nachher aber auch der griechische Text besonders aus Constantinopel nach dem Abendlande gekommen und direct ins Lateinische übertragen worden sei. In früherer Zeit herrschte die in der Hauptsache richtige Ansicht, dass die lateinischen Uebersetzungen aus ara-

§ 30. Der Umschwung der scholastischen Philosophie um 1200. 221

bischen geflossen seien; doch wurde oft nicht scharf genug zwischen den logischen Schriften, die bereits früher ohne diese Vermittelung bekannt waren, und den übrigen unterschieden, und ausserdem die allmählich hinzutretende directe Uebersetzung aus dem Griechischen zu wenig beachtet. Heeren verfiel (in seiner Gesch. des Studiums der class. Lit. I, S. 183) in den entgegengesetzten Fehler, die arabische Vermittelung zu unterschätzen. Buhle (Lehrb. der Gesch. der Philos. V, S. 247) hält die richtige Mitte, indem er namentlich die Verschiedenheit des Verhältnisses zum Organon und zu den übrigen Schriften hervorhebt, aber ohne Erforschung und Mittheilung der Belege, die später Jourdain gegeben hat. Dass auch das Organon erst um die Mitte des zwölften Jahrhunderts vollständig bekannt wurde und die Früheren auf Categ. und Interpr. nebst der Isagoge und boëthianischen Schriften beschränkt waren, ist erst nach Jourdains Untersuchungen durch Cousin, Prantl und Andere ermittelt worden.

Sporadisch hat schon früh die Wissenschaft der Araber Einfluss auf die christliche Scholastik geübt. Schon Gerbert eignete sich in Spanien Einiges aus derselben an, obschon er (wie Büdinger, über Gerberts wiss. und polit. Stellung, Marburg 1851, nachgewiesen hat) die arabische Sprache nicht verstand (und wohl ebensowenig auch die griechische). Der Mönch Constantinus Africanus, welcher um 1050 lebte und den Orient bereiste, dann im Kloster Montecassino sich niederliess, übersetzte besonders medicinische Schriften, namentlich die des Galenus und Hippokrates, wodurch auch die Lehren Wilhelms von Conches bedingt zu sein scheinen. Bald nach 1100 machte sich Adelard von Bath mit Leistungen der Araber bekannt, woraus er mehrere Sätze zur Naturlehre entnahm. Schon um 1150 übersetzten Johannes Avendeath (Avendear, Johannes ben David, auch Johannes Hispalensis genannt) und Dominicus Gundisalvi aus dem Arabischen mittelst des Castilischen ins Lateinische auf Geheiss des Erzbischofs Raymond von Toledo die Hauptwerke des Aristoteles nebst physischen und metaphysischen Schriften des Avicenna, des Algazeli und des Alfarabi, wie auch die „Lebensquelle" des Avicebron (Ibn Gebirol). Von Johannes Hispalensis rührt auch die Uebersetzung einer Schrift des christlichen Arztes und Philosophen Costa ben Luca (lebte zu Baalbeck zwischen 864—923), de differentia spiritus et animae, her. Diese Abhandlung, die den platonischen und aristotelischen Begriff von der Seele gut auseinandersetzt und die Entstehung der Vorstellungen auf physiologische Weise zu erklären sucht, hat vielfach auf spätere Scholastiker, so auf Alfredus Anglicus, Albertus Magnus, Roger Bacon, eingewirkt. Herausgegeben ist die Uebersetzung von Barach, s. ob. S. 128. Eigene philosophische Schriften des Dominicus Gundisalvi, von denen mehrere handschriftlich existiren, sind noch nicht herausgegeben, s. Hauréau, hist. de la ph. sc., II, 1, S. 55 f.; vgl. jedoch ob. S. 184.

Das arabisch verfasste, eine Zusammenstellung neuplatonischer Sätze enthaltende Buch de causis (auch: de causis causarum, de intelligentiis, de esse, de essentia purae bonitatis), für dessen Autor Albert d. Gr. einen Juden David hält (s. ob. S. 215), verbreitete sich in lateinischer Uebersetzung als ein aristotelisches Werk bald nach 1150 und hat schon auf die Darstellungsweise des Alanus einen wesentlichen Einfluss geübt. Die fälschlich dem Aristoteles zugeschriebene Theologia (auch: de secretiori Aegyptiorum philosophia), die in lateinischer Uebersetzung mindestens seit 1200, vielleicht schon früher, bekannt war, trug dazu bei, dass anfangs neuplatonische Lehren unter der Autorität des Aristoteles Eingang fanden. Der Verfasser derselben beruft sich in der Einleitung bei der Aufzählung der Gründe auf sein früheres Buch „Metaphysik". Im Jahre 1210 verordnete das unter dem Vorsitze des Erzbischofs von Sens, Peter von Corbeil, zu Paris versammelte Provinzialconcil unter anderm auch: nec libri Aristotelis de naturali philosophia nec commenta legantur Parisiis publice vel secreto. Guillaume le Breton, der Fortsetzer des Geschichtswerkes des Rigordus, berichtet (ungenau), die kurz vorher von Constantinopel gekommenen und aus dem Griechischen ins Lateinische übersetzten metaphysischen Schriften des Aristoteles (auf die in der That David von Dinant sich berufen hat) seien, weil sie zu der amalricanischen Ketzerei Anlass gäben, verbrannt und ihr Studium untersagt worden. Der Fortsetzer der Chronik des Robert von Auxerre sagt nicht von der Metaphysik, sondern von der Physik des Aristoteles (libri Aristotelis qui de naturali philosophia inscripti sunt), ihre Lesung sei durch jenes Concil (1210) auf drei Jahre verboten worden; das Gleiche erzählt Cäsarius von Heisterbach, der nur libros naturales nennt. Hiernach könnte es scheinen, dass 1213 jenes Verbot wieder aufgehoben worden sei. Jedoch in den Statuten der pariser Universität, die im Jahre 1215 durch den päpstlichen Legaten Robert von Courçon sanctionirt wurden, wird zwar das Studium der aristotelischen Bücher über die Dialektik, und zwar über die „alte" und „neue", d. h. über die altbekannten und die um 1140 neu bekannt gewordenen Theile der Logik geboten, das der aristotelischen Bücher über die Metaphysik aber und über die Naturphilosophie, wie auch der Abrisse ihres Inhalts, und das der Lehren des David von Dinant, des Amalrich und eines Spaniers Mauritius (worunter Einige den Averroës vermuthen, sofern Mauritius aus Mauvitius, wie Averroës mitunter genannt werde, corrumpirt sei) verboten (du Boulay, hist. univ. Par. III, p. 82). Die Ethik blieb unverboten, übte aber in den nächsten Jahrzehnten nur geringen Einfluss aus. Durch eine Bulle vom 23. Februar 1225 gebot der Papst Honorius III. die Verbrennung aller Exemplare der Schrift des Erigena περὶ φύσεως μερισμοῦ. Im April 1231 befahl Papst Gregor IX., die durch das Provinzialconcil aus einem bestimmten Grunde (der nach der Angabe des Roger Bacon sowohl hinsichtlich der Physik, als auch der Metaphysik hauptsächlich in der aristotelischen Lehre von der Weltewigkeit lag) verbotenen libri naturales sollten so lange zu Paris nicht gebraucht werden, bis sie geprüft und von jedem Verdacht des Irrthums gereinigt seien, und in einem Breve aus demselben Monat an einige angesehene und gelehrte Theologen, unter denen Wilh. von Auxerre, Archidiaconus von Beauvais, befiehlt er diesen, die Bücher der philosophia naturalis aufmerksam zu prüfen und alle schädlichen Irrthümer daraus zu entfernen, damit sie dann nach dieser Säuberung ohne Gefahr studirt werden könnten (s. Hauréau, hist. de la ph. sc., II, 1, S. 115 f.). Aus der Thatsache, dass um eben diese Zeit durch die angesehensten kirchlichen Lehrer die sämmtlichen Schriften des Aristoteles mit Einschluss der Physik commentirt zu werden begannen, und dass 1254 auf der pariser Universität die Metaphysik und Physik des Aristoteles officiell in den Kreis der Unterrichtsgegenstände der Facultas artium aufgenommen wurde, dürfen wir schliessen, dass man allmählich immer mehr den echten Aristoteles von den platonisirenden Auslegungen unterscheiden gelernt habe. Die Lehre von der Weltewigkeit gehört zwar in der That dem Aristoteles an; der incriminirte Tractatus „de divinatione somniorum" aber ward als die Schrift de somno et vigilia erkannt; man fand, dass Aristoteles in seiner Metaphysik Lehren, wie die amalricanische, keineswegs begünstige. Ausdrücklich bezeugt Roger Baco in seinem 1292 verfassten Compendium studii theologiae (bei Charles, Rog. Bacon, Paris 1861, S. 314 und 412), dass das Verbot nur bis zum Jahre 1237 in Kraft war. Er sagt: „tarde venit aliquid de philosophia Aristotelis in usum Latinorum, quia naturalis philosophia eius et metaphysica cum commentariis Averrois et aliorum libris in temporibus nostris translatae sunt, et Parisiis excommunicabantur ante annum Domini 1237 propter aeternitatem mundi et temporis et propter librum de divinatione somniorum, qui est tractatus de somno et vigilia et propter multa alia erronee translata". Die aristotelische Doctrin gewann die grösste Autorität in der folgenden Zeit, die den Aristoteles als den „praecursor Christi in naturalibus" mit Johannes dem Täufer als „praecursor Christi in gratuitis" zu parallelisiren pflegte. Aristoteles wird gleichsam für die Norm der Wahrheit gehalten, Alb. M. de an. III, tr. 2 c. 3: conveniunt omnes Peripatetici in hoc quod Aristoteles verum dixit, quia dicunt, quod natura hunc hominem posuit quasi regulam veritatis, in qua summam intellectus humani perfectionem demonstravit. (Wie gross im späteren Mittelalter die Autorität seiner Lehre war, zeigt u. a. die Litteratur der „auctoritates" oder „dicta notabilia", worüber Prantl handelt in den Sitzungsber. der münchener Akad. der Wissensch. 1867, II, 2, S. 173—198.) Schon bevor das kirchliche Urtheil ein günstigeres geworden war, liess Kaiser Friedrich II. in Italien unter der Aufsicht des Michael Scotus und Hermannus Alemannus mit Hülfe von Juden die aristotelischen Schriften nebst arabischen Commentaren (insbesondere des Averroës) ins Lateinische übersetzen. Fast der gesammte Complex der Werke des Aristoteles war etwa seit 1210—25 in arabisch-lateinischer Uebersetzung zugänglich (Am. Jourdain a. a. O., 2. Aufl. Paris 1843, S. 212). Später bemühten sich u. A. Robert Greathead, Albertus Magnus, dann namentlich auch Thomas von Aquino um reinere Texte, die auf directer Uebertragung aus dem Griechischen beruhten. Robert Greathead, Bischof von Lincoln, gest. 1253, veranlasste Griechen aus Unteritalien zur Uebersetzung aristotelischer Schriften: insbesondere ist auf seine Veranlassung um 1250 die sogenannte „nova translatio" der nikomachischen Ethik angefertigt worden. Wilhelm von Moerbecke (gest. 1281 als Erzbischof von Korinth) hat (um 1260—70) auf Veranlassung des Thomas von Aquino die Schriften des Arist. aus dem Griechischen übertragen (seine Uebers. der Pol. hat mit dieser selbst Susemihl edirt, Leipz. 1872), einzelne Schriften u. A. auch Heinrich von Brabant (um 1271) in Folge einer durch Thomas von Aquino an ihn gerichteten Aufforderung.

Obschon auch bereits für die erste Periode der Scholastik die Anwendung der Dialektik auf die Theologie charakteristisch ist, so ist doch erst in der zweiten Periode die dialektisch-scholastische Unterrichtsweise zu jener vollen Ausbildung gelangt, welche durch das Studium der aristotelischen Logik und Metaphysik und durch Gewohnheit des schulmässigen Disputirens bedingt ist. Diese Methode besteht darin, dass man die vorzutragenden Lehren an eine zu commentirende Schrift anknüpft, den Inhalt dieser Schrift durch Eintheilungen und Untereintheilungen so lange zerlegt, bis man bei den einzelnen Sätzen angelangt ist, dann diese interpretirt, Fragen aufstellt, die sich darauf beziehen. Ist so die Frage gegeben, so werden die Gründe für die Bejahung und die Gründe für die Verneinung, so weit es möglich ist, in streng syllogistischer Form vorgetragen. Hieran schliesst sich die Entscheidung, deren Inhalt zunächst entwickelt und erklärt, darauf wieder in möglichst syllogistischer Weise begründet wird. Den Schluss macht die Widerlegung der Gegengründe, falls die Bejahung angenommen ist, der für die Verneinung, im entgegengesetzten Falle der für die Bejahung. Die Vertreter der verschiedenen Ansichten werden in der Regel nicht genannt. Keine Ansichten werden während dieses Zeitraums vertheidigt, die völlig original und nicht auf irgend welche Autorität gestützt wären (dies hat namentlich Prantl auf dem Gebiete der Logik im Einzelnen nachgewiesen).

§ 31. Alexander von Hales, gest. 1245, ist der erste Scholastiker, der die gesammte Philosophie des Aristoteles und zugleich einen Theil der Commentare von arabischen Philosophen gekannt und in den Dienst der christlichen Theologie gestellt hat; er hat jedoch nicht (wie Albertus Magnus) die philosophischen Doctrinen als solche dargestellt, sondern nur bei der Begründung theologischer Dogmen in seiner Summa theologiae von philosophischen Lehren Gebrauch gemacht. Wilhelm von Auvergne, Bischof von Paris, gest. 1249, vertheidigt die platonische Ideenlehre und die Substantialität der menschlichen Seelen gegen Aristoteles und arabische Aristoteliker. Er identificirt als Christ die Gesammtheit der Ideen mit der zweiten Person der Gottheit. Robert Greathead, Bischof von Lincoln, gest. 1253, der durch gelehrte Griechen aus Unter-Italien directe Uebersetzungen von Schriften des Aristoteles anfertigen liess, verband platonische Lehren mit aristotelischen. Michael Scotus ist mehr als Uebersetzer von Schriften des Aristoteles als durch seine eigenen Schriften von Bedeutung. Der gelehrte Vincentius von Beauvais, gest. 1264, ist mehr Encyklopädiker als Philosoph. In psychologischer Beziehung, besonders was den Sitz der Seele anlangt, vertrat die aristotelische Lehre Alfredus Anglicus, der ein älterer Zeitgenosse des Roger Bacon war und sich vielfach in Opposition setzte zu den mittelalterlich-kirchlichen Vorstellungen von der Seele. Der Mystiker Bonaventura, gest. 1274, ein Schüler des Alexander von Hales, giebt den (durch Neuplatoniker und Kirchenväter umgebildeten) platonischen Lehren den Vorzug vor den aristotelischen, ordnet aber alle menschliche Weisheit der göttlichen Erleuchtung unter. Ueber der vulgären Moralität steht nach ihm die Erfüllung der Mönchsgelübde und zuhöchst die mystische Contemplation, die den Vorschmack der jenseitigen Seligkeit gewährt.

Des Alexander von Hales Summa universae theologiae ist zuerst Venet. 1475, dann auch Norimb. 1482, Venet. 1576 u. ö. gedruckt worden.

Die Schriften des Wilhelm von Auvergne sind Venet. 1591, dann genauer und vollständiger durch Blaise Leferon, Aureliae 1674, herausgegeben worden; vgl. K. Werner, die Psychologie des W. v. A., Wien 1873; ders., Wilhelms v. Auvergne Verh. z. d. Platonikern des 12. Jahrh., in: Sitzungsber. der kaiserl. Ak. d. W. zu Wien 1873, Bd. 74, S. 119 ff. N. Valois, Guillaume d'Auvergne — sa vie et ses ouvrages, Paris 1880.

Der Auszug des Robert Greathead von Lincoln aus den acht Büchern der Physik des Aristoteles ist Venet. 1498 und 1500 und Paris 1538 gedruckt worden, sein Commentar zu den Analyt. post. öfters zu Venedig und zu Padua 1497; vgl. über ihn Reinhold Pauli, Bischof Grosseteste und Adam von Marsch, Tübingen (Univ.-Schrift) 1864; Gotthard Victor Lechler, Robert Grosseteste, Bischof von Lincoln, Leipzig (Univ.-Pr. zum Reformationsfest) 1867.

Des Michael Scotus Schrift super autorem sphaerae ist zu Bologna 1495 und zu Venedig 1631, de sole et luna zu Strassburg 1622, de chiromantia öfters im fünfzehnten Jahrhundert gedruckt worden.

Des Vincentius von Beauvais Speculum quadruplex: naturale, doctrinale, historiale, morale ist Venet. 1484 und 1494, später 1591 und Duaci 1624, das Speculum nat. et doctrinale bereits Argent. 1473, mit dem histor. Nürnb. 1486 edirt worden. Vgl. über ihn Christoph Schlosser Frankf. a. M. 1819 und Aloys Vogel, Univ.-Pr., Freiburg 1843; J. B. Bourgeat, études sur Vincent de B., Par. 1856; ferner Prantl, Gesch. der Log. III, S. 77—85; Desbarreaux-Bernard, étude bibliogr. sur l'édit. de Specul. quadruplex de Vinc. de Beauv., attribuée à Jean Mentel ou Mentelin de Strassbourg,

§ 31. Alex. v. Hales u. gleichzeitige Scholastiker. Bonaventura, der Mystiker.

Paris 1872; Boutaric, Vinc. de B. et la connaisance de l'antiquité classique au XIII. siècle, Paris 1875; W. Gass, zur Gesch. der Ethik, Vincenz von Beauvais u. des Speculum morale, in: Zeitschr. f. Kirchengesch., Bd. I. 1877, S. 365—396, Bd. II, 1878, S. 332—365, 510—536. Rich. Friedrich, V. v. B. als Pädagog, I.-D., Lpz. 1883. Der „Lehrspiegel" ist nach Al. Vogel um 1250, der „Geschichtsspiegel" um 1254 verfasst worden; der „Sittenspiegel" ist nicht eine Schrift des Vincentius, sondern eines Späteren und zwischen 1310 und 1320 entstanden. Auch die übrigen Theile sind nach Prantls Annahme (Gesch. der Log. III, S. 37) von Interpolationen nicht frei (welche sich jedoch schon in Handschriften des 14. Jahrhunderts finden).

Excerpte aus der Schrift des Alfredus Anglicus de motu cordis finden sich in der Bibliotheca philosophorum mediae aetatis, herausgeg. v. S. Barach, s. ob. S. 128. Barach handelt in dem Vorwort von dem Verfasser der Schrift und giebt eine Analyse derselben. Vgl. B. Hauréau, mémoire sur deux écrits intitulés: De motu cordis, in 2. Th. des 28. Bds. der Mémoires de l'acad. des inscript. et belles lettres.

Die Schriften des Bonaventura sind Argentorati 1482, Romae 1588—96 u. ö. gedruckt worden. Bonaventurae opera ed. A. C. Peltier, Besançon und Paris 1861 ff., Opp. omnia edita studio et cura P. P. collegii a S. Bonaventura, Ad claras aquas prope Florentiam, von 1882 an. Bonaventurae opusc. duo praestantissima: Breviloqu. et itinerarium mentis ad Deum, ed. Car. Jos. Hefele, ed. III, Tub. 1862. De humanae cognitionis ratione anecdota quaedam Seraphici Doctoris S. Bonaventurae et nonnullorum ipsius discipulorum. — Ad claras aquas 1883. Ueber ihn handeln namentlich: W. A. Hollenberg (Studien zu Bonaventura, Berlin 1862; Bon. als Dogmatiker, in: Theol. Stud. u. Kr. 1868, Heft 1, S. 95—130), und Berthaumier (Gesch. d. heiligen Bonaventura, ins Deutsche übersetzt, Regensburg 1863), vgl. die betreffenden Abschnitte in den oben S. 180 angeführten Schriften über mittelalterliche Mystik. Jos. Krause, Bonav. de origine et via cognitionis intellectualis doctrina ab ontologismi nota defensa, diss. inaug., Monasterii 1868. Jean Richard, étude sur le mysticisme spéculatif de St. Bon., Heidelb. 1869. Karl Werner, d. Psychologie u. Erkenntnissl. des Joh. Bonavent., Wien 1876. D. Bourgognoni, le dottrine filosofiche di S. Bonaventura, Bologna 1882.

Die Summa theologiae des Alexander von Hales, der, aus der Grafschaft Glocester stammend, in den Franciscanerorden trat und zu Paris studirte und lehrte, wo er 1245 verstarb, ist eine syllogistische Begründung der kirchlichen Dogmen, die sich theils an die Sentenzen des Hugo von St. Victor, theils und besonders in der Anordnung an die des Petrus Lombardus, jedoch in freier Weise, anschliesst. Doch ist sein Werk nicht das erste, das den Titel einer Summa der theologischen Lehren trägt, da schon vor ihm Robert von Melun und Stephan Langton Summen geschrieben haben, auch hatte schon früher Wilhelm von Auxerre eine (früh zu Paris gedruckte) „Explanatio in quatuor sententiarum libros" verfasst. Aber während die Früheren nur die Logik des Aristoteles kannten, Wilhelm von Auxerre aber, dem damaligen kirchlichen Verbot sich unterwerfend, die Physik und Metaphysik des Aristoteles ignorirt und neben der Logik nur die Ethik erwähnt, hat Alexander von Hales zuerst die gesammte Philosophie des Aristoteles in seinem übrigens streng orthodoxen und vom Papst empfohlenen Commentar als Hülfswissenschaft der Theologie benutzt. Freilich ist der Einfluss des Platonismus aus dem 12. Jahrhundert bei ihm auch noch zu bemerken. Von den Arabern berücksichtigt er besonders den Avicenna, selten den Averroës. Alexander von Hales ist Realist. Doch sind ihm die Universalia ante rem im Verstande Gottes: „mundum intelligibilem nuncupavit Plato ipsam rationem sempiternam, qua fecit Deus mundum". Sie existiren nicht als selbständige, von Gott getrennte Wesen. Sie bilden die causa exemplaris der Dinge, sind aber nicht ein Anderes neben der causa efficiens, sondern mit dieser identisch in Gott. Das Universale in re ist die Form der Dinge (wie Alexander übereinstimmend mit Gilbert de la Porrée annimmt). Apodiktische Beweise für das Dasein Gottes sind möglich, denn Gott hat sich in der Schöpfung der Welt offenbart, und so lassen uns die erschaffenen Dinge erkennen, dass Gott ist, und welches seine wesentlichen Eigenschaften sind.

§ 31. Alex. v. Hales u. gleichzeitige Scholastiker. Bonaventura, der Mystiker.

Doch nimmt Alexander die Beweise für das Dasein Gottes nur von seinen Vorgängern auf. Alexanders Schüler gaben ihm den Ehrentitel: „Doctor irrefragabilis" und „Theologorum monarcha". Die Summa ist erst nach seinem Tode von seinen Schülern um 1252 vollendet worden.

Von Alexander von Alexandrien, der gleichfalls dem Franciscanerorden angehörte, sind die 1572 zu Venedig gedruckten Glossen zur aristotelischen Metaphysik geschrieben worden, die man mitunter dem Alexander von Hales beigelegt hat. Ein Schüler des Alexander von Hales und sein Nachfolger auf dem Lehrstuhl der Franciscaner zu Paris war Johann von Rochelle, der besonders die Psychologie bearbeitet hat.

Wilhelm von Auvergne, geboren zu Aurillac, Lehrer der Theologie zu Paris und daselbst seit 1228 Bischof, gest. 1249, fasst in den Schriften: de universo und de anima grossentheils auf Aristoteles, dem er jedoch nur eine durch die Wahrheit des kirchlichen Dogmas einzuschränkende Autorität zugesteht. Auch auf die Lehren des Alfârâbi, Avicenna, Algazel, Avicebron, Averroës u. A. nimmt derselbe häufig, jedoch meist in polemischem Sinne, Bezug. Z. B. sucht er ausführlich gegen sie zu beweisen, dass die Welt ewig sei. In der Ideologie und Kosmologie schliesst sich Wilhelm von Auvergne an Platon an, von dem er freilich unmittelbar nur den Timäus und Phädon kennt. Wie wir auf Grund der Wahrnehmung die Existenz körperlicher Objecte annehmen müssen, die von uns durch die Sinne wahrgenommen werden, so müssen wir auf Grund der intellectuellen Erkenntniss die Existenz intelligibler Objecte anerkennen, die in unserm Intellecte sich abspiegeln (de univ. II, 14). Der mundus archetypus ist Gottes Sohn und wahrer Gott (de univ. II, 17). Zur Erkenntniss des Intelligibeln bedarf es nicht eines intellectus agens, der ausser uns, von unserer Seele getrennt, existirte. Unser Intellect gehört unserer Seele an; diese aber existirt durchaus unabhängig von ihrem Leibe als eine andere Substanz, die des Leibes zwar als eines Instrumentes zur Uebung der sinnlichen Functionen, keineswegs aber als des nothwendigen Trägers zu ihrer Existenz bedarf; die Seele verhält sich zu ihrem Leibe, wie der Citherspieler zu seiner Cither (de anima V, 23). Gleichwohl nimmt er die aristotelische Definition der Seele an, dass sie sei: perfectio corporis physici organici potentia vitam habentis.

Robert Greathead (Robertus Capito, Grosseteste), geboren zu Strodbrook in der Grafschaft Suffolk, gebildet zu Oxford und zu Paris, eine Zeit lang Kanzler der Universität zu Oxford, mit den Franciscanern in naher Verbindung, ein heftiger Gegner des Papstes, gest. 1243 als Bischof in Lincoln, hat die Analytica poster. und die Physik des Aristoteles, aber auch die mystische Theologie des Pseudo-Dionysius commentirt. Indem er nach Aristoteles die der Materie immanente Form, die der Physiker betrachte, die durch den Verstand abstrahirte Form, die der Mathematiker, und die stofflose Form, die der Metaphysiker betrachte, unterscheidet, rechnet er zu den an sich stofflosen, nicht bloss durch die Betrachtung von dem Stoff abgetrennten Formen ausser Gott und Seele auch die platonischen Ideen.

Michael Scotus, geb. 1190, der die Schriften des Aristoteles de coelo, de anima nebst den Commentaren des Averroës und andere im Auftrage Kaiser Friedrichs II. übersetzt hat, galt als ein sehr gelehrter, aber heterodoxer Philosoph. Er schrieb über Astrologie und Alchemie, hat sich aber am meisten durch seine Uebersetzungen verdient gemacht. Siehe über ihn ob. S. 223.

Vincentius von Beauvais, ein Dominicaner, Lehrer der Söhne Ludwigs des Heiligen, gest. zwischen 1260 und 1270, hat durch sein umfassendes compilatorisches Werk mit dem Titel „Speculum", worin er den Begriff des gesammten

§ 31. Alex. v. Hales u. gleichzeitige Scholastiker. Bonaventura, der Mystiker.

damaligen Wissens im Auszuge liefern wollte und auch die Philosophie berührt, die encyklopädischen Studien im Mittelalter wesentlich gefördert. Albertus Magnus wird oft, mitunter auch bereits Thomas citirt.

Alfredus Anglicus (Alvredus Anglus oder de Sarchel, de Sereshel) hat seine Schrift wahrscheinlich zwischen 1220 und 1227 verfasst. Während vorher der Sitz der Seele nach platonischer Weise in das Gehirn verlegt wurde, sieht er in dem Herzen das Seelenorgan. Der Seele kommt eine sinnlich wahrnehmbare, Materie verändernde Eigenschaft, die Wärme, zu, mit der sie sich, wie mit allen übrigen Kräften, auch mit dem intellectus agens, in dem linken Herzventrikel befindet. Alfredus definirt die Seele nach Aristoteles als erste Entelechie eines zum Leben geeigneten Körpers und kennt keine Lebenskraft neben der Seele. Der Tod bedingt ein Aufhören der Seele, da es kein Mittleres zwischen Leben und Tod giebt, und die Seele durchaus von dem Körper abhängt. Die Seele ist einfach und untheilbar. Die Intelligenz ist das Herrschende in ihr, aber auch diese geht mit dem Physischen zu Grunde. Im Gegensatz zu dem Creatianismus, der damals von den berühmtesten Lehrern bekannt wurde, huldigte Alfredus dem Traducianismus: a generatione igitur animatum est embryo successuque temporis actu fit animal. Ein älterer Zeitgenosse und Landsmann, vielleicht Lehrer des Alfredus war Alexander Neckam, der um 1180 in Paris lehrte, um 1217 in der Nähe von Worcester gestorben ist. Sehr entschiedener Realist, griff er die Logiker heftig an und widmete sich selbst besonders der Naturwissenschaft. Von Aristoteles kannte er ausser den logischen Schriften de coelo und de anima. Roger Bacon sagt von ihm: Hic — in multis vera et utilia scripsit; sed tamen inter autores non potest nec debet iusto titulo numerari (Opera ined. ed. Brewer, S. 457). Das Werk Alexanders de naturis rerum und sein didaktisches Gedicht de laudibus divinae sapientiae sind zusammen herausgegeben von M. Th. Wright, London 1863. S. über ihn Hauréau, hist. d. la ph. sc. II, 1, S. 62 ff.

Johann Fidanza, geboren zu Balneoregium (Bagnarea im Toscanischen) im Jahre 1221, von dem Stifter des Franciscanerordens, dem heiligen Franciscus von Assisi, der an ihm in seiner Kindheit eine Wunderheilung verrichtete, Bonaventura zubenannt, seit seinem 22. Lebensjahre Franciscaner und später (seit 1256) Ordensgeneral, von 1243—45 Schüler des Alexander von Hales, dann des Johann von Rochelle und seit 1253 dessen Nachfolger auf dem Lehrstuhl, gest. 1274, 1482 canonisirt, von seinen Verehrern als „doctor seraphicus" bezeichnet, bildete die durch Bernhard von Clairvaux, durch Hugo und Richard von St. Victor und Andere im Anschluss an Dionysius Areopagita vertretene mystische Richtung weiter durch. Er ist von dem Einfluss des Aristotelismus berührt, hält sich aber nach der Weise der Früheren in allen über die blosse Dialektik hinausgehenden Fragen vorzüglich an Platon in dem Sinne, wie dessen Lehre nach Augustins Auffassung damals verstanden wurde. Bonaventura meint, nach Platon sei Gott nicht nur aller Dinge Anfang und Ziel, sondern auch urbildlicher Grund (ratio exemplaris); diese letztere Annahme aber habe Aristoteles mit kraftlosen Argumenten bestritten, welche Aeusserung freilich von einer falschen Identificirung von Aristoteles bestrittenen Hypostasirung der Ideen mit der Lehre von Gottes Urbildlichkeit zeugt. Er meint, aus diesem Irrthum des Aristoteles sei der andere geflossen, Gott keine Vorsehung in Bezug auf die irdischen Dinge zuzuschreiben, da er ja die „Ideen", durch welche er diese erkennen könnte, nicht in sich habe (wonach also Bonaventura die von Aristoteles bestrittenen platonischen Ideen als Gedanken des göttlichen Geistes auffasst). Ferner tadelt Bonaventura die Verblendung des Aristoteles, die Welt für ewig zu halten und den Platon zu bekämpfen, der der Wahrheit gemäss der Welt und der Zeit einen Anfang zuschreibe. Aber alle menschliche Weisheit, auch die des Platon, erscheint ihm als Thorheit im Vergleich mit der mystischen Erleuchtung. In ethischem Betracht ist von besonderer Wichtigkeit Bonaventuras Vertheidigung des (gerade im Franciscanerorden vorzugsweise ausgeprägten) mönchischen Princips der Armuth und der Erbettelung der nothwendigen Lebensbedürfnisse, als einer echt christlichen Lehre. Das (aristotelische) Moralprincip der richtigen Mitte zwischen dem Zuviel und Zuwenig passe nur für das gewöhnliche Leben; über diesem aber stehe das nach den evangelischen Rathschlägen geordnete Leben, die vita supererogationis, wozu Armuth und Keuschheit gehören. Bonaventura hält nicht jeden Christen für verpflichtet zur vollen Nachahmung Christi, sondern unterscheidet drei Stufen christlicher Vollkommenheit: die Beobachtung der gesetzlichen Vorschriften, die Erfüllung der geistlichen Rathschläge und den Genuss der ewigen Freuden in der Contemplation, und behält diese höheren Stufen den Asketen vor. Die mystische Schrift Soliloquium, ein Gespräch zwischen dem Menschen und seiner Seele, ist dem Hugo, das Itinerarium mentis in Deum besonders dem Richard von St. Victor nachgebildet; in den populärmystisch gehaltenen Meditationen über das Leben Jesu schliesst sich Bonaventura besonders an Bernhard an.

§ 32. Albert von Bollstädt, geboren zu Lauingen in Schwaben im Jahr 1193, zu Paris und zu Padua gebildet, als Dominicaner zu Paris und Köln lehrend, von 1260—1262 Bischof zu Regensburg, gest. zu Köln 1280, wegen seiner umfassenden Gelehrsamkeit und ausgezeichneten Lehrgabe der Grosse (Albertus Magnus), auch „doctor universalis" genannt, ist der erste Scholastiker, der die gesammte aristotelische Philosophie in systematischer Ordnung unter durchgängiger Mitberücksichtigung arabischer Commentatoren reproducirt und im Sinne des kirchlichen Dogmas umgebildet hat, in ähnlicher Weise wie schon Maimonides den Aristoteles mit der jüdischen Lehre in Verbindung gebracht hatte. Der Platonismus und Neuplatonismus, der in der früheren Periode der Scholastik in den über die Logik hinausgehenden Theilen der Philosophie, soweit diese überhaupt damals cultivirt wurden, vorherrschend war, wird von Albertus zwar nicht völlig ausgeschieden, sondern übt auch auf seine philosophische Betrachtung noch einen nicht unbedeutenden Einfluss, wird aber doch durch die vorwiegende Macht des aristotelischen Gedankenkreises in den Hintergrund zurückgedrängt. Albert kennt einzelne platonische und neuplatonische Schriften; die Gesammtheit der aristotelischen Werke ist ihm durch arabisch-lateinische, einige sind ihm auch durch griechisch-lateinische Uebersetzungen zugänglich, so die Metaphysik, Physik, Meteorologie, die Bücher über die Seele. Er stellt die im kirchlichen Sinne modificirten aristotelischen Lehren in einer Reihe von Schriften dar, welche commentirende Paraphrasen der aristotelischen sind.

Das Universelle wird von ihm in dreifachem Sinne anerkannt: als universale ante rem im Geiste Gottes nach der neuplatonisch-augustinischen Lehre, als universale in re nach der Auffassung des Aristoteles, und als universale post rem, worunter Albert den subjectiven Begriff versteht, auf welchen der Nominalismus oder Conceptualismus die Existenz des Allgemeinen beschränkt hatte. In der Gotteslehre hat Albertus bereits die strenge Sonderung der Trinitätslehre und der mit ihr verknüpften Dogmen von der rationalen oder philosophischen Theologie durchgeführt, worin ihm Thomas gefolgt ist. Die Schöpfung der Welt gilt ihm mit der Kirche als ein zeitlicher Act, er verwirft die aristotelische Annahme des ewigen Bestehens der Welt. In der Psychologie ist die wichtigste Umbildung der aristotelischen Lehre die Verknüpfung der niederen psychischen Vermögen mit der von dem Leibe gesonderten Substanz, die dem Aristoteles der νοῦς ist, so dass sie nur zu ihrer Bethätigung im irdischen Leben, nicht zu ihrer Existenz, der leiblichen Organe bedürfen. Die Ethik des Albert ruht auf dem Princip der Willensfreiheit. Mit den Cardinaltugenden der Alten combinirt er die christlichen Tugenden.

Scriptores ordinis Praedicatorum recensiti notisque historicis et criticis illustrati. Opus inchoavit J. Quetif, absolvit Echard, Paris 1719—1721.

Die Werke des Albertus Magnus sind in 21 Foliobänden von Petr. Jammy Lugd. 1651, freilich sehr unvollständig und unkritisch, herausgegeben worden, seine Phys. und Metaph. bereits Venet. 1518 per M. Ant. Zimarium, de coelo ib. 1519; Alberts botanische Schrift hat Jessen herausgegeben: Alberti Magni de vegetabilibus libri septem, historiae naturalis pars XVIII., editionem criticam ab Ernesto Meyero coeptam absolvit Carolus Jessen, Berolini 1867. Ueber ihn: Vita B. Alberti, doctoris magni — compilatore R. P. Petro de Prussia, Cöln 1486, dann öfter; Legenda venerabilis domini b. Alberti M. — collecta per F. Rudolfum de Novimagio, Cöln 1490 und Andere, in neuerer Zeit u. A. J. G. Buhle, de fontibus, unde Albertus Magnus libris suis XXV de animalibus materiem hauserit, in: Comm. soc. Gotting. vol. XII. Joachim Sighart, A. M., s. Leben u. seine Wissenscht., Regensb. 1857, ins Englische übersetzt von Dixon, 1876; vgl. F. J. von Bianco, die alte Universität Köln, Theil I, 1855, worin u. a. auch eine Lebensbeschreibung Alberts enthalten ist, und M. Joël, das Verhältniss Albert d. G. zu Moses Maimonides, Breslau 1863 (vgl. oben S. 209), der freilich den Albertus M. in zu grosser Abhängigkeit von Maimonides darstellt. Haneberg, zur Erkenntnisslehre d. Avicenna und Alb. M. (vgl. oben S. 191). Prantl, Gesch. der Log. III, S. 89—107. Octave d'Assailly, Albert le Grand, l'ancien monde devant le nouveau, Paris 1870. M. Steinschneider, zum Speculum astronomicum des A. M. über die darin angeführten Schriftsteller und Schriften, in: Ztschr. f. Math. u. Phys., 16. Jahrg., 5. Heft, 1871, S. 357—396. G. v. Hertling. Alb. M. u. die Wissensch. seiner Zeit, in: histor. polit. Blätter, Bd. 73, 1874, S. 485 ff.; ders., Albertus Magnus, Festschrift, Köln 1880. Albertus Magnus in Gesch. u. Sage (anonym). Festschr. zur 6. Säcularfeier seines Todes, Köln 1880. R. de Liechty, Alb. le Grand et S. Thomas d. Aqu. ou la science du moyen-âge, Par. 1880. M. Glossner, das objective Princ. der aristotel.-scholast. Philos., besonders Alb. des Gr. L. vom object. Ursprung der intellectuellen Erkenntniss, Regensb. 1880. J. Bach, d. Alb. M. Verh. z. der Erkenntnissl. der Griech. u. Römer, Araber u. Juden, Wien 1881. Van Weddingen, Alb. le Grand. le maitre de S. Th. d'A., Bruxelles 1881. G. Endriss, A. M. als Interpret d. arist. Metaph., I.-D., Münch. 1886.

Alberts Geburt fällt nach der wahrscheinlicheren Angabe in das Jahr 1193; Andere setzen dieselbe erst in 1205. Er studirte in Padua die Philosophie, Mathematik und Medicin und wurde hier im Jahre 1222 oder 1223 durch Jordan den Sachsen für den Dominicanerorden gewonnen, wonach er in Bologna theologische Studien trieb. Er lehrte dann seit 1229 Philosophie zu Köln und an anderen Orten seit 1245 auch zu Paris, und kam danach als Lehrer der Philosophie und Theologie wieder nach Köln, wohin er, durch verschiedene kirchliche Aemter abgerufen, immer aufs Neue zu seinen Studien und seiner Lehrthätigkeit zurückkehrte. Er starb ebendaselbst den 25. November 1280. Albert soll sich in seiner Jugend langsam entwickelt haben, im höchsten Alter aber schwachsinnig geworden sein („Albertus ex asino factus est philosophus et ex philosopho asinus"). So vertraut er mit der aristotelischen Lehre gewesen ist, die er ihrem ganzen Umfange nach seinen Zeitgenossen zugänglich machen wollte, so fremd ist ihm der historische Entwickelungsgang der griechischen Philosophie überhaupt geblieben. Er identificirt Zenon den Eleaten mit dem Stifter des Stoicismus, nennt Sokrates, Platon und Speusippus Stoiker, Empedokles und Anaxagoras Epikureer u. dgl. mehr. Die Stellung Platons, namentlich der Ideenlehre desselben zu Aristoteles, fasst er ins Auge und versucht diese beiden in Harmonie mit einander zu bringen. Von den Peripatetikern erwähnt er Theophrast und Alexander Aphrodisiensis. Durch naturwissenschaftliche Kenntnisse zeichnete er sich vor den meisten seiner Zeitgenossen aus. Von seiner sehr ausgebreiteten Gelehrtheit legen seine Schriften Zeugniss ab: auch in den Schriften der Kirchenväter und sonstiger christlicher Autoren war er sehr bewandert. Doch beherrscht er nicht die angesammelten Massen, so dass er oft mehr zusammenträgt als selbständig arbeitet. An systematischem Geist, an kritischem Blick und Klarheit des Gedankens ist ihm sein Schüler Thomas von Aquino überlegen. Seine Bearbeitungen des Aristoteles sind weniger Commentare — nur zu der Politik besitzen wir einen solchen — als erweiternde Paraphrasen, in die er jedoch den Text des Aristoteles aufgenommen hat. So behandelt er die naturwissenschaftlichen Schriften, die Psychologie, die Ethik, die Metaphysik. Etwas freier hält er sich bei der Logik. — In Commentaren zum Pseudo-Dionysius und in kleineren Schriften (de adhaerendo Deo etc.) hat Albert auch das Gebiet der Mystik betreten.

In der Auffassung und Darstellung der aristotelischen Lehren folgt Albert vielfach Alfârâbî und dem an diesen sich anschliessenden Avicenna. Den Averroës erwähnt er oft, bisweilen nur, um ihn zu bekämpfen; doch sieht er in ihm den vorzüglichsten Commentator des Aristoteles und nimmt seine Erklärung, so namentlich bei der Schrift de coelo, sehr häufig an. Ausserdem berücksichtigt er Alkendi, Algazel u. A. Als einen Araber betrachtet er den Juden Ibn Gebirol (Avicebron). In manchem Betracht folgt er dem Moses Maimonides, sofern dieser der kirchlichen Orthodoxie näher stand als die arabischen Philosophen, insbesondere auch in der Bekämpfung der Argumente für die Ewigkeit der Welt, und ganze Capitel hat er aus dem Moreh Nebuchim des Maimonides in seine Werke herübergenommen.

Obwohl Albert d. Gr. bisweilen den Werth der Autoritäten gering anzuschlagen scheint und sogar den Grundsatz ausspricht, man müsse bei naturwissenschaftlichen Untersuchungen auf die Erfahrung recurriren (De vegetabil. ed. Jessen, p. 339: earum autem quas ponemus, quasdam quidem ipsi nos experimento probavimus, quasdam autem referimus ex dictis eorum, quos comperimus, non de facili aliqua dicere, nisi probata per experimentum. Experimentum enim solum certificat in talibus, eo quod de tam particularibus naturis syllogismus haberi non potest), so beruft er sich doch auch bei naturwissenschaftlichen Behauptungen, die leicht durch die Erfahrung hätten bestätigt oder widerlegt werden können, auf Aristoteles. Die naturwissenschaftlichen Lehren des Aristoteles kennen ist bei ihm Kenntniss der Natur, dennoch zieht er häufig eigene Beobachtungen heran.

Während Anselm von Canterbury seinen Grundsatz: „Credo, ut intelligam" gerade zumeist auf das Mysterium der Trinität und der Incarnation bezieht (in der Schrift: Cur Deus homo?), sucht Albertus Magnus zwar auch Vernunftgründe für das zu Glaubende auf zum Zweck der Bestärkung der Gläubigen, der Anleitung der Unkundigen und der Widerlegung der Ungläubigen, schliesst aber die specifisch biblischen und christlichen Offenbarungslehren von der Erkennbarkeit durch das Licht der Vernunft aus. Summa theol., op. t. XVII, p. 6: et ex lumine quidem connaturali non elevatur ad scientiam trinitatis et incarnationis et resurrectionis. Er führt (p. 32) als Grund an, die menschliche Seele vermöge nur das zu wissen, dessen Principien sie in sich habe (anima enim humana nullius rei accipit scientiam nisi illius, cuius principia habet apud se ipsam); sie finde sich selbst aber als ein einfaches Wesen ohne Dreiheit der Personen und könne daher auch die Gottheit nicht dreipersönlich denken, ausser durch das Licht der Gnade (nisi aliqua gratia vel illuminatione altioris luminis sublevata sit anima). Doch weist Albert auch den augustinischen Gedanken nicht ab, dass die natürlichen Dinge ein Bild der Trinität enthalten. In Glaubenssachen will Albert dem Augustin mehr als dem Aristoteles glauben; in der Naturwissenschaft aber mehr dem Aristoteles, gleich wie in der Medicin dem Galenus oder Hippokrates (Sent. II, 13, 2). Er will, dass philosophische Fragen philosophisch, nicht theologisch behandelt werden, und zwar nach den aristotelischen Principien (mit welchen sich ihm zuweilen die neuplatonischen vermischen, wenn er z. B. die Schöpfung als Ausfluss aus dem nothwendigen Sein vermittelst der obersten Intelligenz betrachtet), er findet die aristotelische Theologie im Wesentlichen in Uebereinstimmung mit den kirchlichen Fundamentalsätzen, giebt jedoch zu, dass nicht Alles in ihr in voller Harmonie mit den kirchlichen Principien stehe, und es unterscheidet sich nach Albert die theologische Erkenntniss von der philosophischen. Er betont die praktische Aufgabe der kirchlichen Theologie, findet jedoch in ihr zugleich auch die höchste Erkenntniss.

Die Logik wird von Albert definirt (op. I, p. 5) als sapientia contemplativa docens, qualiter et per quae devenitur per notum ad ignoti notitiam. Sie zerfällt ihm in die Lehre von den incomplexa, den unverbundenen Elementen, bei welchen nur nach dem Wesen gefragt werden kann, das durch die Definition angegeben wird, und von den complexa, dem Zusammengesetzten, wobei es sich um die verschiedenen Arten des Schliessens handelt. Die philosophia prima oder die Metaphysik handelt von dem Seienden als solchem nach seinen allgemeinsten Prädicaten, als welche Albert insbesondere die Einheit, Wirklichkeit und Güte (quodlibet ens est unum, verum, bonum) bezeichnet (op. XVII, p. 158). Das Universelle erklärt Albert für real, weil es, wenn es nicht real wäre, nicht mit Wahrheit von den realen Objecten ausgesagt werden könnte; es könnte nicht erkannt werden, wenn es nicht in Wirklichkeit existirte; es existirt aber als Form; denn in der Form liegt das ganze Sein des Objects. Es giebt drei Classen von Formen, also drei Arten der Existenz im Allgemeinen: vor den Individuen im göttlichen Verstande, in den Individuen als das Eine in den Vielen, nach den Individuen vermöge der Abstraction, die unser Denken vollzieht. De natura et origine animae tr. I, 2: et tunc resultant tria formarum genera: unum quidem ante rem existens, quod est causa formativa; aliud autem est ipsum genus formarum, quae fluctuant in materia; tertium autem est genus formarum, quod abstrahente intellectu separatur a rebus. Das Universelle an sich ist eine ewige Ausstrahlung der göttlichen Intelligenz. Es existirt nicht selbständig ausserhalb des göttlichen Geistes. Die in den materiellen Dingen vorhandene Form wird als das Ziel der Entwickelung (finis generationis vel compositionis substantiae desideratae a materia) Wirklichkeit (actus), als das volle Sein des Objects (totum esse rei) aber Quiddität (quidditas) genannt. Das Princip der Individuation liegt in der Materie in so fern, als diese der Träger oder das Substrat (subiectum, ὑποκείμενον) der Formen ist. Jedes Ding kann eine bestimmte Form nur nach der Fähigkeit an sich tragen, die in seiner Materie liegt (ibid. I, 2). Die Materie hat der Möglichkeit nach (potentia) in sich die Form, in ihr ist die potentia inchoationis formae (Summa theol. II 1, 4). Das Werden ist ein educi e materia und zwar vermittelst eines actuell Existirenden. Die Verschiedenheit der Materie ist nicht die Ursache der Verschiedenheit der Form, sondern von dieser abhängig (Phys. VIII, 1, 13); aber die Vielheit der Individuen ist durch die Vertheilung der Materie bedingt (in Metaph. XI, 1: individuorum multitudo fit omnis per divisionem materiae). Das Individuelle (hoc aliquid) hat materiam terminatam et signatam accidentibus individuantibus. Das Einzelne ist substantia prima, das Allgemeine substantia secunda. Die mitunter bei Aristoteles vorkommende Bezeichnung des Allgemeinen als einer Materie, die mit der Lehre von der Form als dem Wesen schwer zu vereinigen ist, erklärt Albert (ähnlich wie Avicenna) durch die Unterscheidung dieser nur vermöge eines logischen Gebrauchs sogenannten Materie von der realen Materie; er hält an dem Satze fest (de intellectu et intelligibili I, 2, 3): esse universale est formae et non materiae. Das Allgemeine ist eine essentia apta dare multis esse. Per hanc aptitudinem universale est in re extra. Actuell aber existirt es nur im Intellect.

Mit Aristoteles nimmt Albert an, dass die Wirkungen, die in der Wirklichkeit das Spätere sind, für unser Erkennen das Erste oder den Ausgangspunkt bilden; die posteriora sind priora quoad nos (Summa theol. I, 1, 5). Von der Erfahrung der Natur müssen wir aufsteigen zur Erkenntniss Gottes als des Urhebers der Natur, und von der Erfahrung der Gnade erheben wir uns zur Einsicht in die Gründe des Glaubens: fides ex posterioribus crediti quaerit intellectum. Nicht der ontologische, sondern der kosmologische Beweis sichert für uns das Dasein Gottes. Gott ist uns nicht schlechthin begreiflich, weil das Endliche nicht das Unendliche zu umfassen vermag, aber auch nicht unserer Erkenntniss völlig entrückt; unser Intellect wird gleichsam von einem Strahle seines Lichtes berührt und durch diese Berührung stehen wir mit ihm in Gemeinschaft (ibid. I, 3, 13). Gott ist der allgemein thätige Verstand, der immerfort Intelligenzen aus sich entlässt (de caus. et procr. univ. 4, 1: primum principium est indeficienter fluens, quo intellectus universaliter agens indesinenter est intelligentias emittens). Gott ist einfach, aber darum doch nicht (mit David von Dinant) für das Allgemeinste zu halten und mit der materia universalis zu identificiren; denn einfache Wesen unterscheiden sich von einander durch sich selbst und nicht durch constitutive Differenzen. Gott und den Geschöpfen kann nichts gemein sein, also auch nicht die Anfangs- und Endlosigkeit. Die Welt ist nicht aus einer präexistirenden Materie geschaffen, denn Gott würde bedürftig sein, wenn sein Wirken eine Materie voraussetzte, sondern aus Nichts. Die Zeit muss einen Anfang haben, sonst würde sie niemals zum gegenwärtigen Augenblick gelangt sein (Summa theol. II, 1, 3). Die Schöpfung ist ein Wunder und kann durch die natürliche Vernunft nicht begriffen werden, weshalb die Philosophen bei dem Grundsatz stehen bleiben: ex nihilo nihil fit, der doch nur auf die nächsten Ursachen, nicht auf die oberste passt und nur in der Physik, nicht in der Theologie maassgebend ist (Summa de creaturis, I, 1, 1; Summa theol. II, 1, 4).

Nur was aus sich ist, hat seinem Wesen nach ewiges Sein; jedes Geschöpf ist aus dem Nichts und würde daher auch vergänglich sein, wenn es nicht von dem ewigen Wesen Gottes getragen würde (Summa theol. II, 1, 3). Vermöge der Gemeinschaft mit Gott ist jede menschliche Seele der Unsterblichkeit theilhaftig. Der active Intellect ist ein Theil der Seele, denn er ist in jedem Menschen das formgebende Princip, an welchem nicht andere Individuen Antheil haben können. Intellectus agens est pars animae et forma animae humanae (Metaph. XI, 1, 9). Eben dieses denkende und formgebende Princip trägt die Kräfte in sich, die Aristoteles als das vegetative, sensitive, appetitive und motive Vermögen bezeichnet, daher sind auch diese vom Leibe trennbar und der Unsterblichkeit theilhaftig. Der Bekämpfung des, wie Albert selbst bezeugt, schon damals vielverbreiteten averroistischen Monopsychismus, der die Einheit des unsterblichen Geistes in der Vielheit der entstehenden und untergehenden Menschenseelen behauptet, hat Albert auf Befehl des Papstes Alexander IV. um 1255 einen eigenen Tractat gewidmet (de unitate intellectus contra Averroistas, op. t. V, p. 218 sqq.), den er später in seine Summa theol. (op. t. XVIII) aufgenommen hat. Er setzt darin dreissig Argumenten, welche für die averroistische Doctrin sich anführen lassen, sechs und dreissig widerlegende Argumente entgegen. In seiner Schrift de natura et origine animae (op. t. V, f. 182) und in seinem Commentar zum dritten Buche der Schrift des Aristoteles de anima (tr. II, c. 7) kommt er auf eben diese Streitfrage zurück. Jene Ansicht wird von ihm als error animo absurdus et pessimus et facile improbabilis bezeichnet.

Zwischen dem, was die Vernunft als begehrenswerth erkennt und dem, was der Trieb begehrt, entscheidet die freie Willkür (liberum arbitrium); durch diese Entscheidung wird das Begehren zum vollen Willen (perfecta voluntas). Das Vernunftgesetz (lex mentis, lex rationis et intellectus), welches zum Thun oder Unterlassen verbindet, ist das Gewissen (conscientia); dieses ist theils angeboren und unverlierbar als das Bewusstsein der Principien des Handelns, theils erworben und veränderlich in seiner Beziehung auf die einzelnen Fälle (unde lex mentis habitus naturalis est quantum ad principia, acquisitus quantum ad scita). Von dem Gewissen unterscheidet Albert die sittliche Anlage, welche er, wie schon Alexander von Hales, synteresis oder synderesis nennt. Die Tugend erklärt er mit Augustin als die bona qualitas mentis, qua recte vivitur, qua nullus male utitur, quam solus Deus in homine operatur. Den vier Cardinaltugenden der Alten und den übrigen zu denselben als „virtutes adiunctae" hinzutretenden aristotelischen Tugenden stellt er im Anschluss an Petrus Lombardus als den „virtutes acquisitae" die drei theologischen Tugenden als „virtutes infusae" zur Seite: den Glauben, die Hoffnung und die Liebe (Alb., op. XVIII, p. 469—480).

Der Ausdruck συντήρησις in dem von Albert gebrauchten Sinne findet sich, so viel man weiss, zuerst bei Hieronymus, Comment. zu d. Vision des Ezechiel (Opp. ed. Valarsi, T. V, p. 16): Plerique iuxta Platonem rationale animae et irascitivum et concupiscitivum, quod ille λογικόν et θυμικόν et ἐπιθυμητικόν vocat, ad hominem et rationem et vitulum referunt —; quartamque ponunt, quae super haec et extra haec tria est, quam Graeci vocant συντήρησιν, quae scintilla conscientiae in Adam quoque pectore, postquam eiectus est de paradiso, non extinguitur et qua, victi voluptatibus vel furore ipsaque interdum rationis decepti similitudine, nos peccare sentimus. Hieronymus nimmt dabei schon Bezug auf 1. Thessal. V, 23, später glaubte man, bei Arist. de an. III, 5 den Begriff wieder zu finden. Aus dieser Stelle des Hieronymus leitet sich offenbar die Synteresis der Scholastiker her, die schon bei Alexander Neckam (de nat. rer. c. 130: etsi etiam remurmuret scinderesis naturaliter bonum appetens, obtinet tamen illicita voluntas limites debitos excedens, vgl. de laud. div. sap., dist. I, 128) und Alexander von Hales als bekannter Begriff vorkommt, dann bei Albertus (dieser erklärt es wunderbar Summa de creaturis, P. II, Qu. 69: Sinderesis secundum suum nomen sonat haesionem quandam per scientiam boni et mali; componitur enim ex graeca praepositione syn et haeresis —), bei Thomas von Aquino u. A. öfter gebraucht wird. Sie ist insofern als die scintilla conscientiae von der conscientia selbst verschieden, als sie unvergänglich, durch den Sündenfall nicht aufgehoben und einer Verirrung nicht ausgesetzt ist, eine allen Menschen einwohnende Macht, die zum Guten mahnt und sich dem Schlechten widersetzt, ein in den höheren Seelenkräften auch nach dem Falle zurückgebliebener Rest normalen Willens- und Urtheilsvermögens (Alb. a. a. O.: in singulis viribus manet aliquid rectum, quod in iudicando et appetendo concordat rectitudini primae, in qua creatus est homo — synderesis est rectitudo manens in singulis viribus concordans rectitudini primae), während die conscientia proprie dicta die Thätigkeit dieser Macht in bestimmten Fällen ist, die aber irren kann. — Ueber Thomas von Aquino s. u.

Die Bezeichnung Synteresis ist noch nicht aufgeklärt. Gregor von Nazianz redet von τῆς ψυχῆς πρὸς τὸ σῶμα συντήρησις. Aus einem solchen Gebrauch des Wortes lässt sich aber die Bedeutung desselben bei Hieronymus und den Scholastikern schwer herleiten. Die Ansicht von Fr. Nitzsch (Ueber die Entstehung der scholastisch. Lehre v. d. Synteresis, ein historisch. Beitrag zur Lehre vom Gewissen, im Jahrb. f. protest. Theol., 5. Jahrg., 1879, S. 492—507), dass nämlich bei Hieronymus a. a. O. συνείδησις für συντήρησις zu lesen sei, und dass der Terminus der Scholastiker also auf einer falschen Lesart beruhe, ist zu gewagt. Ueber die Synteresis, die übrigens auch später bei lutherischen Scholastikern wieder vorkommt, vgl. die ob. S. 128 angef. Abhdlg. von Jahnel, woher stammt der Ausdruck Synderesis bei den Scholastikern? in der theolog. Quartalschr., Jahrg. 52. 1870, W. Gass, die Lehre vom Gewissen, Berl. 1869, besonders den Anhang: Das scholastische Wort Synderesis.

§ 33. **Thomas von Aquino**, ein Sohn des Grafen Landolf von Aquino, geboren 1225 oder 1227 auf dem Schlosse zu Roccasicca bei Aquino im Neapolitanischen (dem alten Arpinum), zuerst von den Mönchen des Klosters zu Monte Cassino unterrichtet, schon in früher Jugend zu Neapel für den Dominicanerorden gewonnen, dann zu Köln und Paris besonders unter Albert dem Grossen gebildet, Lehrer der Philosophie und Theologie zu Köln, Paris, Bologna, Rom, Neapel und an anderen Orten, gest. am 7. März 1274 im Cistercienserkloster Fossa nuova bei Terracina auf einer Reise von Neapel zum Concil von Lyon, canonisirt unter Johann XXII. im Jahre 1323, führte die Scholastik auf ihren Höhepunkt durch die möglichst vollendete Accommodation der aristotelischen Philosophie an die kirchliche Orthodoxie, jedoch unter Abscheidung der specifisch christlichen und kirchlichen Offenbarungssätze, die durch die Vernunft nur als widerspruchsfrei und als wahrscheinlich gegen Einwürfe vertheidigt werden können, von den durch Vernunfteinsicht positiv zu begründenden Lehren. Ausser Commentaren zu aristotelischen Schriften und manchen philosophischen und theologischen Monographien verfasste er insbesondere drei umfassende Werke: den die theologischen Streitfragen erörternden **Commentar zu den Sentenzen des Petrus Lombardus**, später (1261 und 1264) die vier **Bücher de veritate fidei catholicae contra gentiles**, eine rationale Begründung der Theologie, zuletzt die das Ganze der Offenbarungslehren systematisch darstellende (jedoch nicht zum Abschluss gelangte) **Summa theologiae**.

Thomas setzt mit Aristoteles in das Wissen und zuhöchst in die Gotteserkenntniss den obersten Zweck des menschlichen Lebens. In der Universalienfrage ist er Realist im gemässigten aristotelischen

Sinne. Das Allgemeine ist in der Wirklichkeit dem Individuellen immanent und wird nur durch den abstrahirenden Verstand von demselben getrennt; aber unsere Auffassung wird hierdurch nicht falsch, sofern wir nicht urtheilen, dass es gesondert existire, sondern nur unsere Aufmerksamkeit und unser Urtheil auf dasselbe einschränken. Jedoch erkennt Thomas ausser dem Allgemeinen in den Dingen oder dem Wesen (der Forma substantialis oder der Quidditas) und dem Allgemeinen nach den Dingen oder dem Begriff, den unser Verstand durch Abstraction der Quidditas von dem Accidentiellen (den unwesentlichen Eigenschaften, formae accidentales) bildet, auch ein Allgemeines vor den Dingen an, nämlich die Ideen des göttlichen Geistes, d. h. die Gedanken, durch welche Gott vor der Weltschöpfung die Dinge denkt. Nur gegen die platonische Ideenlehre, wie dieselbe bei Aristoteles erscheint, polemisirt er im Anschluss an diesen entschieden, indem er Ideen von selbständiger (separater) Existenz ausserhalb der Dinge und des göttlichen Geistes als leere Fictionen verwirft. Das Dasein Gottes ist nur a posteriori erweisbar, nämlich aus der Welt als dem Werke Gottes. Es muss einen ersten Beweger oder eine erste Ursache geben, weil die Kette der Ursachen und Wirkungen keine unendliche Zahl von Gliedern haben kann. Die Ordnung der Welt hat einen Ordner zur Voraussetzung. Gott existirt als reine, stofflose Form, als reine, mit keiner Potentialität behaftete Actualität; er ist causa efficiens und causa finalis der Welt. Die Welt besteht nicht von Ewigkeit her, sondern ist durch Gottes Allmacht aus dem Nichts in einem bestimmten Zeitpunkte, mit dem auch die Zeit selbst erst begonnen hat, ins Dasein gerufen worden; doch ist die Anfangslosigkeit der Welt philosophisch nicht streng erweisbar, sondern nur wahrscheinlich und nur durch die Offenbarung gewiss.

Die Unsterblichkeit der Seele folgt aus ihrer Immaterialität, da eine reine Form weder sich selbst zerstören, noch durch die Auflösung einer Materie zerstört werden kann; die Immaterialität muss dem Intellect seiner Natur nach zugeschrieben werden, weil eine dem Stoff anhaftende Form, wie die Seele eines Thieres, nur Individuelles, nicht Allgemeines würde denken können, sie kommt aber der ganzen Seele zu, sofern auch das sensitive, appetitive und motive und selbst das vegetative Vermögen der nämlichen Substanz anhaftet, welche die Denkkraft besitzt. Die Seele bethätigt die letztere ohne leibliches Organ, wogegen die niederen Functionen von ihr nur mittelst materieller Organe geübt werden können. Die menschliche Seele hat nicht vor dem Leben existirt; sie gewinnt die Erkenntniss nicht durch Wiedererinnerung an Ideen, die in einer Präexistenz angeschaut worden wären, wie Platon annahm; auch besitzt sie nicht angeborene Begriffe;

ihr Denken ruht auf dem Gebiete der Sinneswahrnehmung und knüpft sich an das Bild, aus dem der active Intellect die Formen abstrahirt. Durch die Einsicht ist der Wille bedingt; was als gut erscheint, wird mit Nothwendigkeit erstrebt: Nothwendigkeit aus inneren Gründen aber, die auf dem Wissen beruht, ist Freiheit. In der Ethik reiht Thomas den natürlichen Tugenden, in deren Erörterung er die Lehre Platons von den vier Cardinaltugenden mit den aristotelischen Sätzen combinirt, die übernatürlichen oder christlichen Tugenden: Glaube, Liebe und Hoffnung, an.

Die sämmtlichen Werke des Thomas von Aquino sind zu Rom 1570 in 17 Foliobänden, dann zu Venedig 1594, zu Antwerpen 1612, zu Paris 1660, zu Venedig 1787 und zu Parma (25 Bde.) 1852—71 herausgegeben worden. Von den Opera omnia sive antehac excusa, sive etiam anecdota, notis histor., criticis etc. studio ac labore Stanisl. Ed. Fretté et Pauli Maré sind eine Reihe Bände Besançon und Paris seit 1872 erschienen. Die neueste Ausg.: Thomae Aquinatis — Opp. omnia, iussu impensaque Leonis XIII, P. M. edita, Tom. I u. II, Romae (Frbg. i. Br.) 1882, 84 (vom Dominicanerorden unter Oberleitung des Dominicanercardinals Zigliara veranstaltet). Aeusserst zahlreich sind die Ausgaben einzelner Schriften, besonders der Summa theologiae. S. Thomae Aquinatis Summa theol. diligenter emendata, notis ornata, ed. VI., Luxemburg 1869. S. Thomae Aquinatis Summa theolog., diligenter emendata, Nicolai Sylvii, Billuart et G. J. Drioux notis ornata, Regensb. 1876. Ins Französische sind die Werke neuerdings von Carmagnolle übersetzt worden. Ueber sein Leben ist die Quellenschrift die in die Acta Sanctorum VII Mart. aufgenommene Lebensbeschreibung von einem Zeitgenossen Guilelmus de Thoco, nebst den Acten des Canonisationsprocesses. Von neueren Schriften über Thomas und seine Lehre, deren viele in den letzten Decennien auf Anlass der güntherschen Philosophie und der thomistisch-scholastischen Reaction gegen dieselbe (so von Günther und Güntherianern besonders Streitschriften gegen eine Repristination des Thomismus, auch von Frohschammer, Michelis u. A.), namentlich aber nach der päpstlichen Encyclica vom 4. Aug. 1879 „Aeterni patris" erschienen sind, seien folgende erwähnt: Hörtel, Th. v. A. und seine Zeit, Augsb. 1846. Carle, histoire de la vie et des ouvrages de St. Thomas 1846. Montet, mémoire sur Thomas d'Aquin, in den Abhandlungen der Acad. des sc. morales et polit. t. II, 1847, S. 511—611. Jellinek, Th. v. A. in d. jüdisch. Lit., Lpz. 1853. Ch. Jourdain, la philosophie de St. Thomas d'Aquin, Paris 1858. Cacheux, de la philosophie de St. Th., Paris 1858. Liberatore, die Erkenntnissl. des h. Th. v. A. übersetzt von E. Franz. Mainz 1861. Karl Werner, der h. Thomas von Aquino. Regensb. 1858 ff. (Bd. I: Leben und Schriften, Bd. II: Lehre, Bd. III: Gesch. des Thomismus); Zef. Gonzalez, estudios sobre la filosofia de S. Tomás, 3 Bde., Manila 1864, ins Deutsche übersetzt v. C. J. Nolte, 3 Bde., Regensb. 1885. Roger Bede Vaughan, St. Thom. of Aquin: his life and labours, 2 Bde., Hereford 1871—72. Vgl. Gaudin, philosophia iuxta D. Thomae dogmata, neu hrsg. von Roux Lavergne, Paris 1861. . E. Plassmann, die Schule des h. Th. v. A., Soest 1857—62. Anton Rietter, die Moral des h. Th. v. A., München 1858. J. N. P. Oischinger, die speculative Theol. des Th. v. Aqu., Landsh. 1858; Quaestiones controversae de philosophia scholastica, ibid. 1859; die christl. und scholast. Theologie, Jena 1869. Aloys Schmid, die thomistische und scotistische Gewissheitslehre, Dillingen 1859; ders., die perip.-schol. Lehre von den Gestirngeistern, in: Athenäum I, München, 1862, S. 549—589. Kuhn, Glauben und Wissen nach Th. v. A. in der Tüb. theol. Quartalschr. 1860, Heft 2; ders., Philos. n. Theol., Tüb. 1860. Heinr. Contzen, Th. v. A. als volkswirthsch. Schriftsteller, ein Beitrag zur national-ökonom. Dogmengesch. des Mittelalters, Leipz. 1861. Jac. Merten, über die Bedeutung der Erkenntnissl. des h. Augustinus u. d. h. Th. v. A. für den gesch. Entwickelungsgang der Philos. als reiner Vernunftwiss., Trier 1865. N. J. Linnarson, üb. d. Moraltheologie des Th., Univ.-Schrift, Upsala 1866. P. J. Boecker, de statu institiae originalis et de peccato orig. quae disserit Th., Köln 1868. Joh. Delitzsch, krit. Darstellung der Gottesl. d. Th. v. A., Lpz 1870. H. Contzen, zur Würdigung des Mittelalters, mit bes. Bez. a. d. Staatsrechtslehre des h. Th. v. Aqu., Cassel 1870. Henr. Vandenesch, doctrina divi Th. Aqu. de concupiscentia, Diss. dogm., Bonn 1870. P. C. van den Berg, de ideis divinis seu de divina essentia, prout est omnium verum idea et prim. exemplar iuxta doctrin.

doctoris angelici, Th. Aquinat., Herzogenbusch 1872. J. J. Baumann, die Staatsl. des h. Th. v. A., des grössten Theolog. u. Philosoph. der kath. Kirche, Lpz. 1873. Vincenzo Lilla, la mente dell' Aquinate e la filosofia moderna, Vol. I. Torino 1873. F. M. Cicognani, sulla vita e sulle opere di S. Tommaso d'Aqu., Venezia 1874. Nic. Thömes, divi Th. A. opera et praecepta quid valeant ad res ecclesiasticas, politicas, sociales, Berol. 1875. W. Redepenning. üb. d. Einfluss der aristotelisch. Ethik auf die Moral des Th. v. A., I.-Diss., Jena 1875. D. Delaunay, St. Thomae de orig. idearum doctr., Par. 1876. S. Talamo, il rinnovamento del pensiero tomistico e la scienza moderna, tre discorsi. Siena 1878. La Bouillerie, l'homme, sa nature, son âme, ses facultés et sa fin d'après la doctrine de S. Th. d'A., Par. 1880. M. Schneid, d. Philos. des h. Th. v. A. u. ihre Bedeut. f. d. Gegenwart, Würzb. 1881. Frz. Xav. Pfeifer, harmon. Beziehung. zwisch. Scholastik u. moderner Naturwissensch. mit besonderer Rücksicht auf Alb. Magnus, St. Th. v. A., Augsb. 1881. A. Otten, Allgem. Erkenntnissl. des h. Th., Paderborn 1882. D. thomist. L. vom Weltanfange in ihr. geschichtl. Zusammenhange, in: der Katholik, 1883, S. 230—249. P. Vallet, l'idée du beau dans la philos. de S. Th. d'A., Par. 1884 (selbständige Aesthetik mit Benutzung einiger Gedanken des Thomas). Ceslaus M. Schneider, Natur, Vernunft, Gott, Abhandl. üb. d. natürl. Erkenntniss Gottes nach d. L. des h. Th. v. A., Regensb. 1883; ders., das Wissen Gottes nach d. L. des h. Th. v. A., 3 Bde., Regensb. 1884, 85. Chocarne, St. Th. d'A. et l'encyclique de Léon XIII, Par. 1884. E. Lecoultre, essai sur la psychologie des actions humaines d'après les systèmes d'Aristote et de S. Th. d'A., Par. 1884. A. Portmann, das System der theolog. Summe des hl. Th. v. A., Pr., Luzern 1885. A. Moglia, la filosofia di S. Tommaso d. Aqu. nelle scuole italiane, Piacenza 1885. V. Knauer, Grundlinien zur arist.-thomist. Psychologie, Wien 1885. Rud. Eucken, d. Philos. des Th. v. A. u. die Cultur der Neuzeit, Halle 1886 (vorher, 1885 in d. Ztschr. f. Ph. u. ph. Kr.). Vgl. auch die betreffenden Abschnitte in den Schriften üb. d. Gesch. d. Philos. des Mittelalters, namentlich in der von Stöckl, sowie Prantl, Gesch. der Logik III, S. 107—118, u. Albr. Ritschl, geschichtl. Studien zur christl. L. v. Gott, in: Jahrbb. f. deutsche Theol., X, S. 277—318 (besonders üb. die Gottesl. des Thomas und Scotus). Die Zeitschrift: der Katholik, giebt in mehreren Artikeln in verschiedenen Jahrgängen (1859 ff.) von ihrem (thomist.) Standpunkte aus eine Kritik der neueren Litteratur über Thomas v. A. Ein Thomaslexikon, besonders für die in den beiden Summen vorkommenden termini technici, hat Ludw. Schütz, Paderb. 1881, herausgeg.

Unter den Schriften des Thomas von Aquino kommen für die Philosophie ausser den schon oben genannten drei umfassenden Werken, nämlich dem Commentar zu den Sentenzen, der Summa contra gentiles (einer Vertheidigung der christlichen Lehre gegen den Islam und die arabischen Philosophen) und der Summa theol., insbesondere folgende in Betracht: die Commentare zu Arist. de interpr., Anal. poster., Metaph., Phys., parva naturalia, de anima, Eth. Nic., Polit., Meteor., de coelo et mundo, de gen. et corr., ferner zu dem liber de causis; eine früh verfasste Abhandlung de ente et essentia und viele andere kleinere Abhandlungen: de principio individuationis, de proposit. modalibus, de fallaciis, de aeternitate mundi, de natura materiae, de regimine principum, worin besonders die Staatslehre des Thomas zu finden ist, Buch 3 und 4 und ein Theil von B. 2 freilich unecht, etc. Mehrere andere Abhandlungen sind theils nicht genügend bezeugt (de natura syllogismorum, de inventione medii, de demonstratione etc.), theils wahrscheinlich unecht (de natura accidentis, de natura generis, de pluritate formarum, de intellectu et intelligibili, de universalibus etc.).

Das Verhältniss, in welches bei Thomas die Philosophie zu der Theologie tritt, bezeichnet am bestimmtesten sein Ausspruch (Summa th. I; qu. 32, art. 1): impossibile est rationem naturalem ad cognitionem divinarum personarum pervenire; per rationem naturalem cognosci possunt ea de Deo ea quae pertinent ad unitatem essentiae, non ea quae pertinent ad distinctionem personarum; qui autem probare nititur trinitatem personarum naturali ratione, fidei derogat. Ebenso sind durch die natürliche Vernunft nicht zu erweisen die kirchlichen Lehren von der Zeitlichkeit der Schöpfung, von der Erbsünde, von der Menschwerdung des Logos, von den Sacramenten, vom Fegefeuer, von der Auferstehung des Fleisches, dem Weltgericht, der ewigen Seligkeit und Verdammniss. Diese Offenbarungslehren gelten dem Thomas als übervernünftig, aber nicht widervernünftig. Die Vernunft kann bei denselben solvere rationes, quas inducit (adversarius) contra fidem sive ostendendo esse falsas, sive ostendendo non esse necessarias; sie kann auch für dieselben similitudines aliquas oder rationes verisimiles auffinden (wie Thomas selbst im Anschluss an Augustin die Personen durch die Analogie der Seelenvermögen, insbesondere den Sohn durch den Verstand und den Geist durch den Willen erläutert); aber sie kann nicht aus ihren eigenen Principien bis zum Beweise der Wahrheit jener Dogmen fortschreiten. Der Grund dieses Unvermögens liegt darin, dass die Vernunft nur aus der Schöpfung auf Gott insofern schliessen kann, als dieser das Princip aller Wesen ist; die schöpferische Kraft Gottes aber ist der ganzen Trinität gemeinsam und gehört also zur Einheit des Wesens, nicht zu dem Unterschiede der Personen (S. th. qu. 22, art. 1). Der Beweis für die Wahrheit der specifisch-christlichen Lehren kann nur geführt werden, wenn bereits das Offenbarungsprincip anerkannt und den Offenbarungsurkunden Glauben geschenkt wird; die Nöthigung aber zu dieser Anerkennung und zu diesem Glauben findet Thomas theils in einem inneren Zuge des zum Glauben einladenden Gottes (interior instinctus Dei invitantis), theils äusserlich in den Wundern, zu denen auch die erfüllten Prophezeiungen und der Sieg der christlichen Religion gehören. An die Nichtbeweisbarkeit der Glaubenslehren knüpft sich die Verdienstlichkeit des Glaubens als des Vertrauens auf die göttliche Autorität. Auf dem Glaubensgebiete hat der Wille den Vorrang (principalitatem); der Intellect stimmt den Glaubenssätzen zu, nicht durch Beweis genöthigt, sondern dem Gebote des Willens folgend. Die der natürlichen Vernunft erkennbaren Wahrheiten sind die praeambula fidei, wie überhaupt die Natur die Vorstufe der Gnade ist und von ihr nicht aufgehoben, sondern vervollkommnet wird (gratia naturam non tollit, sed perficit). Auf die praeambula fidei und nur auf sie gehen die rationes demonstrativae (Summa theol. II, 2). Aber nur Wenige vermögen auf diesem Wege die der natürlichen Vernunft erkennbaren Wahrheiten wirklich zu erkennen; darum hat Gott auch diese Wahrheiten mit offenbart. Sofern hiernach die praeambula fidei selbst Glaubenssätze sind, sind sie die prima credibilia, die Basis und Wurzel aller anderen. Durch den Beweis der praeambula fidei und durch die Aufzeigung der Nichtwiderlegbarkeit und der Probabilität der dem blossen Glauben vorbehaltenen Dogmen dient die natürliche Vernunft dem Glauben (naturalis ratio subservit fidei).

Diese so bestimmte Abgrenzung der philosophischen oder natürlichen Theologie gegen die christliche Offenbarungslehre ist durch den Einfluss des Monotheismus des Aristoteles und seiner arabischen und jüdischen Commentatoren bedingt; sie findet sich in dieser Weise bei keinem der Scholastiker der früheren Zeit und bei keinem der Kirchenväter. Man darf sie nicht aus der platonischen oder areopagitischen Doctrin ableiten, an welche sich vielmehr stets der Trinitätsgedanke bald in einer mehr rationalen, bald in einer mehr mystischen Form angelehnt hat, sondern vielmehr aus der aristotelischen Einschränkung der Einheit des göttlichen Wesens auf die Einheit der Person. Diese Sonderung zwischen der Vernunftlehre von Gott und der Offenbarungslehre ist (obschon sie von Raymundus Lullus und Anderen bekämpft wurde) theils herrschend geblieben, theils noch geschärft worden in der späteren scholastischen Periode bei den Nominalisten, dann auch noch in der nachscholastischen Zeit, zwar nicht bei den Erneuerern des Platonismus, die sich zur Bestätigung des Trinitätsdogmas auf Platon und Plotin und deren Schüler beriefen, wohl aber in der cartesianischen, lockeschen und leibnizischen Schule, bis der kantische Kriticismus gleich sehr die Einheit wie die Dreiheit der Person jeder theoretisch-rationalen Begründung entzog und dem blossen Glauben, obzwar nicht an die Offenbarungslehre, sondern an die Postulate des moralischen Bewusstseins, alle Ueberzeugung von Gott und dem Göttlichen anheimgab, der Schellingianismus und Hegelianismus aber die Trinität in speculativer Umdeutung wiederum auch der rationalen Theologie vindicirte, was danach der Güntherianismus, indem er nur die historischen Mysterien des Christenthums von der Vernunfterkenntniss ausschloss, in einem katholisch-christlichen Sinne versuchte, aber ohne dafür die Anerkennung der kirchlichen Autorität zu gewinnen. Der Thomismus ist noch gegenwärtig innerhalb der katholischen Kirche die herrschende Doctrin; auch in der protestantischen Theologie herrscht die (thomistische) Sonderung vor. Das im Jahr 1271 zu Paris sanctionirte, die Obmacht der Theologie über die Philosophie bekundende Decret (bei du Boulay III, S. 398, vgl. Thurot, de l'org. de l'enseign. dans l'univ. de Paris, Par. 1850, S. 105 f.), dass kein Lehrer in der philosophischen Facultät eine der specifisch theologischen Fragen behandeln dürfe (z. B. nicht die Trinität und Incarnation), begünstigte eben diese Sonderung.

Was zunächst die logisch-metaphysische Basis der Philosophie betrifft, so ist dieselbe bei Thomas noch entschiedener, als bei Albert, die aristotelische, obschon nicht ohne gewisse, theils dem Platonismus, theils der kirchlichen Lehre entstammte Modificationen. Die thomistische Lehre vom Begriff, Urtheil, Schluss und Beweis ist die aristotelische. Auf das ens in quantum ens et passiones entis geht die Metaphysik. Das ens ist an sich res und unum, im Unterschiede von anderen aliquid, in Uebereinstimmung mit dem Erkennen verum, mit dem Wollen bonum. Thomas huldigt, wie Albert, der vermittelnden, dem Nominalismus nahe stehenden aristotelischen Form des Realismus, wonach das Allgemeine dem Individuellen in der Wirklichkeit immanent ist, durch unsern Verstand aber daraus abstrahirt und in unserm Bewusstsein verselbständigt wird. Doch weist Thomas auch die platonische Ideenlehre nicht völlig ab, sondern nur in gewissem Betracht. Wenn nämlich unter Ideen selbständig existirende Allgemeinheiten verstanden werden, so bekämpft Aristoteles mit Recht diese Ideen als leere Fictionen. Universalia non habent esse in rerum natura ut sint universalia, sed solum secundum quod sunt individuata (de anima art. 1). Universalia non sunt res subsistentes, sed habent esse solum in singularibus (contra gent. I, 65). In einem anderen Sinne aber, in welchem die Ideenlehre durch die Autorität des heiligen Augustinus geschützt ist, erkennt auch Thomas sie als unverwerflich an, sofern nämlich die Ideen als dem göttlichen Geiste immanente Gedanken aufgefasst werden, und zugleich ihre Wirkung auf die Sinnenwelt als eine bloss mittelbare gedacht wird. Contra gentiles III, 24: formae quae sunt in materia, venerunt a formis, quae sunt sine materia, et quantum ad hoc, verificatur dictum Platonis, quod formae separatae sunt principia formarum, quae sunt in materia, licet posuerit eas per se subsistentes et causantes immediate formas sensibilium, nos vero ponimus eas in intellectu existentes et causantes immediate formas inferiores per motum coeli. Thomas erkennt demgemäss ein dreifaches Universale an: ante rem, in re, post rem (in sent. II, dist. III, qu. 3). Das platonische Motiv zu der falschen Hypostasirung des Allgemeinen findet Thomas in der irrigen Voraussetzung, das Allgemeine müsse, damit unser begriffliches Erkennen wahr sei, nicht nur irgend welche Realität haben, sondern ganz auf gleiche Weise in unserm Denken und in der äussern Realität sein. Summa theol. I, 84: credidit (Plato), quod forma cogniti ex necessitate sit in cognoscente eo modo, quo est in cognito, et ideo existimavit, quod oporteret res intellectas hoc modo in se ipsis subsistere sc. immaterialiter et immobiliter. Diese Voraussetzung weist Thomas ab, indem er die Natur des Abstractionsprocesses im Anschluss an Aristoteles aufzeigt. Wie schon der Sinn zu trennen vermag, was realiter ungesondert ist, indem z. B. das Auge bloss die Farbe und Gestalt eines Apfels ohne seinen Geruch und Geschmack percipirt, so vermag der Verstand noch viel mehr diese bloss unserer Auffassung angehörende Trennung zu vollziehen, indem er in den Individuen ausschliesslich das Allgemeine beachtet. Depotentiis animae c. 6: quia licet principia speciei vel generis nunquam sint nisi in individuis, tamen potest apprehendi animal sine homine, asino et aliis speciebus, et potest apprehendi homo non apprehenso Socrate vel Platone, et caro et ossa non apprehensis his carnibus et ossibus, et sic semper intellectus formas abstractas, id est superiora sine inferioribus, intelligit. Dass aber diese subjective Abstraction (ἀφαίρεσις) dadurch, dass sie sich nicht auf ein objectives Gesondertsein (χωρισμός) gründet, nicht falsch werde, erweist Thomas durch das gleiche Argument, dessen sich schon im zwölften Jahrhundert der Verfasser der Abhandlung de intellectibus bedient hat (s. o. S. 172), dass nämlich nicht unserm Urtheil über die Sache, sondern nur unserm subjectiven Verfahren, unserm attendere oder apprehendere, die Trennung angehöre (ibid.); nec tamen falso intelligit intellectus, quia non iudicat hoc esse sine hoc, sed apprehendit et iudicat de uno non iudicando de altero. Existirt demgemäss das Allgemeine in der Realität nicht substantiell, so muss es doch in anderer Art allerdings Realität haben, weil alle Wissenschaft auf das Allgemeine geht, also Täuschung sein würde, wenn das Allgemeine ohne alle Wirklichkeit wäre; denn die Wahrheit des Erkennens ist durch die Wirklichkeit der Erkenntnissobjecte bedingt. Es hat Wirklichkeit in dem Individuellen als das Eine in dem Vielen, das Wesen der Dinge oder ihre Quidditas, der Intellect vollzieht nur jene Abstraction, wodurch es in ihm zu dem Einen neben dem Vielen wird.

Das individualisirende Princip (principium individuationis) ist die Materie, sofern dieselbe in bestimmt abgegrenzten Dimensionen die Form aufnimmt. Materia non quomodolibet accepta est principium individuationis, sed solum materia signata, et dico materiam signatam, quae sub certis dimensionibus consideratur (de ente et essentia 2). In die Definition des Menschen geht nur die Materie überhaupt (materia non signata) ein (sofern der Mensch als Mensch nicht ohne Materie existirt); in die Definition des Sokrates würde die bestimmte Materie, die ihm eigen ist, eingehen, falls Sokrates (das Individuum als solches) eine Definition hätte. Prima dispositio materiae est quantitas dimensiva (Summa th. III, qu. 77. art. 2). Diese Lehre fusst auf dem Satze, den Aristoteles (Metaph. I, 6) der Annahme der Platoniker, dass die Idee das Princip der Einheit, die Materie das der unbestimmten Vielheit sei, entgegenstellt: φαίνεται δ' ἐκ μιᾶς ὕλης μία τράπεζα, ὁ δὲ τὸ εἶδος ἐπιφέρων εἰς ὢν πολλὰς ποιεῖ. Thomisten (wie namentlich Aegidio Colonna, später Paolo Soncini u. A.) gebrauchen den Ausdruck, die quantitativ bestimmte Materie, materia quanta, sei das Princip der Individuation, im Anschluss an die Lehre des Thomas, Summa c. gent. II, 49 u. ö.: principium diversitatis individuorum eiusdem speciei est divisio materiae secundum quantitatem; de principio individ. fol. 297: quantitas determinata dicitur principium individuationis. Doch ist diese quantitas determinata nicht die Ursache, sondern nur die Bedingung der Existenz der Individuen, sie schafft nicht die Einzelsubstanz, sondern begleitet dieselbe untrennbar und determinirt sie zu dem hic et nunc (de princ. indiv. ibid.). Es lässt sich freilich gegen diese thomistische Doctrin einwenden und ist schon früh von solchen Realisten, die in der Form das Princip der Individuation fanden, eingewandt worden, dass das Quantum bereits eine individuell determinirte Quantität sei und dass diese Determination unerklärt bleibe. Da ferner Thomas auch getrennte oder stofflose Formen (formae separatae) als Einzelexistenzen anerkennt, so lehrt er, dass diese durch sich selbst individualisirt werden, da sie keines formempfangenden Substrates zu ihrer Existenz bedürfen. Thomas sagt: Formae separatae eo ipso, quod in alio recipi non possunt, habent rationem primi subiecti, et ideo se ipsis individuantur; — multiplicatur in eis forma secundum rationem formae, secundum se et non per aliud, quia non recipiuntur in alio: omnis enim talis multiplicatio multiplicat speciem, et ideo in eis tot sunt species, quot sunt individua (de nat. mat. c. 3; cf. de ente c. 3). Freilich lässt sich die Richtigkeit dieser thomistischen Folgerung bezweifeln. Liegt die Ursache der individuellen Existenz in einem formempfangenden Princip (einem ὑποκείμενον, subiectum, oder einer Materie), so muss freilich, falls es selbständig existirende Formen giebt, in diesen mit Thomas die Form als ihr eigenes Substrat (subiectum, ὑποκείμενον) betrachtet werden; aber es fragt sich, ob diese Auskunft genüge, und ob nicht vielmehr in Wahrheit die Nichtexistenz getrennter Formen als individueller Wesen, die blosse Allgemeinheit aller blossen Formen (also z. B. die Einheit des Intellects im averroistischen Sinne) und das Behaftetsein alles Individuellen mit irgend welcher Materialität aus jenem Princip zu folgern sei. Schon Duns Scotus hat (nach dem Vorgange von früheren Gegnern des Thomas, die schon um 1276 mit ähnlichen Bedenken hervortraten) den Einwurf erhoben: apud D. Thomam individuatio est propter materiam; anima autem in se ipsa est sine materia; quomodo ergo potest multiplicari?

Schon Aristoteles hat als stofflose und doch individuelle Form die Gottheit betrachtet, ferner die Sphärengeister und den activen Intellect, νοῦς ποιητικός, welcher der allein unsterbliche Theil der menschlichen Seele sei; doch wird nicht völlig klar, wie er sich das Verhältniss dieses unsterblichen νοῦς zur individuellen Seele, in die derselbe von aussen eingehen soll, gedacht habe, weil dieser νοῦς einerseits als in der Seele befindlich (de an. III, 5), als individualisirt, andererseits aber doch als unvermischt mit der Materie (wenigstens mit der des Leibes), als stofflose Form erscheint, und der Satz des Aristoteles (Metaph. XI, 8): ὅσα ἀριθμῷ πολλά, ὕλην ἔχει, fordert, dass das Immaterielle ohne Vielheit der Individuen der nämlichen Species sei. Unter den nächsten Nachfolgern des Aristoteles machte sich mehr und mehr die naturalistische Neigung geltend, alle Form als dem Stoff innewohnend zu denken; auf diesem Princip ruhen die Lehren des Dikäarch und des Straton. Alexander von Aphrodisias gesteht der Gottheit, aber auch nur dieser, eine transscendente stofflos-individuelle Existenz zu; die menschliche Seele aber lässt er nach ihrer individuellen Existenz durchaus an den Stoff gebunden sein. Die späteren, dem Neuplatonismus zugethanen Exegeten, wie Themistius, vertheidigen die individuelle Selbständigkeit des menschlichen νοῦς ebensowohl wie die der Gottheit, und ihnen schliesst sich besonders im Gegensatz zu der averroistischen Auffassung Thomas an, schreibt aber ebenso, wie schon Albert, der substantiellen, von dem Leibe trennbaren Seele ausser der höchsten Function, die im Denken liegt, auch die niederen zu.

Thomas unterscheidet mehrere Classen von Formen. Immaterielle Formen (formae separatae) sind: Gott, die Engel und die menschlichen Seelen; dem Stoff untrennbar anhaftende Formen aber sind die Formen der sinnlich wahrnehmbaren Objecte.

Gott ist die schlechthin einfache Form, die reine Actualität. Gottes Sein ist zwar an sich selbst gewiss, weil Gottes Wesen mit seinem Sein identisch ist, also das Prädicat des Satzes: Gott ist, mit dem Subjecte desselben identisch ist. Aber Gottes Sein ist nicht auch für uns unmittelbar gewiss, weil wir nicht wissen, was Gott ist, sondern muss aus dem bewiesen werden, was uns erkennbarer, obschon an sich weniger erkennbar ist, d. h. aus den Wirkungen (Summa th. I, 2, 1). Dieser methodische Grundsatz ist der aristotelische, dass das πρότερον oder γνωριμώτερον φύσει von uns aus dem ἡμῖν γνωριμώτερον oder πρότερον πρὸς ἡμᾶς, d. h. das Principielle aus dem Bedingten zu erkennen sei. Demgemäss lässt Thomas Gott uns nur a posteriori erkennbar sein und findet Beweise, wie den anselmschen, die auf den blossen Gottesbegriff gegründet sind, nicht stringent. Die Glaubenslehre, die das Dasein Gottes schon voraussetzt, geht von der Betrachtung Gottes zu der Betrachtung der Geschöpfe fort; die philosophische Doctrin aber kann nur von der Erkenntniss der Geschöpfe aus zur Gotteserkenntniss fortschreiten. Wenn Thomas von Aquino sagt: Gott kann nicht a priori erkannt werden, so versteht er unter der Erkenntniss a priori im Sinne des Aristoteles die Erkenntniss aus den Ursachen, die selbstverständlich bei der ursachlosen obersten Ursache unmöglich ist (nicht nach der modernen kantischen Umdeutung jenes Terminus eine von jeder Erfahrung unabhängige Erkenntniss). In gewissem Sinne ist dem Menschen die Gotteserkenntniss von Natur (naturaliter) eigen, sofern nämlich Gott für die Menschen ihre Glückseligkeit (beatitudo) ist, die naturgemäss erstrebt wird: denn das Streben involvirt eine gewisse Erkenntniss. Zur gewissen und deutlichen Einsicht aber bedarf es des Beweises; das Dasein Gottes ist weder ein blosser Glaubenssatz, noch auch gleich den Sätzen, deren Prädicat schon im Begriffe des Subjectes liegt (S. th. I, 2, 1), eine selbstverständliche, unmittelbar gewisse Wahrheit (es ist nicht ein „analytisches Urtheil" im kantischen Sinne; „synthetische Urtheile a priori" aber giebt es nach Thomas nicht). Nach Erwähnung zweier Einwürfe gegen die Existenz Gottes, wovon der eine sich an das Dasein des Uebels in der Welt knüpft, welches mit der Existenz einer unendlichen Güte unverträglich sei, der andere an die Möglichkeit, die natürlichen Erfolge bloss auf die Natur, die beabsichtigten aber auf das menschliche Denken und Wollen zurückzuführen, stellt Thomas (Summa th. I, qu. 2, art. 3) folgende Beweise für das Sein Gottes auf: 1. Es muss ein erstes unbewegtes Bewegungsprincip geben (nach Arist. Metaph. XII, 7). 2. Die Reihe der wirkenden Ursachen kann nicht bis ins Unendliche zurückgehen, weil in allen geordneten Causalreihen ein Erstes Ursache des Mittleren und dieses Ursache des Letzten ist (wobei freilich die Endlichkeit der Gliederzahl, die bewiesen werden sollte, von Thomas schon vorausgesetzt wird). 3. Das Zufällige hängt vom Nothwendigen ab, das Nothwendige entweder von anderm Nothwendigen oder von sich selbst; also muss, da auch diese Reihe nicht ins Unendliche zurückgehen kann, ein schlechthin nothwendiges Wesen existiren, das nicht in Anderm die Ursache seiner Nothwendigkeit hat, wohl aber für Anderes die Ursache von dessen Nothwendigkeit ist. 4. Es giebt Gradunterschiede in den Dingen hinsichtlich ihrer Vollkommenheit, also auch etwas, das den höchsten Grad hat und darum allen anderen Ursache ihrer Vollkommenheit, Güte und Realität ist, ein vollkommenstes oder realstes Wesen. 5. Die Naturobjecte, die keine Erkenntniss haben, wirken doch zweckmässig; was aber keine Erkenntniss hat, kann nur dann zweckmässig wirken, wenn es von einem erkennenden Wesen gelenkt wird, wie der Pfeil von dem Bogenschützen. Also reicht es zur Erklärung der Naturvorgänge nicht zu, bei den Naturursachen stehen zu bleiben, sondern es muss ein einsichtiges Wesen als Lenker und Regierer angenommen werden. Man kann also bei den Naturwirkungen und auch bei den menschlichen Handlungen, sofern diese auch eine unbewusste Zweckmässigkeit voraussetzen, nicht in der Natur und dem menschlichen Geiste die letzten Erklärungsgründe finden, sondern muss auf Gott als die erste Ursache zurückgehen; die Existenz des Bösen aber steht dieser Annahme darum nicht entgegen, weil Gott auch das Böse, das er zulässt, zum Guten lenkt.

Thomas widerlegt nach Alberts Vorgange die pantheistische Ansicht des Amalrich von Bena und des David von Dinant, dass Gott das Wesen aller Dinge sei, also entweder die forma universalis, was vielleicht Amalrich angenommen haben möge, oder die materia universalis, was David annahm. Diese Ansicht stützt sich auf das Argument, dass Gott, wenn er nicht selbst das Allgemeinste wäre, sich von diesem durch eine specifische Differenz unterscheiden, also aus genus und differentia bestehen, also nicht einfach sein würde; Gott aber kann nur als das schlechthin einfache Wesen das schlechthin nothwendige sein. Thomas stellt in Abrede, dass jede Verschiedenheit an specifische Differenzen geknüpft sein müsse und eine generische Congruenz voraussetze; es gebe eine gänzliche Unvergleichbarkeit (Disparabilität), und das Verhältniss zwischen dem Unendlichen und dem Endlichen sei eben dies, quod differant non aliquo extra se, sed quod differant potius se ipsis (in libr. II sent. distinct. XVII, qu. 1, art. 2).

Alle Wesen, die nicht Gott sind, sind durch Gott aus dem Nichts geschaffen, indem Gott aus den verschiedenen möglichen Welten die beste gewählt und verwirklicht hat. Die Welt besteht nicht von Ewigkeit her, sondern seit einem bestimmten Momente, mit welchem auch die Zeit erst begonnen hat. Thomas hält das Geschaffensein der Welt nicht nur für einen Glaubenssatz, sondern auch für (durch die oben angeführten Beweise der Existenz Gottes als des Welturhebers) wissenschaftlich beweisbar, den zeitlichen Anfang der Welt aber nur für einen Glaubenssatz und nicht für philosophisch erweisbar; die Argumente des Aristoteles für die Anfangslosigkeit der Welt gelten ihm zwar nicht als beweiskräftig, aber er schreibt ebensowenig den philosophischen Argumenten für den zeitlichen Anfang der Welt volle Beweiskraft zu. Der Satz: oportet, ut causa agens praecedat duratione suum causatum, gilt nicht von einer vollkommenen Ursache; Gott konnte nach seiner Allmacht auch Ewiges schaffen. Das Geschaffensein der Welt ex nihilo beweist nicht (wie noch Albert angenommen hatte) einen zeitlichen Anfang; denn das ex nihilo bedeutet nur: non esse aliquid, unde sit factum oder non ex aliquo; das non esse braucht aber nicht zeitlich vorangegangen zu sein, und in dem ex nihilo liegt daher ein post nihilum nicht nothwendig im Sinne der zeitlichen Folge, sondern nur im Sinne einer Ordnung, eines posterius secundum ordinem naturae. Auch würde die Welt durch die Anfangslosigkeit nicht eine Wesensgleichheit mit Gott erlangen; denn sie ist der beständigen Veränderung in der Zeit unterworfen, während Gott unveränderlich ist. Der Satz der Unmöglichkeit des regressus in infinitum in causis efficientibus steht nicht entgegen, weil es sich bei der Welt nur um Zwischenursachen, nicht um die absolute Ursache handelt. Wenn die Vereinbarkeit der Anfangslosigkeit der Welt mit der Unsterblichkeit der individuellen Menschenseelen bestritten wird (welchen Einwurf später auch Luther aufgenommen hat), indem dann von unendlicher Zeit her unendlich viele Seelen geworden sein würden, die doch nicht actuell coexistiren könnten, so entgegnet Thomas, es könnten wenigstens die Engel, wenn auch nicht die Menschen, von Ewigkeit her geschaffen sein. Mithin gilt für Thomas der Satz: mundum incepisse (initium durationis habuisse) sola fide tenetur. Die Welterhaltung fasst Thomas mit Augustin als eine fortwährende erneuerte Schöpfung auf (contra gent. II, 38; S. th. I, qu. 46 und 104). Vgl. Frohschammer, über die Ewigkeit der Welt, im Athenäum, I, München 1862, S. 609 ff.

Die Engel sind die frühesten und höchsten Geschöpfe Gottes. Sie haben ihr Sein nicht durch sich, sondern von Gott; dasselbe ist nicht mit ihrem Wesen identisch. Sie sind nicht schlechthin einfach. Die Vielheit der Engel ist eine Vielheit von Individuen; aber da diese stofflos sind, so kann der Unterschied derselben (wie Thomas im Anschluss an Avicenna lehrt) in dem vorhin (S. 241) angegebenen Sinne nur nach Art des Speciesunterschiedes gedacht werden: tot sunt species, quot sunt individua. Zu den Engeln gehören u. A. auch die gestirnbewegenden Intelligenzen. Thomas legt (c. gent. III, 23 u. ö.) der Annahme, dass die Gestirne durch eine nicht physische, sondern intellectuelle Ursache (also entweder unmittelbar durch Gott oder durch Engel) bewegt werden, apodiktische Gewissheit bei und der Annahme, dass sie durch Engel bewegt werden, Vernunftprobabilität.

Wie die Engel, so sind auch die menschlichen Seelen stofflose Formen, formae separatae. Die aristotelische Definition der Seele als Entelechie des Leibes nimmt Thomas ebenso, wie auch die aristotelische Eintheilung der psychischen Functionen in vegetative, sensitive und intellective an, schreibt aber der nämlichen Seele, welche als νοῦς eine individuelle und doch immaterielle, von dem Leibe trennbare Existenz hat, auch die animalischen und vegetativen Functionen zu, so dass ihm eine und dieselbe Substanz zugleich als formbildendes Princip des Leibes, ferner als anima sensitiva und motiva, und endlich auch als anima rationalis sive intellectualis gilt. (Diese Annahme hat auf dem Concil zu Vienne 1311 dogmatische Geltung erlangt.) Die anima sensitiva und vegetativa sind schon vorhanden, ehe die intellectiva hinzutritt; während die beiden ersteren den Embryo formen, wird die letztere unmittelbar durch Schöpfung hervorgebracht, tritt von aussen hinzu und vereinigt sich mit den beiden früheren so innig, dass diese ihre Selbständigkeit verlieren (corrumpuntur). Die vegetativen und animalischen Vermögen, deren Existenz Aristoteles an den Leib gebunden denkt, lässt Thomas (gleich wie Albert) nur in ihrer zeitlichen Wirksamkeit durch leibliche Organe bedingt sein. Nur der Intellect wirkt ohne Organ, weil die Form des Organs die Erkenntniss der übrigen Formen trüben würde (comm. de an. III, 4; S. th. I, qu. 75, art. 2). Gott, der active menschliche und der passive menschliche Intellect verhalten sich zu einander wie die Sonne, ihr Licht und das Auge (Quodlibeta, VII und VIII). Die Formen, die der passive Intellect vermittelst der Sinne aus der Aussenwelt aufnimmt, macht der active Intellect wirklich intelligibel, wie das Licht die Farben der Körper wirklich sichtbar macht, und erhebt sie vermöge der Abstraction zu einer selbständigen Existenz in unserm Bewusstsein. Alle menschliche Erkenntniss ist durch irgend welche Einwirkung der zu erkennenden Objecte auf die erkennende Seele bedingt. Es giebt keine angeborene, von aller Erfahrung unabhängige Erkenntniss. Wer eines Sinnes beraubt ist, dem fehlen auch die entsprechenden Begriffe: der Blindgeborene hat keinen Begriff von den Farben. Der menschliche Intellect bedarf zu seiner irdischen Wirksamkeit des sinnlichen Bildes (phantasma), ohne welches ihm kein actuelles Denken möglich ist, obschon der Sinn als solcher nicht das Wesen der Dinge, sondern nur ihre Accidentien erfasst. S. th. I, qu. 78, art. 3: sensus non apprehendit essentias rerum, sed exteriora accidentia solum. Ibid. qu. 84 (cf. qu. 79): intellectus agens facit phantasmata a sensibus accepta intelligibilia per modum abstractionis cuiusdam. Ib. qu. 84: Impossibile est intellectum nostrum secundum praesentis vitae statum, quo passibili corpori coniungitur, aliquid intelligere in actu, nisi convertendo se ad phantasmata. Et hoc duobus indiciis apparet. Primo quidem, quum intellectus sit vis quaedam non utens corporali organo, nullo modo impediretur in suo actu per laesionem alicuius corporali organi, si non requireretur ad eius actum actus alicuius potentiae utentis organo corporali. Utuntur autem organo corporali sensus, imaginatio et aliae vires pertinentes ad partem sensitivam, unde manifestum est, quod ad hoc quod intellectus actu intelligat, non solum accipiendo scientiam de novo, sed etiam utendo scientia iam acquisita, requiritur actus imaginationis et caeterarum virtutum. Videmus enim, quod impedito actu virtutis imaginative per laesionem organi, ut in phreneticis, et similiter impedito actu memorativae virtutis, ut in lethargicis, impeditur homo ab intelligendo in actu etiam ea quorum etiam praeaccepit. Secundo, quia hoc quilibet in se ipso experiri potest, quod quando aliquis conatur aliquid intelligere, format sibi aliqua phantasmata, per modum exemplorum, in quibus quasi inspiciat quod intelligere studet. Et inde est etiam quod quando aliquem volumus facere aliquid intelligere, proponimus ei exempla, ex quibus sibi phantasmata formare possit ad intelligendum. Huius autem ratio est, quia potentia cognoscitiva proportionatur cognoscibili. Unde intellectus angelici, qui est totaliter a corpore separatus, obiectum proprium est substantia intelligibilis a corpore separata, et per huiusmodi intelligibile materialia cognoscit; intellectus autem humani, qui est coniunctus corpori, proprium obiectum est quidditas sive natura in materia corporali existens, et per huiusmodi naturas visibilium rerum etiam in invisibilium rerum aliqualem cognitionem ascendit, de ratione autem huius naturae est, quod non est absque materia corporali. — Si autem proprium obiectum intellectus nostri esset forma separata, vel si formae rerum sensibilium subsisterent non in particularibus secundum Platonicos, non oporteret, quod intellectus noster semper intelligendo converteret se ad phantasmata.

Die averroistische Annahme der Einheit des unsterblichen Intellects in allen Menschen (intellectum substantiam esse omnino ab anima separatam esseque unum in omnibus hominibus), wodurch die individuelle Unsterblichkeit aufgehoben wird, bezeichnet Thomas als einen recht unziemlichen Irrthum (error indecentior), der schon seit geraumer Zeit bei Vielen Macht gewonnen habe. Er bekämpft theils die Richtigkeit der averroistischen Deutung der aristotelischen Sätze, theils die Wahrheit der averroistischen Lehre selbst. Jener Deutung stellt er die Behauptung entgegen, aus den Worten des Aristoteles ergebe sich deutlich als dessen Meinung, dass der thätige Intellect der Seele selbst angehöre (quod hic intellectus sit aliquid animae), dass derselbe aber kein materielles Vermögen sei und ohne materielles Organ wirke, dass er daher vom Körper gesondert existire, von aussen eingehe und nach der Auflösung des Leibes wirksam bleiben könne. Gegen die Wahrheit der averroistischen Lehre stellt Thomas die Argumente auf, ein von der Seele gesonderter Intellect würde nicht dazu berechtigen, den Menschen selbst vernünftig zu nennen, und doch sei die Vernünftigkeit die specifische Differenz des Menschen von den Thieren, mit der Vernunft aber würde zugleich der durch sie bestimmte Wille und daher der moralische Charakter aufgehoben werden, endlich würde die nothwendige Beziehung des Denkens zu den sinnlichen Bildern (phantasmata) bei einem von der Seele abgesonderten Intellect nicht statthaben können. Die Annahme der Einheit des thätigen Intellects in allen Menschen aber erscheint ihm als absurd, weil daraus eine individuelle Einheit der verschiedenen Personen und eine völlige Gleichheit ihrer Gedanken folgen würde, was doch der Erfahrung widerstreite. Freilich treffen diese Einwürfe nur unter der Voraussetzung zu, dass der Eine von jedem Individuum trennbare Intellect nicht als der Eine Gemeingeist in der Vielheit der vernünftigen Individuen gedeutet werde, sondern als ein ausser ihnen für sich bestehender Intellect.

Thomas erklärt sich gleich sehr gegen die Präexistenz als für die Fortdauer der menschlichen Seele jenseits des irdischen Lebens. Der platonischen Präexistenzlehre stellt er den Schluss entgegen, der Seele als forma corporis komme die Verbindung mit dem Körper naturgemäss zu, die Trennung sei für sie, wenn nicht contra, doch praeter naturam, also accidentiell und daher auch später: quod convenit alicui praeter naturam, inest ei per accidens: quod autem accidens est, semper posterius est eo quod est per se. Animae igitur prius convenit esse unitam corpori quam esse a corpore separatam. Gott schafft die Seele unmittelbar, sobald der Leib prädisponirt ist (c. gent. II, 83 sqq.). Die Unsterblichkeit der Seele aber folgt aus ihrer Immaterialität. Formen, die der Materie anhaften, werden durch Auflösung eben dieser Materie zerstört, wie die Thierseelen durch Auflösung des Leibes. Die menschliche Seele aber, die, da sie das Allgemeine zu erkennen vermag, stofflos subsistiren muss, kann durch die Auflösung des Körpers, mit dem sie verbunden ist, nicht zerstört werden, ebensowenig auch durch sich selbst, weil der Form, welche Actualität ist, ihrem Begriffe nach mit Nothwendigkeit das Sein zukommt, welches demgemäss von ihr unabtrennbar ist. S. th. I, 75, 6: impossibile est, quod forma subsistens desinat esse. Dieses Argument ist dem des Platon im Phädon analog, dass von der Seele ihrem Begriffe nach das Leben unabtrennbar sei. Thomas verbindet hiermit das aus dem Verlangen der Seele nach Unsterblichkeit gezogene Argument, welches auf dem Satze beruht, ein natürliches Verlangen könne nicht unerfüllt bleiben. Der denkenden Seele ist das Verlangen nach dem Immersein natürlich, weil sie in ihrem Denken nicht an die Schranke des Jetzt und Hier gebunden ist, sondern von jeder Einschränkung zu abstrahiren vermag, das Verlangen aber sich nach der Erkenntniss richtet (S. th. I, 75). Die Unsterblichkeit kommt jedoch nicht der Denkkraft allein zu, sondern auch den niederen Kräften, weil diese sämmtlich der nämlichen Substanz angehören wie die Denkkraft und nur in ihrer Bethätigung, nicht in ihrer Existenz durch die leiblichen Organe bedingt sind. Ib. qu. 76: dicendum est, quod nulla alia forma substantialis est in homine nisi sola anima intellectiva, et quod ipsa sicut virtute continet animam sensitivam et nutritivam, ita virtute continet omnes inferiores formas et facit ipsa sola quidquid imperfectiores formae in aliis faciunt. — Anima intellectiva habet non solum virtutem intelligendi, sed etiam virtutem sentiendi (ib. qu. 76, art. 5). Da eben diese denkende und empfindende Seele zugleich das formgebende Princip des Leibes ist, so bildet sie sich vermöge eben dieser Kraft nach dem Tode einen neuen Leib an, der dem früheren gleichartig ist (Summa c. gent. IV, 79 ff.).

Die Ethik des Thomas folgt der aristotelischen in der Begriffserörterung der Tugend und in der Eintheilung der Tugenden in die ethischen und dianoëtischen, wovon die letzteren auch dem Thomas die höheren sind. Das beschauliche Leben steht ihm, sofern die Beschauung eine theologische ist, über dem praktischen. Die philosophischen Tugenden aber, an deren Spitze Thomas mit Albert die vier platonischen Cardinaltugenden stellt, reiht er an die theologischen: Glaube, Liebe, Hoffnung an. Jene führen als virtutes acquisitae zur natürlichen, diese aber, die theologischen, als von Gott eingegossen (virtutes infusae) zur übernatürlichen Glückseligkeit. Noch complicirter wird die Tugendlehre des Thomas dadurch, dass er (nach Macrobius) auch die plotinische Unterscheidung von bürgerlichen, reinigenden und vollendenden Tugenden (virtutes politicae, purgatoriae, exemplares) sich aneignet. Eine einheitliche Tugendlehre hat bei dieser Aufnahme verschiedener Elemente Thomas nicht zu Stande gebracht. Der Wille unterliegt nicht der Nothwendigkeit im Sinne des Zwanges, wobei das Erzwungene dem Gewollten entgegengesetzt ist, wohl aber der die Freiheit nicht aufhebenden Nothwendigkeit, nach dem Endzweck zu streben. Moveri voluntarie est moveri ex se, id est a principio intrinseco (Summa th. I, qu. 105). Ueber den Endzweck urtheilt das Thier, an das Einzelne gebunden durch den Instinct, der Mensch aber frei nach Vergleichung der Güter durch die Vernunft (ex collatione quadam rationis). Durch Hervorrufen der einen oder der andern Classe von Vorstellungen können wir unsern Entschluss bestimmen. Die Wahl steht bei uns; doch bedürfen wir, um wahrhaft gut zu sein, der göttlichen Hülfe schon zu den natürlichen Tugenden, die der Mensch ohne den Sündenfall aus eigener Kraft würde üben können. Die (auch durch den Sündenfall unverlorene) synderesis (synteresis) kann nicht eine Potenz sein (da jeder blossen Potenz die Doppelseitigkeit anhaftet), sondern sie ist habitus quidam naturalis principiorum operabilium, sicut intellectus habitus est principiorum speculabilium et non potentia aliqua; die conscientia aber ist actus, quo scientiam nostram ad ea, quae agimus, applicamus. (Vgl. Jahnel, de conscientiae notione, Berl. 1862, und W. Gass, die Lehre vom Gewissen, Berlin 1869.) Die höchste und vollkommene Glückseligkeit liegt in der Anschauung des göttlichen Wesens (visio divinae essentiae); diese kann, da sie ein Gut ist, welches die Kraft des geschaffenen Wesens überschreitet, nur durch Gottes Wirksamkeit dem endlichen Geiste zu Theil werden (Summa th. I, qu. 82 sqq.: II, 1 sqq.).

Von den Dominicanern ist Thomas 1286 zum doctor ordinis erhoben worden; später sind auch die Jesuiten im Wesentlichen seiner Lehrweise gefolgt. Sein Ansehen ist auch über den Kreis seines Ordens hinaus früh in der Kirche zu so allgemeiner Anerkennung gelangt, dass der Ehrentitel „doctor universalis" als gerechtfertigt erscheint. Noch häufiger wird Thomas „doctor angelicus" genannt. Im Jahre 1567 wurde er vom Papst Bonifacius V. als fünfter Lehrer der Kirche, der unmittelbar im Ansehen den vier grossen abendländischen Kirchenlehrern: Augustinus, Hieronymus, Ambrosius und Gregor d. Gr. folge, feierlich proclamirt. Neueren Datums ist von katholischer Seite von einzelnen Theologen, z. B. von Alb. Stöckl u. A., sodann aber 1879 von dem Papst Leo XIII. durch die Bulle „Aeterni patris" der Versuch zur Wiederbelebung der thomistischen Lehre gemacht worden, s. ob. die Litteratur u. Grundr. III. Bd., 6. Aufl., S. 426.

Unter den nächsten Schülern des Thomas sind die namhaftesten: der Augustiner Aegidius von Colonna aus Rom, als doctor fundatissimus gepriesen (1247 bis 1316), der mit seinen Schülern Jacob von Viterbo, gest. 1308, und Thomas von Strassburg, gest. 1328, die augustinische Lehre in scholastischer Weise behandelte, s. K. Werner ob. S. 99, und dens., der Augustinism. des späteren Mittelalters, der Dominicaner Hervāus Natalis (Hervāus von Nedellec aus der Bretagne), als Gegner der Scotisten berühmt, gest. zu Narbonne 1323, Thomas Bradwardine, gest. 1349, der streng deterministische Bestreiter des scotistischen Semipelagianismus, und Wilhelm Durand von St. Pourçain (Durandus de S. Porciano), gest. 1332, der „Doctor resolutissimus", der jedoch aus einem Anhänger des Thomismus zum Bekämpfer desselben wurde und bereits den Nominalismus anbahnte, auch Aegidius von Lessines, der in einer 1278 verfassten Schrift de unitate formae die thomistische Lehre vertheidigt, Bernardus de Trilia (gest. 1292), der Quaestiones de cognitione animae schrieb, und Johannes Parisiensis (um 1290), der vielleicht der Verfasser des gewöhnlich dem Aegidius Romanus zugeschriebenen (Venetiis 1516 gedruckten) „Defensorium" der thomistischen Doctrin gegen das 1284 geschriebene „Correctorium fratris Thomae" des Franciscaners Wilhelm Lamarre ist (das von den Thomisten „Corruptorium" genannt zu werden pflegte). Auch der Lehrer an der Sorbonne Gottfried von Fontaines (de Fontibus), aus dessen um 1283 verfassten Quodlibeta Hauréau (ph. scol. II, S. 291 ff.) Mittheilungen macht, begünstigte den Thomismus. Auf der Doctrin des Thomas beruht auch Dantes Dichtung (vgl. Ozanam üb. D. und die kathol. Philos. im 13. Jahrh., Paris 1845; Schelling, üb. D. in philosoph. Bezich., Sämmtl. WW. I. Abth., Bd. 5, S. 152 ff.; Wegele, D. Alighieris Leben und Werke, 2. Aufl., Jena 1865, auch Charles Jourdain, la philosophie de St. Thomas d'Aquin, II, S. 128 ff.; Hugo Delff, D. A., Leipz. 1869 [besonders die Beziehungen D.s zum Platonismus und zur Mystik]; J. A. Scartazzini, D. Al., s. Zeit, s. Leben und seine Werke, Berlin 1859; C. Vasallo, D. Alig. filosofo e padre della letteratura italiana, Asti 1872; Gustav Baur, Boëthius u. Dante, Leipz. 1873; Wilh. Schmidt, üb. D.s Stellung in d. Gesch. d. Kosmographie, I. Th.: die Schr. de aqua et terra, leipz. I.-D., Graz 1876; Frz. Hettinger, d. göttl. Kom. des D. Al, Frb. Br. 1880; Grg. Simmel, D.s Psychologie, in: Ztschr. f. Völkerpsych. etc.,

15. Bd., 1884, S. 18—69, 239—276). Unter den späteren Thomisten ist **Franz Suarez**, gest. 1617 (über den als den Hauptvertreter der Scholastik der letzten Jahrhunderte K. Werner, Regensburg 1861, ausführlich handelt), der hervorragendste.

§ 34. **Johannes Duns Scotus**, geboren zu Dunston in Northumberland (nach Andern aus Dun im nördlichen Irland stammend, das Jahr seiner Geburt ist unsicher, entweder 1265 oder 1274), that sich im Franciscanerorden als Lehrer und Disputator zu Oxford, dann seit 1304 zu Paris und 1308 zu Köln hervor und starb im frühen Alter (nach der gewöhnlichen Angabe vierunddreissigjährig) zu Köln im November 1308. Er hat als Gegner des Thomismus die nach ihm benannte philosophisch-theologische Schule der Scotisten begründet. Seine Stärke liegt mehr in der scharfsinnigen negativen Kritik fremder, als in der positiven Durchbildung eigener Lehren. Strenge Gläubigkeit in Bezug auf die kirchlich-theologischen und ihrem Geiste entsprechenden philosophischen Lehren neben weitgehendem Skepticismus hinsichtlich der Argumente ist der durchgängige Charakter der scotistischen Doctrin. Eigentliche Wissenschaft ist ihm die Metaphysik, welche die Vernunfterkenntniss enthält. Die Theologie hat einen übernatürlichen Glaubensinhalt und ist weit über die Metaphysik erhaben, ist aber für die menschliche Vernunft nicht erreichbar. Bei der kritischen Aufhebung der Vernunftgründe bleibt als objective Ursache der Glaubenswahrheiten nur der unbedingte Wille Gottes und als subjectiver Bestimmungsgrund zum Glauben nur die willige Unterwerfung unter die Autorität der Kirche übrig. Die Theologie ist zwar auch eine Erkenntniss, aber von wesentlich praktischem Charakter.

Duns Scotus verengt das Gebiet der natürlichen Theologie, indem er nicht nur mit Thomas die Trinität und Incarnation und die übrigen specifisch-christlichen Dogmen, sondern auch die Schöpfung der Welt aus Nichts und die Unsterblichkeit der menschlichen Seelen zu den Sätzen rechnet, welche die Vernunft nicht zu beweisen, sondern nur als unwiderlegbar und mehr oder minder auch als wahrscheinlich zu vertheidigen vermöge, die Offenbarung allein aber gewiss mache. Doch geht er principiell keineswegs bis zur Annahme eines Widerstreits zwischen Vernunft und Glauben fort. Auf dem Gebiete der Philosophie gilt ihm Aristoteles nicht in gleich hohem Maasse, wie dem Thomas, als Autorität; in sein Denken sind manche platonischen und neuplatonischen Anschauungen, insbesondere auch durch Vermittelung der „Lebensquelle" des Avicebron (Ibn Gebirol) eingegangen. Alles Geschaffene hat ausser der Form auch irgend welche Materie. Nicht die Materie, sondern die Form ist das individualisirende Princip: zu dem generischen und specifischen Charakter tritt die individuelle Eigenthümlichkeit, welche die Diesheit (haecceitas) begründet, hinzu.

Nicht bloss im Intellect, sondern auch in den Dingen ist das allgemeine Wesen von der individuellen Eigenthümlichkeit unterschieden, obschon es nicht von dieser gesondert existirt; der Unterschied ist in den Dingen nicht bloss virtualiter vorhanden, so dass erst der Verstand zur wirklichen Unterscheidung fortginge, sondern in den Dingen selbst formaliter. Die Seele vereinigt in sich mehrere nicht realiter als Theile oder Accidentien oder Beziehungen, wohl aber formaliter (gleichwie in dem Ens die Einheit, Wahrheit und Güte) von einander verschiedene Vermögen. Der menschliche Wille ist nicht durch den Verstand determinirt, sondern vermag ohne bestimmenden Grund zu wählen. An die indeterministische Freiheit des menschlichen Willens knüpft sich die Verdienstlichkeit der dem göttlichen Willen gemässen Selbstbestimmung.

Es giebt nur Eine Gesammtausgabe der Werke des Duns Scotus: Joh. Dunsii Scoti, doctoris subtilis ordinis minorum, opera omnia collecta, recognita, notis et scholiis et commentariis ill., Lugd. 1639, von den irischen Vätern des römischen Isidor-Collegiums veranstaltet; man pflegt als den Herausgeber den dabei vorzüglich mitbetheiligten Lucas Wadding, den Annalisten des Franciscanerordens, zu nennen. Diese Ausgabe enthält nicht die Positiva, d. h. die Bibelcommentare, sondern nur die philosophischen und dogmatischen Schriften (quae ad rem speculativam spectant oder die dissertationes scholasticae). Bd. I. Logicalia. II. Comment. in libros Phys. (unecht); Quaestiones supra libros Arist. de anima. III. Tractatus de rerum principio, de primo principio, Theoremata, Collationes etc. IV. Expositio in Metaph., Conclusiones metaphysicae, Quaestiones supra libros Metaphysicorum. V.—X. Distinctiones in quatuor libros sententiarum, das sogen. Opus Oxoniense. XI. Reportatorum Parisiensium libri quatuor, das sog. Opus Parisiense, der nach den Vorträgen des Duns Scotus an der Universität zu Paris von Zuhörern niedergeschriebene Commentar zu den Sentenzen des Petrus Lombardus (nach Erdmanns Urtheil in der Darstellungsform unvollkommener, in den Lehrsätzen selbst aber theilweise gereifter, als das Opus Oxoniense). XII. Quaestiones quodlibetales. Separat sind die Quaestiones quodlibetales Venet. 1506, die Reportata super IV l. sententiarum, Par. 1517—18, und durch Hugo Cavellus, Colon. 1632, die Quaestiones in Ar. log. 1520 und 1622, super libros de anima 1528 und durch Hugo Cavellus, Lugd. 1625, die Distinctiones in quatuor libros sententiarum durch Hugo Cavellus, Antv. 1620, edirt worden. Unter den älteren Werken über den Scotismus ist besonders belehrend die Schrift des Johannes de Rada, controversiae theologicae inter S. Thomam et Scotum super quatuor libros sententiarum, in quibus pugnantes sententiae referuntur, potiores difficultates eluciduntur et responsiones ad argumenta Scoti reiiciuntur, Venet. 1599 und Colon. 1620. Aus den Schriften des Duns Scotus hat der Franciscaner Hieronymus de Fortino eine Summa theol. zusammengestellt; eine Gesammtdarstellung der scotistischen Doctrin hat Fr. Eleuth. Albergoni gegeben: resolutio doctrinae Scoticae, in qua quid Doctor subtilis circa singulas quas exagitat quaestiones sentiat, breviter ostenditur, Lugd. 1643. Im vorigen Jahrhundert war der Scotismus u. A. vertreten von Jos. Ant. Ferrari, Philosophia peripatetica advers. veteres et recentiores praesertim philosophos propugnata rationibus Joann. Duns Scoti subtilium principis, 3 voll., Venet. 1746. In neuerer Zeit hat Baumgarten-Crusius de theol. Scoti, Jen. 1826, geschrieben, seine Sprachlogik hat dargestellt K. Werner in: Sitzungsber. der k. Akad. d. Wissensch. z. Wien, philos. hist. Cl., 85. Bd. 3. F., Wien 1877, seine Psychologie u. Erkenntnissl. derselbe, in: Denkschrift. d. k. Akad. d. W., Wien 1877, und eine ausführliche Monographie hat derselbe Gelehrte verfasst: Johannes Duns Scotus, Wien 1881, s. ob. S. 220. J. Müller, Biographisches üb. D. Sc., Pr., Cöln 1881. Die Körperlehre des Joh. Duns Scotus u. ihr Verh. zum Thomismus u. Atomismus hat dargestellt M. Schneid, Mainz 1879, vorher erschienen in der Zeitschr.: d. Katholik. Das philosophische System des D. Sc. ist in den bekannten umfassenden Geschichtswerken dargestellt; vgl. auch Erdmann, Andeutungen über die wissenschaftliche Stellung des Duns Scotus, in den theol. Studien u. Kr., Jahrg. 1863, Heft 3, 429—451 und Grdr. der Gesch. der Philos. I, § 213—215; Prantl, Gesch. der Log. III, S. 202—232. Eine Biographie des D. Sc. von

§ 34. Johannes Duns Scotus.

Wadding ist uns dessen Annales ordinis Minorum in die Gesammtausg. der WW. des D. Sc. aufgenommen. S. ausserdem: Ferchi, vita D. Scoti. Coloniae 1622, Colganus, tractatus d. vita, patria, scriptis Duns Scoti, Antv. 1655.

Bei Duns Scotus dient die Philosophie der Theologie noch fast durchaus in gleichem Sinne, wie bei Thomas, in Bezug auf die allgemeinen und specifisch christlichen Dogmen. Die theologia naturalis wird von Scotus zwar beschränkt, jedoch nicht aufgehoben; die natürliche Vernunft führt nach ihm zum beseligenden Anschauen Gottes und bedarf der Ergänzung durch die Offenbarung, aber sie widerstreitet nicht den Offenbarungslehren und verhält sich nicht gegen dieselben indifferent, sondern immer noch wesentlich stützend. Scotus hat als Theolog die zwar erst zu unserer Zeit zum Dogma erhobene, aber durchaus dem Geiste des Katholicismus entsprechende Lehre der immaculata conceptio B. Virginis vertheidigt, wogegen Thomas dieselbe noch nicht anerkannt hatte. Das bei Scotus vorwiegende Kritisiren fremder Ansichten ist nicht mit einem die Scholastik auflösenden Reflectiren über die Scholastik gleichzusetzen: denn sein Ziel bleibt immer die Harmonie zwischen Philosophie und kirchlicher Lehre. Sein Zweifeln thut dem Glauben keinen Eintrag; er sagt (in sent. III, 22): nec fides excludit omnem dubitationem, sed dubitationem vincentem. Obschon daher die auf die Gültigkeit der Argumente gerichtete skeptische Kritik des Scotus den Bruch vorbereiten konnte und musste, und einzelne seiner Aussprüche bereits über die principiell von ihm eingehaltene Schranke hinausgehen, so ist doch der Scotismus immer noch neben dem Thomismus eine von den Doctrinen, in welchen die Scholastik culminirt.

Duns Scotus verhält sich zu Thomas von Aquino ähnlich, wie Kant zu Leibniz. Thomas und Leibniz sind Dogmatisten; Duns Scotus und Kant sind Kritiker, welche die Argumente für die der natürlichen Theologie angehörenden Sätze (insbesondere für das Dasein Gottes und die Unsterblichkeit der Seelen) mehr oder minder bekämpfen, ohne doch diese Sätze selbst zu bestreiten. Beide basiren die Ueberzeugungen, für welche ihnen die theoretische Vernunft keine Beweise mehr liefert, auf den sittlichen Willen, dem sie vor der theoretischen Vernunft den Vorrang zusprechen. Ein durchgängiger Unterschied liegt freilich darin, dass für Duns Scotus die Autorität der katholischen Kirche, für Kant die Autorität des eigenen sittlichen Bewusstseins maassgebend ist, ferner auch darin, dass Kants Kritik eine principielle und universelle, die des Scotus aber eine partielle ist. Aber wie Scotus zu den kirchlichen Doctrinen, so bewahrt Kant trotz seines Kriticismus zu den Ueberzeugungen des allgemein-religiösen Bewusstseins immer noch das positive Verhältniss der Zustimmung in eben dem Sinne, in welchem jenes Bewusstsein selbst dieselben versteht. — Neben Augustinus ist Anselm dem Duns Scotus die höchste kirchliche Autorität.

In seiner Jugend unter anderm auch durch mathematische Studien gebildet, wusste Duns Scotus, was beweisen heisst, und konnte daher in den meisten der angeblichen Beweise auf dem Gebiete der Philosophie und Theologie keine wirklichen Beweise erkennen, während doch die kirchliche Autorität ihm als heilig und unantastbar galt. Das noch friedliche Zusammensein des Bedürfnisses wissenschaftlicher Strenge mit kirchlich-gläubiger Gesinnung charakterisirt den „Doctor subtilis". Ihm ist die Logik eine Wissenschaft, gleichwie die Physik, Mathematik und Metaphysik; aber die Theologie, obschon deren Object das höchste ist, vermag er, sofern sie sich nur auf Wahrscheinlichkeitsgründe stützt und viel mehr praktische als theoretische Bedeutung hat, kaum als eine Wissenschaft anzuerkennen.

Mit Albert und Thomas theilt Duns Scotus die Annahme einer dreifachen Existenz des Allgemeinen: es ist vor den Dingen als Form im göttlichen Geiste, in den Dingen als deren Wesen (quidditas), nach den Dingen als der durch unsern Verstand abstrahirte Begriff. Auch er verwirft den Nominalismus und vindicirt dem Allgemeinen eine auch reale Existenz, weil sonst die begriffliche Erkenntniss ohne reales Object sein würde; er meint, alle Wissenschaft würde sich in blosse Logik auflösen, wenn das Allgemeine, auf welches alle wissenschaftliche Erkenntnis gehe, in blossen Vernunftbegriffen bestehe. Die Realität gilt ihm als an sich gegen die Allgemeinheit und Individualität indifferent, so dass beides gleich sehr ihr angehören kann. Aber Duns Scotus ist mit seinen Vorgängern nicht hinsichtlich des Verhältnisses des Allgemeinen zum Individuellen einverstanden. Er will nicht, dass das Allgemeine mit der Form identificirt und in der Materie das individualisirende Princip gefunden werde; denn das Individuum kann als die ultima realitas, da individuelle Existenz nicht ein Mangel, sondern eine Vollkommenheit ist, aus dem Allgemeinen nur durch den Hinzutritt positiver Bestimmungen hervorgehen, indem nämlich das allgemeine Wesen oder die Washeit (quidditas) durch die individuelle Natur (haecceitas) ergänzt wird. Wie uns animal homo wird, indem zu der Lebendigkeit die specifische Differenz der humanitas hinzutritt, so wird aus homo wiederum Sokrates, indem zu dem generischen und specifischen Wesen der individuelle Charakter, die Socratitas, hinzutritt, und so ist die individuelle Differenz die letzte Form, zu der keine andere mehr hinzutreten kann, die Haecceitas, das Individuationsprincip. Daher kann auch das Immaterielle individuell im vollen Sinne sein; die thomistische Ansicht, dass bei dem Engel die Existenz als Species und als Individuum coincidire, also jeder Engel einzig in seiner Art sei, ist verwerflich. Im Einzelobject ist das Allgemeine von dem Individuellen nicht bloss virtualiter, sondern formaliter unterschieden, jedoch auch nicht von demselben wie ein Ding von einem andern Dinge gesondert; Duns Scotus will nicht, dass seine Ansicht mit der platonischen (wie er diese nach Aristoteles auffasst und bekämpft) verwechselt werde (Opus Oxon. II, dist. 3; Report. Paris. I, dist. V, 36; Theorem. 3 u. ö.).

Der allgemeinste aller Begriffe ist nach Duns Scotus der des Ens (de an. qu. 21). Derselbe greift über den Unterschied der Kategorien hinaus oder ist ein „transcendenter" Begriff; denn das Substantielle ist, aber auch das Accidentielle ist; ebenso über den Gegensatz von Gott und Welt, denn beiden kommt das Prädicat des Seins zu, und zwar nicht bloss aequivoce (nicht durch blosse Homonymie, Gleichheit des Wortes ohne Gleichheit des Sinnes). Doch ist dieser Begriff nicht eigentlich der höchste Gattungsbegriff zu nennen, denn die Gattung setzt Gleichheit der Kategorie voraus, kein Genus kann zugleich Substantielles und Accidentielles umfassen, also passt der Ausdruck Gattungsbegriff nicht auf den Begriff Ens und überhaupt nicht auf Transscendentalbegriffe. Die übrigen Transscendentalia ausser dem Ens heissen auch bei Duns Scotus passiones Entis. Er unterscheidet (in Metaph. IV, n. 9) zwei Arten derselben, nämlich die unicae und die disiunctae. Zu den ersten rechnet er: unum, bonum, verum, zu den anderen: idem vel diversum, contingens vel necessarium, actus vel potentia. Auch der Gegensatz des Gleichen und Ungleichen, des Aehnlichen und Unähnlichen könne als ein transscendenter angesehen werden, sofern er nicht bloss auf die Kategorien der Quantität und Qualität bezogen werde (Opus Oxon. I, dist. 19, qu. 1).

Gott ist als actus purus schlechthin einfach. Seine Existenz ist uns auch nach Scotus nicht an sich nach blossen Begriffen (ex terminis) gewiss und auch nicht a priori, d. h. aus seiner Ursache, da er keine Ursache hat, sondern nur a posteriori, d. h. aus seinen Werken, erweisbar. Es muss eine alles Andere überragende letzte Ursache geben, die zugleich letzter Zweck ist, und diese ist Gott. Freilich lässt sich nach Scotus auf diesem Wege, von dem Endlichen aus, nur eine dasselbe bedingende oberste Ursache, nicht eine schlechthin allmächtige Ursache, daher auch nicht eine Schöpfung aus Nichts, streng erweisen (Opus Oxon. I, dist. 42; Rep. Paris. I, dist. 42; Quodlib. qu. 7). Von der Selbstbetrachtung aus können wir uns, sofern wir imago Dei sind, via eminentiae zur Erkenntniss des göttlichen Wesens erheben (Opus Oxon. I, dist. 3).

Alles, was nicht Gott ist, auch der geschaffene Geist, hat Materie und Form. Freilich ist die Materie, welche der menschlichen Seele und den Engeln anhaftet, von der körperlichen Materie sehr verschieden. Duns Scotus nennt die Materie, sofern sie noch nicht durch die Form determinirt ist, materia prima, unterscheidet aber wiederum die materia primo-prima, die unmittelbar durch Gott geschaffene und geformte universellste Basis aller endlichen Existenz, die materia secundo-prima, das Substrat der generatio und corruptio, welches durch die zweiten oder geschaffenen wirkenden Wesen (agentia creata oder secundaria) verändert und umgeformt wird, endlich die materia tertio-prima, die Materie, die durch den Künstler oder überhaupt von aussen gestaltet wird, nachdem sie schon eine durch die Natur von innen her producirte Form gewonnen hat, während sie noch nicht determinirt ist in Hinsicht auf die durch den Künstler beabsichtigte Form. Die materia secundo-prima ist eine schon durch den Unterschied der Vergänglichkeit von der Unvergänglichkeit bestimmte Materie primo-prima, und die materia tertio-prima eine schon durch die natürliche generatio bestimmte materia secundo-prima. Es giebt keine Materie ausser der ersten, sondern nur diese selbst in verschiedenartiger Formation: materia prima est idem cum omni materia particulari. Duns Scotus erklärt ausdrücklich, in dem Satze, dass jede geschaffene Substanz, sie sei geistig oder körperlich, eine Materie habe, sich an Avicebron anzuschliessen (den Albert und Thomas bekämpft hatten): „ego autem ad positionem Avicembronis redeo". (Vgl. Avicebrons Doctrin oben S. 213 ff. und bei Munk, mél. S. 9 f.) Wie Avicebron, so betrachtet auch Scotus als das Allgemeinste die schlechthin unbestimmte Materie, die, weil mit keinem Unterschied behaftet, in allen geschaffenen Wesen identisch sei (quod unica sit materia), so dass ihm die Welt als ein gigantischer Baum erscheint, dessen Wurzel diese Materie, dessen Zweige die vergänglichen Substanzen, dessen Blätter die veränderlichen Accidentien, dessen Blüthen die vernünftigen Seelen, dessen Frucht die Engel seien, und den Gott gepflanzt habe und pflege (de rerum princ. qu. VIII). Duns Scotus, der hierarchisch gesinnte Judenfeind, der sogar Gewaltmaassregeln der weltlichen Macht, um die Juden der Kirche zuzuführen, für gerechtfertigt hielt, ahnte freilich nicht, dass Avicembron, auf dessen Lehre er fusst, der Jude Ibn Gebirol sei, dessen Gesänge in der Synagoge in hohem Ansehen standen.

In der Psychologie und Ethik lautet der Fundamentalsatz des Scotus: voluntas est superior intellectu. Der Wille ist der Beweger in dem ganzen Reiche der Seele, und Alles gehorcht ihm. In der Lehre von den theoretischen Functionen kommt Duns Scotus mit Thomas grossentheils überein. Auch er bekämpft, und noch schärfer als sein Vorgänger, die Annahme von angeborenen Erkenntnissen; er giebt solche nicht einmal bei den Engelgeistern zu, denen Thomas von Gott eingestrahlte intelligible Formen anerschaffen sein lässt. Der Intellect bildet die allgemeinen Begriffe durch Abstraction aus den Wahrnehmungen. Zwischen dem Object und der Erkenntniss braucht keine Gleichmässigkeit (aequalitas), sondern nur eine proportio motivi ad mobile zu bestehen. Mit Unrecht lehrt Thomas, dass das Niedere das Höhere nicht zu erkennen vermöge. Bei dem Acte des Wahrnehmens erkennt Scotus der Seele nicht eine blosse passive Empfänglichkeit für den äussern Eindruck, sondern eine active Betheiligung zu; viel mehr noch betont Scotus die Activität der Seele in den höheren theoretischen Functionen, zumeist bei der freien Zustimmung zu den Sätzen, die nicht absolut gewiss sind. Neben der äusseren Wahrnehmung, die per speciem impressam geschieht, erkennt Scotus einen intuitiven Act der Selbstauffassung der Seele an per speciem expressam, quam reflexione sui ipsius supra se exprimit; denn durch ihr Wesen allein sei die Seele noch nicht ihrer selbst bewusst, sondern gewinne das Selbstbewusstsein erst dadurch, dass sie aus ihrem Wesen das Bild (die Species) ihrer selbst in sich producire (de rerum princ. qu. XV). Aber ganz abweichend von der thomistischen Ansicht ist die Lehre des Scotus vom Willen. Thomas ist Determinist, Scotus Indeterminist; Thomas lehrt die Prädestination im strengen augustinischen Sinne, Scotus einen dem pelagianischen sich annähernden Synergismus. Nach Thomas gebietet Gott das Gute darum, weil es gut ist, nach Scotus ist das Gute darum gut, weil Gott es gebietet. Das Verhältniss zwischen unserm Verstand und Willen ist das Nachbild des eminenter in Gott vorhandenen Verhältnisses zwischen Verstand und Willen. Die psychischen Grundkräfte in uns sind das Nachbild der Personen in Gott, durch welches Verhältniss der Abbildlichkeit uns eine gewisse natürliche Erkenntniss der Dreieinigkeit möglich wird. Schöpfung, Menschwerdung, Annahme des Verdienstes Christi als Sühne für unsere Schuld beruhen auf dem durch keine Vernunftnothwendigkeit bedingten freien Willen Gottes. Er konnte die Welt ungeschaffen lassen; er konnte, falls er wollte, sich statt mit einem Menschen, mit jedem beliebigen Geschöpfe vereinigen; das Leiden, das Christus als Mensch getragen hat, ist nicht an sich mit Nothwendigkeit, sondern (nach der scotistischen „Acceptationstheorie") darum, weil Gott es dafür annimmt und gelten lässt, das dem Gläubigen zu Gute kommende Aequivalent für die von uns verschuldete Strafe. So löst sich der von Scotus bei Gott und dem Menschen dem Willen zugesprochene Vorrang vor der Vernunft thatsächlich in die Allgewalt der göttlichen Willkür auf. Die Unsterblichkeit der menschlichen Seele lässt sich nicht durch Vernunftgründe erweisen, sondern ist nur Sache des Glaubens. Die Seele ist die wesentliche Form des Körpers, aber es existirt neben ihr noch eine Form des Körpers, die forma corporeitatis, da die materia prima gar nicht fähig wäre, die Seele aufzunehmen.

Unter den Schülern des Duns Scotus sind Joh. de Bassolis, der schon vor dem Auftreten Occams, dessen Sätze er nicht erwähnt, gelehrt zu haben scheint, Antonius Andreae, der „doctor dulcifluus", gest. gegen 1320, der „magister abstractionum" oder „doctor illuminatus" Franciscus de Mayronis, gest. 1325 (seine Schriften wurden gedruckt zu Venedig 1520), der 1315 das Reglement der Disputationen in der Sorbonne (actus Sorbonici) soll haben promulgiren lassen (doch widerlegt dies Ch. Thurot, de l'org. de l'enseignement dans l'univ. de Paris au m.-âge, S. 150), wonach der Vertheidiger einer Thesis von sechs Uhr Morgens bis sechs Uhr Abends auf alle Einwürfe, die ihm gemacht wurden, antworten musste, ferner der „doctor planus et perspicuus" Walter Burleigh (Burlaeus), der realistische Bekämpfer des Occam, geb. 1275, gest. um 1337, Nicolaus de Lyra, Petrus von Aquila und Andere berühmt.

§ 35. Unter den Zeitgenossen des Thomas von Aquino und des Duns Scotus sind besonders folgende von philosophischer Bedeutung. Heinrich Goethals (aus Muda bei Gent, daher Henricus Gandavensis), geb. um 1217, gest. 1293, vertheidigt gegen den Aristotelismus des Albert und Thomas eine dem augustinischen Platonismus sich enger anschliessende Lehrweise. Richard von Middletown (Ricardus de

Mediavilla), gest. gegen 1300, ein Franciscaner, steht der scotistischen Lehrweise näher, als der thomistischen. Der schon vor 1300 gestorbene Siger von Brabant (de Curtraco) ist von einer dem Scotismus verwandten Lehrweise zum Thomismus übergegangen. Petrus Hispanus aus Lissabon, gest. 1277 als Papst Johann XXI., ist durch seine Summulae logicales auf den Schulbetrieb der Logik von beträchtlichem Einfluss geworden. Roger Bacon, geb. bei Ilchester um 1214, gest. 1294, ward durch seine Richtung auf Erfahrung und Naturforschung ein Vorläufer des Francis Bacon (von Verulam). Er strebte danach, der Philosophie eine philologische und naturwissenschaftliche Grundlage zu geben. Jedoch machte sich in seiner Lehre von der höheren Erfahrung, die durch Erleuchtung geschieht, die Einwirkung mystischer Elemente bemerklich. Der scholastischen Vernunfterkenntniss war er entschieden abgeneigt und stellte über sie die moralisch-praktischen Zwecke. Raymundus Lullus, geb. 1234 auf der Insel Majorca, gest. 1315, fand für seine phantastische Theorie der Combination von Begriffen zum Behuf der Bekehrung der Ungläubigen und der Reformation der Wissenschaften eine grosse Zahl von Anhängern (Lullisten) auch noch in späterer Zeit, als das Unbefriedigende der Scholastik und ein unbestimmter Drang nach Neuem abenteuerliche Versuche begünstigten. In Uebereinstimmung mit der kirchlichen Autorität bekämpft er die Lehre, dass es Sätze gebe, die wahr seien nach dem Glauben und doch falsch nach der Vernunft; aber er überschreitet die damals kirchlich sanctionirte Grenze, indem er einfach zugiebt, dass manche Sätze wahr seien nach dem Glauben und doch unbeweisbar durch die Vernunft, und die Behauptung aufstellt: Wenn der katholische Glaube unmöglich begriffen werden kann, so ist es auch unmöglich, dass er wahr sei. Er sucht die Dreieinigkeit und Incarnation philosophisch zu beweisen. Neben den Doctrinen von kirchlicher Tendenz gingen bereits antikirchliche Richtungen her, welche die philosophische Wahrheit als eine andere neben die theologische Wahrheit stellten oder auch die kirchliche Theologie als unwahr verwarfen.

Henrici Gandavensis Quodlibeta theologica, Par. 1518 u. ö.; Summa quaestionum ordinarium, Paris 1520; Summa theologiae, ib. 1520, Ferrar. 1646. Ueber ihn handelt François Huet, recherches historiques et critiques sur la vie, les ouvrages et la doctrine de Henri de Gand, surnommé le docteur solennel, Gand 1838, ferner K. Werner, Heinrich v. G. als Repräsentant des christl. Platonismus im 13. Jahrh., in Denkschr. der k. Ak. d. Wiss., Wien 1878. F. Ehrle, Beiträge z. d. Biographien berühmter Scholastiker. I: Hnr. v. Gent in: Arch. für Litt. u. Kirch. Gesch. des Mittelalters I. 1885, S. 365—401 u. 507—508.

Ricardi de Mediavilla comm. in quatuor libr. Sentent. Ven. 1489 und 1509, Brixiae 1591; Quodlibeta, Ven. 1507 und 1509, Par. 1510 und 1529.

Petri Hispani Summulae logicales sind seit 1480 sehr häufig zu Köln, Venedig, Leipzig etc. gedruckt worden. S. Prantl, Gesch. der Log. III, Leipzig 1867, S. 35—40. Ders., Michael Psellus u. Petr. Hispanus; eine Rechtfertigung, Leipz. 1867.

§ 35. Zeitgenossen des Thomas und des Duns Scotus.

R. Baconis opus majus ad Clementem IV. ed. Sam. Jebb, Lond. 1773; Venet. 1750. Eiusdem epist. de secretis artis et naturae operibus atque nullitate magiae, Par. 1542. Fr. Rogeri Bacon opera quaedam hactenus inedita. herausgeg. v. J. S. Brewer, London 1859, in: Rerum Brit. medii aevi scriptores. Es finden sich hier das Opus tertium, Opus minus (ein von B. selbst veranstalteter Auszug aus dem Opus majus), Compendium philosophiae und dann ein Wiederabdruck der Epistola de secretis etc. Das Opus minus ist nicht vollständig abgedruckt. Nach Werner gehört das hier edirte Opus tertium dem wirklichen Werke dieses Namens von Bacon nicht an. Dieses wäre demnach noch ungedruckt. Ueber Bacon handeln: Emile Charles, R. B., sa vie, ses ouvrages, ses doctrines, d'après des textes inédits, Paris 1861, H. Siebert, Inaug.-Diss., Marburg 1861, Leonh. Schneider, Rog. Bacon, Augsb. 1875, K. Werner, Psychologie, Erkenntniss- u. Wissenschaftsl. des Roger Baco, Wien 1879, ders., Kosmologie u. allgem. Naturlehre des R. Baco, Wien 1879, Jos. Langen, Rog. Baco, in: histor. Ztschr., 1883, S. 434—450, vgl. auch einen Artikel über R. B. in Gelzers protest. Monatsbl. XXVII, Heft 2. Febr. 1866, S. 63—83.

Raimundi Lulli opera ea, quae ad inventam ab ipso artem universalem pertinent, Argentor. 1598 u. ö. Opera omnia ed. Salzinger, Mogunt. 1721—42: vgl. Jo. Henr. Alstädtii clavis artis Lullianae et verae logicae, Argentor. 1609; Perroquet, vie de R. Lulle, à Vendome 1667. Ueber Raymundus Lullus (und die Anfänge der catalonischen Litteratur) handeln Helfferich, Berlin 1858, F. de P. Canalejas, las doctrinas del Doctor iluminado Raimundo Lulio 1270—1315, Madrid 1870. Ausführlich wird seine Logik dargestellt von Prantl, Gesch. der Log. III, S. 145—177.

Heinrich von Gent, „doctor solemnis" genannt, erkannte, indem er an der platonisch-augustinischen Lehrweise festhielt, wonach die Idee auf das Allgemeine geht, in dem göttlichen Geiste nur Ideen der Genera und Species, nicht der Individuen an. Im Gegensatz von Thomas von Aquino, der auch eine „idea huius creaturae" in Gott setzt, lehrte er: „individua proprias ideas in Deo non habent;" die göttliche Erkenntniss der Individuen ist in der Erkenntniss ihrer Gattungen bereits enthalten. Die Materie der sinnlichen Objecte will Heinrich von Gent nicht als etwas Nichtreales und bloss Potentielles bezeichnet wissen; sie gilt ihm als wirkliches, zur Aufnahme der Formen fähiges Substrat. Mit Heinrich von Gent zugleich sind Stephan Tempier, Robert Kilwardhy und insbesondere Wilhelm Lamarre als frühe Gegner des Thomismus aufgetreten.

Richard von Middletown bekämpft die Annahme, dass das Allgemeine actuell in den Individuen existire, aber auch die Lehre, dass die Materie das Princip der Individuation sei; er betont den praktischen Charakter der Theologie und die Nichtbegründbarkeit der Mysterien des Glaubens durch philosophische Argumente.

Siger von Brabant, der an der Sorbonne lehrte, hat einen Commentar zur ersten Analytik, ferner Quaestiones logicales und andere logische Schriften verfasst, aus welchen in der Hist. littéraire de la France XXI p. 96—127 sich Mittheilungen finden. Vgl. Prantl, Gesch. der Logik III, S. 234 f. Dante erwähnt (Paradiso X, c. 136) Siger als einen trefflichen Lehrer.

Petrus Hispanus hat nach dem Vorgange des Wilhelm Shyreswood (der, in Durham geboren, in Oxford studirte, dann in Paris lebte und 1249 als Kanzler in Lincoln starb), auch des Lambert von Auxerre (um 1250, wenn anders dieser wirklich der Verfasser der dem Compendium des Petrus Hispanus sehr ähnlichen „Summa Lamberti" ist, die zu Paris handschriftlich existirt) das logische Compendium des Michael Psellus in das Lateinische übersetzt und so die Schullogik durch Mitaufnahme grammatisch-logischen Lehrstoffs erweitert (vgl. ob. § 27.) Dieses vielfach benutzte Lehrbuch, lateinisch: „Summulae logicales" genannt, stellt in sieben Abschnitten oder Tractaten die Logik dar. Diese Tractate sind: 1. de enunciatione, 2. de universalibus, 3. de praedicamentis, 4. de syllogismo, 5. de locis dialecticis, 6. de fallaciis, 7. de terminorum proprietatibus (parva logicalia).

Die sechs ersten Abschnitte enthalten im Wesentlichen die Logik des Aristoteles und Boëthius (die sogen. „logica antiqua", wohl zu unterscheiden von der „vetus logica", d. h. der altbekannten, schon vor 1140 bekannten Logik); der siebente Abschnitt dagegen enthielt die Zusätze der Neueren (modernorum). Dieser siebente Abschnitt handelt de terminorum proprietatibus, nämlich: de suppositionibus (unter der suppositio wurde die Vertretung dessen, was in dem Umfange eines Begriffes liegt, durch eben diesen Begriff selbst verstanden, wonach z. B. omnis homo mortalis est für: Cajus mortalis est, Titius mortalis est etc. stehe), de relativis, de appellationibus, de ampliatione, de restrictione (Erweiterung und Verengerung der Bedeutung eines Ausdrucks), de distributione, de exponibilibus, welche letztere Doctrin bereits zu dem Capitel de dictionibus syncategorematicis gehörte, worunter man die zu dem Nomen und Verbum hinzutretenden Redetheile verstand.

Roger Bacon, der „doctor mirabilis", zu Oxford und zu Paris gebildet, ein Schüler des Robert Grosseteste (den er ausserordentlich hochschätzt: nullus scivit scientias sicut dominus Robertus episcopus Lincolniensis per longitudinem vitae et experientiae et studiositatem ac diligentiam, Opus tert. c. 25) und Anderer, auch des Physikers Petrus de Mahariscuria (Meharicourt in der Picardie), als Franciscanermönch lebend, zog das Studium der Natur der Vertiefung in scholastische Subtilitäten vor. Mathematik, Mechanik, Astronomie, Optik und Chemie studirte er theils aus griechischen, arabischen und hebräischen Werken, theils mittelst eigener Naturbeobachtung. Trotzdem war er besonders der Astrologie ergeben. Auf Philologie und Sprachenkunde, welche allein die Quellen der wahren Weisheit uns erschliessen könnten, legte er sehr grossen Werth. Die Sprachen, die er für theologische und philosophische Studien als unerlässlich ansieht, und die er Gelehrtensprachen nennt, seien: Griechisch, Hebräisch, Arabisch, Chaldäisch. Papst Clemens IV. war sein Gönner; aber schon während dessen Lebenszeit und erst recht nach dessen Tode unter dem Papst Nikolaus IV., der früher Franciscanergeneral gewesen war, musste er seine Opposition gegen den Geist seiner Zeit durch langjährige Verbannung und Haft büssen. Es gelang ihm nicht, das Interesse seiner Zeitgenossen von der Metaphysik abzulenken und der Mathematik, Physik und Sprachkunde zuzuwenden. Zwar hält auch er den Aristoteles sehr hoch. Dieser ist ihm der philosophorum doctissimus, ja er wird von ihm schlechthin als der „philosophus" bezeichnet (Op. mai. P. II, Cap. 8): Hunc natura formavit, ut dicit Averroës in III. de anima, ut ultimam perfectionem hominis inveniret. Hic omnium philosophorum magnorum testimonio praefertur philosophis, et philosophiae adscribendum est id quod ipse affirmavit, unde nunc temporis autonomatice philosophus nominatur in auctoritate philosophiae, sicut Paulus in doctrina sapientiae sacrae. Dennoch bemerkt er, dass auch Aristoteles in sehr vielen Punkten geirrt habe, und er macht sich so von dessen Autorität theilweise frei. Bei der Erklärung des Aristoteles stützt er sich besonders auf die Auslegungen des Avicenna. Doch tadelt er auch an diesem Manches, so die Ansicht, dass der intellectus agens der höchste Engel und oberste Schöpfer aller übrigen Dinge in der Welt sei, während für Bacon der intellectus agens nichts Anderes sein konnte, als der göttliche Logos der christlichen Theologie, das schöpferische Gotteswort. Es giebt für ihn zwei Arten der Erkenntniss, die durch Beweise und die durch Erfahrung. Ibid. VI, Cap. 1: Duo sunt modi cognoscendi, scilicet per argumentum et per experientiam. Argumentum concludit et facit nos concludere quaestionem, sed non certificat neque removet dubitationem, ut quiescat animus in intuitu veritatis, nisi eam inveniat via experientiae. — Sine experientia nihil sufficienter sciri potest. Freilich ist die experientia bei Bacon nicht nur die äussere durch die Sinne, sondern auch eine innere durch

§ 35. Zeitgenossen des Thomas und des Duns Scotus.

directe göttliche Eingebung. Während jene sich auf die Natur bezieht, geht diese auf das übersinnliche Gebiet. Op. mai. p. 337: duplex est experientia. Una est per sensus exteriores, et sic experimur ea, quae in coelo sunt, per instrumenta ad hoc facta, et haec inferiora per opera certificata ad visum experimur, et quae non sunt pervenientia in locis, in quibus sumus, scimus per alios sapientes, qui experti sunt — haec est experientia humana et philosophica. Sed haec non sufficit homini, quia non plane certificat de corporalibus propter sui difficultatem et de spiritualibus nihil attingit. Ergo oportet, quod intellectus aliter iuvetur, et ideo sancti patriarchae et prophetae, qui primo dederunt scientias mundo, receperunt illuminationes interiores et non solum stabant in sensu. Et similiter multi per Christum fideles. Nam gratia fidei illuminat multum, et divinae inspirationes non solum in spiritualibus, sed corporalibus et scientiis philosophiae, secundum quod Ptolomaeus dicit in Centiloquio, quod duplex est via deveniendi ad notitiam rerum, una per experientiam philosophiae, alia per divinam inspirationem, quae longe melior est, ut dicit. Und zwar giebt es sieben Stufen dieser inneren Erfahrung; die, welche die höchste ersteigen, gelangen zu einer ekstatischen Erkenntniss, zu einer Verzückung, und es ist so bei Bacon mit der Lehre von der Erfahrung die Mystik verbunden. Ibid.: Sunt septem gradus huius scientiae interioris. Unus per illuminationes vero scientales. Alius gradus consistit in virtutibus. Tertius gradus est in septem donis spiritus Sancti, quae enumerat Jesaias. Quartus est in beatitudinibus spiritualibus, quas dominus in evangeliis determinat. Quintus est in sensibus spiritualibus. Sextus est in fructibus, de quibus est pax domini, quae exsuperat omnem sensum. Septimus consistit in captibus et modis eorum, secundum quod diversi diversimode capiantur, ut videant multa, quae non licet homini loqui. Qui in his experientiis vel in pluribus eorum diligenter est exercitatus, ipse potest certificare se et alios non solum de spiritualibus sed omnibus scientiis humanis.

Die Metaphysik, der Bacon nicht sein Hauptaugenmerk zuwendet, fasst die Principien aller Wissenschaften in sich. Die philosophischen Realdisciplinen zerfallen ihm in die drei Gruppen der Mathematik, Physik, Moral. Grammatik und Logik sind nur accidentielle Theile der Philosophie. Die Mathematik stellt er als Fundament aller wissenschaftlichen Bildung hin; damit hängt zusammen die Betonung der Kategorie der Quantität, indem nach ihm auch die Bestimmungen der Qualität, der Relation, des Orts und der Zeit vielfach auf die Quantität zurückzuführen sind. Auch für die Kategorie der Substanz bildet die Quantität das Medium der Erkenntniss. Die Mathematik fasst schon einen Theil der physikalischen und metaphysischen Wissenschaften in sich. Ihre vier Disciplinen sind: Geometrie, Arithmetik, Astronomie, Musik, die alle einerseits theoretisch, andererseits praktisch sind. Die praktische Geometrie bringt die sinnreichsten und wunderbarsten Erfindungen zu Stande. So spricht Bacon von Flugmaschinen, von Instrumenten, vermittelst deren Wagen ohne Zugthiere und Schiffe schneller als durch Ruderer fortbewegt werden könnten. Doch geräth er hier in Abenteuerliches und Phantastisches (s. Werner, die Psychol. u. s. w. des R. B., S. 543). Von diesen Wissenschaften ist die Geometrie die unterste, die Astronomie die oberste. Freilich giebt es auch eine physikalische Astronomie, die den Namen Astronomia iudiciaria führt. Bacon hat ein Volumen verae mathematicae in sechs Büchern verfasst, von denen nur das erste, das die Communia mathematicae zum Inhalt hat, handschriftlich aufgefunden ist.

Die physikalischen Wissenschaften sind: Perspectiva, Astronomia iudiciaria et operativa, Scientia ponderum, Alchymia, Agricultura, Medicina, Scientia experimentalis. Die Perspectiva muss zuerst stehen, weil der Gesichtssinn uns die

Unterschiede der Dinge vermittelt, und auf diese Unterschiede sich alle unsere Einzelerkenntnisse der Natur gründen. Die Astronomia iudiciaria folgt, weil in der Gestirnwelt die ersten Unterschiede der sichtbaren Dinge sich zeigen; sie forscht nach den natürlichen Kräften der Gestirne und nach ihrem Einfluss auf die irdische Welt. Die Scientia ponderum hat es besonders mit den Elementen zu thun, da namentlich in diesen die Unterschiede des Schweren und Leichten bemerkbar sind. Die Alchymie ist die Lehre von den unbeseelten tellurischen Gebilden und beschäftigt sich mit „allen denkbaren elementaren Zusammensetzungen der tellurischen Stofflichkeit", deren es einhundert fünfundvierzig giebt (auch das Goldmachen wird hier aufgeführt), während die Agricultur auf das Irdisch-Lebendige, auf die Pflanzen und Thiere geht. Die Medicin behandelt die anima rationalis, den Menschen, besonders Gesundheit, Krankheit desselben, und in Folge dessen auch seine Organisation und Erzeugung. Die Scientia experimentiva ist die Höhe der ganzen Naturweisheit und zeigt auch die bedeutendsten praktischen Erfolge auf, sie ist namentlich Astrologie und Magie, und ist von der grossen Menge nicht zu fassen. Hier spricht Bacon viel von verborgenen Kräften, und das Lebenselixir spielt eine Rolle. Die Gestirne wirken unmittelbar auf die physische und psychische Beschaffenheit des Menschen ein, aber die Handlungsweise des Menschen, der ein freies Wesen ist, lässt sich nur mit psychologischer Wahrscheinlichkeit bestimmen. Die siderischen Mächte sind einerseits dem göttlichen Willen absolut unterworfen, und andererseits können sie auch durch den Menschen selbst in ihrer Wirksamkeit gehindert werden.

Die Unterlage für die Moralphilosophie bilden gewisse Sätze der Metaphysik, die Lehren von Gottes Wesen, von Gott als Weltschöpfer und Weltregierer, auch die von der Vergeltung in einem künftigen Leben. Die Moralphilosophie zerfällt in sechs Theile, von denen der erste auf den cultus dei, der zweite auf das bonum commune, der dritte auf das bonum privatum, der vierte und fünfte auf die Ekklesiastik geht, und der sechste de causis ventilandis coram iudice inter partes, ut fiat iustitia (s. Werner a. a. O. S. 569 ff.), handelt. In der ganzen Moral will Bacon dem Aristoteles folgen, bei dem er sogar die christliche Begründung der Moralphilosophie durch die Lehre von der Trinität zu finden glaubt. Der Musik, in die er die Poesie mit einbegreift, schreibt er gleich den Alten einen grossen Einfluss auf die Menschen zu, da sie die ganze Natur derselben umwandle und den Geist zu dem Vernehmen der göttlichen Harmonien erhebe. Ueber die philosophia moralis hat Bacon ein eigenes Werk in sechs Theilen abgefasst, von denen bis jetzt drei nur handschriftlich bekannt sind.

Raymundus Lullus (oder Lullius) fand für seine „grosse Kunst", eine ruhmredig und enthusiastisch ausgepriesene Phantasterei, eine nicht geringe Zahl von gläubigen Anhängern. Er stellt zum Behuf der Erfindungskunst in sieben verschiedene Kreise, die um einen gemeinsamen Mittelpunkt sich drehen, theils formale, theils materiale, willkürlich aufgeraffte Begriffe so zusammen, dass sich, indem man die Kreise dreht, die sämmtlichen möglichen Combinationen mechanisch mit Leichtigkeit vollziehen lassen, wo dann Sinn und Unsinn in bunter Zusammenwürfelung erscheinen. Es sollen auf diese Weise alle wissenschaftlichen Aufgaben gelöst werden. Auch die kabbalistische Geheimlehre hat Raymundus Lullus bereits gekannt und für seine beabsichtigte Wissenschaftsverbesserung auszubeuten gesucht. Lullus tadelt, dass Thomas die Lehre von der Dreieinigkeit und Menschwerdung für philosophisch unbeweisbar, und dass die Averroisten diese Lehren für philosophisch falsch halten (insbesondere in seinem zu Paris 1310 verfassten Liber contra-

§ 35. Zeitgenossen des Thomas und des Duns Scotus. 259

dictionis inter Raymundum et Averroistam). Bei seiner Art, „Beweise" zu führen und die Ungläubigen zu „besiegen", wird ihm die Demonstration der Wahrheit dieser Dogmen nicht schwer.

Auch während der Blüthezeit der Scholastik hat es niemals an antikirchlichen Philosophemen gefehlt, die sich an die aristotelische Doctrin, zumal in der averroistischen Deutung, anschlossen. Dass die erste Bekanntschaft mit der fremden Philosophie zu heterodoxen Gedanken führte, ist schon oben (§ 30) bemerkt worden. Vielleicht war es der gleiche Einfluss, der den Dialektiker Simon von Tournay zu Paris (um 1200) befähigte, mit gleicher Leichtigkeit den kirchlichen Glauben (öffentlich) als wahr und (insgeheim) als unwahr zu erweisen (Matth. Paris. hist. Angl. ad annum 1201, p. 198; vergl. Charles du Plessis d'Argentre, Collectio iudic. de nov. error., wo dem Simon von Tournay die Behauptung, dass die Welt durch die Religionsstifter Moses, Christus und Mohammed getäuscht worden sei, zugeschrieben wird; eine Schrift de tribus impostoribus ist erst 1589 gedruckt worden). Sehr beliebt wurde bald bei Vielen die Unterscheidung einer philosophischen Wahrheit (der reinen Consequenz der aristotelischen Principien) und einer theologischen Wahrheit (der Harmonie mit dem kirchlichen Lehrgebäude), welche Unterscheidung gegenüber unhaltbaren Verschmelzungsversuchen ihr gutes relatives Recht hatte, aber das Princip der Scholastik aufhob, von der kirchlichen Autorität verdammt wurde und in dieser Periode noch nicht die Vorherrschaft gewann. Insbesondere ging dieselbe aus dem Averroismus hervor. Vgl. darüber namentlich Ern. Renan, Averroës et l'Averroisme, S. 213 ff., und die Schrift von Maywald, s. ob. S. 128. Schon im Jahre 1240 hat Guillaume d'Auvergne, der damalige Bischof von Paris, mehrere dem Arabismus (und wahrscheinlich der Schrift de causis) entnommene Sätze der Censur unterworfen. Im Jahre 1247 behauptete der Pariser Lehrer Johann von Brescia, gewisse Sätze, die als häretisch getadelt wurden, nicht im theologischen, sondern nur im philosophischen Sinne aufgestellt zu haben. Im Jahr 1269 berief Etienne Tempier, der damals Erzbischof von Paris war, eine Versammlung von Lehrern der Theologie, durch welche dreizehn averroistische Sätze geprüft und (1270) verdammt wurden. Vgl. ob. S. 204. Aber die antikirchlichen Lehren behaupteten sich. Im Jahr 1275 verwarf der Papst Johann XXI. die Behauptung einer zweifachen Wahrheit und forderte den Bischof Etienne Tempier auf, zu inquiriren, von welchen Personen die häretischen Lehren ausgegangen seien; dieser Bischof rügte danach (1277) aufs Neue in einem erweiterten Verzeichnis Sätze, wie folgende, die zu Paris in der Facultas artium vorgetragen wurden: Gott ist nicht dreieinig und einer, weil die Dreieinigkeit sich nicht mit der reinen Einfachheit vereinigen lässt; die Welt und die Menschheit sind ewig; eine Auferstehung des Leibes muss von Philosophen nicht zugegeben werden; die vom Körper getrennte Seele leidet nicht vom Feuer; Entzückungen und Visionen finden nur auf natürlichem Wege statt; die theologischen Reden stützen sich auf Fabeln; ein Mensch, der mit den moralischen und intellectuellen Tugenden ausgerüstet ist, hat an sich die genügende Befähigung zur Glückseligkeit (s. den Anhang zum vierten Buche in den Ausgaben des Petrus Lombardus; du Boulay, hist. univ. Paris. tom. III, p. 397, 442; Charles du Plessis d'Argentré, Collectio iudiciorum de novis erroribus, Lutet. Paris. 1728, I, S. 175 ff.; Charles Thurot, de l'organ. de l'enseignement dans l'univ. de Paris au m.-âge, S. 105 f.). Ein Hauptsitz des Averroismus war Padua. Um das Jahr 1500 herrschte die Lehre von der doppelten Wahrheit bei Averroisten und Alexandristen (vgl. Grundr. III, § 3).

§ 36. Nach dem Vorgange des Franciscaners Petrus Aureolus, gest. 1321, und des Dominicaners Wilhelm Durand von St. Pourçain, gest. 1332, erneuerte der Franciscaner **Wilhelm von Occam**, gest. am 7. April 1347, in der Terminologie an die „moderne" Logik sich anschliessend, den Nominalismus und begründete hierdurch als „venerabilis inceptor" eine philosophische Richtung, die, an sich gegen die kirchliche Lehre fast indifferent, derselben sich unterwarf, aber wenigstens in materialem Betracht nicht positive Dienste leistete. Occam verengt nicht bloss, wie Scotus, den von Thomas angenommenen Kreis der durch die blosse Vernunft erweisbaren theologischen Sätze, sondern erkennt einen solchen überhaupt nicht an; auch das Dasein und die Einheit Gottes wird ihm zum blossen Glaubensartikel. Die Kritik gewinnt selbständige Bedeutung. Der Nominalismus des Occam ist mehr noch eine Polemik gegen den Realismus, als eine durchgeführte positive Doctrin. Indem nur das Einzelne als real anerkannt wird und das Allgemeine als blosser Begriff des denkenden Geistes erscheint, fällt auf die das Einzelne erfassende äussere und innere Wahrnehmung ein grosses Gewicht, wodurch, wenn andere Momente begünstigend hinzutraten, leichter, als bei der Herrschaft des Realismus, der scholastischen Abstraction eine Schranke gesetzt und eine inductive Erforschung der äusseren Natur und der psychischen Erscheinungen angebahnt werden konnte.

K. Werner, d. nominalisirende Psychologie der Scholastik des später. Mittelalters (namentlich des Durand v. St. Pourçain, Occam u. Pierre d'Ailly), in: Sitzungsber. d. kais. Ak. d. W., Wien 1882; ders., d. nachscotistische Scholastik (namentlich Petrus Aureolus, Johann von Baconthorp, Durandus a St. Porciano, Wilhelm von Occam, Johannes Capreolus), der Augustinismus des späteren Mittelalters (Hauptvertreter Aegidius von Colonna u. Gregor von Rimini), 2. u. 3. Bd. von: die Scholastik des späteren Mittelalters, Wien 1884.

Petri Aureoli Verberii archiepisc. Aquensis commentar. in quatuor libros sententiarum, Romae 1596—1605; vgl. Prantl, Gesch. d. Log. III, S. 319—327.

Durandi de St. Porciano comm. in magistr. sentent., Par. 1508, Lugd. 1568, Antverpiae 1576; vgl. Prantl, Gesch. d. Log. III, S. 292—297.

Guil. Occam, Quodlibeta septem, Par. 1487, Argent. 1491; Summa totius logices, oder: Tractatus logices in tres partes divisus, Par. 1488, Venet. 1561, Oxon. 1675; Quaestiones in libros Physicorum, Argent. 1491, 1506; Quaestiones et decisiones in quatuor libros sententiarum, Lugduni 1495 u. ö.; Centilogium theologicum, ibid. 1496. Expositio aurea super totam artem veterem, videlicet in Porphyrii praedicabilia et Arist. praedicamenta, Bononiae 1496. Durch Melchior Goldast (und schon früher, Par. 1598) ist seine Disputatio super potestate ecclesiastica praelatis atque principibus terrarum commissa in der Monarchia, t. I., p. 13 sqq. und durch Ed. Brown sein Defensorium gegen Johann XXII. im Anhang zum Fascic. rerum expetendarum et fugiendarum, p. 436 sqq. veröffentlicht worden. Vgl. über ihn Rettberg, Occam und Luther, in den Stud. u. Kr., Jahrg. 1839. W. A. Schreiber, die polit. und relig. Doctrinen unter Ludwig dem Baier, Landshut 1858. Prantl, der Universalienstreit im 13. und 14. Jahrhundert, in den Sitzungsber. der ph. Cl. der Münchener Akademie, 1864, II, 1. S. 58 bis 67, und Gesch. der Log. III, S. 327—420. Ueber seine und überhaupt die nominalistische Gotteslehre A. Ritschl in: Jahrbücher für deutsche Theologie, Heft I, 1868.

§ 36. Wilhelm von Occam, der Erneuerer des Nominalismus.

Pierre Aureol (Petrus Aureolus), geboren zu Verberie-sur-Oise, „doctor abundans" oder „doctor fecundus" genannt, bekennt sich zu einem die reale Existenz der Genera und Species ausschliessenden Conceptualismus und entwickelt seine Lehre unter Einfluss des Scotismus und des Averroës. In l. pr. Sent. dist. 23, art. 2: manifestum est quod ratio hominis et animalis prout distinguitur a Socrate, est fabricata per intellectum nec est aliud nisi conceptus; non enim fecit has distinctas rationes natura in existentia actuali. Er hat bereits das Princip aufgestellt (in Sent. II, dist. 12, qu. 1): non est philosophicum, pluralitatem rerum ponere sine causa; frustra enim fit per plura, quod fieri potest per pauciora. Er hält dafür, dass wir die Dinge selbst ohne Vermittlung durch „formae speculares" anschauen (ibid.): unde patet, quomodo res ipsae conspiciuntur in mente, et illud, quod intuemur, non est forma alia specularis, sed ipsamet res, habens esse apparens, et hoc est mentis conceptus, sive notitia obiectiva. Seinen Ansichten steht sehr nahe der Engländer Johann von Baconthorp, gest. 1346.

Durand de St. Pourçain (Durandus de St. Porciano), der schon oben (S. 247) unter den Thomisten erwähnt wurde, Lehrer zu Paris seit 1313, einige Zeit darauf nach Rom berufen, seit 1318 Bischof von Puy-en-Velay, gest. 1332, hat in Paris wahrscheinlich schon früher gelehrt, als der um 1320 dort in Ansehen stehende Occam, so dass seine Bekämpfung thomistischer Ansichten, denen er anfangs zugethan war, wohl nicht (mit Rousselot, dessen Ansicht Hauréau, ph. sc. II, S. 410 ff. widerlegt) aus einem Einfluss, den Occam auf ihn geübt hätte, abgeleitet werden darf. Er lehrt: die allgemeine und die individuelle Natur bilden zusammen ein und dasselbe Object und unterscheiden sich nur nach der Art unserer Auffassung: die Gattung und Art bezeichnet nämlich auf eine unbestimmte Weise das, was das Individuum auf bestimmte Weise darstellt (so dass die Lehre des Leibnizianers Wolff, das Individuum sei im Unterschiede von dem durch Abstraction gewonnenen Gattungs- und Artbegriff das durchgängig Bestimmte, bereits hier auftritt; vgl. auch schon Arist. Metaph. VIII, 6). Universale est unum solum secundum conceptum, singulare vero est unum secundum esse reale. Nam sicut actio intellectus facit universale, sic actio agentis singularis terminatur ad singulare. — Non oportet praeter naturam et principia naturae quaerere alia principia individui. — Nihil est principium individuationis, nisi quod est principium naturae et quidditatis. Es existiren nur Individuen; Sokrates ist ein Individuum durch seine Existenz selbst (in l. II. Sent., dist. 3). Die Abstraction des Universellen von dem Einzelnen ist nicht die Operation eines Intellectus agens, wie Averroës irrthümlich annahm, sondern des nämlichen Vermögens, welches afficirt wird. Ebensowenig aber präexistirt das Universelle der intellectio oder operatio intelligendi, sondern wird erst durch diese gebildet, indem die Sache in unserer Betrachtung von den individualisirenden Umständen abgetrennt wird. In l. I. Sent, dist. 3, qu. 5: universale non est primum obiectum intellectus nec praeexistit intellectioni, sed est aliquid formatum per operationem intelligendi, per quam res secundum considerationem abstrahitur a conditionibus individuantibus.

Wilhelm, geboren zu Occam in der Grafschaft Surrey in England, Franciscaner und Schüler des Duns Scotus, später Lehrer zu Paris, trat in dem Kampfe der Hierarchie mit der Staatsgewalt auf die Seite der letzteren; vom Papste verfolgt, floh er zu Ludwig von Baiern, der ihn schützte. Sein Verhältniss zu diesem Fürsten bezeichnet sein Ausspruch: tu me defendas gladio, ego te defendam calamo. Als Erneuerer des Nominalismus führt er bei den späteren Nominalisten den Ehrentitel „venerabilis inceptor"; auch ist er „doctor invincibilis" von seinen Anhängern genannt worden.

§ 36. Wilhelm von Occam, der Erneuerer des Nominalismus.

Wilhelm von Occam gründet seine **Verwerfung des Realismus** auf den Satz: entia non sunt multiplicanda praeter necessitatem. Er bekämpft die Realisirung und Hypostasirung der Abstractionen. Sufficiunt singularia, et ita tales res universales omnino frustra ponuntur. Daraus, dass wir mittelst allgemeiner Begriffe erkennen, folgt nicht, dass das Allgemeine als solches Realität habe; es genügt, dass die Individuen realiter existiren, welche bei der Urtheilsbildung gemeinschaftlich durch den nämlichen Begriff bezeichnet oder vertreten werden. Scientia est de rebus singularibus, quod pro ipsis singularibus termini supponunt. (Die Termini, ὅροι, sind nach Petrus Hispanus compositi ex voce et significatione. Die Nominalisten wurden hiernach auch Terministen genannt. Supponere pro aliquo gebraucht Occam, wie dies nach Thurots Nachweis mindestens schon seit dem Jahre 1200 üblich war, in intransitivem Sinne gleichbedeutend mit stare pro aliquo. Wird supponere transitiv gebraucht, so sind die Termini die supponentia, die Individuen aber die supposita. Die Supposition ist die Repräsentation dessen, was im Umfange eines Begriffes liegt, durch das diesen Begriff bezeichnende Wort.) Die Annahme der realen Existenz des Allgemeinen ausser der Seele führt in jeder Form, in der sie auftreten mag, auf Absurditäten. Schreibt man platonisirend dem Allgemeinen eine selbständige Existenz zu, so macht man es zu einem Einzelwesen; lässt man es in den einzelnen Dingen existiren, so dass es in der Wirklichkeit auch ohne unser Denken von dem Individuellen unterschieden sei, so wird das Allgemeine nach der Zahl der Individuen vervielfacht, folglich dasselbe individualisirt; ein „formaler" Unterschied aber, der in der Sache als solcher liegen soll, müsste ein realer sein, ist also nicht anzunehmen. Lässt man dagegen das Allgemeine so im Einzelnen sein, dass erst unser Intellect durch die Abstraction es absondere, so existirt es in ihnen nicht als Allgemeines; denn unsere Betrachtung gestaltet nicht das äussere Object, sondern erzeugt nur den Begriff in uns. Demgemäss existirt das Allgemeine nicht in den Dingen, sondern in dem denkenden Geiste als conceptus mentis, significans univoce plura singularia, und auch in dem Geist nicht substantiell (subiective), sondern als Vorstellung (obiective), ausser demselben aber nur als das Wort oder überhaupt als jegliches Zeichen, welches conventionell mehrere Objecte repräsentirt. Jedes Ding ist als solches individuell: quaelibet res eo ipso quod est, est haec res. Die Ursache des Dinges ist eben damit zugleich auch die Ursache seiner individuellen Existenz. Die Abstraction, durch welche das Allgemeine in unserm Geiste gebildet wird, setzt keine Activität des Verstandes oder Willens voraus, sondern ist ein von selbst erfolgender zweiter Act, der sich an den ersten Act, d. h. an die Wahrnehmung oder an das davon zurückgebliebene Gedächtnissbild (habitus derelictus ex primo actu) naturgemäss anschliesst, sobald zwei oder mehrere gleichartige Vorstellungen vorhanden sind (in Sent. I, dist. 2; Summa tot. log. c. 16). Die aristotelische Kategorienlehre betrachtet Occam als eine Eintheilung nicht der Dinge, sondern der Worte. Er hebt (wie neuerdings Trendelenburg) die grammatische Beziehung hervor.

Wie die Vorstellungen in uns, so sind auch die Ideen in Gott nicht substantiell (subjective), nicht als Theile seines Wesens, sondern nur als die Kenntniss, die Gott von den Dingen hat, und zwar von den einzelnen Dingen, weil diese allein realiter existiren (ideae sunt primo singularium et non sunt specierum, quia ipsa singularia sola sunt extra producibilia et nulla alia), wenn anders es uns überhaupt erlaubt ist, das göttliche Wissen nach der Analogie des unsrigen uns vorzustellen.

Weil nur Individuelles Existenz hat, so ist die **Intuition** die natürliche Form unseres Erkennens. In Sentent. I, dist. 3, qu. 2: nihil potest naturaliter cognosci

§ 36. Wilhelm von Occam, der Erneuerer des Nominalismus.

in se nisi cognoscatur intuitive. Unter der intuitiven Erkenntniss versteht Occam eine solche, kraft deren gewusst werden könne, ob die Sache sei oder nicht; das Urtheil selbst werde dann durch den Intellect vollzogen. Der actus iudicativus setzt den actus apprehensivus voraus. Die abstractive Erkenntniss dagegen begründet kein Urtheil über das Dasein oder Nichtsein. Aber es wird nicht durch die Sinne die sicherste Erkenntniss gewonnen; wir erhalten durch sie nur Zeichen der Dinge, die mit diesen zwar von Natur verknüpft, aber nicht nothwendig ihnen ähnlich sind, sowie etwa auch der Rauch ein natürliches Zeichen des Feuers oder das Seufzen ein natürliches Zeichen des Schmerzes ist, ohne dass doch der Rauch dem Feuer oder der Seufzer dem Schmerze ähnlich wäre. (Die Worte sind willkürliche, auf Uebereinkunft, συνθήκη, beruhende Zeichen der conceptus mentis, also Zeichen der Zeichen und mittelbar der Dinge.) Bei dem Urtheil über die Existenz äusserer Objecte ist Täuschung möglich. Sicherer als alle Sinneswahrnehmung ist die intuitive Erkenntniss des Intellects von unseren eigenen inneren Zuständen. Intellectus noster pro statu isto non tantum cognoscit sensibilia, sed etiam in particulari et intuitive cognoscit aliqua intellectibilia, quae nullo modo cadunt sub sensu, cuiusmodi sunt intellectiones, actus voluntatis, delectatio, tristitia et huiusmodi, quae potest homo experiri inesse sibi, quae tamen non sunt sensibilia nobis, nec sub aliquo sensu cadunt (in I. Sent. prol. qu. 1). Aber auch nur die Zustände, nicht das Wesen der Seele wird auf diesem Wege erkannt. Ob die Empfindungen und Gefühle, die Denk- und Willensacte von einer immateriellen Form herrühren oder nicht, erfahren wir nicht, und auch die Beweise für solche Annahmen sind unsicher (quodl. I, qu. 10).

Occam beschränkt jedoch keineswegs das Wissen auf die intuitive Erkenntniss; er erklärt vielmehr die Wissenschaft für die evidente Erkenntniss des nothwendig Wahren, die vermittelst des syllogistischen Denkens erzeugt werden könne (ib. qu. 2). Die Grundsätze werden aus der Erfahrung durch Induction gewonnen. Freilich hat Occam die Möglichkeit, auf Grund der Erfahrung ein apodiktisches Wissen zu gewinnen (die in der gesetzmässigen Ordnung der Realität selbst liegt, welche durch ein in den logischen Normen unterworfenes Wahrnehmen und Denken in unser Bewusstsein aufgenommen wird), nicht aufgezeigt und von seinem Standpunkte aus nicht aufzeigen können, so dass er nicht gegen den (eben so plausibeln wie falschen) Einwurf der subjectivistischen Aprioristen geschützt ist (den in neuerer Zeit z. B. der Kantianer Tennemann gegen seine Doctrin erhebt), die Principien, worauf die Verallgemeinerung der Erfahrungen beruhe, könnten nicht selbst aus der Erfahrung geschöpft sein.

Der Identificirung des denkenden Geistes (der anima intellectiva) mit der empfindenden Seele (anima sensitiva) und mit der Seele als formgebendem Princip des Leibes (forma corporis) ist Occam abgeneigt; die sensitive Seele ist ausgedehnt und mit dem Leibe als seine Form circumscriptive verbunden, so dass ihre Theile einzelnen Theilen des Leibes innewohnen; die intellective Seele aber ist eine andere, trennbare, mit dem Leibe diffinitive verbundene Substanz, so dass sie in jedem Theile ganz ist. Das occamsche Argument für die (altaristotelische) Doctrin der substantiell gesonderten Existenz des νοῦς ist der Widerstreit zwischen Sinnlichkeit und Vernunft, der nach Occams Ansicht nicht in einer und der nämlichen Substanz denkbar ist.

Zu einer rationellen Theologie konnten Occams Principien nicht führen; alle Erkenntniss, die den Erfahrungskreis überschreitet, bleibt dem blossen Glauben anheimgegeben. Gott ist nicht intuitiv erkennbar; auch folgt nicht (wie das ontologische Argument will) sein Dasein aus seinem Begriff (ex terminis); es ist nur ein Beweis a posteriori möglich, aber kein strenger. Dass eine Reihe endlicher

Ursachen nicht eine unendliche Zahl von Gliedern haben könne, sondern Gott als eine erste Ursache voraussetze, ist nicht streng erweisbar; eine Mehrheit von Welten mit verschiedenen Urhebern ist denkbar; das vollkommenste Wesen braucht nicht nothwendig unendlich zu sein etc.; doch findet Occam das Dasein Gottes allerdings auch aus Vernunftgründen wahrscheinlich (Centil. theol. 1 ff.); im Uebrigen aber erklärt er, dass die „articuli fidei" „pro sapientibus mundi et praecipue innitentibus rationi naturali" auch nicht einmal Wahrscheinlichkeit haben. Die sittlichen Vorschriften gelten Occam (der hierin mit Scotus übereinstimmt) nicht als an sich nothwendig; es wäre denkbar, dass Gott durch einen andern Willen Anderes als gerecht und gut sanctionirt hätte. Auch unser Wille ist nicht dem Verstand unterworfen. Dass die Trinitätslehre, indem sie das Eine göttliche Wesen ganz in jeder der göttlichen Personen sein lässt, den Realismus involvire, erkennt Occam ausdrücklich an (in Sent. I, dist. 2, qu. 4); aber er bescheidet sich, dass auf diesem Gebiete nur die Autorität der Bibel und der kirchlichen Tradition, nicht die Grundsätze der Erfahrungswissenschaft gelten dürfen. Der Wille, das Unbeweisbare zu glauben, ist verdienstlich.

Bei Occam und seinen Nachfolgern tritt an die Stelle des scholastischen Axioms der Vernunftgemässheit des Glaubens das früher nur sporadisch (s. o. § 35, S. 259) hervorgetretene Bewusstsein der Discrepanz, welches bei einem Theile der Philosophirenden zu der Voraussetzung zweier einander widerstreitender Wahrheiten geführt hat unter verhüllter, mit dem Scheine der Unterwerfung unter die Kirche umkleideter Parteinahme für die philosophische Wahrheit, bei Mystikern und Reformatoren aber die Verwerfung der Schulvernunft zu Gunsten der Unmittelbarkeit des Glaubens zur Folge hatte.

§ 37. Unter den Scholastikern der späteren Zeit, als mehr und mehr der erneute Nominalismus die Herrschaft gewann, gehören zu den namhaftesten: Johann Buridan, Rector der Universität zu Paris 1327, gest. nach 1350, durch seine Untersuchungen über die Willensfreiheit und durch seine logische Lehrschrift von Bedeutung; Albertus de Saxonia, der zu Paris um 1350—60 lehrte; Marcelius de Inghen (wie er selbst seinen Namen schreibt; gewöhnlich wird er Marsilius von Inghen genannt), gest. 1392, der zu Paris mindestens seit 1362—1377, später zu Heidelberg lehrte; Nicolas d'Oresme, gest. 1382, der mehrere Schriften des Aristoteles ins Französische übersetzt und freie volkswirthschaftliche Ansichten geäussert hat; Peter von Ailly, geb. 1350, gest. 1425, der die kirchliche Lehre vertheidigende, jedoch der Bibel vor der Tradition und dem Concil vor dem Papste den Vorrang zuerkennende Nominalist, der in der Philosophie zwischen dem Skepticismus und dem Dogmatismus einen Mittelweg halten will; Raymund von Sabunde, ein spanischer Arzt und Theolog, Lehrer der Theologie zu Toulouse, der (um 1434—36 oder vielleicht schon früher) in einer rationellen, jedoch dem Mysticismus sich annähernden Weise die Harmonie zwischen dem Buche der Natur und der Bibel darzuthun sucht; endlich Gabriel Biel, gest. 1495, der Occamist, der nicht durch Fortbildung des philosophischen

§ 37. Spätere Scholastiker bis zum Wiederaufkommen des Platonismus.

Gedankens, sondern nur durch treue und klare Darstellung der nominalistischen Doctrin sich verdient gemacht hat. Von den Mystikern dieser späteren Zeit, die grösstentheils vielmehr für die Religionsgeschichte als für die Geschichte der Philosophie von Bedeutung sind, ist hier d'Aillys Schüler und Freund Johannes Gerson (1363 bis 1429) wegen seines Versuchs einer Vereinigung von Mystik und Scholastik zu erwähnen.

Joh. Buridan, summa de dialectica, Par. 1487, compendium logicae, Venet. 1489, quaestiones in octo libros phys., de anima, parva naturalia, Par. 1516, in Arist. Metaph., Par. 1518, quaestiones in decem libros ethic., Par. 1489 und Oxf. 1637, in polit. Arist. Par. 1500 und Oxf. 1640; über seine Logik s. Prantl, Gesch. d. Log., Bd. IV, S. 14 bis 38.

Alberti de Saxonia, quaestiones in libros de coelo et de mundo, Venetiis 1497; quaestiones zu Occams Logik, gedruckt in Occams Expositio aurea, u. a. S. über seine Logik Prantl, Bd. IV, S. 60—88.

Marsilii quaestiones supra quatuor libros sententiarum, Argent. 1501. S. über seine Logik Prantl, Bd. IV, S. 94—103.

Ueber Nicolas d'Oresme und seine Schrift de mutatione monetarum handelt W. Roscher, ein grosser Nationalökonom des 14. Jahrh., in d. Zeitschr. f. Staatswiss. Bd. XIX, 1863, S. 305—318; vgl. W. Oncken, die Staatsl. des Arist., Leipz. 1870, S. 77 f.

Petri de Alliaco, quaestiones super quatuor libros sentent., Argent. 1490; tractatus et sermones ib. 1490. Ueber seine Logik Prantl, Bd. IV, S. 103—118; P. Tschackert, Peter von Ailly. Zur Geschichte des grossen abendländisch. Schisma u. der Reformconcilien v. Pisa u. Constanz. Anhang: Petri de Alliaco anecdotorum partes selectae, Gotha 1877.

G. Bielii collectorium ex Occamo, Tub. 1512. Gabriel Byel in quatuor sententiarum I, Tub. 1501. Ueber Biel handelt Linsenmann, Gabriel Biel und die Anfänge der Universität zu Tübingen, in: theol. Quartalschrift, Jahrg. 1865, S. 195—226; G. Biel, der letzte Scholastiker, und der Nominalismus, ebd. S. 449—481 u. S. 601—676.

Raymundi theologia naturalis sive liber creaturarum wurde schon vor 1488 zwei oder drei Mal gedruckt, dann Strassburg 1496, Lyon 1507, Paris 1509 u. ö., neuerdings Sulzbach 1852 (aber ohne den auf dem Index stehenden Prolog), seine Dialogi de natura hominis (ein Auszug aus jenem Werke) zu Lyon 1568 u. ö.; vgl. Montaigne, essais, II, 12. Ueber ihn handeln u. A. Fr. Holberg, de theol. nat. R. de S., Halis 1843, David Matzke, die natürliche Theologie des R. v. S., Breslau 1846, M. Huttler, die Religionsphilosophie des R. v. S., Augsb. 1851, C. C. L. Kleiber, de R. vita et scriptis (Progr. der Dorotheenst. Realschule), Berol. 1856, Fr. Nitzsch, quaestiones Raimundanae, in Niedners Zeitschr. f. hist. Theol., Jahrg. 1859, Heft 3, S. 393—435, C. Schaarschmidt in Herzogs theol. Realenc., Bd. XII, 2. Aufl., S. 547—554.

Gersonis opera, Colon. 1483, Argentor. 1488—1502, Par. 1521, Par. 1606, und durch du Pin, Antv. 1706. Ueber ihn handeln u. A. Engelhardt, de Gersonio mystico, Erl. 1823, Lecuy, vie de G., Par. 1835, Ch. Jourdain, Par. 1838, C. Schmidt, Strassb. 1839, Mettenleiter, Augsb. 1857, Joh. Baptist Schwab, Würzb. 1859, Louis Girardez, exposé de la doctrine de Gerson sur l'église, Strassb. 1868, Johannes Zürcher, Gersons Stellung auf d. Concil v. Constanz, Leipz. 1871. Ueber seine Logik Prantl, Bd. IV, S. 141—148.

Johann Buridan, ein Schüler Occams, hat nur die logischen, metaphysischen und ethischen, nicht die specifisch-theologischen Probleme erörtert. An seinen Namen knüpft sich, freilich wie es scheint mit Unrecht, die sogenannte „Eselsbrücke", pons asinorum, die mit der Auffindung des Mittelbegriffs, der inventio medii, zusammenhängt. Es ist das medium gleichsam die Brücke zwischen den termini extremi, und da nach Arist. Anal. post. I, 34 in der raschen Auffindung des Mittelbegriffs der Scharfsinn sich bekundet, so nannte man die Anleitung dazu,

§ 37. Spätere Scholastiker bis zum Wiederaufkommen des Platonismus.

die auch den Stumpferen zu Gute kommen mochte, pons asinorum (Sancrusius, dialectica ad mend. Scoti: diciturque pons, quod sicut ponte ripae fluminis, sic medio extrema per negationem intercisa uniantur). In Buridans Summa findet sich davon nichts, auch nicht in dem Abschnitt: de arte inveniendi medium, der aber nach Prantl IV, S. 34 nicht von Buridan selbst, sondern von dessen Erklärer und Herausgeber Johannes Dorp verfasst ist. Für unentscheidbar erklärte Buridan (in Eth. Nic. III, qu. 1 sqq.) die Frage, ob der Wille sich unter gleichen Umständen beliebig für oder gegen das Nämliche entscheiden könne; die (indeterministische) Bejahung widerstreite dem Grundsatze, dass bei der Setzung aller zu einer Sache (z. B. zu der Entscheidung für das Proponirte) erforderlichen Bedingungen auch die Sache selbst (z. B. eben diese Entscheidung) erfolgen müsse, und einerlei Bedingungen nicht zweierlei Folgen zulassen; die (deterministische) Verneinung aber widerstreite dem sittlichen Bewusstsein der Verantwortlichkeit. (Hierbei wird freilich übersehen, dass eben die Beschaffenheit des Willens selbst, aus der die Art der Entscheidung herfliesst, der Gegenstand des sittlichen Urtheils ist, und dass nur eine fremde Causalität, eine den Willen hemmende Nothwendigkeit, sei dieselbe ein äusserer oder ein psychischer Zwang, nicht aber die in ihm selbst gegründete Causalität, die in seinem eigenen Wesen liegende innere Nothwendigkeit die Willensfreiheit aufhebt.) Der vielgenannte „Esel des Buridan", der zwischen zwei gleich starken Bündeln Heu oder zwischen Futter und Wasser, gleich stark nach beiden Seiten hingezogen, unbeweglich steht, ist in seinen Schriften nicht aufgefunden worden; das Argument stammt aus Arist. de coelo II, 13, p. 295 b, 32 her; nur den „asinus" haben Scholastiker (und wohl Gegner des Buridan) hinzugethan.

Albert von Saxen gehört zu den berühmteren Lehrern an der Pariser Universität bald nach der Mitte des vierzehnten Jahrhunderts. Er hat sich zumeist mit der Logik (besonders auch mit der „modernen" Doctrin de suppositionibus) und mit der Physik beschäftigt. Bemerkenswerth ist seine Mittheilung, einer seiner Lehrer scheine dafür gehalten zu haben, die Annahme, dass die Erde sich bewege und der Himmel ruhe, lasse sich nicht als unhaltbar erweisen; er selbst freilich glaubt, wenn auch andere Argumente nach dem richtigen Nachweise seines Lehrers ohne Kraft seien, so könnten doch die Stellungen der Planeten und die Sonnen- und Mondfinsternisse nicht aus jener Annahme erklärt werden.

Marsilius von Inghen hat erst zu Paris, dann an der heidelberger Universität, zu deren Gründern er gehört, die nominalistische Richtung im Anschluss an Durand und Occam vertreten.

Pierre d'Ailly (Petrus de Alliaco) begründet in seinem Commentar zu den Sentenzen (I, 1, 1) bei der Erörterung der Präliminarfragen über die Möglichkeit der Erkenntniss den Satz (des Occam), die Selbsterkenntniss sei sicherer, als die Wahrnehmung von äusseren Objecten. Ich kann mich nicht darüber täuschen, dass ich bin; die Annahme der Existenz äusserer Objecte aber könnte ein Irrthum sein, denn die Empfindungen, auf Grund deren ich diese Annahme mache, könnten durch Gottes Allmacht eben so in mir auch ohne äussere Objecte sein; Gott könnte sie mir lassen, auch wenn er die Objecte vernichtete. Doch baut Peter d'Ailly auf die Voraussetzung des gewöhnlichen Naturlaufs und des unveränderten göttlichen Einflusses die subjectiv genügende Ueberzeugung von der Wirklichkeit der wahrgenommenen Dinge. Auch erkennt er die wissenschaftliche Gewissheit an, die durch das Schliessen gewonnen werde, welches den Satz des Widerspruchs zur Voraussetzung habe; wer diese Gewissheit aufheben wolle, den widerlege der Bestand der Mathematik. Von den gangbaren Beweisen für das Dasein Gottes urtheilt Ailly, wie Occam, dass sie nicht stringent seien, jedoch eine Wahrscheinlichkeit begründen.

Unter den Nominalisten haben sich ferner mehr oder weniger hervorgethan: der Dominicaner Robert Holcot, gest. 1349, der die philosophische Wahrheit von der theologischen in dem Sinne sonderte, dass aus den philosophischen Prämissen die reine, durch keinen Seitenblick auf das theologische Dogma getrübte Consequenz gezogen werden dürfe und müsse; Gregor von Rimini, gest. 1358, der als General des Augustinerordens einflussreich war und mehrfach auf Augustin unmittelbar zurückging; die Mathematiker Richard Suinshead oder Suisset um 1350 und Heinrich von Hessen (Magister Henricus Hembucht de Hassia), der seit 1363 an der pariser Universität lehrte, gest. 1397; Johann von Mercuria, der aus dem Doctrinismus die (vermeintliche) Consequenz zog, dass der nicht sündige, der einer unwiderstehlichen Versuchung unterliege, und dass auch die Sünde als von Gott gewollt mehr gut als böse sei, welche Sätze von der Universität zu Paris 1347 verworfen wurden, nachdem dieselbe bereits 1339 Occams Lehrbücher verboten, 1340 den Nominalismus verworfen hatte; Nicolaus von Autricuria, der 1348 zum Widerruf seiner Angriffe auf Aristoteles, seiner auf den Nominalismus gegründeten skeptischen Thesen und seiner Annahme der Ewigkeit der Welt genöthigt wurde; endlich auch Gabriel Biel, der Occams Lehren übersichtlich darstellte, der sogenannte „letzte Scholastiker", dessen nominalistische Doctrin auch auf Luther und Melanchthon einen nicht unbeträchtlichen Einfluss geübt hat. Zu Paris wurden 1473 alle Lehrer auf den Realismus eidlich verpflichtet; aber bereits 1481 wurde die nominalistische Doctrin wieder zugelassen.

Vereinzelt blieb zu jener Zeit der Versuch des Raymund von Sabunde, die Lehren des Christenthums aus der Offenbarung Gottes in der Natur zu erweisen. Von der Betrachtung der vier Stufen: blosses Sein, Leben, Empfinden, Vernunft, ausgehend, wobei dem Raymund mit den Nominalisten die Selbsterkenntniss als die gewisseste gilt, erweist derselbe durch ontologische, physikoteleologische und moralische (auf das Vergeltungsprincip gegründete) Argumentation das Dasein und die Dreieinigkeit Gottes und die Pflicht der dankbaren Liebe zu Gott, der uns zuerst geliebt hat. Das Werk gipfelt in dem mystischen Gedanken einer Liebe zu Gott, durch welche das Liebende in das Wesen der Geliebten hineinzuwachsen vermöge.

Da die nominalistische Philosophie in der Mehrzahl ihrer Vertreter der Theologie zwar nicht feindlich entgegentrat, aber auch kaum positive Dienste leistete, sondern sich gegen sie fast indifferent verhielt, so war ein entsprechendes Verhalten der Theologen gegen die Philosophie die naturgemässe Folge. Gerson (Johann Charlier aus Gerson), der Mystiker, selbst dem Nominalismus zugethan, und ein „concordare theologiam mysticam cum nostra scholastica" erstrebend, mahnt, sich nur mässig mit weltlicher Wissenschaft und Philosophie zu befassen; die Wahrheit sei nur durch die Offenbarung zu erkennen. Sicherer als alle menschliche Forschung, führt Busse und Glaube zur Einsicht. Weder Platon, noch Aristoteles ist der rechte Führer zum Heil. Besser, als alle Vernunfterkenntniss, ist die Befolgung der göttlichen Mahnung: Poenitemini et credite Evangelio! In das gleiche Verhältniss trat der ältere Protestantismus zur Philosophie.

§ 38*). Als die Scholastik ihren Höhepunkt bereits überschritten hatte, bildete sich in deutschen Landen ein eigenthümlicher Zweig

---

*) Diesen Paragraphen hat für eine frühere Auflage des Grundrisses Herr Dr. Adolf Lasson verfasst, dessen eingehende Studien auf dem Gebiete der mittelalterlichen Mystik somit dem Werke zu Gute kommen. Derselbe hat auch den Paragraphen später wieder in bereitwilligster und dankenswerthester Weise einer Durchsicht unterzogen.

der Mystik aus, der für die weitere Entwickelung der Wissenschaft bis in die neueste Zeit hinein von unmittelbarer oder mittelbarer Bedeutung wurde. Die deutsche Mystik enfaltete sich zumeist in deutscher Predigt, die besonders vom Orden der Dominicaner gepflegt wurde, und in der es galt, das Schulsystem, wie es in Albert dem Grossen und Thomas sich dargestellt hatte, in einer das Herz jedes Einzelnen aus dem Volke ergreifenden Weise darzulegen. Mit der Uebertragung der Wissenschaft in die deutsche Sprache und mit dem Streben nach Volksthümlichkeit fiel die vorherrschende Richtung auf das Logische und auf die verständige Verknüpfung der Grundgedanken in syllogistischem Beweise hinweg; dafür trat die Speculation ein, welche, die Glaubenssätze geistig belebend, ihnen die starre Form des Dogmas abstreifte und sie als ein synthetisches Ganzes von einem belebenden Mittelpunkte aus vor dem Herzen und Willen der Hörer ausbreitete. Jener Mittelpunkt aber ist die bei Albert und Thomas noch latente Anschauung von der Wesenseinheit der Seele nach Vernunft und Willen mit Gott, eine Anschauung, die sich hier, wo die Form der Gedankenverknüpfung mehr eine innerlich empfundene Einheit, als ein Ganzes verständig vermittelter Beweise ist, frei und rücksichtslos aussprechen konnte und alle verwandten Elemente aus der ganzen früheren Entwickelung der christlichen Wissenschaft an sich zog. Insbesondere traten nun die platonischen und neuplatonischen Elemente, die auch bei Albert und Thomas nicht fehlen, in den Vordergrund; ein extremer Realismus bildet die stillschweigende Voraussetzung. Nicht die Kirche und die kirchliche Lehre, sondern das Christenthum, wie sie es verstand, wollte die Mystik durch erbauliche Betrachtung fördern und durch transscendenten Vernunftgebrauch begreiflich machen. Urheber und Vollender der ganzen Richtung ist **Meister Eckhart** (um 1260—1327). Fast in allen Punkten auf die Lehren Früherer, insbesondere auf den Pseudo-Areopagiten, auf Augustin und Thomas sich berufend, hat er gleichwohl, mit kühner Originalität das Alte in neuem Geiste umgestaltend, vielfach künftigen Zeiten vorgearbeitet, jedenfalls aber, wenn auch vom Bann der Kirche getroffen, seine Zeitgenossen aufs tiefste ergriffen. Mit Aristoteles und der an ihn sich anschliessenden Richtung der Scholastik genau vertraut, tritt er der Wissenschaft seiner Zeit keineswegs feindlich gegenüber; nur ihre Form streift er für seine Zwecke vielfach ab, und ihren wahren Sinn will er aufdecken. Theoretisches Erkennen ist ihm die Form, des Göttlichen theilhaftig zu werden; in neuplatonischer Weise freilich gilt ihm als die höchste Erscheinungsform der Vernunft eine unmittelbare, alle Endlichkeit und Bestimmtheit übersteigende Intuition. So sehr er in Predigt und Tractat den Zweck der Erbauung und Erweckung verfolgt, so mächtig lebt doch in ihm ein rein theoretisches Interesse. Das Erkennen ist eine reelle Einigung mit dem Object; nur im Erkennen wird auch das Absolute ergriffen und mit Lust bemessen. Im Gegensatz zu den Lehren des Duns Scotus wird der Wille dem Erkennen untergeordnet, die vernunftgemässe Nothwendigkeit im göttlichen Wesen betont bis zu äusserster Härte. Die Vernunft findet ihre Befriedigung erst in der letzten, Alles umschliessenden Einheit, in welcher alle Unterschiede aufgehoben sind. Das Absolute, die Gottheit, bleibt als solche ohne Persönlichkeit und ohne Werk in sich selbst verborgen. Von ihr umschlossen ist von Ewigkeit her mit dem Vermögen sich offenbar zu machen, Gott als die Eine göttliche Natur, die sich zu einer Dreiheit von Personen entfaltet, indem sie sich selbst erkennend sich anschaut als ein reales Object ihres Erkennens und sich in Liebe und Freude an diesem ihrem Thun immer wieder in sich zurücknimmt. Das Subject dieses Erkennens ist der Vater, das Object desselben der Sohn, die Liebe beider zu einander ist der Geist. Der Sohn, wie er ewig vom Vater geboren wird, involvirt zugleich die ideelle Gesammtheit aller Dinge. Die Welt ist ewig in Gott als eine Welt der Ideen, der vorgehenden Bilder, und zugleich von Wesen einfach. Mannigfaltigkeit und Bestimmtheit der endlichen Dinge ist erst durch ihre zeitliche Schöpfung aus Nichts entstanden. Ausser Gott ist die Creatur ein lauteres Nichts; Zeit und Raum und die durch sie bedingte Vielheit ist nichts an sich. Ueber dieses Nichts der Creatur hinauszugehen und sich durch unmittelbare Anschauung in Einheit mit dem Absoluten zu versetzen, ist die sittliche Aufgabe; mittelst der menschlichen Vernunft sollen alle Dinge in Gott zurückgeführt werden. So ist der Ring des absoluten Processes, der zugleich absoluter Stillstand ist, durchlaufen und das letzte Ziel erreicht, die Vernichtung aller Mannigfaltigkeit in der ruhenden Verborgenheit des Absoluten. — In wissenschaftlicher Weise hat die Grundgedanken der eckhartschen Lehre zunächst Niemand weitergeführt. Aus seiner überaus zahlreichen Schule sind als die einflussreichsten Vertreter der Mystik zu nennen: Johann Tauler, Heinrich Suso, der unbekannte Verfasser des Büchleins: eine deutsche Theologie, und Johann Rusbroek.

Deutsche Mystiker des 14. Jahrhunderts, hrsg. von F. Pfeiffer, Bd. I, Leipzig 1845, Bd. II, ebd. 1857. Bd. II enthält Meister Eckhart. Bis dahin waren als von Letzterem herstammend nur die in der Ausgabe von Taulers Predigten, Basel 1521, als Anhang enthaltenen Predigten und Tractate bekannt. Pfeiffers höchst dankenswerthe Ausgabe enthält ein hinlängliches Material, um den Gedankenkreis des Meisters zu überschauen, wenn auch nur einen Theil der von Trithemius (de script. eccles.) genannten und von Nicolaus Cusanus (Opp. ed. Basil. p. 71) noch eingesehenen Schriften. Manches jetzt dem Eckhart Zuzuweisende ging früher unter Taulers und Rusbroeks Namen. Vielfach ist der Text schwer verstümmelt, Manches bis zur Unverständlichkeit verderbt. Neue Materialien zu Eckhart bei Sievers, Ztschr. f. deutsch. Alterth. u. d.

§ 38. Deutsche Mystik des 14. u. 15. Jahrh. Eckhart, Tauler u. A.

Lit., Bd. XV, S. 373 ff., bei Birlinger, Alemannia, III, 1875, S. 15—45, von F. Bach, in der Germania, 8. Jahrg., S. 223—226, ferner 10. Jahrg., S. 391-392; bei Jundt in der S. 180 angef. Schr.: Histoire du panthéisme populaire, S. 231—280, bei W. Wackernagel, Altdeutsche Predigten und Gebete, Basel 1876, S. 156—179. — Stücke aus den Mystikern bei P. Fr. H. Seuse Denifle, das geistl. Leben, eine Blumenlese aus den deutschen Myst. des XIV. Jahrh., 2. Aufl., Graz 1879.

Ueber vorreformatorische Mystiker handelt: Alb. Barrau, étud. sur quelques tendances du mysticisme avant la réformation, Strassburg 1868; J. Tietz, die Mystik und ihr Verhältniss zur Reformation, in: Zeitschr. f. die luth. Theol. und Kirche, Jahrg. 29, 1868, S. 617—638 und ebend. Jahrg. 30, 1869, S. 641—666.

Ueber die deutschen Mystiker vgl. ausser den oben S. 180 angeführten Schriften und den Schriften über Dogmengeschichte (o. S. 1) insbesondere folgende: Gottfr. Arnold, historia et descriptio theologiae mysticae, Frankf. 1702. De Wette, christliche Sittenlehre, II, 2, Berlin 1821. Rosenkranz, die deutsche Mystik, zur Geschichte der deutschen Literatur, Königsberg 1836. Ullmann, Reformatoren vor der Reformation, Bd. II, Hamb. 1842, S. 18—284. C. Schmidt, Etudes sur le mysticisme allemand (Mémoires de l'acad. des sciences mor. et polit. t. II, p. 240, Paris 1847). Wilh. Wackernagel, Gesch. der deutschen Literatur, 2. Aufl. besorgt v. E. Martin, Basel 1879, S. 423 bis 432. Hamberger, Stimmen aus dem Heiligthum der christl. Mystik und Theosophie, 2 Thle., Stuttg. 1857. Greith, die deutsche Mystik im Predigerorden, Freiburg i. Br. 1861. G. A. Heinrich, les mystiques allemands au moyen-âge, in: Revue d'économie chrétienne, 1866, Nov., p. 926 sqq. C. Schmidt, Nicolaus von Basel, Wien 1866; ders., Die Gottesfreunde im 14. Jahrh., Jena 1855. W. Wackernagel, Die Gottesfreunde in Basel (kl. Schr. II, 146 ff.). W. Preger, Vorarb. zu einer Gesch. der deutschen Mystik im 13. und 14. Jahrh., in: Zeitschr. f. hist. Theol., 1869, S. 1—145; ders., Gesch. der deutschen Mystik im Mittelalter. Nach den Quellen untersucht u. dargestellt, 1. Th., Gesch. d. deutsch. M. bis zum Tode Meist. Eckharts, Leipz. 1875, 2. Th., ältere u. neuere Mystik in d. 1. Hälfte des XIV. Jahrh., Hnr. Suso, 1881. S. dazu Phil. Strauch, in: Anzeiger f. dtsch. Alterth. u. dtsche. Liter., 1883, S. 113—144. Jos. Haupt, Beiträge zur Literatur der deutsch. Mystiker, Wien 1874. Jundt, Histoire du panthéisme populaire (vgl. S. 180); ders., les amis de Dieu au 14me siècle, Strassburg 1879. M. Rieger, die Gottesfreunde im deutschen Mittelalter, Heidelberg 1880. Denifle, die Dichtungen des Gottesfreundes im Oberlande, in Zeitschr. f. deutsch. Alterth. u. d. Lit., N. F. 12. B. 1880, S. 200—219, 280—324, 463—540, 13. Bd. 1881, S. 101 ff. Frz. Jostes, Beiträge zur Kenntn. der niederdeutsch. Mystik., in: Germania, 1886, S. 1—41.

Ueber Eckhart handeln: C. Schmidt (Theol. Stud. u. Krit., 1839, S. 663 ff.). Martensen, Meister E., Hamburg 1842. Steffensen, über Meister E. u. d. Mystik (Gelzers Protest. Monatsblätter, 1858, S. 267 ff.). Petr. Gross, de E., philosopho diss. inaug., Bonn 1858. R. Heidrich, das theol. System des Meisters E., Progr., Posen 1864. Joseph Bach, Meister E., der Vater der deutschen Speculation, Wien 1864. W. Preger, ein neuer Tractat Meister E.s (Zeitschr. f. histor. Theol., 1864, S. 163 ff.); ders., Kritische Studien zu Meister E. (ebd., 1866, S. 453 ff.) E. Böhmer, Meister E. (Giesebrechts Damaris, 1865, S. 52 ff.). Wahl, die Seelenlehre Meister E.s (Theol. Stud. u. Krit. 1868, S. 273—296). Ad. Lasson, Meister E., der Mystiker, zur Gesch. der relig. Speculat. in Deutschland, Berlin 1868; ders. zum Text des Meist. Eckhart, in: Zeitschr. f. dtsche. Philol., 9. Bd. 1878, S. 16—29. W. Preger, Meister E. und die Inquisition (aus den Abh. der k. bayr. Akad. d. Wiss.), München 1869. M.E.s Theosophie und deren neueste Darstellung, in: Zeitschr. f. d. luth. Th., Jahrg. 31, 1870, S. 59—74. Aug. Jundt, essai sur le mysticisme spéculatif de maître Eckhart, Strassb. 1871, s. desselb. Verf.s Histoire du panthéisme populaire etc., ob. A. Jonas, der transscendentale Idealismus Arthur Schopenhauers und der Mysticismus des Meister Eckhart, in: phil. Monatshefte, Bd. II, S. 13—47, 161—197. Frz. Xav. Linsenmann, der ethische Charakt. d. Lehre Meister Eckh.s, Tübing. 1873. Lütolf, üb. d. Prozess und d. Unterwerfung Meister Eckharts, in: Theol. Quartalschr., Jahrg. 57, S. 578—603. Rieger in W. Wackernagels Altdeutsche Predigten, S. 398—429. Kramm, Mstr. E.s Terminologie in ihr. Grundzüg. dargest., in: Ztschr. f. d. Philol. 16, 1884, S. 1—44. H. Denifle, Actenstücke zu Mstr. E.s Prozess, in: Ztschr. f. d. Alterth., N. F., 17, 1885, S. 259—266. Pearson, Meister Eckehart, the mystic, in: Mind, 1886, 1.

Die wichtigsten Ausgaben von Taulers Predigten sind: Leipz. 1498, Basel 1521 und 1522, Cöln 1543: ins Lateinische übertragen von Surius, Cöln 1548; in die jetzige Schriftsprache übertragen Frankfurt a. M. 1826 und 1864, 3 Thle. Das Buch, welches gewöhnlich betitelt ist: Von der Nachfolge des armen Lebens Christi (herausg. von

§ 38. Deutsche Mystik des 14. u. 15. Jahrh. Eckhart, Tauler u. A.

Schlosser, Frankfurt a. M. 1833 und 1864; F. H. S. Denifle, das Buch v. geistl. Armuth, bisher bekannt als Joh. Taulers Nachfolgung des armen Lebens Christi, — vollständ. herausg., Münch. 1877), ist Tauler fälschlich beigelegt. — Vgl. C. Schmidt, Joh. Tauler, Hamburg 1841. Rudelbach, christl. Biogr., Leipz. 1849, S. 187 ff. F. Bähring, Joh. Tauler und die Gottesfreunde, Hamb. 1853. E. Böhmer, Nicolaus v. Basel u. Tauler (Giesebrechts Damaris, 1865, S. 148 ff.). Nicol. von Basel, Bericht v. d. Bekehrung Taulers, herausgeg. v. C. Schmidt, Strassb. 1875. J. Nobbe, Tauler v. Strassb. als Volksprediger, in: Zeitschr. f. luth. Th., 1876, S. 637—663. Heinr. Seuse Denifle (der Gottesfreund im Oberl. u. Nikol. v. Basel, eine krit. Studie, in: histor. polit. Blätter 1875, S. 17—38, 93—122, 245—266, 340—354; ders., Taulers Bekehrung, krit. unters., Strassb. 1879; ders., Taulers Bekehrung, Antikritik gegen A. Jundt, München 1879) hat nachgewiesen, dass die Geschichte von Taulers Bekehrung eine Dichtung ist. P. Mehlhorn, T.s Leben, in Jahrbb. f. prot. Th., 1883, S. 159—190.

Susos Werke erschienen: Augsburg 1482, 1512 und ö., ins Lateinische übertragen von Surius, Cöln 1555, herausg. von Diepenbrock, Regensb. 1829, 1837, 1854. Die Schriften des sel. Heinr. Seuse — in jetziger Schriftspr. vollständig herausgeg. v. P. Fr. H. Seuse Denifle. 1. Bd., Münch. 1880. Die Briefe Heinrich Susos, nach einer Handschrift des XV. Jahrh. hrsg. v. Wilh. Preger, Leipzig 1867; s. auch dens., die Briefbb. Susos, in: Zeitschr. f. d. Alterth. u. d. Lit. v. Steinmeyer, N. F., 8. Bd., S. 373—415. Fr. H. S. Denifle, zu Seuses ursprüngl. Briefbuche, ebd. 7. Bd., S. 346—371 u. 9. Bd., S. 89—142. — Vgl. Alb. Jahn, Theol. u. Philos. aus H. Suso u. Niclaus v. Strassburg, Bern 1838; C. Schmidt (Theol. Stud. u. Krit., 1843, S. 835 ff.); Böhmer (Giesebrechts Damaris, 1865, S. 321 ff.); Wilh. Volkmann, der Mystiker Heinrich Suso, Duisburg (G.-Progr.), 1869.

Die Ausgaben des Büchleins: Eine deutsche Theologie (zuerst theilweise von Luther 1516 herausgegeben) sind verzeichnet in der Ausgabe von F. Pfeiffer, Stuttg. 1851, 2. Aufl. mit neudeutscher Uebersetzung, Stuttg. 1855 (Vorwort S. 10—18). Vgl. Ullmann, (Theol. Stud. u. Krit., 1852, S. 859 ff.); Lisco, die Heilslehre der Theologia, deutsch, Stuttg. 1857; Reifenrath, die deutsche Theologie des Frankfurter Gottesfreundes, Halle 1863.

Rusbroek Opp. latine ed. Surius, Cöln 1552 u. ö., deutsch herausg. v. Gottfr. Arnold, Offenbach 1701. Vier Schriften R.s niederdeutsch herausg. von A. v. Arnswaldt, Hannover 1848. Werken van Jan van Ruusbroec, Gent 1858 ff. 5 Thle. Oeuvres choisies de Rusbrock, traduits par Ern. Hello, Tours et Paris 1869. — Vgl. Engelhardt, Rich. v. St. Victor u. R., Erlang. 1838 (S. o. S. 180); Ch. Schmidt, étude sur Jean R., Strassb. 1859.

Ueber die Brüder des gemeinsamen Lebens handelt Karl Friedr. Klein, étude sur l'assoc. des frères de la vie commune, ses fondateurs et son influence, Strassburg 1860.

Aus der sonstigen überaus reichen Litteratur der an Eckhart sich anschliessenden deutschen Mystik sind nur Bruchstücke auf uns gelangt, zum Theil noch ungedruckt. Vgl. darüber Wackernagel (s. o.) und Bach, Meister Eckhart, S. 175—207. So wichtig indessen diese Schriften für die Ausbildung der deutschen Prosa und für das religiöse Leben des deutschen Volkes waren, so haben sie doch keine eigenthümliche Bedeutung für die Fortschritte der Wissenschaft. Eine der wichtigsten, zum grössten Theile aus Stellen Eckharts zusammengesetzt, ist übersetzt bei Greith, die deutsche Mystik im Predigerorden, S. 96—202.

Anklänge der eigenthümlich deutschen Mystik finden sich schon bei dem Franciscaner David von Augsburg, gest. 1271 (über ihn Pfeiffer, deutsche Mystiker, Bd. I, S. XXVI ff. u. S. 309—386), und besonders bei Albertus Magnus. Eckhart, geb. nach 1260, trat in den Dominicanerorden und war möglicherweise noch ein unmittelbarer Schüler Alberts. Er lernte und lehrte dann 1300 in Paris, wurde aber 1302, also noch vor der Ankunft des Duns Scotus, von Bonifacius VIII. nach Rom berufen und zum Doctor ernannt („doctorem ipse inauguravit", Quétif et Echard, script. ord. praet. T. I, f. 507). E. hat in seinem Orden hohe Würden bekleidet; er wurde 1304 Ordensprovincial für Sachsen, 1307 Generalvicar mit dem Auftrage, die Klöster seines Ordens in Böhmen zu reformiren; er lehrte und predigte in vielen Theilen Deutschlands mit dem grössten Ruhme. Vom Provincialamt 1311 entbunden, wurde er als Lector nach Paris geschickt. Seit 1312 etwa zu Strassburg lebend, versah er 1316 das Amt eines Vicars des Ordensmeisters; in seinen letzten Lebensjahren lehrte er zu Cöln. Hier wurde er 1326 vor ein Glaubensgericht gezogen. Er leistete 1327 bedingten Widerruf (siquid errorum repertum fuerit, ... hic revoco publice), appellirte aber gegen weitergehende Forderungen an den Papst. Ehe noch die Bulle, die 28 seiner Sätze verdammte, veröffentlicht wurde (27. März 1329), ist er 1327 gestorben.

E.s Jugend fällt in eine Zeit lebhafter wissenschaftlicher Conflicte. 1270 und 1277 musste der Erzbischof zu Paris, Etienne Tempier, gegen einen weitverbreiteten Rationalismus einschreiten, der die hergebrachte Unterscheidung von offenbarten und Vernunftwahrheiten dahin umgestaltete, dass nur das wissenschaftlich Beweisbare als wahr gelten könne, mithin alle eigenthümlich christlichen Dogmen der Wahrheit entbehrten (vgl. o. S. 259). Dazu kamen die vielfachen pantheistischen und antinomistischen Ketzereien des Zeitalters. Später musste E. auch der Lehre des Duns Scotus und der Nominalisten gegenüber seine Stellung nehmen. Er hat auf den Principien des Albert und Thomas weiter gebaut und ihren Intellectualismus dahin gesteigert, dass die religiöse Wahrheit durchaus der Vernunft zugänglich sein sollte. Aber indem er dieselbe erkennend zu durchdringen suchte, hat er sie unbewusst umgedeutet und die Lehre der Kirche wie einen symbolischen, vorstellungsmässigen Ausdruck der Wahrheit behandelt, während er in adäquaten Begriffen die volle Wahrheit zu besitzen glaubte. In diesem Streben hat er für die Lehre von Gott die besonders aus dem Pseudo-Areopagiten geflossenen, auch bei Albert und Thomas vorhandenen neuplatonischen Elemente vorangestellt, zugleich aber aus dem Apostel Paulus und aus Augustinus eine tiefere Begründung der Ethik gewonnen. Wesentlich hat dabei eingewirkt, dass er sich mehr als einen Diener der christlichen Wahrheit, denn als einen Diener der Kirche betrachtete. Einzelne Aeusserungen über die Missbräuche der Kirche sind dafür nicht so wichtig, als die überall herrschende Unbefangenheit bei Auffassungen der christlichen Lehre, die zu der Lehre der römischen Kirche den diametralen Gegensatz bilden. So hat er denn auch vor Allem sich an das christliche Volk, nicht an die Schule gewendet und die wissenschaftliche Erkenntniss am meisten auf ihre sittlich erweckliche Kraft hin angesehen. E. hat weder gegen die Kirche noch gegen die Scholastik Opposition machen wollen; aber in der That hat er sich von ihrem Boden losgerissen. Zunächst hat sich das Werthverhältniss der einzelnen Bestandtheile der Lehre verändert, indem die Lehre aus den engen Räumen der Schule freigelassen und für die Bedürfnisse des christlichen Volkes eingerichtet wurde; weiterhin hat sich der Charakter der Lehre umgewandelt, und manches unter der Schulformel Verhüllte hat sich als die eigentliche Consequenz des scholastischen Standpunktes erwiesen. Die Scholastik hat den Zweck, die Kirche und ihre Lehre zu fördern. E. will zunächst für das Seelenheil der Christen sorgen und den nächsten Weg zur Vereinigung mit Gott nachweisen. Gegen die rein kirchlichen und dialektischen Bestandtheile der Schulphilosophie wird er deshalb indifferent, ja feindlich gesinnt, wo sie ihm statt des näheren und wahren Weges zu Gott eine endlose Reihe von künstlichen und falschen Vermittelungen aufzustellen scheint.

Fragen rein logischer Art finden wir bei E. nicht behandelt. Aber das Allgemeine ist ihm das wahrhaft Seiende; um wirksam zu werden, bedarf es des Einzelnen, das seinerseits Sein und Bestehen von dem Allgemeinen empfängt und nur durch seine Immanenz in demselben behauptet (vgl. z. B. Pfeiffer, Bd. II, S. 632, Z. 30; 250, 16; 158, 1; 419, 24).

Die Hauptpunkte seiner Lehre bezeichnet E. selbst S. 91: er pflege zu sprechen von Abgeschiedenheit, von der Wiedereinbildung in Gott, von dem hohen Adel der Seele und von der Lauterkeit göttlicher Natur. Die Darstellung seiner Lehre muss von seiner Psychologie ausgehen, welche die Quelle aller seiner Anschauungen umschliesst.

I. E.s Psychologie stimmt zunächst mit der des Augustinus und Thomas überein. Die Seele ist immateriell, die einfache Form des Leibes, in jedem Gliede ganz und ungetheilt. Die Seelenkräfte sind: die äusseren Sinne, die niederen und die höheren Kräfte. Die niederen Kräfte sind: der empirische Verstand (Bescheidenheit), das Gemüth (die Zürnerin) und das Begehrungsvermögen; die höheren Kräfte: das Gedächtniss, die Vernunft und der Wille, entsprechend dem Vater, Sohn und Geist. Ueber den Sinnen steht das Wahrnehmungsvermögen, der gemeine Sinn; das Wahrgenommene wird durch ihn an Verstand und Gedächtniss überliefert, indem unter Wegfall der sinnlich-materiellen Elemente das Mannigfaltige in Einheit verwandelt wird. Sinnliche Wahrnehmung geschieht durch Vermittelung von Bildern der Gegenstände, die in die Seele aufgenommen werden. Durch die Begehrung geordnet, durch verständige Betrachtung geläutert und von Gleichniss und Bildlichkeit befreit, gelangt die Wahrnehmung in die obersten Kräfte (S. 319 ff.; 538; 383 ff.). Die Seele ist nicht an Raum und Zeit gebunden, alle ihre Vorstellungen sind unkörperlich (S. 325); sie wirkt in der Zeit und doch nicht zeitlich (S. 25). Nach ihren obersten Kräften in ihrem übersinnlichen Wirken heisst die Seele Geist, Seele dagegen als belebendes Princip des Körpers; aber beide sind ein Wesen. Alle Wirksamkeit der Seele (im engeren Sinne) haftet an einem Organ. Aber die Organe sind nicht selbst das Wesen der Seele, sondern Ausfluss des Wesens und zugleich Abfall vom Wesen. Im Grunde der Seele hören die Organe und somit alles Wirken auf. In diesen Grund dringt nichts als Gott allein. Die Creatur bleibt auf die Kräfte angewiesen, in denen sie ihr eigenes Bild beschaut. Somit hat die Seele ein doppeltes Antlitz, das eine dieser Welt und dem Leibe zugewandt, den sie zu aller seiner Wirksamkeit befähigt, das andere unmittelbar auf Gott gerichtet. Die Seele ist ein Mittleres zwischen Gott und Creatur S. 110; 250; 170). (Vgl. die Stellen bei Greith, S. 96—120.)

Die höchste Thätigkeit der Seele ist das Erkennen. Dieses erscheint als ein von Stufe zu Stufe mächtigeres Abscheiden aller Vielheit und Materialität. Es giebt drei Arten der Erkenntniss: sinnliches, vernünftiges und übervernünftiges Erkennen; erst das letztere hat die volle Wahrheit. Was man in Worten auszudrücken vermag, das begreifen die niederen Kräfte; aber damit begnügen sich die oberen nicht. Sie dringen immer weiter vor, bis in den Ursprung, aus dem die Seele geflossen ist. Die oberste Kraft der Seele ist nicht mehr eine Kraft neben den anderen, sondern die Seele in dem Wesen ihrer Totalität; als solches heisst sie der „Funke", auch (S. 113) Synteresis (dem Seelencentrum des Plotin entsprechend, vgl. Grdr. I, 7. Aufl., S. 317). Dieser obersten Kraft dienen alle Kräfte der Seele und helfen ihr in den Ursprung, indem sie die Seele aus den niederen Dingen emporziehen (S. 131; 469). Der Funke begnügt sich an Nichts Geschaffenem oder Getheiltem; er strebt zum Absoluten, zu der Einheit, die nichts Anderes mehr ausser sich hat.

Die Vernunft ist das Haupt der Seele, Erkenntniss Grund der Seeligkeit. Wesen und Erkenntniss ist eins. Was am meisten Wesen hat, erkennt man auch am meisten. Das Erkennen des Objects ist ein reales Einswerden mit demselben. Gottes Erkennen und mein Erkennen ist eins; im Erkennen geschieht die wahre Einigung mit Gott. Darum ist die Erkenntniss das Fundament alles Wesens, der Grund der Liebe, die bestimmende Macht des Willens. Nur die Vernunft ist dem göttlichen Lichte zugänglich (S. 99; 84; 221). Aber dies Erkennen ist ein übersinnliches, in Worten nicht auszusprechen, verständig nicht vermittelt, ein übernatürliches Schauen über Raum und Zeit, nicht eigne That des Menschen, sondern Gottes Thun in uns. (Bei Suso im „dritten Buch" Cap. 6 findet sich die Bestimmung, das wahre Erkennen sei ein Verstehen zweier Contraria in Einem.) Darum ist es zugleich ein Nichterkennen, ein Zustand der Blindheit, des Nichtwissens. Der Form nach aber bleibt es ein Erkennen, und sein endliches Erkennen ist ein Fortschreiten zu dem unendlichen hin. Darum ist die erste Anforderung: wachset an Erkenntniss. Ist euch aber jene Erkenntniss zu hoch, so glaubet; glaubet an Christum, folgt seinem heiligen Bilde und lasst euch erlösen. (S. 498). Mit der rechten Erkenntniss hört alles Dünken, Wähnen und Glauben, alles Anschauen in Bildern und Gleichnissen, alle Belehrung durch die Schrift, durch Dogmen und Autoritäten auf; da braucht man kein fremdes Zeugniss, keine verständigen Beweisgründe mehr (S. 242; 245; 381; 302; 458). Da aber die Wahrheit für den empirischen Verstand nicht fassbar ist, so sehr, dass, wäre sie begreiflich und glaublich, sie nicht Wahrheit sein könnte (S. 206), so wird das Erkennen der Wahrheit im Gegensatz zum Wahrnehmen und kunstmässigen Denken selbst ein Glauben genannt (S. 567), mit besonderer Beziehung darauf, dass dieses unmittelbare Verhältniss zum Uebersinnlichen in der Vernunft entspringt, im Willen aber wirksam wird. Wenn nämlich die Vernunft bis an die Grenze ihres Vermögens gelangt ist, so bleibt ihr noch ein Transscendentes, das sie nicht zu ergründen vermag. Das offenbart sie dann in dem Grunde der Seele, in welchem Vernunft und Wille in lebendigem Austausch stehen, dem Willen, und der Wille, von göttlichem Lichte erleuchtet, stürzt sich in ein Nichtwissen und wendet sich von allem vergänglichen Lichte zu dem höchsten Gute, zu Gott. So entsteht der Glaube (S. 102; 171; 176; 384 ff.; 439; 454—460; 521: 537; 559; 567; 591), eine Erhebung, welche vom Verstande aus die ganze Seele ergreift und sie in ihre höchste Vollkommenheit leitet (vgl. die Stellen bei Greith, S. 172 ff.).

Der höchste Gegenstand des Erkennens sind nicht die drei Personen der Gottheit, die ja von einander unterschieden sind; auch nicht die Einheit der Drei, denn sie hat die Welt ausser sich. Die Vernunft dringt über alle Bestimmtheit hinaus in die stille Wüste, in die nie ein Unterschied gedrungen ist, die unbeweglich über allem Gegensatze und aller Getheiltheit erhaben ist (S. 193; 281; 144).

II. In der Lehre von Gott geht E. von des Areopagiten negativer Theologie (vgl. oben S. 119 f.) aus und nimmt den von Gilbertus Porretanus gemachten Unterschied von Gottheit und Gott (s. oben S. 177 f.) in tieferem Sinne wieder auf, während er die Dreieinigkeitslehre vorträgt wie Thomas. Das Absolute heisst bei E. die Gottheit, unterschieden von Gott. Gott wird und vergeht, nicht die Gottheit. Gott wirkt, die Gottheit wirkt nicht. Doch werden die Termini nicht immer genau geschieden. Gott (d. h. die Gottheit) hat keine Prädicate und ist über alles Verstehen, unbegreiflich und unaussprechlich; jedes Prädicat, ihm beigelegt, hebt seinen Begriff auf und setzt zu Gott einen Abgott. Das abstracteste Prädicat ist Wesen (Sein); aber insofern auch dies noch eine Bestimmtheit enthält, wird der Gottheit auch das Wesen abgesprochen, Gott ist insofern ein Nichts, ein Nichtgott, Nichtgeist, Nichtperson, Nichtbild, und doch als die Negation der Negation (S. 322) zugleich das unbegrenzte Ansich, die Möglichkeit, die keiner Art des Wesens entbehrt, in der Alles nicht Eins, sondern Einheit ist (S. 180) 268; 282; 320; 532; 540; 590; 5; 26; 46; 59). — Die Gottheit als solche kann sich nicht offenbaren. Offenbar wird sie erst durch die Personen (S. 320). Das Absolute ist zugleich absoluter Process. Die Gottheit ruht nicht da, wo sie der Anfang, sondern da, wo sie das Endziel aller Wesen ist, wo alles Wesen nicht vernichtet, sondern vollendet wird (in dem concret-Allgemeinen). Der Anfang und das Ende ist die verborgene Finsterniss der ewigen Gottheit, Finsterniss, weil sie unerkannt und unerkennbar ist, weil Gott sich selber dort unbekannt bleibt (S. 288). Gott, sagt E., über Pseudo-Dionysius noch hinausgehend, wohnt in dem Nichts des Nichts, das eher war als das Nichts (S. 539). Aber Gott bleibt nicht da, Gott als Gottheit ist eine geistige Substanz, von der man nur sagen kann, dass sie nichts sei. In der Dreifaltigkeit ist er ein lebendiges Licht, das sich selber offenbart (S. 499). In der Gottheit ist ein fliessender, stets wieder aufgehobener Unterschied von Wesen und Natur. An jedem Object ist Materie und Form zu unterscheiden (S. 530), in der Gottheit als das Wesen und die Personen. Die Form ist das Sein für Anderes, das Offenbarende; deshalb sind die Personen die Form des Wesens (S. 681). (In der Schule Eckharts wie bei Duns Scotus ist die Form das individualisirende Princip. Form giebt gesondert Wesen nach Suso im „dritten Buch" Cap. 4, vgl. Aristot. Metaph. VII, 13, 1038 a 7.) Die Personen werden zusammengehalten durch die ihnen allen gemeinsame Eine göttliche Natur, und diese Natur in der Gottheit ist das offenbarende Princip in derselben. Das göttliche Wesen ist die ungenaturte Natur, die Personen gehören der genaturten Natur an; aber sie sind eben so ewig wie jene. Die genaturte Natur ist nichts als ein Gott in drei Personen, und diese naturen die Creatur. Die göttliche Natur ist der Vater, soweit man von dem Unterschiede von den beiden anderen Personen absieht. Der Vater ist der ungenaturten Natur so nahe, wie der genaturten. In jener ist er allein, in dieser der erste (S. 537). Der Vater ist in der unoffenbaren Gottheit enthalten, aber als Wesen ohne Persönlichkeit, also noch nicht als Vater; erst in seiner Selbsterkenntniss wird er Vater. Er ist ein Licht, das als Person und Wesen sich in sich selbst reflectirt. Der Vater ist die Vernunft in der göttlichen Natur. Was da erkennt und was erkannt wird, ist eins und dasselbe (S. 499; 670). Diese Reflexion in sich ist des Vaters ewige Thätigkeit. Sie heisst ein Gebären und ein Sprechen, das Object der Thätigkeit der Sohn oder das Wort, die zweite Person in der göttlichen Natur. Die sinnliche Natur wirkt in Raum und Zeit, darum ist dort Vater und Sohn geschieden; in Gott ist nicht Zeit noch Raum, daher ist Vater und Sohn zugleich ein Gott, unterschieden nur wie Entgiessung und Entgossenheit (S. 94). Der Sohn geht ewig in den Vater zurück in der Liebe, welche beide verbindet. Diese Liebe, der gemeinsame Wille des Vaters und des Sohnes, ist der Geist, die dritte Person. Aus der einen göttlichen Natur fliesst die Dreiheit in einem ewigen Process, in dieselbe fliesst sie ewig zurück. Der Wirklichkeit der Person gegenüber ist die Einheit das absolute Vermögen. Aus diesem Vermögen, nicht als Person, erzeugt der Vater den Sohn; erst durch die Zeugung wird er Person. Diese Zeugung ist ewig und nothwendig und mit dem Begriffe des Wesens gesetzt (S. 335). Die Natur an sich ist weder Wesen noch Person, sie macht aber das Wesen zum Wesen und den Vater zum Vater. Natur und Person postuliren sich gegenseitig, beide sind gleich ewig und gleich ursprünglich, aber verschieden wie Unterschiedlosigkeit und Unterscheidbarkeit. Das Sicherhalten in seiner Eigenthümlichkeit ist der ewige Process; die unbewegliche Ruhe hat an dem ewigen Process ihr Substrat. Es ist ein ewig processirender Stillstand (S. 682; 677). In der absoluten göttlichen Einheit ist aller Unterschied aufgehoben, der Fluss in sich selber verflossen. Wesen und Natur bilden nur einen relativen Gegensatz. Wären sie zwei Bestimmungen des Absoluten, so müsste die eine aus der andern entspringen; in der absoluten Einheit sind sie eins. Das Absolute als Wesen ist Wesen der Personen und aller Dinge; als Natur ist es die Einheit der Personen. Es ist das Wesen des Wesens, die Natur der Natur (S. 669). Der ewige Process in Gott ist das Princip der ewigen Güte und Gerechtigkeit (S. 528).

Dem offenbaren Gott kommen die göttlichen Prädicate zu, insbesondere die Vernunft. Gottes Leben ist ein Sichselbsterkennen. Gott muss wirken und sich selbst erkennen. Er ist die Güte und muss sich mittheilen. Sein Wesen hängt daran, dass er das Beste wolle. Er wirkt ohne einen Schatten von Zeitlichkeit, unwandelbar und unbeweglich. Er ist die Liebe, aber er liebt nur sich selbst und so viel er sich selbst im Anderen wiederfindet (S. 11; 133; 134; 145; 270; 272). — Eckhart wiederholt sehr oft, dass Gott nicht im endlichen Verstehen begriffen werden kann; was wir von ihm reden, müssen wir stammeln. Aber er hat versucht, seine Intuition begrifflich mitzutheilen und Gott als den absoluten Process zu beschreiben. Die kirchliche Lehre erkennt sich hierin nicht wieder. Seine Personen sind in Wahrheit die Stadien eines Processes. Die begriffliche Ableitung der Vielheit ist ihm nicht gelungen. Vielheit und Offenbarung wird vielmehr unvermittelt in das Absolute hineingetragen und als Thatsache behauptet, keineswegs abgeleitet.

III. Das Absolute ist nun auch der Grund der Welt (S. 540 ff.). Alle Dinge sind von Ewigkeit her in Gott, freilich nicht in grober Materialität, sondern wie das Kunstwerk im Meister. Als Gott sich selber ansah, da sah er die ewigen Bilder aller Dinge in sich vorgebildet, aber nicht in Mannigfaltigkeit, sondern als ein Bild (S. 502). Die Lehre von der ewigen Ideenwelt trägt Eckhart nach Thomas vor (S. 324—328, vgl. Thomas, Summa theol. I, 1. qu. XV, art. 1—3). Von ihr unterschieden ist die Welt der Creaturen, die zeitlich und von Nichts geschaffen sind. Beides muss man wohl unterscheiden, um nicht Eckhart einen Pantheismus zuzuschreiben, von dem er in der That weit entfernt war (S. 325). Die Welt stand in dem Vater ursprünglich in ungeschaffener Einfachheit. Aber in ihrem ersten Ausbruche aus Gott hat sie Mannigfaltigkeit angenommen, und doch ist alle Mannigfaltigkeit einfältig von Wesen und die Selbständigkeit der Einzelwesen nur scheinbar (S. 589). Ein neuer Wille erhob sich nicht in Gott. Als die Creatur noch kein Fürsichsein hatte, war sie doch ewiglich in Gott und seiner Vernunft. Die Schöpfung ist unzeitlich. Gott schuf nicht Himmel und Erde, wie wir uns unangemessen ausdrücken; denn alle Creaturen sind in dem ewigen Wort gesprochen (S. 483). In Gott ist kein Werk; da ist Alles ein Nun, ein Werden ohne Werden, Veränderung ohne Veränderung (S. 309). Das Nun, in dem Gott die Welt machte, ist das Nun, in dem ich spreche, und der jüngste Tag ist so nahe diesem Nun, wie der gestrige Tag (S. 268). Der Vater sprach sich und alle Creaturen in seinem Sohne und fliesst mit allen Creaturen wieder in sich zurück. Der Sohn ist ein Bild alles Werdens, die Einheit aller Werke Gottes. Gottes Güte zwang ihn dazu, dass er alle Creaturen schuf, deren er ewig schwanger gewesen war in seiner Providenz. Die Welt ist ein integrirendes Moment im Begriffe Gottes; ehe die Creaturen waren, war Gott nicht Gott (S. 281). Dies gilt aber nur von der Ideenwelt, und so kann es heissen: Gott ist in allen Dingen, Gott ist alle Dinge. Ausser Gott ist nichts als nur das Nichts. Die Welt der Dinge, so weit sie sich in ihrer Selbständigkeit gegen Gott behaupten wollen, ist also ein Nichts. Alles, was mangelhaft ist, alles Sinnliche ist ein Abfall vom Wesen, eine Privation: alle Creaturen sind ein lauteres Nichts. Sie haben kein Wesen, als soweit Gott in ihnen gegenwärtig ist. Die Mannigfaltigkeit ist nur für den endlichen Intellect; in Gott ist nur ein Spruch, aber wir verstehen zwei: Gott und die Creatur (S. 207). Ein reines Denken über Zeit und Raum sieht Alles als Eines, und so, nicht nach ihrer endlichen Bestimmtheit und Unterschiedenheit, hat Gott die Dinge in sich (S. 311; 322 ff.; 540) und sind sie in Wahrheit. — Die scheinbare Selbständigkeit der Dinge hat Eckhart zu erklären nicht versucht. Sie hängt mit ihrer zeitlichen Genesis und Existenz zusammen (S. 117; 466; 390;

589); aber woher stammt die Möglichkeit des Seins ausser Gott? An einer Stelle (S. 497) leitet E. die Mannigfaltigkeit der Sonderexistenz aus dem Sündenfall ab; aber das Böse selbst und die Sünde bleibt unerklärt. Eckhart kennt die Subjectivität des endlichen Denkens (S. 484, Z. 36), aber dass jener Schein erst im menschlichen Denken entspringe und nur subjectiv sei, ist seine Meinung nicht. Durch Versuche, das Böse zu begreifen und die Subjectivität des Denkens nachzuweisen, ist Eckharts Speculation erst viel später weitergeführt worden.

Das Verhältniss Gottes zur Welt ist daher folgendes: Gott ist die erste Ursache der Welt: in den Dingen hat Gott sein innerstes Wesen veräussert. Darum könnte er sich nimmer erkennen, wenn er nicht alle Creaturen kennte. Nähme Gott das Seine hinweg, so fielen alle Dinge in ihr ursprüngliches Nichts zurück. Aus Nichts sind die Dinge gemacht, aber die Gottheit ist ihnen eingeflösst. Das Nichts hängt allem Geschaffenen an als Endlichkeit und Unterschied. Gott hält alle Creaturen an einem Zaum, nach seinem Gleichniss zu wirken. Gott ist in allen Dingen nicht als Natur, noch als Person, sondern als Wesen. So ist Gott an allen Orten, und an jedem ist er ganz. Da Gott ungetheilt ist, so sind alle Dinge und alle Orte eine Statt Gottes. Gott theilt sich allen Dingen mit, einem jeden so viel es seiner empfänglich ist. Gott ist in allen Dingen als intelligibles Princip; aber soviel er in den Dingen ist, soviel ist er doch darüber. Keine Creatur vermag Gott zu berühren. Insofern Gott in den Dingen ist, wirken sie auch göttlich und offenbaren Gott, aber keine kann es vollkommen. Die Creaturen sind ein Weg von Gott hinweg, aber auch ein Weg zu Gott. Gott wirkt alle seine Werke so, dass sie ihm immanent sind. Die drei Personen haben ihr eigenes Bild in allen Creaturen gewirkt, und alle Dinge wollen wieder in ihren Ursprung zurück. Diesen Zweck hat alle Bewegung der Creatur. Die Creatur strebt immer nach dem Besseren; aller Formenwechsel der Stoffe erzielt Veredelung (S. 333; 143). Die Ruhe in Gott ist das letzte Ziel aller Bewegung.

Das Mittel, alle Dinge in Gott zurückzuführen, ist die Seele, das Beste unter dem Geschaffenen. Die Seele hat Gott sich gleich gemacht und ihr sein ganzes Wesen mitgetheilt. Aber was in Gott durch sein Wesen ist, das ist der Seele nicht wesentlich, sondern Geschenk der Gnade. Die Seele ist nicht causa sui: sie ist von Gott so ausgeflossen, dass sie nicht im Wesen geblieben ist, sondern ein fremdes Wesen angenommen hat. Darum vermag sie nicht Gott gleich zu wirken, sondern wie Gott Himmel und Erde bewegt, belebt sie den Leib und verleiht ihm alle seine Thätigkeiten, während sie sogleich vom Leibe unabhängig mit ihren Gedanken anderswo sein kann als ein in der Endlichkeit Unendliches (S. 394 ff.). Alle Dinge sind um der Seele willen geschaffen. Die Vernunft, von der Thätigkeit der Sinne anhebend, vermag alle Creaturen in sich aufzunehmen. Im Menschen sind alle Dinge geschaffen. In der menschlichen Vernunft verlieren die Dinge ihre endliche Bestimmtheit. Aber nicht allein im Denken veredelt der Mensch alle Creatur, sondern schon durch leibliche Assimilation im Essen und Trinken. In menschliche Natur verwandelt, erlangt jede Creatur die Ewigkeit. Alle Creatur ist ein Mensch, den Gott von Ewigkeit lieben muss; in Christus sind alle Creaturen ein Mensch, und dieser Mensch ist Gott. Die Seele ruht nimmer, sie komme denn in Gott, der ihre erste Form ist, und alle Creaturen ruhen nimmer, sie kommen denn in menschliche Natur und in dieser in ihre erste Form, in Gott (S. 152 ff.; 530). Aller Dinge Werden endet in dem Entwerden (Vergehen), dies zeitliche Wesen endet in dem ewigen Entwerden (S. 497). So ist der Cirkel des ewigen Processes umlaufen, und das All kehrt in den Mittelpunkt, die unentfaltete unaufgeschlossene Gottheit zurück. Es ist die $\mu o \nu \acute{\eta}$, $\pi \rho \acute{o} o \delta o \varsigma$ und $\dot{\epsilon} \pi \iota \sigma \tau \rho o \varphi \acute{\eta}$ des Proklus, durch Vermittelung des Pseudo-Dionysius in Eckharts, wie einst in Erigenas Speculation eingegangen (vgl. Grdr. I, 7. Aufl., S. 380 und oben S. 119 und S. 133 ff.).

IV. Mit dem Gedanken der Rückkehr aller Dinge zu Gott durch Vermittelung der Seele ist das Princip der Ethik gegeben. Sittlichkeit ist diese Rückbringung der Seele und mit ihr aller Dinge in das Absolute. Ihre Form ist Abgeschiedenheit, d. h. Aufhebung der Creatürlichkeit, ihr Ziel die Vereinigung des Menschen mit Gott. Gerade auf dem Gebiete der Ethik liegt ein Hauptverdienst Eckharts. Tiefer noch als Abälards Rationalismus dringt E.s Speculation in den Kern des Sittlichen ein.

Um die Seele in Gott zurückzuführen, soll der Mensch alles Creatürliche abstreifen, zunächst im Erkennen. Die Seele hat sich in den Kräften zertheilt; jegliche hat ihr besonderes Werk, die Seele selbst ist nur um so schwächer geworden. Darum gilt es, dass die Seele sich sammle und von einem getheilten Leben in ein einheitliches Leben komme. Gott braucht seine Aufmerksamkeit nicht von dem Einen auf das Andere zu richten, wie wir. Wir sollen sein wie er, und in einem Augenblicke alle Dinge in einem Bilde erkennen (S. 13 ff.; 264). Willst du Gott göttlich wissen, so muss dein Wissen zu einem reinen Nichtwissen, zu einem Vergessen deiner selbst und aller Creaturen werden. Dieses Nichtwissen ist die unbegrenzte Fähigkeit des Empfangens. So werden dir alle Dinge Gott, denn in allen denkst du und willst du nichts als Gott allein. Es ist dies ein Zustand der Passivität. Gott bedarf nichts, als dass man ihm ein ruhig Herz gebe. Gott will dies Werk selber wirken; der Mensch folge nur und widerstrebe nicht. Nicht allein die Vernunft, auch der Wille muss sich selbst transcendiren. Der Mensch muss schweigen, damit Gott spreche. Wir müssen leiden, damit Gott wirke. Die Kräfte der Seele, die vorher gebunden und gefangen waren, müssen ledig und frei werden. Dies ist dann zugleich die Aufgebung des eigenen Selbst. Gieb deine Individualität auf und erfasse dich in reiner menschlicher Natur, wie du in Gott bist: so geht Gott in dich ein. Könntest du dich selbst vernichten einen Augenblick, so wäre dir alles eigen, was Gott an sich selbst ist. Die Individualität ist blosse Accidenz, ein Nichts; thut ab das Nichts, so sind alle Creaturen eins. Das Eine, was da bleibt, ist der Sohn, den der Vater gebiert (S. 620). Alle Liebe dieser Welt ist gebaut auf Selbstliebe; hättest du die gelassen, du hättest alle Welt gelassen. Der Mensch, der Gott schauen will, muss sich selber todt sein und in der Gottheit begraben werden, in der unoffenbaren, wüsten Gottheit, um wieder das zu werden, was er war, als er noch nicht war. Dieser Zustand heisst Abgeschiedenheit, ein Freiheit von allen Affecten, von sich selbst, ja von Gott. Das Höchste ist, dass der Mensch um Gottes willen Gott selber lasse. Darin liegt zugleich die vollständige Ergebung in Gottes Willen; Freudigkeit in allen Leiden, ja in der Hölle, Freudigkeit im Anschauen wie im Entbehren Gottes. Der abgeschiedene Mensch liebt nicht ein bestimmtes Gut, sondern die Güte um der Güte willen; er erfasst Gott nicht, insofern er gut oder gerecht ist, sondern als reine Substantialität. Er hat durchaus keinen Willen; er ist ganz in Gottes Willen getreten. Alles, was zwischen Gott und der Seele vermittelt, muss wegfallen, das Ziel ist nicht Gleicheit, sondern Einheit. Das ist zugleich ein Einkehren in der Seele eigenes Wesen, in die Wüstung der Seele, wo die Seele ihrer selbst beraubt werden und Gott mit Gott sein soll, in das Nichts aller Bestimmtheit, in dem sie ewig geschwebt hat ohne sich selbst (S. 510). Der höchste Grad der Abgeschiedenheit heisst Armuth. Ein armer Mensch ist der, der nichts weiss, nichts will und nichts hat. So lange der Mensch noch den Willen hat, Gottes Willen zu erfüllen, oder Gott oder Ewigkeit oder irgend etwas

Bestimmtes begehrt, ist er noch nicht recht arm, d. h. noch nicht recht vollkommen (S. 280 ff.)

Befinde ich mich im Zustande der Abgeschiedenheit, so gebiert Gott seinen Sohn in mich. Die Heiligung des Menschen ist die Geburt Gottes in der Seele. Alles sittliche Thun ist nichts Anderes, als dies Geborenwerden des Sohnes vom Vater. (Der Ausdruck findet sich schon im Briefe an Diognet, s. oben S. 28.) Die Geburt in der Seele geschieht in derselben Weise, wie die ewige Geburt des Wortes, über Raum und Zeit. In diesem Werke sind alle Menschen ein Sohn, verschieden nach leiblicher Geburt, aber nach der ewigen Geburt eins, ein einziger Ausfluss aus dem ewigen Worte (S. 157). Zugleich bin ich es, der den Sohn gebiert im sittlichen Thun. Gott hat mich von Ewigkeit geboren, damit ich Vater sei und den gebäre, der mich geboren hat. Gottes Sohn ist der Seele Sohn, Gott und die Seele hat einen Sohn, nämlich Gott. Diese Geburt ist zugleich ein Abschluss. In wem einmal der Sohn geboren ist, der kann nicht mehr fallen. Es wäre Todsünde und Ketzerei, es zu glauben (S. 652; 10).

Aus diesem Princip werden nun die einzelnen ethischen Bestimmungen abgeleitet. Tugendhaftes Handeln ist zweckloses Handeln. Auch Himmelreich, Seligkeit, ewiges Leben sind nicht berechtigte Zwecke des sittlichen Willens. Wie Gott ledig ist aller endlichen Zwecke, so auch der Gerechte. Begehre nichts, so erlangst du Gott und in ihm Alles. Wirke um des Wirkens willen, liebe um der Liebe willen, und wenn auch Himmel und Hölle nicht wären, liebe Gott um seiner Güte willen. Noch mehr: du sollst selbst Gott nicht lieben, insofern er die Gerechtigkeit ist oder irgend eine Eigenschaft hat, sondern insofern er einfache Sichselbstgleichheit ist. Alles Vermittelnde muss abgelegt werden, und darum auch die Tugend, so weit sie eine bestimmte Art zu wirken ist. Die Tugend soll Zustand, mein wesentlicher Zustand sein; ich soll in die Gerechtigkeit eingebildet und überbildet sein. Niemand liebt die Tugend, als wer die Tugend selbst ist. Alle Tugenden sollen in mir zur Nothwendigkeit werden, ohne mit Bewusstsein geübt zu werden. Sittlichkeit besteht nicht in einem Thun, sondern in einem Sein. Die Werke heiligen nicht uns, wir sollen die Werke heiligen. Der Sittliche ist nicht wie ein Schüler, der schreiben lernt durch Uebung, indem er auf jeden Buchstaben merkt, sondern wie der fertige Schreiber, der ohne Aufmerksamkeit unbewusst die ihm wesentlich gewordene Kunst vollkommen und mühelos ausübt (S. 524; 546; 549; 571). Alle Tugenden sind eine Tugend. Wer eine mehr übt, als die andere, ist nicht sittlich. Liebe ist das Princip aller Tugenden; sie strebt nach dem Guten, sie ist nichts Anderes als Gott selber. Der Liebe zunächst steht die Demuth; sie besteht darin, dass man alles Gute nicht sich, sondern Gott zuschreibt. Das ist der Seele Schönheit, dass sie wohlgeordnet sei (vgl. Plotins Doctrin, Grdr. I. § 68, 7. Aufl., S. 321 f.). Die Seele soll mit den niedersten Kräften unter die obersten geordnet sein und mit den obersten unter Gott, die äusseren Sinne unter die inneren, diese unter den Verstand, der Verstand unter die Vernunft, die Vernunft unter den Willen, der Wille in die Einheit, so dass die Seele abgeschieden sei und nichts in sie dringe, als die Gottheit.

Es versteht sich, dass E. die äusseren Werke wie Fasten, Wachen, Kasteiungen sehr gering achtet. Dass von ihnen die Seligkeit abhänge, wird geradezu als Einflüsterung des Teufels bezeichnet (S. 633). Sie hindern vielmehr die Seligkeit, wenn man sich an sie bindet. Sie sind eingesetzt, den Geist zur Einkehr in sich und in Gott vorzubereiten und ihn von irdischen Dingen abzuziehen; aber lege ihm den Zaum der Liebe an, so erreichst du das Ziel viel besser (S. 29). Ein Werk geschieht nicht um seiner selbst willen; es ist an sich weder gut noch schlecht. Nur der Geist, aus dem das Werk geschieht, verdient diese Prädicate. Nur das Ding lebt, das sich von innen bewegt. Alle Werke also, die aus einem äusseren Motive hervorgehen, sind todt an ihnen selber. Der Wille allein giebt dem Werke Werth, er genügt statt des Werkes. Der Wille ist allmächtig; was ich ernstlich will, das habe ich. Dich kann Niemand hindern, als du dich selber. Das wahre Wirken ist ein rein innerliches Wirken des Geistes auf sich selber, d. h. des Geistes in Gott oder aus Gott. Auch an den Werken der Barmherzigkeit, die um Gottes willen geschehen, hängt noch die Gebundenheit an äussere Zwecke und Sorgen. Solche Werke machen die Seele nicht zur freien Tochter, sondern zur dienstbaren Dirne (S. 71; 353; 402; 453 ff.). Das innere Werk ist unendlich und geschieht über Raum und Zeit; Niemand kann es hindern. Das äussere Werk verlangt Gott nicht, das von Zeit und Raum abhängt, das beschränkt ist, das man hindern und bezwingen kann, das müde und alt wird durch Zeit und Uebung. Wie dem Steine das Fallen benommen werden kann, aber nicht die Neigung zum Fallen, so ist das innere Werk des Sittlichen: wollen und sich neigen zu allem Guten und streiten gegen das Böse (S. 434). Des Gerechten Thun ist nicht ein gesetzliches Leben, sondern ein Glaubensleben (S. 439). Das wahre innere Werk ist ein unabhängiges Aufgehen der Vernunft in Gott, nicht gebunden an bestimmte rationale Vorstellungen, sondern in lauterer unmittelbarer Einheit (S. 43). So ist auch das wahre Gebet die Erkenntniss des absoluten Wesens. Das Gebet des Mundes ist nur eine der Sammlung wegen eingesetzte äussere Uebung. Das wahre Gebet ist wortlos, ein Wirken in Gott und eine Hingabe an Gottes Wirken in uns, und so soll man beten ohne Unterlass in allen Zeiten und Orten. Du brauchst Gott nicht zu sagen, wessen du bedarfst; er weiss alles zuvor. Wer recht beten will, der bete um nichts als um Gott allein. Bitte ich um etwas, so bitte ich um ein Nichts. Wer um etwas Anderes als um Gott bittet, der bittet um einen Abgott. Darum gehört zum Gebet vollständige Ergebung in Gottes Willen. Der abgeschiedene Mensch betet nicht; denn jedes Gebet geht auf etwas Bestimmtes, des Abgeschiedenen Herz aber begehrt nichts. Gott wird durch unser Gebet nicht bewegt. Aber Gott hat von Ewigkeit alle Dinge vorausgesehen und somit auch unser Gebet und hat es von Ewigkeit erhört oder abgeschlagen (S. 240; 352 ff.; 487; 610).

Es giebt in der Tugend keine Grade. Die Zunehmenden sind noch gar nicht sittlich (S. 80; 140). Aber die vollkommene Heiligung ist erreichbar. Der Mensch kann alle Heiligen im Himmel und die Engel selbst übertreffen. Er kann dazu schon in diesem Leibe kommen, dass er zu sündigen nicht vermag (S. 460). Dann ist auch der Leib von Licht durchströmt, alle Kräfte der Seele harmonisch geordnet, der ganze äussere Mensch ein gehorsamer Diener des heiligen Willens. Der Mensch bedarf dann Gottes nicht, denn er hat Gott. Seine Seligkeit und Gottes Seligkeit sind eine Seligkeit.

Mit grosser Besonnenheit vermeidet E. die quietistischen und antinomistischen Consequenzen, die sich aus solchen Anschauungen zu ergeben scheinen, und die bei den gleichzeitigen Schwärmereien der Brüder und Schwestern des freien Geistes im Anschluss an die Lehre Amalrichs von Bena so grell hervortreten. Der Zustand einer transscendenten Einheit mit Gott hindert keineswegs ein zeitliches und rationales Wirken auf empirische Dinge. Jene Freiheit vom Gesetz und allem Wirken kommt nach E. nur dem „Fünklein" zu, aber nicht den Kräften. Nur das „Fünklein" der Seele soll allezeit bei Gott und mit Gott geeinigt, aber dadurch auch zugleich das Begehren, Wirken und Empfinden bestimmt sein (S. 22; 385; 161; 514). In jenem höchsten Zustande kann der Mensch nicht beständig sein, sonst hörte jede Gemeinschaft der Seele mit dem Leibe auf. Gott aber ist nicht ein Zerstörer der Natur, sondern er vollendet sie und tritt mit seiner Gnade da ein, wo die Natur ihr Höchstes leistet (S. 18; 78). In diesem Leben kann und soll ein Mensch von

§ 88. Deutsche Mystik des 14. u. 15. Jahrh. Eckhart, Tauler u. A.

Affecten nicht frei werden, wenn nur die Erregung der niederen Triebe die Vernunft nicht berührt, und in den obersten Theil der Seele nichts Fremdes und Unangemessenes eindringt (S. 52 ff.; 489; 666—668). Keine Contemplation ohne Wirken; blosse Beschaulichkeit wäre Selbstsucht. Durch das vielfach vermittelte äussere Wirken wird das stille Werk der Vernunft nicht beeinträchtigt. Was die Vernunft als Eines und Unzeitliches erfasst, das übertragen die Kräfte in zeitliche und räumliche Bestimmtheit. Wäre der Mensch in Verzückung wie St. Paulus und wüsste er einen Armen, der eines Süppleins bedürfte, es wäre besser, er liesse die Verzückung und diente dem Bedürftigen (S. 18—21; 330; 554; 607). Weit entfernt, dass die Werke mit der erreichten Heiligung aufhören; vielmehr erst nach der Heiligung beginnt die rechte Wirksamkeit, die Liebe zu allen Creaturen, am meisten zu den Feinden, der Friede mit allen. Die Verzückung geht schnell vorüber, aber die Vereinigung mit Gott wird der Seele ein bleibender Besitz, auch wenn sie ihr scheinbar in äusserlichem Thun entrückt wird. Freilich sind die äusseren Werke der Barmherzigkeit nicht Selbstzweck; sie haben ein Ende, wo es nicht Jammer noch Armuth giebt, in der Ewigkeit, während die Uebung des inneren Menschen, deren Ausfluss sie sind, hier anfängt und ewig dauert (S. 329 ff.). Ein Mensch kann sich selber lassen und dennoch — und dann erst mit Fug und Recht — zeitliche Güter behalten. Alles kann er geniessen, keine natürliche Empfindung ist seiner unwürdig. Wir sollen kein kleines Gut in uns zerstören, um ein grösseres zu gewinnen, keine Wirkungsweise von bedingter Güte aufgeben um eines grösseren Gutes willen; sondern wir sollen jedes Gute im höchsten Sinne erfassen, denn kein Gut streitet wider das andere (S. 427; 473; 492; 545; 573). Nur auf das Princip kommt es an; das rechte Princip hat die rechten Handlungen von selbst zur Folge (S. 179). Manche Leute sagen: habe ich Gott und Gottes Liebe, so kann ich thun, was ich will. Sie müssen's nur recht verstehen. So lange du irgend etwas vermagst, was wider Gott ist, so hast du eben Gottes Liebe nicht (S. 232). Thue, wozu gerade du dich am meisten von Gott gedrungen fühlst. Was des Einen Leben ist, das ist oft des Andern Tod. Alle Leute sind mit nichten auf einen Weg zu Gott gewiesen. Gott hat des Menschen Heil nicht gebunden an eine bestimmte Wirkungsart. Findest du, dass dein nächster Weg zu Gott nicht in viel Werken und äusseren Mühen oder Entbehrungen besteht, — woran eben auch nicht viel liegt, es sei denn, dass sich der Mensch sonderlich dazu getrieben fühle und die Macht habe, es zu thun ohne Beirrung seines inwendigen Lebens, — findest du also dies nicht in dir, so sei ganz in Frieden und nimm dich dess nicht viel an. Auch Christo folge geistlich nach. Wolltest du 40 Tage fasten, weil es Christus gethan hat? Sondern darin folge ihm, dass du wahrnimmst, wohin es dich am meisten zieht, und du übe Entsagung. Das wäre ein schwaches inwendiges Leben, das von dem äusseren Kleide abhinge; das Innere soll das Aeussere bestimmen. Darum mögen mit Fug und Recht die wohl essen, die eben so bereit wären zum Fasten. Peinige dich nicht selbst; legt dir Gott Leiden auf, so trag's. Giebt er dir Ehre und Glück, so trag's ganz eben so gern. Ein Mensch kann nicht Alles thun, er muss je Eines thun; aber in dem Einen kann er alle Dinge erfassen. Liegt das Hinderniss nicht in dir, so kannst du Gott beim Feuer oder im Stall eben so wohl gegenwärtig haben, als in andächtigem Gebet. Lass dir nicht genügen an einem gedachten Gott. Vergeht der Gedanke, so vergeht auch der Gott. Du magst es im Glauben wohl erreichen, das du Gott dir wesentlich inne wohnend habest und dass du in Gott seiest und Gott in dir (S. 543—578).

V. Da Gott den Process der Wiedereinbildung aus der Veräusserung in sich selbst vermittelst der Seele vollzieht, so bedarf Gott der Seele. Er stellt uns fortwährend nach, um uns in sich zu ziehen. Zu diesem Zwecke wirkt er alle seine

Werke. Gott kann unser so wenig entbehren, wie wir seiner. Dieser ewige Process in Gott ist seine **Gnade**; sie wirkt übernatürlich, übervernünftig: sie ist unverdient, ewig voraus bestimmt, ohne doch den freien Willen aufzuheben. Die Natur macht keinen Sprung; sie fängt im Mindesten an und wirkt stetig fort bis zum Höchsten hinauf. Gott handelt nicht gegen den freien Willen. Das Werk der Gnade ist nichts Anderes als eine Offenbarung Gottes seiner selbst für sich selbst in der Seele (S. 678). Die Gnade beginnt mit der Bekehrung des Willens, die zugleich eine Neuschöpfung aus Nichts ist. Sie bewirkt im Menschen nicht ein Thun, sondern einen Zustand, ein Einwohnen der Seele in Gott. — Ueber das Verhältniss der Gnade zum freien Willen spricht sich E. in schwankender Weise aus.

Durch die Gnade erlangt der Mensch die **volle Einheit** mit Gott wieder, die er ursprünglich hatte. Der Seele kommt eine ewige Präexistenz in Gott zu wie allen Dingen. Da war ich in Gott, aber nicht als dieser individuelle Mensch, sondern als Gott, frei und unbedingt wie er. Damals gab es in Gott keine realen Unterschiede; im göttlichen Wesen immanent habe ich die Welt und mich selber geschaffen, durch mein Ausfliessen zu individueller Existenz habe ich Gott seine Gottheit gegeben und gebe sie ihm immerfort; denn ich gebe ihm die Möglichkeit sich mitzutheilen, die doch sein Wesen ausmacht. Gott kann sich nicht verstehen ohne die Seele; insofern ich dem Wesen der Gottheit immanent bin, wirkt er alle seine Werke durch mich, und Alles, was Object des göttlichen Verstandes ist, das bin ich (S. 581—583; 614; 282—284). Kehre ich aus der endlichen Daseinsform wieder in Gott zurück, da empfange ich einen Schwung, der mich über alle Engel emporträgt und mit Gott eins macht. Da bin ich wieder, was ich war, und nehme weder ab noch zu, eine unbewegliche Ursache, die alle Dinge bewegt. Dieser Durchbruch aus der Creatürlichkeit ist der Zweck alles Daseins und alles Geschehens. Gott ist Mensch geworden, auf dass ich Gott würde. Ich werde mit Christo ein Leib und mit Gott ein Geist, ich verstehe mich nicht anders denn als einen Sohn Gottes und ziehe alle Dinge mir nach in das unerschaffene Gut (S. 511; 584). Aber die Seele wird dennoch nicht in Gott vernichtet. Ein Pünktlein bleibt, in welchem sie sich als Creatur der Gottheit gegenüber erhält: dies, dass sie nicht vermag, den Grund der Gottheit vollständig zu ermessen. Ihre vollständige Vernichtung in Gott wäre nicht ihr höchstes Ziel. Wir werden Gott von Gnaden, wie Gott von Natur Gott ist. Dieser Zustand heisst auch eine **Vergottung** des Menschen (die ϑέωσις des Dionysius und Maximus, s. o. S. 120, und des Erigena, s. o. S. 131 und 136); auch der Leib wird verklärt, sinnenfrei (S. 128; 185; 303; 377; 465; 523; 533; 662).

Die Stellung des **Bösen** im absoluten Process bleibt bei E. unklar und musste es bleiben, weil er wie die Früheren ihm nur die Bedeutung einer Privation zuerkannte. Als Durchgangspunkt für die Rückkehr der Seele in Gott erscheint das Böse zuweilen als ein Theil des göttlichen Weltplans, als ein von Gott verhängtes Leiden. Dem Guten kommen alle Dinge zu gute, auch die Sünde (S. 556). Gott verhängt dem Menschen die Sünde und gerade denen am meisten, die er zu grossen Dingen ausersehen hat; auch dafür soll der Mensch dankbar sein. Er soll nicht wünschen, nicht gesündigt zu haben; durch die Sünde wird man gedemüthigt und durch die erfahrene Vergebung Gott nur um so inniger verbunden; er soll auch nicht wünschen, dass die Versuchung zur Sünde wegfiele, denn damit fiele auch das Verdienst des Streites und die Tugend selbst hinweg (S. 426; 552; 557). Von einem höheren Standpunkte aus betrachtet giebt es nichts Böses. Ist auch das Böse nur Mittel für die Realisirung des ewigen Zweckes der Welt (S. 111; 327; 559). Gott könnte dem Sünder nichts Schlimmeres thun, als damit, dass er es ihm gestattet oder über ihn verhängt, dass er sündig ist, und dass er ihm nicht so grosses Leiden sendet, um seinen bösen Willen zu brechen (S. 277). Gott zürnt nicht über die Sünde, als würde er dadurch beleidigt, sondern über den Verlust unserer Seligkeit, also nur über die Vereitelung seines Planes mit uns (S. 54). Gegen das bleibende Wesen des Geistes ist die Sünde nur ein Aeusserliches. Auch in Todsünden behält der Geist im Wesen seine Gottähnlichkeit; auch in jenem Zustande kann der Mensch aus dem ewigen Grunde seiner Seele heraus gute Werke thun, deren Frucht im Geiste bleibt und, wenn er zu Gnaden angenommen ist, ihn fördert (S. 71—74; 218). — Doch trägt E. auch die kirchliche Lehre von der Erbsünde vor. Adams Fall hat den göttlichen Weltplan reell gestört, nicht nur die vorher von aller Schwäche freie, sittlich wohlgeordnete Natur des Menschen zerrüttet und sterblich gemacht, so dass wir nun in Gefahr und Furcht vor den Naturkräften stehen, sondern auch die ganze äussere Natur in Verwirrung gebracht (368; 497; 658), und die Sünde ist seitdem die Natur Aller geworden (S. 370; 433; 529, Z. 26).

Eckhart erkennt eine ewige und eine zeitliche Menschwerdung an und bemüht sich vielfach, die letztere begreiflich zu machen, indem er an Christus den Menschen und den Gott sorgfältig scheidet, um beides dann wieder zu vereinigen. Christi Person war ewig in Gott als die zweite Person der Trinität vorhanden. Er hat nicht die Natur eines bestimmten Menschen, sondern die Menschheit selbst angenommen, die als Idee ewig in Gott bestand. Darum wäre Gott, wie E. mit Maximus gegen Thomas behauptet, Mensch geworden, auch wenn Adam nicht gefallen wäre. Deshalb ist nicht Adam, sondern Christus der erste Mensch, den Gott erschuf; denn er war bei der Schöpfung des Menschen vorausgemeint (S. 158; 250; 591). Christus ist durch ein Wunder als Mensch geboren in einem bestimmten Zeitmoment, während er doch zugleich ewig in Gott bleibt. Sein Leib stammt von Maria, seinen Geist schuf Gott aus Nichts; dem Leibe wie dem Geiste hat sich Gott mitgetheilt. Menschliche und göttliche Natur sind in Christo vereinigt, aber in vermittelter Weise, und so dass jede in ihrer Eigenthümlichkeit fortbesteht; die Person ist das gemeinschaftliche Substrat und das Bindeglied der beiden Naturen (S. 674; 677). Zwischen Christus als Creatur und dem ewigen Worte ist wohl zu unterscheiden. Christi Seele war an sich eine Creatur; die Gottheit wurde ihm in übernatürlicher Weise nach seiner Erschaffung mitgetheilt. Seit Adams Fall mussten alle Creaturen dahin wirken, einen Menschen hervorzubringen, der sie in ihre ursprüngliche Herrlichkeit zurückversetzte (S. 497). Von Natur ist Christi Seele wie eines andern Menschen Seele; durch sittliche Arbeit hat sich Christus in die nächste Nähe Gottes emporgeschwungen, wie ich es auch kann durch ihn (S. 397). Seine Seele ist die weiseste, die je war. Sie wandte sich in dem Geschöpfe zum Schöpfer, darum hat Gott sie mit göttlichen Eigenschaften begabt. Christi geschaffene Seele ergründete die Gottheit niemals gänzlich. Als Kind war er einfältig wie ein anderes; in seinem Erdenleben blieb ihm die Einheit mit Gott entzogen, so dass er nicht die volle Anschauung göttlicher Natur hatte. Noch im Himmel bleibt Christi Seele Creatur und steht unter den Bedingungen der Creatur (S. 535; 674). Freilich ist die Einzigkeit seiner sittlichen Erhebung auch aus einer ihrem Grade nach einzigen göttlichen Gnadenwirkung zu verstehen. Als Christus geschaffen war, da wurde sein Leib und seine Seele in einem Momente mit dem ewigen Worte vereinigt. Auch in seinem tiefsten Leiden blieb er mit dem höchsten Gute in der obersten Kraft seiner Seele vereinigt; aber sein Leib war sterblich, und mit Sinnen, Körper und Verstand war er dem Leiden zugänglich. Seine Einigung mit Gott war so kräftig, dass er sich nie einen Augenblick von Gott abwenden konnte, und all sein Wirken geschah aus dem Wesen in das Wesen, frei und unbedingt und ledig aller endlichen Zwecke (S. 292—293; 583). Das Sitzen

Christi zur Rechten des Vaters bedeutet seine Erhebung über die Zeit in die Ruhe der Gottheit, wohin auch die mit Christo Auferstandenen gelangen sollen (S. 116 ff.). So ist Christus unser Vorbild. Können wir wie er nicht ein Mensch, sondern der Mensch werden, so haben wir von Gnaden alles das, was Christus von Natur hatte. — Von der Satisfactionslehre zeigen sich bei E. nur geringe Spuren und nur als Anlehnung an den Sprachgebrauch. Christus ist der Erlöser durch sein sittliches Verdienst. Dadurch, dass Gott menschliche Natur angenommen hat, ist diese geadelt worden, und ich erlange diesen Adel, soweit ich in Christo bin und die Idee der Menschheit in mir verwirkliche (S. 64—65). Christus hat uns die Seligkeit des Leidens bewiesen; die Erlösung durch sein Blut ist bei E. nur ein anderer Ausdruck für die heiligende, vorbildliche Kraft seines Leidens (S. 452; 184). Durch vollkommene Pflichterfüllung hat er einen Lohn verdient, an dem wir alle Theil haben, so weit wir mit ihm eins werden (S. 644). Darum verdient auch sein sterblicher Leib keine Anbetung; eine jede sittliche Seele ist edler als dieser (S. 397). Die Betrachtung der menschlichen Erscheinung Christi ist nur Vorstufe; selbst den Jüngern war Christi leibliche Gegenwart eher ein Hinderniss. Man muss der Menschheit Christi nachjagen, bis man die Gottheit ergreift. Das viele Denken an den Menschen Jesus, an seine leibliche Erscheinung und sein Leiden erscheint E. als die Quelle einer falschen Rührung und empfindungsseeligen Andacht ohne sittliche Kraft und klare Erkenntniss (S. 241; 247; 636; 658). Maria ist selig, nicht weil sie Christum leiblich, sondern weil sie ihn geistig geboren hat, und Jeder kann ihr darin gleich werden (S. 285; 345—347). Aehnlich urtheilt E. über die Sacramente, wenn er auch zumeist die orthodoxe Lehre vorträgt. Wohl ist das Abendmahl das grösste Geschenk Gottes an die Menschheit; aber doch ist es grössere Seligkeit, dass Gott in uns geistlich geboren werde, als die leibliche Vereinigung mit Christo. Wer geistig recht bereit wäre, dem würde jede Speise ein Sacrament. Sacrament bedeutet Zeichen. Wer am Zeichen haften bleibt, kommt nicht zu der inwendigen Wahrheit, auf die jenes bloss hindeutet (S. 568; 239; 396; 593). — Bis zum Tode ist ein Fortschreiten in der Heiligung möglich, der Tod ist der Abschluss. Der Zustand, in welchem der Mensch bei seinem Tode ist, bleibt sein Zustand für immer (S. 639). Die Hölle ist ein Zustand, das Sein im Nichts, in der Gottentfremdung. Für die, welche sich kurz vor dem Tode bekehren, wird ein Fegefeuer zugegeben, welches einmal ein Ende nimmt. Am jüngsten Tage spricht nicht Gott das Gericht, sondern jeder Mensch spricht sich selbst sein Urtheil; wie er da in seinem Wesen erscheint, so soll er ewig bleiben. Die Auferstehung des Leibes ist so zu verstehen, dass der Leib das Wesen der Seele mit überkommt; was aber aufersteht, ist nicht der stoffliche Leib selber, sondern das ideelle Princip des Leibes (S. 470—472; 522).

Eckharts Lehre ist eine speculative Deutung, zum Theil Umdeutung der fundamentalen christlichen Dogmen, beruhend auf einer kühnen metaphysischen Grundanschauung, dem Gedanken der Wesensgleichheit der Seele mit Gott. In seinem freien Verhältniss zur Kirchenlehre ist er der Vorläufer der neueren Wissenschaft. Wenn neuere Denker aus reiner Vernunftwissenschaft heraus eine Uebereinstimmung mit dem Christenthum angestrebt haben, so ist E. von einer, wie er glaubte, kirchlichen Anschauung zu einem Absolutismus der Vernunft gekommen. Seine Grundstimmung ist aus dem innersten Wesen der deutschen Nationalität geschöpft; in Deutschland sind die von ihm ausgegangenen Anregungen nicht wieder untergegangen, auch als sein Name fast vergessen war. Wohl will er erbauen, aber vermittelst klarer Erkenntniss. Das Dogmatische verliert bei ihm seine specifische Form, das Geschichtliche seine wesentliche Bedeutung; die Motive seiner Lehre, wenn auch von einem hohen ethischen Bewusstsein und

Streben getragen, sind rein wissenschaftlicher Art, wiewohl die Form der Wissenschaft zurücktritt. Nicht bei den Stufen der Erhebung der Seele zu Gott verweilt er, wie die romanische Mystik, sondern bei der Darlegung des wahren Seins und der wahren Erkenntniss. So will er in der Lehre der Kirche und seiner Vorgänger den reinen Gedanken aus aller Umhüllung herausschälen und auch die Lehren der Ketzer in ihrer relativen Berechtigung begreifen. Die mystischen Elemente bei E. sind: die Auffassung der höchsten Thätigkeit der Vernunft als unmittelbarer intellectueller Anschauung, die Leugnung des Seins alles Endlichen, die Forderung der Aufgebung des eigenen Selbst und die Lehre von der vollkommenen Einigung mit Gott als dem höchsten Ziele. Aber seine Mystik ist nicht sowohl Stimmung als Gedanke, und das giebt ihm die Besonnenheit und Klarheit, die er selten verleugnet. Die äussersten Consequenzen scheut er nicht; die Paradoxie wird eher gesucht als gemieden, der immer fesselnde, oft hinreissende Ausdruck auf die Spitze gestellt, um eindringlich zu werden und den Gegensatz zur verflachenden gewöhnlichen Auffassung klarer darzustellen. Oft ist deshalb der Ausdruck paradoxer als der Gedanke, und E. nimmt Bedacht, die nöthigen Restrictionen hinzuzufügen. Thomas von Aquino streift in vielen Punkten hart an das von E. Gelehrte an; aber seine Stellung zur Kirche und ihrer Lehre erlaubt ihm nicht, über alles Statutarische hinaus so weit in den reinen Grund des religiösen Bewusstseins zurückzugreifen. Insofern ist E.s Lehre ein vergeistigter Thomismus. Der Romane Thomas wurde die höchste wissenschaftliche Autorität der römischen Kirche, die Lehre Eckharts, des Deutschen, bereitete mit ihrer Ethik die Reformation, mit ihrer Metaphysik die spätere deutsche Speculation vor.

Die mystische Schule, die sich an E. anschloss, zerfällt in eine ketzerische und eine kirchliche Richtung. Jene, die falschen „freien Geister", huldigte einem wüsten und in seinen Consequenzen unsittlichen Pantheismus, diese suchte E.s Lehre in einem gemilderten Sinne mit persönlicher Frömmigkeit zu verbinden. Es war eine populäre, grosse Theile des deutschen Volkes ergreifende Bewegung. Alte Ketzereien fanden an E. einen Halt; aber auch die weitverbreitete, stille Gemeinde der Gottesfreunde (der Name bezeichnet den Gegensatz zu den Knechten des Gesetzes; vgl. Ev. Joh. XV, 15; Jacob. II, 23), deren Wesen ein schwärmerisches Gefühl der Gottesnähe bildet, fand ihre Häupter zumeist in den Schülern E.s. Die bedeutendsten unter den unmittelbaren Schülern sind der berühmte Prediger Johannes Tauler von Strassburg (1300—1361), der in seinen Predigten eindringliche und sittlich erweckliche Mahnung mit der Wiederholung der speculativen Lehren E.s verband, und Heinrich Suso von Constanz (1300—1365), der Minnedichter der Gottesliebe, bei dem die frommen Ergüsse einer schwärmerischen Phantasie mit den abstracten Speculationen E.s eine seltsame Verbindung eingehen. Auch das Büchlein aus dem vierzehnten Jahrhundert von unbekanntem Verfasser, das von Luther aufgefunden und unter dem Titel „Eine deutsche Theologie" herausgegeben, so grosse Wirkungen geübt hat, ist eine im wesentlichen getreue, theilweise jedoch die Spitzen des Ausdrucks abstumpfende Wiedergabe eckhartscher Grundgedanken. Von demselben angeregt, nähert sich Johann Rusbroek (1293—1381), Prior im Kloster Grünthal bei Brüssel, mehr der romanischen Mystik und lehrt, ohne sich allzusehr in ontologische Speculationen zu vertiefen, die Contemplation als den Weg zu Gott, doch auch er ist dem Kanzler Gerson des Pantheismus und der Vergötterung der Seele verdächtig. Die Lehre Eckharts wissenschaftlich fortgebildet hat Keiner von ihnen. Das rein theoretische Interesse trat bei ihnen hinter das religiöse und ethisch-praktische zurück; die wilden Auswüchse der eckhartschen Gedanken haben sie alle bekämpft. Besonders suchen sie

Gott und die Creatur genauer zu sondern, betrachten die Einheit der Seele mit Gott nicht als eine Einheit des Wesens, sondern des Willens oder des Schauens, und fassen den Begriff des Glaubens mehr als eine Unterwerfung des Verstandes unter die Autorität, ohne doch sich von E.s Auffassung ablösen zu können. Am meisten haben Tauler und die „deutsche Theologie" das Fortleben der eckhartschen Speculation vermittelt, während auf Eckharts Andenken und Schriften der Bann der Kirche mit aller Schwere lastete.

Die spätere Mystik, wie sie sich unter den Brüdern des gemeinschaftlichen Lebens (gestiftet von dem Freunde Rusbroeks, Gerhart Groot, gest. 1384) besonders durch Thomas Hamerken von Kempen (gest. 1471, „Von der Nachfolge Christi") ausgebildet hat, und von hier aus angeregt bei Johann Wessel (gest. 1489) zu einem System reformatorischer Theologie geworden ist, trägt nicht mehr den speculativen Charakter der Schule Eckharts.

Berichtigungen und Zusätze.

S. 1, Z. 1 v. u. s. h.: Von grossem Werthe für die Kenntniss und Beurtheilung der Litteratur ist der Theologische Jahresbericht unter Mitwirkung von — Böhringer — Lüdemann u. A. herausgegeben von B. Pünjer, Leipz. 1882 ff., sowie die Theologische Litteraturzeitung, herausgeg. v. Ad. Harnack u. E. Schürer, Leipz. 1876 ff.

S. 18, Z. 18 v. o. s. h.: S. Talamo, les origines du christianisme et la phil. stoicienne, 4 Artikel in: Annales de phil. chrétienne, 1884.

S. 21, Z. 30 v. o. s. h.: J. B. Lightfoot, the apostolic fathers, Lond. 1885.

S. 22, Z. 8 v. o. s. h.: Polycarpi Smyrnaei epistula genuina, rec. G. Volkmar, Zürich 1885. A. Hilgenfeld, d. Br. des Polykarpus an d. Phil., in: Ztschr. f. wissensch. Th., 29, 1886, S. 180—206.

S. 42, Z. 20 v. u. s. h.: Th. Zahn, Studien zu Just. Mart., in: Ztsch. f. K. G., VIII, 1885, S. 1—84 (I. Just. b. Methodius, II. J.s Schr. üb. d. Auferstehung, III. Wahrh. u. Dicht. in J.s Dial. mit d. Jud. Tryph., IV. Just. u. d. L. d. 12 Apostel).

S. 58, Z. 19 v. u. s. h.: Reck, Minuc. Felix u. Tertullian, e. literarhist.-krit. Unters., in: Theol. Quartalschr. 1886, S. 64—114. D. Verf. zweifelt nicht daran, dass Minuc. vor Tertull. zu setzen sei.

S. 72, Z. 1 v. o. s. h.: Michelis, üb. d. Bedeut. des Neuplatonism. f. d. Entwickel. der christl. Speculation, in: Philos. Vorträge, herausgeg. v. d. philos. Gesellsch. z. Berl., N. F. 8. H., S. 48—74, Halle 1885.

S. 72, Z. 23 v. u. s. h.: R. Taverni, sopra il Παιδαγωγός di Tito Fl. Clemente Aless., Roma 1885.

S. 175, Z. 18 v. u. l. 1160 statt 1260.

S. 225, Z. 27 v. u. s. h.: F. Prosper, la scolastique et les traditions franciscaines: St. Bonaventure, Amiens 1885.

S. 237, Z. 23 v. u. s. h.: J. Vahlen, Lorenzo Valla üb. Thom. v. Aquino, in: Vierteljahrsschr. f. Cultur u. Litter. d. Renaissance, I, 1885, S. 384—396.

Register.*)

A.

Abälardus (Abeillard oder Abélard), Petrus 147 148 149 150 151 *162 bis 173 177 179 181 278.
Pseudo-Abälard 173.
Abälard, Schule des 173 f.
Abbeloos, J. B. 186.
Abrabanel, Isaac 209 219.
Abraham der Patriarch 15 45 204 206.
Abraham ben David von Toledo 206 *208 216.
Rabbi Abraham ben Hasdai aus Barcelona 191.
Abraham ben Jischak 207.
Abroell, Ludw. 154.
Abubacer (Abu Bekr Mohammed ben Abd al Malic Ibn Tophail al Keisi) 188 191 192 *201 217.
Abu Baschar Mata 195.
Abu Jacub Jussuf Chalif 201.
Abulfaragius (Gregorius Barhebraeus) 186 190 194 *195.
Abu Mohammed Abd-Allah 201.
Abu'l-Hasan al Ashcari 190.
Abul Kasin 193.
Academiker s. Akademiker.
d'Achery 145 175.
Acta Sanctorum 153 236.
Adelard von Bath *174 175 *177 221.
Adimantus, Schüler des Mani 102.
Adler 207.
Aegidius von Colonna s. Colonna.
Aegidius von Lessines 247.
Aegidius Romanus s. Colonna.
Aeneas von Gaza 115 116 *118.
Agathon, Papst 119.
Ahner, M. 126.
Ahron ben Elia aus Nikodemien, der Karäer 206 209 *219.
d'Ailly, Pierre *264 265 266.
Akademiker 86 100 103 105.
Akiba, Rabbi 204.
Alanus ab insulis (von Ryssel) *174 175 *179 f. 215 221.
Albergoni, Fr. Eleuth. 249.
Alberich, antinominalistischer Logiker 179.
Albert der Grosse, von Bollstädt 178 183 190 196 198 209 213 215 221 224 227 *228—233 239 241 242 244 246 250 252 268 271 272.
Albertus de Saxonia 264 265.
Alcuinus, Albinus 122 123 *126 127 141.
Pseudo-Alcuinus 126.
Alexander von Alexandrien *226.
Alexander von Aphrodisias 195 197 202 203 230 241.
Alexander von Hales 127 *223 ff. 225 f. 233.
Alexander Neckam *227 233.
Alexander IV., Papst 233.
Alexander, Schüler d. Xenophanes 183 184.
Alexandrinische Kirchenväter 32 *70 ff. 91.

*) Dieses Register enthält sowohl die Namen der in diesem Bande erwähnten Philosophen, als auch die der darin vorkommenden Geschichtsschreiber der Philosophie und Litteratoren. Bei den Philosophen sind die Hauptstellen mit einem vorgesetzten Sternchen (*) bezeichnet.

Alexandristen 205 210 259.
Alfârâbi (Abu Nasr Mohammed ben Mohammed ben Tarkhan aus Farab) 188 190 195 *196 ff. 221 226 230.
Alfred, König von England 125.
Alfredus Anglicus 221 *224 225 *227.
Algazel (i) *184 188 191 *200 216 221 226 230.
Alkendi (Abu Jusuf Jacub Ibn Eshak Al Kendi, auch Al-Kindi 188 190 *196 230.
Almansur s. Jacub.
Alpetragius (Abu Ishak al Bitrodji) 192.
Alt, II. J. 83.
Altstädt, Joh. Heinr. 255.
Alzog, Joh. 4.
Amalricaner 127 181 183.
Amalrich von Bena 176 *180 181 *182 f. 222 242.
d'Amboise, François 163.
Ambrosius 3 23 97 98 *100 161.
Ambrosius, Freund des Origenes 81.
Ammonius Hermiae 118 195.
Ammonius Sakkas 76.
Anan ben David 205.
Ananias 45.
Anaxagoras 103 230.
Anaximander 103.
Anaximenes 103.
Anders, G. 131.
Andronicus Rhodius 188.
Anet 4.
Anicetus von Rom 33 f.
Anselm von Canterbury 145 147 148 150 151 *152—162 165 230 250.
Anselm von Laon 151.
Antisthenes 103.
Antonius Andreae, der Scotist 253.
Apelles 29 *34.
Apollinaris von Hierapolis, der Apologet *49.
Apollinaris d. J., Bischof von Laodicea 97.
Apollophanes 76.
Apollos (Apollonius) 11.
Apologeten *41—65.
Apostel *7—15.
Apostel L. v. d. zwölf (Διδαχή τῶν ἀποστόλων).
Apostelgeschichte 25.
Apostelschüler 17 18.
Apostolische Väter *20—28.
Apuleius 83 111 126 141 176.
Aquila, Petrus von 253.
Aquino, Thomas von 23 100 183 202 213 215 223 227 229 230 233 *234—247 250 252 253 255 260 268 272 274 285.
Arabische Philosophen im Mittelalter *188—204 206 217.
Archelaus 103.
Ardesianes s. Bardesanes.
Arevalus, Faustinus 123.

d'Argens 117.
Arianer 65 *69 81 88 151.
Aristäus 42.
Aristides von Athen, der Apologet 42 *43 48.
Aristippus 103.
Aristobulus 14.
Ariston von Pella, der Apologet *48 49.
Aristoteles 37 100 105 118 121 137 139 140 141 142 147 156 163 165 166 177 182 183 194 195 196 197 198 199 202 215 219 221 222 223 225 227 228 230 231 232 234 238 239 240 241 245 248 251 256 258.
Pseudo-Aristoteles 195 214 215 221.
Arius 65 69.
Arnobius 58 82 ff.
Arnold, Gottfr. 270 271.
v. Arnswaldt, A. 271.
Arnulf von Laon 147.
Artemon der Monarchianer *66.
Aschariten 194.
Ashwell 191.
Asriel der Kabbalist 204.
d'Assailly, Oct. 229.
Assemani 185 195.
Athanasianer 69.
Athanasius von Alexandrien 4 23 65 *69 88 97 118 119 136.
Athenagoras der Apologet *48 *50 51 52 73.
Atzberger, C. 66.
Aubé, L. 42 47 73.
Auctoritates, oder dicta notabillia 223.
Augusti 1 4.
Augustinus, Aurelius 2 3 23 30 40 96 *97 127 130 139 141 145 150 155 156 158 165 168 169 227 231 238 239 250 267.
Pseudo-Augustinus 139 141.
Aureolus s. Petrus.
Autolycus, Schrift an ihn von Theophilus 48 51.
Autricuria, Nicolaus von 267.
Avempace (Abu Bekr Mohammed ben Jahja Ibn Bâdsha) 188 199 *200 f.
Avencebrol s. Avicebron.
Avendeath, Johannes (ibn David?) 190 215 221.
Averroës (Ibn Roschd) 189 191 *192 195 198 199 200 *201—204 215 217 223 225 226 230 256 261.
Avesque, J. 73.
Avicebron, Avicembron (Ibn Gebirol) 182 183 *205 208 *212—214 216 218 221 226 230 248 252.
Avicenna (Ibn Sina) *188 190 191 195 *198—200 202 216 221 225 226 230 243 256.
Axionikus der Gnostiker 39.
Azarias 45.

19

B.

Bach, F. 270.
Bach Joseph 128 229 270 271.
Bacon, Roger 221 222 227 *254 255 *256—258.
Bacon von Verulam 130 254.
Bähr 123.
Bähring, F. 271.
Bahja ben Joseph *205 206 *208 *216.
Bahrdt, H. A. 123.
Balduin, Franz 58.
Ballerini 98.
Baltus, Franc. 71.
Baltzer 91.
Baltzer, J. P. 99.
Baphidis, Philar. 116.
Barach, C. S. 128 140 175 176 221 225.
Bardenhewer 215.
Bardesanes der Gnostiker *30 f. *39 f.
Barhebraeus, Gregorius s. Abufaragius.
Barnabas 11 18 26
Pseudo-Barnabas 20 22 *26 32.
Barrau, Alb. 270.
de la Barre 175.
Barth, Casp. 116 122.
Barthélemy St. Hilaire 190.
Basilides der Syrer, Gnostiker *29 30 33 34 *36 f.
Basilidianer 31 56.
Basilius der Grosse von Cäsarea 23 *88 89 90 100 108 158.
de Bassolis, Joh. 253.
Bauer, Bruno 12 18.
Baumann, J. J. 237.
Baumgarten-Crusius, Gustav 73.
Baumgarten-Crusius, L. F. O. 1 71 72 117 140 249.
Baur, Ferd. Christian 1 4 5 17 18 22 27 30 31 37 56 66 69 72 73 154.
Baur, Ferd. Friedr. 17.
Baur, Gust. 123 247.
Baxmann 30.
Beaugendre 146.
de Beausobre, J. 31.
Beck, J. T. 6.
Becker, Gust. 123.
Beda Venerabilis 122 123 *126 175.
Beer, B. 204.
Behm, M. Th. 22 42.
Behr, E. 58.
Bekker 186.
Belck, W. 59.
Benamozegh, El. 6 207.
Benedictiner der Mauriner Congregation 98.
Benjakob, Is. 208.
Benoit, A. 90.
Berengar von Tours *145 f.
Berg, van d. 236.
Bergades, Joh. 89.
Bergeret, J. O. 164.
Bergstedt, C. F. 123.

Berington, John 163.
Bernays, Jac. 30.
Bernhard von Chartres 169 *174 *175 176 177 182.
Bernhard von Clairvaux (Clarevallensis) 23 146 151 172 178 *180 f. 227 228.
Bernhardus de Trilia 247.
Berthaumier 225.
Bertold P. 83.
Beryllus von Bostra *68.
Bestmann, H. J. 1 73 99.
Bétant, E. A. 122.
Beyschlag, W. 6.
von Bianco, F. J. 229.
Biéchy, Am. 99.
Biel, Gabriel s. Gabriel.
de la Bigne, Margarinus 4 123.
Billius 117.
Billouart 236.
Billroth, J. G. F. 154.
Bindemann, C. F. J. 73 99.
Binder, Ch. 128.
Birlinger 270.
Bittcher, H. 164.
Bittner 98.
Bleek 5.
Blemmydes s. Nikephorus.
Bloch, Ph. 208.
Blondel, C. 90.
Boecker, P. J. 236.
Böhmer, Ed. 117 180 270 271.
Böhringer, Friedr. 1 27 42 53 58 66 73 99 270 287.
Boëthius, Anicius Manlius Torquatus Severinus *121 *122 *124 f. 139 141 142 143 147 156 163 165 184 186 256.
Pseudo-Boëthius 174 178.
Böttger, C. 122.
Boissonade, J. F. 116.
Bonaventura (Johann Fidanza) 23 *224 225 *227 f.
Bonifacius V., Papst 247.
Bonifacius VIII., Papst 23.
Bonnier, Ed. 164.
Bonwetsch, G. N. 59.
Bordes, V. 58.
Bornemann, L A. 164.
Borrasch, V. 139.
Bosisio, Giov. 123.
Botton, F. 5.
Bouchitté 147.
Bouillerie, La 237.
du Boulay 164 222 239 259.
Bourgeat, J. B. 224.
Bourgoguoni, D. 225.
Bourgoin, A. 101.
Bourquard, L. C. 123.
Boutaric, V. de 225.
Bradwardine, Thomas 247.
Brandis 194.
Braun, Fr. 164 260.

Braunsberg, O. 22.
Brecher G. 208.
du Breul, Jac. 123.
Brewer, J. S. 227 255.
Brown, Ed. 260.
Brucker, Jac. 1 128 185 189 190 191.
Brüder des gemeinschaftlichen Lebens 286.
Brüder, die lauteren, Brüder der Reinheit 188 189 *190 *197 f. 215.
Brüll, Andr. 21 22.
Le Brun, J. B. 83.
Buat 123.
Buchwald, G. 131 136.
Bücheler, F. 42.
Büdinger, Max 144 221.
Bünemann, J. L. 83.
Buhle 1 128 189 221 229.
Bulaeus, C. D. 128 137 181.
Bunsen 4 22 27 30 31 54 56.
Burckhardt, F. A. 58.
Buridan, Johann 264 *265 f.
Burleigh (Burlaeus) Walther 253.
Busch 99.
Busse 4.
Buxtorf, Joh. 208 209.
Byel, Gabriel s. Gabriel.

C (vgl. auch K.)

Cacheux 236.
Caesarius von Heisterbach 183 222.
Cajetan 145.
Callistus s. Kallistus.
Camus 189.
Canalejas, F. de P. 255.
Canoniker der Abtei St. Victor 181.
Cantor, M. 144.
Capella s. Marcianus.
Capito (Grosseteste), Roberts. Greathead.
Capitolinus 27.
Capozza, F. L.
Carle 236.
Carmagnolle 236.
Carpentarius 214.
Carriere, M. 164.
Cartesius s. Descartes.
Casiri 189 190 200.
Caspari, C. P. 98.
Cassel, Dav. 208.
Cassianus, Semipelagianer *113 *124.
Cassiodorius, Magnus Aurelius, Senator 121 *122 123 *125 f. 127 141.
de Castello s. Guido.
Caucanas, G. 59.
Causis, liber de *215 f. 221.
Cavellus, Hugo 249.
Celsus, Bekämpfer des Christenthums 49 73 *80.
Cerdon 29 *33 35.
Cerinthus 29 *32 33 35 56.

Chaeremon 76.
Chalcidius 132 141 165 176.
von Champeaux s. Wilhelm.
Charles, Emile 222 255.
Charlier, Johannes s. Gerson.
Chiwi (el-Balkhi) aus Baktrien 212.
Chladenius, Joh. Mart. 147.
Chocarne 237.
Chrestien 99.
Christlieb 131.
Christophorus s. Persona.
Christus s. Jesus.
Church 154.
Chrysostomus 23 97.
Cicero, M. Tullius 59 85 86 146 165.
Cicognani 237.
Clarisse, Th. A. 48.
Claudianus Mamertus *121 122 *124 126 141.
Clausen, Em. Th. 116.
Clausen, H. N. 72.
Clemens 128.
Clemens, Titus Flavius, von Alexandrien 23 28 30 38 39 53 *70—76 78 83 91 136.
Clemens in Philippi 23.
Clemens von Rom 20 ff. 23 24.
Clemens, W. 6.
Pseudo-Clemens von Rom, Clementina *23 24 ff. 34.
Cleomenes s. Kleomenes.
Clericus 21.
Cocker, B. F. 6.
Cognat, J. 72.
Cohortatio ad Graecos 45.
Coldit, F. E. 31.
Colet, J. 117.
Colganus 250.
Collette 99.
Collombat 116.
von Colonna, Aegidius 240 *247.
Colvener 123 143.
Combefisius 117.
Commodian 59 65.
Conceptualisten *140 *168 170 179.
Condamin, J. P. 59.
Condillac 84.
Constantinus Africanus 221.
Constitutiones apostolicae 22.
Contzen, Heinr. 236.
Corbeil, s. Peter von C.
Corderius, Balth. 116 121.
Corduero 210.
Cornelissen, J. J. 58.
Cornelius, Labeo 83.
Cornutus s. Kornutus.
Costa ben Luca 221.
Cotelier 21.
Cousin, Victor 140 141 142 143 144 147 149 150 154 163 164 165 170 172 173 175 176 177 221.
Crecelius, W. 101.
Credner, Karl Aug. 5.

19*

Cremer, H. 154.
Crescentius, der Kyniker 44.
Cruice, P. 30.
Cudworth 71.
Cunningham, W 22.
Cupély, de 128.
Cureton, W. 27 40 49 189.
Cyprian 85.
Cyrillus 23 *117 118 119.

D.

Dähne 71 72.
Dallacus 117 119.
Damiani, Petrus 145.
Danaeus, Lambertus 128.
Daniel 48.
Dante Alighieri *247 255.
David Abbi Simra 210.
David der Armenier 194.
David von Augsburg *271.
David von Dinant 176 *180 181 *183 184 222 232 242.
David ben Merwan al Mokammez 205 212.
David der Jude 215 221.
Davisius 21.
Dechent, H. 83 85.
Delarue, C. 72.
Delarue, C. V. 72.
Delaunay, D. 237.
Delff, Hugo 247.
Delitzsch, Fr. 6 209.
Delitzsch, Joh. 236.
Dembowski, H. 48.
Denifle, Fr. H. 128 164 270 271.
Denis, J. 73.
Derenburg 191.
Desbarreaux-Bernard 224.
Descartes 115 164.
Deutinger 4.
Deutsch, Eman. 207.
Deutsch, S. M. 164.
Dialog über das Schicksal 40.
Dicta notabilia s. auctoritates.
Diels 48 54.
Diepenbrock 271.
Dieterici, Friedr. 189 190 195 214 215.
Dikaearch 241.
Dindorf, W. 72.
Diodorus v. Tarsus 97.
Diogenes von Apollonia 103.
Diogenes von Laerte 129.
Diognet, Brief an 20 22 27 279.
Dionysius von Alexandrien 56 71 73 81.
Pseudo-Dionysius der Areopagit 115 116 *118—121 130 131 136 137 141 180 182 183 227 230 274 275 277 282.
Dixon 229.

Döllinger 54 56 154.
Doergens, Herm. 128.
Doketismus 27.
Dombart, B. 58 99.
Dominicus Gundisalvi s. Gundisalvi.
Donaldson, Jam. 4 21 22.
Donatisten 2 98 101.
Dorner, Aug. 99.
Dorner, J. A. 1 66 73 154.
Dorp, J. 266.
Dowling. J. G. 4.
Dräseke, J. 22 90 97 98.
Dressel, Albert 21 25.
Drioux 236.
Druon, H. 116.
Duchesne (Quercetanus) 90.
Dufresnoy, Nic. Lenglet 83.
Dugat, G. 190.
Dukes, Leop. 190 208.
Duncker, L. 30 42 53 56.
Duns Scotus, Johannes 154 216 241 *248—253 260 272 275.
Duparay, B. 164.
Dupont, A. 99.
Durand 163.
Durand von St. Pourçain, Wilhelm 247 *260 261 266.
Duval s. Du Val.

E.

Eadmer 153.
v. Eberstein W. L. G. 128.
Ebert, Ad. 5 58 59 83 122 123 131.
Ebjoniten 35 65 193.
Echard 229.
Eckart, Schule des 269 286.
Eckhardt, Meister, Mystiker 268 ff. *271—286.
Eckstein, F. A. 123.
Ehinger, El. 187.
Ehlers 41 72.
Ehrle, F. 254.
Eichhorn, J. G. 13 191.
Eisler, Mor. 207.
Eleutherus, Bischof von Rom 54.
Elias 45.
Ellebodius Nicasius 116.
Ellendorff 180.
Empedokles 52 214 230.
Pseudo-Empedokles 214.
Endert, C. van 4 100.
Engelbrecht, A. 4 122.
von Engelhardt 18 42 47 73.
Engelhardt, J. 58.
Engelhardt, J. G. V. 117 180 265 271.
Engelmann 4.
Enkratiten 60.
Epicur s. Epikur.
Epicureer s. Epikureer.

Epigonus, der Anhänger des Noëtus *67.
Epikur 84.
Epikureer 62—103.
Epiphanes, der Sohn des Karpokrates *35.
Epiphanius, 30 35 36 67.
Erasmus, Desiderius 3 53 98.
Erdmann 119 128 249.
Erdmann, D. 1.
Eric von Auxerre *142 148.
Erigena, Johannes Scotus 119 121 127 129 *130—138 145 149 150 164 180 182 183 219 278.
Ernesti, H. Fr. Th. L. 6.
Esra, der Kabbalist 204.
Essäer, Essener 7 14 193 210.
Eucken, R. 237.
Euklides 122 177.
Eusebius von Caesarea 12 23 27 30 34 43 47 54 56 74.
Eusebius von Emesa 97.
Eustratius 185 187.
Evagrius 49.
Evangelides, M. 116.
Ewald 98.
Exner 140.
Eyssenhardt, Franz 122.

F.

Faber, A. 58.
Fabrarius, E. 4.
Falkenheim, Simon 209.
Farabi s. Alfarabi.
Faustus der Semipelagianer *124.
Fechtrup, B. 85.
Félice, P. de 58.
Felix 118.
Felix, Minucius s. Minucius.
Fell, J. 116.
Ferchi 250.
Fermand 72.
Ferrari, Jos. Ant. 249.
Ferraz 99.
Fessler 163.
Fessler, Jos. 4.
Feuardentius 53.
Feuerbach, Ludw. 164.
Feuerlein, Emil 99.
Fialon, E. 89.
Fidanza, Johann s. Bonaventura.
Figuier, L. 128.
Fihrist 31 34 190.
Firmicus Maternus s. Julius.
Fischer 72.
Flach, J. 116.
Fleischer, H. L. 190.
von Flores s. Joachim.
Florinus, Brief an, von Irenaeus 54.
Floss, H. J. 131.

Flottes 99.
Flügel, G. 31 34 189 190 195.
Fock, Heinr. Otto Friedr. 68.
Förster, Th. 97 98.
de Fortino s. Hieronymus.
Fortlage 99.
Fortunatus 102.
Fournier 73.
Franciscus de Mayronis 253.
Franck, Ad. 144 207 209 210.
Franck, G. F. 154.
Francke, K. B. 82.
Frankl, P. F. 190.
Franz, Ad. 123.
Franz, E. 236.
Fredegisus, Abt von St. Tours *126 f.
Freppel 72 73.
Frerichs 164.
Fretté, St. Ed. 236.
Freystadt, M. S. 207.
Friedlein, G. 144.
Friedrich, R. 225.
Frische, du, Jac. 98.
Frisius, Johannes 48.
Fritschel, G. 89.
Fritzsche, O. F. 83 153.
Frobenius, Joh. 53 123 126.
Frohschammer 236 243.
Frommann 6.
Fülleborn 116.
Fürst, Julius 207 208 209 212.
Fürstenthal, R. J. 208 209.
Fulbert, Bischof *144 145.
Fulco, Bischof von Beauvais 155.
Funck 72.
Funk 21 22 31 54.

G.

Gaab, F. 22.
Gabriel Biel, Byel *264 265 267.
Gaius, römischer Presbyter 56.
Gale, Thomas 131.
Galenus 186 195 198 221 231.
Gallandius, Andr. 4 21 42 89.
Gallasius 53.
Gandaviensis s. Heinrich.
Gangauf, Theodor 99.
Garetius, Jo. s. Rothomagius.
Gass, W. 225 234 247.
Gaudin 236.
Gaunilo von Marmoutier 153 *160 f.
Gauslenus s. Joscelin.
Gazall s. Algazel.
von Gebhardt, O. 21 22 41.
Gegenbaur, J. 123.
Gehle, H. 123.
Geiger, Abraham 193 207 208 209.
de Generibus et Speciebus, Schrift 152 163 167 *173 177.

Gennadius 124.
Georgius Aneponymus *187.
Georgius Pachymeres *187.
Georgius Scholarius 187.
Gerberon, Gabr. 153 154.
Gerbert *144 221.
Gerhard von Cremona 190 215.
Germanus, Patriarch von Constantinopel 96.
Gersdorf 4 21 58 82.
Gerson (Charlier), Johannes *265 267.
Gervaise 163.
Gesetze der Länder, Buch der 40.
Gesner, Conrad 48.
Geyler, Alexis 31.
Gfrörer, A. F. 17.
Gieseler, J. E. L. 1 13 56.
Gilbertus Porretanus (de la Porrée) 166 170 *174 175 *177 f. 179 181 225 274.
Giles, J. A. 123 145 146 175 179.
Ginsburg 208.
Ginzel, J. A. 99 123.
Giovanni, V. di 123.
Girard, Eug. 53.
Girardez, L. 265.
Glaubensregeln 41.
Glossner, M. 229.
Gnosis, Gnostiker 2 11 12 14 17 24 70 74 ff.
Gnostiker, häretische 20 24 *28—41 98 205 210 211.
Godofredus de Fontibus s. Gottfried.
Görres 154 180.
Goethals s. Heinrich von Gent.
Goldast, Melchior 260.
Goldenthal 191 209.
Goldhorn 71 164.
Gonzalez, Zef. 236.
Gosche, R. 191.
Gothofredus, Jac. 123.
Gottesfreunde 285.
Gottfried von Fontaines (de Fontibus) 247.
Gottschalk der Mönch 132 139.
Gottwald, P. 58.
Gouilloud, A. 54.
Grabe 4 51 53.
Grätz, H. 207 208.
Graff, E. G. 122 144.
Gratarolus Argentoratus, Wilh. 175.
Grau, R. F. 5.
Greathead, Robert (Grosseteste) 223 *224 226 256.
Grégoire 116.
Gregor von Ariminum (Rimini) 267.
Gregor der Grosse 23 247.
Gregor von Nazianz 22 88 90 130 137 158 185 234.
Gregor von Nyssa *88—97 108 111 121 130 135 150 158.
Gregorius, Papst 119.
Gregor VII., Papst 145 152.

Gregorius der IX., Papst 222.
Gregor von Rimini 267.
Gregorius Palamas 187.
Gregorius Thaumaturgus 97 118.
Gregor von Tours 54.
Greith 270 271 273 274.
Griesbach 13.
Groot, Gerhard 286.
de Groot s. P. Hofstede.
Gross, Peter 270.
Grosseteste, Robert s. Greathead.
Grotemeyer 58.
Grotius Hugo 13.
Gruber, Joh. Nep. 30.
Grundlehner, F. H. J. 117.
Grynaeus 53.
Güdemann, M. 22.
Günther 236.
Güntherianer 236.
Guerike 50 72.
Gugenheimer, J. 208.
Guido de Castello 172.
Guillaume d'Auvergne 259.
Guillaume le Breton 222.
Guizot 164.
Gundisalvi, Dominicus 184 190 191 208 215 221.
Guttmann 208.

H.

Haarbrücker 189 191.
Haas, Carl 153.
Hadrian 43.
Haenell, C. W. 54.
Hagen, H. 99.
Hagenbach, K. R. 1.
Hahn 71 181.
Hahn, Aug. 31.
Hahnemann, Sam. 163.
Haimon 141.
Haji Khalfa 195.
Hales s. Alexander von Hales.
Halm, Karl 4 59 91.
Hamberger 270.
Hamerken von Kempen, Thomas 286.
von Hammer-Purgstall, Joseph 189 191.
Hampden 128.
Haneberg, B. 191 215 229.
Hanife 193.
Harnack, A. 1 6 20 21 22 27 30 41 42 49 59 66 73 287.
Harrer 72.
Hartel, W. 4.
Harvey, 53.
Hase, K. 1 14.
Hasse, Rud. 154 161.
Hasselbach, C. F. W. 72.
Hasselmann, Eug. 99.
Hattemer, Heinr. 122 144.
Hauck, A. 1 59.

Haupt, J. 270.
Hauréau, Barth. 128 131 132 133 138 140 141 142 143 148 151 152 164 175 177 180 181 182 183 184 189 190 199 215 220 221 222 225 227 247 261.
Hauschild, G. R. 59 63.
Hausrath 4 6 23.
Havet, E. 6.
Hayd, H. 128 164.
Hébert-Duperron 72.
Hebräerbrief 11 14 18 31 32 77.
Hebräer-Evangelium 12 14.
Heeren 221.
Hefele, Karl Jos. 21 225.
Hegel 1.
Hegelianer 238.
Hegesippus 23.
Heidenheim, M. 209.
Heidrich, R. 270.
Heinichen 99.
Heinrich, G. A. 270.
Heinrich von Brabant 223.
Heinrich Goethals von Gent *253 254 255.
Heinrich von Hessen (Hembucht) 267.
Heinrici, Georg 31.
Heinzelmann 99.
Heiricius von Auxerre s. Eric.
Helfferich, Ad. 130 180 255.
Heliodorus 188.
Hélie Pierre 175.
Hello, Ernst 271.
Heloise 163.
Henke, E. L. Th 163.
Henricus Gandaviensis s. v. Gent.
Henschen, G. 153.
Herakleon, der Gnostiker 30 *38 39.
Heraklit 33 45 62.
Hercz, Js. 191.
Herder 13.
Hergenröther 1.
Hermann, Abt zu Tournay 147.
Hermannus Alemannus 223.
Hermant, G. 89.
Hermas 20 *22 24 25 f. 66.
Hermens, Osc. 131.
Hermias *48 52.
Hermogenes 52.
Herrmann, G. 89.
Hertling, G. v. 220 229.
Hervaeus Natalis (von Nedellec) *247.
Herwig, Em. 154.
Herzog 1.
Hesekiel 205.
Hesselberg 60.
Hettinger, F. 237 247.
Hettwer, C. 180.
Heumann 51 128.
Hewitt, A. F. 99.
Heydecke, C. 22.
Heyne, W. 22.
Heyns 89.

Hibâ 185.
Hierokles der Neuplatoniker 118.
Hieronymus 3 12 23 28 43 54 76 85 113 136 233 234.
Hieronymus de Fortino 249.
Hilarius von Poitiers 3 23 91 *124.
Hildebert von Lavardin, Bischof von Tours *146.
Hildebrand 82.
Hildebrand, A. 123.
Hildebrand, J. 30.
Hilgenfeld, Adolf 5 6 12 14 17 21 22 25 26 30 31 37 41 287.
Hillen, W. 72 99.
Himpel 42.
Hinkmar von Rheims 132 139.
Hjort, P. 131.
Hipler, F. 117.
Hippokrates 231.
Hippolytus 30 36 f. *53 ff. 67.
Histoire littéraire de la France 255.
Historia a Roberto rege ad mortem Philippi primi 137.
Hitzig 13 191.
Hobeisch-el-Asam 195.
Hochfeder, Casp. 153.
Hock, C. F. 144.
Höhne, Emil 154.
Hörtel 236.
Höschel, David 72.
Hoffmann 22.
Hoffmann F. J. 131.
Hoffmann, Joh. Geo. Ernst 185.
Hoffmann, R. 131.
Hofmann, J. Ch. C. 6.
Hofstede de Groot, P. 31 72.
Holberg, A. Fr. 265.
Holcot, Robert 267.
Hollenberg, W. A. 22 225.
Hollub, Dav. 209.
Holsten, C. 6.
Holtzmann, Heinr. 12 18 21 22.
Homer 31 45.
Homousianer 69 70.
Honain Ibn Ishak 195.
Honorius von Autun 175.
Honorius III., Papst 130 222.
Horoy 4 220.
Hosea 7.
Hraban (Rabanus Maurus) 123 *127 139 141 143 144.
Pseudo-Hraban 148.
Hraban, Schule des 141 143 144.
Huber, Johann 4 12 13 131.
Huber, V. A. 128.
Hückstädt, E. 59.
Huet, François 254.
Huetius, 72 189.
Hug, J. L. 5 13.
Hugo, Bischof von Langres 145.
Hugo von Rouen 174.
Hugo von St. Victor 126 174 *180 f. 225 227.

Hurter 4.
Huttler, M. 265.
Hyginus, Bischof von Rom 33.
Hypatia 117.
Hypatius, Metropolit v. Ephesus 118 119.

L. J.

Jacob von Edessa 186.
Jacob v. Viterbo 247.
Jacobi, J. L. 6 17 30 56 113 164.
Jacobiten 185.
Jacobson, G. 21.
Jacobson, M. 207.
Jacobus der Cleriker aus Venedig 165.
Jacob al Manssur, Chalif 201.
Jahja ben Adi der Tagritenser 195.
Jahn, Alb. 71 89 188 271.
Jahnel 128 234 247.
Jahnke 154.
Iamblichus 103 119.
Jammy, Petr. 229.
Janda, Joh. 154.
Jaraczewsky 209.
Ibas, Bischof von Edessa s. Hibâ.
Ibn-Abdallah Nâ'ima 195 215.
Ibn-Abi 'Ussaibija 200.
Ibn Bâdsha s. Avempace.
Ibn Gebirol, Salomon ben Jehuda (Abu Ajjub Soleimon ibn Jahja ibn Djebirul) s. Avicebron.
Ibn Roschd s. Averroës.
Ibn Sina s. Avicenna.
Ibn Tophail s. Abubacer.
Jean Mentel s. Mentelin.
Jebb, S. 255.
Jeep 59.
Jehuda ben Samuel ha-Levi s. Juda ha-Levi.
Jehuda ibn Tibbon 208.
Jellinek, Ad. 207 208 236.
Jeremias 50 104.
Jesaias 50 104.
Jessen, Karl 229 230.
Jesus 7—8.
Jezirah, Buch *204 206 207 *210f 212.
Ignatius von Antiochien 18 22 *27.
Pseudo-Ignatius von Antiochia 20 27 30.
Innocentius III., Papst 164 183.
Innocentius von Maronia 118.
de Intellectibus, Schrift 167 *172 240.
Joachim von Floris 182.
Joannides, A. 48.
Joël, H. 207 210.
Joël, M. 30 207 209 229.
Johannes von Antiochien 97.
Johannes der Apokalyptiker 9 31 32 47.
Johannes der Apostel 11 13 33 39 47.
Johannes Avendeath ben Daud s. Avendeath.

Johann von Brescia 259.
Johannes de Bassolis s. Bassolis.
Johannes Charlier s. Gerson.
Johannes von Damascus 23 *115f 117 *121 184 186.
Johannes Duns Scotus s. Duns.
Johannes der Evangelist und Epistolograph *10 ff. 14 28 39.
Johannes Grammaticus s. Philoponus.
Johannes Hispalensis 221.
Johannes Ibn al Batrik 195.
Johannes Italus 184 *187.
Johannes von Mercuria 267.
Johannes Mesue 195.
Johannes der Nominalist, Vorgänger des Roscellin 138 147.
Johann XXI., Papst, s. Petrus Hispanus.
Johannes Parisiensis 247.
Johann aus Parma 182.
Johannes Philoponus s. Philoponus.
Johannes der Presbyter 12.
Johannes de Rada 249.
Johann von Rochelle 226 227.
Johann(es) der Sachse 147.
Johannes Saresberiensis (von Salisbury) 147 148 149 154 166 173 *174 175 176 177 *178f.
Johannes Scotus Erigena (Jerugena) s. Erigena.
Johannes, Schüler des Roscellin 151.
Johannes der Täufer, 7.
Johannitius (s. Honain ibn Ishak).
Johanny de Rochely, O. 164.
Jolowicz, H. 208.
Jonas, A. 270.
Jordan der Sachse 229.
Joscellin 173.
Joseph ibn Caspi 209.
Joseph ibn Zaddik *216.
Jost, J. M. 207 212.
Jostes, Frz. 270.
Jourdain, A. 128 163 175 190 220 221 223.
Jourdain, Charles 123 163 175 181 236 247 265.
Irenaeus 12 23 27 30 32 33 36 37 38 49 *53ff. 78 82 136.
Isa ben Zar'â 195.
Isaac Abrabanel s. Abrabanel.
Isaac der Blinde 204.
Isaac Israeli 211.
Ishak ben Honain 195.
Isidorus, Sohn des Basilides *38.
Isidorus Hispalensis 122 123 *126 127 132 141.
Ittig, Thom. 4.
Juda ha-Levi *206 *208 *216.
Jüdische Philosophen im Mittelalter *204—219.
Julian 90 117.
Julius 118.
Julius Africanus 42 52.

Julius Firmicus Maternus 91.
Jundt, Aug. 180 270 271.
Justinian 81 118 184.
Justinus Martyr, Flavius 12 14 19 22 27 30 *41—47 48 49 64 65 74 82 84.
Pseudo-Justinus 42 52 97.

K. (s. auch C.)

Kabbala, Kabbalisten *204 205 *210.
Kahnis 4 73.
Kallistus 56 *67.
Kanakis, J. 117.
Kant 242 250.
Kantianer 238.
Karäer, Karaiten 205 206 212.
Karpeles 207.
Karpokrates der Gnostiker 29 34 *35.
Kaufmann, D. 207 208 216.
Kaulich, W. 128 131 180.
Kayser, J. 22 58.
Keil 71.
Keim 13 18 58 73.
Keith, George 191.
Kellner, H. 58 59.
von Kempen s. Hamerken.
Kendi s. Alkendi.
Kerdo s. Cerdo.
Kerinth s. Cerinthus
Kerygma des Petrus s. Petrus.
Kettner, G. 82.
Kihn 22 97.
Kilwardby, Robert 255.
Kind, Aug. 73
Kirchenlehrer, lateinische bis zum Concil von Nicaea *81—87.
Kirchenväter *3—121.
Kirchenväter, Alexandrinische *70 ff.
Kirchner, Moritz 53.
Klasen, F. 113.
Klee 1.
Kleiber, C. C. L. 265.
Klein, K. Fr. 271.
Kleomenes, der Monarchianer *67.
Kling 72.
Klose, C. R. W. 89.
Klostermann, Aug. 13.
Kloth 99.
Klotz, Reinhold 72.
Klussmann, E. 59 82.
Knauer, V. 237.
Knittel 73.
Knoller, L. 207.
Knorr von Rosenroth, Christian s. Rosenroth.
Köhler, H. O. 123 140.
Köhler, U. 54.
Körber, Joh. 54.
Köstlin, Karl G. 31.
Koffmane, G. 5 30 101.
Kolbe, Bernh. 116.

Kornutus 76.
Koss 193.
Kotham 193.
Kotzé, J. J. 83.
Krabinger 89 98 99 116.
Kramm 270.
Kraus, Franz Xaver 72 116.
Krause, Joseph 225.
von Kremer, A. 190.
Krenkel 22.
Krieg, C. 123.
Krönlein 181.
Kronius 83.
Krüger 72.
Kühn, R. 58
Kuhn 236.
Kurz 1.
Kusmi 185.

L.

Labeo, s. Cornelius.
Labeo, s. Notker.
Lachmann 13.
Lactantius, Firmianus 64 *82—87 95.
Lämmer, Hugo 42 153.
de Lagarde, Paul Ant. 21 22 31 54.
Laksy, Th. d. 186.
Lamarre, Wilhelm 247 255.
Lambert von Auxerre 186 187 255.
Lambert, Verfasser einer Summa 255.
Lamettrie 84.
Land, J. P. N. 116.
Landau, M. J. 209.
Landauer, S. 191.
Lanfranc 145 146 151.
Lang 42.
Lang, H. 13.
Lange 47.
Lange, A. 84 99.
Lange, Joh. P. 17.
Langen, J. 117 255.
Langton, Stephan 225.
Lanselius 116.
Lasinio, Fausto 191.
Lasson, A. 267 270.
Launoy, J. 128 181.
Laurent, J. C. M. 21.
von Lavadin s. Hildebert.
Le Brun, J. B. 83.
Lechler, G. V. 17 224.
Leclerc 220.
Lecoy 265.
Leferon, Blaise 224.
Lehmann, Joh. 22.
Leibniz 178 250.
Leibnizianer 238.
Leimbach, C. L. 12 54 59.
Lenglet-Dufresnoy s. Dufresnoy 83.
Leo der Afrikaner 189.

Leo der Grosse 23 161.
Leo IX., Papst 130.
Leo der Hebräer, Sohn des Isaac Abrabanel *219.
Leon von Modena 207.
Léonard. J. 58.
Leone Medico, s. Leo der Hebräer.
Leonhardi, G. 59.
Leopold, E. F. 58
Lepsius 72.
Le Quien s. Quien.
Lessing 12 105 145.
Levi ben Gerson 192 *206 209 *218 f.
Lévi, Eliphas 208.
Lewes 1.
Liberatore 236.
Lichtenstein, Peter, aus Cöln 191.
Liebner, A. 180.
Liechty, R. de 229.
Lightfoot, B. 12 21 30 287.
Lilienkron 220.
Lilla, Vins. 237.
Lindenkohl, G. Steph. 163.
Lindner, Br. 22.
Lindner, J. G. 58.
Linnarsson, N. J. 236.
Linsenmann 265 270.
Lipsius, R. A. 27 30 31 37 54 175.
Lisco 271.
Lobkowitz, Caramuel 147.
Locke 288.
Löffler 71.
Läsche, G. 58 73 99 100.
Löwe, J. H. 140 141.
Lombardus s. Petrus.
Lommatzsch, C. H. E. 72.
Lorenz, F. 123.
Loth, O. 190.
Louitz, E. 100.
Lovanienses theologi 98.
Lucas der Evangelist 4 *11 f. 34.
Lucian 80.
Lucius, P. E. G.
Ludwig, G. 59.
Luebeck, Em. 113.
Luedemann 6 12 287.
Laenemann 5.
Lütolf 270.
Lübkert 21 58.
Lullisten 254.
Lullus (oder Lullius), Raymundus 154 238 *254 255 *258 f.
Lupton, J. H. 117.
von Lutenbach s. Manegold.
Luthardt, E. 14.
Luther 18 267 271 285.
Lutterbeck, R. K. 6.
de Lyra, Nicolaus 253.

M.

Mabillon 151 180.
Macarius 90 *91.
Mackenzie 131.
Macrobius 141 165 168 246.
Magistris, de, Simon 73.
Mai, A. 123.
Maimonides (Maimuni), Moses 189 *206 208 *217—219 228 229 230.
Maistre 21.
Makkabäer, 2. Buch der, 14.
Malignas, E. 116.
Mamertus s. Claudianus.
Manegold von Lutenbach 151.
Mangold, W. 5.
Mani 30 31 35 *40.
Manichäer 2 31 *40 98 101.
Mansel, H. L. 30.
Mantino, Jacob 209.
Maranus, Prudentius 42 48.
Marbach 1.
Marcellina, Anhängerin des Karpokrates 35.
Marcianus Capella 121 *122 *124 141 142 176.
Marcion von Pontus der Gnostiker 29 *33 f. 44 52.
Marcioniten 34.
Marcus Aurelius Antonius 43 49.
Marcus der Evangelist 7 *11 ff. 73.
Marcus der Gnostiker *38 40.
Maré, P. 236.
Margarinus s. de la Bigne.
Marsch s. Adam von Marsh.
Marsilius von Inghen *264 265 266.
Martène 151 160 163 180 183.
Martens, D. 12.
Martensen 270.
de St. Marthe, F. D. 123.
Martin, E. 270.
Martin, Papst 119.
Marx, L. 207.
Massebian, L. 42.
Masson 175.
Mathoud 164 175.
Matter, J. 30. 72.
Matthaei, Chr. Fr. 116.
Matthäus der Evangelist 7 *11 ff. 37.
Matzke, David 265.
Mauguin, Guilbert 131.
Maurice 128.
Mauriner Congregation der Benedictiner 98.
Mauritius, Spanier 222.
Mauvitius 222.
Maximus der Bekenner (Confessor) 115 117 119 *121 130 136 137 182 282 283.
Maximus s. Planudes.
de Mayronis s. Franciscus.
Maywald, Max 128 192 259.
Medabberim s. Motakallimûn.
Mehlhorn, P. 73 271.
Meiners, Ch. 140.
Meiser, C. 122.

Meister, W. 189.
Melanchthon 267.
Meliton von Sardes, der Apologet *48 49.
Melzer, E. 99.
Menachem Reccanati, Rabbi 210.
Menander aus Samaria der Gnostiker 33.
Menegoz, E. 6.
Mentelin, Joh. 224.
von Mercuria s. Johannes.
Merk, C. 72.
Merlin, J. 72.
Merschmann, Frdr. 99.
Merten, Jac. 99 236.
Merx, A. 27 31 192.
Messner, H. 5 6.
Mesue s. Johannes.
Methodius von Tyrus *88 89 *90.
Metochita s. Theodorus.
Mettenleiter 265.
Meusel 131.
Meyer, Ernst 229.
Meyer, H. 123.
Meyer, Petr. Krog 82.
Michael Ephesius 187.
Michael Psellus 184 *186 187 255.
Michael Scotus 192 *223 224 226.
Michaud 147 152.
Michelis 236 287.
Migne, J. P. 4 21 42 49 53 72 83 89 98 99 116 122 123 126 153 163 164 175 180 184 188.
Miller, Emm. 30.
Miltiades der Apologet *48 49.
Minucius (oder Minutius) Felix der Apologet *57 58 *59—61 82 83 85 86.
Misael 45.
Missen, Isaac 208.
Modalisten 65.
Moderatus 76.
Möhler, J. A. 4 30 66 69 73 154.
Möller, E. Wilh. 30 42 53 72 73 89.
Möller, Nic. 131.
Mörbecke, Wilh. v. 223.
Mohammed 193 f.
Mohammed ibn Abdallah ibn Mesarra 214.
Mohammed ibn Isháq.
Mohammed al Schahrestáni 189 191 214.
Monarchianer 54 *65—69 158 170.
Monnier 123.
Monophysiten 118 184 185.
Monotheleten 121.
Montaigne 265.
Montanisten 49 61.
Montant, L. 5.
de Monte, Robert 165.
Montet 236.
Montigny 160.
Moore, Thomas 131.
Morellus 42 89 91.
Morinus, Joh. 119 207.

von Morta(i)gne s. Walther.
Moseh ben Schem Tob de Leon 204.
Mosellanus, Petrus 122.
Moses 7 10 41 45 50 52 53 57 74 205.
Moses ben Josua von Narbonne 200 209 *219.
Moses Maimonides (ben Maimun) s. Maimonides.
Moses ben Schem s. Moseh.
Mosheim 1 71.
Moschakis, J. 41.
Motakallimûn 189 194 212.
Müller, Aug. 190.
Müller, J. 249.
Müller, J. G. 22.
Müller, J. G. Theod. 83.
Müller, J. H. 72.
Müller, M. Jos. 191.
Münscher, W. 1 58 72.
Mullach 188.
Munk, Sal. 189 190 191 192 200 203 204 206 208 209 210 212 213 214 217 252.
Muralt 58.
Muratori 18 20 25.
Murton, Ch. 59.
Mussmann, J. G. 1.
Mutaziliten 194 212.
Mynoides Mynas 54.
Mystiker 119 121 *267—286.
Mystiker, deutsche des 14. und 15. Jahrhunderts *267—286.
Mystiker, romanische 285.

N.

Naassener 29 32 *35.
Nager, A. 207.
Na'ima 215.
Naville, A. 99.
Neander, Aug. 1 5 6 7 17 18 30 58 73 97 99 180.
Nemesius, Bischof von Emesa 115 116 *118.
Nestorianer 184.
Neukirch, F. 145.
Neumann, C. F. 194.
Neumann, C. J. 90 91 118.
Neuplatoniker 2 71 103 104 119 188 197.
Neupythagoreer 197.
Nicasius Ellebodius 116.
Nicephorus Blemmydes s. Nikephorus.
Nicolas d'Oresme *264 265.
Nicolaus von Autricuria s. Autricuria.
Nicolaus von Basel 271.
Nicolaus Cusanus 269.
Nicolaus de Lyra der Scotist s. de Lyra.
Niedner 1.
Nielsen, F. 59.
Niemeyer, Joh. 117.
Niese, Karl 6.

300 Register.

Nikephorus Blemmydes 187.
Nikolaiten 32 33.
Nikomachus 76 122.
Nirschl, J. 4 22.
Nitzsch, Friedr. 1 25 99 122 220 234 265.
Noack 131 180.
Nobbe, J. 271.
Nöldechen 59.
Nösselt, J. A. 58 60.
Noëtus aus Smyrna, der Monarchianer 65 *66 f.
Noëtianer 68.
Nolte, C. J. 236.
Nominalisten 187 139—151 260 ff. 265 ff.
Notker Labeo 144.
Nourrisson, F. 99.
Nourry, le Nic. 98.
Numenius 76 83.

O.

Obbarius 122.
Oberthür 72.
von Occam, Wilhelm 129 253 *260 *261—264 266.
Occamisten 264.
Ockley, Simon 191.
Odo (Odardus) 147 148.
Oehler, Franz 58 82 89 117.
Oelrichs 71.
Oischinger 236.
Olleris, A. 144.
Oncken, W. 265.
Ophiten 29 32 *35 f.
Orelli, Joh. Conr. 82.
Origenes 23 30 49 68 69 *70 *76—81 88 90 100 111 136 161 184 185.
Pseudo-Origenes 30.
Origenisten 81 88—97.
Orpheus 45.
Osterhammer 116.
Othlo, der Mönch 145 150.
Otten, A. 237.
Otto von Clugny 142 144.
Otto von Freising 147 166 170.
Otto, E. V. 123.
Otto, Joh. Karl Theod. 22 42 48.
Overbeck, Franz 4 12 22 28 42 48 54 72.
Overlach 83.
Ozanam 247.

P.

Pachymeres s. Georgius.
Palmer, E. H. 190.
Pantaenus 73.
Papias von Hierapolis 12 23 54.
Paraman, duc de 128.

Patriarchen, T. d. 12 25.
Patripassianer 65 67.
Patristische Philosophie *3 ff. *20 ff.
Patru 151 152.
Paul, L. 48.
Paul, Osc. 123.
Pauli, Reinhold 224.
Paulus der Apostel *8—10 11 14 ff. 18 19 21 31 33 53 73 77 272.
Paulus von Samosata *68 f.
Pearson 270.
Peiper, R. 122.
Pelagaud, F. 73.
Pelagianer 2 98 101.
Pelagius 98 *112.
Pelet, Js. 59.
Peltier, A. C. 225.
Peraten 29 *36.
Perles J. 209.
Perrier, F. Alfr. 117.
Perroquet 255.
Persona, Christophorus 72.
Pertz 165.
Petavius, Dionysius 116.
Peter von Corbeil 221.
Petermann, Jul. Heinr. 22 30.
Petersen, Christian 175.
Petrus Alliacus s. d'Ailly.
Petrus der Apostel 12 14 23.
Kerygma des Petrus 14 24 28.
Petrus von Aquila s. Aquila.
Petrus Aureolus *260 261.
Petrus Damiani s. Damiani.
Petrus Hispanus 186 187 *254 255 259 262.
Petrus Lombardus 163 164 *174 180 181 225 233 259.
Petrus de Mahariscuria 256.
Petrus Mosellanus s. Mosellanus.
Petrus Pictaviensis (von Poitiers) 164 174 181.
Petrus de Prussia 229.
Pez, B. 145 163 175.
Pfeifer, X. 237.
Pfeiffer, F. 269 271 272.
Pharisäer 7.
Philippi, F. A. 73.
Philipps 122.
Philippus, Schüler des Bardesanes 40.
Philippus Sidetes s. Sidetes.
Phillips 122 154.
Philon 6 14 31 32 36 51 74 75 78 100 210.
Philoponus, Johannes 115 116 118 *184 186.
Philosophen, arabische, im Mittelalter *188—204.
Philosophen, griechische, im Mittelalter *184—188.
Philosophen, ionische 100.
Philosophen, jüdische, im Mittelalter *204—219.

Philosophen, syrische, im Mittelalter *184—188, 194 f.
Photius 56 96 186.
Picardus 153.
Pin, du 265.
Pistis Sophia, das Buch 30 31 40.
Pistorius, Joh. 207.
Pitra, J. B. 4 49.
Pius, Bischof von Rom 33.
Planudes, Maximus 187.
Plassmann, E. 236.
Platon 8 33 37 38 41 45 46 71 74 75 103 104 107 118 121 140 141 165 166 174 175 177 195 196 214 226 227 228 230 238 246.
Platoniker 43 62 71 73 103 104 108 169 240.
Platoniker, eklektische 62.
Platoniker, neuere, des 15. Jahrhunderts 219.
du Plessis d'Argentré, Charles 259.
Plitt, G. L. 1 180.
Plotin 30 103 139 197 199 214 238 273 279.
Pococke, Ed 189 191.
Polykarp von Smyrna 12 20 27 53 f.
Pomponatianer 129.
Pomponatius 129.
Poppo 143.
de S. Porciano, Wilhelmus Durandus s. Durand.
Porphyrius 76 91 103 139 141 142 143 147 163 167 195 215.
Porretanus (de la Porrée) s. Gilbertus.
Portmann, A. 237.
Possidius 99.
Pothinus, Bischof von Lyon 54.
Potter 72.
Poujoulat 99.
de St. Pourçain, Wilhelm Durand s. Durand.
Prantl 99 101 122 123 128 131 138 140 143 164 165 172 175 179 185 186 191 196 199 209 221 223 224 225 229 237 249 254 255 260 265 266.
Praxeas der Monarchianer *67.
Preger, Wilh. 180 181 270 271.
Preische, H. 72.
Pressensé 4.
Preuss, E. 4.
Prietzel 123.
Priscianus 168.
Pritius, Joh. Georg 191.
Probus der Syrer 185.
Proklus 119 121 195 214 215 277.
Pseudo-Proklus 215.
Prosper, F. 287.
Protois, F. 164.
Prudentius Maranus s. Maranus.
Psellus s. Michael.
Ptolemaeus der Astronom 188 192.
Ptolemaeus der Gnostiker 31 *38 39.
Puccinotti, Franc. 123.

Pünjer, B. 287.
de Puiseau, H. Waubert 42.
Pulleyn (Pullus) Robert 152 164 174 179.
Pythagoras 31 41 44 45.
Pseudo-Pythagoras 214.
Pythagoreer 43 103.

Q.

Quadratus von Athen, der Apologet 42 48.
Querbach, B. H. 207.
Quercetanus (Duchesne) 123 163.
Quétif 229 271.
Quien, Le 117.

R.

Rabanus Maurus s. Hraban.
Rabbaniten, Rabbinen 205 211 212.
de Rada s. Johannes.
Rader 44.
Rähse, H. 131.
Raimbert von Lille 147.
Raimund von Toledo, Erzbischof 221.
Rakusier 193.
Rambouillet 22.
Ramers 72.
Rau, J. J. 83.
Raulx 99.
Raumer, K. von 99 128.
Ravaisson 160 189.
Raymundus Lullus (oder Lullius) s. Lullus.
Raymund von Sabunde *264 265 *267.
Realisten 139—146 174 177 ff.
Reck 287.
Redepenning, E. R. 6 72.
Redepenning, W. 237.
Redner, Leo 99.
Redslob, G. M. 5.
Reeb, Jac. 98.
Regula fidei s. Glaubensregeln.
v. Reichlin-Meldegg, K. A. 31.
Reifenrath 271.
Reifferscheid, Aug. 4 82.
Reinhard, Commentator der Kateg. des Aristot. 144.
Reinkens, Jos. 72 91 99.
Reiske 189.
Reitmayr, F. X. 4.
Remigius von Auxerre *142 144.
Rémusat, Charles 154 164 168 177.
Renan, Ernst 6 49 182 185 189 191 195 220 259.
Renaudot 189.
Rettberg 260.
Reuchlin, Joh. 207.
Reuss 5 6 13 17.
Reuter, Herm. 72 99 100 128 175 180.

Réville, J. 4.
Rhabanus Maurus s. Hraban.
Rheinwald, F. H. 163.
Rhenanus 58.
Rhodon 34.
Richard, Jean 225.
Richard von Middletown *253 254 255.
Richard Suinshead oder Suisset s. Suinshead.
Richard v. St. Victor *180 ff. 227 228.
Richter, A. 122 123.
Rieger, M. 270.
Rietter, Anton 236.
Rigaltius 58.
Riggenbach, Christoph Joh. 14 22.
Rigordus 222.
Ritschl, Albrecht 1 17 18 19 22 56 237 260.
Ritschl, O. 85.
Rittangelus 207.
Ritter, Heinr. 1 49 59 73 118 128 168 173 189 191.
Rixner 116.
Robert von Auxerre 222.
Robert Capito (Greathead, Grossetcete) von Lincoln s. Greathead.
Robert von Courçon 164 222.
Robert Holcot s. Holcot.
Robert von Melun 164 174 179 225.
Robert de Monte s. Monte.
Robert von Paris 138 147.
Robert Pulleyn (Pullus) s. Pulleyn.
Roberts 21.
Roch, G. 73.
de Rochely, O. Johanny 164.
Roderfeld 4.
Rödiger, Jos. 190.
Röhricht, R. 6.
Rönsch, H. 59.
Roeren, C. 58.
Rösler 4.
Roger Bacon s. Bacon.
Rolle des Abraham 193.
Roscellinus. Canonicus zu Compiègne 138 145 *146—151 155 162 163 170 179 185.
Roscher, W. 265.
Rose, Val. 185 186 188.
Rosenkranz 270.
von Rosenroth, Christian Knorr 207.
Rosin 209.
Rossel, H. 31.
Rothe, Rich. 1 17 22.
Rothfuchs, O. 83.
Rothomagius 123 180.
Rousseau 201.
Rousselot 128 261.
Routh 4.
Roux Lavergne 236.
Rubin, S. 209.
Rudelbach 271.
Rudolphus Noviomagensis 229.
Rufinus 28 76.

Rule, M 154.
Rummler, L. 42.
Runze, G. 154.
Rupp 89.
Rusbroek (Ruusbroeck, Ruysbroek), Johannes *269 271 285.
Russwurm 58.

S.

Saadja ben Joseph al Fajjumi *205 208 *212.
Sabatier, A. 6.
Sabellianer 66 108 151.
Sabellius der Monarchianer *67 f.
Sabunde, Raymund von s. Raymund.
Sachs, Michael 208.
De Sacy 189.
Salomon ben Jehuda ibn Gebirol s. Avicebron.
Salomonis Sprüche 14.
Salzinger 255.
Samuel 7.
Samuel ibn Tibbon 191 209.
Sancrusius 266.
Sanseverino, C. 1.
Saturninus aus Antiochia der Gnostiker 29 *33 35.
Scartazzini, J. A. 247.
Schaarschmidt, Karl 175 176 265
Schaff, Ph. 1 18 30.
al Scharostani s. Mohammed al Schahrastani.
Schelling 12 13 247.
Schellingianer 238.
Schem Tob ben Joseph ibn Falaquera 208 209 212 *218.
Schenkel 13.
Schenkl 122.
Scheyer, Simon 209.
Schleiermacher 6 12 66 67 81 185.
Schliemann, Ad. 22.
Schlosser, Christoph 163 224.
Schlüter, C. B. 131 132.
Schmeller, J. A. 147.
Schmid, Aloys 236.
Schmid, Ch. Fr. 6.
Schmidt, C. 265 270 271.
Schmidt, Ch. 271.
Schmidt, Heinr. 131 180.
Schmidt, Herm. 89.
Schmidt, Rich. 6.
Schmidt, Wilh. 247.
Schmiedl, A. 207.
Schmölders, Aug. 189 190 191.
Schneid, M. 128 237 249.
Schneider, C. M. 117 237.
Schneider, Ed. Reinh. 116.
Schneider, J. N. 182.
Schneider, L. 255.
Schneidewin, F. G. 30.

Schnitzer 72.
Schoenemann, C. Tr. G. 4.
Schönfelder 123.
Scholarius s. Georgius.
Scholastiker 3 *127—267.
Scholastiker, platonisirende 174—180.
Scholten, J. H. 6.
Schrader, E. 5.
Schreiber, W. A. 260.
Schubring, F. 48.
Schürer, E. 6 42 287.
Schürmann, H. 72 89.
Schütz 58.
Schütz, Nic. Joh. Ludw. 99 237.
Schulte, J. Fr. 175.
Schultz, H. 73.
Schultze, V. 58.
Schulze, L. Th. 6.
Schulze, M. 122.
Schuster, G. 164.
Schwab, Joh. Baptist 265.
Schwabe 5.
Schwane, J. 21 89 128.
Schwartze, M. G. 30 31.
Schwarz 123.
Schwarz, C. 154.
Schwegler, Albert 17 18 21 58.
Schwenke, P. 58.
Scipio, K. 100.
Scotisten 248 253.
Scotus, Johannes Duns s. Duns.
Scotus Erigena (Jerugena), Johannes s. Erigena.
Scotus, Michael s. Michael.
Sekundus der Gnostiker *38.
Selwyn, W. 72.
Semipelagianer 113 122.
Semisch, Karl 27 42 48.
Semler 58.
Seneca 18 62 146.
Septuaginta 210.
Sergius von Resaina 185.
Severianer 118.
Seyerlen 208.
Shedd, W. G. T. 154.
Shyreswood, Wilhelm 186 187 255.
Sidetes, Philippus 50.
Siebert, H. 255.
Siegfried, Carl 4.
Sievers, G. 116 269.
Sifanus, L. 89.
Siger von Brabant *254 255.
Sighart, Joachim 229.
Simeon ben Jochai 204.
Simmel, Grg. 247.
Simon, J. 72.
Simon der Magier 24 33.
Simon, Rich. 12.
Simon von Tournay 259.
Simonianer 33.
Simplicius 118.
Sirach, Jesus 210.

Skeptiker 97 101 106.
Sohar, Buch *204 205 207 *211.
Sokrates 45 86 103 230.
Solon 45.
Sommer 13.
Soncini, Paolo 240.
Soter, Bischof von Rom 33.
Soulet, A. 58.
Souverain 71.
Spencer, W. 72.
Speusippus 230.
Spiess, E. 6.
Spinoza 12 183 213.
Spitta, W. 190.
Sprenger 177 193.
Sprinzl, J. 21.
Sunfiten s. Sufiten.
Stählin, Ad. 42.
Stäudlin 123 145.
Stahl, Ign. 4.
Stahr, A. 128 220.
Staudenmaier, Fr. Ant. 131.
Steeg, Jul. 131.
Steffensen 240.
von Stein, Heinrich 1 71.
Stein, L. 207.
Steiner, Heinr. 190.
Steinschneider 190 207 209 211 214 215 229.
Stelkens, Ad. 22.
Stephanus, Heinr. 42.
Stephanus, Rob. 42.
Stern, L. 207.
Stern, M. E. 208 209.
Stieren, Ad. 30 31 53.
Stigler 89.
Stöckl, Alb. 4 58 128 131 140 154 237 247.
Stössel, D. 208.
Stoiker 58 62 64.
Storr 13.
Storz, J. 99.
Straton 241.
Strauch, P. 270.
Strauss, D. F. 13.
Suarez, Franz *248.
Subordinatianer 65 69 f.
Sufi 191.
Suinshead oder Suisset, Richard 267.
Surius 270 271.
Susemihl 223.
Suso, Heinrich *269 271 274 275. *285.
Suttner 123.
Sylburg, Friedr. 42 72 •
Sylvius, N. 236.
Synesius aus Kyrene 115 116 *117.
Synoptiker 12 13.
Syrianus 195.
Syrische Philosophen des Mittelalters *184—188 194 f.

T.

Taillandier, St. René 131.
Talamo, Salv. 128 237 287.
Talmud 205 207.
Tappe 144.
Tatian *48 49 f. 61.
Tauler, Johannes 269 270 *285 286.
Taverni, R. 287.
Teichmüller, Gust. 4.
Telesius 130.
Telesphorus 33.
Templer, Stephan 255 259 272.
Tennemann 1 128 141 263.
Terministen 262.
Tertullianus, Quintus Septimus Florens 23 30 38 57 *60—65 66 67 68 85 86 124.
Testamente der zwölf Patriarchen 20 *25.
Teuffel, W. S. 5.
Thales 103.
Themistius 101 187 195 202 203.
Thenaud, P. 180.
Theobald, Erzbischof von Canterbury 179.
Theodoret 30 67.
Theodorus Metochita 187.
Theodorus von Mopsveste 185.
Theodosius 193.
Theodotus von Byzanz der Monarchianer *66.
Theologie, eine deutsche 269 271 285 286.
Theophilus, Bischof von Alexandrien 117 194.
Theophilus von Antiochia, der Apologet *48 51 f.
Theophrast 129 195 230.
Thierry, A. 113.
Thiersch 17.
Thilo 116.
de Thoco, Guilelmus 236.
Thömes, Nic. 237.
Tholuck, A. 189 191 207.
Thomas von Aquino s. Aquino.
Pseudo Thomas von Aquino 237.
Thoma, A. 14 42.
Thomas Becket 179.
Thomas Bradwardine s. Bradwardine.
Thomas Hamerken von Kempen 286.
Thomas v. Strassburg 247.
Thomasius, G. 72.
Thomasius, Jac. 128 140.
Thomisten 236 239 240.
Thorbecke, A. 123.
Thümer 42.
Thurot, Charles 128 152 186 239 253 259 262.
Tiedemann 128.
Tietz, J. 270.
Tischendorf 21 26.

Titus von Bostra 31.
Tosti, L. 164.
Trechsel 116.
Trendelenburg 262.
Tribechovius, Ad. 128.
Trithemius 143 269.
Tschackert, P. 265.
Turnebus 116 188.

U.

Uhlhorn, G. 22 25 27 31 49 58 60.
Ullmann 68 90 270 271.
Ursachen, Buch von den s. de causis, liber.
Usener, H. 123 125 175.

V.

Vacandard 164.
Vacherot 72 215.
Väter, apostolische *20—28.
Väter, irische, des römischen Isidor-Collegiums 249.
Vahlen, J. 287.
Du Val 214.
Valarsi 233.
Valentinianer 28 32 *38 ff. 54 56.
Valentinus der Gnostiker 13 *29 f. 31 34 f. 38.
Valla, Laurentius 119.
Vallet, P. 237.
Valois, N. 224.
Vandenesch, Heinr. 236.
Vasallo, C. 247.
Vasconcellos, J. de L.
Vattier, P. 191.
Vaughan, Roger Bede 236.
Victor, römischer Bischof 66.
Victor, Marius, christlicher Rhetor 101.
St. Victor, Hugo von s. Hugo.
St. Victor, Richard von s. Richard.
St. Victor, Walther von s. Walther.
Victorius, P. 72.
Victorinus, Marius, Rhetor und Philosoph 59 100 f. 141.
Vidal, Meister s. Moses ben Josua.
Viehauser, Ad. 91.
Villemain 164.
Vincentius Bellovacensis (von Beauvais) 147 *224 225 226.
de Visch 175.
Vischer, A. F. 145.
Vischer, F. Th. 145.
Vives, Ludw. 128.
Völter, D. 42.
Vogel 145.
Vogel, Aloys 224 225.
Vogt, Karl 117.

Voigt, Heinr. 66 68 69.
Voigtländer 48.
Volkmann, Rich. 116.
Volkmann, Wilh. 271.
Volkmar, Gustav 5 14 22 23 26 27 30 34 42 54 287.

W.

Wackernagel, Wilhelm 270 271.
Wadding, Lucas 249 250.
Waldstein 18.
Wagenmann 90.
Wahl 270.
Waldau, G. E. 147.
Walther von Mortagne *174 175 *177.
Walther von St. Victor *181.
Waubert de Puiseau s. Puiseau.
Weber, Geo 18.
Weber, Th. 99.
Weddingen, van 229.
Wegele 247.
Wegelin, Thomas 187.
von Wegnern, A. F. V. 31.
Weiffenbach, Wilh. 12.
Weil, Isidor 209.
Weil, Simson 208.
Weingarten, H. 6 30.
Weisheit, Buch der 14.
Weiss, B. 13.
Weiss, H. 89.
Weiss, J. H. 209.
Weisse, Chr. H. 13.
Weissenborn, H. 123.
Weizsäcker, C. 4 26 42.
Welte, B 1.
Wenrich, J. G 189.
Werner, Karl 4 99 123 128 144 220 224 225 236 247 248 249 255 257 258 260.
Wernsdorf 116.
Wessel, Johann 286.
de Wette 5 13 270.
Wettstein 24.
Wetzler, H. J. L.
Wieseler, K. 21.
Wiggers, G. F. 99 113.
Wilhelmus Aneponymus 175.
Wilhelm von Auvergne 176 *224 226.

Wilhelm von Auxerre 222 225.
Wilhelm von Champeaux *147—152 162.
Wilhelm von Conches *174 175 *177 179 221.
Wilhelm Durand von St. Pourçain s. Durand.
Wilhelm von Mörbecke s. Mörbecke.
Wilhelm von Occam s. Occam.
Wilhelm Shyreswood s. Shyreswood.
Wilke 13.
Wilkens, A. 164.
Willink, H. D. Tjeenk 42.
Winter, F. J. 72.
Wörter, Friedr. 113.
Woestefeld, Arnold 175.
Wolf 116.
Wolff, Chr., der Leibnizianer 261.
Wolff, M. 209.
Worth, W. 48.
Wright, M. Th. 227.
Wrobel, Joh. 175.
Wüstenfeld, F. 189 190 220.

X.

Xenophanes der Eleat 159 183.

Z.

Zacharias Scholasticus, Bischof von Mitylene *115 *118.
Zahn, Th. 12 21 22 27 48 72 89 90 287.
Zarncke 128.
Zeller 13 17 22 99.
Zeuker, Jul. Theod. 195.
Zeno der Eleate 230.
Zephyrinus, römischer Bischof 66 67.
Ziegler, H. 4 54.
Ziegler, Th. 164.
Zigliara 236.
Zimarius, M. Ant. 229.
Zimmels, B. 219.
Zink 82.
Zöckler, Otto 113.
Zürcher, Joh. 265.
Zunz, L. 207.